THE IMITATED PRONUNCIATION

Our Imitated Pronunciation will be understood provided each syllable is pronounced as if it were part of an English word; but the exact sounds of the Spanish language can be achieved by remembering a few simple rules:

th	is pronounced like **th** in "thin", not like **th** in "they"
H	is pronounced gutturally, like the Scottish **ch** in "loch"
s	whether represented in the imitated pronunciation by a single or a double **s**, is always pronounced like the **ss** in "missing", not like the **s** in "easy".
a	the Spanish **a** is pronounced like "ah", but shorter than in "harm". We imitate by "ah" because the sound is never like **a** in "hat", but the "ah" must be pronounced short and sharp.
o	the Spanish **o** resembles the sound of **o** in "not" and even slightly approaches the **aw** in "law". It is not as long as the **o** in "go".
r	is rolled (on the tip of the tongue) more then in English, especially at the beginning of a word or syllable.

STRESS

The stressed syllable is indicated in our imitated pronunciation by bold type, thus: **ploo**-mah, **pah**-pel.

In general, words ending in a consonant stress the last syllable; words ending in a vowel stress the last syllable but one. But the consonants (always n or s) that are merely added to for the plural do not then affect the stress. This is always the same in the plural as in the singular.

When the stress does not follow this rule, an acute accent is placed on the emphasized vowel; allí (there) = ah-l´yee, hábil (clever) = **ah**-bil.

VOWELS

a	is pronounced like "ah" (**pluma** = **ploo**-mah)
e	is pronounced like "ay" (**me** = may)
i or y	is pronounced like "ee" (**prima** = **pree**-mah)
o	is pronounced like "o" (**toro** = **to**-ro)
u	is pronounced like "oo" (**uno** = **oo**-no)

Each vowel sound has only one sound in Spanish; this is not quite so long and broad as the English equivalent given above. The pronunciation of the vowels is shortened, as in other languages, when they occur in an unstressed syllable, or precede a consonant.

CONSONANTS

z	is pronounced like **th** in "month" or "thick": **luz** = looth, **zapato** = thah-**pah**-to.
j	is pronounced like the German guttural **ch**, or as in the Scottish "loch"; it is merely the English **h** pronounced in the throat. If you find this hard to sound, simply pronounce it like an aspirated **h**. Examples: **ojo** = o-Ho, jugar = Hoo-**gar.**

z and j are the only Spanish consonants that are pronounced quite unlike their English equivalent, but there are others that differ in various lesser ways. The following points should be noted:

c	before **e** or **i** is pronounced like the Spanish **z**: **cena** = **thay**-nay, **cinco** = **thin**-ko.
g	before **e** or **i** is pronounced like the Spanish **j**: **general** = Hay-nay-**rahl.**
g	before any other letter is like **g** in "go": **gato** = **gah**-to, **gigante** = He-**gahn**-tay.
gu	before **e** or **i** is like **g** in "go"; before any other vowel it is like **gw** or **goo**: **guerra** = **gairr**-rah, **guía** = **ghee**-ah, **guarda** = goo'**ar**-dah.
h	is not pronounced at all: **hijo** = **ee**-Ho.
ll	is pronounced nearly like **ll** in "million": **calle** = kah-l'yay.
ñ	is almost like **ni** in "companion": **niño** = **nee**-n'yo, **señor** = say-n'**yor.**
qu	is pronounced like **k**: **que** = kay; **quince** = **kin**-thay.
ch	is pronounced as in "cheap" or "much": **muchacha** = moo-**chah**-chah.
r	is rolled on the tip of the tongue more then in English, especially at the beginning of a word or syllable: **raro** = **rrah**-ro.
s	is always pronounced sharp, as in "see" or "last", never like a **z** as in "easy": **casa** = **kah**-sah.

ACCENTS, SIGNS OF PUNCTUATION, ETC

The acute accent (´) is the only accent used in Spanish. It indicates that the stress or emphasis is to be laid on the syllable containing the vowel over which it is placed: **médico** = **may**-de-ko. It is also used to distinguish between words similarly spelt, but of different meaning: **te** (thee), **té** (tea), both of which are pronounced **tay**. It never alters the pronunciation of a letter.

The accent is also used in such words as **cuando** and **donde**, when they actually ask a question: **¿Cuándo llega el barco?** (When does the boat arrive?), but **¿Sabe él cuando llega el barco?** (Does he know when the boat arrives?).

The dieresis (¨) is placed over u (ü) preceded by **g**, to indicate that the **u** must be pronounced: **agüero** = ah-goo'ay-ro.

Question marks and exclamation marks are placed at both ends of the phrase, the first one being inverted (¿)

ADVERBS

Spanish adverbs end generally in "mente" which corresponds to the English "ly" and are formed by adding this termination to the feminine ending "a" of adjectives in o, or to the last letter , whether the vowel "e" or a consonant, of the other adjectives. Ex. **raro** (m.), **rara** (f.), **raramente**; **pobre**, **feliz** (m. & f.), **pobremente**, **felizmente**. Adjectives from which adverbs can thus be formed are marked with an asterisk (*).

THE SPANISH ALPHABET

	A	B	C	CH	D	E
F	G	H	I	J	K	L
LL	M	N	Ñ	O	P	Q
R	S	T	U	V	W	X
Y	Z					

NB: In Spanish, ch, ll and ñ represent separate letters; they therefore appear at the end of the C's, L's, and N's as in other Spanish dictionaries. Similarly, where ch, ll or ñ occurs in the middle of a word, that word is to be found after -cz-, -lz-, or -nz-.

VARYING PRONUNCIATION

The lisping pronunciation of **z**, and **c** before **e** or **i**, is usual in Castile, and as Castilian is considered the most correct Spanish we have used it in this dictionary. But in South and Central America, as well as in some parts of Spain, it is usual to pronounce these letters like the English "s". In the following examples, the Castilian pronunciation comes before the variant: **izquierdo** = ith-ke-**air**-do; iss-ke-**air**-do; **cerca** = **thair**-kah; **sair**-kah; **cielo** = the-**ay**-lo, se-**ay**-lo.

The letter **ll** is pronounced in several ways; we imitate it as "l'y . . . ", but in some areas and in Latin America it has a strong gutteral sound, with the "l" virtually disappearing. Thus **mantilla**, mahn-**tee**-l'yah, becomes mahn-**tee**-yah. In Andalucia and Argentina it is even stronger, the "l" sound being replaced by something like a soft "j" or the "si" in "occasion".

You are advised to pronounce the Spanish **d**, **b**, and **v**, exactly as in English, not making the final **d** too sharp and distinct.

NB: The imitated pronunciation in the Spanish-English section is for English people only. Similarly, the imitated pronunciation in the English-Spanish section is for Spanish people only.

ABBREVIATIONS USED IN THIS DICTIONARY

a	adjective
adv	adverb
art	article
conj	conjunction
eccl	ecclesiastical
elec	electric
f.	feminine
fam	familiar
fig	figuratively
interj	interjection
m.	masculine
mech.	mechanics
med	medical
mil	military
mus	musical
n.	neuter

LA PRONUNCIACIÓN FIGURADA

Cada sílaba de la pronunciación figurada debe pronunciarse como si formara parte de una palabra española. En inglés hay sonidos que no existen en español. Es imposible, por tanto, imitarlos exactamente con sílabas españolas. Las siguientes aclaraciones ayudarán a conseguir la pronunciación exacta de los sonidos.

VOCALES

Es muy importante distinguir las vocales largas de las breves. Las vocales largas se representan en la pronunciación figurada duplicando la vocal. Por ejemplo **cheap**, chiip: **boot**, buut. En algunos casos, la vocal larga se indica con un acento, como en **chair**, chér. Las vocales largas se pronuncian como un **solo sonido**.

A   representa un sonido breve, entre a y e, parecido al de la e en "sello".

oa   debe prooonunciarse como la o en "monte" , pero mas alargado, casi como la **oa** en "loa".

ö   representa un sonido corto y medio, entre la eu y la a de las palabras francesas "fleur" y "lac"

a, e, i, o, u – Estos signos representan vocales no acentuadas que tienen un sonido obscuro y breve que apenas se oye, parecido al de la e en las palabras francesas "de" y "le", y que va casi siempre al final de la palabra. Algunos ejemplos son **doctor**, doc'-ta; **partner**, part'-na. En algunas terminaciones, este sonido indistinto se indica omitiendo la vocal no acentuada: **useful**; ius'-fl; **candle**, kan'-dl. **El sonido verdadero de la vocal no ha de oirse.**
Hay que tener en cuenta esta observación, sobre todo con respecto a las numerosas terminaciones indicadas por *a*, (en inglés *er* no acentuado), en las que la *a* tiene el sobredicho sonido e -vago e indistinto- .

ei, ou – Estas sílabas tienen respectivamente el sonido largo de la e y la o. La i y la u se pronuncian con rapidez y tan ligeramente que apenas se oigan.

ĕr   como la **eu** en las palabras francesas "peur", "fleur" .

El mismo sonido, aunque mas rápido y ligero, se oye también detrás de las vocales largas **é, í, ó, ú**, en las terminaciones **ér, ír, ór, úr**, de la pronunciación figurada.

CONSONANTES

z	como en Castilla, nunca como la s.
D	mayúscula; (véase página viii).
k	siempre como la c en "casa", "como".
j	lo mismo que la j española, pero menos gutural.
s	en la letra gruesa itálica indica un sonido suave, el mismo que s en la palabra francesa "chaise."
sh	como ch en las palabras francesas "chat" y "affiche".
CH	mayúsculas representan un sonido parecido pero mas suave que la j francesa en "jamais" precedido de d.
sh	gruesas como j en la palabra francesa "jamais".
g	(itálica) no suena separadamente, puesto que es un sonido nasal.
r	(itálica) no se pronuncia sino muy ligeramente.
b	se pronuncia siempre lo mismo que la b francesa, nunca como la v.

LOS DOS SONIDOS DE "TH"

El sonido agudo o fuerte de th en inglés se corresponde exactamente con la pronunciación castellana de z en la palabra "vez" o de la c en la palabra "once". En la pronunciación figurada indicamos este sonido con una z. Los hispanos-hablantes que pronuncian la z diferente de la manera castellana (andaluces, sudamericanos etc), deben pronunciarla como la castellana al leer nuestra pronunciación figurada.

El sonido llano o suave de la th en inglés se parece al sonido agudo, precedido por una d débil. Si se pronuncia como la d española en las palabras "padre", "admirar", podra comprenderse, pero no es absolutamente correcto. Este sonido se representa con D (mayúscula).

El sonido llano se pronuncia también con la lengua entre los dientes, lo mismo que cuando se cecea, pero forzando el aliento para que salga fuera por **debajo** de la lengua, en lugar de por encima, como sucede en la pronunciación aguda de th.

LOS SONIDOS DE "S"

La s inglesa, como la francesa, tiene dos sonidos diferentes. Siempre es aguda al principio de una palabra, como en español (castellano) en "seis" y "sobre". Pero a menudo suena como la z inglesa o francesa, sobre todo entre dos vocales. La s suave (suena como algunos españoles pronuncian la s en "risa" o "rosa") se representa con una s gruesa en itálica. Este sonido inglés es como la s francesa de "chose" y "église".

"H" ASPIRADA

La letra **h** aspirada se representa con **j**. Se pronuncia con una respiración fuerte, detrás de los dientes y no detrás de la garganta como la **j** gutural española o la **g** de "gente" o "giro".

"WH" ASPIRADA

En nuestra pronunciación figurada, **ju** pronunciada muy ligeramente y apoyándose sobre la vocal que sigue, representa exactamente el sonido de **wh** aspirada, que aparece en palabras como "who ", juu; **whom** , juum; o **whose**, juus.

LA LETRA "R"

Salvo que vaya seguida inmediatamente de un vocal, se puede decir que al final de una palabra o sílaba es muda o se pronuncia muy flojo, en Londres y en casi todo el sur de Inglaterra. Por ejemplo, **scholar** y **popular** suenan casi como scol'-*a* y pop-**iu**-la. Pero la letra **r** modifica a menudo, y a veces cambia completamente, el sonido de la vocal que la precede.

Ejemplos:		
español	inglés	pronunciación figurada
te	tea	tii o ti
rasgar	tear	ter
el	he	ji o jii
ella	her	jer

Casí en todo el resto del Reino Unido la **r** se pronuncia más fuerte.

ACENTO

La señal ´ indica que la sílaba precedente debe pronunciarse con mas énfasis que las demás.

ADVERBIOS

El asterisco indica los adjetivos a los cuales basta añadir la terminación "**ly**" para convertirlos en adverbios. Por ejemplo: **wise**, sabio; **wisely**, sabiamente. Esta terminación "**ly**" tiene un sonido intermedio entre "le" y "li".

Advertencia: Como la pronunciación figurada en la parte inglés - español es sólo para uso de los españoles, los sonidos ingleses están representados por letras y grupos de letras de origen español (castellano). De la misma manera, la pronunciación figurada de la parte inglés-español solo interesa a las personas de habla inglesa.

EXPLICACIÓN DE LAS ABREVIATURAS

a	adjetivo	*n.*	neutro
a po	adjetivo posesivo	*nau*	náutico
adv	adverbio	*pp*	participio pasado
art	artículo	*photog*	fotografía
conj	conjunción	*pl*	plural
eccl	eclesiástico	*pop*	popular
elec	eléctrico	*prep*	preposición
f.	femenino	*pron*	pronombre
fam	familiar	*pro pers*	pronombre personal
fig	figuradamente	*refl*	reflexivo
interj	interjección	*s*	substantivo
m.	masculino	*s y a.*	substantivo y adjetivo
mech	mecánica	*s & a*	substantivo y adjetivo
med	médico	*s pl*	substantivo plural
mil	militar	*v*	verbo
mus	musical	*vul*	vulgar

SPANISH · ENGLISH
ESPAÑOL · INGLÉS

a, ah *prep* at; to; in; on; by; for; as

abad, ah-**bahd** s abbot

abadejo, ah-bah-**day**-Ho s cod-fish; yellow wren

abajo, ah-**bah**-Ho *adv* below, under, underneath

abalanzar, ah-bah-lahn-**thar** v to balance; to dart; to rush

abalear, ah-bah-lay-**ar** v to winnow; to sift

abandonar, ah-bahn-do-**nar** v to abandon; to give up; to forsake

abandono, ah-bahn-**do**-no s abandonment

abanico, ah-bah-**nee**-ko s fan

abarcar, ah-bar-**kar** v to embrace; to clasp

abarrotar, ah-bar-rro-**tar** v to stow; to overstock

abastecedor, ah-bahs-tay-thay-**dor** s caterer

abastecer, ah-bahs-tay-**thair** v to supply; to provide

abastecimiento, ah-bahs-tay-the-me-**en**-to s provisions

abate, ah-**bah**-tay s abbé

abatido, ah-bah-**tee**-do *a* dejected; abject

abatimiento, ah-bah-te-me-**en**-to s depression

abatir, ah-bah-**teer** v to throw down; to discourage, to be depressed

abdicar, ahb-de-**kar** v to abdicate

abeja, ah-**bay**-Hah s bee

abejón ah-bay-Hon s hornet; drone

abellacado, ah-bell-yah-**kah**-do *a* mean-spirited

aberración ah-bair-rrah-the-on s aberration

abertura, ah-bair-**too**-rah s opening; overture

abierto*, ah-be-**air**-to *a* open; frank

abigarrar, ah-be-gar-**rrar** v to variegate

abismar, ah-biss-**mar** v to think deeply; to depress

abismo, ah-**biss**-mo s abyss

abjurar, ahb-Hoor-**ar** v to abjure

ablandamiento, ah-blahn-dah-me-**en**-to s softening

ablandar, ah-blahn-**dar** v to mollify; to relent; to soften

ablución ah-bloo-the-**on** s ablution

abnegar, ahb-nay-**gar** v to renounce

abobado, ah-bo-**bah**-do *a* silly; stupid

abobamiento, ah-bo-bah-mee-**en**-to s stupefaction

abobar, ah-bo-**bar** v to stupefy

abocamiento, ah-bo-kah-me-en-to s conference

abocarse, ah-bo-kar-say v to meet; to have a conference

abofetear, ah-bo-fay-tay-ar v to slap; to insult

abogado, ah-bo-gah-do s advocate; lawyer; barrister

abogar, ah-bo-gar v to plead; to advocate

abolengo, ah-bo-len-go s ancestry, lineage

abolición ah-bo-le-the-on s abolition

abolir, ah-bo-leer v to abolish, to cancel

abollar, ah-bo-l'yar v to dent; to emboss

abominable, ah-bo-me-nah-blay a abominable

abominar, ah-bo-me-nar v to detest; to abominate

abonado, ah-bo-nah-do s subscriber; a paid; fit for

abonador, ah-bo-nah-dor s bail; surety

abonar, ah-bo-nar v to bail; to manure; to pay; to credit; to subscribe

abonaré, ah-bo-nar-ay s promissory note

abono, ah-bo-no s guarantee; subscription; receipt; manure

abordaje, ah-bor-dah-Hay s boarding a ship; collision; (calle) accosting, approach

abordar, ah-bor-dar v to board a ship; to collide with; (persona) to accost; to approach

aborrecer, ah-bor-rray-thair v to hate, to loathe, to detest, to become bored by

aborrecible, ah-bor-rray-thee-blay a hateful, abhorrent, detestable

abortivo*, ah-bor-tee-vo a abortive

aborto, ah-bor-to s miscarriage; abortion; monster

abotonador, ah-bo-to-nah-dor s button-hook

abotonar, ah-bo-to-nar v to button up; to do up

abovedado, ah-bo-vay-dah-do a vaulted, arched

abra, ah-brah s bay; creek; haven

abrasar, ah-brah-sar v to burn; to set on fire

abrazar, ah-brah-thar v to embrace; to hug

abrazo, ah-brah-tho s hug; embrace

abrelatas, ah-bray-lah-tahs s tin-opener

abreviación ah-bray-ve-ah-the-on s abbreviation

abreviar, ah-bray-ve-ar v to abridge, cut short

abrebiatura, ah-bray-ve-ah-too-rah, s abbreviation

abridor, ah-bre-dor s opener

abrigar, ah-bre-gar v to shelter; to cover

abrigo, ah-bree-go s shelter; overcoat; coat

abril, ah-breel s April

abrir, ah-breer v to open

abrochar, ah-bro-char v to button

abrogar, ah-bro-gar v to abrogate; to repeal

abrojo, ah-bro-Ho s thorn; thistle

abrumado, ah-broo-mah-do a weary; overwhelmed

abrumar, ah-broo-mar v to crush; to overwhelm

abrutado, ah-broo-tah-do a brutish, brutalized

absceso, ahbs-thay-so s abscess

absolución ahb-so-loo-the-on s absolution

absoluto*, ahb-so-loo-to a absolute; en - not at all

absolver, ahb-sol-**vair** v to absolve

absorber, ahb-sor-**bair** v to absorb

abstemio, ahbs-**tay**-me-o a abstemious

abstenerse, ahbs-tay-**nair**-say v to abstain; to refrain

abstinencia, ahbs-te-**nen**-the-ah s abstinence; (drogas) withdrawal

abstinente, ahbs-te-**nen**-tay a abstinent

abstraer, ahbs-trah-**air** v to abstract

abstraido, ahbs-trah-ee-do a retired; absent-minded

absuelto, ahb-soo-el-to a absolved

absurdo, ahb-**soor**-do s absurdity; a absurd

abuela, ah-boo´ay-lah s grandmother

abuelo, ah-boo´ay-lo s grandfather

abultado, ah-bool-**tah**-do a bulky

abundante, ah-boon-**dahn**-tay a abundant

abundar, ah-boon-**dar** v to abound

aburrir, ah-boor-**reer** v to weary; to bore

abusar, ah-boo-**sar** v to abuse

abuso, ah-**boo**-so s abuse

abyección ah-be´ayk-the-on s abjection

abyecto, ah-be´**ayk**-to a abject, wretched

acá, ah-**kah** adv here; over here

acabado, ah-kah-**bah**-do a perfect; complete; worn out

acabamiento, ah-kah-bah-me-**en**-to s end; completion, finishing

acabar, ah-kah-**bar** v to finish; to end

academia, ah-kah-**day**-me-ah s academy

acaecedero, ah-kah-ay-thay-**day**-ro a eventual; contingent

acaecer, ah-kah-ay-**thair** v to happen

acaecimiento, ah-kah-ay-the-me-**en**-to s occurrence; event

acallar, ah-kah-l´**yar** v to quiet

acalorar, ah-kah-lo-**rar** v to warm; to inflame

acampar, ah-kahm-**pahr** v to camp

acantilado, ah-kahn-te-**lah**-do s steep cliff

acantonar, ah-kahn-to-**nar** v to quarter (troops)

acariciar, ah-kah-re-the-**ar** v to fondle; to caress

acarrear, ah-kar-rray-**ar** v to carry; to cause

acarreo, ah-kar-**rray**-o s cartage

acaso, ah-**kah**-so adv by chance, perhaps; s chance

acceder, ahk-thay-**dair** v to accede; to agree

acceso, ahk-**thay**-so s access, entry

accesorio, ahk-thay-so-re-o a accessory, dependent

accidentarse, ahk-the-den-**tar**-say v to have an accident

accidente, ahk-the-**den**-tay s accident

acción ahk-the-**on** s action; feat; battle

accionar, ahk-the-o-**nar** v to gesticulate

accionista, ahk-the-o-**niss**-tah s shareholder

acechar, ah-thay-**char** v to waylay; to pry

acedo, ah-**thay**-do a acid; sour

aceite, ah-**thay**-e-tay s oil

aceitoso, ah-thay-e-**to**-so a oily; greasy

aceituna, ah-thay-e-**too**-nah s olive

aceleración ah-thay-lay-rah-the-**on** s

acceleration

acelerador, ah-thay-lay-rah-**dor** s accelerator

acelerar, ah-thay-lay-**rar** v to accelerate

acendrar, ah-then-**drar** v to refine (metals)

acento, ah-**then**-to s accent

acentuar, ah-then-too-**ar** v to accentuate, to stress, to highlight

acepción, ah-thep-the-on s meaning; sense

aceptable, ah-thep-**tah**-blay a acceptable

aceptación ah-thep-tah-the-on s acceptance, approval

aceptar, ah-thep-**tar** v to accept, to approve

acepto, ah-**thep**-to a acceptable, agreeable

acequia, ah-thay-ke-ah s irrigation ditch; gutter

acerado, ah-thay-**rah**-do a steel; (fig) sharp, cutting

acerbidad, ah-thair-be-**dahd** s acerbity; rigour

acerbo*, ah-**thair**-bo a harsh; bitter

acerca, ah-**thair**-kah prep about; relating to; prep – **de** about, concerning

acercar, ah-thair-**kar** v to approach, to bring

near(er), to approach

acero, ah-**thay**-ro s steel

acérrimo, ah-thair-rre-mo a staunch, bitter, very strong

acertado*, ah-thair-**tah**-do a proper; correct; sensible; bright

acertar, ah-thair-**tar** v to hit the mark; to guess; to succeed

acertijo, ah-thair-**tee**-Ho s riddle, puzzle

acervo, ah-**thair**-vo s heap; common property

aciago, ah-the-**ah**-go a unfortunate; ill-fated

acíbar, ah-**thee**-bar s aloes; bitterness

acicalar, ah-the-kah-**lar** v to polish; to dress up; to embellish

acidez, ah-the-**deth** s acidity

ácido, ah-the-do a acid; sour

acierto, ah-the-**air**-to s good hit; good guess; wise move; success

aclamación ah-klah-mah-the-on s acclamation

aclamar, ah-klah-**mar** v to acclaim; to applaud

aclaración ah-klah-rah-the-on s explanation; clarification

aclarar, ah-klah-**rar** v to explain; to clarify; to rinse

aclimatar, ah-kle-mah-**tahr** v to acclimatize

acné, ahk-**nay** s acne

acobardar, ah-ko-bar-**dar** v to daunt; to intimidate

acodiciar, ah-ko-de-the-**ar** v to covet

acoger, ah-ko-**Hair** v to receive; to admit someone; to welcome; to receive; to give refuge to

acogida, acogimiento, ah-ko-**Hee**-dah, ah-ko-He-me-en-to s reception, welcome

acometedor, ah-ko-may-tay-**dor** s aggressor; energetic; enterprising

acometer, ah-ko-may-**tair** v to undertake; to attack; to assail

acometida, ah-ko-may-**tee**-dah s assault

acomodado*, ah-ko-mo-**dah**-do a convenient; fit; wealthy; reasonable

acomodar, ah-ko-mo-**dar** v to accommodate; to reconcile; to supply

acomodo, ah-ko-**mo**-do s situation; lodgings; post; job; arrangement, agreement

acompañar ah-kom-pah-**n´yar** v to accompany; to go with

acondicionado, ah-kon-de-the-o-**nah**-do a conditioned

acondicionar, ah-kon-de-the-o-**nar** v to arrange; to prepare; to make suitable

acongojar, ah-kon-go-**Har** v to oppress; to afflict

aconsejar, ah-kon-say-**Har** v to advise

acontecer, ah-kon-tay-**thair** v to happen

acontecimiento, ah-kon-tay-the-me-**en**-to s event; happening

acopiar, ah-ko-pe-ar v to gather; to store up

acorazar, ahh-ko-rah-**thah** v to armour

acorcharse, ah-kor-char-say v to shrivel; to become spongy

acordado*, ah-kor-dah-do a agreed

acordar, ah-kor-**dar** v to resolve; to agree; to remember

acorde, ah-**kor**-day s cord; accord; a in agreement, harmonious

acortamiento, ah-kor-tah-me-**en**-to s shortening

acortar, ah-kor-**tar** v to shorten, to reduce

acosamiento, a-ko-sah-me-**en**-to s relentless persecution

acosar, ah-koh-**sar** v to pursue close; to harass

acostar, ah-kos-**tar** v to lay down; to go to bed, to lie down

acostumbrar, ah-kos-toom-**brar** v to accustom; to get used to

acotación, ah-ko-tah-the-**on** s limit; annotation; boundary mark; marginal note

acotar, ah-ko-**tar** v to limit; to survey

acre*, **ah**-kray a acrid, sour; acre

acrecentamiento, ah-kray-then-tah-me-**en**-to s increase

acrecer, ah-kray-**thair** v to increase

acreditar, ah-kray-de-**tar** v to prove, to credit

acreedor, ah-kray-ay-**dor** s creditor; a deserving

acribar, ah-kray-**bar** v to sift

acriminar, ah-kre-me-**nar** v to accuse

acrimonia, ah-kre-mo-ne-

ah s acrimony

acrisolar, ah-kre-so-**lar** v to purify; to prove

acritud, ah-kre-**tood** s sourness; acrimony

acróbata, ah-**kro**-bah-tah s acrobat.

acta, **ahk**-tah s act; record; minutes

actitud, ahk-te-**tood** s attitude

activar, ahk-te-**var** v to push; to hurry; to activate; to speed up

actividad, ahk-te-vi-**dahd** s activity

activo*, ahk-**tee**-vo a active

actor, ahk-**tor** s actor

actriz, ahk-**treeth** s actress

actuación ahk-too-ah-the-**on** s action; performance

actual*, ahk-too-**ahl** a present; s present, current, modern

actualidad, ahk-too-ah-le-**dahd** s present time

actuar, ahk-too-**ar** v to act, to proceed at law; to perform judicial acts

actuario, ahk-too-**ah**-re-o s registrar

acuarela, ah-koo´ah-**ray**-lay s water-colour

acuario, ah-koo-**ah**-re-o s

1 9

aquarium

acudir, ah-koo-**deer** v to support; to run to; to have recourse

acueducto, ah-koo-´ay-dook-to s aqueduct

ácueo, ah-koo´ay-o a watery

acuerdo, ah-koo´**air**-do s resolution; accord; recollection

acumular, ah-koo-moo-**lar** v to accumulate

acuosidad, ah-koo´o-si-**dahd** s wateriness

acuso, ah-goo´o-so a aqueous

acurrucarse, ah-koor-rroo-**kar**-say v to squat

acusación ah-koo-sah-the-**on** s accusation

acusar, ah-koo-**son** v to accuse

acusón ah-koo-**son** s (fam) sneak; tell-tale

acústica, ah-**kooss**-te-kah s acoustics

achacar, ah-chah-**kar** v to impute

achacoso, ah-chah-**ko**-so a sickly; ailing

achaparrado, ah-chah-par-**rrah**-do a dwarfish

achaque, ah-**chah**-kay s habitual indisposition

achatar, ah-chah-**tar** to

flatten

achicar, ah-che-**kar** v to diminish; to lessen; to humble

achicoria, ah-che-ko-re-ah s chicory

achispado, ah-chis-**pah**-do a tipsy

achuchar, ah-choo-**char** v to flatten; to jostle

adalid, ah-dah-**leed** s chief; leader

adamascado, ah-dah-mahs-**kah**-do a damask

adán, ah-**dahn,** s Adam; (fig) slovenly man

adaptación ah-dahp-tah-the-**on** s adaption

adaptado*, ah-dahp-**tah**-do a adapted, fitted

adarme, ah-**dar**-may s whit

adecuado*, ah-day-koo´**ah**-do a adequate

adecuar, ah-day-koo´**ar** v to fit, to adapt

adefesio, ah-day-**fay**-se-o s extravagance; ridiculous attire

adelantado, ah-day-lahn-**tah**-do a anticipated; forward

adelantar, ah-day-lahn-**tar** v to advance; to anticipate; to accelerate

adelante, ah-day-**lahn**-tay

adv further; forward

adelgazar, ah-del-gah-**thar** v to make thin; to lose weight

ademán, ah-day-**mahn** s gesture; look

además, ah-day-**mahs** adv moreover; further; besides

adentro, ah-**den**-tro adv within

adepto, ah-**dep**-to a adept s follower

aderezar, ah-day-ray-**thar** v to adorn; to dress

aderezo, ah-day-**ray**-tho s adorning; dressing (food)

adestrar, ah-dess-**trar** v (see **adiestrar**)

adeudado, ah-day-oo-**dah**-do a in debt

adherentes, ah-day-**ren**-tess s adherent; follower

adherir, ah-day-**reer** v to adhere

adhesión ah-day-se-**on** s adhesion

adición, ah-de-the-**on** s addition

adicto, ah-**deck**-to a addicted

adiestrar, ah-de-ess-**trar** v to guide, to teach, to train

adinerado, ah-de-nay-**rah**-

do *a* rich; wealthy

¡adios! ah-de-os *interj*
good-bye; farewell;
adieu

aditivo, ah-de-tee-vo *s*
additive

adivinar, ah-de-ve-**nar** *v*
to foretell; to
conjecture; to guess

adjetivo, ahd-Hay-tee-vo *s*
adjective

adjudicar, ahd-Hoo-de-
kar *v* to adjudge; to
adjudicate

adjunta, ahd-Hoon-tah *s*
enclosure

adjunto, ahd-Hoon-to *a*
enclosed

administración, ahd-me-
niss-trah-the-**on** *s*
administration

administrar, ahd-me-niss-
trar *v* to manage; to
administer

admirable*, ahd-me-**rah**-
blay *a* admirable

admirar, ahd-me-**rar** *v* to
admire

admisible, ahd-me-**see**-
blay *a* admissible

admitir, ahd-me-teer *v* to
admit; to accept

admonición ahd-mo-ne-
the-**on** *s* warning

adobar, ah-do-**bar** *v* to
dress; to pickle; to cook;

to season

adocenado, ah-do-thay-
nah-do *a* common;
vulgar

adoctrinar, ah-dok-tre-**nar**
v to instruct

adolecer, ah-do-lay-**thair** *v*
to be ill; to suffer from

adolescencia, ah-do-less-
then-the-ah *s*
adolescence

adolescente, ah-do-less-
then-tay *a* adolescent

adónde, ah-**don**-day *adv*
where?

adoptar, ah-dop-**tar** *v* to
adopt

adoquín, ah-do-**keen** *s*
paving stone

adorable*, ah-do-**rah**-blay
a adorable

adorador, ah-do-rah-**dor** *s*
worshipper

adorar, ah-do-**rar** *v* to
adore; to worship

adormecer, ah-dor-may-
thair *v* to cause sleep; to
fall asleep; to lull

adornar, ah-dor-**nar** *v* to
adorn

adquirir, ah-ke-reer *v* to
acquire; to get

adrede, ah-**dray**-day *adv*
purposely; on purpose

adscribir, ahds-kre-**beer** *v*
to appoint to

aduana, ah-doo´ah-nah *s*
custom-house; customs

aduanero, ah-doo´ah-**nay**-
ro *s* customs officer

aducir, ah-doo-**theer** *v* to
cite; to adduce

adueñarse c ah-doo´ay-
n´yar-say *v* to take
possession of

adulación, ah-doo-lah-
the-**on** *s* adulation

adulterar, ah-dool-tay-**rar**
v to adulterate

adulto, ah-**dool**-to *a* adult

adusto, ah-**dooss**-to *a*
sullen; austere

advenedizo, ahd-vay-nay-
dee-tho *a* foreign

advenimiento, ahd-vay-
ne-me-**en**-to *s* advent;
arrival

adverbio. ahd-**vair**-be-o *s*
adverb

adversario, ahd-vair-**sah**-
re-o *s* opponent

adversidad, ahd-vair-se-
dahd *s* adversity

advertencia, ahd-vair-**ten**-
the-ah *s* warning;
notice; advertence

advertido*, ahd-vair-tee-
do *a* warned; clever

advertimiento, see
advertencia

advertir, ahd-vair-**teer** *v*
to warn; to observe

adyacente, ahdfyah-**then**-tay *a* adjacent, contiguous

aerobic, ah-ay-ro-bek *s* aerobics

aerodromo, ah-ay-ro-**dro**-mo *s* aerodrome

aeronave, ah-ay-ro-**nah**-vay *s* airship

aeroplano, ah-ay-ro-**plah**-no *s* aeroplane

aeropuerto, ah-ay-ro-poo´**air**-to *s* airport

aerosol, ah-ay-ro-**sol** *s* aerosol

afabilidad, ah-fah-be-le-**dahd** *s* affability

afable*, ah-**fah**-blay *a* affable

afamado, ah-fah-**mah**-do *a* celebrated; famous

afán, ah-**fahn** *s* anxiety; solicitude

afanar, ah-fah-**nar** *v* to toil; to be oversolicitous

afear, ah-fay-**ar** *v* to deface; to disfigure; to decry

afección, ah-fek-the-**on** *s* affection

afectado, ah-fek-tah-do *a* affected

afectuoso, ah-fek-too´**o**-so *a* affectionate; kind, loving

afeitar, ah-fay´**e**-tar *v* to

shave; to trim

afeminado, ah-fay-me-**nah**-do *a* effeminate

aferrar, ah-fair-**rar** *v* to grasp; to grapple

afianzar, ah-fe-ahn-**thar** *v* to guarantee; to strengthen

afición ah-fe-the-**on** *s* taste; inclination; hobby

aficionado, ah-fe-the-o-**nah**-do *s* amateur; fan

afijo, ah-**fee**-Ho *s* affix

afilado, ah-fe-**lah**-do *a* sharp

afilar, ah-fe-**lar** *v* to sharpen; to whet

afín, ah-**feen** *s* relation by affinity; close by

afinar, ah-fe-**nar** *v* to complete; to polish; to tune

afincarse, ah-fin-**kar**-say *v* to settle

afinidad, ah-fe-ne-**dahd** *s* affinity, analogy

afirmar, ah-**feer**-mar *v* to affirm; to make fast

aflicción ah-fleek-the-**on** *s* grief; sorrow; anguish

afligir, ah-fle-**Heer** *v* to afflict; to grieve

aflojamiento, ah-flo-Hah-me-en-to *s* relaxation; slackening

aflojar, ah-flo-**Har** *v* to

loosen; to relax; to relent; to slacken (off)

afluente, ah-floo-en-tay *a* affluent; copious

afluir, ah-floo-**eer** *v* to flow into; to congregate

afortunado, ah-for-too-**nah**-do *a* fortunate; lucky

afrenta, ah-**fren**-tah *s* affront; insult

afrentar, ah-fren-**tar** *v* to affront; to insult

afuera, ah-foo´**ay**-rah *adv* abroad; away; outside

afueras, ah-foo´**ay**-rahs *s* environs

agacharse, ah-gah-**char**-say *v* to crouch; to stoop

agallas, ah-**gah**-l´yahs *s* glands; gills; galls

agarrada, ah-gar-**rrah**-dah *s* altercation

agarrar, ah-gar-**rrar** *v* to grasp; to seize

agarro, ah-**gar**-rro *s* grasp

agasajar, ah-gah-sah-**Har** *v* to treat kindly; to regale; to entertain

agasajo, ah-gah-**sah**-Ho *s* kind treatment; gift

agazaparse, ah-gah-thah-**par**-say *v* to hide oneself

agencia, ah-**Hen**-the-ah *s* agency

agenciar, ah-**Hen**-the-ar *v*

to obtain; to negotiate

agente, ah-**Hen**-tay s agent

agigantado, ah-**He**-gahn-tah-do a gigantic

agilidad, ah-**He**-le-dahd s agility; nimbleness

agio, agiotaje, ah-**He**-o, ah-**He**-o-tah-**Hay** s speculation

agitación ah-**He**-tah-the-on s agitation

agitar, ah-**He**-tar v to agitate; to stir; to discuss

aglomerar, ah-glo-may-rar v to agglomerate

agobiar, ah-go-be-ar v to bow; to oppress

agobio, ah-**go**-be-o s burden; oppression

agolparse, ah-gol-**par**-say v to crowd; to rush

agonía, ah-go-nee-ah s agony

agorar, ah-go-rar v to prognosticate

agotamiento, ah-go-tah-me-en-to s exhaustion

agotar, ah-go-tar v to exhaust

agraciado, ah-grah-the-ah-do a graceful; genteel

agradable, ah-grah-**dah**-blay a agreeable; nice

agradar, ah-grah-dar v to be pleasing; to please

agradecer, ah-grah-day-**thair** v to thank for

agradecido, ah-grah-day-**thee**-do a thankful; grateful

agradecimiento, ah-grah-day-thee-me-**en**-to s gratefulness

agrado, ah-**grah**-do s affability; pleasure; liking

agrandar, ah-grahn-dar v to enlarge

agrario, ah-**grah**-re-o a agrarian; rustic

agravar, ah-grah-var v to aggravate; to become grave or worse

agraviar, ah-grah-ve-ar v to offend; to injure

agredir, ah-gray-**deer** v to attack; to assault

agregar, ah-gray-gar v to add; to gather

agresión ah-gray-se-on s aggression; attack

agreste, ah-**gress**-tay a rustic; rude

agriar, ah-gre-ar v to make sour; to irritate

agricultor, ah-gre-kool-**tor** s farmer

agrio, ah-gre-o a sour

agrupación ah-groo-pah-the-on s cluster; group

agrupar, ah-groo-**par** v to

gather; to group

agua, ah-**goo**´ah s water

aguacate, ah-goo´ah-**ka**-tay s avocado

aguacero, ah-goo´ah-**thay**-ro s shower

aguado, ah-goo´**ah**-do a watery

aguantar, ah-goo´ahn-**tar** v to suffer; to endure; to bear

aguante, ah-goo´**ahn**-tay s fortitude; patience; strength

aguardar, ah-goo´ar-dar v to expect; to wait for

aguardiente, ah-goo´ar-de-en-tay s brandy

aguarrás, ah-goo´ar-**rrahs** s oil of turpentine

aguazal, ah-goo´ah-**thahl** s puddle; fen

agudeza, ah-doo-**day**-thah s acuteness; wit

agudo*, ah-goo-do a sharp; acute

agüero, ah-goo´**ay**-ro s omen; sing

aguerrir, ah-gair-**rreer** v to inure; to war

águila, ah-**ghee**-lah s eagle

aguileño ah-ghee-**lay**-n´yo a aquiline

aguinaldo, ah-ghee-**nahl**-do s Christmas box

aguja, ah-goo-Hah s

needle

agujerear, ah-goo-Hay-ray-**ar** v to pierce; to perforate

agujero, ah-goo-Hay-ro s hole

aguzar, ah-goo-**thar** v to sharpen; to whet

aherrojar, ah-air-rro-**Har** v to fetter; to chain

ahijado, ah-e-**Hah**-do s godchild

ahijar, ah-e-**Har** v to adopt

ahínco, ah-**een**-ko s effort; eagerness

ahogar, ah-o-**gar** v smother; to choke; to drown

ahogo, ah-o-go s oppression; anguish; suffocation

ahondar, ah-on-**dar** v to dig; to go deep

ahora, ah-o-rah adv now

ahorcar, ah-or-**kar** v to hang

ahorrar, ah-or-**rrar** v to save; to spare

ahorro, ah-or-**rro** s economy; saving

ahuchar, ah´oo-**char** v to hoard up

ahuecar, ah´oo´ay-**kar** v to hollow; to deepen

ahumar, ah´oo-**mar** v to

smoke; to cure in smoke

ahuyentar, ah´oo´yen-**tar** v to put to flight

airado, ah´e-**rah**-do a irritated; angry

aire, ah´e-ray s air; gait; gracefulness

aislado*, ah´iss-**lah**-do a isolated

ajar, ah-**Har** v to ruffle; to wither

ajedrez, ah-Hay-**dreth** s chess

ajeno, ah-**Hay**-no a another's; foreign

ajetrearse, ah-Hay-tray-ar-say v to tire; to fidget; to bustle about

ajo, ah-**Ho** s garlic

ajuar, ah-**Hoo´ar** s household furniture; trousseau

ajuiciado, ah-**Hoo´ee**-the-ah-do a judicious

ajustado*, ah-**Hoos-tah**-do a exact; stingy

ajustamiento, ah-**Hoos**-tah-me-en-to s agreement; settlement

ajusticiar, ah-**Hoos-te**-the-ar v to execute

ala, ah-lah s wing; row; brim

alabanza, ah-lah-**bahn**-thah s praise

alabar, ah-lah-**bar** v to

praise; s boast

alabastro, ah-lah-**bahs**-tro s alabaster

alacena, ah-lah-**thay**-nah s cupboard

alacrán, ah-lah-**krahn** s scorpion

alado, ah-lah-do a winged

alambicar, ah-lahm-be-**kar** v to distil; to scrutinize

alambique, ah-lahm-bee-kay s still

alambre, ah-lahm-bray s wire

alameda, ah-lah-**may**-dah s poplar; grove; public walk

álamo, ah-lah-mo s poplar

alarde, ah-lar-day s parade; ostentation

alardear, ah-lar-day-ar v to boast

alargamiento, ah-lar-gah-me-en-to s lengthening

alargar, ah-lar-gar v to lengthen; to increase

alarido, ah-lah-ree-do s yell

alarma, ah-lar-mah s alarm

alba, ahl-bah s dawn; daybreak

albahaca, ahl-bah-ah-kah s basil

albañal ahl-bahn-y´**ahl** s
common sewer

albañil ahl-bahn-y´**eel** s
bricklayer; building
worker

albarda, ahl-**bar**-dah s
pack-saddle

albaricoque, ahl-bar-re-
co-kay s apricot

albedrío, ahi-bay-**dree**-o s
free will

alberca, ahl-**bair**-kah s
reservoir; tank

albergar, ahl-**bair**-**gar** v to
lodge; to shelter

albo, ahl-bo a very white

albor, ahl-**bor** s whiteness;
daybreak

alborotado*, ahl-bo-ro-
tah-do a turbulent;
restless

alborotar, ahl-bo-ro-**tar** v
to disturb; to agitate

alboroto, ahl-bo-ro-to s
tumult; riot; fuss

alborozo, abl-bo-ro-tho s
merriment; joy

albricias, ahl-**bree**-the-ahs
s reward for good news

albufera, ahl-boo-fay-rah
s pond; lake by the sea

albur, ahl-**boor** s bleak;
risk; chance

alcachofa, ahl-kah-cho-
fah s artichoke

alcahuete, ahl-kah-oo´ay-

tay s pimp; procurer;
bawd

alcalde, ahl-**kahl**-day s
mayor;

alcance, ahl-**kahn**-thay s
overtaking; deficit;
reach; ability

alcancía, ahl-kahn-**the**-ah
s moneybox

alcanfor, ahl-kahn-**for** s
camphor

alcantarilla, ahl-kahn-
tah-ree-l´yah s sewer

alcanzar, ahl-kahn-**thar** v
to catch up; to reach; to
obtain; to comprehend;
to suffice

alcaparra, ahl-kah-**par**-
rrah s caper

alcaravea, ahl-kah-rah-
vay-ah s caraway seed

alcatraz, ahl-kah-**trath** s
gannet

alcayata, ahl-kah-**yah**-tah
s hook

alcázar, ahl-kah-**thar** s
castle, fortress

alcoba, ahl-ko-bah s
bedroom

alcohol, ahl-ko-ol s
alcohol

alcohólico, ahl-ko-ole-ko
a alcoholic

alcornoque, ahl-kor-no-
kay s cork tree

aldaba, ahl-**dah**-bah s door

knocker

aldabada, ahl-dah-**bah**-
dah s knock on the door

aldabón ahl-dah-bon s
large knocker

aldea, ahl-**day**-ah s small
village; hamlet

aldea global, ahl-day-ah
glo-**bahl** s global village

aldeano, ahl-day-**ah**-no s
villager

aldeorrio, ahl-day-or-rre-o
s small unpleasant
village

aleación ah-lay-ah-the-**on**
s alloy

alear, ah-lay-**ar** v to alloy;
to flutter

alegación ah-lay-gah-the-
on s declaration

alegar, ah-lay-**gar** v to
allege; to plead

alegoría, ah-lay-go-ree-ah
s allegory

alegrar, ah-lay-**grar** v to
make merry; to rejoice

alegre*, ah-**lay**-gray a
merry; joyful: cheerful

alegría, ah-lay-**gree**-ah s
merriment; mirth; joy

alejamiento, ah-lay-**Hah**-
me-**en**-to s removal;
strangeness

alejar, ah-lay-**Har** v to
remove to a distance

alelarse, ah-lay-**lar**-say v

to look foolish
alentado, ah-len-**tah**-do *a*
  courageous
alentar, ah-len-**tar** *v* to
  breathe; to encourage;
  to cheer
alergia, ah-layr-**He**-ah *s*
  allergy
alérgico, ah-layr-**He**-ko *a*
  allergic (to)
alero, ah-**lay**-ro *s* eaves;
  gable-end
alertar, ah-lair-**tahr** *v* to
  alert
aleta, ah-**lay**-tah *s* small
  wing, fin (of a fish)
aleve, ah-**lay**-vay *a*
  treacherous
alfabeto, ahl-fah-**bay**-to *s*
  alphabet
alfalfa, ahl-**fahl**-fah *s*
  lucerne
alfarería, ah-fah-ray-ree-
  ah *s* pottery
alféizar, ahl-**fay**´e-thar *s*
  splay; windows
alférez, ahl-**fay**-reth *s*
  subaltern
alfiler, ahl-fe-**lair** *s* pin
alfombra, ahl-**fom**-brah *s*
  carpet; rug
alforja, ahl-**for**-Hah *s*
  saddlebag
algarabía, ahl-gah-rah-
  bee-ah *s* arabic tongue;
  gibberish; din

algazara, ahl-gah-**thah**-rah
  s clamour
álgebra, ahl-**Hay**-brah *s*
  algebra
algo, ahl-go *adv & pron*
  something; anything;
  somewhat
algodón ahl-go-**don** *s*
  cotton
alguacil, ahl-goo´ah-**thill** *s*
  constable
alguien, ahlg-e-en, *pron*
  someone; anyone
algún, ahl-**goon**, *pron* (see
  alguno)
alguno, ahl-**goo**-no *a*
  some; any; somebody
alhaja, ahl-ah-**Hah** *s* jewel
alharaca, ahl-ah-**rah**-kah *s*
  clamour; vociferation
alhelí, ah-lay-**lee** *s*
  wallflower
alhóndega ahl-**on**-de-gah *s*
  public granary; wheat
  exchange
aliado, ah-le-**ah**-do *a*
  allied
alianza, ah-le-**ahn**-thah *s*
  alliance
alias, ah-le-ahs *adv*
  otherwise; alias
alicates, ah-le-**kah**-tess *s*
  pincers; pliers
aliciente, ah-le-the-**en**-tay
  s attraction; inducement
alienar, ah-le-ay-**nar**, (see

  enajenar)
aliento, ah-le-**en**-to *s*
  breath; spirit
aligerar, ah-le-**Hay**-rar *v*
  to lighten; to alleviate
alijar, ah-le-**Har** *v* to
  lighten; *s* file
alijo, ah-lee-**Ho** *s*
  lightening; contraband
alimento, ah-le-**men**-to *s*
  nourishment; food
alinear, ah-le-nay-**ar** *v* to
  align
aliñar ah-lee-**n**´**yar** *v* to
  adorn; to dress; to
  season
aliño ah-lee-**n**´yo *s*
  ornament; dress;
  seasoning
alisar, ah-le-**sar** *v* to
  plane; to polish
aliso, ah-lee-so *s* alder tree
alistar, ah-liss-**tar** *v* to
  enlist; to enrol
aliviar, ah-le-ve-**ar** *v* to
  ease; to soothe
alivio, ah-lee-ve-o *s*
  alleviation; relief
aljaba, ahl-**Hah**-bah *s*
  quiver
aljibe, ahl-**Hee**-bay *s*
  cistern
aljofaina, ahl-Ho-fah´e-
  nah *s* wash-bowl, basin
alma, ahl-mah *s* soul;
  mind; human being;

substance
almacén, ahl-mah-**then** s
warehouse; storehouse
almacenaje, ahl-mah-
thay-**nah**-Hay s
warehouse fee
almacenar, ahl-mah-thay-
nar v to store
almacenista, ahl-mah-
thay-**niss**-tah s
warehouse owner
almadreñas ahl-mah-
dray-n´yahs s wooden
shoes
almagre, ahl-**mah**-gray s
red ochre
almanaque, ahl-mah-**nah**-
kay s almanac
almeja, ahi-**may**-Hah s
cockle; clam
almenara, ahl-may-**nah**-
rah s beacon
almendra, ahl-**men**-drah s
almond
almendro, ahl-**men**-dro s
almond tree
almendrado, ahl-men-
drah-do s macaroon; a
nutty
almete, ahl-**may**-tay s
helmet
almiar, ahl-me-**ar** s hay
stack
almíbar, ahl-**mee**-bar s
syrup
almidón ahl-me-**don** s

starch
almirante, ahl-me-**rahn**-
tay s admiral
almirez, ahl-me-**rayth** s
mortar
almizcle, ahl-**mith**-clay s
musk
almohada, ahl-mo-ah-dah
s pillow; bolster; cushion
almohadilla, ahl-mo-ah-
dee-l´yah s small pillow;
pin-cushion
almohadón ahl-mo-ah-
don s large cushion
almoneda, ahl-mo-**nay**-
dah s public auction
almorranas, ahl-mor-
rrah-nahs s
hemorrhoids; piles
almorzar, ahl-mor-**thar** v
to have lunch
almuerzo, ahl-moo´**air**-
tho s lunch
alocado*, ahl-lo-**kah**-do a
foolish; wild
alocución ah-lo-koo-the-
on s allocution
alojamiento, ah-lo-Hah-
me-**en**-to s lodging
alojar, ah-lo-**Har** v to
lodge
alón ah-**lon** s wing
alondra, ah-**lon**-drah s
lark
alpaca, ahl-**pah**-kah s
alpaca

alpargata, ahl-par-**gah**-tah
s espadrille
alquería, ahl-kay-**ree**-ah s
farmhouse
alquilar, ahl-ke-**lar** v to
let, to hire, to rent
alquiler, ahl-ke-**lair** s hire;
rent
alquitrán, ahl-ke-**trahn** s
tar
alrededor, ahl-ray-**day**-dor
adv around; about; s pl
environs
altanero, ahl-tah-**nay**-ro a
haughty
alta tegnología, ahl-tah
tek-no-lo-**Hee**´ah s hi-
tech
altar, ahl-**tar** s altar
alterable, ahl-tay-**rah**-blay
a changeable
alterar, ahl-tay-**rar** v to
alter; to change; to stir
up
altercado, ahl-tair-**kah**-do
s quarrel; contest
alternar, ahl-tair-**nar** v to
alternate
alteza, ahl-**tay**-thah s
height; highness
altilocuente, ahl-te-
koo´**en**-tay a bombastic
altivez, ahl-te-**veth** s
haughtiness; arrogance
altivo*, ahl-**tee**-vo a
haughty; proud

alto, ahl-to, *a** tall; lofty; high; arduous; exalted

alto el fuego, ahl-to ell foo**'ay**-go *s* ceasefire

altura, ahl-**too**-rah *s* height; altitude; summit

alubia, ah-loo-be-ah *s* French bean

alucinación ah-loo-the-nah-the-**on** *s* hallucination

alud, ah-**lood** *s* avalanche

aludir, ah-loo-**deer** *v* to allude

alumbrar, ah-loom-**brar** *v* to light; to enlighten; to illuminate

alumbre, ah-**loom**-bray *s* alum

aluminio, ah-loo-**mee**-ne-o *s* aluminium

alumno, ah-**loom**-no *s* pupil; student

alusión ah-loo-se-**on** *s* allusion

alza, ahl-thah *s* rise

alzada, ahl-**thah**-dah *s* height

alzamiento, ahi-thah-me-**en**-to *s* raising up; uprising; revolt

alzar, ahl-**thar** *v* to raise; to lift

allá, ah-**l'yah** *adv* there; thither

allanar, ah-l'**yah**-nar *v* to level; to remove difficulties; to pacify

allegado, ah-l'**yay**-**gah**-do *a* near; related

allegar, ah-l'**yay**-gar *v* to gather; to collect

allí, ah-**l'yee** *adv* there

ama, ah-mah *s* mistress of the house; nurse

amable*, ah-**mah**-blay *a* kind

amador, ah-mah-**dor** *s* lover

amaestrar, ah-mah-ess-**trar** *v* to instruct; to break in

amagar, ah-mah-**gar** *v* to threaten; to hint

amainar, ah-mah-ee-**nar** *v* to moderate; to relax; to lessen

amamantar, ah-mah-mahn-**tar** to suckle; to nurse

amancebamiento, ah-mahn-thay-bah-me-**en**-to *s* cohabitation

amancebarse, ah-mahn-thay-**bar**-say *v* to live together

amancillar, ah-mahn-se-**l'yar** *v* to stain; to defame

amanecer, ah-mah-nay-**thair** *v* to dawn; to arrive at break of day

amanerado, ah-may-nay-**rah**-do *a* affected; mannered

amansamiento, ah-mahn-sah-me-en-to *s* taming

amansar, ah-mahn-**sar** *v* to tame; to domesticate

amante, ah-**mahn**-tay *s* lover

amaño ah-**mah**-n'yo *s* skill; dexterity

amapola, ah-mah-po-lah *s* poppy

amar, ah-**mar** *v* to love; to like

amargar, ah-mar-**gar** *v* to embitter; to taste bitter

amargo*, ah-**mar**-go *a* bitter

amargura, ah-mar-goo-rah *s* pain; grief; bitterness

amarillez, ah-mah-re-**l'yeth** *s* yellowness

amarillo, ah-mah-**ree**-l'yo *a* yellow

amarra, ah-**mar**-rrah *s* mooring; cable

amarradero, ah-mar-rrah-**day**-ro *s* mooring; post

amarrar, ah-mar-**rrar** *v* to fasten; to tie up

amartelar, ah-mar-tay-**lar** *v* to court; to win

amasar, ah-mah-**sar** *v* to knead

amatista, ah-mah-**tiss**-tah *s* amethyst

ambicionar, ahm-be-the-o-**nar** *v* to covet; to aspire

ambicioso, ahm-be-the-o-so *a* ambitious; covetous

ambigüedad, ahm-be-goo´ay-**dahd** *s* ambiguity

ambos, ahm-bos *a* both

amedrentar, ah-may-dren-**tar** *v* to intimidate

amenazar, ah-man-nah-**thar** *v* to threaten

amenidad, ah-may-ne-**dahd** *s* amenity

ameno, ah-**may**-no *a* pleasant; agreeable

amianto, ah-me-**ahn**-to *s* asbestos

amiga, ah-**mee**-gah *s* friend; mistress; girlfriend

amigable*, ah-me-**gah**-blay *a* friendly

amigo, ah-**mee**-go *s* friend

amilanar, ah-me-lah-**nar** *v* to frighten

amistad, ah-mis-**tahd** *s* friendship

amistar, ah-miss-**tar** *v* to reconcile; to bring together

amo, ah-mo *s* master; owner

amohinar, ah-mo-e-**nar** *v*
to vex; to annoy

amojonar, ah-mo-Ho-**nar** *v* to set land-marks

amoldar, ah-mol-**dar** *v* to mould

amonedar, ah-mo-nay-**dar** *v* to coin

amonestar, ah-mo-ness-**tar** *v* to admonish; to warn

amontonar, ah-mon-to-**nar** *v* to heap up; to pile (up)

amor, ah-**mor** *s* love

amoratado, ah-mo-rah-**tah**-do *a* livid; purple

amoroso*, ah-mo-ro-so *a* loving

amortajar, ah-mor-tah-**Har** *v* to shroud

amortecer, ah-mor-tay-**thair** *v* to deaden; to swoon

amortiguar, ah-mor-te-goo´ar *v* to temper; to lessen

amortizar, ah-mor-te-**thar** *v* to amortize

amparar, ahm-pah-**rar** *v* to protect; to shelter

amparo, ahm-**pah**-ro *s* protection; aid; shelter

ampliación, ahm-ple-ah-the-**on** *s* amplification; enlargement

ampliar, ahm-ple-**ar** *v* to
amplify; to enlarge

amplificador, ahm-ple-fe-kah-**dor** *s* amplifier

amplio*, ahm-ple-o *a* ample; large; wide

ampolla, ahm-po-l´yah *s* blister; cruet

amputar, ahm-poo-**tar** *v* to amputate

amueblar, ah-moo´ay-**blar** *v* to furnish

amujerado, ah-moo-Hay-rah-do *a* effeminate

amuleto, ah-moo-lay-to *s* charm; talisman; amulet

ánade, ah-nah-day *s* duck

análisis, ah-**nah**-le-siss *s* analysis

analogía, ah-nah-lo-Hee-ah *s* analogy

anaquel, ah-nah-**kel** *s* shelf

anaranjado, ah-nah-rahn-Hah-do *a* orange-coloured

anarquía, ah-nar-**kee**-ah *s* anarchy

anca, ahn-kah *s* haunch

anciano, ahn-the-**ah**-no *a* aged; old (man or woman)

ancla, ahn-klah *s* anchor

ancho*, ahn-cho *a* broad; wide

anchoa, ahn-cho-ah *s* anchovy

anchura, ahn-**choo**-rah s
breadth; width

andamio, ahn-**dah**-me-o s
scaffold; platform

andar, ahn-**dar** v to go; to
walk

andén, ahn-**den** s side-
walk; railway platform

andrajo, ahn-**drah**-Ho s
rag; despicable person

anegar, ah-nay-**gar** v
inundate

anejo, ah-**nay**-Ho a
annexed

anémico, ah-**nay**-me-ko a
anaemic

anexo, ah-**nek**-so a
annexed; joined

angarillas, ahn-gah-**ree**-
l´yahs s hand-barrow

ángel, **ahn**-Hayl s angel

angina, ahn-**Hee**-nah s
sore throat

angostar, ahn-gos-**tar** v to
narrow; to contract

angosto*, ahn-**gos**-to a
narrow

anguila, ahn-**ghee**-lah s eel

ángulo, **ahn**-goo-lo s
angle; nook

anhelar, ahn-ay-**lar** v to
long for

anhelo, ahn-**ay**-lo s
eagerness; longing

anillo, ah-nee-´yo s ring

animado, ah-ne-mah-do a
lively; enthusiastic

animal, ah-ne-**mahl** s
animal

animar, ah-ne-**mar** v to
animate; to cheer up

ánimo, **ah**-ne-mo s
courage; will; mind

animoso*, ah-ne-**mo**-so a
brave; spirited

aniñado, ah-ne-n´**yah**-do
a childish

aniquilar, ah-ne-ke-**lar** v
to annihilate

anís, ah-**nees** s aniseed

anoche, ah-**no**-chay adv
last night

anochecer, ah-no-chay-
thair v to grow dark;
al—, ahl—, at nightfall

anomalía, ah-no-mah-lee-
ah s anomaly

anonadar, ah-no-nah-**dar**
v to stun; to overwhelm

anónimo, ah-**no**-ne-mo a
anonymous

anorac, ah-no-**rahk** s
anorak

anotar, ah-no-**tar** v to
note; to annotate

ansia, **ahn**-se-ah s anxiety;
longing

ansioso*, ahn-se-o-so a
anxious; eager

antaño. ahn-**tah**-n´yo adv
last year; long ago

ante, **ahn**-tay prep before;

s buckskin, suede

anteanoche, ahn-tay-ah-
no-chay adv the night
before last

anteayer, ahn-tay-ah-**yair**
adv the day before
yesterday

antebrazo, ahn-tay-**brah**-
tho s forearm

antecámara, ahn-tay-kah-
mah-rah s antechamber;
hall

antecedente, ahn-tay-
thay-**den**-tay a previous

antecesores, ahn-tay-
thay-**sso**-ress s
predecessors

antedatar, ahn-tay-dah-**tar**
v to antedate

antelación ahn-tay-lah-
the-**on** s precedence
(time)

antemano, ahn-tay-**mah**-
no adv beforehand

anteojos, ahn-tay-o-Hos s
spectacles

antepasados, ahn-tay-pah-
sah-dos s forefathers;
ancestors

anteponer, ahn-tay-po-
nair v to prefer; to place

anterior, ahn-tay-re-or a
previous

antes, ahn-**tess** adv before;
rather; prep before; prior
to

antibiótico, ahn-te-be´o-te-ko s antibiotic

anticipar, ahn-te-the-**par** v to anticipate

anticipo, ahn-te-**thee**-po s advance payment

anticonceptivo, ahn-te-kon-thep-**tee**-vo s & a contraceptive

anticongelante, ahn-te-kon-Hay-**lahn**-tay s anti-freeze

antihistamínico, ahn-te-iss-tah-me-ne-ko s & a antihistamine

antorcha, ahn-tor-chah s torch

anual, ah-noo´ahl a yearly

anublar, ah-noo-**blar** v to cloud; to become cloudy

anuencia, ah-noo-en-the-ah s consent

anular, ah-noo-**lar** v to annul; a annular

anunciar, ah-noon-the-**ar** v to announce

anuncios, ah-**noon**-the-os s advertising

anzuelo, ahn-thoo´**ay**-lo s fishhook

añadir, ah-n´yah-**deer** v to add

añejar, ah-n´yay-**Har** v to age; to get old

añejo, ah-n´yay-Ho a old; stale

añicos, ah-n´yee-kos s small pieces; bits

añil, ah-n´yeel s indigo

año, ah-n´yo s year

añoso, ah-n´yo-so a aged; old

añoranza, ah-n´yo-**rahn**-thah s home sickness; nostalgia

apacentar, ah-pah-then-**tar** v to pasture; to feed

apacible, ah-pah-**thee**-blay a gentle; placid; calm

apadrinar, ah-pah-dre-**nar** v to support; to sponsor; to act as godfather

apagar, ah-pah-**gar** v to quench; to extinguish

apalabrar, ah-pah-lah-**brar** v to agree verbally

apalear, ah-pah-lah-**ar** v to beat

apañar, ah-pah-n´**yar** v to seize; to grasp

aparador, ah-pah-rah-**dor** s sideboard

aparato, ah-pah-**rah**-to s apparatus; appliance

aparcamiento, ah-par-kah-me-en-to s car park

aparear, ah-pah-ray-**ar** v to match; to pair

aparecer, ah-pah-ray-**thair** v to appear; to turn up

aparejo, ah-pah-**ray**-Ho s harness; gear

aparente*, ah-pah-**ren**-tay a apparent

apariencia, ah-pah-re-en-the-ah s appearance

apartadero, ah-par-tah-**day**-ro s crossways; siding

apartado, ah-par-tah-do s post-office box; a separated

apartar, ah-par-**tar** v to separate; to remove; to dislodge

apasionado, ah-pah-se-o-**nah**-do a passionate

apatía, ah-pah-**tee**-ah s apathy

apear, ah-pay-ar, v to help down; to take down

apedrear, ah-pah-dray-**ar** v to stone

apegarse, ah-pay-**gar**-say v to attach oneself to

apelación, ah-pay-lah-the-on s appeal

apelar, ah-pay-**lar** v to appeal

apellido, ah-pay-l´**yee**-do s surname

apenas, ah-**pay**-nas adv scarcely; hardly

apercibir, ah-pair-the-**beer** v to provide; to warn

apero, ah-**pay**-ro s implement; tools

aperitivo, ah-pay-re-tee-vo *a* aperitif; appetizer

apesadumbrar, ah-pay-sah-doom-**brar** *v* to vex; to afflict

apestar, ah-pess-**tar** *v* to infect; to nauseate

apetecer, ah-pah-tay-**thair** *v* to crave; to appeal to

apetecible, ah-pah-tay-**thee**-blay *a* desirable

apetito, ah-pah-**tee**-to *s* appetite

apiadarse, ah-pe-ah-**dar**-say *v* to pity

ápice, **ah**-pe-thay *s* apex

apilar, ah-pe-**lar** *v* to heap up

apio, **ah**-pe-o *s* celery

aplacar, ah-plah-**kar** *v* to appease; to pacify

aplanar, ah-plah-**nar** *v* to level

aplastar, ah-plahs-**tar** *v* to flatten; to crush; to smash

aplaudir, ah-plah´oo-**deer** *v* to applaud

aplauso, ah-**plah**´oo-so *s* applause

aplazar, ah-plah-**thar** *v* to defer; to postpone

aplicación, ah-ple-kah-the-**on** *s* application

aplicar, ah-ple-**kar** *v* to impute; to apply

aplomar, ah-plo-**mar** *v* to overload; to plumb

apocado, ah-po-**kah**-do *a* pusillanimous

apoderado, ah-po-day-**rah**-do *s* proxy; attorney

apoderar, ah-po-day-**rar** *v* to empower; to take possession

apodo, ah-**po**-do *s* nickname

apolillarse, ah-po-le-l´yar-say *v* to be moth eaten

aposentar, ah-po-sen-**tar** *v* to lodge; to put up

aposento, ah-po-**sen**-to *s* room; apartment; inn

apostar, ah-poss-**tar** *v* to bet

apostilla, ah-poss-**tee**-l´yah *s* marginal note

apóstrofe, ah-**poss**-tro-fay *s* apostrophe

apoyar, ah-po-**yar** *v* to support; to favour; to lean upon

apoyo, ah-**po**-yo *s* support; protection; prop;

apreciar, ah-pray-the-**ar** *v* to appreciate

aprehender, ah-pray-en-**dair** *v* to apprehend

apremiar, ah-pray-me-**ar** *v* to compel; to urge; to press

aprender, ah-pren-**dair** *v*
to learn

aprendizaje, ah-pren-de-**than**-Hay *s* apprenticeship; training period

aprensar, ah-pren-**sar** *v* to press

aprensión, ah-pren-se-**on** *s* apprehension

apresar, ah-pray-**sar** *v* to seize

aprestar, ah-press-**sar** *v* to make ready; to prepare

apresurarse, ah-pray-soo-**rar**-say *v* to make haste; to hurry; to hasten

apretar, ah-pray-**tar** *v* to compress; to tighten

aprieto, ah-pre-**ay**-to *s* difficulty; conflict

aprisionar, ah-pre-se-o-**nar** *v* to imprison

aprobar, ah-pro-**bar** *v* to approve

aprontar, ah-pron-**tar** *v* to prepare hastily

apropiar, ah-pro-pe-**ar** *v* to adapt

aprovechable, ah-pro-vay-**chah**-blay *a* usable

aprovechar, ah-pro-vay-**char** *v* to profit by

aproximar, ah-prok-se-**mar** *v* to approach; to approximate

aptitud, ahp-te-**tood** *s*

aptitude

apto*, ahp-to *a* apt; fit; convenient

apuesta, ah-poo´ess-tah *s* bet; wager

apuesto, ah-poo´ess-to *a* elegant; spruce

apuntamiento, ah-poon-tah-me-en-to *s* pointing; note

apuntar, ah-poon-tar *v* to aim; to mark; to note

apunte, ah-poon-tay *s* annotation; rough sketch

apurado, ah-poo-rah-do *a* needy; hard-up

apurar, ah-poo-rar *v* to worry; to exhaust

apuro, ah-poo-ro *s* want; afflicition

aquejar, ah-kay-Har *v* to afflict

aquel, aquella, aquello, ah-kel, ah-kell-yah, ah-kell-yo *pron* he; she; that; that one

aquí, ah-kee *adv* here

aquietar, ah-ke-ay-tar *v* to quiet; to appease

arado, ah-rah-do *s* plough

arancel, ah-rahn-thel *s* tariff duty

araña, ah-rah-n´yah *s* spider; chandelier

arañar, ah-rah-n´yar *v* to

scratch

arar, ah-rar *v* to plough

arbitrar, ar-be-trar *v* to arbitrate

arbitrio, ar-bee-tre-o *s* free will; compromise

árbitro, ar-be-tro *s* arbitrator; referee

árbol, ar-bol *s* tree

arbusto, ar-booss-to *s* shrub

arca, ar-kah *s* chest; safe

arcada, ar-kah-dah *s* arcade; nausea

arce, ar-thay *s* maple tree

arcilla, ar-thee-l´yah *s* argil; clay

arco, ar-ko *s* arc; arch; bow

archiduque, ar-che-doo-kay *s* archduke

archivar, ar-che-var *v* to file

archivo, ar-chee-vo *s* archives

arder, ar-dair *v* to burn; to glow

ardid, ar-deed *s* stratagem; artifice

ardiente, ar-de-en-tay *a* ardent; burning

ardilla, ar-dee-l´yah *s* squirrel

ardor, ar-dor *s* great heat; fervour; valour

arduo, ar-doo´o *a* arduous;

difficult

área, ah-ray-ah *s* area

arena, ah-ray-nah *s* sand; grit; arena

arenga, ah-ren-gah *s* harangue

arenque, ah-ren-kay *s* herring

argénteo, ar-Hen-tay-o *a* silvery

argolla, ar-go-l´yah *s* large ring

argucia, ar-goo-the-ah *s* subtility, sophistry

argüir, ar-goo-eer *s* to argue

argumento, ar-goo-men-to *s* argument

aria, ah-re-ah *s* air; tune

aridez, ah-re-deth *s* drought, barrenness

árido, ah-re-do *a* dry, arid

arisco, ah-riss-ko *a* fierce, untractable

aristocracia, ah-riss-to-krah-the-ah *s* aristocracy

aritmética, ah-ritt-may-te-kah *s* arithmetic

armada, ar-mah-dah *s* fleet; navy

armar, ar-mar *v* to arm; to mount; to adjust

armario, ar-mah-re-o *s* cupboard; wardrobe

armazón, ar-mah-thon *s*

framework; skeleton

armería, ar-may-ree-ah s armoury; arsenal

armónico, ar-mo-ne-ko a harmonic

armonio, ar-mo-ne-o s harmonium

arnés, ar-ness s harness

árnica, ar-ne-kah s arnica

aroma, ah-ro-mah s perfume; fragrance

arpa, ar-pah s harp

arpillera, ar-pe-l´yay-rah s sack-cloth

arpón, ar-pon s harpoon

arqueología, ar-kay-o-lo-Hee-ah s archaeology

arqueta, ar-kay-tah s small chest

arquitecto, ar-ke-tek-to s architect

arrabal, ar-rrah-bahl s suburb

arraigar, ar-rrah-e-gar v to root; to settle down

arraigo, ar-rrah-e-go s landed property

arrancar, ar-rrahn-kar v to eradicate; to pull out

arrapo, ar-rrah-po s tatter; rag; wretch

arrasar, ar-rrah-sar v to level; to raze; to demolish

arrastrar, ar-rrahs-trar v to drag along

arrastre, ar-rrahs-tray s dragging, haulage

arre, ar-rray interj gee up!; go on!

arrebañar, ar-rray-bahn´y v to gather; to pick up

arrebatado, ar-rray-bah-tah-do a sudden; rash

arrebatar, ar-rray-bah-tar v to carry off; to snatch

arrebato, ar-rray-bah-to s sudden attack; fit

arreciar, ar-rray-the-ar v to intensify

arrecife, ar-rray-thee-fay s reef

arredrar, ar-rray-drar v to scare

arreglado, ar-rray-glah-do a regular; moderate

arreglar, ar-rray-glar v to arrange; to settle; to adjust

arreglo, ar-rray-glo s rule; order; arrangement

arremeter, ar-rray-may-tair v to assail

arrendar, ar-rren-dar v to rent; to hire

arrendatario, ar-rren-dah-tah-re-o s tenant; lessee

arrepentirse, ar-rray-pen-teer-say v to repent; to regret

arrestado, ar-ess-tah-do a

intrepid; daring

arrestar, ar-rress-tar v to arrest; to imprison

arresto, ar-rress-to s boldness; arrest

arriba, ar-rree-bah adv above; on high; upstairs

arribar, ar-rre-bar v to arrive; to land

arriesgar, ar-rre-ess-gar v to risk

arrimar, ar-rre-mar v to bring near; to stow; to lean against

arrinconar, ar-rrin-ko-nar v to put away

arroba, ar-rro-bah s weight of 25 lbs.

arrodillarse, ar-rro-de-l´yar-say v to kneel down

arrogancia, ar-rro-gahn-the-ah s arrogance; haughtiness

arrojado*, ar-rro-Hah-do a rash; dashing

arrojar, ar-rro-Har v to dart; to fling

arrollar, ar-rro-l´yar v to roll up; to defeat

arropar, ar-rro-par v to clothe; to dress; tp protect

arrostrar, ar-rros-trar v to fight face to face

arroyo, ar-rro-yo s stream;

gutter

arroz, ar-**rroth** s rice

arruga, ar-**rroo**-gah s wrinkle

arruinado, ar-rroo´e-na-do a broken

arruinar, ar-rroo´e-**nar** v to ruin; to demolish

arrullo, ar-rroo-l´yo s lullaby; cooing

arrumar, ar-rroo-**mar** v to stow cargo

arte, ar-**tay** s art

arteria, ar-tay-**ree**-ah s artery; artifice; cunning

artero, ar-**tay**-ro a artful; cunning

artesano, ar-tay-sah-no s artisan

ártico, ar-te-ko a arctic

artículo, ar-tee-koo-lo s article

artificio, ar-te-fe-**the**-o s art; craft; artifice

artillería, ar-te-l´yay-ree-ah s artillery

artimaña, ar-te-mah-n´yah s trap; snare

arzobispo, ar-tho-**biss**-po s archbishop

as, ahs s ace

asa, ah-sah s handle

asalto, ah-**sahl**-to s assault

asar, ah-**sar** v roast

ascender, ahs-then-**dair** v to ascend; to be

promoted

ascenso, ahs-**then**-so s promotion

ascensor, ahs-then-**sor** s lift; elevator

asco, ahs-ko s disgust; loathing

asear, ah-say-**ar** v to adorn; to clean

asegurar, ah-say-goo-**rar** v to secure; to insure; to assert; to verify

asemejar, ah-say-may-**Har** v to compare; to resemble

asenso, ah-**sen**-so s assent

asentada, ah-sen-**tah**-dah s sitting; **de una —,**day-oo-nah— at once

asentar, ah-sen-**tar** v to seat; to secure; to affirm; to settle; to note; to assess

asentir, ah-sen-**teer** v to assent; to agree

aseo, ah-**say**-o s cleanliness

asequible, ah-say-**kee**-blay a attainable; obtainable

aserción, ah-sair-the-**on** s assertion

aserrar, ah-sair-**rrar** v to saw

asesinar, ah-say-se-**nar** v to assassinate; to murder

asestar, ah-sess-**tar** v to

aim at; to strike

así, ah-**see** adv so; thus;. **–que,** –kay, as soon as; so that

asidero, ah-se-**day**-ro s handle; pretext

asiduo, ah-se-doo´o a assiduous

asiento, ah-se-**en**-to s chair; seat; stability; contract; entry

asignar, ah-sig-**nar** v to assign

asilo, ah-**see**-lo s asylum; refuge

asimétrico, ah-se-**may**-tre-ko a asymmetric

asimiento, ah-se-me-**en**-to s grasp; attachment

asimilar, ah-se-me-**lar** v to assimilate

asimismo, ah-se-**miss**-mo adv just so; likewise

asistencia, ah-siss-ten-the-ah s attendance; help; aid

asistenta, ah-siss-**ten**-tah s cleaning lady

asistir, ah-siss-**teer** v to be present; to help

asno, ahss-no s ass; dunce

asociar, ah-so-the-**ar** v to associate

asolar, ah-so-**lar** v to devastate; to level

asomar, ah-so-**mar** v to

show; to begin to appear

asombrar, ah-som-**brar** v
to astonish; to amaze

asomo, ah-**so**-mo s
indication; conjecture;
hint

asordar, ah-sor-**dar** v to
deafen

aspa, ahs-pah s wings of a
windmill

aspaviento, ahs-pah-ve-
en-to s exaggerated
dread; wonder

aspecto, ash-**pek**-to s
appearance; aspect

aspereza, ahs-pay-**ray**-
thah s asperity;
roughness

áspero*, ahs-**pay**-ro a
rough; harsh

aspiradora, ahs-pe-rah-**do**-
rah s hoover

aspirar, ahs-pe-**rar** v to
aspire; to covet

asqueroso*, ahs-kay-**ro**-so
a filthy; loathsome

asta, ahs-tah s horn; staff;
pole

astillar, ahs-te-l´**yar** v to
chip; to splinter

astillero, ahs-te-l´**yay**-ro s
ship-yard; dockyard

astro, ahs-tro s heavenly
body; star

astrología, ahs-tro-lo-
Hee-ah s astrology

astronauta, ahs-tro-
nah´oo-tah s astronaut

astronomía, ahs-tro-no-
mee-ah s astronomy

astucia, ahs-**too**-the-ah s
craft; cunning

astuto*, ahs-**too**-to a
astute

asumir, ah-soo-**meer** v to
assume

asunto, ah-**soon**-to s
subject; business; affair

asustado, ah-sooss-**tah**-do
a frightened

asustar, ah-sooss-**tar** v to
frighten

atacar, ah-tah-**kar** v to
fasten tight; to attack

atadero, ah-tah-**day**-ro s
cord; rope

atado, ah-**tah**-do s bundle;
parcel

atajar, ah-tah-**Har** v to go
the shortest way; to
intercept

atañer, ah-tah-n´**yair** v to
belong; to appertain

atar, ah-**tar** v to tie; to
fasten; to knot

atareado, ah-tah-ray-**ah**-
do a very busy

atasco, ah-**tahs**-ko s traffic
jam; obstruction

ataúd, ah-tah-**ood** s coffin

atavío, ah-tah-**vee**-o s
dress; finery

atemorizar, ah-tay-mo-re-
thar v to frighten; to
daunt

atención, ah-ten-the-**on** s
attention

atentar, ah-ten-**tar** v to
attempt a crime

atento, ah-**ten**-to a
attentive

atenuar, ah-tay-noo´**ar** v
to attenuate

ateo, ah-tay-o s atheist

aterido, ah-tay-**ree**-do, a
stiff with cold

aterrador, ah-tair-rra-**dor**
a frightening

aterrar, ah-tair-**rrar** v to
terrify

aterrorizar, ah-tair-rro-re-
thar v to terrify

atestación, ah-tess-tah-
the-**on** s attestation;
affidavit

atestado, ah-tess-**tah**-do a
attested; witnessed

atestados, ah-tess-**tah**-dos
s testimonials

atiesar, ah-te-ay-**sar** v to
stiffen

atisbar, ah-tiss-**bar** v to
scrutinize; to pry

atizar, ah-te-**thar** v to
poke the fire; to incite

atlas, aht-lahs s atlas

atlético, aht-**lay**-te-ko a
athletic

atmósfera, aht-**mos**-fay-rah s atmosphere

atolondrado, ah-to-lon-**drah**-do a scatterbrained

atolondrar, ah-to-lon-**drar** v to confound; to amaze; to be thoughtless

atómico, ah-**to**-me-ko a atomic

atónito, ah-to-ne-to a astonished

atontar, ah-ton-**tar** v to stun; to stupefy

atormentar, ah-tor-men-**tar** v to torment

atornillar, ah-tor-ne-l'**yar** v to screw

atosigar, ah-to-se-**gar** v to poison; to harass

atraer, ah-trah-**air** v to attract

atragantarse, ah-trah-gahn-**tar**-say v to choke

atrancar, ah-trahn-**kar** v to bar a door

atrapar, ah-trah-**par** v to catch

atrás, ah-**trahs** adv backwards

atraso, ah-**trah**-so s backwardness; pl arrears

atravesado, ah-trah-vay-**sah**-do a squint-eyed

atravesar, ah-trah-vay-**sar** v to place across; to cross over; to go over

atreverse, ah-tray-**vair**-say v to dare

atrevido, ah-tray-**vee**-do a bold; daring

atribuir, ah-tre-boo´**eer** v to attribute

atril, ah-**treel** s lectern; music-stand

atrio, **ah**-tre-o s porch; portico

atropellar, ah-tro-pay-l´**yar** v to trample; to knock down

atroz, ah-**troth** a atrocious

atún, ah-**toon** s tunny fish; tuna

aturdido, ah-toor-**dee**-do a bewildered; stunned

aturdir, ah-toor-**deer** v to bewilder; to stun

aturrullar, ah-toor-rroo-l´**yar** v to bewilder

atusar, ah-too-**sar** v to smooth the hair

audacia, ah´oo-**dah**-the-ah s audacity

audaz, ah´oo-**dath** a bold; audacious

auge, **ah**´oo-Hay s highest point; peak

augusto, ah´oo-**gooss**-to a august

aullar, ah-ool´**yar** v to howl; to yell

aullido, ah´oo-l´**yee**-do s howl

aumentar, ah´oo-men-**tar** v to increase

aún, ah´**oon** adv yet; still; nevertheless; even

aunque, ah´oon-**kay** conj though

auricular, ah´oo-re-koo-**lahr** s earphone; receiver

ausencia, ah´oo-**sen**-the-ah s absence

ausentarse, ah´oo-sen-**tar**-say v to absent oneself

ausente, ah´oo-**sen**-tay a absent

austeridad, ah´oo-tay-re-**dahd** s austerity

auto, **ah**´oo-to s judicial decree; writ; warrant

autobús, ah´oo-to-**booss** s bus; coach

autógrafo, ah´oo-to-grah-fo s & a autograph

autor, ah´oo-**tor** s author

autorizar, ah´oo-to-re-**thar** v to authorize

autovía, ah´oo-to-vee´ah s dual carriageway

auxiliar, ah´oo-kse-le-**ar** v to aid; a assistant

auxilo, ah´**ook**-see-le-o s assistance; help

avanzar, ah-vahn-**thar** v to advance

avariento, ah-vah-re-en-to a avaricious, mean

ave, ah-vay *s* bird

avejentar, ah-vay-Hen-**tar**
v to become old

avellana, ah-vay-l´**yah**-
nah *s* hazelnut

avena, ah-**vay**-nah *s* oats

avenencia, ah-vay-**nen**-
the-ah *s* agreement

avenida, ah-vay-nee-dah *s*
avenue; flood

aventajar, ah-ven-tah-**Har**
v to surpass; to excel

aventurar, ah-ven-too-**rar**
v to venture

avergonzado, ah-vair-gon-
thah-do *a* ashamed

avergonzar, ah-vair-gon-
thar *v* to shame; to put
to shame

avería, ah-vay-**ree**-ah *s*
damage; breakdown

averiguar, ah-vay-re-
goo´**ar** *v* to inquire; to
investigate

aversión, ah-vair-se-on *s*
aversion

aviación, ah-ve-ah-the-**on**
s aviation

avidez, ah-ve-**deth** *s*
avidity; greed

ávido*, ah-ve-do *a*
covetous; greedy

avieso, ah-ve-**ay**-so *a*
perverse; crooked

avío, ah-vee-o *s*
preparation; provision

avión, ah-ve-on *s*
aeroplane

avisado, ah-ve-sah-do *a*
prudent; wise

aviso, ah-vee-so *s* notice;
warning; advice

avispa, ah-viss-pah *s* wasp

avistar, ah-viss-tar *v* to
sight

avivar, ah-ve-var *v* to
enliven; to revive

¡ay! ah´e *interj* ow!; oh!

ayer, ah-yair *adv* yesterday

ayuda, ah-yoo-dah *s* help

ayudante, ah-yoo-dahn-
tay *s* assistant

ayunar, ah-yoo-**nar** *v* to
fast

ayuntamiento, ah-yoon-
tah-me-**en**-to *s*
municipal council

azabache, ah-thah-**bah**-
chay *s* jet

azada, ah-**thah**-dah *s* hoe

azafata, ah-thah-**fah**-tah *s*
stewardess; air hostess

azafrán, ah-thah-**frahn** *s*
saffron

azar, ah-**thar** *s* chance;
hazard; fate

azogue, ah-tho-gay *s*
mercury

azorar, ah-tho-**rar** *v* to
alarm

azotar, ah-tho-**tar** *v* to
whip; to lash

azúcar, ah-**thoo**-kar *s*
sugar

azucarado, ah-thoo-kah-
rah-do *a* sugared; sweet

azucena, ah-thoo-**say**-nah
s white lily

azufre, ah-**thoo**-fray *s*
sulphur; brimstone

azul, ah-**thool** *a* blue

azulejo, ah-thoo-lay-Ho *s*
glazed tile

azuzar, ah-thoo-**thar** *v* to
set the dogs on; to incite

baba, bah-*bah* s drivel;
spittle

babear, bah-bay-**ar** v to
slaver; to drivel

babia, bah-be-ah s **estar
en–,** es-**tar** en–, to be
absent in mind

babieca, bah-be-ay-kah s
ignorant; stupid fellow

babor, bah-**bor** s port
(side)

babosa, bah-bo-**sah** s slug

bacalao, bah-kah- **lah**-o s
codfish

bacía, bah-**thee**-ah s metal
basin

bacín, bah-**theen** s
chamber-pot

bache, bah-chay s hole in
the road

bachiller, bah-chil-l'**yair** s
bachelor (degree); a

garrulous

badajo, bah-**dah**-Ho s
bell-clapper; idle talker

bádminton, bahd-meen-
ton s badminton

bagaje, bah-**gah**-Hay s
baggage

bagatela, bah-gah-tay-lah
s trifle

bahía, bah-ee-ah s bay;
harbour

bailar, bah´e-**lar** v to
dance

bailarín, bah´e-lah-**reen** s
dancer

baile, bah´e-lay s dance;
ball

baja, bah-**Hah** s fall of
price

bajada, bah-**Hah**-dah s
descent; slope

bajamar, bah-Hah-**mar** s

low tide

bajar, bah-**Har** v to
descend; to fall; to
lessen; to go down

bajel, bah-**Hel** s ship;
boat; vessel

bajo, bah-Ho adv under;
below; s sand-bank;
bass;
a low; abject; humble

bajón, bah-**Hon** s bassoon

bala, bah-lah s bullet; bale

balada, bah-**lah**-dah s
ballad

baladí, bah-lah-**dee** a
trivial; worthless

baladrón, bah-lah-**dron** s
boaster; bully

balance, bah-**lahn**-thay s
balancing; balance sheet

balancear, bah-lahn-thay-
ar v to balance; to
waver; to rock; to swing

balanza, bah-**lahn**-thah s
scale; balance

balar, bah-**lar** v to bleat;
to baa

balaustrada, bah-lah´ooss-
trah-dah s balustrade

balaustre, bah-lah´**ooss**-
tray s baluster; banister

balazo, bah-**lah**-tho s
gunshot

balbucear, bahl-boo-thay-
ar v to stutter; to babble

balcón, bahl-**kon** s

balcony

baldar, bahl-**dar** v to cripple

balde, bahl-day s bucket; adv **de–,** gratis; **en–,** in vain

baldío, -bahl-**dee**-o a untilled; s wasteland

baldón, bahl-**don** s reproach; insult

baldosa, bahl-**do**-sah s flat paving-stone

balido, bah-**lee**-do s bleating; bleat

baliza, bah-**lee**-than s buoy; marker

balneario, bahl-nay-**ah**-re-o s bathing resort; watering place

balón, bah-**lon** s ball; football

balota, bah-**lo**-tah s ballot

balsa, bahl-sah s pool; pond; lake; raft

balsero, bahl-**sair**-ro s ferryman

bálsamo, bahl-sah-mo s balsam; balm

baluarte, bah-loo-**ar**-tay s bulwark

ballena, bah-l'**yay**-nah s whale

ballesta, bah-l'**yess**-tah s cross-bow

ballestero, bal-l'**yess**-tair-ro s cross-bowman

bambolear, bahm-bo-lay-ar v to stagger; to swing; to sway

bambolla, bahm-bo-l'yah s ostentation

bambú, bahm-**boo** s bamboo

banana, bah-**nah**-nah s banana

banasta, bah-**nahs**-tah s large basket

banca, bahn-kah s bench; banking; washing box

bancarrota, bahn-kahr-rro-tah s bankruptcy

banco, bahn-ko s bench; bank

banda, bahn-dah s sash; band; gang; covey

bandada, bahn-**dah**-dah s covey; small flock of; flock

bandeja, bahn-**day**-Hah s tray; salver

banderilla, bahn-day-ree-l'yah s dart with a flag used in bullfighting

bandido, bahn-**dee**-do s bandit

bando, bahn-do s edict; faction

banquero, bahn-**kay**-ro s banker

banquete, bahn-**kay**-tay s banquet

banquillo, bahn-kee-l'yo s bench; prisoner's seat

bañador, bah-n'yah-**dor** s bather

bañar, bah-n'**yar** v to bathe

baño, bah-n'yos s bath

baquetear, bah-kay-tay-**ar** v to vex; to beat

baraja, bah-**rah**-Hah s complete pack of cards

barata, bah-**rah**-tah s barter; bargain

baratear, bah-rah-tay-ar v to undersell

baratijas, bah-rah-**tee**-Hahs s trifles; junk; cheap goods

baratillero, bah-rah-te-l'**yay**-ro s peddler

barato, bah-**rah**-to a cheap

baraúnda, bah-rah-**oon**-dah s noise; confusion

barba, bar-bah s chin; beard

barbacoa, bar-bah-ko-ah s barbecue

barbarie, bar-bah-re-ay s barbarity; barbarism

bárbaro*, bar-bah-ro a barbarous

barbería, bar-bay-ree-ah s barber's shop or trade

barbero, bar-bay-ro s barber

barbiespeso, barbee-ess-

pay-so *a* thick-bearded

barbihecho, bar-be-**ay**-cho *a* fresh shaved

barbilindo, bar-be-**leen**-do *a* dapper; dandified

barbilampiño, bar-be-**lam**-peeno *a* smooth faced

barbilla, bar-bee-l´yah *s* point of the chin

barbón, bar-**bon** *s* long bearded man

barbotar, bar-bo-**tar** *v* to mumble

barca, bar-kah *s* boat; barge

barco, bar-ko *s* boat; ship

barlovento bar-lo-**ven**-to *s* windward

barman, bar-**mahn** *s* barman

barniz, bar-**neeth** *s* varnish

barómetro, bah-ro-may-tro *s* barometer

barnizar, bar-ne-**thar** *v* to varnish

barón, bah-**ron** *s* baron

barquero, bar-**kay**-ro *s* boatman; ferryman

barquillo, bar-kee-l´yo *s* wafer; small boat

barra, bar-rrah *s* bar; rod

barraca, bar-**rrah**-kah *s* hut; cabin; stall

barragana, bar-rrah-**gah**-nah *s* concubine

barranca, bar-**rrahn**-kah *s* fissure; ravine; difficulty

barredura, bar-rray-**doo**-rah *s* sweeping

barrena, bar-**rray**-nah *s* drill; bit

barrenar, bar-rray-**nar** *v* to pierce; to bore

barreño, bar-**rray**-n´yo *s* earthen pan; tub

barrer, bar-**rrair** *v* to sweep

barriada, bar-rree-**ah**-dah *s* district; suburb

barrica, bar-**rree**-kah *s* cask; barrel

barriga, bar-**rree**-gah *s* abdomen; belly

barril, bar-**rreel** *s* barrel

barrilla, bar-**rree**-l´yah *s* barilla; saltwort

barrio, bar-**rre**-o *s* ward; suburb; district; area

barrio chino, bar-**rre**-o **che**-no *s* red-light district

barro, bar-**rro** *s* clay; mud; earthenware

barrote, bar-**rro**-tay *s* iron bar

barruntar, bar-rroon-**tar** *v* to foresee

barrunto, bar-**rroon**-to *s* conjecture

bártulos, bar-**too**-los *s* household goods; affairs; tools

basar, bah-**sar** *v* to base; to be based on

báscula, bahs-koo-lah *s* scales; weighing machine

base, bah-**say** *s* base; basis

básico, bah-se-ko *a* basic

basta, bahs-tah *s* (needlework) basting; *interj* enough!

bastante, bahs-**tahn**-tay *adv* enough

bastidor, bahs-te-**dor** *s* frame; stretcher; undercarriage

bastilla, bahs-**tee**-l´yah *s* hem

bastón, bahs-**ton** *s* cane; staff; stick

basura, bah-**soo**-rah *s* sweepings; refuse; rubbish

basurero, bah-soo-**ray**-ro *s* dustman; rubbish dump; dustbin

bata, bah-**tah** *s* dressing-gown

batacazo, bah-tah-**kah**-tho *s* violent; noisy fall

batalla, bah-tah-l´yah *s* battle

batea, bah-**tay**-ah *s*

painted tray; punt

batería, bah-tay-**ree**-ah *s*
battery

batida, bah-**tee**-dah *s*
battue; hunting party

batiente, bah-te-**en**-tay *s*
jamb (of a door); leaf (of
a door)

batir, bah-**teer** *v* to beat;
to clout; to demolish; to
stir

batista, bah-**tiss**-tah *s*
batiste; cambric

baúl, bah´**ool** *s* trunk;
chest

bautismo, bah´oo-**tiss**-mo
s baptism; christening

baya, bah-yah *s* berry

bayeta, bah-**yay**-tah *s*
baize; rough cloth

bayo, bah-yo *a* bay; light
brown

bayoneta, bah-yo-**nay**-tah
s bayonet

bazo, bah-tho *a* yellowish
brown; spleen

bazofia, bah-tho-fe-ah *s*
offal; refuse; hogwash

beata, bay-**ah**-tah *s* devout
woman; bigot

beatitud, bay-ah-te-**tood** *s*
blessedness; holiness

beato, bay-**ah**-to *s* pious
person; *a* blessed

beber, bay-**bair** *v* to drink

bebida, bay-**bee**-dah *s*
drink; beverage

beca, bay-kah *s* college
scarf; scholarship; grant

becada, bay-**kah**-dah *s*
woodcock

becerro, bay-**thair**-rro *s*
yearling calf; calf-skin

bedel, bay-**del** *s* head
porter; janitor

béisbol, bay´ees-bol *s*
baseball

beldad, bel-**dahd** *s* beauty

bélico, belicoso, bay-le-
ko-, bay-le-**ko**-so *a*
warlike

bellaco, bay-l´**yah**-ko *s*
rogue;
a artful; sly; cunning

bellaquería, bay-l´yah-
kay-**ree**-ah *s* knavery

belleza, bay-l´**yay**-thah *s*
beauty; handsomeness

bello*, bay-l´yo *a*
beautiful; handsome

bellota, bay-l´**yo**-tah *s*
acorn

bencina, ben-**thee**-nah *s*
benzine

bendecir, ben-day-**theer** *v*
to bless; to consecrate

bendición, ben-de-the-**on**
s benediction; blessing

bendito, ben-dee-to *a*
blessed; simple

beneficiar, bay-nay-fe-the-
ar *v* to benefit; to

improve; to cultivate

beneficio, bay-nay-fee-
the-o *s* benefit;
benefaction; profit

beneficios adicionales,
bay-nay-fe-the-os ah-de-
the´o-**nah**-lays *s* perk

beneficioso, bay-nay-fe-
the-o-so *a* beneficial

benemérito, bay-nay-**may**-
re-to *a* meritorious;
deserving

beneplácito, bay-nay-
plah-the-to *s*
approbation

benévolo, bay-nay-vo-lo *a*
benevolent

benigno*, bay-**nig**-no *a*
benign

beodo, bay-o-do *a* drunk

berbiquí, bair-be-**kee** *s*
drill brace

berenjena, bay-ren-Hay-
nah *s* aubergine;
eggplant

bergante, bair-**gahn**-tay *s*
ruffian

bergantín, bair-gahn-**teen**
s brig; brigantine

bermejo, bair-**may**-Ho *a*
bright red

bermellón, bair-mel-l´**yon**
s vermilion

berrear, bair-rray-**ar** *v* to
bellow

berrenchín, bair-rren-

cheen s grunting

berrinche, bair-**rreen**-chay s anger; temper

berro, bair-rro s water-cress

berza, bair-thah s cabbage

besar, bay-**sar** v to kiss; to touch closely

beso, bay-so s kiss

bestia, bess-te-ah s beast; idiot; ill-bred fellow

besugo, bay-**soo**-go s sea bream

besuquear, bay-soo-kay-**ar** v to kiss repeatedly

betún, bay-**toon** s bitumen; shoe blacking

biberón, be-bay-**ron** s nursing bottle

biblia, bee-**ble**-ah s Bible

biblioteca, be-ble-o-**tay**-kah s library

bicicleta, be-the-**klay**-tah s bicycle

bicho, bee-cho s grub; insect

biela, be-ay-lah s connecting rod (mech)

bien, be-en adv well; happily; very; s good; utility; welfare

bienandanza, be-en-ahn-**dahn**-thah s prosperity

bienaventurado, be-en-ah-ven-too-**rah**-do a blessed; fortunate

bienes, be-en-ess s property; riches

bienestar, be-en-es-**tar** s wellbeing; welfare

bienhablado, be-en-ah-**blah**-do a well-spoken

bienhechor, be-en-ay-**chor** s benefactor

bienio, be-**en**-e-o s space of two years

bienmandado, be-en-mahn-**dah**-do a obedient

bienquerer, be-en-kay-**rair** v to wish the good of another; to esteem

bienvenida, be-en-vay-**nee**-dah s welcome

bifurcación, be-foor-kah-the-on s branch railway; junction

bigamia, be-gah-me-ah s bigamy

bigarro, be-**gar**-rro s periwinkle

bigote, be-go-tay s moustache

bikini, be-**kee**-ne s bikini

bilingüe, bi-**leen**-goo´ay a bilingual

bilis, bee-liss s bile

billar, be-l´**yar** s billiards; billiard-table

billete, be-l´**yay**-tay s note; ticket

billón, be-l´**yon** s billion

bimestre, be-**mess**-tray a of two months' duration

binóculo, be-**no**-koo-lo s binocle

biografia, be-o-grah-**fee**-ah s biography

biología, be-o-lo-**Hee**-ah s biology

biombo, be-**om**-bo s screen

biplano, be-**plah**-no s biplane

birlar, beer-**lar** v to kill at one shot; to snatch away

birlocha, beer-**lo**-chah s paper-kite

birreta, beer-**rray**-tah s cardinal's cap

bisabuela, be-sah-boo´**ay**-lah s great-grandmother

bisabuelo, be-sah-boo´**ay**-lo s great-grandfather

bisagra, be-**sah**-grah s hinge

bisecar, be-say-**kar** v to bisect

bisel, be-**sel** s bevel edge

bisojo, be-so-Ho a squint-eyed

bisonte, be-**son**-tay s buffalo; bison

bisoño, s be-so-n´yo a green; inexperienced

bitácora, be-**tah**-ko-rah s binnacle

bizarría, be-thar-**rree**-ah s

43

gallantry; liberality

bizarro*, be-**thar**-rro *a* gallant; generous

bizco, beeth-ko *a* squint-eyed

bizcocho, bith-**ko**-cho *s* sponge cake

bizma, beeth-mah *s* poultice

blanca, blahn-kah *s* copper coin; white woman; (music) minim

blanco, blahn-ko *a* white; blank; target

blandear, blahn-day-**ar** *v* to soften; to yield

blandir, blahn-**deer** *v* to brandish

blando, blahn-do *a* soft; pliant; mild

blandujo, blahn-**doo**-Ho *a* flabby; loose

blanquear, blahn-kay-**ar** *v* to bleach; to white-wash

blasfemar, blahs-fay-**mar** *v* to blaspheme; to swear

blasón, blah-**son** *s* heraldry: blazon

blasonar, blah-so-**nar** *v* to boast; to praise oneself

blonda, blon-dah *s* blond lace

bloque, blo-kay *s* block; bloc

blusa, bloo-sah *s* blouse

boato, bo-**ah**-to *s* ostentation

bobalicón, bo-bah-le-**kon** *a* silly

bobería, bo-bay-**ree**-ah *s* foolish speech or action

bobo, bo-bo *s* simpleton; fool

boca, bo-kah *s* mouth

bocacalle, bo-kah-**kah**-l´yay *s* opening of a street

bocadillo, bo-kah-**dee**-l´yo *s* sandwich

bocado, bo-**kah**-do *s* morsel; mouthful

bocal, bo-**kahl** *s* pitcher; mouthpiece

bocanada, bo-kah-**nah**-dah *s* puff of smoke; gust; blast

boceto, bo-**thay**-to *s* sketch

bocina, bo-**thee**-nahr *s* horn

bochorno, bo-**chor**-no *s* hot, sultry weather; shame

boda, bo-dah *s* marriage; wedding

bodega, bo-**day**-gah *s* wine-vault; cellar

bodeguero, bo-day-**gay**-ro *s* tavern keeper

bodoque, bo-**do**-kay *s* pellet; dunce

bodrio, bo-**dre**-o *s* hodge-podge

bofetada, bo-fay-**tah**-dah *s* slap; buffet

boga, bo-gah *s* vogue; fashion; rower

bogar, bo-**gar** *v* to row

bogavante, bo-gah-**vahn**-tay *s* lobster; stroke

bohardilla, bo-ar-**dee**-l´yah *s* (see **buhardilla**)

boj, boH *s* box-tree; box-wood

bola, bo-lah *s* ball; knob; fib

boleo, bo-**lay**-o *s* bowling-green

bolero, bo-**lay**-ro *s* bolero

boleta, bo-**lay**-tah *s* billet; pay order

boletín, bo-lay-**teen** *s* bulletin; official gazette

boliche, bo-**lee**-chay *s* jack; block

bólido, **bo**-le-do *s* meteorite

bolígrafo, bo-lee-**grah**-fo *s* ball-point pen

bolillo, bo-lee-**l´yo** *s* jack; bobbin

bolsa, bol-sah *s* bag; purse; pocket; exchange

bolsillo, bol-**see**-l´yo *s* pocket

bollería, bo-l´yay-**ree**-ah *s* baker's shop; bakery

bollero, bo-l´yay-ro *s*

pastry cook

bollo, bo-l´yo *s* roll; bun; dent; lump

bomba, bom-bah *s* pump; bomb

bombero, bom-**bay**-ro *s* fireman

bombilla, bom-bee-l´yah *s* bulb (*elec*); **–de flas, –** day flahs *s* flash-bulb

bombo, bom-bo *s* large drum

bombón, bom-**bon** *s* comfit; bonbon

bonanza, bo-**nahn**-thah *s* fair weather at sea; prosperity

bondad, bon-**dahd** *s* goodness; kindness

bonete, bo-**nay**-tay *s* cap

bonico*, bo-**nee**-ko *a* fairly good

bonificar, bo-ne-fe-**kar** *v* to improve; to credit

bonito, bo-**nee**-to *a* graceful; pretty

bono, bo-no *s* bond

boñiga, bo-n´yee-gah *s* cow-dung

boqueada, bo-kay-**ah**-dah *s* gasp; gasping

boquear, bo-kay-**ar** *v* to gape; to gasp

boquete, bo-**kay**-tay *s* gap; narrow entrance

boquiabierto, bo-ke-be-air-to *a* gaping

boquiancho, bo-ke-**ahn**-cho *a* wide-mouthed

boquihendido, bo-ke-en-**dee**-do *a* large-mouthed

boquilla, bo-kee-l´yah *s* little mouth; cigar-holder

boquirroto, bo-keer-**rro**-to *a* loquacious

bórax, bo-rax *s* borax

borbollón, bor-bo-l´yon *s* bubbling

borbotar, bor-bo-tar *v* to gush out; to boil up

borceguí, bor-thay-**ghee** *s* buskin; laced shoe

borda, bor-dah *s* hut; gunwale

bordar, bor-**dar** *v* to embroider

borde, bor-day *s* border; rim; hem; *a* wild; bastard

bordillo, bor-dee-l´yo *s* kerb

bordo, bor-do *a* on board

bordón, bor-**don** *s* staff; bass; refrain of a song

bordonear, bor-do-nay-**ar** *v* to wander about

borla, bor-lah *s* tassel; lock

bornear, bor-nay-**ar** *v* to blend; to twist

borona, bo-ro-nah *s* millet

borrachera bor-rrah-chay-

rah *s* booze.

borrachez, bor-rrah-**cheth** *s* intoxication

borracho, bor-**rrah**-cho *a* intoxicated; drunk

borrador, bor-rrah-**dor** *s* rough draft; blotter; day-book

borrajear, bor-rrah-**Hay**-ar *v* to scribble

borrar, bor-**rrar** *v* to cross out; to blot; to erase

borrasca, bor-**rrahs**-kah *s* storm; squall; danger

borrego, bor-**rray**-go *s* lamb

borrica, bor-**rree**-kah *s* female ass

borrico, bor-**rree**-ko *s* ass; fool

borrón, bor-**rron** *s* blot of ink; first sketch; blemish

borronear, bor-rro-nay-**ar** *v* to sketch

bosque, bos-kay *s* wood; forest

bosquejar, bos-kay-**Har** *v* to sketch; to plan

bosquejo, bos-**kay**-Ho *s* sketch

bosquete, bos-**kay**-tay *s* artificial grove

bostezar, bos-tay-**thar** *v* to yawn

bota, bo-tah *s* boot; small leather wine bag

botagueña, bo-tah-**gay**-n´yah s sausage made of pig's haslets

botana, bo-**tah**-nah s plug; plaster; scar

botar, bo-**tar** v to launch; to bounce; to sack

botarate, bo-tah-**rah**-tay s thoughtless person

botarga, bo-**tar**-gah s motley dress; harlequin

bote, bo-tay s thrust; rebound; pot; boat

botella, bo-tay-l'yah s bottle

botica, bo-**tee**-kah s apothecary's shop

boticario, bo-te-kah-**re**-o s apothecary; chemist

botija, bo-**tee**-Hah s jar

botillería, bo-te-l'yay-**ree**-ah s ice shop

botín, bo-**teen** s booty; spoils; spat; bootee

botina, bo-**tee**-nah s shoe; bootee

botiquín, bo-te-**keen** s medicine chest; first aid post

boto, bo-to a dull

botón, bo-**ton** s bud; button

bóveda, bo-**vay**-dah s arch; vault

boya, bo-yah s buoy

boyante, bo-**yahn**-tay a buoyant; prosperous

boyera, bo-**yay**-rah s ox-stall; cow-house

bozal, bo-**thahl** s muzzle

bozo, bo-tho s down which precedes the beard

bracear, brah-thay-**ar** v to swing the arms

bracero, brah-**thay**-ro s (unskilled) labourer

bragas, brah-gahs s breeches; knickers

braguero, brah-**gay**-ro s truss

bragueta, brah-**gay**-tah s flap of trousers

brama, brah-mah s rut season

bramante, brah-**mahn**-tay s hemp-cord; string

bramar, brah-**mar** v to roar; to bluster; to rage

bramido, brah-**mee**-do s cry uttered by wild beasts; roaring

branquia, brahn-ke-ah s gill of a fish

brasa, brah-sah s live coal; ember

bravata, brah-**vah**-tah s threat; boast

braveador, brah-vay-ah-dor s bully

bravear, brah-vay-**ar** v to bully

braveza, brah-**vay**-thah s bravery; fury of the elements

bravío, brah-**vee**-o a ferocious; wild

bravo*, brah-vo a brave; excellent; hectoring

bravura, brah-**voo**-rah s ferocity of wild beasts; courage; boast

braza, brah-thah s fathom; brace

brazalete, brah-thah-**lay**-tay s bracelet

brazo, brah-tho s arm; branch

brazuelo, brah-thoo´**ay**-lo s small arm; shoulder of beasts

brea, bray-ah s pitch; tar

brebaje, bray-**bah**-Hay s beverage

brécol, bray-kol s broccolli

brecha, bray-chah s breach; sap

brega, bray-gah s strife; affray; jest

breve*, bray-yay a brief

breviario, bray-ve-**ah**-re-o s breviary

brezal, bray-**thahl** s heathland

brezo, bray-tho s heather

briba, bree-bah s truantship; idleness

bribón, bre-**bon** s vagrant; scoundrel; rascal

brida, bree-dah s bridle

brigada, bre-**gah**-dah s brigade

brillante*, bre-l´**yahn**-tay a brilliant; bright; shining

brillar, bre-l´**yar** v to shine

brincar, brin-**kar** v to leap; to jump

brindis, breen-diss s toast

brío, bree-o s strength; vigour; mettle

brioso*, bre-o-so a courageous; spirited

brisa, bree-sah s breeze

brizna, breeth, -nah s fragment; splinter; chip

broca, bro-kah s reel; drill

brocado, bro-**kah**-do s brocade

brocha, bro-chah s brush

broche, bro-chay s clasp; brooch

broma, bro-mah s gaiety; merriment; joke

bromear, bro-may-**ar** v to make fun; to jest

bromista, bro-**miss**-tah s joker; leg-puller

bromo, bro-mo s bromine

bronca, bron-kah s practical joke; quarrel

bronce, bron-thay s bronze; brass

bronceado, bron-thay-**ah**-dor s suntan

bronceador, bron-thay-ah-**dor** s sun cream

bronco, bron-ko a rough; rude; hard; harsh

bronquedad, bron-kay-**dahd** s harshness; rudeness

bronquio, bron-ke-o s bronchial tubes

bronquitis, bron-kee-tiss s bronchitis

broquel, bro-**kel** s shield

brotar, bro-**tar** v to bud; to gush; to sprout; to spring up

broza, bro-thah s brushwood; farrago

bruces, (a or de) ah, day broo-thess adv with the mouth downwards

bruja, broo-Hah s witch

brujería, broo-Hay-**ree**-ah s witchcraft

brújula, broo-Hoo-lah s sea compass; magnetic needle

bruma, broo-mah s sea-fog; haziness

bruno, broo-no s black plum; plum tree

bruñido, broo-n´yee-do a polished

bruñir, broo-n´**yeer** v to polish

brusco, **brooss**-ko a rude; rough; abrupt

brusquedad, brooss-kay-**dahd** s abruptness

brutal, broo-**tahl** a brutal

brutalidad, broo-tah-le-**dahd** s roughness; brutality

bruto, broo-to s brute a coarse; rough

bruza, broo-thah s brush

bubón, boo-**bon** s morbid tumour; bubo

bucarán, boo-kah-**rahn** s buckram

bucear, boo-thay-**ar** v to dive

bucle, boo-klay s curl; ringlet

buche, boo-chay s crop; craw; maw; stomach; mouthful

buen, **bueno***, boo´en, boo´ay-no a good

buenaventura, boo´ay-nah-ven-**too**-rah s good luck

buey, boo-ay´e s ox

búfalo, boo-fah-lo s buffalo

bufanda, boo-**fahn**-dah s muffler; scarf

bufar, boo-**far** v to puff with anger; to snort

bufete, boo-**fay**-tay s desk; lawyer's office

bufido, boo-**fee**-do *s*
snorting

bufo, boo-fo *s* buffoon;
mimic; jester

bufonada, boo-fo-**nah**-dah
s buffoonery

buhardilla, boo´ar-dee-
l´yah *s* small garret; attic

buho, boo´o *s* owl

buhonería, boo´o-nay-
ree-ah *s* peddler's wares

buhonero, boo´o-**nay**-ro *s*
peddler; hawker

buitre, boo´ee-tray *s*
vulture

bujería, boo-*Hay*-**ree**-ah *s*
bauble; knick-knack

bujía, boo-**Hee**-ah *s* spark
plug; wax candle

bula, boo-lah *s* papal bull

bulbo, bool-bo *s* bulb

bulto, bool-to *s* bulk;
bundle; package; **a–,**
ah–, confusedly

bulla, boo-l´yah *s* noise;
bustle; crowd

bullanga, boo-l´**yahn**-gah
s tumult; riot

bullicio, boo-l´yee-the-o *s*
bustle; noise

bullir, boo-l´**yeer** *v* to
boil; to bustle; to fluster

buñuelo, boo-n´yoo-**ay**-lo
s fritter

buque, boo-kay *s* vessel;
ship

burbuja, boor-**boo**-*Hah s*
bubble

burdel, boor-**del** *s* brothel

burdo, boor-do *a* coarse;
common

buril, boo-**reel** *s* engraving
tool

burilar, boo-re-**lar** *v* to
engrave

burla, boor-lah *s* scoff;
mockery; jest; jeer

burlar, boor-**lar** *v* to
ridicule; to mock; to
hoax

burlería, boor-lay-**ree**-ah´*s*
fun; artifice; drollery;
illusion

burlesco, boor-**less**-ko *a*
burlesque

burlón, boor-**lon** *s* jester;
scoffer

burrada, boor-**rrah**-dah *s*
stupid action

burrero, boor-**rray**-ro *s*
ass-keeper

burro, boor-rro *s* ass;
donkey

busca, booss-kah *s* search;
research

buscada, booss-**kah**-dah *s*
search; inquiry

buscar, booss-**kar** *v* to
seek; to search; to look
for

buscón, booss-**kon** *a*
thieving; crooked

busto, booss-to *s* bust

butaca, boo-**tah**-kah *s*
large arm-chair

buzo, boo-tho *s* diver

buzon, boo-**thon** *s*
letterbox; conduit

cabal, kah-**bahl** *a* exact; perfect; full

cabalgada, kah-bahl-**gah**-dah *s* cavalcade; procession

caballar, kah-bah-l'**yar** *a* equine

caballeresco, kah-bah-l'yay-**ress**-ko *a* chivalrous

caballería, kah-bah-l'yay-**ree**-ah *s* riding beast; cavalry

caballeriza, kah-bah-l'yay-**ree**-thah *s* stable; stud

caballero, kah-bah-l'**yay**-ro *s* gentleman; knight; horseman

caballete, kah-bah-l'**yay**-tay *s* ridge; trestle; easel

caballo, kah-bah-l'**yo** *s* horse; (chess) knight

cabaña, kah-**bah**-n'yah *s* hut; cabin

cabecear, kah-bay-thay-**ar** *v* to nod; to shake the head in disapprobation

cabeceo, kah-bay-**thay**-o *s* nod; shake of the head

cabecera, kah-bay-**thay**-rah *s* head of a table, etc; upper end; headline

cabellera, kah-bay-l'**yay**-rah *s* long hair

cabello, kah-bay-l'**yo** *s* hair

cabelludo, kah-bay-l'**yoo**-do *a* hairy

caber, kah-**bair** *v* to contain; to be contained

cabestrillo, kah-bess-**tree**-l'yo *s* sling

cabeza, kah-**bay**-thah *s* head; chief; top; beginning

cabezada, kah-bay-**thah**-dah *s* headshake; stroke with the head; nod; halter

cabezal, kah-bay-**thahl** *s* bolster

cabezo, kah-**bay**-tho *s* summit of a hill

cabezudo, kah-bay-**thoo**-do *a* obstinate; stubborn

cabezuela, kah-bay-thoo'**ay**-lah *s* dolt; bran; rosebud

cabida, kah-**bee**-dah *s* content; capacity

cabildo, kah-**beel**-do *s* chapter of a cathedral

cabilla, kah-**bee**-l'yah *s* tree-nail

cabizbajo, kah-bith-**bah**-Ho *a* crestfallen; thoughtful

cable, kah-**blay** *s* cable

cabo, kah-bo *s* extremity; cape; chief; rope

cabotaje, kah-bo-**tah**-Hay *s* coasting trade

cabra, kah-**brah** *s* goat

cabrerizo, kah-bray-**ree**-tho *s* goatherd

cabrestante, kah-bress-**tahn**-tay *s* capstan

cabria, kah-**bre**-ah *s* crane; axle-free

cabriola, kah-bre-o-lah *s*

caper; gambol; jump

cabrito, kah-**bree**-to s kid

cabrón, kah-**bron** s cuckold

caca, kah-kah s excrements of a child

cacahuete, kah-kah-oo´**ay**-tay s peanut

cacao, kah-**kah**-o s cocoa tree; cocoa

cacarear, kah-kah-ray-**ar** v to cackle; to brag

cacera, kay-**thay**-rah s canal; channel

cacería, kah-thay-**ree**-ah s hunting party

cacerola, kah-thay-ro-lah s stew-pan; saucepan; casserole

cacto, **kahk**-to s cactus

cacha, kah-chah s handle of a knife

cachar, kah-**char** v to break in pieces

cacharro, kah-**char**-rro s earthen pot

cachete, kah-**chay**-tay s cheek; slap in the face

cachetero, kah-chay-**tay**-ro s dagger

cachetudo, kah-chay-**too**-do a chubby

cachipolla, kah-che-po-l´yah s mayfly

cachiporra, kah-che-**por**-rrah s club; cudgel

cachivache, kah-che-**vah**-chay s broken crockery; worthless fellow

cacho, kah-cho s slice; small piece

cachondo, kah-**chon**-do a fun-loving; randy; on heat

cachorro, kah-**chor**-rro s puppy; cub

cachucha, kah-**choo**-chah s man's fur cap

cachupín, kah-choo-**peen** s Spanish colonist in Mexico and Central America

cada, kah-dah a every; each

cadalso, kah-**dahl**-so s scaffold

cadáver, kah-**dah**-vair s corpse

cadejo, kah-**day**-Ho s entangled hair; skein

cadena, kah-**day**-nah s chain; series; network; – **de sonido**, – day so-ne-do, sound system

cadencia, kah-**den**-the-ah s cadence

cadeneta, kah-day-**nay**-tah s lace; chain-stitch

cadenilla, kah-day-nee-l´yah s small chain

cadente, kah-**den**-tay a rhythmical

cadera, kah-**day**-rah s hip

cadete, kah-**day**-tay s cadet

caduco*, kah-**doo**-ko a worn out; decrepit; feeble

caedizo, kah-ay-**dee**-tho a tottering

caer, kah-**air** v to fall; to fall due; to happen to; to decline; to die

café, kah-**fay** s coffee; coffee-house

cafetera, kah-fay-**tay**-rah s coffee-pot; coffee maker

cafetería, kah-fay-tay-**ree**-ah s café

cafetero, kah-fay-**tay**-ro s coffee grower; café owner; a coffee-drinking

caída, kah-ee-dah s fall; downfall; declivity

caído, kah-ee-do a languid; downfallen

caimiento, kah´e-me-en-to s languidness; dejection

cairel, kah´e-**rel** s fringe; trimmings

caja, kah-Hah s box; chest; cash; desk; coffin

cajero, kah-**Hay**-ro s cashier

cajero automático, kah-Hay-ro ah´oo-to-**mah**-te-ko s cash dispenser

cajetilla, kah-Hay-**tee**-

l´yah s packet of cigarettes

cajón, kah-**Hon** s box; chest; drawer; till

cal, kahl s lime

cala, kah-lah s creek; cove

calabacín, kah-lah-bah-**theen** s courgette

calabaza, kah-lah-**bah**-thah s pumpkin

calabazada, kah-lah-bah-**thah-dah** s knock with the head

calabobos, kah-lah-bo-bos s drizzle

calabozo, kah-lah-bo-tho s dungeon

calafatear, kah-lah-fah-tay-**ar** v to calk

calamar, kah-lah-**mar** s squid

calambre, kah-**lahm**-bray s cramp

calamidad, kah-lah-me-**dahd** s calamity

calamitoso, kah-lah-me-to-so s calamitous

cálamo, kah-lah-mo s sweet-flag; pen; flute

calamorra, kah-lah-**mor**-rrah s *fam* head

calandria, kah-**lahn**-dre-ah s calender; mangle

calaña, kah-lah-n´yah s pattern; character

calar, kah-**lar** v to

penetrate; to permeate; to discover; to pierce; to put; to sink

calavera, kah-lah-**vay-rah** s skull; madcap

calcañal, kahl-kah-n'**yahl** s heel

calcar, kahl-**kar** v to trace; to copy

calce, kahl-thay s tyre of a wheel

calceta, kahl-**thay-tah** s stocking; fetters

calcetería, kahl-thay-tay-**ree**-ah s hosier's shop or trade

calcetín, kahl-thay-**teen** s sock

calcina, kahl-**thee**-nah s mortar

calcinar, kahl-the-**nar** v to calcine

calcio, kahl-the-o s calcium

calco, kahl-ko s tracing

calculadora, kahl-koo-lah-**do-rah** s calculator

cálculo, kahl-**koo-lo** s calculation; calculus

calda, kahl-dah s warming; heating

caldear, kahl-day-**ar** v to heat; to weld iron

caldera, kahl-**day-rah** s boiler; caldron

calderilla, kahl-day-ree-

l´yah s copper coin; small change

caldillo, kahl-dee-l´yo s sauce; broth

caldo, kahl-do s broth; sauce; gravy

calefacción, kah-lay-fahk-the-on s heating

calendario, kah-len-**dah**-re-o s calendar

calentador, kah-len-tah-dor s heater; warming-pan

calentar, kah-len-**tar** v to heat

calentura, kah-len-**too**-rah s fever; temperature

calenturiento, kah-len-too-re-**en**-to a feverish

calesa, kah-lay-sah s gig; chaise

caleta, kah-lay-tah s cove; creek

caletre, kah-lay-tray s understanding; discernment; acumen

calibrar, kah-le-**brar** v to gauge; to calibrate

calibre, kah-**lee**-bray s calibre

calicó, kah-le-ko s calico

calidad, kah-le-**dahd** s quality; rank; condition

cálido, kah-le-do a hot; warm

caliente, kah-le-en-tay a

warm; feverish; **en –,** en
–, immediately

calificar, kah-le-fe-**kar** v
to qualify; to rate; to
class; to attest

calígine, kah-lee-**He**-nay s
mist; obscurity; dimness

cáliz, kah-lith s chalice;
calyx

calizo, kah-lee-tho a
calcareous

calma, kahl-mah s calm

calmante, kahl-**mahn**-tay
a soothing; sedative; s
tranquillizer

calmar, kahl-**mar** v to
calm; to allay; to soothe

calmo, kahl-mo a treeless;
barren

calmoso, kahl-**mo**-so a
tranquil; slow

caló, kah-**lo** s slang

calor, kah-**lor** s heat;
warmth; low;
excitement

caloría, kah-lo-ree-ah s
calory

calorífero, kah-lo-ree-fay-
ro s heater; radiator

calumnia, kah-**loom**-ne-
ah s slander

calumniador, kah-loom-
ne-ah-**dor** s slander

calumniar, kah-loom-ne-
ar v to slander

caluroso, kah-loo-**ro**-so a

warm; hot; vehement

calva, kahl-vah s bald
head

calvicie, kahl-vee-the-ay s
baldness

calvo, kahl-vo a bald

calza, kahl-thah s
trousers; hose

calzada, kahl-**thah**-dah s
causeway; roadway;
pavement

calzado, kahl-**thah**-do s
footwear

calzador, kahl-thah-**dor** s
shoe-horn

calzar, kahl-**thar** v to pull
on shoes

calzoncillos, kahl-thon-
thee-l'yoss s pants;
underpants; shorts

callado*, kah-l'**yah**-do a
silent; discreet; reserved

callar, kah-l'**yar** v to keep
secret; to hush up

calle, kah-l'yay s street;
lane; alley

calleja, kah-l'yay-Hah,
(see **callejuela**)

callejuela, kah-l'yay-
Hoo´ay-lah s narrow
passage

callo, kah-l'yo s corn (on
the feet); wen; tripe

cama, kah-mah s bed;
couch; bestead; litter

camafeo, kah-mah-**fay**-o s

cameo

cámara, kah-mah-rah s
hall; cabin; **–de aire,**
–day ah´e-ray s inner
tube (of tyre); chamber
(*pol*); camera (photo)

camarada, kah-mah-**rah**-
dah s comrade

camarera, kah-mah-**ray**-
rah s waitress

camarilla, kah-mah-ree-
l'yah s small room;
clique

camarón, kah-mah-**ron** s
shrimp; prawn

camarote, kah-mah-**ro**-tay
s berth

cambalachear, kahm-bah-
lah-chay-**ar** v to barter
to change

cambiar, kahm-be-**ar** v to
barter; to exchange; to
change

cambio, kahm-be-o s
barter; rate of exchange

cambista, kahm-**biss**-tah s
banker; changer

camelar, kah-may-**lar** v to
flirt; to woo; to seduce

camello, kah-may-l'yo s
camel; drug-pusher

camero, kah-**may**-ro s
upholsterer

camilla, kah-mee-l'yah s
small bed; dressingroom;
stretcher

caminante, kah-me-**nahn**-tay s traveller; walker

caminar, kah-me-**nar** v to travel; to walk; to move along

caminata, kah-me-**nah**-tah s long walk; excursion

camino, kah-**mee**-no s high road; way; journey; calling

camión, kah-me-**on** s truck

camisa, kah-**mee**-sah s shirt; chemise

camisero, kah-me-**say**-ro s shirt-maker; haberdasher

camiseta, kah-me-**say**-tah s undershirt; vest; t-shirt

camisola, kah-me-**so**-lah s ruffled shirt; dicky

camomila, kah-moh-**mee**-lah s camomile

camorra, kah-**mor**-rrah s quarrel

camorrista, kah-**mor**-**rriss**-tah s quarrelsome person

campamento, kahm-pah-**mayn**-to s campsite

campana, kahm-**pah**-nah s bell

campanada, kahm-pah-**nah**-dah s stroke of a bell

campanario, kahm-pah-**nah**-re-o s belfry

campanear, kahm-pah-nay-**ar** v to ring the bell frequently

campaña, kahm-**pah**-n´yah s campaign; level country

campar, kahm-**par** v to excel; to encamp

campeón, kahm-pay-**on** s champion

campesino, kah-pay-**see**-no a rural; rustic

campiña, kahm-**pee**-n´yah s campaign; field

campo, kahm-po s country; field; –**santo,** –**sahn**-to, burial-ground

camuflaje, kah-moo-**flah**-Hay s camouflage

camuza, kah-**moo**-thah s chamois

can, kahn s dog

canal, kah-**nahl** s channel; canal; drinking-trough

canalón, kah-nah-**lon** s large gutter; spout

canalla, kah-**nahl**-l´yah s mob; rabble

canapé, kah-nah-**pay** s couch; settee

canario, kah-**nah**-re-o s canary bird

canasta, kah-**nahs**-tah s basket; hamper; crate

cancela, kahn-**thay**-lah s front-door grating

cancelar, kahn-thay-**lar** v to cancel; to annul

cancelaría, kahn-thay-lah-**ree**-ah s papal chancery

cáncer, kahn-thair s cancer

cancilla, kahn-**thee**-l´yah s wicker-door

canciller, kahn-thee-l´**yair** s chancellor

canción, kahn-the-**on** s song; ballad

candado, kahn-**dah**-do s padlock

candar, kahn-**dar** v to lock; to shut

candela, kahn-**day**-lah s candle

candelabro, kahn-day-**lah**-bro s chandelier; candelabrum

candente, kahn-**den**-tay a red-hot

candidato, kahn-de-**dah**-to s candidate

candidez, kahn-de-**deth** s candour; simplicity

cándido, kahn-de-do a candid; simple; white

candiotera, kahn-de-o-**tay**-rah s cooper

candonga, kahn-**don**-gah s artful flattery; playful

trick

candonguear, kahn-don-gay-**ar** v to jeer; to tease; to shirk

candor, kahn-**dor** s candour; ingenuousness

candoroso, kahn-do-**ro**-so a candid; sincere

canela, kah-**nay**-lah s cinnamon

canelón, kah-nay-**lon** s icicle; cannelloni

cangrejo, kahn-**gray**-Ho s crab; crawfish

canguro, kahn-**goo**-ro s kangaroo

canicie, kah-nee-**the**-ay s whiteness of the hair

canijo, kah-**nee**-Ho a weak; sickly; infirm

canilla, kah-nee-l´yah s shin-bone; arm-bone

canino, kah-**nee**-no a canine

canje, kahn-Hay s exchange

cano, kah-no a hoary; grey-haired

canoa, kah-**no**-ah s canoe

canon, kah-non s canon; rule

canónigo, kah-**no**-ne-go s canon or prebendary

cansado*, kahn-**sah**-do a tired; tedious; worn out

cansar, kahn-**sar** v to

weary; to tire; to bore; to molest

cantante, kahn-**tahn**-tay s singer; lead singer

cantar, kahn-**tar** v to sing; s song

cántara, kahn-tah-rah s pitcher; wine-measure (32 pint)

cantarillo, kahn-tah-**ree**-l´yo s small pitcher

cantatriz, kahn-tah-**treeth** s (woman) singer

cantera, kahn-**tay**-rah s stone quarry; talent

cantidad, kahn-te-**dahd** s quantity; measure; portion; number; sum of money

cantilena, kahn-te-**lay**-nah s ballad; irksome repetition of a subject

cantimplora, kahn-tim-**plo**-rah s water-bottle

cantina, kahn-tee-nah s cellar; canteen

canto, kahn-to s singing; edge; point; stone

cantón, kahn-**ton** s corner; region

cantor, kahn-**tor** s singer; minstrel

canuto, kah-**noo**-to s small tube; joint

caña, kah-n´yah s cane; reed; stalk

cañada, kah-n´**yah**-dah s glen; dale; glade

cañamazo, kah-n´yah-**man**-tho s coarse canvas

cáñamo, kah-n´yah-mo s hemp

cañería, kah-n´**yay**-ree-ah s aqueduct; water-main

caño, kah-n´yo s tube; pipe; sewer; conduit

cañón, kah-n´**yon** s tube; down; quill; cannon; gallery; gorge

cañonazo, kah-n´yo-**nay**-tho s cannon-shot

cañonero, kah-n´yo-**nay**-ro s gunboat

caoba, kah-o-bah s mahogany

caolín, kah-o-**leen** s china clay

caos, kah-oss s chaos

caótico, kah-o-te-ko, a chaotic

capa, kah-pah s cloak; mantle; layer; cover; pretence; hinder; wrapper; coat of paint

capacidad, kah-pah-the-**dahd** s capacity; extent

capacha, kah-**pah**-chah s frail; hamper

capar, kah-**par** v to geld

caparazón, kah-pah-rah-**thon** s caparison; carcass of a fowl; feed-bag

caparrosa, kah-par-**rro**-sah s copperas; vitriol

capataz, kah-pah-**tahth** s overseer; superintendent; foreman

capaz, kah-**path** a capable; competent; spacious

capazo, kah-**pah**-tho s large frail; hamper

capcioso, kahp-the-o-so a captious

capear, kah-pay-**ar** v to challenge a bull with a cloak; to deceive

capellán, kah-pay-l´**yahn** s chaplain

capilla, kah-pee-l´**yah** s hood; cowl; chapel; choir; chapter; proof-sheet

capirote, kah-pe-**ro**-tay s hood

capital, kah-pe-**tahl** s capital (money, town); a* capital; essential

capitán, kah-pe-**tahn** s captain

capitanía, kah-pe-tah-**nee**-ah s captainship; captainry

capitel, kah-pe-**tel** s capital of a column

capitulación, kah-pe-too-lah-the-**on** s capitulation; pl articles of a marriage contract

capitular, kah-pe-too-**lar** v to conclude an agreement; to capitulate; s member of a chapter; a capitulary

capítulo, kah-**pee**-too-lo s chapter of a cathedral; chapter of a book

capón, kah-**pon** s capon; gelding

caponera, kah-po-**nay**-rah s coop

capote, kah-po-tay s sort of cloak

capricho, kah-**pree**-cho s caprice, whim, mood

caprichoso*, kah-pre-**cho**-so a capricious

cápsula, kahp-soo-lah s capsule; percussion cap

captar, kahp-**tar** v to captivate

capturar, kahp-too-**rar** v to apprehend; to arrest

capucha, kah-poo-chah s hood

capuchina, kah-poo-**chee**-nah s nasturtium

capucho, kah-**poo**-cho s cowl; hood

capullo, kah-poo-l´yo s cocoon; bud of flowers

cara, kah-**rah** s face; mien; front; surface

carabela, kah-rah-**bay**-lah s caravel

carabina, kah-rah-**bee**-nah s carbine

carabinero, kah-rah-be-**nay**-ro s carabineer

caracol, kah-rah-**kol** s snail; prancing of a horse

caracolear, kah-rah-ko-lay-**ar** v to caracole; to twist

carácter, kah-**rahk**-tair s character; handwriting; type

carado, kah-**rah**-do a faced; **bien** —, **mal** —, pretty-faced; mahl —, ill-faced

¡caramba! kah-**rahm**-bah interj hah! strange!

carambola, kah-rahm-**bo**-lah s (billiards) cannon; trick to deceive

caramelo, kah-rah-**may**-lo s caramel

caramillo, kah-rah-mee-l´yo s flageolet; flute

carantoña, kah-rahn-to-n´**yay**-ro s cajoler; flatterer

carátula, kah-**rah**-too-lah s pasteboard mask; sleeve (disco)

caravana, kah-rah-**vah**-nah s caravan

carbón, kar-**bon** s charcoal; coal; cinder

carbonada, kar-bo-**nah**-dah s broiled steak or chop

carbonato, kar-bo-**nah**-to s carbonate

carboncillo, kar-bon-**thee**-l'yo s small coal; black crayon

carbonera, kar-bo-**nay**-rah s coal-celler; coal-pit

carbonero, kar-bo-**nay**-ro s charcoal maker; coal-merchant

carbono, kar-bo-no s carbon

carbunco, carbunclo, carbúnculo, kar-boon-ko, kar-**boon**-klo, kar-**boon**-koo-lo s carbuncle

carcajada, kar-kah-*H*ah-dah s loud laughter

cárcel, kar-thel s prison; jail

carcelería, kar-thay-lay-ree-ah s imprisonment

carcelero, kar-thay-lay-ro s jailer

carcoma, kar-ko-mah s woodlouse; anxious concern; dry rot

carcomer, kar-ko-**mair** v to gnaw; to consume by degrees

carda, **kar**-dah s carding; card

cardar, kar-**dar** v to card wool

cardenal, kar-day-**nahl** s cardinal

cardencha, kar-den-chah s teasel

cardenillo, kar-day-nee-l'yo s verdigris

cárdeno, **kar**-day-no a livid

cárdigan, **kahr**-de-gahn s cardigan

cardinal, kar-de-**nahl** a principal; fundamental

cardo, **kar**-do s thistle

carear, kah-ray-**ar** v to confront (criminals)

carecer, kah-ray-**thair** v to need; to lack

carena, kah-**ray**-nah s careening

carencia, kah-**ren**-the-ah s want; need; lack

careo, kah-**ray**-o s confrontation

carestía, kah-ress-tee-ah s scarcity; famine

careta, kah-**ray**-tah s mask of pasteboard

carga, **kar**-gah s load; freight; burden; weight; cargo; charge; tax

cargadero, kar-gah-**day**-ro s place where goods are loaded

cargador, kar-gah-**dor** s charger; freighter

cargamento, kar-gah-**men**-to s cargo

cargar, kar-**gar** v to load; to freight; to charge; to book

cargazón, kar-gah-**thon** s cargo

cargo, **kar**-go s burden; loading; office; charge; obligation

cariancho, kah-re-**ahn**-cho a broad-faced

cariarse, kah-re-ar-say v to decay

caribe, kah-**ree**-bay s cannibal; savage; a Caribbean

caricia, kah-**ree**-the-ah s caress

caridad, kah-re-**dahd** s charity

caries, kah-re-ess s caries

carigordo, kah-re-gor-do a plump-faced

carilargo, kah-re-lar-go a long-faced

cariño, kah-**ree**-n'yo s love; tenderness; affection

cariñoso, kah-re-n'yo-so a affectionate; loving

carirredondo, kah-re-rray-don-do a round-faced

caritativo, kah-re-tah-**tee**-vo a charitable

cariz, kah-**reeth** s aspect (of weather); prospect; look

carmen, kar-men s country house and garden

carmesí, kar-may-**see** a crimson .

carmín, kar-**meen** s carmine

carnada, kar-nah-dah s bait

carnaval, kar-nah-**vahl** s carnival

carne, kar-nay s flesh; meat; pap; kin

carnero, kar-nay-ro s sheep; mutton

carnet de conducir, kar-nayt day kon-doo-**theer** s driving licence

carnicería, kar-ne-thay-**ree**-ah s shambles; slaughter; butcher's shop

carnicero, kar-ne-**thay**-ro s butcher; a carnivorous

carnoso, kar-no-so a fleshy

caro, kah-ro adv dearly a dear; costly

carozo, kah-**ro**-tho s cob of maize

carpa, kar-pah s carp (fish)

carpeta, kar-**pay**-tah s table-cover; portfolio; folder

carpintero, kar-pin-**tay**-ro s carpenter

carpo, kar-po s carpus; wrist

carraco, kar-**rrah**-ko a old; withered; decrepit

carral, kar-**rrahl** s barrel

carralero, kar-rrah-**lay**-ro s cooper

carraspera, kar-rrahs-**pay**-rah s hoarseness

carrera, kar-**rray**-rah s race; course; high-road; career

carreta, kar-**rray**-tah s long narrow cart

carretada, kar-rray-**tah**-dah s cartful

carretaje, kar-rray-**tah**-Hay s cartage

carretear, kar-rray-tay-**ar** v to cart

carretera, kar-rray-**tay**-rah s high-road

carretero, kar-rray-**tay**-ro s cartwright; carman; carter

carretilla, kar-rray-tee-**l´yah** s wheel-barrow

carril, kar-**rreel** s rut; (railway) rail

carrillo, kar-**rree**-l´yos s cheek

carro, kar-**rro** s cart

carrocero, kar-rro-**thay**-ro s carriage-builder

carroña, kar-**rro**-n´yah s carrion

carroza, kar-**rro**-thah s large coach

carruaje, kar-rroo-**ah**-Hay s vehicle; carriage

carta, kar-tah s letter; map; ordinance; card for playing

cartabón, kar-tah-**bon** s square; rule

cartapacio, kar-tah-**pah**-the-o s satchel; portfolio

cartearse, kar-tay-ar-**say** v to correspond by letter

cartel, kar-**tel** s placard; poster; cartel

cartera, kar-**tay**-rah s portfolio; letter-case; pocket-book; wallet

cartero, kar-**tay**-ro s postman

cartilla, kar-tee-**l´yah** s primer; certificate

cartón, kar-ton s pasteboard; cartoon; cardboard

cartuchera, kar-too-**chay**-rah s cartridge-box

cartucho, kar-**too**-cho s cartridge

cartulina, kar-too-lee-nah s bristol-board

carvallo, kar-vah-**l´yos** s oak

casa, kah-sah s house; home; household

casaca, kah-**sah**-kah s coat

casación, kah-sah-the-**on** s cassation

casadero, kah-sah-**day**-ro a fit for marriage

casado, kah-**sah**-do a married

casamiento, kah-sah-me-**en**-to s marriage

casar, kah-**sar** v to marry; to pair; to match

casarse, kah-**sar**-say v to get married

cascabel, kahs-kah-**bel** s (little) bell; jingle

cascada, kahs-**kah**-dah s cascade; waterfall

cascadura, kahs-kah-**doo**-rah s bursting or breaking asunder

cascajo, kahs-**kah**-Ho s gravel

cascanueces, kahs-kah-noo´**ay**-thess s nut-cracker

cascar, kahs-**kar** v to crack, burst, break

cáscara, kahs-kah-rah s rind; peel; husk; bark

¡cáscaras!, kahs-kah-rahs *interj* (expressing surprise or admiration) wonderful!

cascarón, kahs-kah-**ron** s egg-shell

cascarrón, kahs-kar-**rron** a rough; rude; harsh

casco, kahs-ko s helmet; cask; hull (of a ship); hoof

cascote, kahs-ko-tay s rubbish; débris

casería, kah-say-ree-ah s country house

caserío, kah-say-**ree**-o s village; hamlet

casero, kah-say-ro s landlord; house agent; a domestic; homely

caseta, kah-say-tah s small house; cottage

casete(ette), kah-set s cassette; cassette player

casi, kah-se *adv* almost

casilla, kah-see-l´yah s ticket-office; keeper's lodge; pigeon-hole

casimir, kah-se-**meer** s cashmere

casino, kah-se-no s casino

caso, kah-so s event; case; occurrence; accident; opportunity

caspa, kahs-pah s dandruff, scurf

¡cáspita!, kahs-pe-tah *interj* gracious!

casquete, kahs-**kay**-tay s helmet; skull-cap

casquijo, kahs-kee-Ho s gravel

casquillo, kahs-kee-l´yo s tip; ferrule; socket; iron arrow-head

casta, kahs-tah s race; breed; kindred; kind

castaña, kahs-**tah**-n´yah s chestnut

castañeta, kahs-tah-n´**yay**-tah s snapping of the fingers; castenet

castaño, kahs-**tah**-n´yo s chestnut-tree a hazel

castañuela, kahs-**tah**-n´yoo´e-lah s castanet

castidad, kahs-te-**dahd** s chastity

castigar, kahs-te-**gar** v to chastise; to punish

castigo, kahs-**tee**-go s chastisement; punishment

castillejo, kahs-te-l´**yay**-Ho s small castle; go-cart; scaffolding

castillo, kahs-**tee**-l´yo s castle

castizo, kahs-**tee**-tho a pure-blooded; (language) pure

casto*, kahs-to a chaste

castor, kah-**tor** s beaver

castrar, kahs-**trar** v to geld; to castrate

casual*, kah-soo´**ahl** a casual; accidental

casualidad, kah-soo´ah-le-**dahd** s chance; accident

casuca, casucha, kah-soo-kah, kah-**soo**-chah s wretched cottage or hut

cata, kah-tah s trying by taste; sample

catador, kah-tah-**dor** s taster; sampler

catalejo, kah-tah-**lay**-Ho s telescope

catalogar, kah-tah-lo-**gar** v to catalogue

catálogo, kah-**tah**-lo-go s catalogue

cataplasma, kah tah-**plahs**-mah s poultice

catar, kah-**tar** v to taste; to sample

catarata, kah-tah-**rah**-tah s waterfall; cataract

catarro, kah-**tar**-rro s cold; catarrh

catastro, kah-**tahs**-tro s land register

catástrofe, kah-**tahs**-tro-fay s catastrophe

cataviento, kah-tah-ve-**en**-to s weather-cock

catecismo, kah-tah-thes-mo s catechism

cátedra, kah-tay-drah s chair of a professor; professorship

catedral, kah-tay-**drahl** s cathedral

catedrático, kah-tay-**drah**-te-ko s professor

categórico kah-tay-**go**-re-ko a categorical

caterva, kah-**tair**-vah s multitude; throng; swarm

católico, kah-to-le-ko a catholic

catorce, kah-**tor**-thay s & a fourteen

catre, kah-tray s small bedstead; cot

cauce, kah´oo-thay s bed of a river; ditch

caución kah´oo-the-**on** s caution; security; surety

caucionar, kah´oo-the-o-**nar** v to guard against; to bail

caucho, kah´oo-cho s rubber

caudal, kah´oo-**dahl** s fortune; health; volume of water

caudaloso, kah´oo-dah-lo-so a carrying much water; abundant; rich

caudillo, kah´oo-**dee**-l´yo s chief; leader

causa, kah´oo-sah s cause; motive; lawsuit

causante, kah´oo-**sahn**-tay s causer; constituent

causar, kah´oo-**sar** v to cause; to originate; to

sue

cáustico, kah´ooss-te-ko a caustic

cautela, kah´oo-**tay**-lah s caution; prudence; heed

cauteloso, kah´oo-tay-**lo**-so a cautious

cauterio, kah´oo-**tay**-re-o s cautery

cautivar, kah´oo-te-**var** v to imprison; to captivate

cautiverio, kah´oo-te-**vay**-re-o s captivity

cautivo, kah´oo-**te**-vo a captive

cauto, kah´oo-to a cautious; wary

cava, kah-vah s digging; wine-cellar; sparkling wine

cavador, kah-vah-**dor** s digger

cavar, kah-**var** v to dig

cavidad, kah-ve-**dahd** s cavity

cavilación, kah-ve-lah-the-**on** s suspicion; deep thought

cavilar, kah-ve-**lar** v to ponder; to consider closely; to be obsessed with

caviloso*, kah-ve-lo-so a captious

cayada, kah-yah-dah s shepherd's hook; crozier

cayo, kah-yo *s* rock; shoal; islet; reef

caz, kath *s* canal for irrigation; flume

caza, kah-thah *s* hunt; game; hunting

cazador, kah-thah-**dor** *s* hunter

cazar, kah-thar *v* to chase; to hunt

cazo, kah-tho *s* saucepan; ladle; glue pot

cazón, kah-**thon** *s* dog-fish

cazuela, kah-thoo´ay´ah´s stew-pan

cazurro, kah-**thoor**-rro *a* taciturn; sullen; sulky

CD, thay-day *s abbr* CD

CD ROM, *a abbr* CD ROM

¡ce!, thay *interj* here!

ceba, thay-bah *s* fattening of animals

cebada, thay-bah-dah *s* barley

cebar, thay-bar *v* to fatten annimals

cebo, thay-bo *s* food; fodder; fattening; bait

cebolla, thay-bo-l´yah *s* onion

cebón, thay-bon *s* fat bullock or hog

cebra, thay-brah *s* zebra

cecear, thay-thay-ar *v* to lisp (to pronounce 's' as 'th')

cecina, thay-the-nah *s* dried beef

cedazo, thay-dah-tho *s* sieve; strainer

ceder, thay-dair *v* to grant; to transfer; to submit; to abate

cedro, thay-dro *s* cedar

cédula, thay-doo-lah *s* slip of paper; order; bill; decree; warrant; identity card

céfiro, thay-fe-ro *s* zephyr

cegar, thay-gar *v* to blind

cegato, thay-gah-to *a fam* short-sighted

ceguedad, thay-gay-dahd *s* blindness

ceguera, thay-gay-rah *s* blindness

ceja, thay-Ha *s* eyebrow

cejar, thay-H ar *v* to relax; to slacken; to give up

celada, thay-lah-dah *s* helmet; ambush

celador, thay-lah-dor *s* curator; warden

celar, thay-lar *v* to fulfil duties carefully; to watch; to conceal; to engrave

celda, thel-dah *s* cell

celebérrimo, thay-lay-bair-rre-mo *a* most celebrated

celebración, thay-lay-bra-the-on *s* celebration

celebrar, thay-lay-brar *v* to celebrate; to praise

célebre,* thay-lay-bray *a* celebrated; famous

celeridad, thay-lay-re-dahd *s* celerity

celeste, thay-less-tay *a* celestial; heavenly; perfect

celibato, thay-le-bah-to *s* celibacy

célibe, thay-le-bay *s* bachelor

celo, thay-lo *s* zeal; rut; *pl* jealousy

celosía, thay-lo-see-ah *s* Venetian blind; lattice; jealousy

celoso, thay-lo-so *a* zealous; jealous

célula, thay-loo-lah *s* cellule; cell

cementar, thay-men-tar *v* to cement

cementerio, thay-men-tay-re-o *s* cemetery

cemento, thay-men-to *s* cement

cena, thay-nah *s* supper; dinner

cenador, thay-nah-dor *s* arbor; bower

cenegal, thay-nah-gahl *s* quagmire; slough; bog

cenar, thay-**nar** v to sup; to have dinner

cencerro, then-**thair**-rro s bell worn by the leading wether or cow

cendal, then-**dahl** s crape; gauze

cenefa, thay-**nay**-fah s border; fringe

cenicero, thay-ne-**thay**-ro s ashtray

cenit, thay-**neet** s zenith

ceniza, thay-**nee**-thah s ashes

cenizo, thay-**nee**-tho a ash-coloured; jinx

censo, then-so s census; electoral roll

censurar, then-soo-**rar** v to criticize; to censure; to blame

centavo, then-**tah**-vo s hundredth part; cent

centella, then-**tay**-l´yah s lightning; spark

centena, then-**tay**-nah s hundred

centenar, then-tay-**nar** s hundred; centenary; rye field

centeno, then-**tay**-no s rye; a hundredth

centésimo, then-**tay**-se-mo a hundredth

centígrado, then-te-**grah**-do s centigrade

centímetro, then-**tee**-may-tro s centimetre

céntimo, then-te-mo s cent

centinela, then-te-**nay**-lah s sentinel

central, then-**trahl** a central

centro, then-tro s centre; headquarters; club

céntuplo, then-too-plo a hundredfold

ceñido, thay-n´**yee**-do a close fitting

ceñir, thay-n´**yeer** v to gird; to hem in; to abbreviate

ceño, thay-n´yo s frown; ferrule

cepa, thay-pah s stump; stock; vine-stock

cepillo, thay-**pee**-l´yo s brush; plane; clothes-brush; poor-box

cepo, thay-po s anvil-block; stocks; snare

cera, thay-rah s wax

cerafolio, thay-rah-**fo**-le-o s chervil

cerca, thair-kah adv close by; near; s fence

cercado, thair-**kah**-do s enclosure

cercanía, thair-kah-**nee**-ah s proximity; neighbourhood

cercano, thair-**kah**-no a near; close by

cercar, thair-**kar** v to enclose; to hedge; to hem

cercenar, thair-thay-**nar** v to pare; to clip; to curtail

cerceta, thair-**thay**-tah s teal; garganey

cerciorar, thair-the-o-**rar** v to assure; to affirm; to ascertain

cerco, thair-ko s hoop; ring; circle; blockade

cerda, thair-dah s horse-hair; bristle

cerdo, thair-do s hog; pig

cerdoso, thair-**do**-so a bristly

cereal, they-ray-**ahl** s cereal

cerebro, thay-**ray**-bro s cerebrum; brain

cerero, thay-**ray**-ro s wax chandler

cereza, thay-**ray**-thah s cherry

cerilla, thay-**ree**-l´yah s wax taper; vesta; earwax; match

cerner, thair-**nair** v to sift; to blossom; to hover

cernidilla, thair-ne-dee-l´yo s drizzle; mizzle

cernidura, thair-ne-**doo**-

rah *s* sifting

cero, thay-ro *s* zero;
cipher; naught

cerote, thay-ro-tay *s*
shoemaker's wax

cerquita, thair-kee-tah
adv very near; *s* small
enclosure

cerradero, thair-rrah-day-
ro *s* clasp; keeper;
locking device

cerrado, thair-rrah-do *a*
reserved; obscure;
obstinate

cerrador, thair-rrah-dor *s*
shutter; fastener

cerradura, thair-rrah-doo-
rah *s* lock; closure;
locking-up

cerrajero, thair-rrah-H
ay-ro *s* locksmith

cerramiento, thair-rrah-
me-en-to *s* closure;
shutting-up

cerrar, thair-rrar *v* to
close; to shut; to lock; to
fasten; to stop up

cerril, thair-rreel *a*
mountainous; rough;
wild

cerro, thair-rro *s* hill;
neck; back-bone

cerrojo, thair-rro-Ho *s*
bolt; latch

certamen, thair-tah-men *s*
literary controversy

certeza, certidumbre,
thair-**tay-**thah, thair-te-
doom-bray *s* certainty

certificado, thair-te-fe-
kah-do *s* certificate

certificar, thair-te-fe-kar
v to certify; – una carta,
– oo-nah-**kar-**tah, to
register a letter

cerval, thair-vahl *a*
belonging to a deer

cervato, thair-vah-to *s*
fawn

cervecería, thair-vay-
thay-**ree-**ah *s* brewery;
ale-house

cerveza, thair-vay-thah *s*
beer

cervicabra, thair-ve-kah-
brah *s* gazelle

cerviguillo, cerviz, thair-
ve-**ghee-l´**yo, thair-
veeth *s* nape; cervix

cesación, thay-sah-the-on
s cessation; stopping

cesar, thay-sar *v* to cease;
to leave off; to stop

cese de hostilidades, thay-
say day os-te-le-dah-
days *s* ceasefire

cesible, thay-see-blay *a*
transferable

cesión, thay-se-on *s*
cession; transfer;
assignment

cesionario, thay-se-o-na-

re-o *s* transferee; grantee

cesionista, thay-se-o-niss-
tah *s* transferrer; grantor

césped, thess-payd *s* turf;
sod; lawn

cesta, thess-tah *s* basket

cesto, thess-to *s* hand-
basket

cestón, thess-ton *s* large
basket; gabion

cetrería, thay-tray-ree-ah
s falconry

cetrino, thay-tree-no *a*
citrine; jaundiced;
melancholy

cetro, thay-tro *s* sceptre;
reign

ciática, the-ah-te-kah *s*
sciatica

cicatería, the-kah-tay-ree-
ah *s* niggardliness;
stinginess

cicatero, the-kah-tay-ro *a*
stingy; mean

cicatriz, the-kah-treeth *s*
scar

ciclo, thee-klo *s* cycle

ciclón, the-klon *s* cyclone

cidra, thee-drah *s* citron

ciego*, the-ay-go *a* blind;
(passage) shut up

cielo, the-ay-lo *s* heaven;
sky; climate

cien, the-en *a* (used before
nouns), one hundred

ciénaga, the-en-ah-gah *s*

marsh

ciencia, the-en-the-ah s
science; knowledge

cieno, the-en-o s mud;
slough

ciento, the-en-to s & a
one hundred

cierne, the-air-nay, **estar
en**
—, es-**tar** en —, to be in
blossom

cierto, the-**air**-to a certain

cierva, the-**air**-vah s hind

ciervo, the-**air**-vo s deer

cierzo, the-**air**-tho s cold
northerly wind

cifra, thee-frah s humber;
abbreviation; sum total

cigarra, the-gar-rrah s
cicada

cigarrera, the-gar-rray-
rah s cigar-case

cigarrillo, the-gar-rree-
l´yo s cigarette

cigarro, the-**gar**-rro s cigar

cigüeña, the-goo´ay-n´yah
s white stork

cilindro, the-leen-dro s
cylinder

cima, thee-mah s summit;
crest; top

cimarrón, the-mar-rron a
wild; unruly

címbalo, theem-bah-lo s
cymbal

cimborio, thim-bo-re-o s
cupola; dome

cimbrar, thim-brar v to
brandish; to vibrate

cimbreño, thim-bray-n´yo
a pliant; flexible

cimentar, the-men-tar v
to found

cimiento, the-me-en-to s
foundation; basis; origin

cinc, think s zink

cincel, thin-**thel** s chisel

cincelar, thin-thay-lar v
to chisel; to engrave

cinco, thin-ko s & a five

cincuenta, thin-kov'en-
tah s & a fifty

cincha, thin-chah s girth;
belt

cine, thee-nay s cinema

cíngaro, thin-gah-ro s
gipsy

cinta, thin-tah s ribbon;
tape; sash

cinteado, thin-tay-ah-do a
adorned with ribbons

cinto, thin-to s belt

cintura, thin-too-rah s
waist

cinturón, thin-too-ron s
broad belt

ciprés, the-**press** s cypress
tree

circo, theer-ko s circus

circuir, theer-koo´eer v to
surround

circuito, theer-koo´ee-to s
circuit

circular, theer-koo-**lar** v
to circulate

círculo, theer-koo-lo s
circle

circuncidar, theer-koon-
the-dar v to circumcise

circundar, theer-koon-**dar**
v to surround

circunflejo, theer-koon-
flay-Ho a circumflex

circunloquio, theer-koon-
lo-ke-o s circumlocution

circunspecto, theer-
koons-pek-to a
circumspect; cautious

circunstancia, theer-
koons-tahn-the-ah s
circumstance

circunstante, theer-
koons-tahn-tay a
surrounding; pl
bystanders

circunvecino, theer-
koon-vay-the-no a
neighbouring

cirio, thee-re-o s wax
candle

cirro, theer-rro s schirrus;
cirrus

ciruela, the-roo´ay-lah s
plum

cirugía, the-roo-H´ee-ah s
surgery

cirujano, the-roo-H ah-no
s surgeon

ciscar, thiss-**kar** v to besmear

cisco, thiss-ko s coal-dust; quarrel

cisma, thiss-mah s schism; discord

cisne, thiss-nay s swan

cita, thee-tah s quotation; summons; rendezvous

citación, the-tah-the-**on** s citation; quotation; summons

citar, the-**tar** v to convoke; to summon; to quote

cítara, thee-tah-ra s zither

ciudad, the'oo-**dahd** s city; town corporation

ciudadano, the'oo-dah-**dah**-no s citizen

ciudadela, the'oo-dah-**day**-lah s citadel

civilidad, the-ve-le-**dahd** s civility; urbanity

civismo, the-**viss**-mo s patriotism

cizalla, the-**thah**-l'yah s shears; filings

cizaña, the-**thah**-n'yah s darnel; tare; discord

clac, klahk s opera-hat

clamar, klah-**mar** v to cry out; to clamour; to want; to demand

clamor, klah-**mor** s clamour; outcry

clamorear, klah-mo-ray-**ar** v to clamour; to implore assistance; to toll

clandestino, klahn-dess-**tee**-no a clandestine

clara, klah-**rah** s white of an egg

claraboya, klah-rah-**bo**-yah s sky-light

clarear, klah-ray-**ar** v to dawn

clarete, klah-**ray**-tay s claret

claridad, klah-re-**dahd** s clearness; brightness; distinctness

clarificar, klah-re-fe-**kar** v to clarify

clarín, klah-**reen** s trumpet; bugle

clarinete, klah-re-**nay**-tay s clarinet

clarividencia, klah-re-ve-**den**-the-ah s clairvoyance

claro*, klah-ro a clear; transparent; lucid; thin; light; manifest; open

claroscuro, klah-ros-**koo**-ro s chiaroscuro; light and shade

clase, klah-say s class; rank; order; kind; description

clásico, klah-se-ko a classical; classic

claudicar, klah'oo-de-**kar** v to halt; to limp; to yield

claustro, klah'**ooss**-tro s cloister

cláusula, klah'oo-soo-lah s clause; article; stipulation

clausura, klah'oo-**soo-rah** s closure; confinement

clava, klah-vah s club; cudgel

clavado, klah-**vah**-do a nailed; exact; precise

clavar, klah-**var** v to nail; to fasten with nails

clave, klah-vay s key; code; clue

clavel, klah-**vel** s carnation

clavicordio, klah-ve-**kor**-de-o s harpsichord

clavícula, klah-vee-koo-lah s clavicle; collar bone

clavija, klah-vee-**Hah** s pin; peg; nog

clavillo, klah-vee-**l'yo** s small nail; tack

clavo, klah-vo s nail; corn (on the feet); clove

clemencia, klay-**men**-the-ah s clemency

clemente*, klay-**men**-tay a clement

clerecía, klay-ray-**thee**-ah s clergy

clérigo, klay-re-go s cleric; priest; clergyman

clero, klay-ro s clergy

cliente, kle-en-tay s client

clientela, kle-en-tay-lah s clientele

clima, klee-mah s climate

clínica, klee-ne-kah s clinic

clisé, kle-say s stereotype plate; cliché

cloaca, klo-ah-kah s sewer

cloquear, klo-kay-ar v to cluck; to cackle

cloral, klo-rahl s chloral

cloro, klo-ro s chlorine

cloruro, klo-roo-ro s chloride

club, kloob s club; association

coacción, ko-ahk-the-on s compulsion; coercion

coadyuvar, ko-ahd-yoo-var v to help; to assist

coagular, ko-ah-goo-lar v to coagulate

coalición, ko-ah-le-the-on s coalition

coartada, ko-ar-tah-dah s alibi

coartar, ko-ar-tar v to limit; to restrain

coba, ko-bah s fam humbug

cobarde, ko-bar-day a coward; faint-hearted

cobardía, ko-bar-dee-ah s cowardice

cobertera, ko-bair-tay-rah s pot-lid; cover

cobertizo, ko-bair-tee-tho s shed; hut

cobijar, ko-be-Har v to cover; to shelter

cobijo, ko-bee-Ho s shelter; lodge

cobrador, ko-brah-dor s collector of rents; railway conductor

cobranza, ko-brahn-thah s collection or recovery of money

cobrar, ko-brar v to recover; to collect; to recuperate

cobre, ko-bray s copper

cobrizo, ko-bree-tho a coppery

cobro, ko-bro, (see **cobranza**)

cocción, kok-the-on s coction

cocear, ko-thay-ar v to kick

cocer, ko-thair v to cook; to boil; to dress victuals

cocido, ko-thee-do s stew; a boiled; baked; cooked

cocina, ko-thee-nah s kitchen

cocinero, ko-the-nay-ro s cook

coco, ko-ko s cocoa tree; cocoanut

cocodrilo, ko-ko-dree-lo s crocodile

cocora, ko-ko-rah s bore

cochambre, ko-chahm-kray s fam greasy, stinking thing

coche, ko-chay s coach

cochero, ko-chay-ro s coachman

cochina, ko-chee-nah s sow

cochinamente, ko-che-nah-men-tay adv foully; filthily; basely

cochinería, ko-che-nay-ree-ah s filthiness, foulness

cochura, ko-choo-rah s coction; boiling

codazo, ko-dah-tho s push with the elbow

codear, ko-day-ar v to elbow

códice, ko-de-thay s codex; old manuscript

codicia, ko-dee-the-ah s covetousness; cupidity

codiciar, ko-de-the-ar v to covet

codicioso, ko-de-the-o-so a covetous; greedy

código, co-de-go s code (of laws)

codillo, ko-dee-l´yo s

knee; angle; bend;
stirrup
codo, ko-do s elbow; cubit
codorniz, ko-dor-**neeth** s
quail
coercer, ko-air-**thair** v to
coerce
coerción, ko-air-the-on s
coercion
coetáneo, ko-ay-**tah**-nay-o
s contemporary
coexistir, ko-ek-siss-**teer** v
to coexist
cofia, ko-fe-ah s head-
gear; coif; net
cofre, ko-fray s trunk;
boot (of car)
cogedor, ko-Hay-dor s
collector; dust-box
coger, ko-H air v to catch;
to gather; to grasp; to
contain
cogote, ko-go-tay s back of
the neck; nape
cohabitar, ko-ha-be-tar v
to cohabit
cohechar, ko-ay-char v to
bribe
cohecho, ko-ay-cho s
bribery
coherente, ko-ay-ren-tay
a coherent
cohesivo, ko-ay-see-vo a
cohesive
cohete, ko-ay-tay s rocket
cohibición, ko-e-be-the-

on s prohibition;
restraint
cohibir, ko-e-beer v to
prohibit; to restrain
cohonestar, ko-o-ness-**tar**
v to give an honest
appearance to an action
cohorte, ko-or-tay s
cohort
coincidir, ko-in-the-deer v
to coincide
cojear, ko-Hay-ar v to
limp; to be lame
cojera, ko-H ay-rah s
lameness; limping
cojinete, ko-He-nay-tay s
small cushion; pad
cojo, ko-Ho s & a lame;
cripple
col, kol s cabbage
cola, ko-lah s tail; train;
trail; glue
colaborar, ko-lah-bo-**rar** v
to collaborate
colación, ko-lah-the-on s
critical comparison;
collation
colada, ko-**lah**-dah s wash
colador, ko-lah-dor s
colander; blunder; sieve
coladura, ko-lah-doo-rah s
straining
colapso, ko-**lahp**-so s
collapse
colar, ko-**lar** v to strain; to
collate; to sneak in

colcha, kol-chah s
coverlet; bedspread
colchón, kol-chon s
mattress
colear, ko-lay-**ar** v to wag
the tail
colección, ko-lek-the-on s
collection
colectar, ko-lek-**tar** v to
collect (taxes)
colector, ko-lek-tor s
collector; gatherer
colega, ko-**lay**-gah s
colleague
colegial, ko-lay-He-**ahl** s
collegian; a collegial
colegiatura, ko-lay-He-ah-
too-rah s fellowship in a
college
colegio, ko-lay-He-o s
college
colegir, ko-lay-**Heer** v to
collect; to infer
cólera, ko-**lay**-rah s
cholera; fury; rage
colérico, ko-**lay**-re-ko a
choleric; irascible
colesterol, ko-lays-tay-**rol**
s cholesterol
coleta, ko-**lay**-tah s
pigtail; ponytail;
postscript
colgadero, kol-gah-**day**-ro
s hat rack
colgadizo, kol-gah-**dee**-

tho s shed; a pendent

colgadura, kol-gah-**doo**-rah s tapestry; hangings; bunting

colgar, kol-**gar** v to hang up; to adorn with hangings

cólico, ko-le-ko s colic

coliflor, ko-le-**flor** s cauliflower

coligarse, ko-le-**gar**-say v to unite; to confederate

colina, ko-**lee**-nah s hillock

colindante, ko-lin-**dahn**tay a contiguous

coliseo, ko-le-**say**-o s theatre; playhouse

colmar, kol-**mar** v to heap up; to make up

colmena, kol-**may**-nah s bee-hive

colmillo, kol-mee-l'yo s canine tooth; fang; tusk

colmo, kol-mo s heap; completion; height

colocación, ko-lo-kah-the-**on** s situation; employment

colocar, ko-lo-**kar** v to arrange; to place; to locate

colonia, ko-lo-ne-ah s colony

colonizar, ko-lo-ne-**thar** v to colonize

colono, ko-lo-no s colonist; settler

coloquio, ko-lo-ke-o s colloquy; talk

color, ko-**lor** s colour; dye; pretext

coloración, ko-lo-rah-the-**on** s colouring

colorado, ko-lo-**rah**-do a ruddy; red

colorar, ko-lo-**rar** v to colour; to blush

colorear, ko-lo-ray-**ar** v to palliate; to excuse; to redden

colorete, ko-lo-**ray**-tay s rouge

colorín, ko-lo-**reen** s linnet; loud colour

colorír, ko-lo-**reer** v to colour

coloso, ko-lo-so s colossus

columbrar, ko-loom-**brar** v to discern at a distance; to guess

columna, ko-**loom**-nah s column; pillar

columnata, ko-loom-**nah**-tah s colonnade

columpiar, ko-loom-pe-**ar** v to swing

collado, ko-l'yah-do s hill; hillock; fell

collar, ko-l'yar s necklace; collar

coma, **ko**-mah s comma

comadre, ko-**mah**-dray s midwife; gossip

comadrear, ko-mah-dray-**ar** v to gossip

comadrona, ko-mah-**dro**-nah s midwife

comandar, ko-mahn-**dar** v to command

comandita, ko-mahn-dee-tah s partnership

comarca, ko-**mar**-kah s territory; district; boundary

comarcano, ko-mar-**kah**-no a neighbouring

comba, **kom**-bah s curvature; bend; convexity

combadura, kom-bah-**doo**-rah s curvature; warping

combar, kom-**bar** v to curve; to bend; to warp

combate, kom-**bah**-tay s combat; fight; battle

combatir, kom-bah-**teer** v to fight; to combat; to contradict

combinar, kom-be-**nar** v to combine

comedero, ko-may-**day**-ro s dining-room; a eatable

comediante, ko-may-de-**ahn**-tay s actor; comedian

comedido, ko-may-**dee**-do

a polite; courteous; gentle

comedirse, ko-may-**deer**-say *v* to govern oneself

comedor, ko-may-**dor** *s* eater; dining-room

comendador, ko-men-dah-**dor** *s* commander (of an order of knighthood)

comentar, ko-men-**tar** *v* to comment

comentario, ko-men-**tah**-re-o *s* commentary

comento, ko-**men**-to *s* comment; explanation

comenzar, ko-men-**thar** *v* to begin

comer, ko-**mair** *v* to eat; to dine

comerciante, ko-mair-the-**ahn**-tay *s* merchant; trader

comercio, ko-**mair**-the-o *s* trade; commerce

cometa, ko-**may**-tah *s* comet; kite

cometer, ko-may-**tair** *v* to commit; to entrust; to perpetrate

cometido, ko-may-**tee**-do *s* commission; trust

comezón, ko-may-**thon** *s* itching; longing

cómico, ko-me-ko *s* comedian; *a* comical

comida, ko-**mee**-dah *s* food; dinner; fare

comidilla, ko-me-**dee**-l´yah *s* light repast; hobby

comido, ko-**mee**-do *a* fed; satiate

comienzo, ko-me-**en**-tho *s* beginning; origin

comilón, ko-me-**lon** *s* great eater; glutton

comillas, ko-**mee**-l´yahs *s* inverted commas

comisar, ko-me-**sar** *v* to confiscate; to attach

comisario, ko-me-**sah**-re-o *s* commissary

comisión, ko-me-se-**on** *s* commission; trust; mandate

comisionar, ko-me-se-o-**nar** *v* to commission

comisionista, ko-me-se-o-**niss**-tah *s* commission agent

comiso, ko-**mee**-so *s* confiscation

comitiva, ko-me-**tee**-vah *s* suite; retinue

commutador, kom-moo-tah-**dor** *s* commuter

como, **ko**-mo *adv* how; in what manner; like; as; why

cómoda, **ko**-mo-dah *s* chest of drawers

comodidad, ko-mo-de-**dahd** *s* comfort; convenience; ease; profit

cómodo, **ko**-mo-do *a* convenient; handy; suitable

compacto, kom-**pak**-to *a* compact

compadecer, kom-pah-day-**thair** *v* to pity

compadre, kom-**pah**-dray *s* godfather; friend

compaginar, kom-pah-He-**nar** *v* to arrange; to compare

compañero, kom-pah-n´**yay**-ro *s* companion; comrade; associate

compañía, kom-pah-n´**yee**-ah *s* company

comparación, kom-pah-rah-the-**on** *s* comparison

comparar, kom-pah-**rar** *v* to compare; to confront

comparecencia, kom-pah-ray-**then**-the-ah *s* (courts) appearance

comparecer, kom-pah-ray-**thair** *v* (courts) to appear

comparición, kom-pah-re-the-**on** *s* (courts) appearance

compartimiento, kom-par-te-me-**en**-to *s*

compartment

compartir, kom-par-**teer** v to divide into equal parts; to share

compás, kom-**pahs** s measure; rhythm; bar; compasses

compasar, kom-pah-**sar** v to measure; to regulate

compasivo, kom-pah-**see**-vo a compassionate

compatible kom-pah-te-blay a compatible.

compeler, kom-pay-**lair** v to compel; to force

compendiar, kom-pen-de-**ar** v to epitomize

compendio, kom-**pen**-de-o s compendium

compendioso, kom-pen-de-o-so a abridged; concise

compensar, kom-pen-**sar** v to compensate; to balance

competencia, kom-pay-ten-the-ah s competition; competence; aptitude

competente, kom-pay-ten-tay a competent; apt; adequate

competitivo kom-pay-te-tee-vo a competitive.

competir, kom-pay-**teer** v to compete; to contest

compinche, kom-**peen**-chay s comrade; chum; pal

complacencia, kom-plah-**then**-the-ah s pleasure; complacency

complacer, kom-plah-**thair** v to please; to be pleased

complaciente, kom-plah-the-**en**-tay a pleasing; agreeable

completar, kom-play-**tar** v to complete

completo*, kom-**play**-to a complete; finished

complicar, kom-ple-**kar** v to complicate

cómplice, kon-ple-thay s accomplice

complot, kom-**plot** s plot; conspiracy

componedor, kom-po-nay-**dor** s mender; compositor; arbitrator

componer, kom-po-**nair** v to compose; to construct; to advise; to restore; to reconcile

componible, kom-po-nee-blay a accommodable; mendable

comportable, kom-por-**tah**-blay a endurable

comportar, kom-por-**tar** v to suffer; to tolerate

comportarse, kom-por-**tar**-say v to behave oneself

comporte, kom-**por**-tay s conduct; manner

composición, kom-po-se-the-**on** s composition; mending; cleanliness; compact; modesty

compota, kom-**po**-tah s compote; jam

compra, kom-prah s purchase; shopping

comprador, kom-prah-**dor** s purchaser; buyer

comprar, kom-**prar** v to buy; to purchase

comprender, kom-pren-**dair** v to understand; to comprise

comprensible, kom-pren-see-blay a comprehensible

comprensión, kom-pren-se-**on** s comprehension; understanding

comprimir, kom-pre-**meer** v to compress; to restrain

comprobar, kom-pro-**bar** v to verify; to prove

comprometer, kom-pro-may-**tair** v to compromise; to jeopardize; to bind

compromisario, kom-pro-me-**sah**-re-o s arbitrator

compuerta, kom-poo-ʹ**air**-tah s lock; sluice

compuesto, kom-poo-ʹ**ess**-to s & a compound

compulsivo, kon-pool-see-vo a compulsive

compunción, kom-poon-the-**on** s compunction; repentance

compungido, kom-poon-**Hee**-do a sorry; sad; contrite

compungirse, kom-poon-**Heer**-say v to feel compunction

computar, kom-poo-**tar** v to compute; to reckon

comulgar, ko-mool-**gar** v to administer or receive the sacrament

común, ko-**moon** a common; customary; vulgar

comunal, ko-moo-**nahl** s commonalty a common

comunicado, ko-moo-ne-**kah**-do s statement

comunicar, ko-moo-ne-**kar** v to communicate; to impart

comunidad, ko-moo-ne-**dahd** s commonness; community

comunismo, ko-moo-**niss**-mo s communism

comunista, ko-moo-**niss**-tah a communist

comúnmente, ko-**moon**-men-tay adv commonly

con, kon prep with; by; for; in; among

conato, ko-**nah**-to s effort; endeavour; attempt

concadenar, kon-kah-day-**nar** v to link together

cóncabo, kon-**kah**-vo a concave

concebir, kon-thay-**beer** v to conceive; to understand

conceder, kon-thay-**dair** v to give; to grant; to concede

concejal, kon-thay-**H ahl** s municipal councillor

concejo, kon-**thay**-Ho s municipal council

concentrar, kon-then-**trar** v to concentrate

concepto, kon-**thep**-to s thought; opinion; concept

conceptuar, kon-thep-too-**ar** v to conceive; to judge

concernir, kon-thair-**neer** v to concern; to appertain

concertar, kon-thair-**tar** v to concert; to regulate; to agree

concesionario, kon-thess-e-o-**nah**-re-o s dealer; concessionary

concha, kon-chah s shell

conchabar, kon-chah-**bar** v to join; to conspire

conciencia, kon-the-**en**-the-ah s conscience

concienzudo, kon-the-en-**thoo**-do a conscientious

concierto, kon-the-**air**-to s agreement; accommodation; concert

conciliar, kon-the-le-**ar** v to conciliate; to reconcile

concilio, kon-**thee**-le-o s council

concisión, kon-the-se-**on** s conciseness

conciso*, kon-**thee**-so a concise

concitar, kon-the-**tar** v to stir up; to agitate

conciudadano, kon-the-oo-dah-**dah**-no s fellowcitizen

concluir, kon-kloo-ʹ**eer** v to conclude; to infer; to end

concluyente*, kon-kloo-**yen**-tay a conclusive

concordar, kon-kor-**dar** v to accord; to conform

concorde, kon-**kor**-day a

concordant

concretar, kon-kray-**tar** v to sum up; to concrete

concurrir, kon-koor-**rreer** v to concur; to assist; to contribute

concursar, kon-koor-**sar** v to declare insolvent

concurso, kon-**koor**-so s concourse; aid; competition

condado, kon-**dah**-do s county; earldom

conde, kon-**day** s count; earl

condecorar, kon-day-ko-**rar** v to decorate; to honour; to reward

condena, kon-**day**-nah s sentence

condenación, kon-day-nah-the-**on** s condemnation; conviction (of a criminal)

condenar, kon-day-**nar** v to condemn; to sentence

condensar, kon-den-**sar** v to condense

condesa, kon-**day**-sah s countess

condescender, kon-dess-then-**dair** v to condescend

condestable, kon-dess-tah-blay s constable

condicionar, kon-de-the-o-**nar** v to agree; to condition

condigno*, kon-**dig**-no a condign; deserved

condimentar, kon-de-men-**tar** v to dress or season victuals

condiscípulo, kon-diss-thee-poo-lo s fellow student

condolerse, kon-do-**lair**-say v to condole; to be sorry for

condominio, kon-do-mee-ne-o s joint ownership

condón, kon-**don** s condom

condonar, kon-do-**nar** v to pardon; to remit

conducción, kon-dook-the-**on** s conveyance; cartage; conduct

conducir, kon-doo-**theer** v to drive; to conduct; to guide

conducta, kon-**dook**-tah s behaviour; conveyance

conducto, kon-**dook**-to s conduit

conductor, kon-**dook**-tor s conductor; driver

conectar, ko-nek-**tar** v to connect

conejo, ko-**nay**-Ho s rabbit

conexionar, ko-nek-se-o-**nar** v to connect

conexo, ko-**nek**-so a connected

confección, kon-fek-the-**on** s confection; electuary

confeccionar, kon-fek-the-o-**nar** v to make; to compound

conferencia, kon-fay-**ren**-the-ah s conference; lecture

conferir, kon-fay-**reer** v to confer; to compare; to bestow

confesado, kon-fay-**sah**-do a confessed; penitent

confesar, kon-fay-**sar** v to confess

confesionario, kon-fay-se-o-**nah**-re-o s confessional

confiado, kon-fe-**ah**-do a trusting

confianza, kon-fe-**ahn**-thah s confidence

confiar, kon-fe-**ar** v to confide; to hope; to trust in

confidencia, kon-fe-**den**-the-ah s confidence; secret information

confidente, kon-fe-**den**-tay s confidant; informer

confín, kon-**feen** s limit; boundary; confine

confinar, kon-fe-**nar** v to banish; to border upon

confirmar, kon-feer-**mar** v to confirm

confite, kon-**fe**-tay s comfit; sugar-plum

confitería, kon-fe-tay-**ree**-ah s confectioner's shop

confitero, kon-fe-**tay**-ro s confectioner

confitura, kon-fe-**too**-rah s jam; confection

conflicto, kon-**fleek**-to s conflict

confluir, kon-floo´**eer** v to meet (of rivers)

conformar, kon-for-**mar** v to conform; to suit; to fit; to comply

conforme, kon-**for**-may, a similar; agreed; satisfied; conj as; prep in accordance (with)

confortar, kon-for-**tar** v to comfort

confraternidad, kon-frah-tair-ne-**dahd** s confraternity

confrontar, kon-fron-**tar** v to compare; to confront

confundir, kon-foon-**deer** v to confound; to confuse; to confute

confuso, kon-**foo**-so a confused; obscure; perplexed

confutar, kon-foo-**tar** v to confute

congelador kon-**Hay**-la-**dor** s freezer

congelar, kon-**Hay**-lar v to congeal; to freeze

congénito, kon-**H** ay-ne-to a congenital

conglomerarse, kon-glo-may-**rar**-say v to conglomerate

congoja, kon-go-**Hah** s anguish; heartbreaking

congojoso, kon-go-**H** o-so a painful; distressing

congraciamiento, kon-grah-the-ah-me-**en**-to s obsequiousness; flattery

congraciarse, kon-grah-the-**ar**-say v to ingratiate oneself

congratular, kon-grah-too-**lar** v to congratulate; to compliment

congregar, kon-gray-**gar** v to assemble; to gather

congreso, kon-**gray**-so s congress

congrio, kon-**gre**-o s conger-eel

congruencia, kon-groo-en-the-ah s congruence; consistency

conjetura, kon-**Hay**-too-rah s conjecture; guess

conjunción, kon-Hoon-the-**on** s conjunction

conjunto*, kon-**H** oon-to a united; conjunct

conjurado, kon-Hoo-**rah**-do s conspirator

conjurador, kon-Hoo-rah-**dor** s conjurer

conjurar, kon-Hoo-**rar** v to conspire; to exercise; to entreat

conjuro, kon-**Hoo**-ro s conjuration; exorcism

conmemorar, kon-may-mo-**rar** v to commemorate

conmigo, kon-**mee**-go pron with me

conminación, kon-me-nah-the-**on** s threat; commination

conmutar, kon-moo-**tar** v to commute

connatural, kon-nah-too-**rahl** a inborn

connaturalizarse, kon-nah-too-rah-le-**thar**-say v to accustom oneself to labour; climate of food

connotar, kon-no-**tar** v to connote; to imply

cono, ko-no s cone

conocedor, ko-no-**thay**-dor s connoisseur;

expert

conocer, ko-no-**thair** v to know; to be acquainted with; to understand

conocible, ko-no-**thee**-blay a knowable

conocido, ko-no-**thee**-do s acquaintance; a known

conocimiento, ko-no-the-me-**en**-to s knowledge; acquaintance; bill of lading; voucher

conquista, kon-**kiss**-tah s conquest

conquistador, kon-kiss-tah-**dor** s conqueror

conquistar, kon-kiss-**tar** v to conquer

consabido, kon-sah-**bee**-do a aforesaid; in question

consagrar, kon-sah-**grar** v to consecrate

consciente, kons-the-**en**-tay a conscious

consecución, kon-say-koo-the-**on** s attainment

consecuencia, kon-say-koo-**en**-the-ah s consequence

consecuente, kon-say-koo-**en**-tay a consequent

conseguir, kon-say-**gheer** v to attain; to get

conseja, kon-**say**-Hah s fable; tale

consejero, kon-say-H **ay**-ro s adviser; counsellor

consejo, kon-**say**-Ho s counsel; advice; council

consenso, kon-**sen**-so s consensus

consentimiento, kon-sen-te-me-**en**-to s consent

consentir, kon-sen-**teer** v to consent

conserje, kon-**sair**-Hay s doorkeeper

conserva, kon-**sair**-vah s preserve

conservar, kon-**sair**-var v to preserve; to candy; to keep

considerado*, kon-se-day-**rah**-do a prudent; considerate

considerar, kon-se-day-**rar** v to consider; to meditate; to think over

consigna, kon-**sig**-nah s watchword; luggage office

consignación, kon-sig-nah-the-**on** s consignation; consignment

consignador, kon-sig-nah-**dor** s consigner

consignar, kon-sig-**nar** v to consign; to make over; to deposit in trust

consignatario, kon-sig-

nah-**tah**-re-o s consignee; trustee

consigo, kon-**see**-go pron with oneself

consiguiente, kon-se-ghee-**en**-tay a consequent

consistencia, kon-siss-**ten**-the-ah s consistence; stability

consistir, kon-siss-**teer** v to consist

consola, kon-**so**-lah s console

consolar, kon-so-**lar** v to console; to cheer

consonante, kon-so-**nahn**-tay a concordant; consonant

consonar, kon-so-**nar** v to harmonize; to rhyme; to agree

consorcio, kon-**sor**-the-o s partnership; friendly intercourse

consorte, kon-**sor**-tay s consort; accomplice

conspirar, kons-pe-**rar** v to conspire; to plot

constancia, kons-**tahn**-the-ah s constancy; steadiness

constar, kons-**tar** v to be evident; to consist of

consternar, kons-tair-**nar** v to terrify

constipación, kons-te-pah-the-on s cold

constiparse, kons-te-**par**-say v to catch a cold

constituir, kons-te-too´eer v to constitute

construir, kons-troo´eer v to construct

consuelo, kon-soo´ay-lo s consolation; joy

cónsul, kon-sool s consul

consulado, kon-soo-lah-do s consulate

consulta, kon-**sool**-tah s consultation; question

consultar, kon-sool-tar v to consult

consultivo, kon-sool-tee-vo a advisory

consultor, kon-sool-tor s adviser

consumación, kon-soo-mah-the-on s consummation

consumado, kon-soo-**mah**-do a consummate; complete

consumir, kon-soo-**meer** v to consume

consumo, kon-**soo**-mo s consumption (of provisions and merchandise); excise tax

consunción, kon-soon-the-on s consumption

contabilidad, kon-tah-be-le-**dahd** s bookkeeping

contacto, kon-**tak**-to s contact

contado, kon-**tah**-do a scarce; rare; **de—**, day —, instantly; **al —**, ahl —, in cash

contador, kon-tah-dor s accountant; counter

contagiar, kon-tah-He-ar v to infect

contaminar, kon-tah-me-nar v to contaminate

contante, kon-**tahn**-tay s ready money; cash

contar, kon-tar v to count; to look upon; to rely

contemplar, kon-tem-**plar** v to contemplate

contemporáneo, kon-tem-po-re-**rah**-nay-o a contemporary

contemporizar, kon-tem-po-re-**thar** v temporize

contención, kon-ten-the-on s contention; emulation

contendiente, kon-ten-de-en-tay s litigant

contener, kon-tay-**nair** v to contain; to hold

contenido, kon-tay-nee-do s content; a moderate

contentar, kon-ten-tar v to content; to please

contestación, kon-tess-tah-the-on s reply; answer

contestador automático, kon-tays-tah-**dor** ah´oo-to-**mah**-te-ko s answering machine

contestar, kon-tess-tar v to reply; to attest; to agree

contienda, kon-te-**en**-dah s contest; conflict

contigo, kon-**tee**-go pron with you

contiguo, kon-**tee**-goo´o a contiguous

continente, kon-te-**nen**-tay s continent; countenance; a continent

contingencia, kon-tin-Hen-the-ah s contingency; emergency

continuar, kon-te-noo´ar v to continue

continuo*, kon-**tee**-noo´o a continuous

contonearse, kon-to-nay-ar-say v to strut

contorno, kon-tor-no s environs; outline

contra, kon-trah prep against; opposite to

contrabando, kon-trah-**bahn**-do s contraband; smuggling

contradecir, kon-trah-day-**theer** v to contradict; to gainsay

contraer, kon-trah-**air** v to contract

contrahacer, kon-trah-ah-**thair** v to counterfeit; to forge; to copy

contralor, kon-trah-**lor** s controller

contraluz, kon-trah-**looth** s counterlight

contramandar, kon-trah-mahn-**dar** v to countermand

contraorden, kon-trah-**or**-den s countermand

contrapelo, kon-trah-**pay**-lo adv against the grain

contraponer, kon-trah-po-**nair** v to compare; to oppose

contraprueba, kon-trah-proo´**ay-bah** s counterproof

contrariar, kon-trah-re-**ar** v to contradict; to thwart; to disappoint

contrariedad, kon-trah-re-ay-**dahd** s contrariety

contrario*, kon-trah-re-o a contrary; adverse

contrarrestar, kon-trah-rress-**tar** v to check; to counteract

contraseña, kon-trah-**say**-n´yah s countersign; watchword

contrastar, kon-trahs-**tar** v to contrast; to oppose

contraste, kon-**trahs**-tay s opposition; contrast

contrata, kon-**trah**-tah s contract

contratante, kon-trah-**tahn**-tay s contractor

contratar, kon-trah-**tar** v to contract; to trade

contratista, kon-trah-**tiss**-tah s contractor

contrato, kon-**trah**-to s contract; agreement

contraveneno, kon-trah-vay-**nay**-no s antidote

contravenir, kon-trah-vay-**neer** v to contravene

contraventana, kon-trah-ven-**tah**-nah s outside window-shutter

contribución, kon-tre-boo-the-**on** s tax; duty; contribution

contribuir, kon-tre-boo´**eer** v to contribute

contrincante, kon-trin-**kahn**-tay s rival

contristar, kon-triss-**tar** v to sadden; to grieve

contrito, kon-**tree**-to a penitent

controvertir, kon-tro-vair-**teer** v to controvert; to argue

contundente, kon-toon-**den**-tay a producing a contusion; forceful; decisive

conturbar, kon-toor-**bar** v to disturb; to disquiet

convalecer, kon-vah-lay-**thair** v to regain health

convecino, kon-vay-**thee**-no a neighbouring

convencer, kon-ven-**thair** v to convince

convencimiento, kon-ven-the-me-**en**-to s conviction

convenible, kon-vay-**nee**-blay a suitable; fair

conveniencia, kon-vay-ne-**en**-the-ah s utility; convenience

conveniente, kon-vay-ne-**en**-tay a useful; convenient

convenio, kon-vay-ne-o s agreement; pact

convenir, kon-vay-**neer** v to agree; to correspond; to convene

convento, kon-**ven**-to s convent

convergir, kon-vair-**Heer** v to converge

conversar, kon-vair-**sar** v to converse; to talk; to

chat

converso, kon-**vair**-so s convert

convertir, kon-vair-**teer** v convert

convexo, kon-**vek**-so a convex

convicto, kon-**veek**-to a convicted; guilty

convidada, kon-ve-**dah**-dah s invitation to drink; treat

convidar, kon-ve-**dar** v to invite; to treat

convincente, kon-vin-**then**-tay a convincing

convite, kon-**vee**-tay s invitation

convocar, kon-vo-**kar** v to convoke; to convene

conyugal, kon-yoo-**gahl** a conjugal

cónyuges, kon-yoo-Hess s husband and wife

cooperar, ko-o-pay-**rar** v to co-operate

coordinada, ko-or-day-**nah**-dah s co-ordinate

coordinar, ko-or-de-**nar** v to co-ordinate

copa, ko-pah s cup; goblet; pl hearts (at cards)

copete, ko-**pay**-tay s toupee; tuft

copia, ko-pe-ah s abundance; copy

copiar, ko-pe-**ar** v to copy; to draw from life

copioso, ko-pe-o-so a copious; plentiful

copla, ko-plah s couplet; lampoon; ballad

copo, ko-po s snowflake

copón, ko-**pon** s cibary; ciborium

cópula, ko-poo-lah s coupling; sexual union

coqueta, ko-**kay**-tah s coquette; flirt

coquetería, ko-kay-tay-ree-ah s coquetry; flirtation

coraje, ko-rah-Hay s courage; bravery; anger; passion

coraza, ko-rah-thah s armour plating; cuirass; shell

corazón, ko-rah-**thon** s heart; core

corbata, kor-**bah**-tah s cravat; tie

corcovado, kor-ko-**vah**-do a humpbacked; crooked

corcovar, kor-ko-**var** v to crook

corchete, kor-**chay**-tay s clasp; crotch

corcho, kor-cho s cork

cordaje, kor-dah-Hay s cordage; rigging

cordel, kor-**del** s cord; rope

cordero, kor-**day**-ro s lamb; dressed lambskin

cordillera, kor-de-l´**yay**-rah s chain of mountains

cordón, kor-**don** s cord; twisted lace; military cordon

cordura, kor-**doo**-rah s prudence; judgment

corear, ko-ray-**ahr** v to sing in chorus; to say in a chorus

cornada, kor-**nah**-dah s thrust with a horn

corneja, kor-**nay**-Hah s crow; fetlock

corneta, kor-**nay**-tah s cornet; horn

cornudo, kor-**noo**-do a horned

coro, ko-ro s choir; chorus

corona, ko-ro-nah s crown; coronet; tonsure; halo; regal power

coronar, ko-ro-**nar** v to crown; to complete

coronario, ko-ro-nah-re-o a coronary

coronel, ko-ro-**nel** s colonel

coronilla, ko-ro-nee-l´yah s small crown; top of the head

corpanchón, kor-pahn-**chon** s very big body or carcass

corpiño, kor-pee-n´yo s waist; corset-cover

corporal, kor-po-**rahl** a corporal; bodily

corpóreo, kor-por-ray-o a corporeal

corral, kor-**rrahl** s yard; pen; fold; fish-pond

correa, kor-**rray**-ah s leather strap; leash; leather belt

correcto*, kor-**rrek**-to a correct

corredera, kor-rray-**day**-rah s slide; cockroach

corredor, kor-rray-**dor** s runner; race-horse broker; corridor

corregidor, kor-rray-He-**dor** s corregidor (mayor of a town); corrector

corregir, kor-rray-**Heer** v to correct; to temper; to mitigate

correo, kor-**rray**-o s post; postman; post-office

correo electrónico, kor-**rray**-o ay-lek-**tro**-ne-ko s e-mail

correr, kor-**rrair** v to run; to flow; to expand to be current; to flourish

correspondencia, kor-rres-pon-**den**-the-ah s correspondence

corresponder, kor-rress-pon-**dair** v to return a favour; to correspond; to regard

corresponsal, kor-rress-pon-**sahl** s correspondent; agent

corretaje, kor-rray-**tah**-Hay s brokerage

corretear, kor-rray-tay-**ar** v to rove; to ramble

corrida, kor-**rree**-dah s course; race

corrido, kor-**rree**-do a experienced; abashed; fluent

corriente, kor-rre-en-tay s current; flow; course; a running; current

corrillo, kor-**rree**-l´yo s group of gossipers

corrimiento, kor-rre-me-en-to s running sore

corro, kor-**rro**, (see **corrillo**)

corroborar, kor-rro-bo-**rar** v to corroborate

corroer, kor-rro-**air** v to corrode

corromper, kor-rrom-**pair** v to corrupt

corruptela, kor-rrop-**tay**-lah s corruption

corruptor, kor-rrop-**tor** s corrupter

corsario, kor-**sah**-re-o s corsair

corsé, kor-**say** s corset

corta, kor-tah s felling of wood; cutting

cortabolsas, kor-tah-**bol**-sahs s pickpocket

cortado, kor-tah-do a adapted; proportioned; exact

cortafrío, kor-tah-**free**-o s cold-chisel

cortar, kor-tar v to cut; to curtail; to chop

corte, kor-tay s cutting edge; cut; sf Court; retinue; levee; yard

cortedad, kor-tay-**dahd** s smallness; dulness; timidity

cortejar, kor-tay-**H** ar v to court; to woo; to escort

cortejo, kor-tay-Ho s courtship; homage

cortés, kor-**tess** a courteous; polite

cortesana, kor-tay-**sah**-nah s courtesan

cortesanía, kor-tay-sah-**nee**-ah s courtesy

cortesano, kor-tay-**sah**-no a court-like; courteous; courtier

cortesía, kor-tay-**see**-ah s courtesy; compliment

corteza, kor-**tay**-thah s bark; rind; crust; rusticity

corto*, **kor**-to a short; small

cortocircuito, korr-to-theer-koo´ee-to s short-circuit

corvadura, kor-vah-**doo**-rah s curvature

corvo, **kor**-vo a bent; crooked

cosa, **koh**-sah s thing; substance; object

cosecha, ko-**say**-chah s harvest; crop

cosechar, ko-say-**char** v to reap; to gather; to harvest

coser, ko-**sair** v to sew

cosido, ko-**see**-do s sewing; needlework

cosquilloso, kos-ke-l´yo-so a ticklish

costa, **kos**-tah s cost; charge; coast

costado, kos-**tah**-do s side

costal, kos-**tahl** s sack; a costal

costanero, kos-tah-**nay**-ro a sloping

costar, kos-**tar** v to cost

coste, **kos**-tay s cost; expense

costear, kos-tay-**ar** v to pay the cost; to sail along the coast

costilla, kos-tee-l´yah s rib; cutlet; stave

costo, **kos**-to s cost; price; charge

costoso*, kos-**to**-so a costly; difficult

costra, **kos**-trah s crust; scab

costumbre, kos-**toom**-bray s custom

costura, kos-**too**-rah s seam; needlework

costurera, kos-too-**ray**-rah s seamstress; dressmaker

costurero, kos-too-**ray**-ro s sewing box

cota, **ko**-tah s coat of mail; height

cotejar, ko-tay-**H** ar v to compare; to confront

cotejo, ko-tay-**Ho** s comparison; collation

cotidiano, ko-te-de-**ah**-no a daily

cotilla, ko-tee-l´yah s stays

cotización, ko-te-thah-the-**on** s quotation; price-current

cotizar, ko-te-**thar** v to quote prices

coto, **ko**-to s enclosure; district; landmark

cotón, ko-**ton** s printed cotton

cotorra, ko-**tor**-rrah s small parrot; loquacious woman

covacha, ko-**vah**-chah s small cave

coyuntura, ko-yoon-**too**-rah s articulation; opportunity

coz, koth s kick; drawback; recoil

cráneo, **krah**-nay-o s skill

crápula, **krah**-poo-lah s intoxication; debauchery

crasitud, krah-se-**tood** s fatness; stupidity

craso*, **krah**-so a fat; greasy; thick

creador, kray-ah-**dor** s the Creator; creator; originator

crear, kray-**ar** v to create; to establish

crecer, kray-**thair** v to grow; to increase

creces, **kray**-thess s increase; excess

crecida, kray-**thee**-dah s swell of rivers

crecido, kray-**thee**-do a increased; large; grown

creciente, kray-the-**en**-tay s swell; leaven; crescent; flood-tide; a growing

crecimiento, kray-the-me-**en**-to s increase; growth

crédito, **kray**-de-to s

credit

credulidad, kray-doo-le-dahd s credulity

crédulo, kray-doo-lo a credulous

creencia, kray-en-the-ah s belief; creed

creer, kray-air v to believe

creíble, kray-ee-blay a credible

crema, kray-mah s cream

cremallera, kray-mah-l´yay-rah s zip-fastener

crematorio, kray-mah-tor-ree-o s crematorium

crepúsculo, kray-poos-koo-lo s twilight

crespo, kress-po a crisp; curled

crespón, kress-pon s crape

cresta, kress-tah s cockscomb; top; crest

creta, kray-tah s chalk

creyente, kray-yen-tay s believer

cría, kree-ah s brood of animals; breeding

criada, kre-ah-dah s maid-servant

criadero, kre-ah-day-ro s nursery; plantation of young trees

criado, kre-ah-do s servant

criador, kre-ah-dor s breeder; creator

crianza, kre-ahn-thah s breeding; education; nursery

criar, kre-ar v to breed; to rear

criatura, kre-ah-too-rah s creature

criba, kree-bah s sieve; riddle

cribar, kre-bar v to sift

crimen, kree-men s crime

crin, kreen s mane; horse-hair

criollo, kre-o-l´yo s creole

cripta, kreep-tah s crypt

crisis, kree-sis s crisis

crisol, kre-sol s crucible

crispar, kriss-par v to cause a convulsive contraction of the muscles

cristal, kriss-tahl s crystal; glass

Cristiandad, kriss-te-ahn-dahd s Christianity; Christendom

Cristo, kriss-to s Christ

criterio, kre-tay-re-o s criterion

crítica, kree-te-kah s criticism; critique; censure

criticar, kre-te-kar v to criticize; to find fault

crítico, kree-te-ko s critic

criticón, kre-te-kon s fault

finder

croar, kro-ar v to croak

crónico, cro-ne-ko a chronic

cronómetro kro-no-may-tro s chronometer

croqueta, kro-kay-tah s croquette; fritter

cruce, kroo-thay s cross-roads

crucero, kroo-thay-ro s transept; cross-bearer; cruiser

cruceta, kroo-thay-tah s cross-piece

crucial, kroo-the-ahl a crucial

crucificar, kroo-the-fe-kar v to crucify

crucifijo, kroo-the-fee-Ho s crucifix

crudeza, kroo-day-thah s crudity; rudeness

crudo*, kroo-do a raw; crude

cruel*, kroo´el a cruel

crueldad, kroo´el-dahd s cruelty

cruento, kroo´en-to a bloody; cruel

crujía, kroo-H ee-ah s gangway

crujido, kroo-H ee-do s crack; creak; clash; crackling; rustle

crujir, kroo-H eer v to

crackle; to rustle

cruz, krooth s cross

cruzado, kroo-**thah**-do s
crusader; a crosswise;
crossed

cruzar, kroo-**thar** v to
cross; to cruise

cuaderna, koo´ah-**dair**-
nah s timber; rib

cuadernillo, koo-ah-dair-
nee-l´yo s quire of paper

cuaderno, koo´ah-**dair**-no
s notebook

cuadra, koo´ah-drah s
stable; hall; block of
houses

cuadrado, koo´ah-**drah**-do
a square

cuadragésimo, koo´ah-
drah-H ay-se-mo a
fortieth

cuadrante, koo´ah-**drahn**-
tay s quadrant; sun dial;
clock face

cuadrar, koo´ah-**drar** v to
square; to fit; to adjust
to accomodate

cuadrilongo, koo´ah-dre-
lon-go a oblong

cuadrilla, koo´ah-**dree**-
l´yah s gang; crew; band

cuádruplo, koo´ah-**droo**-
plo a quadruple

cuajar, koo´ah-H **ar** v to
coagulate; to curd

cual, koo´**ahl** adv as; pron

which

cualidad, koo´ah-le-**dahd** s
quality

cualificado, koo´ah-le-fe-
kah-do s qualified

cualquiera, koo´ahl-ke-
ay-rah pron anyone;
whoever

cuan, koo´**ahn** adv how; as

cuando, koo´**ahn**-do adv
when; if; although; even

cuantía, koo´ahn-**tee**-ah s
amount; quality

cuantioso, koo´ahn-te-o-
so a numerous; copious;
rich

cuanto, koo´**ahn**-to adv
respecting; whilst; a how
much; how many; as
much as; the more;
–antes, –ahn-tess,
immediately; –más, –
mahs, moreover

cuarenta, koo´ah-**ren**-tah
s & a forty

cuarentena, koo´ah-ren-
tay-nah s forty days,
months or years; Lent;
quarantine

cuaresma, koo´ah-**ress**-
mah s Lent

cuarta, koo´**ar**-tah s
fourth; quarter

cuartear, koo´ar-tay-**ar** v
to divide into four parts;
to crack

cuartel, koo´**ar**-tel s
quarter; district; ward;
barracks

cuarterón, koo´ar-tay-**ron**
s quarter of a pound

cuarteto, koo´ar-**tay**-to s
quartet

cuartilla, koo´ar-**tee**-l´yah
s fourth part; sheet of
paper

cuarto, koo´**ar**-to s fourth;
quarter; room;
apartment

cuartos, koo´**ar**-tos s cash;
money

cuatro, koo´**ah**-tro s & a
four

cuba, koo-bah s cask; tub;
drunkard

cubeta, koo-**bay**-tah s
small cask

cúbico, **koo**-be-ko a
cubic; cubical

cubierto, koo-be-**air**-to s
place (at table; knife,
fork and spoon; set of
cutlery; meal)

cubilete, koo-be-**lay**-tay s
copper pan; pastry;
goblet

cubo, **koo**-bo s cube;
wooden pail; bucket

cubrir, koo-**breer** v to
cover; to screen

cucaracha, koo-kah-**rah**-
chah s cockroach

cuclillas, koo-**clee**-l'yahs *adv* en —, en —, in a cowering manner

cuclillo, koo-**klee**-l'yo s cuckoo; cuckold

cuco, koo-ko s cuckoo; *a* dainty; cunning; crafty

cucurucho, koo-koo-roo-cho s (paper) cornet, cone

cuchara, koo-**chah**-rah s spoon

cucharón, koo-chah-**ron** s large spoon; ladle

cuchichear, koo-che-chay-ar *v* to whisper

cuchilla, koo-**chee**-l'yah s large kitchen knife

cuchillero, koo-che-l'**yay**-ro s cutler

cuchillo, koo-**chee**-l'yo s knife

cuchitril, koo-che-**treel** s very small room; den

cuchufleta, koo-choo-**flay**-tah s joke; jest; fun

cuelga, koo-**el**-gah s cluster of dried fruit; hanging

cuello, koo-**ay**-l'yo s neck; collar of garments

cuenca, koo-**en**-kah s wooden bowl; river basin

cuenta, koo-**en**-tah s reckoning; account; bill;

reason; report

cuentista, koo-**en-tiss**-tah s story-teller; fibber

cuento, koo-**en**-to s relation; tale; fairy tale; fable

cuerda, koo-**air**-dah s cord; rope; string; chain

cuerdo, koo-**air**-do *a* prudent; discreet; wise

cuerna, koo-**air**-nah s horns; antlers; drinking horn

cuerno, koo-**air**-no s horn; feeler

cuero, koo-**ay**-ro s pelt; hide; leather

cuerpo, koo-**air**-po s body; the trunk

cuervo, koo-**air**-vo s raven; crow

cuesco, koo-**ess**-ko s kernel; stone

cuesta, koo-**ess**-tah s hill; slope

cuestión, koo-ess-te-**on** s question; dispute; problem

cuestionar, koo-ess-te-o-**nar** *v* to question; to dispute

cueva, koo-**ay**-vah s cave; cellar

cuévano, koo-**ay**-vah-no s basket; hamper

cuidado, koo-e-**dah**-do s

care; custody; anxiety

cuidadoso, koo-e-dah-**do**-so *a* careful; mindful

cuidar, koo-e-**dar** *v* to heed; to care

cuita, koo-**ee**-tah s grief; affliction

cuitado, koo-e-**tah**-do *a* anxious; wretched; timid

culata, koo-**lah**-tah s breech of a gun; butt

culebra, koo-lay-brah s snake

culebrear, koo-lay-bray-**ar** *v* to move along like a snake; to zigzag

culminar, kool-me-**nar** *v* to culminate

culo, koo-lo s bottom; anus

culpa, kool-pah s fault; sin; guilt

culpable, kool-**pah**-blay *a* guilty

culpado, kool-**pah**-do *a* accused

culpar, kool-**par** *v* to impeach; to reproach; to accuse

cultivar, kool-te-**var** *v* to cultivate

culto, kool-to s worship; religion; cult; *a** elegant; affected; polished

cultura, kool-**too**-rah *s*
culture

cumbre, koom-**bray** *s* top,
summit

cumpleaños, koom-play-
ah-n´yos *s* birthday

cumplido, koom-**plee**-do *s*
compliment; *a** large;
plentiful; complete

cumplimiento, koom-ple-
me-**en**-to *s* compliment;
completion

cumplir, koom-**pleer** *v* to
discharge; to perform; to
fulfil

cúmulo, **koo**-moo-lo *s*
heap; pile

cuna, **koo**-nah *s* cradle;
source; origin

cundir, koon-**deer** *v* to
spread (liquids or news)

cunear, koo-nay-**ar** *v* to
rock a cradle

cuneta, koo-nay-**tah** *s*
gutter

cuña, koo-n´yah *s* wedge;
quoin; splinter

cuñada, koo-n´yah-dah *s*
sister-in-law

cuñado, koo-n´yah-do *s*
brother-in-law

cuño, koo-n´yo *s* stamp

cuota, koo´o-tah *s* quota;
share

cupón, koo-**pon** *s* coupon

cúpula, koo-**poo**-lah *s*

cupola; dome; vault

cura, **koo**-rah *s* priest;
cure; treatment

curación, koo-rah-the-**on**
s cure; healing

curador, koo-rah-**dor** *s*
healer

curar, koo-**rar** *v* to cure;
to preserve; to heal

curia, **koo**-re-ah *s*
ecclesiastical court

curiosear, koo-re-o-say-**ar**
v to pry into others
affairs

curiosidad, koo-re-o-se-
dahd *s* curiosity;
neatness; rarity

cursado, koor-**sah**-do *a*
skilled; accustomed

cursar, koor-**sar** *v* to
frequent a place; to do a
thing frequently; to
study

curso, **koor**-so *s* course;
series; route

curtido, koor-**tee**-do *a*
expert; weather-beaten;
tanned

curtidos, koor-**tee**-dos *s*
tanned leather

curtir, koor-**teer** *v* to tan;
to harden

curva, **koor**-vah *s* curve;
bend

curvo, **koor**-vo *a* curved;
crooked

cúspide, kooss-pe-day *s*
summit; apex; top

custodia, kooss-**to**-de-ah *s*
custody; guardianship;
guard

custodio, kooss-**to**-de-o *s*
custodian

cutis, **koo**-tiss *s* skin

cuyo, cuya, **koo**-yo, koo-
yah *pron poss* of which,
of whom, whose

chabacanería, chah-bah-
kah-nay-**ree**-ah *s*
vulgarity

chabacano, chah-bah-
kah-no *a* coarse; vulgar

chacota, cha-ko-**tah** *s*
noisy mirth; fun

chacotear, chah-ko-tay-**ar**
v to have fun

cháchara, chah-chah-rah
s prattle; chit-chat

chafallar, cha-fah-l´yar *v*
to botch

chaflán, chah-**flahn** *s*
bevel; chamfer

chal, chahl *s* shawl

chalán, chah-**lahn** *s*
dealer; horse-dealer

chalanear, chah-lah-nay-
ar *v* to buy or sell
dexterously; to deal in
horses

chaleco, chah-**lay**-ko *s*
waistcoat

chalina, chah-**lee**-nah *s*

necktie; scarf

chalote, chah-**lo**-tay *s* shallot

chalupa, chah-**loo**-pah *s* launch; boat

chamarasca, chah-mah-**rahs**-kah *s* brushwood fire

chamarillero, chah-mah-re-l´**yay**-ro *s* dealer in old furniture

chambelán, chahm-bay-**lan** *s* chamberlain

chambón, cham-**bon** *a* awkward

chambra, **chahm**-brah *s* matinée

chamorro, chah-**mor**-rro *a* shorn

chamuscar, chah-mooss-**kar** *v* to singe; to scorch

chanciller, chahn-the-l´**yair** *s* chancellor

chancla, **chahn**-klah *s* flip-flop; slipper

chancleta, chahn-**klay**-tah *s* slipper

chanclo, **chahn**-klo *s* galosh; clog

chanflón, chahn-**flon** *a* awkward; clumsy

chanza, **chahn**-thah *s* joke; jest; fun

chapa, **chah**-pah *s* thin metal plate

chaparrón, chah-par-**rron**

s violent shower of rain; cloudburst

chapear, cha-pay-**ar** *v* to cover (line) with sheet metal

chápiro, **chah**-pe-ro, word used only in; **¡voto al chápiro! ¡por vida del chápiro!** damn it!

chapitel, chah-pe-**tel** *s* capital; spire

chapodar, chah-po-**dar** *v* to prune; to trim; to cut down

chapotear, chah-po-tay-**ar** *v* to wet with a sponge; to dabble; to paddle

chapucear, chah-poo-thay-**ar** *v* to botch; to bungle

chapucero, chah-poo-**thay**-ro *s* blacksmith; botcher; *a* clumsy; bungling

chapurrar, chah-poor-**rrar** *v* to talk gibberish

chapuz, chah-**pooth** *s* ducking

chapuzar, chah-poo-**thar** *v* to duck; to dive

chaqueta, chah-**kay**-tah *s* jacket

charanga, chah-**rahn**-gah *s* fanfare

charca, charco, char-kah, **char**-ko *s* pool; puddle

charla, **char**-lah *s* talk; chat

charlar, char-**lar** *v* to chat; to talk

charlatán, char-lah-**tahn** *s* idle talker; quack

charolar, chah-ro-**lar** *v* to varnish

charrada, char-**rrah**-dah *s* coarse speech or action

charretera, char-rray-**tay**-rah *s* epaulet

charro, **char**-rro *a* tawdry; gaudy; rustic; vulgar

chasco, chahs-ko *s* fun; trick; disappointment

chasquear, chahs-kay-**ar** *v* to crack with a whip; to fool

chato, chah-to *a* flat; flat-nosed

chaveta, chah-**vay**-tah *s* cotter; *a* (to be) nuts

cheque, chay-**kay** *s* cheque; **~ de viaje** traveller's cheque

chelín, chay-**leen** *s* shilling

chicle, **chi**-klay *s* chewing gum

chico, chee-**ko** *s* little boy; *a* little; small

chicolear, che-ko-lay-**ar** *v* to pay compliments (to a woman)

chicote, che-ko-**tay** *s* fat

boy

chicuelo, che-koo´**ay**-lo s
little boy; urchin

chichón, che-**chon** s
bump on the head

chifla, chee-**flah** s whistle

chiflar, che-**flar** v to
whistle; become insane

chillar, che-l´**yar** v to
scream; to shriek

chillido, c´he-l´**yee**-do s
shriek; scream

chillón, che-l´**yon** a shrill;
showy; tawdry

chimenea, che-may-**nay**-
ah s chimney

chimpancé, chim-pahn-
thay s chimpanzee

china, chee-nah s pebble;
chinaware

chinche, **cheen**-chay s
bug; thumb-tack;
tiresome person

chinchoso, chin-**cho**-so a
tiresome

chinela, che-**nay**-lah s
slipper

chinero, che-**nay**-ro s
china cupboard

chiquirritín, che-keer-rre-
teen a small; tiny

chirigota, che-re-**go**-tah s
jest; joke

chirimía, che-re-**mee**-ah s
clarion; oboe

chiripa, che-**ree**-pah s

(billiards) fluke; lucky
hit

chirivía, che-re-**vee**-ah s
parsnip

chirle, **cheer**-lay a fam
insipid; tasteless

chirlo, **cheer**-lo s gash;
long scar

chirriar, cheer-rre-**ar** v to
hiss; to creak; to chirp

chirrido, cheer-**rree**-do s
chirping; chattering

chirrión, cheer-rre-**on** s
tumbrel

¡chis! chiss interj hush!

chisme, **chiss**-may s
misreport; lumber; thing

chismear, chiss-may-**ar** v
to tattle; to tell tales

chispa, **chiss**-pah s spark;
very small diamond;
acumen

chisporrotear, chiss-por-
rro-tay-**ar** v to sputter
sparks; to hiss

chistar, chiss-**tar** v to
mutter; to mumble

chiste, **chiss**-tay s
witticism; joke

chistoso, chiss-**to**-so a
funny; witty

chiticalla, che-te-**kah**-
l´yah s discreet person

chivo, **chee**-vo s kid; goat

chocar, cho-**kar** v to
collide; to clash; to

fight; to digest

chocarrería, cho-kar-rray-
ree-ah s buffoonery;
coarse jest

chocolate, cho-co-**jah**-tay
s chocolate

chochear, cho-chay-**ar** v
to dodder; to be senile

chofeta, cho-**fay**-tah s
chafing-dish

choque, **cho**-kay s shock;
collison; skirmish;
dispute

chorrera, chor-**rray**-rah s
spout; shirt frill

chorro, **chor**-rro s jet;
spurt; **a chorros,** ah
chor-rros, abundantly

choza, **cho**-thah s hut;
hovel; shanty

chozno, **choth**-no s great-
grandson

chubasco, choo-**bahs**-ko s
squall; shower

chuchería, choo-chay-
ree-ah s bauble; trinket

chufletear, choo-flay-tay-
ar v to sneer; to taunt;
to joke

chulada, choo-**lah**-dah s
droll speech or action;
breach of manners

chulear, choo-lay-**ar** v to
sneer; to boast

chulería, choo-lay-**ree**-ah
s pleasing manner

chuleta, choo-**lay**-tah *s*
chop; cutlet

chulo, choo-lo *s* punster;
artful person

chunga, choon-gah *s* jest;
joke

chunguearse, choon-gay-
ar-say *v* to chaff; to gibe

chupa, choo-pah *s*
waistcoat

chupar, choo-**par** *v* to
suck; to absorb; to fool

chupón, choo-**pon** *s*
parasite

churro, choor-rro *s* sort of
fritter; *a* coarse-wooled

chuscada, chooss-**kah**-dah
s buffoonery; funny
remark

chusco, chooss-ko *a*
pleasant; droll

chusma, chooss-mah *s*
rabble; mob

chuzo, choo-tho *s* pike;
llover a chuzos, l´yo-
vair ah **choo**-thos, to
rain heavily

dable, dah-blay *a* practical; feasible

dactilógrafo, dahk-te-lo-grah-fo *s* typist; typewriter

dádiva, dah-de-vah *s* gift

dadivoso, dah-de-vo-so *a* generous

dado, dah-do *s* die; *a* given; **–que, –**kay, provided; assuming that

dador, dah-dor *s* giver; bearer (of a letter); donor

daga, dah-gah *s* dagger

¡dale! dah-lay, interjection expressing displeasure at obstinacy

dama, dah-mah *s* lady; (draughts) queen

damasco, dah-mahs-ko *s* damask; damson

damisela, dah-me-say-lah *s* damsel; courtesan

damnificar, dahm-ne-fe-**kar** *v* to hurt; to damage

danta, dahn-tah *s* tapir

danzar, dahn-thar *v* to dance

dañar, dah-n'yar *v* to hurt; to damage

daño, dah-n´yo *s* damage; harm; prejudice; loss

dañoso*, dah-n'yo-so *a* hurtful; injurious

dar, dar *v* to give; to bestow; to supply; to impart; to yield; **–a, –ah,** to be situated; **–con, –**kon, to find; **–de, –**day, to fall down; **–en, –**en, to fall into; to find; **–que, –**kay, to cause

dársena, dar-say-nah *s* dry-dock; basin

data, dah-tah *s* date; item

datar, dah-tar *v* to date

dátil, dah-til *s* date (fruit)

dato, dah-to *s* datum; fact

de, day *prep* of; from; for; by

deán, day-**ahn** *s* dean

debajo, day-bah-Ho *adv* under; beneath; **–de, –**day *prep* under

debate, day-bah-tay *s* debate

debatir, day-bah-**teer** *v* to debate

debe, day-bay *s* debit

deber, day-**bair** *v* to owe; to be obliged to; *s* duty; obligation; debt

debido*, day-bee-do *a* due

débil, day-bil *a* feeble; weak; frail; pusillanimous

debilidad, day-be-le-dahd *s* faintness; weakness

debilitar, day-be-le-tar *v* to debilitate; to weaken

débito, day-be-to *s* debt; duty

década, day-kah-dah *s* decade

decadencia, day-kah-**den-**the-ah *s* decay; decline

decaer, day-kah-air *v* to decline; to decay; to

fade

decano, day-**kah**-no s
senior; dean

decantación, day-kahn-
tah-the-**on** s decanting

decantar, day-kahn-**tar** v
to laud; to decant

decapitar, day-kah-pe-**tar**
v to behead

decenal, day-thay-**nahl** a
decennial

decencia, day-**then**-the-ah
s decency; modesty

decenio, day-**thay**-ne-o s
decade

decente, day-**then**-tay a
decent; respectable

decidido*, day-the-**dee**-do
a decided; resolute

decidir, day-the-**deer** v to
decide

decidor, day-the-**dor** s
fluent speaker; wit

décimo, day-**the**-mo a
tenth

decir, day-**theer** v to say;
to tell; to speak; to state;
to name; to denote

decisión, day-the-se-**on** s
decision; judgement;
verdict

decisivo, day-the-**se**-vo a
decisive

declamar, day-klah-**mar** v
to declaim; to recite

declarar, day-klah-**rar** v to

declare; to expound

declinar, day-kle-**nar** v to
decline; to decay; to
reject

declive, day-**klee**-vay s
declivity; slope

decorar, day-ko-**rar** v to
decorate

decoro, day-**ko**-ro s
honour; circumspection;
integrity; decorum

decoroso, day-ko-**ro**-so a
decorous; decent

decrecer, day-kray-**thair** v
to decrease

decrépito, day-**kray**-pe-to
a decrepit

decretar, day-kray-**tar** v to
decree; to resolve

decreto, day-**kray**-to s
decree; order

décuplo, day-koo-plo a
tenfold

decurso, day-**koor**-so s
course of time

dechado, day-**chah**-do s
sampler; model

dedal, day-**dahl** s thimble

dedicar, day-de-**kar** v to
dedicate

dedicatoria, day-de-kah-
to-re-ah s dedication;
inscription

dedo, day-do s finger; toe

deducir, day-doo-**theer** v
to deduce; to infer; to

deduct

defecto, day-**fek**-to s
defect; fault

defectuoso*, day-fek-
too-**o**-so a defective

defender, day-fen-**dair** v
to defend; to protect

defendible, day-fen-dee-
blay a defensible

defensa, day-**fen**-sah s
defence; vindication

defensor, day-fen-**sor** s
defender; protector

deferente, day-fay-**ren**-tay
a deferential

deferir, day-fay-**reer** v to
defer; to refer; to
relegate

deficiente, day-fe-the-**en**-
tay a deficient;
defective; handicapped

definible, day-fe-**nee**-blay
a definable

definir, day-fe-**neer** v to
define; to determine

deformar, day-for-**mar** v
to deform

deforme, day-**for**-may a
disfigured; ugly

defraudación, day-
frah´oo-dah-the-**on** s
frauding; deceit;
disappointment

defraudar, day-frah´oo-
dar v to defraud; to
cheat; to let down

defunción, day-foon-the-on *s* decease

degeneración, day-*H*ay-nay-rah-the-on *s* degeneracy

degenerar, day-*H*ay-nay-rar *v* to degenerate

degollar, day-go-l´yar *v* to behead; to decapitate; to destroy

degradar, day-grah-dar *v* to degrade

degüello, day-goo´ay-l´yo *s* shaft; neck

dehesa, day-ay-sah *s* pasture; estate

deidad, day-e-dahd *s* deity; divinity

dejación, day-*H*ah-the-on *s* abandonment; relinquishment

dejadez, day-*H*ah-deth *s* slovenliness; neglect

dejado, day-*H*ah-do *a* indolent; dejected; untidy

dejar, day-*H*ar *v* to leave; to omit; to forsake; to yield; to allow

delación, day-lah-the-on *s* denunciation

delantal, day-lahn-tahl *s* apron

delante, day-lahn-tay *adv* before; *prep* in front of; facing

delantera, day-lahn-tay-rah *s* front; forefront; advantage

delantero, day-lahn-tay-ro *s* leader; *a* foremost

delatar, day-lah-tar *v* to denounce

delator, day-lah-tor *s* informer; accuser

delegado, day-lay-gah-do *s* & *a* delegate; deputy

delegar, day-lay-gar *v* to delegate

deleitable, day-lay´e-tah-blay *a* delectable; enjoyable

deleite, day-lay´e-tay *s* delight

deletéreo, day-lay-tay-ray-o *a* deleterious

deletrear, day-lay-tray-ar *v* to spell

deleznable, day-leth-nah-blay *a* brittle; fragile; frail; perishable

delfín, del-feen *s* dolphin; dauphin

delgadez, del-gah-deth *s* thinness; slimness

delgado, del-gah-do *a* thin; slim

deliberación, day-le-bay-rah-the-on *s* deliberation; reflection

deliberar, day-le-bay-rar *v* to deliberate

delicadez, day-le-kah-deth *s* weakness

delicadeza, day-le-kah-day-thah *s* delicacy; sensivity; refinement

delicado*, day-le-kah-do *a* delicate; weak; exquisite; thin; demanding

delicia, day-lee-the-ah *s* delight

delicioso*, day-le-the-o-so *a* delicious

delincuente, day-lin-koo´en-tay *a* delinquent; offender

delinear, day-le-nay-ar *v* to delineate; to draw

delinquir, day-lin-keer *v* to transgress the law

deliquio, day-lee-ke´o *s* swoon; ecstasy

delirar, day-le-rar *v* to rave; to talk nonsense

delirio, day-lee-re-o *s* delirium

delito, day-lee-to *s* crime; offence; transgression; delinquency

delusorio*, day-loo-so-re-o *a* delusive

demacrado, day-mah-krah-do *a* emaciated

demanda, day-mahn-dah *s* demand; claim; request

demandado, day-mahn-dah-**do** s defendant; respondent

demandar, day-mahn-**dar** v to demand; to start proceedings against

demarcar, day-mar-**kar** v to mark out limits

demás, day-**mahs** adv besides; moreover, **lo, la, los, las—,** lo, lah, los, lahs—, the rest

demasía, day-mah-see-ah s excess; surplus

demasiado, day-mah-se-ah-do adv excessively; a excessive

demencia, day-**men**-the-ah s dementia

dementar, day-men-**tar** v to drive mad

demente, day-**men**-tay a demented; mad; insane

demérito, day-**may**-re-to s demerit

demisión, day-me-se-on s submission; humility

democracia, day-mo-**krah**-the-ah s democracy

demócrata, day-mo-krah-tah s democrat

democrático, day-mo-**krah**-te-ko a democratic

demoler, day-mo-**lair** v to demolish

demonio, day-mo-ne-o s

demon; devil

demora, day-**mo**-rah s delay

demorar, day-mo-**rar** v to delay; to remain; to tarry

demostrar, day-mos-**trar** v to demonstrate; to prove

denegar, day-nay-**gar** v to deny

dengue, den-**gay** s prudery; affection; prudery; daintiness; wiggle

denigración, day-ne-grah-the-**on** s denigration; defamation

denigrar, day-ne-**grar** v to revile; to defame

denodado, day-no-**dah**-do a intrepid; daring

denominar, day-no-me-**nar** v to denominate; to give name to

denotar, day-no-**tar** v to denote; to signify

densidad, den-se-**dahd** s density

denso, den-so a dense; thick; compact

dentado, den-**tah**-do a toothed; jagged

dentadura, den-tah-**doo**-rah s set of teeth; – **postiza,** – pos-te-thah, false teeth

dentellear, den-tel-l´yay-ar v to bite

dentista, den-**tiss**-tah s dentist

dentro, den-tro adv inside; within

denuedo, day-noo´**ay**-do s boldness; intrepidity

denuesto, day-noo´**ess**-to s affront; insult

denunciador, day-noon-the´ah-**dorr** s accuser; informer

denunciar, day-noon-the-**ar** v to denounce; to betray; to accuse; to report

deparar, day-pah-**rar** v to offer; to furnish with; to provide

departamento, day-par-tah-**men**-to s department

departir, day-par-**teer** v to converse

dependencia, day-pen-**den**-the-ah s dependence; business; staff

depender, day-pen-**dair** v to depend

dependiente, day-pen-de-en-tay s dependent; employee

deplorar, day-plo-**rar** v to deplore

deponer, day-po-**nair** v to depose; to attest

deportar, day-por-**tar** v to banish; to exile

deporte, day-**por**-tay s amusement; diversion; sport

deposición, day-po-se-the-**on** s deposition; declaration; degradation

depositador, day-po-se-tah-**dor** s depositor

depositar, day-po-se-**tar** v to deposit

depositario, day-po-se-**tah**-re-o s depository; trustee; receiver

depósito, day-**po**-se-to s deposit; warehouse; sediment

depravar, day-prah-**var** v to deprave

deprecación, day-pray-kah-the-**on** s petition; prayer

deprecar, day-pray-**kar** v to implore; to pray

depreciar, day-pray-the-**ar** v to depreciate; to undervalue

depredar, day-pray-**dar** v to rob; to pillage

deprimir, day-pre-**meer** v to depress; to humble

depuesto, day-poo´**ess**-to a deposited; deprived

depurar, day-poo-**rar** v to cleanse

derecha, day-**ray**-chah s right hand; right side

derecho, day-**ray**-cho s right; justice; law; tax; duty a right; straight

derechura, day-ray-**choo**-rah s right way; straightness

derivar, day-re-**var** v to derive; to deflect

derogatorio, day-ro-gah-**tor**-re-o a derogatory

derogar, day-ro-**gar** v to derogate; to annul; to reform

derramamiento, dair-rrah-mah-me-**en**-to s overflow; shedding; effusion; scattering

derramar, dair-rrah-**mar** v to pour; to spill; to spread; to waste

derrame, dair-**rrah**-may s leakage; overflow

derredor, dair-rray-**dor** s circumference; en—, en—, about; around

derrengado, dair-rren-**gah**-do a crooked; sprained

derrengar, dair-rren-**gar** v to sprain; to wrench

derretir, dair-rray-**teer** v to dissolve; to consume;

to melt; to fuse

derribar, dair-rre-**bar** v to demolish; to ruin; to throw down

derribo, dair-**rree**-bo s demolition

derrocar, dair-rro-**kar** v to pull down

derrochar, dair-roo-**char** v to waste; to squander

derrota, dair-**rro**-tah s ship's course; road; defeat of an army

derrotar, dair-rro-**tar** v to destroy; to rout; to defeat

derruir, dair-rroo´**eer** v to demolish

derrumbar, dair-rroom-**bar** v to precipitate; to crumble

desabonarse, day-sah-bo-nar-say v to cancel a subscription

desabotonar, day-sah-bo-to-**nar** v to unbutton; to blossom

desabrido, day-sah-**bree**-do a tasteless; peevish

desabrigar, day-sah-bre-**gar** v to uncover

desabrigo, day-sah-**bree**-go s nudity; destitution

desabrir, day-sah-**breer** v to vex; to harass

desabrochar, day-sah-bro-char *v* to unclasp; to unfasten

desacalorarse, dess-ah-kah-lo-**rar**-say *v* to take the fresh air

desacato, day-sah-**kah**-to *s* disrespect; contempt

desacertar, day-sah-thair-**tar** *v* to be wrong; to act unwisely

desacierto, day-sah-the-**air**-to *s* mistake; blunder

desacomodado, day-sah-ko-mo-**dah**-do *a* destitute; out of employment

desacomodar, day-sah-ko-mo-**dar** *v* to put out

desaconsejar, day-sah-kon-say-**Har** *v* to dissuade; to advise against

desacorde, day-sah-**kor**-day *a* discordant

desacostumbrado, day-sah-kos-toom-**brah**-do *a* unusual

desacreditar, day-sah-kray-de-**tar** *v* to discredit

desacuerdo, day-sah-koo-**air**-do *s* disagreement; mistake

desafecto, day-sah-**fek**-to *s* disaffection; *a* disaffected

desafiar, day-sah-fe-**ar** *v* to

challenge

desafición, day-sah-fe-the-**on** *s* disaffection

desafío, day-sah-**fee**-o *s* challenge; contest

desaforado, day-sah-fo-**rah**-do *a* lawless; huge

desafortunado, day-sah-for-too-**nah**-do *a* unfortunate; unlucky

desafuero, day-sah-foo-**ay**-ro *s* act of injustice; outrage

desagradable, day-sah-grah-**dah**-blay *a* disagreeable; unpleasant

desagradar, day-sah-grah-**dar** *v* to displease

desagradecer, day-sah-grah-day-**thair** *v* to be ungrateful

desagrado, day-sah-**grah**-do *s* displeasure; dislike

desagraviar, day-sah-grah-ve-**ar** *v* to make amends

desaguadero, day-sah-goo-ah-**day**-ro *s* drain

desaguar, day-sah-goo-**ar** *v* to drain

desagradecido, day-sah-grah-day-the-do *a* ungrateful

desagüe, day-sah-goo-**ay** *s* drainage; drainpipe; outlet; drain

desahogado, day-sah-o-

gah-do *a* impudent; unencumbered; well-to-do

desahogar, day-sah-o-**gar** *v* to ease pain; to recover

desahogo, day-sah-o-go *s* relief; ease; comfort

desahuciar, day-sah-oo-the-**ar** *v* to despair; to give over

desahumado, day-sah-oo-**mah**-do *a* faded; vapid

desairado, day-sah´e-**rah**-do *a* disregarded; slighted; rejected

desairar, day-sah´e-**rar** *v* to disregard; to rebuff

desaire, day-sah´e-**ray** *s* rebuff; disdain

desalentar, day sah-len-**tar** *v* to discourage

desaliento, day-sah-le-**en**-to *s* dismay; dejection

desaliño, day-sah-**lee**-n´yo *s* slovenliness

desalmado, day-sah-**mah**-do *a* soulless; inhuman

desalojar, day-sah-lo-**Har** *v* to dislodge; to move

desalterar, day-sah-**tay**-rar *v* to calm down; to assuage

desamparar, day-sahm-pah-**rar** *v* to forsake; to abandon

desamueblar, day-sah-

moo´ay-**blar** *v* to
unfurnish

desangrar, day-sahn-**grar** *v*
to bleed to excess

desanimar, day-sah-ne-
mar *v* to depress; to
discourage

desánimo, day-**sah**-ne-mo
s discouragement

desanudar, day-sah-noo-
dar *v* to untie; to
disentangle

desapacible, day-sah-pah-
thee-blay *a* disagreeable

desaparecer, day-sah-pah-
ray-**thair** *v* to disappear

desapego, day-sah-**pay**-go
s indifference

desapercibido, day-sah-
pair-the-**bee**-do *a*
unprepared; unawares

desapoderado, day-sah-
po-day-**rah**-do *a*
impetuous

desaprender, day-sah-
pren-**dair** *v* to unlearn

desapretar, day-sah-pray-
tar *v* to slacken; to
loosen

desaprobar, day-sah-pro-
bar *v* to disapprove; to
condemn

desaprovechar, day-sah-
pro-vay-**char** *v* to turn
to bad use

desarmar, day-sar-**mar** *v*
to disarm

desarraigar, day-sar-
rrah´e-**gar** *v* to root out;
to eradicate

desarrapado, day-sar-rrah-
pah-do *a* ragged

desarreglo, day-sar-**rray**-
glo *s* disorder; confusion

desarrimar, day-sar-rre-
mar *v* to remove

desarrollar, day-sar-rro-
l´**yar** *v* to develop; to
promote; to expand

desaseado, day-sah-say-
ah-do *a* slovenly; untidy

desaseo, day-sah-**say**-o *s*
slovenliness; untidiness

desasir, day-sah-**seer** *v* to
loosen; to give up

desasosiego, day-sah-so-
se-**ay**-go *s* restlessness

desastrado, day-sahs-**trah**-
doo *a* ragged; slovenly;
dirty

desatar, day-sah-**tar** *v* to
untie; to undo; to
unfasten; to loose

desatavío, day-sah-tah-
vee-o *s* disarray

desatención, day-sah-ten-
the-**on** *s* inattention;
incivility

desatender, day-sah-ten-
dair *v* to disregard; to
neglect

desatento, day-sah-ten-to

a inattentive;
discourteous

desatinado, day-sah-te-
nah-do *a* extravagant;
wild

desatino, day-sah-**tee**-no *s*
folly; foolishness; mistake

desatracar, day-sah-trah-
kar *v* to sheer off; to cast
off

desatrancar, day-sah-
trahn-**kar** *v* to unbar

desautorizado, day-
sah´oo-to-re-**thah**-do *a*
unauthorized

desautorizar, day-sah´oo-
to-re-**thar** *v* to
repudiate; to disown

desavenencia, day-sah-
vay-**nen**-the-ah *s*
discord

desaventajado, day-sah-
ven-tah-**Hah**-do *a*
unprofitable; inferior

desaviar, day-sah-ve-**ar** *v*
to go astray; to deprive
of necessaries

desayunar, day-sah-yoo-
nar *v* to breakfast

desayuno, day-sah-**yoo**-no
s breakfast

desazón, day-sah-**thon** *s*
insipidity; disgust;
restlessness

desbandarse, dess-bahn-
dar-say *v* to disband

desbarajuste, dess-bah-rah-**Hooss**-tay s disorder; confusion

desbaratar, dess-bah-rah-**tar** v to destroy; to smash

desbarrar, dess-bar-**rrar** v to slip; to talk nonsense

desbastar, dess-bahs-**tar** v to smooth; to waste

desbocado, dess-bo-**kah**-do a runaway (horse)

desbordar, dess-bor-**dar** v to overflow

desbravar, dess-brah-**var** v to tame; to break in (horse); to abate

desbroce, dess-**bro**-thay s clearing

descabellado, dess-kah-bay-l´**yah**-do a dishevelled, preposterous; absurd

descabezar, dess-kah-bay-**thar** v to behead

descafeinado, dess-kah-fay-ee-**nah**-do a decaffeinated

descalabro, dess-kah-**lah**-bro s misfortune; considerable loss

descalificar, dess-kah-le-fe-**kar** v to disqualify; to discredit; to dismiss

descalzar, dess-kahl-**thar** v to take off (shoes)

descaminar, dess-kah-me-**nar** v to lead astray; to misguide

descampado, dess-kahm-**pah**-do a free, clear

descansar, dess-kahn-**sar** v to rest; to pause

descanso, dess-**kahn**-so s rest; repose

descarado, dess-kah-**rah**-do a shameless

descararse, dess-kah-**rar**-say v to behave insolently

descarga, dess-**kar**-gah s unloading

descargadero, dess-kar-gah-**day**-ro s wharf

descargar, dess-kar-**gar** v to unload; to discharge

descargo, dess-**kar**-go s unloading; acquittal

descaro, dess-**kah**-ro s impudence; effrontery

descarriar, dess-kar-rre-**ar** v to misguide; mislead

descartar, dess-kar-**tar** v to discard; to dismiss

descasar, dess-kah-**sar** v to divorce

descascarar, dess-kahs-kah-**rar** v to peel; to shell

descastado, dess-kahs-**tah**-do a degenerate

descender, dess-then-**dair** v to descend; to get down

descenso, dess-**then**-so s descent

descifrar, dess-the-**frar** v to decipher; to figure out

descocarse, dess-ko-**kar**-say v to be impudent; to be insolent

descoco, dess-**ko**-ko s impudence; shamelessness

descoger, dess-ko-**Hair** v to unfold; to expand

descolgar, dess-kol-**gar** v to unhang

descollar, dess-ko-l´**yar** v to surpass; to stand out

descombrar, dess-kom-**brar** v to disencumber

descomedido, dess-ko-may-**dee**-do a insolent; excessive; rude

descompasado, dess-kom-pah-**sah**-do a disproportionate

descomponer, dess-kom-po-**nair** v to discompose; to decompose; to disturb; to upset

descompuesto, dess-kom-poo´**ess**-to a broken; decomposed; rude

descomunal, dess-ko-moo-**nahl** a enormous;

huge; colossal

desconcertar, dess-kon-thair-**tar** v to disturb; to baffle; to put out

desconfiar, dess-kon-fe-**ar** v to be distrustful

desconocer, dess-ko-no-**thair** v to be unfamiliar with; to be unaware of

desconocido, dess-ko-no-**thee**-do a unknown

desconsiderado, dess-kon-se-day-**rah**-do a inconsiderate

desconsolado, dess-kon-so-**lah**-do a disconsolate; sad

desconsuelo, dess-kon-soo´**ay**-lo s affliction; grief

descontar, dess-kon-**tar** v to discount; to take for granted

descontento, dess-kon-**ten**-to s discontent; a dissatisfied

desconvenir, dess-kon-vay-**neer** v to disagree

descorazonar, dess-ko-rah-tho-**nar** v to dishearten

descorrer, dess-kor-**rrair** v to draw back (a curtain)

descortés, dess-kor-**tess** a impolite; discourteous

descortesía, dess-kor-tay-

see-ah s discourtesy; impoliteness

descoser, dess-ko-**sair** v to unstitch; to rip

descosido, dess-ko-**see**-do s tear; rip; disconnected

descoyuntar, dess-ko-yoon-**tar** v to dislocate; to twist; to tire out

descrédito, dess-**kray**-de-to s discredit

descreer, dess-kray-**air** v to disbelieve; to to lose one's faith

describir, dess-kre-**beer** v to describe

descripción, dess-krip-the-**on** s description

descuartizar, dess-koo´ar-te-**thar** v to quarter; to carve

descubierto, dess-koo-be-**air**-to a bareheaded; uncovered; s deficit; overdraft

descubrir, dess-koo-**breer** v to discover

descuento, dess-koo´**en**-to s discount

descuidar, dess-koo´e-**dar** v to neglect

descuido, dess-koo´ee-do s carelessness; negligence

desde, **dess**-day prep from; since

desdén, des-**den** s disdain;

scorn

desdentado, dess-den-**tah**-do a toothless

desdeñar, dess-day-n´**yar** v to disdain

desdeñoso, dess-day-n´**yo**-so a disdainful

desdicha, dess-dee-chah s misfortune; unhappiness

desdoblar, dess-do-**blar** v to unfold; to spread out

deseable, day-say-ah-**blay** a desirable

desear, day-say-**ar** v to desire; to wish; to want

desecar, day-say-**kar** v to dry up; to desiccate

desechable day-say-**cha**-blay a disposable.

desechar, day-say-**char** v to throw out; to reject; to cast off

desecho, day-**say**-cho s residue; waste

desembalar, day-sem-bah-**lar** v to unpack

desembarazar, day-sem-bah-rah-**thar** v to clear; to free; to get rid of something

desembarcar, day-sem-bar-**kar** v to land; to disembark

desembarco, day-sem-**bar**-ko s landing

desembolsar, day-sem-bolsar v to pay out; to lay out

desembragar, dess-em-brah-**garr** v to declutch

desembrollar, day-sem-bro-l´**yar** v to disentangle

desemejante, day-say-may-Hahn-tay a dissimilar; unlike

desemejanza, day-say-may-Hahn-thah s dissimilarity

desempapelar, day-sem-pah-pay-**lar** v to unwrap

desempaquetar, day-sem-pah-kay-**tar** v to unpack

desempeñar, day-sem-payn´**yar** v to redeem; (*fig*) to play; (cargo) to hold

desempeño, day-sem-**payn**-´yo s redeeming a pledge; performance

desencajar, day-sen-kah-Har v to dislocate; to disconnect

desencantar, day-sen-kahn-**tar** v to disenchant

desenconar, day-sen-ko-**nar** v to reduce; to calm down

desenfadar, day-sen-fah-**dar** v to calm down; to pacify

desenfado, day-sen-**fah**-do

s freedom; self-confidence

desenfreno, day-sen-**fray**-no s lack of self control; licentiousness; wildness

desenganchar, day-sen-gahn-**char** v to unhook; to unfasten; to give up

desengañar, day-sen-gahn´**yar** v to disillusion; to disappoint

desengrasar, de-sayn-grah-**sar** v to remove the grease from

desenlace, day-sen-**lah**-thay s denouement; ending; outcome

desenmarañar, day-sen-mah-rah-n´**yar** v to disentangle

desenmascarar, day-sen-mahs-kah-**rar** v to unmask

desenojar, day-say-no-Har v to appease; to calm down

desenredar, day-sen-ray-**dar** v to unravel; to clear up

desenrollar, day-sen-ro-l´**yar** v to unroll

desentenderse, day-sen-ten-**dair**-say v to pretend not to know about; to have nothing to do with

desenterrar, day-sen-tair-

rrar v to unearth; to exhume

desentono, day-sen-**to**-no s rudeness

desentrañar, day-sen-trahn´**yar** v to disembowel; to unravel; to work out

desenvainar, day-sen-vah´e-nar v to unsheathe; to show

desenvoltura, day-sen-vol-**too**-rah s ease; confidence; fluency

desenvolver, day-sen-vol-**vair** v to unroll; to unwrap

desenvuelto, day-sen-voo´el-to a natural; easy; confident

deseo, day-**say**-o s desire

deseoso, day-say-o-so a desirous of

desertar, day-sair-**tar** v to desert

desesperación, day-sess-pay-rah-the-**on** s despair

desesperado, day-sess-pay-**rah**-do a desperate; hopeless

desesperanzar, day-sess-pay-rahn-**thar** v to deprive of hope; to despair

desfachatado, dess-fah-chah-**tah**-do a impudent

desfalcar, dess-fahl-**kar** v

to embezzle

desfallecer, dess-fah-l´yay-**thair** v to weaken; to faint

desfavorable, dess-fah-vo-**rah**-blay a unfavourable

desfavorecer, dess-fah-vo-ray-**thair** v to cease to favor

desfigurar, dess-fe-goo-**rar** v to disfigure; to deform

desfiladero, dess-fe-lah-**day**-ro s defile; gorge

desflorar, dess-flo-**rar** v to tarnish; to deflower

desgajar, dess-gah-**Har** v to tear off; to tear somebody away from

desgana, dess-**gah**-nah s reluctance; lack of appetite

desgarbado, dess-gar-**bah**-do a uncouth; gawky

desgarrado, dess-gar-**rrah**-do a torn; licentious

desgarrar, dess-gar-**rrar** v to rend; to tear

desgastar, dess-gahs-**tar** v to spoil; to wear away

desgobierno, dess-go-be-**air**-no s misrule; mismanagement

desgracia, dess-**grah**-the-ah s misfortune; disgrace

desgraciadamente, dess-grah-the-ah-dah-**men**-tay adv unfortunately

desgraciar, dess-grah-the-**ar** v to displease; to spoil

desgranar, dess-grah-**nar** v to thrash grain; to shell (as peas)

desguarnecer, dess-goo´ar-nay-**thair** v to strip down; to abandon

deshabitado, day-sah-be-**tah**-do a uninhabited; deserted

deshabituar, day-sah-be-too´**ar** v to get out of the habit

deshacer, day-sah-**thair** v to undo; to destroy; to break up; to defeat; to melt

deshacerse, day-sah-**thair**-say v to get rid of; to part with

desharrapado, day-sar-rrah-**pah**-do a shabby

deshelar, day-say-**lar** v to thaw; to defrost

desheredar, day-say-ray-**dar** v to disinherit

deshidratado, dess-e-drah-**tah**-do a dehydrated

deshielo, day-se-**ay**-lo s thaw

deshilar, day-se-**lar** v to unravel

deshollinador, day-so-l´yee-nah-**dor** s

chimney-sweep

deshonestidad, day-so-ness-te-**dahd** s dishonesty

deshonesto*, day-so-**ness**-to a dishonest

deshonorar, day-so-no-**rar** v to dishonour; to deprive of office

deshonra, day-**sonn**-rah s dishonour; disgrace; affront

deshonrar, day-sonn-**rar** v to seduce; to disgrace; to insult

deshora, day-so-rah s inconvenient time

deshuesar, day-soo´ay-**sar** v to bone; to stone

desidia, day-**see**-de-ah s idleness; laziness

desierto, day-se-**air**-to s wilderness; a deserted

designar, day-sig-**nar** v to purpose; to appoint; to designate

designio, day-**seeg**-ne-o s design; intention

desigual, day-se-goo´**ahl** a unequal; uneven

desinterés, day-sin-tay-**ress** s disinterestedness; generosity

desistir, day-siss-**teer** v to desist; to give up

desjuntar, dess-Hoon-**tar**

v to disjoint; to separate

deslavado, dess-lah-**vah**-do *a* barefaced; half-wished

desleal, dess-lay-**ahl** *a* disloyal

desleir, dess-lay-**eer** *v* to dilute; to dissolve

deslenguado, dess-len-goo´**ah**-do *a* foul-mouthed

desliar, dess-le-**ar** *v* to untie

desligar, dess-le-**gar** *v* to loose; to untie; to disentangle

deslindar, dess-lin-**dar** *v* to set landmarks

deslinde, dess-**leen**-day *s* demarcation

desliz, dess-**leeth** *s* false step; slip; fault

deslizadizo, dess-le-thah-**dee**-tho *a* slippery

deslucir, dess-loo-**theer** *v* to tarnish

deslumbrar, dess-loom-**brar** *v* to dazzle

deslustrar, dess-looss-**trar** *v* to tarnish; to dim

desmadejar, dess-mah-day-**Har** *v* to enervate

desmán, dess-**mahn** *s* misbehaviour

desmandar, dess-mahn-**dar** *v* to countermand;

to transgress

desmanotado, dess-mah-no-**tah**-do *a* awkward

desmaña, dess-**mah**-n´yah *s* clumsiness

desmarañar, dess-mah-rah-n´**yar** *v* to disentangle

desmayar, dess-mah-**yar** *v* to dismay; to be dispirited; to faint

desmayo, dess-**mah**-yo *s* swoon; dismay

desmedido, dess-may-**dee**-do *a* out of proportion

desmejora, dess-may-Ho-rah *s* deterioration

desmejorar, dess-may-Ho-**rar** *v* to debase; to impair

desmembrar, dess-mem-**brar** *v* to dismember; to separate

desmentir, dess-men-**teer** *v* to give the lie; to contradict

desmenuzar, dess-may-noo-**thar** *v* to crumble; to break in bits

desmerecer, dess-may-ray-**thair** *v* to become unworthy of; to deteriorate

desmesurado, dess-may-soo-**rah**-do *a* immeasurable; excessive

desmigar, dess-me-**gar** *v* to crumble bread

desmochar, dess-mo-**char** *v* to lop; to mutilate

desmontar, dess-mon-**tar** *v* to fell wood; to dismount; to take apart

desmoralizar, dess-mo-rah-le-**thar** *v* to demoralize

desnatada, dess-nah-**tah**-dah *a* skimmed

desnatar, dess-nah-**tar** *v* to skim milk

desnivel, dess-ne-**vel** *s* unevenness

desnudar, dess-noo-**dar** *v* to strip; to undress

desnudo, dess-**noo**-do *a* naked; bare

desnutrición, dess-noo-tre-the-**on** *s* malnutrition

desobedecer, day-so-bay-day-**thair** *v* to disobey

desobediencia, day-so-bay-de-en-the-ah *s* disobedience

desocupado, day-so-koo-**pah**-do *a* empty; free; idle

desodorante, day-so-do-**rahn**-tay *s* deodorant

desoír, day-so-**eer** *v* to ignore; to disregard

desolado, day-so-**lah**-do *a*

desolate; sad

desollado, day-so-l´**yah**-do *a* impudent; brazen

desollar, day-so-l´**yar** *v* to flay; to skin

desorden, day-**sor**-den *s* disorder; confusion; disturbance; mess

desordenar, day-sor-day-**nar** *v* to disarrange; to mess up

desorejado, day-so-ray-Hah-do *a* degraded

desorganizar, day-sor-gahne-**thar** *v* to disorganize

desorientado, day-sore´en-**tah**-do *a* disorientated

desorientar, day-so-re-en-**tar** *v* to bewilder; to disconcert

despabilar, dess-pah-be-lar *v* to snuff; to trim; to wake up; to sharpen

despacio, dess-**pah**-the-o *adv* slowly; gently

despacito, dess-pah-**thee**-to *adv* very gently

despachar, dess-pah-**char** *v* to complete; to deal with; to knock off

despacho, dess-**pah**-cho *s* dispatch; expedient; custom; counting-house; office

desparejar, dess-pah-ray-

Har *v* to make uneven

despavorido, dess-pah-vo-ree-do *a* terrified

despectivo, dess-payk-tee-vo *a* derogatory; pejorative

despechar, dess-pay-**char** *v* to enrage; to excite indignation; to fret

despedida, dess-pay-dee-dah *s* leave-taking

despedir, dess-pay-**deer** *v* to discharge; to dismiss; to see off

despedirse, dess-pay-**deer**-say *v* to take leave; to say goodbye

despegado, dess-pay-**gah**-do *a* unglued; harsh; unaffectionate

despego, dess-**pay**-go *s* asperity; indifference

despejado, dess-pay-Hah-do *a* clear; free; wide awake

despejar, dess-pay-**Har** *v* to clear; to clarify

despejo, dess-pay-**Ho** *s* brightness; fluency

despenar, dess-pay-**nar** *v* to relieve from pain; to console

despensa, dess-pen-sah *s* pantry; food store

despensero, dess-pen-**say**-ro *s* butler; steward

despeñadero, dess-pay-n´**yah-day**-ro *s* precipice; cliff

despeñar, dess-pay-n´**yar** *v* to fling down; to fall over a cliff

desperdiciar, dess-pair-de-the-ar *v* to squander; to waste

desperdigar, dess-pair-de-**gar** *v* to separate; to scatter

desperezarse, dess-pay-ray-**thar**-say *v* to stretch one's limbs

desperfecto, dess-pair-fek-to *s* blemish; deterioration

despernado, dess-pair-nah-do *a* weary

despertar, dess-pair-**tar** *v* to awaken

despiadado, day-sah-pe-ah-**dah**-do *a* merciless

despierto, dess-pe-**air**-to *a* awake

despilfarrar, dess-pil-far-**rrar** *v* to squander

despintar, dess-pin-**tar** *v* to efface; to blot; to fade

desplacer, dess-plah-**thair** *v* to displease; *s* displeasure

desplegar, dess-play-**gar** *v* to unfold; to display

desplomarse, dess-plo-

mar-say *v* to fall to the ground; to collapse

desplumar, dess-ploo-**mar** *v* to pluck; to fleece

despoblar, dess-po-blar *v* to depopulate

despojar, dess-po-*H*ar *v* to strip of; to clear of

despojo, dess-**po**-*H*o *s* spoliation; *pl* leftovers; offal

desposado, dess-po-sah-do *a* newly married

desposar, dess-po-sar *v* to marry; to betroth

desposeer, dess-po-say-**air** *v* to dispossess

desposorios, dess-po-so-re-os *s* betrothal; marriage

déspota, dess-po-tah *s* despot

despreciable, dess-pray-the-ah-blay *a* despicable; contemptible

despreciar, dess-pray-the-**ar** *v* to despise

desprecio, dess-**pray**-the-o *s* scorn; contempt

desprender, dess-pren-**dair** *v* to unfasten; to separate

desprendimiento, dess-pren-de-me-en-to *s* disinterestedness;

landslide

desprevención, dess-pray-ven-the-on *s* unreadiness

desprevenido, dess-pray-vay-nee-do *a* unprepared

desproporción, dess-pro-por-the-on *s* disproportion

despropósito, dess-pro-po-se-to *s* absurdity

desprovisto, dess-pro-viss-to *a* unprovided

después, dess-poo´ess *adv* after; afterwards, next

despuntar, dess-poon-**tar** *v* to blunt; to bud

desquitar, dess-ke-tar *v* to make up; to obtain satisfaction; to get one's own back

desquite, dess-**kee**-tay *s* recovery of a loss; revenge; satisfaction

destacamento, dess-tah-kah-men-to *s* detachment

destacar, dess-tah-kar *v* to detach; to show up; to highlight

destajo, dess-tah-*H*o *s* piecework

destapar, dess-tah-par *v* to uncover

destello, dess-tay-l´yo *s*

sparkle; flash

desteñir, dess-tay-n´yeer *v* to discolour

desterrar, dess-tair-**rrar**, to exile; to banish

destiempo, dess-te-em-po *adv* **a** —, ah —, unseasonably

destierro, dess-te-air-rro *s* exile; banishment

destilar, dess-te-lar *v* to distil

destinar, dess-te-nar *v* to destine; to appoint

destino, dess-tee-no *s* destiny; fate; profession

destituir, dess-te-too´eer *v* to deprive; to dismiss

destorcer, dess-tor-**thair** *v* to untwist

destornillado, dess-tor-ne-l´yah-do *a* heedless

destornillador, dess-tor-ne-l´vah-**dor** *s* screwdriver

destornillar, dess-tor-ne-l´yar *v* to unscrew; to act or speak* rashly

destrabar, dess-trah-bar *v* to unfasten; to detach

destreza, dess-tray-thah *s* dexterity; skill

destripar, dess-tre-par *v* to gut; to cut open the belly of

destrozar, dess-tro-thar *v*

to destroy; to break into pieces

destrucción, dess-trook-the-on s destruction

destruir, dess-troo´eer v to destroy; to waste

desunir, day-soo-neer v to separate

desusar, day-soo-sar v to stop using

desvaído, dess-vah´ee-do a pale; weak

desvalido, dess-vah-lee-do a helpless; destitute

desván, dess-vahn s garret; loft

desvanecer, dess-vah-nay-**thair** v to disintegrate; to make disappear; to vanish

desvanecimiento, dess-vah-nay-the-me-en-to s giddiness; dizziness

desvariar, dess-vah-re-ar v to rave; to be delirious

desvarío, dess-vah-ree-o s delirium; caprice

desvelar, dess-vay-lar v to keep awake

desvencijado, dess-ven-the-Hah-do a rickety; shaky

desventaja, dess-ven-tah-Hah s disadvantage

desventajoso, dess-ven-tah-Ho-so a

disadvantageous

desventura, dess-ven-too-rah s misfortune

desventurado, dess-ven-too-rah-do a unfortunate

desvergonzado, dess-vair-gon-thah-do a impudent; shameless

desvergüenza, dess-vair-goo´en-thah s shamelessness; effrontery

desvío, dess-vee-o s deviation; aversion; sidetrack

detallar, day-tah-l´yar v to detail; to relate minutely

detalle, day-tah-l´yay s detail

detallista, day-tah-l´yiss-tah s retailer

detener, day-tay-**nair** v to detain; to stop; to hold up

detenido, day-tay-nee-do a arrested; thorough; detailed

detentar, day-ten-tar v to hold unlawfully

detergente, day-tair-Hen-tay s detergent

deteriorar, day-tay-re-o-rar v to deteriorate

determinar, day-tair-me-

nar v to determine

detersión, day-tair-se-on s cleansing a sore

detestar, day-tess-tar v to detest; to hate

detractar, day-trak-tar v to detract

detraer, day-trah-air v to take away; to defame

detrás, day-**trahs** adv behind; after

detrimento, day-tre-men-to s detriment

deuda, day´oo-dah s debt

deudo, day´oo-do s relative

deudor, day´oo-dor s debtor

devanar, dav-vah-nar v to reel; to spool

devanear, dav-vah-nay-ar v to rave

devastar, day-vahs-tar v to devastate; to ravage

devengar, dav-ven-gar v to earn

devoción, day-vo-the-on s devotion; piety

devolver, day-vol-vair v to return; to restore

devorar, day-vo-rar v to devour

devoto, day-vo-to a devout; devoted

devuelto, day-voo´el-to a returned

día, dee-ah s day; **–útil,** –oo-til, working day

diablo, de-ah-blo s devil

diáfano, de-ah-fah-no a transparent

dialéctica, de-ah-lek-te-kah s dialectics

diálogo, de-ah-lo-go s dialogue

diamante, de-ah-**mahn**-tay s diamond

diario, de-ah-re-o s daily paper; diary; a daily

diarrea, de-ar-**rray**-ah s diarrhœa

dibujar, de-boo-Har v to draw; to design; to sketch

diccionario, dik-the-o-**nah**-re-o s dictionary

diciembre, de-the-em-bray s December

dictado, dik-tah-do s dictation

dictador, dik-tah-**dor** s dictator

dictamen, dik-**tah**-men s opinion; judgment

dictar, dik-**tar** v to dictate

dicho, dee-cho s saying; sentence; a said

dichoso, de-cho-so a happy

diecinueve, de-eth-e-noo´ay-vay s & a nineteen

diente, de-en-tay s tooth; fang

diesel, de´ay-sayl s diesel

diestra, de-ess-trah s right hand

diestro*, de-ess-tro a right; dexterous; skilful

dieta, de-ay-tah s diet

dietario, de-ay-tah-re-o s record book

diez, de-**eth** s & a ten

diezmo, de-eth-mo s tithe; tenth part

difamar, de-fah-**mar** v to defame

diferente*, de-fay-ren-tay a different

diferir, de-fav-reer v to delay; to differ

difícil, de-**fee**-thil a difficult; hard

dificultad, de-fe-kool-**tahd** s difficulty

dificultoso, de-fe-kool-to-so a difficult

difundir, de-foon-**deer** v to diffuse; to divulge

difunto, de-**foon**-to a defunct; late

difuso, de-**foo**-so a diffuse

digerible, de-Hay-ree-blay a digestible

digerir, de-Hay-**reer** v to digest

digital, de-**He**-tahl s foxglove; a digital

dígito, dee-**He**-to s digit

dignarse, dig-**nar**-say v to deign

dignidad, dig-ne-**dahd** s dignity

dignificar, dig-ne-fe-**kar** v to dignify

digno, **dig**-no a worthy; deserving

dije, dee-**Hay** s relic; child's trinkets; pl toys

dilación, de-lah-the-on s delay

dilapidar, de-lah-pe-**dar** v to squander; to waste

dilatar, de-lah-**tar** v to dilate; to protract

dilección, de-lek-the-on s affection; love

diligente*, de-le-**Hen**-tay a diligent

diluir, de-loo´eer v to dilute

diluviar, de-loo-ve-**ar** v to pour with rain

diluvio, de-**loo**-ve-o s deluge; flood

dimanación, de-mah-nah-the-on s issuing from

dimanar, de-mah-**nar** v to emanate; to spring from

diminuir, de-me-noo´eer v to diminish

diminuto*, de-me-**noo**-to a very small

dimisión, de-me-se-**on** s

resignation

dimitir, de-me-**teer** v to resign

dinero, de-**nay**-ro s coin; money; coinage

dintel, din-**tel** s lintel

diócesis, de-o-thay-siss s diocese

Dios, de-os s God

diosa, de-o-sah s goddess

diplomático, de-plo-**mah**-te-ko a diplomatic

diputado, de-poo-tah-do s deputy; assignee; M.P.

diputar, de-poo-**tar** v to depute; to constitute

dique, dee-kay s dike

dirección, de-rek-the-on s direction; guidance; address

directo, de-**rek**-to a straight; direct

dirigir, de-re-**Heer** v to direct; to guide; to manage

dirimir, de-re-**meer** v to dissolve; to annul

discernimiento, diss-thair-ne-me-en-to s discernment

discernir, diss-thair-**neer** v to discern; to discriminate

disciplina, diss-the-**plee**-nah s discipline

discípulo, diss-**thee**-poo-lo

s pupil; student; follower

disco, diss-ko s disk

discontinuo, dess-kon-tee-noo'o a discontinuous

discordar, diss-kor-dar v to disagree; to discard

discorde, diss-**kor**-day a discordant

discoteca, diss-ko-**tay**-kah s disco; discoteque

discrecional, diss-kray-the-o-**nahl** a optional

discrepar, diss-kray-**par** v to differ

disculpa, diss-**kool**-pah s excuse; apology

disculpar, diss-kool-**par** v exculpate; to apologize

discurrir, diss-koor-**rreer** v to ramble about; to discuss; to contrive

discurso, diss-**koor**-so s discourse; space of time; speech

discutible, diss-koo-tee-blay a controvertible; disputable

discutir, diss-koo-**teer** v to discuss

disecar, de-say-**kar** v to dissect

diseminar, de-say-me-**nar** v disseminate

disensión, de-sen-se-on s dissension

disentería, de-sen-tay-ree-ah s dysentery

disentimiento, de-sen-te-me-en-to s dissent

diseñar, de-say-n´yar v to design; to sketch; to outline

diseño, de-**say**-n´yo s drawing; design; sketch

disertar, de-sair-tar v discourse; to debate; to argue

diserto, de-**sair**-to a eloquent; fluent

disforme, diss-**for**-may a hideous; huge; deformed

disfraz, diss-**frath** s mask; fancy dress; disguise

disfrute, diss-**froo**-tay s use; enjoyment

disgustar, diss-gooss-**tar** v to disgust; to displease; to dislike

disgusto, diss-**goos**-to s disgust; displeasure

disidente, de-se-**den**-tay s & a dissent; dissenter

disimular, de-se-moo-**lar** v to dissemble; to overlook

disipar, de-se-**par** v to dissipate

dislocar, diss-lo-**kar** v to dislocate

disoluto, de-so-**loo**-to a dissolute

disolver, de-sol-**vair** v to dissolve; to melt

disparado*, diss-pah-**rah**-do a precipitate

disparar, diss-pah-**rar** v to shoot; to fire

disparatado, diss-pah-rah-**tah**-do a absurd; foolish

disparatar, diss-pah-rah-**tar** v to act or talk absurdly; to blunder

disparate, diss-pah-**rah**-tay s nonsense; absurdity; blunder

disparidad, diss-pah-re-**dahd** s disparity

disparo, diss-**pah**-ro s shot

dispendioso, diss-pen-de-o-so a expensive

dispensa, diss-**pen**-sah s exemption; dispensation

dispensar, diss-pen-**sar** v to dispense; to dispense with; to deal out

dispersar, diss-pair-**sar** v to scatter; to rout

disperso, diss-**pair**-so a dispersed; scattered

displicencia, diss-ple-then-the-ah s displeasure

displicente, diss-ple-**then**-tay a displeasing; peevish; fretful

disponer, diss-po-**nair** v to dispose; to arrange; to

prepare; to distribute; to regulate

disponible, diss-po-nee-blay a disposable

dispuesto, diss-poo-**ess**-to a disposed; ready; comely

disputa, diss-**poo**-tah s dispute; controversy

disputar, diss-poo-**tar** v to dispute; to argue

disquete, diss-**kay**-tay s floppy disc

distancia, diss-**tahn**-the-ah s distance

distar, diss-**tar** v to be distant; to be different

distinción, diss-tin-the-**on** s distinction

distinguir, diss-tin-**gheer** v to distinguish

distinto*, diss-**teen**-to a distinct; different

distraer, diss-trah-**air** v to distract; to amuse

distraído, diss-trah-**ee**-do a absent-minded; heedless

distribuir, diss-tre-boo-**eer** v to distribute; to sort

distrito, diss-**tree**-to s district

disturbio, diss-**toor**-be-o s disturbance

disuadir, de-soo-**ah-deer** v to dissuade

diurno, dee-**oor**-no a diurnal

divagar, de-vah-**gar** v to ramble; to digress

divergente, de-vair-**Hen**-tay a divergent; opposite

divergir, de-vair-**Heer** v to diverge

diversidad, de-vair-se-**dahd** s diversity

diversión, de-vair-se-**on** s diversion; recreation

diverso, de-**vair**-so a diverse; different

diversos, de-**vair**-sos a several; sundry

divertido, de-vair-tee-do a hilarious; funny

divertir, de-vair-**teer** v to divert; to amuse

dividendo, de-ve-**den**-do s dividend

dividir, de-ve-**deer** v to divide; to separate

divieso, de-ve-**ay**-so s furuncle; boil

divino, de-**vee**-no a divine

divisa, de-**vee**-sah s badge; motto; mark; foreign exchange

divisar, de-ve-**sar** v to perceive indistinctly

divorciar, de-vor-the-**ar** v to divorce

divorcio, de-**vor**-the-o s divorce; disunion

divulgar, de-vool-**gar** v to divulge; to spread

dobladillo, do-blah-dee-l´yo s hem

doblado, do-**blah**-do a thick-set; deceitful

dobladura, do-blah-**doo**-rah s fold; crease

doblar*, do-**blar** v to double

doble*, do-blay a double; thick-set; artful

doblez, do-**bleth** s fold; crease; duplicity

doblón, do-**blon** s doubloon (ancient Spanish gold coin)

doce, do-**thay** s & a twelve

docena, do-**thay**-nah s dozen

dócil, do-thil a docile

docto, dok-to a learned

doctor, dok-**tor** s doctor; physician

doctrina, dok-**tree**-nah s doctrine

doctrinar, dok-tre-**nar** v to teach; to instruct

doctrinero, dok-tre-**nay**-ro s catechist

documento, do-koo-**men**-to s document

dogo, do-go s terrier; bulldog

dolar, do-**lar** s dollar

dolencia, do-**len**-the-ah s affliction; ailment

doler, do-**lair** v to ache; to hurt

dolerse, do-**lair**-say v to repent; to feel for; to complain

doliente, do-le-**en**-tay a suffering; sorrowful

dolor, do-**lor** s pain; aching; grief

dolorido, do-lo-**ree**-do a sore; aching; sad

doloroso, do-lo-**ro**-so a sorrowful; painful

doloso, do-**lo**-so a deceitful

domador, do-mah-**dor** s tamer; horse-breaker

domar, do-**mar** v to tame; to subdue

domeñar, do-may-n´yar v to reclaim; to master

domesticar, do-mess-te-**kar** v to domesticate

doméstico, do-**mess**-te-ko s domestic servant; a domestic

domiciliarse, do-me-the-le-**ar**-say v to take up residence

domicilio, do-me-**thee**-le-o s domicile; home; residence

dominar, do-me-**nar** v to dominate; to know well

domingo, do-**meen**-go s Sunday

dominio, do-**mee**-ne-o s dominion; territory; estate

dominó, do-me-**no** s domino

don, don s title for a gentleman; equivalent to Mr, but used only before Christian names

donador, do-nah-**dor** s donor; giver

donaire, do-nah´e-ray s grace; elegance

donar, do-**nahr** v donate

donativo, do-nah-tee-vo s free contribution; donation

doncella, don-thel-l´yah s maid; virgin; lass

doncellez, don-thel-l´yeth s maidenhood

donde, don-day adv where; **de**—, day—, from what place? **–quiera,** – ke-ay-rah, anywhere

donoso, do-**no**-so a graceful; pleasant

doña, do-n´yah s lady; Mrs (used only before a Christian name)

dorado, do-**rah**-do a gilt; gilded

dorar, do-**rar** v to gild; to

palliate; to brown

dormidero, dor-me-**day**-ro *a* sleepy; narcotic

dormir, dor-**meer** *v* to sleep

dormitar, dor-me-**tar** *v* to doze

dormitorio, dor-me-to-re-o *s* dormitory; bedroom

dorso, **dor**-so *s* back part

dos, doss *s & a* two

dosel, do-**sel** *s* canopy

dosis, **do**-siss *s* dose

dotar, do-**tar** *v* to endow

dote, **do**-tay *s* dowry; *pl* talents

draga, **drah**-gah *s* dredge

dragón, drah-**gon** *s* dragon; dragoon

dramático, drah-**mah**-te-ko *a* dramatical

drástico, **drahs**-te-ko *a* drastic

drenaje, dray-nah-**Hay** *s* draining; drainage

droga, **dro**-gah *s* drug

droguería, dro-gay-ree-ah *s* drug store or trade

droguero, dro-**gay**-ro *s* druggist

dual, doo-**ahl** *a* dual

dualidad, doo-ah-le-**dahd** *s* duality

dubitativo, doo-be-tah-tee-vo *a* doubtful

ducado, doo-**kah**-do *s* duchy; dukedom; ducat

dúctil, **dook**-til *a* ductile

ducha, doo-chah *s* shower (-bath)

duda, **doo**-dah *s* doubt; suspense

dudable, doo-**dah**-blay *a* dubious; doubtful

dudar, doo-**dar** *v* to doubt

dudoso, doo-**do**-so *a* doubtful; uncertain

duelo, doo-**ay**-lo *s* duel; sorrow; mourning

duende, doo-**enn**-day *s* elf; goblin; ghost

dueña, doo-**ay**-n´yah *s* duenna; married lady; proprietress

dueño, doo-**ay**-n´yo *s* owner; master

dueto, doo-**ay**-to *s* duet

dulce*, **dool**-thay *a* sweet; mild; gentle

dulcedumbre, doo-thay-**doom**-bray *s* sweetness

dulzura, dool-**thoo**-rah *s* sweetness; gentleness; graciousness

duna, **doo**-nah *s* dune

dúo, doo´o *s* duet

duodécimo, doo´o-**day**-the-mo *a* twelfth

duplicado, doo-ple-**kah**-do *s* duplicate

duplicar, doo-ple-**kar** *v* to double; to duplicate; to repeat

duplicidad, doo-ple-the-**dahd** *s* duplicity

duplo, doo-plo *s* double; duplicate

duque, doo-**kay** *s* duke

duquesa, doo-**kay**-sah *s* duchess

durable, doo-**rah**-blay *a* lasting; durable

duración, doo-rah-the-**on** *s* duration

duradero, doo-rah-**day**-ro *a* lasting

durante, doo-**rahn**-tay *adv* while; during

durar, doo-**rar** *v* to last; to endure

durazno, doo-**rath**-no *s* peach

dureza, doo-**ray**-thah *s* hardness; obstinacy; callosity

durmiente, door-me-en-tay *a* dormant; s., (railways) sleeper

duro, **doo**-ro *s* dollar; *a** hard; harsh

!ea! ay-ah *interj* come now!

ebanista, ay-bah-**niss**-tah s cabinet-maker

ébano, ay-bah-no s ebony

ebrio, ay-bre-o *a* intoxicated

eccema, ayk-ce-mah s eczema

eclipse, ay-**kleep**-say s eclipse

eco, ay-ko s echo

economía, ay-ko-no-**mee**-ah s economy

económico, ay-ko-no-me-ko *a* economic

ecónomo, ay-**ko**-no-mo s curator; trustee

ecuador, ay-koo´ah-**dor** s equator

ecuanimidad, ay-koo´ah-ne-me-**dahd** s equanimity

ecuestre, ay-koo-ess-tray *a* equestrian

echada, ay-**chah**-dah s cast; throw

echar, ay-**char** *v* to cast; to throw; to cast away

edad, ay-**dahd** s age

edición, ay-de-the-on s edition; issue

edicto, ay-**deek**-to s edict

edificar, ay-de-fe-**kar** *v* to build; to edify

edificio, ay-de-**fee**-the-o s edifice; building

editor, ay-de-**tor** s publisher; editor

edredón, ay-dray-**don** s duvet

educación, ay-doo-kah-the-**on** s education

educar, ay-doo-**kar** *v* to educate

educir, ay-doo-**theer** *v* to educe; to bring out

efectivo, ay-fek-**tee**-vo *a* effective

efecto, ay-**fek**-to s effect

efectos, ay-**fek**-tos s effects; goods

efectuar, ay-fek-too´**ar** *v* to execute; to effect

efemérides, ay-fay-**may**-re-dess s ephemeris

efervescente, ay-fer-vess-**then**-tay *a* fizzy

eficacia, ay-fe-**kah**-the-ah s efficacy

eficaz, ay-fe-**kath** *a* efficacious; effective

eficiencia, ay-fe-the-en-the-ah s efficiency

eficiente*, ay-fe-the-en-tay *a* efficient

efímero, ay-**fee**-may-ro *a* ephemeral

egoísmo, ay-go-**iss**-mo s selfishness

egregio, ay-**gray**-He-o *a* egregious; eminent

egreso, ay-**gray**-so s expense; debit

eje, ay-**Hay** s axis; axle tree

ejecución, ay-Hay-koo-the-on s execution; performance

ejecutar, ay-Hay-koo-**tar** *v*

to execute; to perform

ejecutor, ay-Hay-koo-**tor** *s* executor; executioner

ejemplar, ay-Hem-**plar** *s* exemplar; copy; pattern; *a* exemplary

ejemplificar, ay-Hem-ple-fi-**kahr** *v* illustrate

ejemplo, ay-Hem-plo *s* example; pattern

ejercer, ay-Hair-**thair** *v* to exercise; to practise

ejercicio, ay-Hair-**thee**-the-o *s* exercise; office

ejercitar, ay-Hair-the-**tar** *v* to exercise

ejército, ay-Hair-the-to *s* army

ejido, ay-H ee-do *s* common; public land

el, ell *masculine article*, the

elaborar, ay-lah-bo-**rar** *v* to elaborate

elación, ay-lah-the-on *s* elation

elástico, ay-**lahs**-te-ko *a* elastic

elección, ay-lek-the-on *s* election; choice

electo, ay-**lek**-to *s* elect; *a* chosen; elect

electricidad, ay-lek-tre-the-**dahd** *s* electricity

eléctrico, ay-**lek**-tre-ko *a* electric

electrónico, ay-lek-**tro**-ne-ko *a* electronic

elefante, ay-lay-**fahn**-tay *s* elephant

elegancia, ay-lay-**gahn**-the-ah *s* elegance; neatness

elegante, ay-lay-**gahn**-tay *a* elegant; graceful

elegible, ay-lay-H ee-blay *a* eligible

elegir, ay-lay-H eer *v* to elect; to select

elemento, ay-lay-**men**-to *s* element

elenco, ay-**len**-ko *s* catalogue; index; list

elevación, ay-lay-vah-the-on *s* elevation; height; rise

elevado, ay-lay-**vah**-do *a* elevated; exalted

elevar, ay-lay-**var** *v* to raise; to lift; to exalt

elocución, ay-lo-koo-the-on *s* elocution

elocuente, ay-lo-koo´en-tay *a* eloquent

elogiar, ay-lo-He-**ar** *v* to praise

elogio, ay-lo-**He**-o *s* eulogy; praise

elucidar, ay-loo-the-**dar** *v* to elucidate

eludir, ay-loo-**deer** *v* to elude; to avoid

ella, ell-yah *pron* she

ello, ell-yo *pron* it

emanar, ay-mah-**nar** *v* to emanate

embadurnar, em-bah-door-**nar** *v* to smear

embaimiento, em-bah´e-me-**en**-to *s* delusion; imposture

embajada, em-bah-**Hah**-dah *s* embassy

embajador, em8bah-Hah-**dor** *s* ambassador

embalaje, em-bah-**lah**-Hay *s* packing; package

embalar, em-bah-**lar** *v* to pack

embalsamar, em-bahl-sah-**mar** *v* to embalm; to perfume

embarazada, em-bah-rah-**thah**-dah *a* pregnant

embarazar, em-bah-rah-**thar** *v* to embarrass

embarazo, em-bah-**rah**-tho *s* embarrassment; pregnancy

embarazoso, em-bah-rah-**tho**-so *a* difficult; entangled; embarrassing

embarcación, em-bar-kah-the-**on** *s* embarkation; craft; ship

embarcadero, em-bar-kah-**day**-ro *s* quay; wharf

embarcar, em-bar-**kar** *v* to embark

embargador, em-bar-gah-dor *s* sequestrator

embargar, em-bar-gar *v* to sieze; to restrain

embargo, em-**bar**-go *s* embargo; sequestration

embarque, em-**bar**-kay *s* shipment

embarrancarse, em-bar-rrahn-**kar**-say *v* to run aground

embarrar, em-bar-**rrar** *v* to plaster; to debaud

embastar, em-bahs-**tar** *v* to baste; to stitch

embate, em-**bah**-tay *s* dashing of the waves

embaucar, em-bah´oo-**kar** *v* to impose upon; to trick

embeber, em-bay-**bair** *v* to imbibe; to contain

embelecar, em-bay-lay-**kar** *v* to deceive

embeleco, em-bay-**lay**-ko *s* fraud

embelesar, em-bay-ay-**sar** *v* to charm; to fascinate

embellecer, em-bay-l'yay-**thair** *v* to embellish

embellecimiento, em-bay-l'yay-the-me-**en**-to *s* adornment

embestida, em-bess-**tee**-dah *s* assault, charge

embestir, em-bess-**teer** *v*

embobado, em-bo-**bah**-do *a* spell-bound

embobar, em-bo-**bar** *v* to amuse

embobarse, em-bo-**bar**-say *v* to stand gaping

embocadura, em-bo-kah-**doo**-rah *s* mouth (river); narrow entrance; mouthpiece

embolsar, em-bol-**sar** *v* to pocket; to collect

emborrachar, em-bor-rrah-**char** *v* to intoxicate; to get drunk

emboscada, em-boss-**kah**-dah *s* ambush; hide

embotado, em-bo-**tah**-do *a* blunt; dull

embotar, em-bo-**tar** *v* to blunt

embotellamiento, em-bo-tay-l'**yah**-me-**en**-to *s* traffic jam

embotellar, em-bo-tay-l'**yar** *v* to bottle

embozo, em-**bo**-tho *s* muffler

embragar, em-brah-**gar** *v* to clutch

embravecer, em-brah-vay-**thair** *v* to irritate

embriagar, em-bre-ah-**gar** *v* to intoxicate; to enrapture

embridar, em-bre-**dar** *v* to bridle

embrocar, em-bro-**kar** *v* to decant

embrollar, em-bro-l'**yar** *v* to embroil

embrollo, em-bro-l'**yo** *s* trickery; tangle

embromado, em-bro-**mah**-do *a* misty; hazy; vexed

embromar, em-bro-**mar** *v* to wheedle; to chaff

embrujar, em-broo-**Har** *v* to bewitch

embrutecer, em-broo-tay-**thair** *v* to stupefy

embuchado, em-boo-**chah**-do *s* large pork sausage

embudo, em-**boo**-do *s* funnel

embuste, em-**booss**-tay *s* artful tale; lie

embustero, em-booss-**tay**-ro *s* liar; cheat

embutido, em-boo-**tee**-do *s* sausage; inlay

emergencia, ay-mair-*H*en-the-ah *s* emergency

emigrar, ay-me-**grar** *v* to emigrate

eminencia, ay-me-**nen**-the-ah *s* eminence

eminente*, ay-me-**nen**-tay *a* eminent

emisario, ay-me-**sah**-re-o *s*

emissary

emisora, ay-me-**so**-rah s
radio station

emisión, ay-me-se-**on** s
emission; issue

emitir, ay-me-**teer** v to
emit; to issue

emoción, ay-mo-the-**on** s
emotion

empacar, em-pah-**kar** v to
pack up

empachar, em-pah-**char** v
to stop up; to upset
(stomach); to give
indigestion to

empacho, em-**pah**-cho s
indigestion;
embarrassment

empadronar, em-pah-dro-
nar v to register tax
payers

empalagar, em-pah-lah-
gar v to cloy; to surfeit

empalagoso, em-pah-lah-
go-so a cloying;
annoying

empalar, em-pah-**lar** v to
impale

empalizada, em-pah-le-
thah-dah s palisade

empalmar, em-pahl-**mar** v
to dovetail; to couple; to
join

empalme, em-**pahl**-may s
(railway) branch-line;
junction

empanada, em-pah-**nah**-
dah s meat-pie

empañar, em-pah-n´**yar** v
to blur

empapar, em-pah-**par** v to
soak

empapelar, em-pah-pay-
lar v to wrap in paper

empaque, em-**pah**-kay s
packing; appearance

empaquetar, em-pah-kay-
tar v to pack

emparedar, em-pah-ray-
dar v to confine; to
immure

emparejar, em-pah-ray-
Har v to level; to match;
to equal

emparrado, em-par-**rrah**-
do s bower

empastar, em-pahs-**tar** v
to paste; to impaste

empatar, em-pah-**tar** v to
equal; to tie; to draw

empate, em-**pah**-tay s
equality of votes;
suspension

empedernir, em-pay-**dair**-
neer v to harden

empedrado, em-pay-**drah**-
do s stone pavement

empedrar, em-pay-**drar** v
to pave

empegar, em-pay-**gar** v to
pitch

empeine, em-**pay**´e-nay s

groin; instep; hoof

empellón, em-pay-l´**yon** s
push; heavy blow

empeñado, em-pay-n´**yah**-
do a in debt

empeñar, em-pay-n´**yar** v
to pawn; to oblige

empeño, em-pay-n´**yo** s
pledge; engagement;
determination

empeorar, em-pay-o-**rar** v
to impair; to grow worse

emperador, em-pay-rah-
dor s emperor

emperatriz, em-pay-rah-
treeth s empress

emperrarse, em-pair-**rrar**-
say v to persist
obstinately in

empezar, em-pay-**thar** v to
begin

empinar, em-pe-**nar** v to
raise; to drink much

emplastar, em-plahs-**tar** v
to plaster; to obstruct

emplazar, em-plah-**thar** v
to summon

empleado, em-play-**ah**-do
s employee

emplear, em-play-**ar** v to
employ; to invest

empleo, em-**play**-o s use;
employment;
investment

emplomador, em-plo-
mah-**dor** s plumber

emplomar, em-plo-**mar** v to plumb

empobrecer, em-po-bray-**thair** v to impoverish

empolvar, em-pol-**var** v to powder

emponzoñamiento, em-pom-tho-n´yah-me-**en**-to s poisoning

emponzoñar, em-pon-tho-n´yar v to poison

emporcar, em-por-**kar** v to soil; to foul

emporio, em-po-re-o s emporium

emprender, em-pren-**dair** v to undertake

empresa, em-pray-sah s undertaking; firm

empresario, em-pray-**sah**-re-o s manager; businessman; employer; contractor

empréstito, em-**press**-te-to s loan

empujar, em-poo-**Har** v to push; to impel

empuje, em-**poo**-Hay s impulsion; push

empujón, em-poo-**Hon** s violent shove; push

empuñar, em-poo-n´yar v to grasp; to grip with the fist

emular, ay-moo-**lar** v to emulate

émulo, ay-moo-lo s competitor; rival

emulsión, ay-mool-se-**on** s emulsion

en, en prep in; for; on; upon; at; into

enaguas, ay-nah-goo´ahs s underskirt

enajenación, ay-nah-Hay-nah-the-**on** s alienation; absence of mind; insanity

enajenar, ay-nah-Hay-**nar** v to alienate

enamorado*, ay-nah-mo-**rah**-do a in love

enamorar, ay-nah-mo-**rar** v to inspire love; to be in love

enano, ay-**nah**-no s dwarf; a dwarfish

enarbolar, ay-nar-bo-**lar** v to hoist

enardecer, ay-nar-day-**thair** v to inflame

encabezamiento, en-kah-bay-thah-me-**en**-to s heading; title; tax-roll

encabezar, en-kah-bay-**thar** v to put a heading or title; to lead

encabritarse, en-kah-bre-**tar**-say v to rear up

encadenar, en-kah-day-**nar** v to chain; to link; to shackle

encajar, en-kah-**Har** v to incase; to insert

encaje, en-**kah**-Hay s incasing; lace; inlaid work

encajonar, en-kah-**Ho**-nar v to pack in a box; to squeeze in

encandilar, en-kahn-de-**lar** v to dazzle

encantador, en-kahn-tah-**dor** s enchanter; a charming

encantar, en-kahn-**tar** v to enchant; to delight

encanto, en-**kahn**-to s enchantment; delight

encañonar, en-kah-n´yo-**nar** v to put in a tube; to plait

encapotar, en-kah-po-**tar** v to cloak; to become cloudy

encapricharse, en-kah-pre-**char**-say v to get infatuated with

encapuchar, en-kah-poo-**char** v to cover with a hood

encarado, en-kah-**rah**-do a faced; **bien; mal**—, be-en; mahl—, good looking; ill looking

encaramar, en-kah-rah-**mar** v to climb

encarar, en-kah-**rar** v to

face

encarcelación, en-kar-thay-lah-the-**on** s imprisonment

encarcelar, en-kar-thay-**lar** v to imprison

encarecer, en-kah-ray-**thair,** v to raise the price; to extol

encarecimiento, en-kah-ray-the-me-**en**-to s enhancement

encargado, de negocios, en-kar-**gah**-do day nay-go-the-os s person in charge; agent

encargar, en-kar-**gar** v to commission

encargo, en-**kar**-go s charge; commission

encariñarse, en-kah-re-n´**yar**-say v to become fond of

encarnado, en-kar-**nah**-do a incarnate; flesh-coloured

encarnecer, en-kar-nay-**thair** v to grow fat

encarnizar, en-kar-ne-**thar** v to irritate

encarrilar, en-kar-rre-**lar** v to direct; to set right

encartar, en-kar-**tar** v to proscribe; to summon

encastrar, en-kahs-**trar** v to enchase

encenagarse, en-thay-nah-**gar**-say v to wallow in mire

encender, en-then-**dair** v to kindle; to light

encendido, en-then-**dee**-do a inflamed; red

encendimiento, en-then-de-me-**en**-to s conflagration

encerado, en-thay-**rah**-do s oil-cloth; blackboard

encerrar, en-thair-**rrar** v to lock or shut up; to contain

enchufar, en-choo-**far** v to plug in

encía, en-**thee**-ah s gum (of the teeth)

encierro, en-the-**air**-rro s confinement; prison

encima, en-**thee**-mah adv above; over

encina, en-**thee**-nah s evergreen oak

enclavar, en-klah-**var** v to nail; to embed

enclavijar, en-klah-ve-**Har** v to peg

encoger, en-ko-**Hair,** to contract; to shrink

encogido*, en-ko-**Hee**-do a shrunken; contracted

encolar, en-ko-**lar** v to glue

encolerizar, en-ko-lay-re-**thar** v to anger

encomendable, en-ko-men-**dah**-blay a commendable

encomendar, en-ko-men-**dar** v to commend; to entrust

encomiar, en-ko-me-**ar** v to praise

encomienda, en-ko-me-**en**-dah s commission; patronage; pl compliments

enconar, en-ko-**nar** v to inflame; to irritate

encontrar, en-kon-**trar** v to meet; to encounter

encopetado, en-ko-pay-**tah**-do a boastful

encorvar, en-kor-**var** v to bend; to curve

encovar, en-ko-**var** v to put in a cellar; to conceal

encrespar, en-kress-**par** v to curl; to ruffle

encrucijada, en-kroo-the-**Hah**-´ah s crossway

encrudecer, en-kroo-day-**thair** v to exasperate

encuadernar, en-koo´ah-dair-**nar** v to bind books

encubierto*, en-koo-be-**air**-to a hidden

encubrir, en-koo-**breer** v to hide; to cloak

encuentro, en-koo´**en**-tro s encounter; collision

encumbrado, en-ko-m-**brah**-do a elevated; lofty

encurtidos, en-koor-tee-dos s pickles

endeble, en-**day**-blay a feeble; weak

endemoniado, en-day-mo-ne-**ah**-do a devilish

enderezado,* en-day-ray-**thah**-do a fit; appropriate

enderezar, en-day-ray-**thar** v to straighten

endiablado, en-de-ah-**blah**-do a devilish

endibia, en-dee-be-ah s endive; chicory

endiosamiento, en-de-o-sah-me-en-to s haughtiness; ecstasy

endosador, en-do-sah-**dor** s endorser

endoso, en-**do**-so s endorsement

endulzar, en-dool-**thar** v to sweeten; to soften

endurecer, en-doo-ray-**thair** v to indurate; to harden

enebro, ay-**nay**-bro s juniper

enemiga, ay-nay-**mee**-gah s enmity; ill-will

enemigo, ay-nay-**mee**-go s enemy; opponent; a enemy; hostile

enemistad, ay-nay-miss-**tahd** s enmity

energía, ay-nair-H ee-ah s energy

enérgico, ay-**nair**-He-ko a energetic

enero, ay-**nay**-ro s January

enervar, ay-nair-**var** v to enervate; to debilitate

enfadar, eh-fah-**dar** v to vex; to molest; to incense

enfado, en-**fah**-do s vexation; trouble

enfadoso, en-fah-**do**-so a troublesome; vexatious

énfasis, **en**-fah-siss s emphasis

enfermar, en-fair-**mar** v to fall ill

enfermedad, en-fair-may-**dahd** s illness

enfermo, en-**fair**-mo a ill; sick; infirm

enfilar, en-fe-**lar** v to place in a line

enflaquecer, en-flah-kay-**thair** v to weaken; to become thin

enfrenar, en-fray-**nar** v to bridle; to curb

enfrente, en-**fren**-tay adv opposite

enfriar, en-fre-**ar** v to cool

enfurecer, en-foo-ray-**thair** v to make furious

engalanar, en-gah-lah-**nar** v to adorn

engallado, en-gah-l´**yah**-do a erect; upright; haughty

enganchar, en-gahn-**char** v to hook; to ensnare; to enlist

engañabobos, en-gah-n´**yah**-bo-bos s impostor; fooltrap

engañador, en-gah-n´**yah**-dor s cheat

engañar, en-gah-n´**yar** v to cheat; to fool

engaño, en-gah-n´yo s mistake; deceit; hoax

engaste, en-**gahs**-tay s enchasing

engendrar, en-Hen-**drar** v to engender

engolfado, en-gol-**fah**-do a engrossed; absorbed

engolosinar, en-go-lo-se-**nar** v to inspire a longing for; to allure

engomar, en-go-**mar** v to gum; to size

engordar, en-gor-**dar** v to fatten; to put on weight

engorro, en-**gor**-rro s embarrassment

engranaje, en-grah-**nah**-Hay s gear; gearing

engranar, en-grah-**nar** v to gear

engrandecer, en-grahn-day-**thair** v to enlarge

engrasar, en-grah-**sar** v to grease; to lubricate

engreimiento, en-gray´e-me-**en**-to s conceit

engullir, en-goo-l´yeer v to swallow

enharinar, en-ah-re-**nar** v to cover with flour

enhestar, en-ess-**tar** v to set upright

enhilar, en-e-**lar** v to thread; to put in order

enhorabuena, en-o-rah-boo´ay-nah s congratulation

enhoramala, en-o-rah-**mah**-lah adv in an evil hour

enigmático, ay-nig-**mah**-te-ko a enigmatical

enjabonar, en-Hah-bo-**nar** v to soap

enjambrar, en-Ham-**brar** v to hive bees; to swarm

enjaular, en-Hah´oo-**lar** v to cage; to imprison

enjoyar, en-Ho-**yar** v to adorn with jewels

enjuagar, en-Hoo´ah-**gar** v to rinse

enjutar, en-Hoo-**tar** v to dry

enjuto, en-**Hoo**-to a dried; lean

enlace, en-lah-**thay** s connection; coherence; link; affinity; marriage

enladrillado, en-lah-dre-l´yah-do s brick pavement

enlazar, en-lah-**thar** v to unite; to bind; to lace

enlodar, en-lo-**dar** v to cover with mud; to stain

enloquecer, en-lo-kay-**thair** v to madden

enlucido, en-loo-**thee**-do s colour-wash

enlutar, en-loo-**tar** v to put into mourning

enmaderación, en-mah-day-rah-the-**on** s woodwork

enmarañar, en-mah-rah-n´**yar** v to entangle

enmascarar, en-mahs-kah-**rar** v to mask

enmendación, en-men-dah-the-**on** s emendation

enmendar, en-men-**dar** v to amend; to correct; to improve

enmienda, en-me-**en**-dah s amendment; reward

enmohecer, en-mo-ay-**thair** v to mold

enmudecer, en-moo-day-**thair** v to be silent

ennegrecer, en-nay-gray-**thair** v to blacken

enojadizo, ay-no-Hah-**dee**-tho a fretful; peevish

enojar, ay-no-**Har** v to anger; to tease

enojoso, ay-no-**Ho**-so a vexatious

enorme,* ay-**nor**-may a enormous

enormidad, ay-nor-me-**dahd** s enormity

enranciarse, en-rahn-the-**ar**-say v to grow rancid

enrarecer, en-rah-ray-**thair** v to rarefy

enredar, en-ray-**dar** v to entangle; to ensnare; to puzzle

enredo, en-**ray**-do s entanglement; intricacy

enrejado, en-ray-**Hah**-do s trellis; railing

enriquecer, en-re-kay-**thair** v to enrich

enriscado, en-riss-**kah**-do a craggy

enrizar, en-re-**thar** v to curl

enrojecer, en-ro-**Hay**-thair v to redden; to blush

enrollar, en-ro-l´**yar** v to roll; to wind; to coil

enronquecer, en-ron-kay-**thair** v to make hoarse

enroscar, en-ros-**kar** v to twist; to coil

ensalada, en-sah-lah-dah s salad; hodge-podge

ensaladera, en-sah-lah-day-rah s salad bowl

ensamblador, en-sahm-blah-**dor** s joiner

ensanche, en-**sahn**-chay s dilatation; widening; gore

ensañar, en-sah-n´yar v to irritate; to enrage

ensartar, en-sar-**tar** v to string; to thread

ensayar, en-sah-**yar** v to assay; to test; to rehearse

ensenada, en-say-**nah**-dah s creek

enseña, en-say-n´yah s standard; colours

enseñanza, en-say-n´**yahn**-thah s teaching

enseñar, en-say-n´yar v to teach

enseñorearse, en-say-n´yo-ray-**ar**-say v to take possession of

enseres, en-**say**-ress s chattels; implements; furniture

ensillar, en-se-l´**yar** v to saddle

ensogar, en-so-**gar** v to fasten with a rope

ensopar, en-so-**par** v to dip; to dunk

ensordecer, en-sor-day-**thair** v to deafen

ensuciar, en-soo-the-**ar** v to defile; to pollute

entablar, en-tah-**blar** v to cover with boards; to start a negotiation; to initiate

entallador, en-tah-l´**yah**dor s sculptor; engraver

entallar, en-tah-l´**yar** v to engrave

entallecer, en-tah-l´**yay**-thair v to shoot; to sprout

ente, en-tay s being; entity

entendederas, en-ten-day-**day**-rahs s (fam) understanding

entender, en-ten-**dair** v to understand; to judge

entendido, en-ten-**dee**-do a wise; learned

entendimiento, en-ten-de-me-**en**-to s understanding; knowledge

enterar, en-tay-**rar** v to inform; to instruct

entereza, en-tay-**ray**-thah s entireness; rectitude; perfection

enterizo, en-tay-**ree**-tho a entire; whole

enternecer, en-tair-nay-**thair** v to move to compassion

entero, en-**tay**-ro a entire; sound

enterramiento, en-tair-rrah-me-**en**-to s interment; burial

enterrar, en-tair-**rrar** v to inter; to bury

entibiar, en-te-be-**ar** v to make lukewarm

entidad, en-te-**dahd** s entity

entierro, en-te-**air**-rro s funeral; burial

entiznar, en-tith-**nar** v to revile; to stain

entoldar, en-tol-**dar** v to cover with awnings

entonación, en-to-nah-the-**on** s intonation

entonar, en-to-**nar** v to intone; to intonate

entonces, en-**ton**-thess adv then

entono, en-**to**-no s intonation; arrogance

entontecer, en-ton-tay-**thair** v to make foolish

entornar, en-tor-**nar** v to set ajar

entorpecer, en-tor-pay-**thair** v to stupefy; to

benumb

entrada, en-**trah**-dah *s* entrance

entrambos, en-**trahm**-bos *pron* both

entrampar, en-trahm-**par** *v* to entrap; to ensnare

entrañable, en-trahn-**yah**-blay *a* intimate; affectionate

entrañas, en-**trah**-n´yahs *s* bowels; entrails

entrar, en-**trar** *v* to enter

entre, en-tray *prep* between; among; amongst

entreabierto, en-tray-ah-be-**air**-to *a* half open; ajar

entrecejo, en-tray-**thay**-Ho *s* space between the eyebrows; frown

entreclaro, en-tray-**klah**-ro *a* dim

entrecoger, en-tray-ko-**Hair** *v* to catch; to intercept

entrecortar, en-tray-kor-**tar** *v* to cut into; to cut halfway through

entrecubiertas, en-tray-koo-be-**air**-tahs *s* between decks

entredicho, en-tray-**dee**-cho *s* interdiction

entrefino, en-tray-**fee**-no

a middling fine

entrega, en-**tray**-gah *s* delivery

entregar, en-tray-**gar** *v* to deliver; to pay

entrelazar, en-tray-lah-**thar** *v* to interlace

entremedias, en-tray-**may**-de-ahs *adv* in the meantime

entremés, en-tray-**mess** *s* interlude; side-dish

entremeter, en-tray-may-**tair** *v* to insert; — se, — say, to intrude; to meddle; to interfere

entremetido, en-tray-may-**tee**-do *s* meddler

entrepaño, en-tray-**pah**-n´yo *s* panel

entresacar, en-tray-sah-**kar** *v* to choose; to sift

entresuelo, en-tray-soo-**´ay**-lo *s* mezzanine

entretanto, en-tray-**tahn**-to *adv* meanwhile

entretela, en-tray-**tay**-lah *s* interlining

entretener, en-tray-tay-**nair** *v* to amuse

entretenido, en-tray-tay-**nee**-do *a* amusing

entretenimiento, en-tray-tay-ne-me-**en**-to *s* entertainment

entretiempo, en-tray-te-

em-po *s* spring or autumn

entrever, en-tray-**vair** *v* to have a glimpse of

entrevista, en-tray-**viss**-tah *s* interview

entristecer, en-triss-tay-**thair** *v* to sadden

entronque, en-**tron**-kay *s* connection; railway junction

entumecer, en-too-may-**thair** *v* to benumb

entupir, en-too-**peer** *v* to obstruct

enturbiar, en-toor-be-**ar** *v* to make turbid; to muddle

entusiasmar, en-too-se-ahs-**mar** *v* to enrapture

entusiasta, en-too-se-**ahs**-tah *s* addict

enumerar, ay-noo-may-**rar** *v* to enumerate

enunciar, ay-noon-the-**ar** *v* to enunciate

envanecer, en-vah-nay-**thair** *v* to make vain

envasador, en-vah-sah-**dor** *s* funnel

envase, en-**vah**-say *s* cask; container

envejecer, en-vay-Hay-**thair** *v* to make or grow old

envenenar, en-vay-nay-

nar v to poison

envés, en-**vess** s wrong side

enviado, en-ve-**ah**-do s envoy; messenger

enviar, en-ve-**ar** v to send; to remit

envidia, en-**vee**-de-ah s envy; spite

envidiar, en-ve-de-**ar** v to envy; to grudge

envilecer, en-ve-lay-**thair** v to degrade; to lower oneself

envío, en-**vee**-o s remittance; shipment

envoltura, en-vol-**too**-rah s wrapper; covering

envolver, en-vol-**vair** v to involve; to wrap up

envuelto, en-voo´**el**-to s wrapper; a wrapped

enyesar, en-yay-**sar** v to whitewash

épico, **ay**-pe-ko a epic

epidémico, ay-pe-**day**-me-ko a epidemic

epilogar, ay-pe-lo-**gar** v to sum up

episódico, ay-pe-**so**-de-ko a episodical

epístola, ay-**piss**-to-lah s epistle; letter

epíteto, ay-**pee**-tay-to s epithet

epitomar, ay-pe-to-**mar** v

to epitomize

época, **ay**-po-kah s epoch; period; time

equilibrio, ay-ke-**lee**-bre-o s equilibrium

equipaje, ay-ke-**pah**-Hay s baggage; equipment; crew

equipo, ay-**kee**-po s outfit; equipment

equivaler, ay-ke-vah-**lair** v to be equivalent

equivocación, ay-ke-vo-kah-the-**on** s mistake

equivocado, ay-ke-vo-**kah**-do a mistaken

equivocar, ay-ke-vo-**kar** v to mistake

equívoco, ay-**kee**-vo-ko s quibble; a ambiguous

era, **ay**-rah s era; period

erario, ay-**rah**-re-o s exchequer

erección, ay-rek-the-**on** s erection; foundation

erguir, air-**gheer** v to raise up straight

erigir, ay-re-H **eer** v to erect

erizado, ay-re-**thah**-do a bristly

erizo, ay-**ree**-tho s hedgehog

erosionar ay-ro-se´o-**nahr** v erode.

erótico, ay-ro-te-ko a

erotic

erradizo, air-rrah-**dee**-tho a wandering

errar, air-**rrar** v to err; to mistake; to roam

error, air-**rror** s error; mistake; fault

esbelto, ess-**bel**-to a tall; well shaped

esbozo, ess-**bo**-tho s sketch; outline

escabeche, ess-kah-**bay**-chay s souse; pickle; pickled fish

escabroso, ess-kah-**bro**-so a rough; rugged

escabullirse. ess-kah-boo-l´**yeer**-say v to slip away

escala, ess-**kah**-lah s ladder; scale

escalada, ess-kah-**lah**-dah s climb; climbing

escaldar, ess-kahl-**dar** v to scald

escalera, ess-kah-**lay**-rah s staircase; ladder

escalfador, ess-kahl-**fah**-dor s chafing-dish

escalfar, ess-kahl-**far** v to boil eggs; to poach

escalón, ess-kah-**lon** s step; grade

escama, ess-**kah**-mah s scale (of fishes)

escamotear, ess-kah-mo-tay-**ar** v to snatch away;

to whisk away

escándalo, ess-*kahn*-dah-lo s scandal

escaño, ess-*kah*-n´yo s bench; seat

escapada, ess-kah-*pah*-dah s flight; escapade

escapar, ess-kah-*par* v to escape; to flee

escaparate, ess-kah-pah-*rah*-tay s glass-case; shop-window

escape, ess-*kah*-pay s escape; evasion

escapulario, ess-kah-poo-*lah*-re-o s scapulary

escaramuza, ess-kah-rah-*moo*-thah s skirmish

escarapela, ess-kah-rah-*pay*-lah s cockade

escarcha, ess-*kar*-chah s white frost

escardar, ess-kar-*dar* v to weed

escarlata, ess-kar-*lah*-tah s scarlet colour

escarlatina, ess-kar-lah-*tee*-nah s scarlet fever

escarmentar, ess-kar-men-*tar* v to learn one's lesson

escarnecer, ess-kar-nay-*thair* v to scoff; to ridicule

escarnio, ess-*kar*-ne-o s scoff; jeer

escarola, ess-kah-*ro*-lah s endive

escarpado, ess-kar-*pah*-do a steep; craggy

escaso*, ess-*kah*-so a short; scarce; scanty

escatimar, ess-kah-te-*mah* v to curtail

escena, ess-*thay*-nah s stage; scene; sight

escéptico, ess-*thep*-te-ko a sceptical

esclarecer, ess-klah-ray-*thair* v to lighten; to illustrate

esclarecido, ess-klah-ray-*thee*-do a illustrious

esclavina, ess-klah-*vee*-nah s pilgrim's cloak

esclavitud, ess-klah-ve-*tood* s slavery

esclavo, ess-*klah*-vo s slave

esclusa, ess-*kloo*-sah s lock; sluice

escoba, ess-*ko*-bah s broom; brush

escobilla, ess-ko-*bee*-l´yah s brush (toilet)

escocer, ess-ko-*thair* v to cause or feel a sharp pain; to smart

escocés ess-ko-*thays* a Scottish.

Escocia, ess-ko-*the*´ah s Scotland

escofina, ess-ko-*fee*-nah s rasp

escoger, ess-ko-*Hair* v to select; to pick out

escogimiento, ess-ko-*He*-me-en-to s selection

escolar, ess-ko-*lar* s scholar; student

escolta, ess-*kol*-tah s escort; guard

escollera, ess-ko-l´*yay*-rah s breakwater; jetty

escombro, ess-*kom*-bro s rubbish

esconder, ess-kon-*dair* v to conceal

escondite, ess-kon-*dee*-tay s concealment; hiding place

escopeta, ess-ko-*pay*-tah s shotgun

escoplear, ess-ko-play-*ar* v to chisel

escoplo, ess-ko-*plo* s chisel

escorbuto, ess-kor-*boo*-to s scurvy

escoria, ess-ko-*re*-ah s dross; scoria; worthless thing

escoriar, ess-ko-re-*ar* v (see **excoriar**)

escorpión, ess-kor-pe-*on* s scorpion

escotar, ess-ko-*tar* v to cut out; to contribute

escote, ess-**ko**-tay s low necked dress; tucker; share; quota; scot

escotilla, ess-ko-tee-l´yah s hatchway

escozor, ess-ko-**thor** s burning pain; smart

escribanía, ess-kre-bih-nee-ah s notary's office; writing-desk

escribano, ess-kre-**bah**-no s notary; court clerk

escribiente, ess-kre-be-en-tay s clerk

escribir, ess-kre-**beer** v to write

escrito, ess-**kree**-to s writing; literary composition

escritor, ess-kre-**tor** s writer; author

escritorio, ess-kre-to-re-o s writing-desk; office

escritura, ess-kre-too-rah s writing; deed

escrúpulo, ess-**kroo**-poo-lo s doubt; scruple

escrutar, ess-kroo-**tar** v to scrutinize

escucha, ess-**koo**-chah s listening

escuchar, ess-koo-**char** v to listen; to heed

escudar, ess-koo-**dar** v to shield

escudo, ess-**koo**-do s shield; coat of arms; coin

escuela, ess-koo´**ay**-lah s school

escueto, ess-koo´**ay**-to a bare; clean

esculpir, ess-kool-**peer** v to sculpture

escultura, ess-kool-too-rah s sculpture

escupidera, ess-koo-pe-**day**-rah s spittoon

escupir, v ess-koo-**peer**, to spit

escurrir, ess-koor-**rreer** v to drain; to wring

ese, esa, ay-say, ay-sah demonstr & adj that

ése, ésa, ay-say, ay-sah pron that

esencia, ay-**sen**-the-ah s essence

esfera, ess-**fay**-rah s sphere

esfinge, ess-**fin**-Hay s sphinx

esforzado, ess-for-**thah**-do a strong; valiant

esforzar, ess-for-**thar** v to strengthen; —se, — say, to make efforts

esfuerzo, ess-foo´**air**-tho s courage; effort

esgrima, ess-**gree**-mah s fencing

esgrimir, ess-gre-**meer** v to fence

eslabón, ess-lah-**bon** s link of a chain; steel for striking fire

esmalte, ess-**mahl**-tay s enamel; nail-varnish

esmerado, ess-may-**rah**-do a highly finished

esmeril, ess-may-**reel** s emery

esmero, ess-**may**-ro s careful attention

eso, ay-so pron that

espaciar, ess-pah-the-**ar** v to extend; to spread; to space

espacio, ess-**pah**-the-o s space; distance; slowness

espada, ess-**pah**-dah s sword

espalda, ess-**pahl**-dah s back; shoulders

espaldar, ess-pahl-**dar** s back of a seat; espalier

espaldilla, ess-pahl-deel-l´yah s shoulder-blade

espantadizo, ess-pahn-tah-**dee**-tho a timid; shy

espantajo, ess-pahn-**tah**-Ho s scarecrow

espantar, ess-pahn-**tar** v to frighten; to terrify

espantoso, ess-pahn-**to**-so a frightful; dreadful

español, ess-pah-n´yol a Spanish; s Spaniard

esparadrapo, ess-pah-rah-

drah-po s court-plaster; sticking plaster

esparcido, ess-par-**thee**-do a scattered

esparcir, ess-par-**theer** v to scatter; to spread abroad

espárrago, ess-**par**-rrah-go s asparagus

esparto, ess-**par**-to s esparto grass

espasmo, ess-**pahs**-mo s spasm

espátula, ess-**pah**-too-lah s spatula

especia, ess-**pay**-the-ah s spice

especial, ess-pay-the-**ahl** a special

especie, ess-**pay**-the-ay s kind; sort

especiero, ess-pay-the-**ay**-ro s grocer

especificar, ess-pay-the-fe-**kar** v to specify

específico, ess-pay-**the**-fe-ko s specific

espectáculo, ess-pek-**tah**-koo-lo s spectacle; show

espectador, ess-pek-tah-**dor** s spectator

espectro, ess-**pek**-tro s spectre; spectrum

especular, ess-pay-koo-**lar** v to speculate

espéculo, ess-**pay**-koo-lo s speculum

espejo, ess-**pay**-Ho s looking-glass; mirror

espera, ess-**pay**-rah s expectation; wait; respite

esperanza, ess-pay-**rahn**-thah s hope

esperar, ess-pay-**rar** v to hope; to wait for

espesar, ess-pay-**sar** v to thicken

espeso, ess-**pay**-so a thick; dense

espía, ess-**pee**-ah s spy

espiga, ess-**pee**-gah s ear of corn

espigar, ess-pe-**gar** v to glean

espina, ess-**pee**-nah s thorn; fish-bone; spine

espinaca, ess-pe-**nah**-kah s spinach

espinar, ess-pe-**nar** v to prick with thorns

espinazo, ess-pe-**nah**-tho s back-bone

espino, ess-**pee**-no s hawthorn

espinoso, ess-pe-**no**-so a thorny; arduous

espionaje, ess-pe´o-**nah**-Hay s espionage

espiral, ess-pe-**rahl** a spiral

espirar, ess-pe-**rar** v to expire

espíritu, ess-**pee**-re-too s

spirit; soul; genius; ardour; courage; life; alcohol

espiritual, ess-pe-re-too-**ahl** a spiritual; ghostly

espirituoso, ess-pe-re-too´o-so a spirituous; spirited

esplendidez, ess-plen-de-**deth** s splendour

espléndido, ess-**plen**-de-do a splendid

esplendor, ess-plen-**dor** s splendour

espliego, ess-ple-**ay**-go s lavender

espolón, ess-po-**lon** s cock's spur

esponja, ess-**pon**-Hah s sponge

esponjar, ess-pon-**Har** v to sponge

esponsales, ess-pon-**sah**-less s betrothal

espontáneo*, ess-pon-tah-nay-o a spontaneous

esposa, ess-**po**-sah s wife; pl handcuffs

esposo, ess-**po**-so s husband

espuela, ess-poo´**ay**-lah s spur; stimulus

espuerta, ess-poo´**air**-tah s basket; frail

espuma, ess-**poo**-mah s froth; lather; foam; scum

espumar, ess-poo-**mar** *v* to skim; to scum; to foam

espumoso, ess-poo-**mo**-so *a* frothy; foamy; sparkling

espurio, ess-**poo**-re-o *a* spurious

esputo, ess-**poo**-to *s* spittle; sputum

esquela, ess-**kay**-lah *s* billet; note

esqueleto, ess-kay-**lay**-to *s* skeleton

esquema, ess-**kay**-mah *s* scheme; plan

esquí, ess-**kee** *s* ski; skiing

esquiar, ess-kee-**ahr** *v* ski

esquilar, ess-ke-**lar** *v* to shear; to clip; to fleece

esquilmar, ess-kil-**mar** *v* to harvest; to impoverish

esquina, ess-**kee**-nah *s* corner; angle

esquivar, ess-ke-**var** *v* to shun; to avoid; to elude

esquivo, ess-**kee**-vo *a* elusive; shy; reserved

estabilidad, ess-tah-be-le-**dahd** *s* stability

estable*, ess-**tah**-blay *a* stable

establecer, ess-tah-blay-**thair** *v* to establish

establecido, ess-tah-blay-**thee**-do *a* established in business

establo, ess-**tah**-blo *s* stable

estaca, ess-**tah**-kah *s* stake; stick; cudgel

estacada, ess-tah-**kah**-dah *s* palisade; fence

estacazo, ess-tah-**kah**-tho *s* blow with a stake

estación, ess-tah-the-**on** *s* condition; season; time; station

estacionarse, ess-tah-the-o-**nar**-say *v* to remain stationary

estadio, ess-**tah**-de-o *s* stadium

estadista, ess-tah-**diss**-tah *s* statesman

estadístico, ess-tah-**diss**-te-ko *a* statistical

estadizo, ess-tah-**dee**-tho *a* stagnant

estado, ess-**tah**-do *s* state; condition; rank

estafa, ess-**tah**-fah *s* swindle; theft

estafador, ess-tah-fah-**dor** *s* swindler

estafar, ess-tah-**far** *v* to swindle

estafeta, ess-tah-**fay**-tah *s* post-office branch

estallar, ess-tah-l'**yar** *v* to burst; to explode

estallido, ess-tah-l'**yee**-do *s* crack; explosion

estambre, ess-**tahm**-bray *s* worsted; stamen

estameña, ess-tah-**may**-n'yah *s* serge

estampa, ess-**tahm**-pah *s* print; stamp; pattern

estampar, ess-tahm-**par** *v* to print; to stamp

estampido, ess-tahm-**pee**-do *s* report; boom; crash

estampilla, ess-tahm-**pee**-l'yah *s* rubber stamp; signet

estancar, ess-tahn-**kar** *v* to stem; to be stagnant

estancia, ess-**tahn**-the-ah *s* stay; dwelling

estanco, ess-**tahn**-ko *s* tobacconist's

estandarte, ess-tahn-**dar**-tay *s* banner; standard

estanque, ess-**tahn**-kay *s* pond; reservoir

estante, ess-**tahn**-tay *s* stand; shelf

estaño, ess-**tah**-n'yo *s* tin

estar, ess-**tar** *v* to be; to be in a place, state or condition

estatua, ess-**tah**-too-ah *s* statue

estatuto, ess-tah-**too**-to *s* statute; law

este, ess-**tay** *s* east

este, esta, estos, estas, ess-tay, ess-tah, ess-tos,

ess-tahs, *demonstr adj* this; these

éste, ésta, ess-tay, ess-tah *pron* this

estela, ess-**tay**-lah *s* track of a ship

estera, ess-**tay**-rah *s* mat

estercolar, ess-tair-ko-**lar** *v* to dung; to manure

estereofónico, ess-tair-re´o-**fo**-ne-ko *a* stereophonic

estéril, ess-**tay**-ril *a* barren; fruitless

esterlina, ess-tair-**lee**-nah *s* pound sterling

esternón, ess-tair-**non** *s* sternum

estero, ess-**tay**-ro *s* estuary; matting

estertor, ess-tair-**tor** *s* death rattle

estética, ess-**tay**-te-kah *s* aesthetics

estiaje, ess-te-ah-**Hay** *s* low-water mark

estibador, ess-te-bah-**dor** *s* stevedore; longshoreman

estiércol, ess-te-**air**-kol *s* dung; manure

estigma, ess-**tig**-mah *s* stigma

estilar, ess-te-**lar** *v* to use; to be accustomed

estilo, ess-**tee**-lo *s* style; custom

estilográfica, ess-te-lo-**grah**-fe-kah *s* fountain pen

estimar, ess-te-**mar** *v* to estimate; to esteem; to judge

estímulo, ess-**tee**-moo-lo *s* stimulus

estío, ess-**tee**-o *s* summer

estipendio, ess-te-**pen**-de-o *s* stipend

estipular, ess-te-poo-**lar** *v* to stipulate

estirar, ess-te-**rar** *v* to stretch; to pull

estirón, ess-te-**ron** *s* pulling; stretching

estirpe, ess-**teer**-pay *s* race; origin

esto, ess-to *pron* this

estocada, ess-to-**kah**-dah *s* stab; thrust

estofa, ess-**to**-fah *s* quilted stuff; quality

estofado, ess-to-**fah**-do *s* stew; *a* ornamented; stewed

estofar, ess-to-**far** *v* to quilt; to stew

estoico, ess-**to**-e-ko *a* stoic

estólido, ess-**to**-le-do *a* stupid

estómago, ess-to-**mah**-go *s* stomach

estoque, ess-to-**kay** *s* rapier

estorbo, ess-**tor**-bo *s* impediment; obstruction

estornino, ess-tor-**nee**-no *s* starling

estornudar, ess-tor-noo-**dar** *v* to sneeze

estrada, ess-**trah**-dah *s* causeway

estrado, ess-**trah**-do *s* drawing-room; dais

estrambótico, ess-trahm-**bo**-te-ko *a* eccentric; queer

estrangular, ess-trahn-goo-**lar** *v* to strangle

estraperlo, ess-trah-**payr**-lo *s* black market

estratégico, ess-trah-**tay**-He-ko *a* strategical

estrato, ess-**trah**-to *s* stratum; layer

estraza, ess-**trah**-thah *s* rag

estrechar, ess-tray-**char** *v* to tighten; to contract; to compress; to taken

estrecho*, ess-**tray**-cho *s* straight; *a* narrow; close; tight; intimate; penurious

estragadura, ess-tray-gah-**doo**-rah *s* friction

estrategia, ess-trah-**tay**-He-ah *s* strategy

estregar, ess-tray-**gar** *v* to rub; to scratch

estrella, ess-**tray**-l´yah s
star

estrellado, ess-**tray**-l´yah-
do a starry

estrellar, ess-**tray**-l´yar v
to shatter

estremecer, ess-tray-may-
thair v to shake; to
tremble; to shudder

estrenar, ess-tray-**nar** v to
make one's debut; to
inaugurate

estreno, ess-**tray**-no s first
use; first performance

estreñido, ess-tray-n´yee-
do a constipated

estreñir, ess-tray-n´yeer v
to constipate

estrépito, ess-**tray**-pe-to s
din; clangour; crash

estribar, ess-tre-**bar** v to
rest upon

estribillo, ess-tre-bee-l´yo
s refrain of a song

estribo, ess-**tree**-bo s
stirrup; buttress

estricto*, ess-**treek**-to a
strict; accurate; severe

estropear, ess-tro-pay-**ar** v
to maim; to cripple

estructura, ess-trook-**too**-
rah s structure

estruendo, ess-troo´**en**-do
s clamour; turmoil

estrujar, ess-troo-**Har** v to
press; to squeeze

estuario, ess-too-**ah**-re-o s
estuary; inlet

estuco, ess-**too**-ko s stucco

estuche, ess-**too**-chay s
case (for jewellery,
scissors, etc)

estudiante, ess-too-de-
ahn-tay s student

estudiar, ess-too-de-**ar** v to
study

estudio, ess-**too**-de-o s
study; library; studio

estudioso, ess-too-de-o-**so**
a studious

estufa, ess-**too**-fah s stove;
heater

estupefacto, ess-too-pay-
fahk-to a stupefied

estupendo, ess-too-**pen**-do
a stupendous

estupidez, ess-too-pe-**deth**
s stupidity

estúpido, ess-**too**-pe-do a
stupid

estupor, ess-too-**por** s
stupor; amazement

esturión, ess-toore-**on** s
sturgeon

etapa, ay-**tah**-pah s
station; stop

éter, ay-**tair** s ether

eternizar, ay-tair-ne-**thar**
v to perpetuate

eterno, ay-**tair**-no a
eternal

ética, ay-te-kah s ethics

ético, ay-te-ko a ethical

etiqueta, ay-te-**kay**-tah s
etiquette; label

étnico, ayt-ne-ko s ethnic

etnólogo, et-no-lo-go s
ethnologist

eucalipto, ay´oo-kah-**leep**-
to s eucalyptus

eucaristía, ay´oo-kah-riss-
tee-ah s Eucharist

eufónico, ay´oo-**fo**-ne-ko
a euphonic

Europa, ay´oo-**ro**-pah s
Europe

evacuar, ay-vah-koo´**ar** v
to evacuate

evadir, ay-vah-**deer** v to
evade

evaluación, ay-vah-
loo´ah-the-**on** s
valuation

evaluar, ay-vah-loo´**ar** v
to estimate

evaporar, ay-vah-po-**rar** v
to evaporate

evasión, ay-vah-se-**on** s
evasion; subterfuge

evento, ay-**ven**-to s event

evidente, ay-ve-**den**-tay a
evident

evitable, ay-ve-**tah**-blay a
avoidable

evitar, ay-ve-**tar** v to avoid

evocar, ay-vo-**kar** v to
evoke

evolución, ay-vo-loo-the-on *s* evolution

exacción, ek-sahk-the-**on** *s* exaction

exacerbar, ek-sah-thair-**bar** *v* to exasperate

exactitud, ek-sahk-te-**tood** *s* exactness; accuracy

exacto*, ek-**sahk**-to *a* exact; punctual

exagerar, ek-sah-*Hay*-rar *v* to exaggerate

exaltar, ek-sahl-**tar** *v* to exalt; to extol

examen, ek-**sah**-men *s* examination

examinador, ek-sah-me-nah-**dor** *s* examiner

examinando, ek-sah-me-**nahn**-do *s* candidate

exangüe, ek-**sahn**-goo´ay *a* bloodless; anaemic

exánime, ek-**sah**-ne-may *a* spiritless; weak; lifeless

exasperar, ek-sahs-pay-**rar** *v* to exasperate

excavar, eks-kah-**var** *v* to excavate

excedente, eks-thay-**den**-tay *s* excess; *a* excessive; exceeding

exceder, eks-thay-**dair** *v* to exceed; to excel

excelente*, eks-thay-**len**-tay *a* excellent

excelsitud, eks-thel-se-**tood** *s* loftiness

excelso, eks-**thel**-so *a* sublime; elevated; lofty

excéntrico, eks-**then**-tre-ko *a* eccentric

excepción, eks-thep-the-**on** *s* exception

excepto, eks-**thep**-to *adv* except that; excepting

exceptuar, eks-the--too´**ar** *v* to except; to exempt

excesivo, eks-thay-**see**-vo *a* excessive

exceso, eks-**thay**-so *s* excess

excitar, eks-the-**tar** *v* to excite

exclamar, eks-klah-**mar** *v* to exclaim

excluir, eks-kloo´**eer** *v* to exclude

excomulgar, eks-ko-mool´**gar** *v* to excommunicate; to ban

excoriar, eks-ko-re-**ar** *v* to flay; to excoriate

excreción, eks-kray-the-**on** *s* excretion

excremento, eks-kray-**men**-to *s* excrement

excursión, eks-koor-se-**on** *s* excursion

excusa, eks-**koo**-sah *s* excuse

excusar, eks-koo-**sar** *v* to excuse

exento, ek-**sen**-to *a* exempt; free

exequias, ek-**say**-ke-ahs *s* obsequies

exhalar, ek-sah-**lar** *v* to exhale

exhausto, ek-sah´**ooss**-to *a* exhausted

exhibir, ek-se-**beer** *v* to exhibit

exhortar, ek-sor-**tar** *v* to exhort

exhumar, ek-soo-**mar** *v* to remove; to expose; to exhume

exigente, ek-se-*H* en-tay *a* exacting; demanding

exigible, ek-se-*H* ee-blay *a* demandable

exigir, ek-se-*H* eer *v* to demand; to exact

exigüidad, ek-se-goo´e-**dahd** *s* exiguity

exiguo, ek-see-goo´o *a* exiguous; meagre

eximio, ek-see-me-o *a* very eminent

eximir, ek-se-**meer** *v* to exempt

existencia, ek-siss-ten-the-ah *s* existence; *pl* stock

existente, ek-siss-ten-tay *a* existing

existir, ek-siss-teer *v* to exist

éxito, ek-se-to *s* issue;

result; end; success

exonerar, ek-so-nay-**rar** v to exonerate

exorbitante, ek-sor-be-**tahn**-tay a exorbitant

exótico, ek-so-te-ko a exotic

expansión, iks-pahn-se-on s expansion

expatriarse, eks-pah-tre-ar-say v to emigrate

expectativa, eks-pek-tah-tee-vah s expectancy; hope

expectorar, eks-pek-to-**rar** v to expectorate

expedición, eks-pay-de-the-on s expedition; dispatch

expedidor, eks-pay-de-**dor** s sender; shipper; agent

expediente, eks-pay-de-en-tay s (law) proceedings; expedient; resource; provision; pretext; file

expedir, eks-pay-**deer** v to expedite

expedito, eks-pay-dee-to a expeditious; prompt

expeler, eks-pay-**lair** v to expel

expendeduría, eks-pen-day-doo-**ree**-ah s retail shop; tobacconist's

expensas, eks-**pen**-sahs s

expenses; costs

experiencia, eks-pay-re-en-the-ah s experience; trial

experimento, eks-pay-re-men-to s experiment

experto, eks-**pair**-to a expert

expiación, eks-pe-ah-the-on s expiation

expirar, eks-pe-**rar** v to expire; to die

explanación, eks-plah-nah-the-on s explanation; levelling

explanar, eks-plah-**nar** v to explain; to level

explayar, eks-plah-**yar** v to extend; to dilate

explicar, eks-ple-**kar** v to explain

explícito*, eks-**plee**-the-to a explicit

explorar, eks-plo-**rar** v to explore

explosión, eks-plo-se-**on** s explosion

explosivo eks-plo-se-vo s & a explosive.

explotar, eks-plo-**tar** v to work (mines); to exploit

expoliar, eks-po-le-**ar** v to sack; to pillage

exponer, eks-po-**nair** v to expose; to expound; to show

exportar, eks-por-**tar** v to export

expósito, eks-po-se-to s foundling

expresar, eks-pray-**sar** v to express

expreso, eks-**pray**-so s express train a express

exprimir, eks-pre-**meer** v to squeeze out

ex-profeso, eks-pro-**fay**-so adv on purpose

expulsar, eks-pool-**sar** v to expel

expurgar, eks-poor-**gar** v to expurgate

exquisito, eks-ke-see-to a exquisite

éxtasis, eks-tah-siss s ecstasy

extender, eks-ten-**dair** v to extend; to expand; to enlarge

extenso, eks-**ten**-so a extensive

extenuar, eks-tay-noo-**ar** v to weaken; to exhaust

exterior, eks-tay-re-or s & a exterior; external

exterminio, eks-tair-mee-ne-o s extermination; expulsion

externo, eks-**tair**-no a external; outward; foreign

extinguir, eks-tin-**gheer** v

to extinguish

extintor, eks-tin-**tor** s fire
extinguisher

extirpar, eks-teer-**par** v to
extirpate; to remove

extra, **eks**-trah a extra; s
bonus; special edition

extracción, eks-trahk-the-
on s extraction

extractar, eks-trahk-**tar** v
to extract; to summarize

extracto, eks-**trahk**-to s
extract; bank statement

extraer, eks-trah-**air** v to
extract; to remove

extranjero, eks-trahn-
Hay-ro s foreigner;
stranger; a foreign

extrañar, eks-trah-n´**yar** v
to alienate; to wonder

extrañeza, eks-trah-n´**yay**-
thah s oddity;
wonderment;
enstrangement

extraño, eks-**trah**-n´yo a
strange; foreign; rare

extraviado, eks-trah-ve-
ah-do a mislaid; missing

extraviar, eks-trah-ve-**ar** v
to mislead

extremado, eks-tray-**mah**-
do a extreme

extremar, eks-tray-**mar** v
to carry to ar extreme

extremaunción, eks-tray-
mah´oon-the-**on** s

extreme unction

extremo, eks-**tray**-mo a
extreme; last; end

extremoso, eks-tray-**mo**-so
a extreme; effusive

extrínseco, eks-**treen**-say-
ko a extrinsic

extrovertido, eks-tro-vayr-
te-do s & a extrovert;
outgoing

fábrica, fah-bre-kah s factory

fabricante, fah-bre-kahn-tay s manufacturer

fabriquero, fah-bre-kay-ro s manufacturer; churchwarden; artisan

fábula, fah-boo-lah s fable; story

fabuloso, fah-boo-lo-so a fabulous

facción, fahk-the-on s faction; feature

fácil, fah-thil a easy; facile

facilidades, fah-the-le-thah-dess s facilities

facilitar, fah-the-le-tar v to facilitate

facineroso, fah-the-nay-ro-so a extremely wicked

factible, fahk-tee-blay a feasible

factor, fahk-tor s factor

factoría, fahk-to-ree-ah s factory

factura, fahk-too-rah s invoice

facturar, fahk-too-rar v to invoice

facultad, fah-kool-tahd s faculty

facultar, fah-kool-tar v to empower; to authorize

facultativo, fah-kool-tah-tee-vo s practitioner; a optional

facundo, fah-koon-do a eloquent; fluent

facha, fah-chah s appearance; look

fachada, fah-chah-dah s façade; frontage

fachenda, fah-chen-dah s conceit

faena, fah-ay-na s work; chore; task

faisán, fah´e-sahn s pheasant

faja, fah-Hah s band; sash; girdle

fajo, fah-Ho s bundle

falacia, fah-lah-the-ah s fallacy

falange, fah-lahn-Hay s phalanx

falaz, fah-lahth a deceitful

falda, fahl-dah s skirt; lap; slope

faldellín, fahl-day-l´yeen s underskirt

faldón, fahl-don s long flowing skirt

falible, fah-lee-blay a fallible

falsario, fahl-sah-re-o s forger

falsear, fahl-say-ar v to falsify; to forge

falsedad, fahl-say-dahd s falsehood; dishonesty

falsete, fahl-say-tay s spigot; falsetto voice

falso*, fahl-so a false; counterfeit

falta, fahl-tah s fault; offence; want; lack

faltar, fahl-tar v to be wanting; to fail; to need

faltriquera, fahl-tre-kay-

rah s pocket

fallar, fah-l´**yar** v to give sentence; to miss; to fail

fallecer, fahl-´yay-**thair** v to die

fallecimiento, fah-l´yay-the-me-**en**-to s death

fallido, fah-l´**yee**-do a frustrated; bankrupt

fallo, fah-l´yo s verdict; defect

fama, fah-mah s fame; name; glory

familia, fah-**mee**-le-ah s family

familiar, fah-me-le-**ar** s relative; a familiar; domestic

famoso, fah-**mo**-so a famous

fanal, fah-**nahl** s lighthouse; lantern

fanatismo, fah-nah-**tiss**-mo s fanaticism

fandango, fahn-**dahn**-go s fandango, Spanish dance

fanfarrón, fahn-far-**rron** s braggart

fangal, fahn-**gahl** s slough; quagmire

fango, fahn-go s mire; mud

fantasía, fahn-tah-**see**-ah s fantasy

fardel, far-**del** s bag;

knapsack

fardo, far-do s bale of goods; parcel

farfullar, far-foo-l´**yar** v to jabber

faringe, fah-**reen**-Hay s pharynx

farmacéutico, far-mah-**thay**´oo-te-ko s chemist; druggist

farmacia, far-mah-**the**-ah s pharmacy

faro, fah-ro s lighthouse

farol, fah-**rol** s lantern

farolear, fah-ro-lay-**ar** v to strut

farsa, far-sah s farce; company of players

farsante, far-**sahn**-tay s actor; player; humbug

fas (por —o por nefas), fahs (por — o por **nay**-fahs) adv justly or unjustly

fascinar, fahs-the-**nar** v to fascinate

fase, fah-**say** s phase

fastidiar, fahs-te-de-**ar** v to excite disgust; to bore

fastidio, fahs-**tee**-de-o s disgust; loathing

fastidioso, fahs-te-de-o-**so** a squeamish

fastuoso, fahs-too-´o-so a ostentatious

fatalidad, fah-tah-le-**dahd**

s fatality; ill-fortune

fatídico, fah-**tee**-de-ko a ominous; prophetic

fatiga, fah-**tee**-gah s fatigue; weariness

fatigar, fah-te-**gar** v to tire

fatigoso, fah-te-**go**-so a tiresome

fatuidad, fah-too´e-**dahd** s fatuity

fatuo, fah-too´o a fatuous

fauces, fah´oo-thess s fauces; gullet

fausto, fah´ooss-to s splendour; pomp; a happy; fortunate

fautor, fah´oo-**tor** s abetter; favourer

favor, fah-**vor** s favour

favorable*, fah-vo-**rah**-blay s favourable

favorecer, fah-vo-ray-**thair** v to favour; to protect

favorito, fah-vo-**ree**-to s & a favourite

fax, fahks s fax

faz, fath s face; aspect

fe, fay s faith; certificate

fealdad, fay-ahl-**dahd** s ugliness

febrero, fay-**bray**-ro s February

febril, fay-**breel** a feverish

fecal, fay-**kahl** a feculent; faecal

fecundar, fay-koon-**dar** v
to fecundate; to fertilize

fecundo, fay-**koon**-do a
fruitful; prolific

fecha, fay-chah s date

fechar, fay-**char** v to date

fechoría, fay-cho-**ree**-ah s
misdeed

felicidad, fay-le-the-**dahd**
s happiness

felicitar, fay-le-the-**tar** v
to congratulate

feligrés, fay-le-**gress** s
parishioner

feliz, fay-**leeth** a happy;
fortunate

felonía, fay-lo-**nee**-ah s
felony; treachery

felpudo, fel-**poo**-do s
doormat; a shaggy

femenino, fay-may-**nee**-no
a feminine

fenecer, fay-nay-**thair** v to
finish; to die

fenecimiento, fay-nay-
the-me-**en**-to s end;
close

fenómeno, fay-**no**-may-no
s phenomenon

feo*, **fay**-o a ugly;
deformed

feracidad, fay-rah-the-
dahd s fertility

feraz, fay-**rath** a fertile

féretro, fay-ray-tro s bier;
coffin; hearse

feria, fay-re-ah s fair

feriar, fay-re-**ar** v to buy;
to sell; to barter

fermento, fair-**men**-to s
leaven

ferocidad, fay-ro-the-**dahd**
s ferocity

feroz, fay-**roth** a ferocious

ferrería, fair-rray-**ree**-ah s
foundry

ferretería, fair-rray-tay-
ree-ah s hardware shop

ferrocarril, fair-rro-kar-
rreel s railway

fértil, fair-til a fertile

ferviente, fair-ve-en-tay a
fervent

fervor, fair-**vor** s fervour;
ardour

festejar, fess-tay-**Har** v to
feast; to woo

festejo, fess-**tay**-Ho s feast;
courtship

festín, fess-**teen** s feast;
banquet

festivo*, fess-tee-vo a
festive; merry

festón, fess-**ton** s festoon;
wreath

fétido, fay-te-do a fetid

feudo, fay'oo-do s feud

fiado, (al), ahl fe'**ah**-do
adv on credit

fiador, fe'ah-**dor** s surety;
bail

fiambre, fe'**ahm**-bray a
cold meat

fianza, fe'**ahn**-thah s
security; bail

fiar, fe'**ar** v to guarantee;
to bail; to give credit; to
entrust

fibra, fee-brah s fibre

ficción, fik-the-on s
fiction; tale

ficticio, fik-**tee**-the-o a
fictitious

ficha, fee-chah s marker;
index card

fidedigno, fe-day-**dig**-no a
trustworthy

fideicomisario, fe-day'e-
ko-me-**sah**-re-o s trustee

fideicomiso, fe-day'e-ko-
mee-so s trust

fidelidad, fe-day-le-**dahd** s
fidelity

fideos, fe-**day**-os s
vermicelli

fiebre, fe'**ay**-bray s fever

fiel, fe'**ell** a faithful

fieltro, fe'**ell**-tro s felt

fiera, fe'**ay**-rah s wild
beast

fiereza, fe'ay-**ray**-thah s
fierceness; cruelty

fiero*, fe'**ay**-ro a fierce;
ferocious; cruel

fiesta, fe'**ess**-tah s feast;
holiday

figura, fe-**goo**-rah s figure;
shape; face; picture

figurar, fe-goo-**rar** v to shape; to figure; to sketch

figurilla, fe-goo-ree-l´yah s figurine

figurón, fe-goo-**ron** s pretentious nobody

fija, fee-Hah s hinge

fijar, fe-**Har** v to fix; to fasten

fijeza, fe-**Hay**-thah s firmness; fixedness

fijo*, fee-Ho a firm; fixed; secure; settled

fila, fee-lah s row; line; tier; rank

filamento, fe-lah-**men**-to s filament; fibre

filatura, fe-lah-too-rah s spinning

filete, fe-**lay**-tay s fillet; steak

filetear, fe-lay-tay-**ar** v to fillet

filiación, fe-le´ah-the-on s filiation; register

filigrana, fe-le-**grah**-nah s filigree

filo, fee-lo s cutting edge

filón, fe-**lon** s vein; lode

filosofía, fe-lo-so-fee-ah s philosophy

filtrador, fil-trah-**dor** s filter

filtro, feel-tro s filter

fin, feen s end; conclusion

finado, fe-nah-do a defunct; deceased

final*, fe-**nahl** a final

finalmente, fe-**nahl**-men-tay adv finally

finca, feen-kah s real estate

fineza, fe-**nay**-thah s fineness; delicacy

fingidor, fin-He-dor s dissembler; feigner

fingimiento, fin-He-me-en-to s simulation

fingir, fin-**Heer** v to feign; to dissemble

finiquito, fe-ne-kee-to s close of an account; settlement

finito, fe-nee-to a finite

fino*, fee-no a fine; pure; delicate; acute; sagacious

finura, fe-noo-rah s fineness; purity; delicacy

firma, feer-mah s signature

firmar, feer-**mar** v to sign

firme*, feer-may a firm; stable; secure; constant; resolute

fiscal, fiss-**kahl** s attorney-general; a fiscal

fisco, fiss-ko s exchequer

fisga, fiss-gah s banter; chaff; raillery

fisgar, fiss-**gar** v to pry; to peep

física, fee-se-kah s physics

físico, fee-se-ko s naturalist; physician; face; a physical

fisonomía, fe-so-no-**mee**-ah s physiognomy

fístula, fiss-too-lah s fistula

fisura, fe-soo-rah s fissure

flaco, flah-ko a lean; lank; feeble

flacura, flah-koo-rah s meagreness; weakness

flagrante, flah-**grahn**-tay a flagrant; **en** —, en —, in the act

flamante, flah-**mahn**-tay a flaming; quite new

flanco, flahn-ko s flank

flaquear, flah-kay-**ar** v to flag; to slacken; to dismay

flaqueza, flah-**kay**-thah s leanness; feebleness

flato, flah-to s flatulency

flatulento, flah-too-**len**-to a flatulent

flauta, flah´oo-tah s flute

flautín, flah´oo-teen s piccolo

flautista, flah´oo-**tiss**-tah s flute player

fleco, flay-ko s fringe; flounce

flecha, flay-chah s arrow

flechero, flay-**chay**-ro *s* archer

fleje, flay-Hay *s* iron strap or hoop

flema, flay-mah *s* phlegm

flemático, flay-**mah**-te-ko *a* phlegmatic

flemudo, flay-**moo**-do *a* sluggish; slow

fletador, flay-tah-**dor** *s* freighter; character

fletamento, flay-tah-**men**-to *s* freighting; chartering

fletar, flay-tar *v* to freight; to charter

flete, flay-tay *s* freight

flexión, flek-se-**on** *s* flexion

flojedad, flo-Hay-**dahd** *s* weakness; laxity; laziness; sloth

flojo, flo-Ho *a* slack; feeble; flexible

flor, flor *s* flower

florear, flo-ray-**ar** *v* to adorn with flowers

florecer, flo-ray-**thair** *v* to blossom; to flower

florero, flo-**ray**-ro *s* vase; florist

floresta, flo-**ress**-tah *s* forest; thicket

florete, flo-**ray**-tay *s* fencing foil

florido, flo-**ree**-do *a* florid;

flowery

florón, flo-**ron** *s* large flower

flota, flo-tah *s* fleet

flotante, flo-**tahn**-tay *a* floating

flotar, flo-tar *v* to float

flote, flo-tay *s* floating; **a —, ah —,** afloat

flotilla, flo-tee-l´yah *s* small fleet

fluctuar, flook-too´**ar** *v* fluctuate

fluidez, floo´e-**deth** *s* fluidity; fluency

flúido, floo´e-do *a* fluid; fluent

fluir, floo´**eer** *v* to flow; to run

flujo, floo-Ho *s* flux; flow

foca, fo-kah *s* seal

foco, foh-ko *s* focus; source; foresail

fofo, fo-fo *a* spongy; soft

fogata, fo-**gah**-tah *s* blaze; bonfire

fogón, fo-gon *s* hearth; cooking place

fogoso, fo-go-so *a* impetuous; vehement

foliar, fo-le-ar *v* to foliate

folio, fo-le-o *s* folio; leaf

follaje, fo-l´yah-Hay *s* foliage

folletin, fo-l´yay-**teen** *s* serial story in a

newspaper

folletista, fo-l´yay-**tiss**-tah *s* pamphleteer

folleto, fo-l´**yay**-to *s* pamphlet; tract

follón, fo-l´yon *s & a* lazy

fomentar, fo-men-tar *v* to foment; to promote

fomento, fo-**men**-to *s* promotion; fomentation

fonda, fon-dah *s* inn; hotel

fondista, fon-**diss**-tah *s* long-distance runner

fondo, fon-do *s* bottom; depth; stock; fund

fondos, fon-dos *s* funds; stocks

fonética, fo-**nay**-te-kah *s* phonetics

fónico, fo-ne-ko *a* acoustic; phonic

fonógrafo, fo-no-grah-fo *s* phonograph

fontanal, fon-tah-**nahl** *s* spring of water

forajido, fo-rah-**Hee**-do *s* outlaw

foráneo, fo-**rah**-nay-o *a* foreign; strange

forastero, fo-rahs-**tay**-ro *a* strange; exotic

forcejear, for-thay-Hay-**ar** *v* to struggle; to strive

forcejo, for-**thay**-Ho *s* struggle

forense, fo-**ren**-say *a*
forensic

forja, for-Hah *s* forge;
smithy

forjador, for-Hah-**dor** *s*
forger; blacksmith

forma, for-mah *s* form;
shape; manner

formalidad, for-mah-le-
dahd *s* formality;
requisite; requirement

formalizar, for-mah-le-
thar *v* to make
complete; to legalize

formón, for-**mon** *s* chisel

fórmula, for-moo-lah *s*
formula; recipe

fornido, for-**nee**-do *a*
robust; stout

foro, fo-ro *s* court of
justice; bar; forum

forraje, for-**rrah**-Hay *s*
fodder

forrar, for-**rrar** *v* to line;
to cover

fortachón, for-tah-**chon** *a*
very strong

fortalecer, for-tah-lay-
thair *v* to strengthen; to
encourage

fortaleza, for-tah-lay-thah
s fortitude; courage;
vigour; fortress

fortificar, for-te-fe-**kar** *v*
to fortify

fortín, for-**teen** *s* small

fort

fortuito*, for-**too**'e-to *a*
fortuitous; accidental

fortuna, for-**too**-nah *s*
fortune; chance; fate

forzadamente, for-thah-
dah-**men**-tay *adv*
forcibly

forzado, for-**thah**-do *s*
convict

forzoso, for-**tho**-so *a*
unavoidable;
compulsory

forzudo, for-**thoo**-do *a*
strong

fosa, fo-sah *s* grave; pit

fosco, fos-ko *a* frowning;
cross

fosforera, fos-fo-**ray**-rah *s*
matchbox

fósforo, fos-fo-ro *s*
phosphorus; match

fósil, fo-sil *s & a* fossil

foso, fo-so, pit; moat;
ditch

fotografía, fo-to-grah-**fee**-
ah *s* photography

fotógrafo, fo-**to**-grah-fo *s*
photographer

frac, frahk *s* dress coat

fracasar, frah-kah-**sar** *v* to
fail

fracaso, frah-**kah**-so *s*
downfall; ruin; failure

fracturar, frahk-too-**rar** *v*
to fracture; to break

fragancia, frah-**gahn**-the-
ah *s* fragrance; scent

fragata, frah-**gah**-tah *s*
frigate

frágil, frah-Hil *a* fragile;
brittle; frail

fragmento, frag-**men**-to *s*
fragment

fragoso, frah-**go**-so *a*
craggy; rough; uneven

fragua, frah-**goo**'ah *s*
forge

fraguar, frah-goo'**ar** *v* to
forge; to contrive

fraile, frah'e-lay, friar

frambuesa, frahm-boo'**ay**-
sah *s* raspberry

francachela, frahn-kah-
chay-lah *s* luxurious
repast

franco, frahn-ko *s* franc; *a*
frank; open; free

franela, frah-**nay**-lah *s*
flannel

franja, frahn-Hah *s* fringe

franquear, franh-kay-**ar** *v*
to exempt; to prepay; to
disengage

franqueo, frahn-**kay**-o *s*
postage

franqueza, frahn-**kay**-
thah *s* freedom;
frankness

franquicia, frahn-kee-the-
ah *s* exemption (from
taxes)

frasco, frahs-ko s flask

frase, frah-say s phrase

fraude, frah'oo-day s fraud

fraudulento, frah´oo-doo-**len**-to a fraudulent

fray, frah´e s friar

frecuentar, fray-koo´en-**tar** v to frequent

frecuente*, fray-koo´en-tay a frequent

fregadero, fray-gah-**day**-ro s scullery; sink

fregado, fray-**gah**-do s washing up

fregar, fray-**gar** v to rub; to scour; to scrub; to wash up

fregona, fray-go-nah s scullery-maid

freidura, fray´e-**doo**-rah s frying

freir, fray-**eer** v to fry

frenesí, fray´nay-**see** s frenzy

frenético, fray-**nay**-te-ko a mad; frantic

freno, fray-no s bridle; brake

frente, fren-tay s front; face; **en—,** en—, opposite

fresa, fray-sah s strawberry

frescachón, fress-kah-**chon** a stout; good-looking

fresco, fress-ko a fresh; cool; recent

frescura, fress-**koo**-rah s freshness; frankness; tranquillity; cheek

fresno fress-no s ash tree

frialdad, fre-ahl-**dahd** s coldness

fricción, frik-the-**on** s friction

friega, fre´ay-gah s rubbing

friegaplatos, fre´ay-gah-**plah**-tos s dishwasher

frigidez, fre-He-**deth** s frigidity

frígido, free-He-do a frigid

frigo, free-go s fridge

frigorífico, fre-go-ree-fe-ko s refrigerator

frío, free-o a cold; indifferent

friolento, fre-o-**len**-to a very sensitive to cold

frisar, fre-**sar** v to frizzle; to resemble; to approach

fritada, fritura, fre-**tah**-dah, fre-**too**-rah s dish of fried fish

frito, free-to a fried

frívolo, free-vo-lo a frivolous

frondoso, fron-**do**-so a leafy

frontal, fron-**tahl** s front; a

frontal

frontera, fron-**tay**-rah s frontier; border

fronterizo, fron-tay-ree-tho a bordering upon

frontis, fron-tiss s frontispiece

frotación, fro-tah-the-**on** s rubbing; friction

frotar, fro-**tar** v to rub

fructuoso, frook-too´o-so a fruitful; profitable

frugal, froo-**gahl** a frugal; sparing

fruición, froo´e-the-**on** s enjoyment

fruncir, froon-**theer** v to pucker; to frown

fruslería, frooss-lay-**ree**-ah s trifle; futility

frustrar, frooss-**trar** v to frustrate

fruta, froo-tah s fruit

frutera, froo-**tay**-rah s fruit-dish

frutero, froo-**tay**-ro s fruiterer; fruit-dish

fruto, froo-to s fruit; profit; benefice

¡fu! foo interj phew! **ni — ni fa,** ne — ne fah, (fam) neither one nor the other

fuego, foo´**ay**-go s fire

fuente, foo´en-tay s fountain; source; dish

fuera, foo´ay-rah *adv* from outward; *interj* out of the way!

fuero, foo´ay-ro *s* statute-law; jurisdiction

fuerte, foo´air-tay *adv* strongly; *a* vigorous; strong

fuerza, foo´air-thah *s* strength; force

fuga, foo-gah *s* flight; escape

fugarse, foo-gar-say *v* to escape; to fly

fugaz, foo-gath *a* fugacious; fleeting

fugitivo, foo-He-tee-vo *a* fugitive; runaway

fulano, foo-lah-no *s* such a one; —, **sutano y mengano,**—, soo-tah-no e men-gah-no, Tom, Dick and Harry

fulgente, fool-Hen-tay *a* bright

fulgor, fool-gor *s* resplendence

fulminante, fool-me-nahn-tay *s* cap; *a* fulminating; explosive

fullería, foo-l´yay-ree-ah *s* cheating at play

fullero, foo-l´yay-ro *s* sharper; cheater at play

fumadero, foo-mah-day-ro *s* smoking room

fumador, foo-mah-dor *s* smoker

fumar, foo-mar *v* to smoke

fumarada, foo-mah-rah-dah *s* puff; whiff; pipeful of tobacco

función, foon-the-on *s* function; festival; performance

funcionar, foon-the-o-nar *v* to work; to operate

funcionario, foon-the-o-nah-re-o *s* official

funda, foon-dah *s* case; sheath; cover; envelope

fundador, foon-dah-dor *s* founder

fundamental, foon-dah-men-tahl *a* basic

fundamento, foon-dah-men-to *s* foundation

fundar, foon-dar *v* to found; to ground

fundible, foon-dee-blay *a* fusible

fundición, foon-de-the-on *s* fusion; foundry

fundir, foon-deer *v* to melt metals

fúnebre, foo-nay-bray *a* mournful; sad

funesto, foo-ness-to *a* fatal; disastrous

furgón, foor-gon *s* van; waggon

furia, foo-re-ah *s* fury

furibundo, foo-re-boon-do *a* furious; frantic

furioso, foo-re-o-so *a* furious; raging

furor, foo-ror *s* fury

furtivo, foor-tee-vo *a* furtive

fuselaje, foo-say-lah-Hay *s* fuselage

fusil, foo-seel *s* rifle; gun; musket

fusilero, foo-se-lay-ro *s* infantryman

fusión, foo-se-on *s* fusion; alliance; amalgamation

fusta, fooss-tah *s* riding whip

fustán, fooss-tahn *s* fustian

fustigar, fooss-te-gar *v* to cudgel; to beat

futbolista, foot-bol-liss-tah *s* footballer

fútil, foo-til *a* trivial

futilidad, foo-te-le-dahd *s* triviality

futuro, foo-too-ro *a* future

gabán, gah-**bahn** s
overcoat

gabardina, gah-bar-**dee**-nah s gabardine;
raincoat

gabarra, gah-**bar**-rrah s
lighter; barge

gabarro, gah-**bar**-rro s
defect (in cloth); error
(accounts)

gabinete, gah-be-**nay**-tay s
cabinet; study

gaceta, gah-**thay**-tah s
gazette; journal

gachas, gah-chahs s
porridge

gacho, gah-cho a
drooping; turned down

gafa, gah-fah s hook; pl
spectacles; glasses

gafetes, gah-**fay**-tess s
hooks and eyes; clasp

gaita, gah´e-tah s bagpipe;
flageolet

gaitería, gah´e-tay-**ree**-ah
s gaudy; flashy

gaje, gah-Hay s salary;
wages; fee

gajo, gah-Ho s branch;
bunch of grapes; slice
(orange)

gala, gah-lah s gala; full
dress

galán, gah-**lahn** s gallant;
actor; lover

galano, gah-**lah**-no a
smart; elegant

galante*, gah-**lahn**-tay a
gallant; courtly

galantear, gah-lahn-tay-**ar**
v to court; to woo

galanteo, gah-lahn-**tay**-o s
courtship; wooing

galantería, gah-lahn-tay-

ree-ah s gallantry

galanura, gah-lah-**noo**-rah
s showiness; charm

galápago, gah-**lah**-pah-go s
fresh-water tortoise

galardón, gah-lar-**don** s
reward

galardonar, gah-lar-do-**nar** v to recompense

galbana, gahl-**bah**-nah s
laziness

galeote, gah-lay-o-tay s
galley slave

galera, gah-**lay**-rah s
galley; wagon

galería, gah-lay-**ree**-ah s
gallery

galgo, gahl-go s greyhound

galimatías, gah-le-mah-tee-ahs s gibberish;
nonsense

galocha, gah-lo-chah s
clog

galón, gah-**lon** s braid;
gallon

galonear, gah-lo-nay-**ar** v
to trim with braid

galopar, gah-lo-**par** v to
gallop

galope, gah-**lo**-pay s gallop

galopín, gah-lo-**peen** s
urchin; rogue

gallardear, gah-l´yar-day-**ar** v to act with grace

gallardía, gah-l´yar-**dee**-ah
s gracefulness; bravery

1 3 4

gallardo*, gah-l´yar-do *a* graceful; gallant

galleta, gah-l´yay-tah *s* biscuit

gallina, gah-l´yee-nah *s* hen

gallinero, gah-l´yee-nay-ro *s* hen-house; coop

gallineta, gah-l´yee-nay-tah *s* woodcock

gallo, gah-l´yo *s* cock

gama, gah-mah *s* gamut; range

gamberro, gahm-bay-rro *s* hooligan

gamella, gah-may-l´yah *s* wooden-trough

gamo, gah-mo *s* buck (of the fallow-deer)

gamuza, gah-moo-thah *s* chamois; chamois leather

gana, gah-nah *s* appetite; inclination; desire

ganable, gah-nah-blay *a* obtainable

ganadero, gah-nah-day-ro *s* cattle owner; cattle dealer

ganado, gah-nah-do *s* cattle; herd; drove

ganancia, gah-nahn-the-ah *s* gain; profit

ganar, gah-nar *v* to gain; to win

gancho, gahn-cho *s* hook

ganga, gahn-gah *s* bargain; gift

gangoso, gahn-go-so *a* snuffling

ganguear, gahn-gay-ar *v* to talk with a nasal accent

ganoso, gah-no-so *a* desirous

gansada, gahn-sah-dah *s* stupidity

ganso, gansa, gahn-so, gahn-sah *s* gander; goose; silly person

ganzúa, gahn-thoo-ah *s* picklock; burglar

gañán, gah-n´yahn *s* day labourer

garabatear, gah-rah-bah-tay-ar *v* to hook; to scrawl; to scribble

garabato, gah-rah-bah-to *s* hook; scribble

garante, gah-rahn-tay *s* guarantor

garantía, gah-rahn-tee-ah *s* guarantee; security; bond

garantizar, gah-rahn-te-thar *v* to guarantee

garañón, gah-rah-n´yon *s* jackass

garapiña, gah-rah-pee-n´yah *s* sugar; icing

garbanzo, gar-bahn-tho *s* chickpea

garbear, gar-bay-ar *v* to affect an air of dignity

garbillar, gar-be-l´yar *v* to sift; to garble

garbillo, gar-bee-l´yo *s* sieve

garbo, gar-bo *s* gracefulness; elegance

garboso, gar-bo-so *a* graceful; gallant

garfio, gar-fe-o *s* hook; gaff

gargajear, gar-gah-Hay-ar *v* to spit phlegm

garganta, gar-gahn-tah *s* throat; ravine

gargantilla, gar-gahn-tee-l´yah *s* necklace

gárgara, gar-gah-rah *s* gargle

gargarismo, gar-gah-riss-mo *s* gargle

gárgola, gar-go-lah *s* gargoyle

garguero, gar-gay-ro *s* windpipe

garita, gah-ree-tah *s* sentry-box; porter's lodge; cabin

garito, gah-ree-to *s* gambling den; nightclub

garlito, gar-lee-to *s* snare; trap

garra, gar-rrah *s* claw; talon

garrafa, gar-rrah-fah *s*

decanter; carafe

garrafal, gar-rrah-**fahl** s huge; monumental

garrafón, gar-rrah-**fon** s large carafe

garrapata, gar-rrah-**pah**tah s tick (insect)

garrapatear, gar-rrah-pah-tay-ar v to scribble

garrocha, gar-rro-chah s dart; goad-stick

garrote, gar-rro-tay s club; truncheon; garrote (strangulation)

garrucha, gar-rroo-chah s pulley

gárrulo, gar-rroo-lo a garrulous; babbling

garulla, gah-roo-l´yah s (fam) rabble

garza, gar-thah s heron

garzo, gar-tho a blue-eyed

garzón, gar-thon s lad; boy

gas, gahs s gas

gasa, gah-sah s gauze

gasolina, gah-so-lee-nah s petrol

gasolinera, gah-so-lee-nay-rah s petrol station

gastador, gahs-tah-dor s spendthrift

gastar, gahs-tar v to expend; to waste; to use

gata, gah-tah s female cat

gatear, gah-tay-ar v to

climb up; to clamber; to crawl

gatesco, gah-tess-ko a feline

gato, gah-to s cat

gatuno, gah-too-no (see gatesco)

gaveta, gah-vay-tah s drawer; till; locker

gavilán, gah-ve-lahn s sparrowhawk

gavilla, gah-vee-l´yah s sheaf; gang

gaviota, gah-ve-o-tah s seagull

gavota, gah-vo-tah s gavotte

gayo, gah-yo a gay; merry

gazapo, gah-thah-po s young rabbit

gazmoñería, gath-mon´yay-ree-ah s prudery; hypocrisy

gaznate, gath-nah-tay s windpipe

gazuza, gah-thoo-thah s violent hunger

gema, Hay-mah s gem

gemelo, Hay-may-lo s twin; m pl binoculars

gemido, Hay-mee-do s groan; moan

gemir, Hay-meer v to moan

genciana, Hen-the-ah-nah s gentian

generador, Hay-nay-rah-dor s generator

general, Hay-nay-rahl s general; a general

genérico, Hay-nay-re-ko a generic

género, Hay-nay-ro s genus; class; kind; — **humano** — oo-mah-no, mankind

generoso*, Hay-nay-ro-so a generous

génesis, Hay-nay-siss s genesis; origin; beginning

genio, Hay-ne-o s genius; disposition; temper

gente, Hen-tay s people; folk; nation; family

gentil, Hen-teel s heathen; a genteel; elegant

gentileza, Hen-te-lay-thah s gentility; refinement

gentilhombre, Hen-til-om-bray s gentleman

gentío, Hen-tee-o s crowd

genuino, Hay-noo´ee-no a genuine

geografía, Hay-o-grah-fee-ah s geography

geométrico, Hay-o-may-tre-ko a geometrical; geometric

gerencia, Hay-ren-the-ah

s management

gerente, Hay-**ren**-tay s manager

germen, Hair-men s germ; origin

germinar, Hair-me-**nar** v to germinate; to sprout

gestear, Hess-tay-**ar** v to make grimaces

gesticular, Hess-te-koo-**lar** v to gesticulate

gestión, Hess-te-**on** s management; negotiation

gestionar, Hess-te-o-**nar** v to procure; to deal; to manage

gesto, Hess-to s face; gesture

gestor, Hess-**tor** s manager; promoter; proxy

giba, Hee-bah s hump; hunch

gibado, He-**bah**-do a humpbacked

gigante, He-**gahn**-tay s giant; a gigantic

gimnasio, Hem-**nah**-se´o s gym

gimotear, He-mo-tay-**ar** v to whine

ginebra, He-**nay**-brah s gin

gira, Hee-rah s tour;

excursion

girador, He-rah-**dor** s drawer (of bills)

girante, He-**rahn**-tay s rotating

girar, He-**rar** v to turn round; to draw (bills)

girasol, He-rah-**sol** s sunflower

giro, Hee-ro s turn; trend; expression; draft

gitanear, He-tah-nay-**ar** v to flatter; to wheedle

gitano, He-**tah**-no s gypsy

glacial, glah-the-**al** a icy

glándula, **glahn**-doo-lah s gland

glasé, glah-**say** s glacé silk

globo, **glo**-bo s globe; sphere; balloon

gloria, **glo**-re-ah s glory

gloriarse, glo-re-**ar**-say v to glory; to boast in

glorieta, glo-re-**ay**-tah s arbour; bower

glorificar, glo-re-fe-**kar** v to glorify

glorioso, glo-re-o-so a glorious

glosa, **glo**-sah s gloss; comment

glosario, glo-**sah**-re-o s glossary

glotón, glo-**ton** s glutton

glotonería, glo-to-nay-ree-ah s gluttony

glutinoso, gloo-te-**no**-so a glutinous

gobernación, go-bair-nah-the-**on** s government

gobernador, go-bair-nah-**dor** s governor; ruler

gobernar, go-bair-**nar** v to govern

gobierno, go-be-**air**-no s government

gobio, go-be-o s gudgeon

goce, go-thay s enjoyment

gola, go-lah s gullet; throat; gorge

goleta, go-**lay**-tah s schooner

golfo, gol-fo s gulf; bay

golondrina, go-lon-**dree**-nah s swallow

golosina, go-lo-**see**-nah s titbit; dainty sweet

golpe, gol-pay s blow; stroke; hit; knock; dent

golpeador, gol-pay-ah-**dor** s striker; knocker

golpear, gol-pay-**ar** v to beat; to strike; to knock; to bruise

golpeo, gol-**pay**-o s beating; striking

goma, go-mah s gum; rubber

gondolero, gon-do-**lay**-ro s gondolier

gordal, gor-**dahl** a fat; fleshy; big

1 3 7

gordo, gor-do *a* fat; corpulent

gordura, gor-doo-rah *s* grease; fatness; corpulence

gorgorito, gor-go-ree-to *s* quiver of the voice

gorila, go-ree-lah *s* gorilla

gorjeo, gor-*Hay***-o** *s* trilling

gorra, gor-rrah *s* cap; bonnet

gorrión, gor-rre-on *s* sparrow

gorrista, gor-riss-tah *s* parasite; sponger

gorro, gor-rro *s* cap

gorrón, gor-rron *s* parasite; debauchee; spindle

gorronear, gor-rro-nay-ahr *v* scrounge

gota, go-tah *s* drop; gout

gotear, go-tay-ar *v* to drop; to dribble; to drip

gotera, go-*tay-***rah** *s* drip; leak

gotoso, go-to-so *a* gouty

gozar, go-thar *v* to enjoy

gozo, go-tho *s* joy; pleasure

gozoso, go-tho-so *a* joyful

grabador, grah-bah-dor *s* engraver

grabar, grah-bar *v* to engrave; to record

(tape)

gracia, grah-the-ah *s* grace; favour

grácil, grah-thil *a* slender; gracful

gracioso, grah-the-o-so *a* graceful

grada, grah-dah *s* step of a staircase; tier; grading harrow

gradar, grah-dar *v* to harrow

gradería, grah-day-ree-ah *s* series of seats or steps; row

grado, grah-do *s* step; degree; will

graduado, grah-doo´ah-do *s* graduate; *a* graduated

graduar, grah-doo´ar *v* to grade; to graduate

gráfica, grah-fe-kah *s* graph

gráfico, grah-fe-ko *a* graphic; graphical

grafito, grah-fee-to *s* graphite

grajo, grah-*Ho*** *s* jackdaw

gramática, grah-mah-te-kah *s* grammar

gramo, grah-mo *s* gramme

gramófono, grah-mo-fo-no *s* gramophone

gran, grahn *a* (used only before substantives in the singular, See

grande)

grana, grah-nah *s* grain; cochineal; scarlet

granada, grah-nah-dah *s* pomegranate; shell

granado, grah-nah-do *a* notable; select; *s* pomegranate tree

granar, grah-nar *v* to seed

grande, grahn-days *s* grandee; *a* great; large; big; grand

grandeza, grahn-day-thah *s* greatness; grandeur

grandioso, grahn-de-o-so *a* grand; splendid

grandor, grahn-dor *s* size; tallness

granel, grah-nel *s* heap of grain; **a —, ah —,** in bulk

granero, grah-nay-ro *s* granary; barn

granito, grah-nee-to *s* granite

granizada, grah-ne-thah**-**dah *s* hailstorm

granizar, grah-ne-thar *v* to hail

granja, grahn-*Hah*** *s* grange; farm

granjear, grahn-*Hay***-ar** *v* to gain; to earn; to profit

granjería, grahn-*Hay***-ree-ah** *s* gain; profit

grano, grah-no *s* grain

granuja, grah-noo-Hah *s* rogue

grapa, grah-pah *s* clamp; staple; clip

grasa, grah-sah *s* grease; suet; fat

grasiento, grah-se-en-to *a* greasy; filthy; oily

graso, grah-so *a* fat; oily

gratificar, grah-te-fe-**kar** *v* to reward; to tip; to gratify

gratitud, grah-te-tood *s* gratitude

grato*, grah-to *a* pleasant; acceptable; grateful

gratuito, grah-too´ee-to *a* free

gravamen, grah-**vah**-men *s* charge; obligation

gravar, grah-**var** *v* to burden

grave, grah-vay *a* weighty; grave; important; serious

gravedad, grah-vay-**dahd** *s* gravity; heaviness; seriousness

gravoso, grah-vo-so *s* onerous; unbearable

graznar, grath-**nar** *v* to croak; to cackle

greda, gray-dah *s* chalk; marl; clay

gremio, gray-me-o *s* society; corporation

greña, gray-n´yah *s* tangled (hair)

greñudo, gray-n´yoo-do *a* dishevelled

gresca, gress-kah *s* clatter; tumult; wrangle; confusion

grey, gray´e *s* flock; herd

grieta, gre-ay-tah *s* crevice; crack; flaw

grietarse, gre-ay-**tar**-say *v* to crack; to split

grifo, gree-fo *s* tap

grillete, gre-l´yay-tay *s* shackles, fetters

grillo, gree-l´yo *s* cricket (an insect); *pl* fetters

grima, gree-mah *s* fright; uneasiness; disgust

gripe, gree-pay *s* flu

gris, griss *a* grizzled; gray

grita, gree-tah *s* uproar; halloo

gritar, gre-**tar** *v* to shout; to bawl; to cry up; to shriek

griterío, gre-tay-ree-o *s* outcry; shouting

grito, gree-to *s* cry; scream; shout

grosella, gro-say-´lyah *s* red currant

grosería, gro-say-ree-ah *s* rudeness

grosero, gro-**say**-ro *a* coarse, rude

grosura, gro-soo-rah *s* suet; tallow; fat

grúa, groo´ah *s* crane (machine)

gruesa, groo´ay-sah *s* gross (twelve dozen)

grueso, groo´ay-so *s* corpulence; *a* bulky; gross; large; coarse

grulla, groo-l´yah *s* crane (bird)

grumete, groo-**may**-tay *s* cabin boy

grumo, groo-mo *s* lump; clot

gruñido, groo-n´yee-do *s* grunt; growl

gruñir, groo-n´yeer *v* to grunt; to creak

grupa, groo-pah *s* rump

grupo, groo-po *s* group

gruta, groo-tah *s* grotto; cavern

guadaña, goo´ah-**dah**-n´yah *s* scythe

guadañar, goo´ah-dah-n´yar *v* to mow

guantada, goo´ahn-**tah**-dah *s* slap with the open hand

guante, goo´ahn-tay *s* glove

guantería, goo´ahn-tay-ree-ah *s* glove making

guantero, goo´ahn-**tay**-ro *s* glover

guapeza, goo´ah-**pay**-thah

s prettiness; boldness

guapo, goo´ah-po *a* handsome; valiant; spruce

guarda, goo´ar-dah *s* guard; keeper; custody

guardabosque, goo´ar-dah-**bos**-kay *s* forester; gamekeeper

guardacantón, goo´ar-dah-kahn-**ton** *s* corner stone

guardacostas, goo´ar-dah-**kos**-tahs *s* revenue cutter

guardameta, goo-ar-dah-**may**-tah *s* goalkeeper

guardar, goo´ar-**dar** *v* to keep; to guard; to protect

guardarropa, goo´ar-dar-**rro**-pah *s* wardrobe; cloakroom

guardería infantil, goo´ar-day-**ree**-ah in-fahn-**teel** *s* creche

guardia, goo´ar-de-ah *s* guard; watch

guardián, goo´ar-de-**ahn** *s* keeper; guardian

guardilla, goo´ar-**dee**-l´yah *s* garret; attic

guardoso, goo´ar-**do**-so *a* stingy

guarecer, goo´ah-ray-**thair** *v* to shelter; to assist; to aid; to cure

guarida, goo´ah-**ree**-dah *s* den; haunt; shelter

guarismo, goo´ah-**riss**-mo *s* figure; numeral

guarnecer, goo´ar-nay-**thair** *v* to garnish; to set; to adorn

guarnición, goo´ar-ne-the-**on** *s* garniture; setting; garrison

guarro, goo´ar-rro *s* pig

guasa, goo´ah-sah *s* joke; irony

¡guay! goo´ah´e *interj* smashing; great

gubia, goo-be-ah *s* gouge

guerra, gair´rrah *s* warfare; hostility; conflict

guerrero, gair-**rray**-ro *s* warrior; *a* warlike

guerrilla, gair-**rree**-l´yah *s* guerrilla

guerrillero, gair-rree-l´**yay**-ro *s* partisan; guerrilla fighter

guía, **ghee**-ah *s* guidebook; guide

guiar, ghee-**ar** *v* to guide

guija, ghee-**Hah** *s* pebble

guijarro, ghee-**Har**-rro *s* pebble; stone

guinda, **gheen**-dah *s* cherry

guindilla, gheen-dee-l´yah *s* red chilli pepper; hot pepper

guiñada, ghee-n´yah-dah *s* wink

guiñapo, ghee-n´yah-po *s* tatter; rag

guiñar, ghee-n´**yar** *v* to wink

guión, ghee-on *s* script; hyphen; leader

guirnalda, gheer-**nahl**-dah *s* garland

guisado, ghee-**sah**-do *s* stew

guisante, ghee-**sahn**-tay *s* pea

guisar, ghee-**sar** *v* to cook; to prepare

guiso, **ghee**-so *s* seasoning; cooked dish

guita, **ghee**-tah *s* thread; twine

guitarra, ghee-**tar**-rrah *s* guitar

gula, **goo**-lah *s* gluttony

gusano, goo-**sah**-no *s* caterpillar; maggot; worm

gustar, gooss-**tar** *v* to taste; to like; to enjoy

gusto, **gooss**-to *s* taste; pleasure

gustoso*, gooss-**to**-so *a* tasty; pleasant

gutural, goo-too-**rahl** *a* guttural

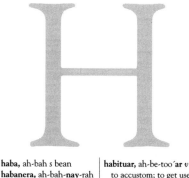

haba, ah-bah s bean

habanera, ah-bah-**nay**-rah s Cuban dance

habano, ah-**bah**-no s Havana cigar

haber, ah-**bair** v to have; **—de,** — day, to have to…; s property; income

habichuela, ah-be-choo´**ay**-lah s French bean

hábil*, ah-bil a capable; skilful

habilidad, ah-be-le-**dahd** s ability; skill

habilitado, ah-be-le-**tah**-do s paymaster; a qualified

habitante, ah-be-**tahn**-tay s inhabitant

hábito, ah-be-to s dress; habit; custom

habituar, ah-be-too´**ar** v to accustom; to get used to

habla, ah-blah s speech; language

hablador, ah-blah-**dor** s talkative person; chatty

habladuría, ah-blah-doo-ree-ah s gossip; nasty remark

hablar, ah-**blar** v to speak; to talk

hacedero, ah-thay-**day**-ro a feasible

hacedor, ah-thay-**dor** s maker; author

hacendado, ah-then-**dah**-do s landowner

hacendista, ah-then-**diss**-tah s economist

hacer, ah-**thair** v to make; to do; to perform; to produce

hacer autostop, v hitch-hike

hacia, ah-the-ah adv towards; above

hacienda, ah-the-**en**-dah s landed property; wealth

hacinar, ah-the-**nar** v to pile up

hacha, ah-chah s axe

hachear, ah-chay-**ar** v to hew

hacho, ah-cho s beacon

halagar, ah-lah-**gar** v to please; to flatter

halago, ah-**lah**-go s cajolery; pleasure; gratification

halagüeño, ah-lah-goo´**ay**-n´yo a flattering; alluring

halar, ah-**lar** v to haul; to pull on

halcón, ahl-kon s falcon

hálito, ah-le-to s breath; vapour

hallar, ah-l´**yar** v to find; to meet with

hallazgo, ah-l´**yath**-go s find

hamaca, ah-**mah**-kah s hammock

hambre, ahm-bray s hunger; famine; starvation

hambrear, ahm-bray-**ar** v

to starve; to be hungry

hambriento, ahm-bre-en-to *a* hungry; starving

hamburguesa, ahm-boor-gay-sah *s* hamburger

haragán, ah-rah-**gahn** *s* idler

harapo, ah-**rah**-po *s* rag; tatter

harina, ah-ree-nah *s* flour; meal

harinoso, ah-re-**no**-so *a* floury

hartar, ar-tar *v* to satiate; to weary

harto, **ar**-to *adv* enough; *a* satiated; sufficient

hartura, ar-**too**-rah *s* abundance

hasta, **ahs**-tah *prep* until; up to; down to; as far as

hastío, ahs-tee-o *s* loathing; boredom

hato, **ah**-to *s* flock; herd

haya, **ah**-yah *s* beech tree

haz, ath *s* bundle; sheaf; beam

hazaña, ah-**thah**-n´yah *s* feat; exploit; heroic deed

hazañoso, ah-thah-n´yo-so *a* valiant; heroic

hazmerreir, ath-mair-rray-eer *s* laughing-stock

hebilla, ay-bee-l´yah *s* buckle; clasp

hebra, **ay**-brah *s* thread; fibre

hechicero, ay-che-**thay**-ro *s* wizard; *a* bewitching

hechizar, ay-che-**thar** *v* to enchant; to bewitch

hechizo, ay-**chee**-tho *s* enchantment; witchcraft; fascination

hecho, **ay**-cho *s* action; fact; *a* made; ready-made; done

hechura, ay-**choo**-rah *s* form; shape; make; workmanship

heder, ay-**dair** *v* to stink

hedor, ay-**dor** *s* stench; stink

helada, ay-**lah**-dah *s* frost; nip

helado, ay-**lah**-do *s* ice-cream; *a* frozen

helar, ay-**lar** *v* to freeze; to congeal

hélice, **ay**-le-thay *s* helix; propeller

helicóptero, ay-le-**kop**-tay-ro *s* helicopter

hembra, **em**-brah *s* female

hemorragia, ay-mor-**rrah**-Hee-ah *s* haemorrhage

hemorroide, ay-mor-**rro**-e-day *s* haemorrhoids; piles

henchir, en-**cheer** *v* to fill up; to stuff

hendedura, en-day-**doo**-rah *s* crack; chink; cranny

hender, en-**dair** *v* to crack; to cleave; to split

heno, **ay**-no *s* hay

heraldo, ay-**rahl**-do *s* herald

herbaje, air-bah-**Hay** *s* herbage; pasture

heredad, ay-ray-**dahd** *s* farm; property; estate

heredar, ay-ray-**dar** *v* to inherit

heredero, ay-ray-**day**-ro *s* heir

hereje, ay-**ray**-Hay *s* heretic

herejía, ay-ray-**Hee**-ah *s* heresy

herencia, ay-**ren**-the-ah *s* inheritance; legacy

herida, ay-**ree**-dah *s* wound

herir, ay-**reer** *v* to wound; to offend; to injure

hermana, air-**mah**-nah *s* sister

hermanar, air-mah-**nar** *v* to match; to twin

hermanastra, air-mah-**nahs**-trah *s* stepsister

hermanastro, air-mah-**nahs**-tro *s* stepbrother

hermandad, air-mahn-**dahd** *s* fraternity;

brotherhood

hermano, air-**mah**-no s brother

hermoso, air-**mo**-so a beautiful; handsome

hermosura, air-mo-**soo**-rah s beauty

héroe, **ay**-ro-ay s hero

heroína, ay-ro-ee-**nah** s heroine

herrador, air-rrah-**dor** s farrier

herradura, air-rrah-**doo**-rah s horseshoe

herramental, air-rrah-men-**tahl** s tool-bag

herrar, air-**rrar** v to shoe (horses)

herrero, air-**rray**-ro s smith

herrumbre, air-**rroom**-bray s rust

hervir, air-**veer** v to boil

hervor, air-**vor** s boiling; **dar un—,** dahr oon— to bring to the boil

hez, eth s dregs; pl **heces,** **ay**-thess, excrements; faeces

hidalgo, e-**dahl**-go s hidalgo; nobleman

hidalguía, e-dahl-**ghee**-ah s nobility

hiedra, e-**ay**-drah s ivy

hiel, e-**ell** s gall; bile

hielo, e-**ay**-lo s frost; ice

hiena, e-**ay**-nah s hyena

hierba, e-**air**-bah s grass; weed; herb

hierro, e-**air**-rro s iron

hígado, ee-gah-do s liver

higiene, e-**He**´**ay**-nay s hygiene

higo, ee-go s fig

higuera, e-**gay**-rah s fig-tree

hijo, ee-Ho s son

hija, ee-Hah s daughter

hijuela, e-**Hoo**´**ay**-lah s branch; list of bequests; little daughter

hila, ee-lah s row; line

hilacha, e-lah-chah s filament

hilado, e-lah-do s spun material; yarn; a spun

hilador, e-lah-**dor** s spinner

hilar, e-lar v to spin

hilaridad, e-lah-re-**dahd** s hilarity

hilera, e-**lay**-rah s row; line; file

hilo, ee-lo s thread

hilván, il-**vahn** s basting

hilvanar, il-vah-**nar** v to tack; to baste; to stitch

himeneo, e-may-**nay**-o s wedding

himno, eem-no s hymn

hincapié, in-kah-pe-**ay** s insistence; strong effort

hincar, in-**kar** v to thrust in

hinchado, in-chah-do a swollen; arrogant; vain

hinchar, in-char v to inflate; to swell

hinchazón, in-chah-**thon** s swelling; lump

hinojo, in-o-Ho s fennel; knee

hipar, e-par v to hiccough; to pant

hipermercado, e-payr-mayr-**kah**-do s hypermarket

hipo, ee-po s hiccup(s); disgust; longing

hipocresía, e-po-cray-**see**-ah s hypocrisy

hipoteca, e-po-**tay**-kah s mortgage

hipótesis, e-po-**tay**-siss s hypothesis

histerismo, iss-tay-**riss**-mo s hysterics

historia, iss-**to**-re-ah s history; story

histórico, iss-**to**-re-ko a historical

historieta, iss-to-re-**ay**-tah s short story; tale

hita, ee-tah s brad; wire-nail

hito, ee-to s landmark; post; mile-stone

hocicar, o-the-**kar** v to fall

face downwards; to root

hocico, o-**thee**-ko s snout; (fam) face

hogaño, o-gah-n´yo adv this year

hogar, o-gar s hearth; home; fireplace

hoguera, o-gay-rah s bonfire

hoja, o-Hah s leaf; sheet; blade

hojalata, o-Hah-**lah**-tah s tin plate

hojalatero, o-Hah-lah-**tay**-ro s tinsmith

hojaldre, o-**Hahl**-dray s puff-pastry

hojear, o-Hay-ar v to turn the pages of a book; to glance through

hola, o-lah interj hello

holgado, ol-gah-do a loose; large; at leisure; well off

holgar, ol-gar v to rest; to be at ease; to take pleasure in

holgazán, ol-gah-**than** s idler; slacker

holgura, ol-**goo**-rah s ease; looseness

hollar, o-l´yar v to trample

hollejo, o-l´yay-Ho s peel; skin

hollín, o-l´yeen s soot

holocausto, o-lo-kah´**ooss**-to s holocaust

hombrada, om-brah-dah s manly action

hombre, om-bray s man

hombría, om-**bree**-ah s manliness

hombro, om-bro s shoulder

hombruno, om-**broo**-no a virile; manlike

homenaje, o-may-**nah**-Hay s homage

homicidio, o-me-**thee**-de-o s manslaughter; murder

homónimo, o-**mo**-ne-mo a namesake; homonym

homosexual, o-mo-sek-soo´**ahl** s & a gay

honda, on-dah s sling

hondo*, on-do a profound; deep

hondón, on-**don** s bottom

hondura, on-**doo**-rah s depth; profundity

honesto*, o-**ness**-to a honest

hongo, on-go s fungus; mushroom

honor, o-nor s honour

honra, on-rah s honour; reputation; virtue (in women)

honrado, on-rah-do a honest; honourable

honrar, on-rar v to honour; to praise; to respect

honroso, on-ro-so a honourable

hopo, o-po s tail

hora, o-rah s hour; time

horadar, o-rah-dar v to bore; to pierce

horca, or-kah s pitchfork; gallows

horcajadas (a), ah-or-kah-Hah-dahs adv astride

horchata, or-chah-tah s tiger nut milk

horda, or-dah s horde; clan; tribe

horizonte, o-re-**thon**-tay s horizon

horma, or-mah s mould; last

hormiga, or-**mee**-gah s ant

hormigón, or-me-**gon** s concrete

hormiguero, or-me-**gay**-ro s ant hill

hormona, or-mo-nah s hormone

hornero, or-**nay**-ro s baker

hornillo, or-nee-l´yo s small stove

horno, or-no s oven

horquilla, or-**kee**-l´yah s forked stick; hairpin

horrendo, or-**ren**-do a

dreadful; awful

horro, or-rro *a* enfranchised; free

horror, or-rror *s* horror; consternation

horrorizar, or-rro-re-thar *v* to cause horror

horroroso, or-rro-ro-so *a* horrifying; horrible; awful

hortaliza, or-tah-lee-thah *s* vegetables

hortelano, or-tay-lah-no *s* gardener

hortera, or-tay-rah *s* wooden bowl

hosco, os-ko *a* dark-coloured; sullen

hospedaje, os-pay-dah-Hay *s* lodging

hospedar, os-pay-dar *v* to lodge; to put up

hospedería, os-pay-day-ree-ah *s* hostelry; hospice

hospedero, os-pay-day-ro *s* host; innkeeper

hospicio, os-pee-the-o *s* hospice; orphanage

hospital, os-pe-tahl *s* hospital

hospitalidad, os-pe-tah-le-dahd *s* hospitality

hostelero, os-tay-lay-ro *s* innkeeper

hostería, os-tay-ree-ah *s* inn; tavern; hostelry

hostia, os-te-ah *s* host

hostigar, os-te-gar *v* to harass; to scourge

hostil, os-teel *a* hostile

hoy, o´e *adv* to-day

hoya, hoyo, o-yah, o-yo *s* hole; pit; grave

hoz, oth *s* sickle

hucha, oo-chah *s* moneybox

hueco, oo´ay-ko *a* hollow; empty

huelga, oo´ell-gah *s* rest; recreation; strike

huelgo, oo´ell-go *s* breath

huella, oo-ay-l´yah *s* trace; footprint

huérfano, oo´air-fah-no *s* orphan

huero, oo´ay-ro *a* empty; addle

huerta, oo´air-tah *s* vegetable garden

huerto, oo´air-to *s* orchard; kitchen garden

hueso, oo´ay-so *s* bone; stone; core

huésped, oo´ess-ped *s* guest; host; lodger

hueste, oo´ess-tay *s* army in campaign; crowd

hueva, oo´ay-vah *s* spawn; roe

huevo, oo´ay-vo *s* egg

huida, oo´ee-dah *s* flight; escape

huir, oo´eer *v* to run away; to escape

hulla, oo-l´yah *s* coal

humanidad, oo-mah-ne-dahd *s* mankind

humano*, oo-mah-no *a* human; humane

humazo, oo-mah-tho *s* dense smoke

humear, oo-may-ar *v* to smoke

humedad, oo-may-dahd *s* humidity; moisture

humedecer, oo-may-day-thair *v* to moisten; to wet; to soak

húmedo, oo-may-do *a* humid; wet

humero, oo-may-ro *s* chimney; smokestack

húmoro, oo-may-ro *s* humorous

humildad, oo-mil-dahd *s* humility

humilde, oo-meel-day *a* humble; meek

humillar, oo-me-l´yar *v* to humiliate; to humble

humo, oo-mo *s* smoke; fume

humor, oo-mor *s* humour; disposition; temper

humorada, oo-mo-rah-dah *s* pleasantry

humorista, oo-mo-rees-tah *s* humourist

humoso, oo-**mo**-so *a*
smoky

hundimiento, oon-de-me-
en-to *s* sinking; collapse

hundir, oon-**deer** *v* to
submerge; to sink; to
crush

huracán, oo-rah-**kahn** *s*
hurricane

hurgar, oor-**gar** *v* to stir;
to poke

hurgón, oor-**gon** *s* poker

hurón, oo-**ron** *s* ferret

hurtadillas (a), ah-oor-
tah-**dee**-l´yahs *adv* by
stealth

hurtar, oor-**tar** *v* to steal

hurto, oor-to *s* theft;
robbery

húsar, oo-sar *s* hussar

husma, (andar a la), ahn-
dar ah lah **ooss**-mah *v*
to go prying

husmear, ooss-may-**ar** *v* to
scent; to nose into

husmo, ooss-mo *s* strong
smell

huso, oo-so *s* spindle

I

ictericia, ik-tay-ree-the-ah s jaundice

ida, ee-dah s departure

idea, e-day-ah s idea; scheme

ideal, e-day-ahl s & a ideal

idear, e-day-ar v to plan; to invent

idéntico, e-den-te-ko a identical

idilio, e-dee-le-o s idyl

idioma, e-de-o-mah s language

idiota, e-de-o-tah s idiot; a idiotic

ídolo, ee-do-lo s idol

idoneidad, e-do-nay´e-dahd s fitness; capacity

idóneo, e-do-nay-o a · suitable

iglesia, e-glay-se-ah s church

ígneo, ig-nay-o a igneous

ignífugo, ig-nee-foo-go a fireproof

ignorancia, ig-no-rahn-the-ah s ignorance

ignorante ig-no-rahn-tay a ignorant.

ignoto, ig-no-to a unknown

igual, e-goo´ahl a equal

igualar, e-goo´ah-lar v to equalize; to level

igualdad, e-goo´ahl-dahd s equality

ilación, e-lah-the-on s inference

ilegal, e-lay-gahl a illegal; unlawful

ilegible, e-lay-Hee-blay a illegible

ileso, e-lay-so a unhurt

ilimitado, e-le-me-tah-do a unlimited

iluminar, e-loo-me-nar v to illuminate; to enlighten

ilusión, e-loo-se-on s illusion

iluso, e-loo-so a deceived; deluded

ilustración, e-looss-trah-the´on s illustration

ilustrar, e-looss-trar v to illustrate

ilustre, e-looss-tray a illustrious

imagen, e-mah-Hen s image

imaginar, e-mah-He-nar v to imagine

imaginario, e-mah-He-na-re´o a imaginary

imaginativa, e-mah-He-nah-tee-vah s imaginativeness

imaginería, e-mah-He-nay-ree-ah s images; statues

imán, e-mahn s magnet

imantar, e-mahn-tar v to magnetize

imbécil, im-bay-thil a imbecile

imberbe, im-bair-bay s beardless

imbuir, im-boo´eer v to imbue

imitado, e-me-tah-do a

imitated; similar

imitar, e-me-**tar** v to imitate

impaciencia, im-pah-the-en-the-ah s impatience

impacientar, im-pah-the-en-**tar** v to make impatient; to irritate

impaciente, im-pah-the-en-tay a impatient

impacto, im-**pahk**-to a impact

impar, im-**par** a odd

imparcial, im-par-the-ahl a impartial

impartible, im-par-tee-blay a indivisible

impartir, im-par-teer v to impart; to give

impávido, im-**pah**-ve-do a intrepid; calm

impecable, im-pay-kah-blay a impeccable; faultless

impedir, im-pay-**deer** v to impede; to obstruct

impeler, im-pay-**lair** v to impel; to propel

imperar, im-pay-**rar** v to rule

imperdible, im-payr-de-blay s safety pin

imperdonable, im-pair-do-**nah**-blay a unpardonable

imperecedero, im-pay-ray-

thay-**day**-ro a imperishable

imperfecto, im-pair-**fek**-to a imperfect

impericia, im-pay-ree-the-ah s unskilfulness

imperio, im-**pay**-re-o s empire

imperioso, im-pay-re-o-so a imperious

imperito, im-pay-**ree**-to a unskilled

impertérrito, im-pair-**tair**-rre-to a undaunted

imperturbable, im-pair-toor-**bah**-blay a unmoved; silly; stupid

ímpetu, **eem**-pay-too s impetus; impulse

impío, im-**pee**-o a impious

implicar, im-ple-**kar** v to implicate; to involve

implorar, im-plo-**rar** v to implore; to entreat

impolítico, im-po-lee-te-ko a impolitic; impolite

imponer, im-po-**nair** v to impose; to instruct

importar, im-por-**tar** v to import; to concern

importe, im-**por**-tay s amount; value; cost

importunar, im-por-too-**nar** v to importune

imposibilitar, im-po-se-be-le-**tar** v to make

impossible; to disable

imposible, im-po-**see**-blay a impossible

imprenta, im-**pren**-tah s printing; printer's; press

impresión, im-pray-se-on s impression; edition; printout

impresionar, im-pray-se-o-**nar** v to impress

impreso, im-**pray**-so s printed matter

impresor, im-pray-**sor** s printer

imprevisión, im-pray-ve-se-on s improvidence

imprevisto, im-pray-**viss**-to a unforeseen; unexpected

imprimir, im-pre-**meer** v to print; to stamp

ímprobo, **eem**-pro-bo a dishonest; laborious

improperio, im-pro-**pay**-re-o s reproach; insult

impropiedad, im-pro-pe-ay-**dahd** s impropriety; unsuitability

impropio, im-**pro**-pe-o a improper; unfit

improvisar, im-pro-ve-**sar** v to extemporize; to improvise

improviso, im-pro-**vee**-so a unforeseen; unexpected

impúdico, im-poo-de-ko *a* shameless; lewd

impuesto, im-poo´ess-to *s* tax; duty; *a* informed

impugnación, im-poog-nah-the-on *s* contesting

impugnar, im-poog-nar *v* to impugn; to oppose

impulsar, im-pool-sar *v* to drive; to propel; to impel

impulsor, im-pool-sor *s* drive; booster

impune, im-poo-nay *a* unpunished

impureza, im-poo-ray-thah *s* impurity

imputar, im-poo-tar *v* to impute; to accuse

inacabable, in-ah-kah-bah-blay *a* interminable

inacción, in-ahk-the-on *s* inaction

inaceptable, in-ah-thep-tah-blay *a* unacceptable

inadecuado, in-ah-day-koo´ah-do *a* inadequate

inadvertido, in-ahd-vair-tee-do *a* unnoticed; unobserved

inagotable, in-ah-goh-tah-blay *a* inexhaustible

inaguantable, in-ah-goo´ahn-tah-blay *a* intolerable; unbearable

inajenable, in-ah-Hay-nah-blay *a* inalienable

inalterado, in-ahl-tay-rah-do *a* unchanged

inamovible, in-ah-mo-vee-blay *a* immovable

inapagable, in-ah-pah-gah-blay *a* unquenchable

inapetente, in-ah-pay-ten-tay *a* without appetite

inasequible, in-ah-say-kee-blay *a* unattainable

inaudito, in-ah´oo-dee-to *a* unheard of

inaugurar, in-ah´oo-goo-rar *v* to inaugurate

incalificable, in-kah-le-fe-kah-blay *a* unspeakable

incansable, in-kahn-sah-blay *a* tireless

incapacitar, in-kah-pah-the-tar *v* to incapacitate; to disable

incapaz, in-kah-path *a* unable; incapable

incauto, in-kah´oo-to *a* incautious

incendio, in-then-de-o *s* conflagration; fire

incertidumbre, in-thair-te-doom-bray *s* uncertainty

incesante*, in-thay-sahn-tay *a* unceasing

incidencia, in-the-den-the-ah *s* incidence;

incident

incidente, in-the-den-tay *s* & *a* incident

incidir, in-the-deer *v* to fall into or upon

incienso, in-the-en-so *s* incense

incierto, in-the-air-to *a* uncertain

incinerar, in-the-nay-rar *v* to cremate; to incinerate

inciso, in-thee-so *s* clause (in a long sentence)

incitación, in-the-tah-the-on *s* incitement

incitar, in-the-tar *v* to incite; to instigate

incivilidad, in-the-ve-le-dahd *s* incivility

inclemencia, in-klay-men-the-ah *s* inclemency

inclinado, in-kle-nah-do *a* slanting; sloping

inclinar, in-kle-nar *v* to incline; to slope

incluir, in-kloo´eer *v* to include

inclusa, in-kloo-sah *s* foundling hospital

incluso, in-kloo-so *a* enclosed; *adv* even

incoar, in-ko-ar *v* to begin; to inchoate

incobrable, in-ko-brah-blay *a* irrecoverable;

irretrievable

incógnito, in-**kog**-ne-to *a*
unknown

incoherencia, in-ko-ay-
ren-the-ah *s*
incoherence

incoloro, in-ko-**lo**-ro *a*
colourless; clear

incólume, in-ko-**loo**-may
a safe

incomodar, in-ko-mo-**dar**
v to inconvenience; to
disturb

incómodo, in-ko-mo-do *a*
inconvenient;
uncomfortable

incompasivo, in-kom-
pah-**see**-vo *a* pitiless

incomprensible, in-kom-
pren-**see**-blay *a*
incomprehensible

incomunicar, in-ko-moo-
ne-**kar** *v* to isolate

inconcebible, in-kon-
thay-**bee**-blay *a*
inconceivable

inconexo, in-ko-**nek**-so *a*
unconnected

inconfeso, in-kon-**fay**-so *a*
who has not admitted
his guilt

inconquistable, in-kon-
kiss-**tah**-blay *a*
unconquerable

inconsciente, in-kons-
the-**en**-tay *a*

unconscious

incontable, in-kon-**tah**-
blay *a* countless

incontrastable, in-kon-
trahs-**tah**-blay *a*
unanswerable

inconveniente, in-kon-
vay-ne´ayn-tay *a*
inconvenient;
inappropriate

incorrección, in-kor-rrek-
the-**on** *s* inaccuracy;
impropriety

incorregible, in-kor-rray-
Hee-blay *a* incorrigible

incrédulo, in-**kray**-doo-lo
a incredulous

increíble, in-kray-ee-blay
a incredible;
unbelievable

increpación, in-kray-pah-
the-**on** *s* reprehension

increpar, in-kray-par *v* to
reprehend; to rebuke

incriminar, in-kre-me-**nar**
v to incriminate

incubar, in-koo-**bar** *v* to
hatch

inculpar, in-kool-**par** *v* to
charge

inculto, in-**kool**-to *a*
uncultivated;
uncultured

incultura, in-kool-**too**-rah
s lack of culture

incuria, in-**koo**-re-ah *s*

carelessness; neglect

incurrir, in-koor-**rreer** *v*
to incur; to fall into

indagación, in dah-gah-
the-**on** *s* investigation

indagar, in-dah-**gar** *v* to
investigate

indebido, in-day-**bee**-do *a*
undue; unlawful

indecente, in-day-**then**-
tay *a* indecent

indecible*, in-day-**thee**-
blay *a* unspeakable

indeciso*, in-day-**thee**-so
a irresolute; undecided

indecoroso*, in-day-ko-
ro-so *a* indecorous

indefectible*, in-day-fek-
tee-blay *a* unfailing

indefenso, in-day-**fen**-so *a*
defenceless

indeleble, in-day-**lay**-blay
a indelible

indemne, in-**dem**-nay *a*
unhurt

indemnizar, in-dem-ne-
thar *v* to indemnify

independiente, in-day-
pen-de-**en**-tay *a*
independent

indescifrable, in-dess-the-
frah-blay *a*
indecipherable

indescriptible, in-dess-
krip-**tee**-blay *a*
indescribable

indeterminado, in-day-tair-me-**nah**-do *a* indeterminate; irresolute

indicación, in-de-kah-the-on *s* indication

indicar, in-de-**kar** *v* to indicate; to suggest

índice, in-de-thay *s* index; forefinger; catalogue

indicio, in-**dee**-the-o *s* indication; sign

indígena, in-dee-**Hay**-nah *s & a* indigenous; native

indigesto, in-de-**Hess**-to *a* indigestible

indignar, in-dig-**nar** *v* to irritate to make indignant

indigno, in-**dig**-no *a* unworthy

indirecta, in-de-**rek**-tah *s* innuendo; hint

indirecto*, in-de-**rek**-to *a* indirect

indisculpable, in-diss-kool-**pah**-blay *a* inexcusable

indisponer, in-diss-po-**nair** *v* to turn; against; to make ill

indispuesto, in-diss-poo´**ess**-to *a* indisposed

indistinguible, in-diss-tin-**ghee**-blay *a* undistinguishable

individuo, in-de-vee-doo´o *s* individual

indiviso, in-de-vee-so *a* undivided

indocto, in-**dok**-to *a* ignorant

índole, een-do-lay *s* disposition; temper; humour

indomable, in-do-**mah**-blay *a* untameable

indómito, in-**do**-me-to *a* untamed

inducción, in-dook-the-on *s* inducement

inducir, in-doo-**theer** *v* to induce; to persuade

indudable, in-doo-**dah**-blay *a* indubitable

indulgente, in-dool-**Hen**-tay *a* indulgent

indulto, in-**dool**-to *s* pardon; reprieve

industria, in-**dooss**-tre-ah *s* industry

inédito, in-**ay**-de-to *a* unpublished

ineficaz, in-ay-fe-**kahth** *a* ineffective

ineludible, in-ay-loo-dee-blay *a* unavoidable

ineptitud, in-ep-te-**tood** *s* ineptitude

inerme, in-**air**-may *a* disarmed; defenceless

inerte, in-**air**-tay *a* inert; sluggish

inesperado, in-ess-pay-**rah**-do *a* unexpected

inexperto, in-eks-**pair**-to *a* inexperienced

inextinguible, in-eks-tin-**ghee**-blay *a* inextinguishable

infamación, in-fah-mah-the-on *s* defamation

infamar, in-fah-**mar** *v* to defame

infame, in-**fah**-may *a* infamous

infanta, in-**fahn**-tah *s* princess; infant

infantil, in-fahn-**teel** *a* childlike

infatigable, in-fah-te-**gah**-blay *a* tireless

infausto, in-**fah**´ooss-to *a* unlucky; unhappy

infecto, in-**fek**-to *a* infected

infecundo, in-fay-**koon**-do *a* barren; sterile

infelicidad, in-fay-le-the-**dahd** *s* misfortune

infeliz, in-fay-**lith** *a* unhappy

inferioridad, in-fay-re-o-re-**dahd** *s* inferiority

inferir, in-fay-**reer** *v* to infer; to deduce

infiel, in-fe-**ell** *a* unfaithful; disloyal

infierno, in-fe-**air**-no *s* hell

infiltrar, in-fil-**trar** *v* to infiltrate

ínfimo, een-fe-mo *a* lowest; vilest

inflamar, in-flah-**mar** *v* to inflame

inflar, in-**flar** *v* to inflate; to swell

inflexible, in-flek-**see**-blay *a* inflexible; inexorable

inflligir, in-flé-**Heer** *v* to inflict

influir, in-floo´**eer** *v* to influence

influjo, in-**floo**-Ho *s* influence

influyente, in-floo-yen-tay *a* influential

informante, in-for-man-tay *s* informant

informar, in-for-**mar** *v* to inform

informe, in-**for**-may *s* information; report; *a* shapeless

infortunio, in-for-too-nee-o *s* misfortune

infractor, in-frahk-**tor** *s* infringer; transgressor

infringir, in-frin-**Heer** *v* to infringe

infructuoso, in-frook-too´o-so *a* fruitless

ínfulas, een-foo-lahs *s*

presumption; conceit

infundado, in-foon-**dah**-do *a* groundless

infundir, in-foon-**deer** *v* to infuse

ingeniar, in-Hay-ne-**ar** *v* to manage; to devise

ingeniero, in-Hay-ne-**ay**-ro *s* engineer

ingeniería, in-Hay-ne-ay-**ree**-ah *s* engineering

ingenio, in-**Hay**-ne-o *s* cleverness

ingenuidad, n-Hay-noo´e-**dahd** *s* ingenuousness; candour

ingerir, in-Hay-**reer** *v* to swallow

Inglaterra, een-glah-**tay**-rrah *s* England

ingle, een-**glay** *s* groin

inglés, een-**glays** *s & a* English

ingrato, in-**grah**-to *a* ungrateful; unpleasant

ingresar, in-gray-**sar** *v* to enter; (*fin*) to deposit; to pay in

ingreso, in-**gray**-so *s* admission; (*fin*) income; entry

inhábil, in-**ah**-bil *a* incapable; unqualified

inhabitado, in-ah-be-**tah**-do *a* uninhabited

inhalar, in-ha-**lar** *v* to

inhale

inhibición, in-e-be-the-**on** *s* inhibition

inhibir, in-e-**beer** *v* to inhibit; to prohibit

inhumación, in-oo-mah-the-**on** *s* burial

inhumano, in-oo-**mah**-no *a* inhuman

inicial, in-e-the-**al** *a* initial

iniciar, in-e-the-**ar** *v* to initiate

iniciativa, in-e-the-a-te-vah *s* initiative

inicuo, in-ee-koo´o *a* iniquitous

injertar, in-Hair-**tar** *v* to graft

injuriar, in-Hoo-re-**ar** *v* to injure; to insult; to wrong

inmaculado, in-mah-koo-**lah**-do *a* pure; spotless

inmanejable, in-mah-nay-**Hah**-blay *a* unruly

inmediato*, in-may-de-**ah**-to *a* immediate

inmenso, in-**men**-so *a* immense; boundless

inmerecido, in-may-ray-**thee**-do *a* undeserved

inmergir, in-mair-**Heer** *v* to immerse

inmigración, in-mee-grah-the´on *s* immigration

inmiscuir, in-miss-koo´eer *v* to meddle with; to interfere

inmoral, in-mo-rahl *a* immoral; licentious

inmortal, in-mor-tahl *a* immortal; everlasting

inmóvil, in-mo-vil *a* motionless

inmovilizar, in-mo-vil-e-thar *v* to immobilize

inmueble, in-moo´ay-blay *s* immovable property

inmundo, in-moon-do *a* filthy; obscene

inmune, in-moo-nay *a* immune

inmutar, in-moo-tar *v* to change; to alter

innato, in-nah-to *a* inborn

innegable, in-nay-gah-blay *a* undeniable

innoble, in-no-blay *a* ignoble; of obscure birth

inobediente, in-o-bay-de-en-tay *a* disobedient

inobservancia, in-ob-sair-vahn-the-ah *s* inadvertency

inodoro, in-o-do-ro *a* odourless

inquietar, in-key-ay-tar *v* to worry

inquietud, in-ke-ay-tood *s* inquietude; restlessness

inquilino, in-ke-lee-no *s* tenant; lodger

inquina, in-kee-nah *s* aversion

inquirir, in-ke-reer *v* to enquire; to search

insaciable, in-sah-the-ah-blay *a* insatiable

insalubre, in-sah-loo-bray *a* unhealthy

insano, in-sah-no *a* insane; mad

inscribir, ins-kre-beer *v* to inscribe; to register; to enrol

insecto, in-sek-to *s* insect

inseguro, in-say-goo-ro *a* unsafe; uncertain

insensatez, in-sen-sah-teth *s* stupidity

insensible, in-sen-see-blay *a* senseless; insensitive

insepulto, in-say-pool-to *a* unburied

inservible, in-sair-vee-blay *a* unserviceable; useless

insidioso, in-se-de-oh-so *a* insidious

insigne, in-sig-nay *a* notable; noted

insignia, in-sig-ne-ah *s* decoration; badge

insinuar, in-se-noo´ar *v* to insinuate; to suggest

insipidez, in-se-pe-deth *s* insipidity

insistir, in-sis-teer *v* to insist; to dwell upon

insociable, in-so-the-ah-blay *a* unsociable

insolación, in-so-lah-the-on *s* sun-stroke

insolente, in-so-len-tay *a* insolent

insólito, in-so-le-to *a* unwonted; unusual

insomnio, in-som-ne-o *s* sleeplessness

insoportable, in-so-por-tah-blay *a* intolerable; unbearable

insostenible, in-sos-tay-nee-blay *a* untenable

inspeccionar, ins-pek-the-o-nar *v* to inspect; to oversee

inspirar, ins-pe-rar *v* to inspire; to induce

instante, ins-tahn-tay *s* instant; moment

instar, ins-tar *v* to press; to urge

instaurar, ins-tah´oo-rar *v* to restore; to re-establish

instituir, ins-te-too´eer *v* to institute

institutriz, ins-te-too-treeth *s* governess

instruir, ins-troo´eer *v* to instruct; to inform; to drill

insubordinar, in-soo-bor-de-**nar** v to rebel

insufrible, in-soo-**free**-blay a insufferable

insulso, in-**sool**-so a tasteless; dull

insulto, in-**sool**-to s insult

insustancial, in-soos-stahn-the-**al** a insubstantial

intacto, in-**tahk**-to a untouched; intact

integración, in-te-grah-the-**on** s integration

integral, in-te-**grahl** a wholemeal

integrar, in-te-**grar** v to integrate

íntegro in-**te**-gro a intact.

intemperie, in-tem-**pay**-re-ay s bad weather; **a la —,** ah lah — outdoors

intempestivo, in-tem-pes-**tee**-do a unseasonable; ill-timed

intencionado, in-ten-the-o-**nah**-do a inclined; disposed

intento, in-**ten**-to s intent; design

interceder, in-tair-thay-**dair** v to intercede

interdecir, in-tair-day-**theer** v to prohibit

interés, in-tay-**ress** s interest; profit; share; concern

ínterin, een-tay-rin adv meanwhile

interino, in-tay-**ree**-no a provisional; temporary

interior, in-tay-re-**or** a interior

internar, in-tair-**nar** v to penetrate inland

interpelar, in-tair-pay-**lar** v to appeal to; to interpellate

interponer, in-tair-po-**nair** v to interpose

intérprete, in-**tair**-pray-tay s interpreter

interrogar, in-tair-rro-**gar** v to interrogate; to question

interrumpir, in-tair-rroom-**peer** v to interrupt

intervalo, in-tair-**vah**-lo s interval

intervenir, in-tair-vay-**neer** v to intervene

interventor, in-tair-ven-**tor** s inspector

intestino, in-tess-**tee**-no s intestine

intimidar, in-te-me-**dar** v to intimidate

íntimo, een-**te**-mo a innermost; intimate

intraducible, in-trah-doo-**thee**-blay a untranslatable

intransigente, in-trahn-se-**H**en-tay a uncompromising

intransitable, in-trahn-se-**tah**-blay a impassable

intratable, in-trah-**tah**-blay a intractable

intrépido, in-**tray**-pe-do a fearless; dauntless

intrigar, in-tre-**gar** v to intrigue; to plot

intrincar, in-trin-**kar** v to entangle; to involve

introducir, in-tro-doo-**theer** v to introduce

intruso, in-**troo**-so s intruder; a intrusive

inundar, in-oon-**dar** v to inundate; to flood

inusitado, in-oo-se-**tah**-do a unusual

inútil, in-**oo**-til a useless

inutilizar, in-oo-te-le-**thar** v to render useless

invadir, in-vah-**deer** v to invade

inválido, in-**vah**-le-do a weak; invalid; null; disabled

invasor, in-vah-**sor** s invader

invencible, in-ven-**thee**-blay a unconquerable

invendible, in-ven-**dee**-blay a unsaleable

inventario, in-ven-**tah**-re-o s inventory

inventiva, in-ven-tee-**vah** s inventiveness; ingenuity; resourcefulness

invernáculo, in-vair-**nah**-koo-lo s hot-house

invernada, in-vair-**nah**-dah s winter season

invernal, in-vair-**nahl** a wintry

inverosímil, in-vay-ro-**see**-mil a unlikely

invertir, in-vair-**teer** v to invert; to invest

investigación, in-vess-te-ga-the-**on** s investigation

investigar, in-vess-te-**gar** v to investigate

invicto, in-**veek**-to a unconquerable

invierno, in-ve-**air**-no s winter

invitación, in-ve-tah-the-**on** s invitation

invitar, in-ve-**tar** v to invite; to treat

invocar, in-vo-**kar** v to invoke

involuntario, in-vo-loon-**tah**-re-o a involuntary

inyectar, in-yek-**tar** v to inject

ir, eer v to go; to travel; to leave

ira, ee-rah s anger; wrath

iracundo, e-rah-**koon**-do a enraged; furious

iris, ee-riss s rainbow; iris

ironía, e-ro-**nee**-ah s irony

irrazonable, ir-rrah-tho-**nah**-blay a unreasonable

irrecuperable, ir-rray-koo-pay-**rah**-blay a irrecoverable

irrecusable, ir-rray-koo-**sah**-blay a unimpeachable; incontrovertible

irreflexión, ir-rray-flek-the-**on** s rashness

irreffutable, ir-rray-foo-**tah**-blay a irrefutable

irregular, ir-rray-goo-**lar** a abnormal; irregular

irremediable, ir-rray-may-de-**ah**-blay a incurable; helpless

irreprensible, ir-rray-pren-**see**-blay a irreproachable

irresoluble, ir-rray-so-**loo**-blay a irresolute

irresponsable, ir-rress-pon-**sah**-blay a irresponsible

irrigar, ir-rre-**gar** v to irrigate

irrisible, ir-rre-**see**-blay a laughable; absurd

irritar, ir-rre-**tar** v to irritate

isla, eess-lah s isle; island

isleño, iss-**lay**-n´yo s islander

islote, iss-**lo**-tay s small island

istmo, eest-mo s isthmus

Italia, e-ta-le´ah s Italy

itinerario, i-te-nay-**rah**-re-o s itinerary; timetable

izar, e-**thar** v to hoist; to raise

izquierdo, ith-ke-**air**-do a left-handed; left

J

jabalí, Hah-bah-lee *s* wild boar

jabalina, Hah-bah-lee-nah *s* wild sow; javelin

jabón, Hah-bon *s* soap

jabonado, Hah-bo-**nah**-do *s* soaping; wash

jabonar, Hah-bo-**nar** *v* to soap

jabonería, Hah-bo-nay-ree-ah *s* soap factory

jaca, Hah-kah *s* pony

jacinto, Hah-**theen**-to *s* hyacinth

jaco, Hah-ko *s* nag; small horse

jactancia, Hahk-**tahn**-the-ah *s* boasting

jactarse, Hahk-**tar**-say *v* to boast

jadear, Hah-day-ar *v* to pant; to gasp

jaez, Hah-**eth** *s* harness; kind; quality

jalea, Hah-**lay**-ah *s* jelly

jalear, Hah-lay-**ar** *v* to shout; to urge on

jalón, Hah-**lon** *s* stake; stage

jamás, Hah-**mahs** *adv* never

jamón, Hah-**mon** *s* ham

jaque, Hah-**kay** *s* check at chess

jaqueca, Hah-**kay**-kah *s* migraine; headache

jarabe, Hah-**rah**-bay *s* syrup

jardín, Har-**deen** *s* garden

jardinería, Har-de-nay-ree-ah *s* gardening

jardinero, Har-de-**nay**-ro *s* gardener

jarra, Har-rrah *s* jar; pitcher

jarrete, Har-**rray**-tay *s* hock

jarro, Har-rro *s* jug

jaula, Hah´oo-lah *s* cage; cell

jayán, Hah-**yahn** *s* tall, robust person

jazmín, Hath-**meen** *s* jasmine

jefe, Hay-fay *s* chief; head; boss; leader

jengibre, Hen-**hee**-bray *s* ginger

jerarquía, Hay-rar-kee-ah *s* hierarchy

jerez, Hay-**reth** *s* sherry

jerga, Hair-gah *s* coarse cloth; jargon; slang

jergón, Hair-gon *s* straw mattress

jerigonza, Hay-re-gon-thah *s* gibberish

jeringa, Hay-**reen**-gah *s* syringe

jersey Hayr-**say**-e *s* pullover; jersey

jibia, Hee-be-ah *s*

cuttlefish

jícara, Hee-kah-rah *s*
small cup

jilguero, Hil-gay-ro *s*
goldfinch

jinete, He-nay-tay *s*
horseman

jira, Hee-rah *s* tour;
picnic; strip of cloth

jirafa, He-rah-fah *s* giraffe

jirón, He-ron *s* rag; tatter

jocoso*, Ho-ko-so *a*
humorous; comic

jornada, Hor-nah-dah *s*
journey; stage;
expedition; working
day; shift

jornal, Hor-nahl *s* day's
work; (day) wages

joroba, Ho-ro-bah *s*
hump; importunity

jorobado, Ho-ro-bah-do *s*
hunchback

jorobar, Ho-ro-bar *v* to
annoy; tó bother

jota, Ho-tah *s* iota; jot;
Spanish dance

joven, Ho-ven *s* youth;
young man or woman; *a*
young

jovial, Ho-ve-ahl *a* jovial;
jolly

joya, Ho-yah *s* jewel; gem

joyería, Ho-yay-ree-ah *s*
jewellery; jeweller's shop

joyero, Ho-yay-ro *s*

jeweller

juanete, Hoo´ah-nay-tay *s*
cheek-bone; bunion

jubilación, Hoo-be-lah-
the-on *s* retirement

jubilar, Hoo-be-lar *v* to
pension off; to retire

júbilo, Hoo-be-lo *s* joy;
rejoicing

jubón, Hoo-bon *s* doublet;
jacket

judas, Hoo-dahs *s* traitor

judía, Hoo-dee-âh *s*
French bean

judicial, Doo-de-the-ahl *a*
judicial

judío, Hoo-dee-o *s & a*
Jew; Jewish

juego, H´ay-go *s* play;
game; set

jueves, Hoo´ay-vess *s*
Thursday

juez, Hoo-eth *s* judge

jugada, Hoo-gah-dah *s*
play; move

jugar, Hoo-gar *v* to play;
to gamble; to trifle; to
mock

jugo, Hoo-go *s* sap; juice

jugoso, Hoo-go-so *a* juicy;
succulent

juguete, Hoo-gay-tay *s*
toy; trinket; joke

juguetear, Hoo-gay-tay-ar
v to play; to romp

juguetón, Hoo-gay-ton *a*

playful

juicio, Hoo´ee-the-o *s*
judgment

juicioso, Hoo´e-the-o-so *a*
judicious˙

julio, Hoo-le-o *s* July

jumento, Hoo-men-to *s*
donkey; stupid person

juncal, Hooh-kahl *s*
ground full of rushes

junco, Hoon-ko *s* rush

junio, Hoo-ne-o *s* June

junta, Hoon-tah *s*
assembly; council;
meeting

juntar, Hoon-tar *v* to join

junto, Hoon-to *adv* near;
close to; together

juntura, Hoon-too-rah *s*
junction; joint

jurado, Hoo-rah-do *s* jury;
juror; *a* sworn

juramento, Hoo-rah-men-
to *s* oath

jurar, Hoo-rar *v* to swear;
to declare upon

jurista, Hoo-riss-tah *s*
jurist; lawyer

justa, Hooss-tah *s* joust;
tournament

justicia, Hooss-tee-the-ah
s justice; equity

justificado, Hooss-te-fe-
kah-do *a* justified

justificar, Hooss-te-fe-kar
v to justify

justipreciar, *H*ooss-te-
pray-the-**ar** *v* to
estimate; to appraise

justo*, *H*ooss-to *adv*
justly; tightly; *a* just;
lawful; correct

juvenil, *H*oo-vay-**neel** *a*
juvenile

juventud, *H*oo-ven-**tood** *s*
youthfulness; youth

juzgado, *H*ooth-**gah**-do *s*
court; tribunal;
judicature

juzgar, *H*ooth-**gar** *v* to
judge

K

kilo, ke-lo s kilo

kilogramo, ke-lo-**grah**-mo
 s kilogramme

kilómetro, ke-**lo**-may-tro s
 kilometre

kiosco, ke-**os**-ko s kiosk

L

la, lah feminine article, the; *pron* her, it

laberinto, lah-bay-**reen**-to s maze

labio, lah-**be**-o s lip

labor, lah-**bor** s labour; task; work; toil

laborioso*, lah-bo-re-o-so a laborious; industrious

labrado, lah-**brah**-do s cultivated land; a worked

labrador, lah-brah-**dor** s labourer; farmer; peasant

labrar, lah-**brar** v to plough; to till; to carve

labriego, lah-bre-ay-go s peasant

laca, lah-kah s lacquer; (pelo) hairspray; (uñas) nail varnish

lacayo, lah-**kah**-yo s lackey

lacerar, lah-thay-**rar** v to tear in pieces; to damage

lacio, lah-**the**-o a languid; straight (hair)

lacra, lah-krah s scar; fault

lacrar, lah-**krar** v to seal (with sealing wax)

lacre, lah-kray s sealing wax

lácteo, lahk-tay-o a dairy; milky

ladear, lah-day-**ar** v to tilt; to incline on one side

ladera, lah-**day**-rah s hillside; slope

ladilla, lah²dee-l´yah s crab-louse

ladino, lah-dee-no a cunning

lado, lah-do s side

ladrar, lah-**drar** v to bark

ladrillo, lah-**dree**-l´yo s brick

ladrón, lah-**dron** s thief

ladronera, lah-dro-**nay**-rah s den of thieves

lagarto, lah-**gar**-to s lizard

lago, lah-go s lake

lágrima, lah-gre-mah s tear; drop

laguna, lah-**goo**-nah s lagoon; pool; gap

lagunoso, lah-goo-**no**-so a marshy

lama, lah-mah s mud; slime

lamentar, lah-men-**tar** v to lament; to feel sorry about; to regret

lamento, lah-**men**-to s lamentation; moan

lamer, lah-**mair** v to lick; to lap

lámina, lah-me-nah s plate; sheet

laminar, lah-me-**nar** v to roll metal into sheets; to laminate

lámpara, lahm-pah-rah s lamp

lamparilla, lahm-pah-ree-l´yah s small lamp

lampiño, lahm-pee-n´yo a beardless; hairless

lana, lah-nah s wool

lanar, lah-**nar** a woolly

lance, lahn-thay s cast; occurrence

lancero, lahn-thay-ro s lancer

lancha, lahn-chah s barge; lighter; launch

lanero, lah-nay-ro s dealer in wool; a woollen

langosta, lahn-gos-tah s lobster

langostíno, lahn-gos-tee-no s prawn; king prawn

languidecer, lahn-ghe-day-**thair** v to languish

lanilla, lah-nee-l´yah s fine flannel

lanoso, lah-no-so a woolly

lanza, lahn-thah s lance; spear

lanzadera, lahn-thah-day-rah s shuttle

lanzar, lahn-thar v to throw; to dart; to launch

laña, lah-n´yah s clamp

lapa, lah-pah s limpet; pest

lápida, lah-pe-dah s memorial stone

lápiz, lah-pith s pencil

lardar, lar-dar v to baste with lard

lardo, lar-do s lard

larga, lar-gah s length; a **la** —, **ah lah** —, in the long run

largamente, lar-gah-men-tay adv for a long time

largar, lar-gar v to give; to sack

largo, lar-go a long

largor, lar-gor s length

largueza, lar-gay-thah s largesse

largura, lar-goo-rah s length

laringe, lah-reen-Hay s larynx

lascivia, lahs-thee-ve-ah s lasciviousness; lust

láser, lah-sayr s laser

laso, lah-so a weary; weak

lástima, lahs-te-mah s compassion; pitiful object

lastimar, lahs-te-mar v to wound; to offend; to harm

lastimero, lahs-te-may-ro a sad; pitiful

lastrar, lahs-trar v to ballast; to burden

lastre, lahs-tray s ballast

lata, lah-tah s tin plate; lath; can

latente, lah-ten-tay a latent

latido, lah-tee-do s beat; palpitation; throbbing

látigo, lah-te-go s whip

latir, lah-teer v to palpitate; to beat

lato, lah-to a wide; extensive

latón, lah-ton s brass

latrocinio, lah-tro-thee-ne-o s larceny; theft

laúd, lah´ood s lute

láudano, lah´oo-dah-no s laudanum

laudo, lah´oo-do s award, finding (of a tribunal, etc)

laurel, lah´oo-rel s laurel

lauro, lah´oo-ro s glory

lavadero, lah-vah-day-ro s laundry

lavadora, lah-vah-do-rah s washing machine

lavadura, lah-vah-doo-rah s wash; washing

lavamanos, lah-vah-mah-nos s washing-stand

lavandera, lah-vahn-day-rah s laundress; washerwoman

lavandería, lah-vahn-day-ree-ah s laundry; — **automática** ah-oo-to-**mah**-te-ka s launderette.

lavaplatos, lah-vah-plah-tos s dishwasher

lavar, lah-var v to wash

lavatorio, lah-vah-to-re-o s washstand

laxante, lahk-sahn-tay s laxative

laxar, lahk-sar v to loosen; to ease

laxitud, lahk-se-**tood** s
laxity

laxo, lahk-so a lax; slack

laya, lah-yah s kind; spade

lazada, lah-**thah**-dah s
bow; knot

lazo, lah-**tho** s knot; snare

le, lay *pers pron* (to) him;
(to) her; him; her

leal, lay-**ahl** a loyal

lealtad, lay-ahl-**tahd** s
loyalty

lebrato, lay-**brah**-to s
leveret

lebrel, lay-**brel** s
greyhound

lebrillo, lay-bree-l´yo s
earthenware tub

lección, lek-the-**on** s
lesson; lecture; class

lectura, lek-**too**-rah s
reading

lecha, lay-chah s roe

leche, lay-chay s milk

lechería, lay-chay-**ree**-ah s
dairy

lecho, lay-cho s bed;
couch

lechón, lay-**chon** s sucking
pig

lechuga, lay-**choo**-gah s
lettuce

lechuza, lay´-**choo**-thah s
owl

leer, lay-**air** v to read

legado, lay-**gah**-do s
legate; legacy

legajo, lay-**gah**-Ho s file;
bundle (of papers)

légamo, lay-gah-mo s
slime; mud

legaña, lay-**gah**-n´yah s
sleep; sleepy-dust

legar, lay-**gar** v to
bequeath; to leave

legatario, lay-gah-**tah**-re-o
s legatee

legislar, lay-Hiss-**lar** v to
legislate

legítimo*, lay-**Hee**-te-mo
a legitimate; genuine

lego, lay-go s layman; lay-
brother; a lay; ignorant

legua, lay-**goo**-ah s league

legumbre, lay-**goom**-bray s
vegetables; pulse

leído, lay-ee-do a well-
read

lejano, lay-**Hah**-no a
distant; remote

lejos, lay-Hos adv far; far
away

lelo, lay-lo a speechless

lema, lay-mah s theme;
motto

lencería, len-thay-**ree**-ah s
draper's (shop); lingerie

lencero, len-**thay**-ro s
draper

lengua, len-**goo**-ah s
tongue; language; idiom

lenguado, len-goo´-**ah**-do s
sole (fish)

lenguaje, len-goo´-**ah**-Hay
s language; speech

lenguaz, len-goo´-**ath** a
talkative

lengüeta, len-goo´-**ay**-tah s
small tongue; epiglottis

lenidad, lay-ne-**dahd** s
lenience

lente, len-tay s lens

lenteja, len-tay-Hah s
lentil

lentitud, len-te-**tood** s
slowness

lento, len-to a slow

leña, lay-n´yah s fire-
wood

leñador, lay-n´yah-**dor** s
woodman; woodcutter

leñero, lay-n´**yay**-ro s
timber-merchant

leño, lay-n´yo s log;
blockhead

león, lay-**on** s lion

leona, lay-o-nah s lioness

lepra, lay-prah s leprosy

lerdo, lair-do a slow; dull

lesbiana, lays-be´**ah**-nah s
lesbian

lesión, lay-se-**on** s wound;
injury

letanía, lay-tah-**nee**-ah s
litany

letargo, lay-**tar**-go s
lethargy

letra, lay-**trah** s letter;

type; draft; bill

letrado, lay-**trah**-do s lawyer; a learned

letrero, lay-**tray**-ro s label; inscription; notice; poster

letrina, lay-**tree**-nah s privy

leva, lay-vah s act of weighing anchor; levy; lever

levadizo, lay-vah-**dee**-tho a that can be raised

levadura, lay-vah-**doo**-rah s leaven; yeast

levantado, lay-vahn-**tah**-do a raised; up

levantamiento, lay-vahn-tah-me-en-to s elevation; lifting

levantar, lay-vahn-**tar** v to raise; to lift

levante, lay-**vahn**-tay s east; east wind

levar, lay-**var** v to weigh anchor

leve, lay-vay a light

levedad, lay-vay-**dahd** s levity

ley, lay´e s law

leyenda, lay-yen-dah s legend; slogan

liar, le-ar v to tie; to bind

libar, le-**bar** v to sip; to suck

libelo, le-bay-lo s

lampoon; libel; petition

libertad, le-bair-**tahd** s freedom; liberty

libertador, le-bair-tah-**dor** s liberator

libertar, le-bair-**tar** v to free; to deliver

libertinaje, le-bair-te-nah-**Hay** s licentiousness

libidinoso*, le-be-de-no-so a lustful

libra, lee-brah s pound

librado, le-**brah**-do s drawee

librador, le-**brah**-dor s drawer

libramiento, le-brah-me-en-to s order of payment

libranza, le-**brahn**-thah s draft; bill; time off

librar, le-**brar** v to free; to deliver; to exempt; to draw

libre, lee-bray a free; clear; licentious

librea, le-bray-ah s livery

librería, le-bray-**ree**-ah s bookshop; bookcase

librero, le-bray-ro s bookseller

libreta, le-bray-tah s notebook

libro, lee-bro s book

licenciar, le-then-the-**ar** v to permit; to allow; to license; to discharge

licitar, le-the-**tar** v to bid (at auction)

lícito, lee-the-to a lawful; licit

licor, le-**kor** s liquor; liqueur

licorista, le-ko-**riss**-tah s liquor dealer

licuación, le-koo´ah-the-**on** s liquefaction

licuar, le-koo´**ar** v to liquefy

lidiar, le-de-**ar** v to fight

liebre, le-ay-bray s hare

lienzo, le-en-tho s linen; canvas

liga, lee-gah s garter; bird lime; league; alloy

ligadura, le-gah-**doo**-rah s ligature

ligar, le-**gar** v to bind; to alloy

ligazón, le-gah-**thon** s tie; union; beam

ligereza, le-**Hay**-ray-**thah** s lightness; indiscretion; agility

ligero, le-**Hay**-ro a light; swift

lijar, le-**Har** v to sand

lila, lee-lah s lilac tree or flower

lima, lee-mah s lime tree; file

limadura, le-mah-**doo**-rah s filing

limar, le-**mar** v to file; to
polish

limbo, leem-bo s limbo;
limb

limitar, le-me-**tar** v to
limit; to restrict; to
reduce

límite, lee-me-tay s limit;
boundary

limítrofe, le-**mee**-tro-fay a
neighbouring

limpiaparabrisas, leem-
pe-ah-pah-rah-**bre**-sahs
s windscreen wiper

limo, lee-mo s slime; mud

limón, le-**mon** s lemon

limosna, le-**mos**-nah s
alms

limosnero, le-mos-**nay**-ro
s almoner; a charitable

limoso, le-**mo**-so a slimy;
muddy

limpia, limpiadura, leem-
pe-ah lim-pe-ah-**doo**-rah
s cleaning

limpiar, lim-pe-**ar** v to
clean; to wipe

limpieza, lim-pe-**ay**-thah s
cleanliness; purity;
clean; cleaning

limpio, leem-pe-o a clean;
pure; clear; tidy

linaje, le-**nah**-Hay s
lineage

linaza, le-**nah**-thah s
linseed

lince, leen-thay s lynx

lindante, lin-**dahn**-tay a
bordering

lindar, lin-**dar** v to be
contiguous; to adjoin

lindero, lin-**day**-ro a
bordering

lindeza, lin-**day**-thah s
elegance; prettiness

lindo, leen-do a pretty;
fine

línea, lee-nay-ah s line;
boundary

lingote, lin-go-tay s ingot

lino, lee-no s flax; linen;
canvas

linterna, lin-tair-nah s
lantern

lío, lee-o s bundle; parcel

liquen, lee-ken s lichen

liquidar, le-ke-dar v to
liquefy; to liquidate

líquido, lee-ke-do s liquid;
fluid; (tin) cash; a
liquid; fluid; net

lira, lee-ra s lyre

lirio, lee-re-o s lily; iris

lirón, le-**ron** s dormouse

lis, leess s lily

lisiar, le-se-**ar** v to cripple;
to hurt

liso, lee-so a plain; even;
flat

lisonja, le-son-Hah s
flattery

lisonjear, le-son-Hay-**ar** v

to flatter

lisonjero, le-son-**Hay**-ro s
flatterer

lista, liss-tah s list;
catalogue; roll

listar, liss-tar v to list

listo, liss-to a ready;
clever

listón, liss-ton s ribbon;
tape; strip; lath

lisura, le-**soo**-rah s
smoothness; evenness;
sincerity

litera, le-tay-rah s litter;
berth; bunk

literato, le-tay-**rah**-to s
writer

literatura, le-tay-rah-**too**-
rah s literature

litigar, le-te-**gar** v to
dispute; to fight

litigio, le-tee-He-o s
litigation; lawsuit

litografía, le-to-grah-**fe**-ah
s lithography

litoral, le-to-**rahl** s littoral;
coast; shore

litro, lee-tro s litre

liviano, le-ve-**ah**-no a
light; fickle; lewd

lividez, le-ve-**deth** s
lividness

lo, lo neuter art the; pers
pron him; it; a

loa, lo-ah s praise

loable, lo-ah-**blay** a

praiseworthy

loar, lo-**ar** v to praise

loba, lo-bah s she-wolf

lobato, lo-bah-to s wolf cub

lobo, lo-bo s wolf

lóbrego, lo-bray-go a murky; gloomy

lóbulo, lo-boo-lo s lobe

local, lo-kahl s premises; site; a local

localidad, lo-kah-le-dahd s locality

localización, lo-kah-le-thah-the´on s location

loco, lo-ko a mad; crazy

locuaz, lo-koo´ahth a loquacious

locura, lo-koo-rah s madness; insanity

locutorio, lo-koo-to-re-o s parlour; visiting-room

lodo, lo-do a mud; mire

lógica, lo-He-kah s logic

lograr, lo-**grar** v to gain; to get

logro, lo-gro s achievement; success; profit

loma, lo-mah s hillock

lomo, lo-mo s back; loin

lona, lo-nah s canvas

Londres, lon-drays s London

longevo, lon-H ay-vo a long-lived

longitud, lon-He-tood s length; longitude

lonja, lon-Hah s exchange; slice (of meat)

lonjista, lon-H iss-tah s grocer

lontananza, lon-tah-nahn-thah s distance

loquear, lo-kay-**ar** v to play the fool

loro, lo-ro s parrot

los, los plur art the; pron them

losa, lo-sah s flag-stone; slab

lote, lo-tay s lot; share; part

lotería, lo-tay-ree-ah s lottery

loza, lo-thah s chinaware; crockery

lozanía, lo-thah-**nee**-ah s luxuriance; freshness

lozano, lo-**than**-no a luxuriant; sprightly

lúbrico, loo-bre-ko a slippery; lewd

lucerna, loo-**thair**-nah s glow-worm

lúcido*, loo-the-do a lucid; brilliant

lucir, loo-**theer**, to shine; to illuminate; to dress well

lucrativo, loo-krah-tee-vo

a lucrative

lucro, loo-kro s gain; profit; lucre

luctuoso, look-too´o-so a sad; mournful

lucha, loo-chah s struggle; strife; fight

luchar, loo-**char** v to fight; to struggle; to wrestle

luego, loo´ay-go adv then; next; later

lugar, loo-**gar** s place; spot; town; village; space

lugareño, loo-gah-**ray**-n´yo s villager

lugarteniente, loo-gar-tay-ne-**en**-tay s deputy; lieutenant

lúgubre, loo-goo-bray a sad; lugubrious

lujo, loo-Ho s luxury

lujuria, loo-H oo-re-ah s lewdness; lust

lujurioso*, loo-Hoo-re-o-so a lustful

lumbre, loom-bray s fire; light

luminar, loo-me-**nar** s luminary

luminaria, loo-me-nah-re-ah s illumination

luna, loo-nah s moon; plate-glass

lunar, loo-**nar** s mole; blemish; a lunar

lunes, loo-ness s Monday

luneta, loo-nay-tah s orchestra stall

lustrar, looss-trar v to shine; to polish

lustro, looss-tro s lustrum; period of five years

luto, loo-to s mourning; sorrow

luz, looth s light

llaga, l'yah-gah s sore; wound

llagar, l'yah-gar v to wound; to hurt

llama, l'yah-mah s flame; blaze; llama

llamada, l'yah-mah-dah s call; marginal note; knock

llamar, l'yah-mar v to call; to name; to invoke

llamarada, l'yah-mah-rah-dah s blaze; flare-up

llana, l'yah-nah s trowel; plain

llaneza, l'yah-nay-thah s plainness; simplicity

llano*, l'yah-no a plain; level; even; simple

llanta, l'yahn-tah s tyre

llanto, l'yahn-to s crying; tears

llanura, l'yah-noo-rah s evenness; prairie

llave, l'yah-vay s key; lock (of a gun); tap; (*elec*) switch

llavero, l'yah-vay-ro s key-ring

llavín, l'yah-veen s latch-key

llegada, l'yah-gah-dah s arrival

llegar, l'yay-gar v to arrive; to reach

llegarse, l'yay-gar-say v to approach; to run over

llenar, l'yay-nar v to fill; to occupy; to satisfy

lleno, l'yay-no a full

llevadero, l'yay-vah-day-ro a tolerable

llevar, l'yay-var v to carry; to convey; to bear; to lead

llorar, l'yo-rar v to weep; to mourn; to cry

lloro, l'yo-ro s weeping

lloroso, l'yo-ro-so a mournful; tearful

llovediza, l'yo-vay-dee-thah s rain-water

llover, l'yo-vair v to rain; to shower

llovizar, l'yo-vith-nar v to drizzle

lluvia, l'yoo-ve-ah s rain

lluvia ácida, l'yoo-ve-ah ah-the-dah s acid rain

lluvioso, l'yoo-ve-o-so a rainy; showery

maca, mah-kah s bruise (in fruit); stain

macarrones, mah-kar-**rro**-ness s macaroni

macarse, mah-kar-say v (fruit) to rot

maceta, mah-thay-tah s flower-pot

macizo, mah-**thee**-tho a solid; massive; s (geog) massif

machacar, mah-chah-**kar** v to crush; to harp (on a subject); to keep on about

machacón, mah-chah-kon a insistent; repetitive

machete, mah-chay-tay s machete; large knife

machista, mah-**chiss**-tah s & a chauvinist

macho, mah-cho s male

machorra, mah-chor-rrah s barren woman

madeja, mah-day-**Hah** s skein; hank

madera, mah-day-rah s timber; wood

maderaje, mah-day-rah-**Hay** s timber; woodwork

madero, mah-day-ro s beam; log

madrastra, mah-**drahs**-trah s stepmother

madraza, mah-**drah**-thah s devoted mother

madre, mah-dray s mother

madreselva, mah-dray-**sel**-vah s honeysuckle

madriguera, mah-dre-**gay**-rah s burrow; den

madrina, mah-**dree**-nah s godmother

madrugada, mah-droo-**gah**-dah s dawn; early morning

madrugar, mah-droo-**gar** v to get up early; (fig) to get ahead

madurar, mah-doo-**rar** v to ripen; to mature

madurez, mah-doo-**reth** s maturity

maduro, mah-**doo**-ro a mature; ripe

maestra, mah-**ess**-trah s teacher

maestre, mah-**ess**-tray s grand master of a military order

maestría, mah-ess-**tree**-ah s mastery; skill; expertise

maestro, mah-**ess**-tro s master; teacher

mágico, mah-**He**-ko a magical

magistrado, mah-**Hiss**-trah-do s magistrate

magnánimo, mahg-**nah**-ne-mo a magnanimous

magnesia, mahg-nay-se-ah s magnesia

magnético, mahg-nay-te-ko a magnetic

magnífico, mahg-nee-fe-ko a magnificent; marvelous; superb

magno, mahg-no a great

mago, mah-go s magician

magra, mah-grah s slice of

bacon; rasher

magro, mah-gro *a* lean; meagre

magullar, mah-goo-l´yar *v* to bruise; to mangle

maíz, mah-**eeth** *s* maize; corn

majadería, mah-Hah-day-ree-ah *s* foolishness

majestad, mah-Hess-**tahd** *s* majesty

majo, mah-Ho *a* nice; good-looking; pretty

majuelo, mah-Hoo´ay-lo *s* hawthorn

mal, mahl *adv* badly; *s* evil; illness; *a* ill; bad

malbaratar, mahl-bah-rah-tar *v* to squander

malcontento, mahl-con-ten-to *a* discontented

malcriado, mahl-kre-ah-do *a* rude; bad-mannered

maldad, mahl-**dahd** *s* wickedness

maldecir, mahl-day-**theer** *v* to curse; to swear

maldición, mahl-de-the-**on** *s* curse; damnation

maldito, mahl-**dee**-to *a* cursed; wicked; perverted

malecón, mah-lay-**kon** *s* embankment; mole; dike

maledicencia, mah-lay-de-**then**-the-ah *s* slander

maleficio, mah-lay-**fee**-the-o *s* witchcraft; curse

maléfico, mah-lay-fe-ko *a* evil; damaging; harmful

malestar, mah-less-**tar** *s* uneasiness; discomfort

maleta, mah-**lay**-tah *s* suitcase; case

malévolo, mah-**lay**-vo-lo *a* malevolent

maleza, mah-**lay**-thah *s* weeds; undergrowth

malgastar, mahl-gahs-**tar** *v* to waste

malhablado, mahl-ah-**blah**-do *a* foul-mouthed

malhecho, mahl-**ay**-cho *s* misdeed; *a* ugly; misshapen

malhechor, mahl-ay-**chor** *s* criminal; delinquent

malicia, mah-le-the-a *s* wickedness

maligno, mah-**leeg**-no *a* malignant

malintencionado, mahl-in-ten-the-o-**nah**-do *a* malicious; spiteful

malmandado, mahl-mahn-**dah**-do *a* disobedient

malo, mah-lo *a* bad; evil

malograr, mah-lo-**grar** *v* to lose (an opportunity); to fail; to spoil; to ruin

malogro, mah-lo-gro *s* failure

malparado, mahl-pah-**rah**-do *a* impaired

malparto, mahl-**par**-to *s* miscarriage

malsano, mahl-**sah**-no *a* unwholesome; unhealthy

maltratar, mahl-trah-**tar** *v* to mistreat; to ill-treat

malva, mahl-vah *s* mallow

malvado, mahl-**vah**-do *a* wicked

malversar, mahl-vair-**sar** *v* to embezzle; to distort

malla, mah-l´yah *s* mesh of a net; tights

mamar, mah-**mar** *v* to suck; **dar de —,** dahr day — to breast-feed

mampara, mahm-**pah**-rah *s* screen; partition

manada, mah-nah-dah *s* herd

manadero, mah-nah-day-ro *s* shepherd

manantial, mah-nahn-te-**ahl** *s* source; spring

manar, mah-**nar** *v* to run with; to flow (from); *fig* to abound

mancar, mahn-**kar** *v* to maim

manceba, mahn-thay-bah

s concubine

mancebo, mahn-**thay**-bo s
youth; apprentice

mancillar, mahn-the-l′**yar**
v
to stain

manco, **mahn**-ko s
handless; armless

mancomún, mahn-ko-
moon adv jointly;
together

mancha, **mahn**-chah s
stain; blot

manchar, mahn-**char** v to
stain; to soil; to spot

manda, **mahn**-dah s
bequest

mandadero, mahn-dah-
day-ro s office boy;
messenger

mandado, mahn-**dah**-do s
order; commission;
message; errand

mandamiento, mahn-dah-
me-**en**-to s
commandment

mandar, mahn-**dar** v to
command; to order; to
transmit; to send

mandatario, mahn-dah-
tah-
re-o s agent; leader

mandato, mahn-**dah**-to s
mandate; order; warrant;
writ; command

mandil, mahn-**deel** s

apron

mando, **mahn**-do s order;
authority; command

mandón, mahn-**don** a
bossy; domineering

mandril, mahn-**dreel** s
mandrel; mandrill

manear, mah-nay-**ar** v
to hobble

manecilla, mah-nay-**thee**-
l′yah s hand; pointer

manejar, mah-nay-**Har** v
to manage; to handle; to
work

manejo, mah-nay-**Ho** s
management; intrigue;
confidence

manera, mah-**nay**-rah s
manner; way; fashion

manga, **mahn**-gah s
sleeve; water-spout;
round

mango, **mahn**-go s mango;
handle; haft

manguera, mahn-**gay**-rah
s hose; pipe

manguito, mahn-**ghee**-to s
muff; sleeve

manía, mah-**nee**-ah s
mania; dislike;
peculiarity

maniatar, mah-ne-ah-**tar** v
to handcuff

manicomio, mah-ne-ko-
me-o s mental hospital

manifestar, mah-ne-fess-

tar v to manifest; to
declare; to show

manifiesto, mah-ne-fe-
ess-to s (ship) manifest;
(politics) manifesto; a
evident; obvious

manija, mah-**nee**-Hah s
handle

manilargo, mah-ne-**lat**-go
a open-handed; liberal

manilla, mah-nee-l′yah s
bracelet; (watch) hand

maniobra, mah-ne-o-brah
s manœuvre

maniobrar, mah-ne-o-**brar**
v to manœuvre; to
operate

manipular, mah-ne-poo-
lar v to manipulate

maniquí, mah-ne-**kee** s
dummy; manikin

manir, mah-**neer** v to
hang

manirroto, mah-neer-**rro**-
to a extravagant; s
spendthrift

manivela, mah-ne-**vay**-lah
s crank

manjar, mahn-**Har** s dish;
special dish

mano, **man**-no s hand;
(paint) coat

manojo, mah-no-**Ho** s
bunch

manosear, mah-no-say-**ar**
v to handle; to touch; to

fiddle with; to mess up

manotear, mah-no-tay-**ar** v to slap; to gesticulate

mansedumbre, mahn-say-**doom**-bray s meekness; gentleness

mansión, mahn-se-**on** s mansion

manso, mahn-so a meek; gentle; tame

manta, mahn-tah s blanket; travelling rug

manteca, mahn-**tay**-kah s butter; lard; fat

mantecado, mahn-tay-**kah**-do s ice cream; (cake) lardy cake, bun

mantel, mahn-**tel** s tablecloth

mantelería, mahn-tay-lay-**ree**-ah s table linen

mantequera, mahn-tay-**kay**-rah s churn; butterdish

mantequilla, mahn-tay-**kee**-lyah s butter

mantilla, mahn-tee-l'yah s mantilla; head-shawl

mantillo, mahn-tee-**l'yo** s humus; mould

manto, mahn-to s cloak; mantle; stratum

manubrio, mah-noo-bre-o s handle; crank

manufactura, mah-noo-fahk-**too**-rah s

manufacture

manutención, mah-nooten-the-**on** s maintenance

manzana, mahn-**thah**-nah s apple; block of houses

manzanilla, mahn-thahnee-l'yah s camomile

maña, mah-n'yah s skill; dexterity; knack

mañana, mah-n'**yah**-nah adv tomorrow; s morning; morrow. **–por la –,** – por lah –, tomorrow morning

mañear, mah-n'yay-**ar** v to manage with cleverness

mañoso, mah-n'yo-so a dexterous; handy; crafty

mapa, mah-pah s map

máquina, mah-ke-nah s machine

maquinaria, mah-ke-**nah**-re-ah s machinery

maquinismo, mah-ke-**niss**-mo s mechanization

maquinista, mah-ke-**niss**-tah s engineer; operator

mar, mar s sea

maraña, mah-**rah**-n'yah s tangle; (fig) mess

maratón, mah-rah-**ton** s marathon

maravilla, mah-rah-vee-

l'yah s wonder; marigold

maravillar, mah-rah-vel'**yar** v to astonish; to be amazed

maravilloso, mah-rah-vel'**yo**-so a wonderful

marca, mar-kah s mark; stamp; sign; label; brand

marcar, mar-**kar** v to mark; to stamp; to label; to note; to score

marco, mar-ko s frame; framework

marcha, mar-chah s march; walk

marchamo, mar-**chah**-mo s customs mark; stamp

marchante, mar-**chahn**-tay s dealer; merchant

marchar, mahr-**chahr** v to go; to leave; to travel

marchitar, mar-che-**tar** v to wither; to fade

marea, mah-**ray**-ah s tide

mareo, mah-**ray**-o s seasickness; travel sickness

marfil, mar-**feel** s ivory

marga, mar-gah s loam; ticking

margarita, mar-gah-**ree**-tah s winkle; daisy

margen, mar-**Hen** s margin; edge; fringe; gap

marginar, mar-He-**nar** v to make marginal notes; to exclude; to leave out

marica, mah-**ree**-kah s
magpie

marido, mah-**ree**-do s
husband

marihuana, mah-re-
oo´**ah**-nah s cannabis

marimacho, mah-re-**mah**-
cho s mannish woman; a
butch

marimorena, mah-re-mo-
ray-nah s (fam) quarrel;
fuss; row

marina, mah-**ree**-nah s
shore; navy; seamanship

marinar, mah-re-**nar** v to
marinate; to marinade

marinero, mah-re-nay-ro s
mariner; sailor; a
seaworthy

marino, mah-**ree**-no s
seaman; sailor; a marine

mariposa, mah-re-po-sah s
butterfly

mariquita, mah-re-**kee**-
tah s lady-bird

mariscal, mah-riss-**kahl** s
marshal; farrier

marisma, mah-**riss**-mah s
marsh; swamp

marmita, mar-**mee**-tah s
pot

maroma, mah-ro-mah s
rope; cable

marqués, mar-**kess** s
marquis

marquesa, mar-kay-sah s

marchioness

marquesina, mar-kay-see-
nah s glass canopy;
porch; glass roof; bus
shelter

marquetería, mar-kay-tay-
ree-ah s marquetry;
inlaid work

marrana, mar-**rrah**-nah s
sow

marrar, mar-**rrar** v to
miss; to fail

marras, mar-rrahs adv
long ago

marroquí, mar-rro-**kee** s
morocco (leather); a &
Moroccan

marrullero, mah-rroo-
l´yay-ro a cunning;
smooth; glib

marsopla, mar-so-plah s
porpoise

martes, mar-tess s Tuesday

martillo, mar-tee-l´yo s
hammer

martinete, mar-te-nay-tay
s drop-hammer

mártir, mar-teer s martyr

martirio, mar-tee-re-o s
martyrdom; torture

marzo, mar-tho s March

mas, mahs conj but; and;
yet

más, mahs adv more;
moreover; besides

masa, mah-sah s dough;

mortar; mass; crowd

masada, mah-**sah**-dah s
farm

mascar, mahs-**kar** v to
chew; (words) to
mumble

máscara, mahs-kah-rah s
mask; mascara; masque

mascarada, mahs-kah-
rah-dah s masquerade

mascarón, mahs-kah-ron s
grotesque face;
figurehead

mascullar, mahs-koo-l´**yar**
v to mumble; to mutter

masilla, mah-see-l´yah s
putty; filler

masón, mah-**son** s
(free)mason

masonería, mah-so-nay-
ree-ah s (free)masonry

masticar, mahs-te-**kar** v to
masticate; to chew

mástil, mahs-til s mast;
post

mastín, mahs-teen s
mastiff

mastuerzo, mahs-too´air-
tho s cress; watercress

mata, mah-tah s bush;
shrub; sprig; head of hair

matadero, mah-tah-**day**-ro
s slaughterhouse

matador, mah-tah-**dor** s
killer; bullfighter

matanza, mah-**tahn**-thah s

slaughter; slaughtering

matar, mah-**tar** v to kill;
to murder; to slaughter

matasanos, mah-tah-**sah**-
nos s quack

mate, mah-**tay** s
checkmate

matemáticas mah-tay-
mah-te-kahs s
mathematics.

materia, mah-**tay**-re-ah s
material; matter; stuff

maternidad, mah-tair-ne-
dahd s maternity

matiz, mah-**teeth** s shade
of colours; tint; touch

matón, mah-**ton** s bully

matorral, mah-tor-**rrahl** s
thicket; brushwood;
scrub

matricular, mah-tre-koo-
lar v to register; to enrol

matrimonio, mah-tre-**mo**-
ne-o s marriage

matriz, mah-**treeth** s
womb; mould; matrix; a
principal

matrona, mah-**tro**-nah s
matron; midwife

matutino, mah-too-**tee**-no
a morning

maullar, mah´oo-l´**yar** v
to mew

máxime, mahk-se-may
adv especially;
principally

máximo, mahk-se-mo a
maximum; top; highest

maya, mah-yah s daisy; a
maya

mayo, mah-yo s May

mayonesa, mah-yo-**nay**-
sah s mayonnaise

mayor, mah-**yor** s
superior; chief; a greater;
bigger; elder. por –, por
–, by wholesale

mayordomo, mah-yor-do-
mo s steward; butler

mayoría, mah-yo-**ree**-ah s
majority; greater part

maza, mah-thah s club

mazapán, mah-thah-**pahn**
s marzipan

mazo, mah-tho s mallet;
bundle; club

me, may, pers pron me; to
me

mear, may-**ar** v to piss on

mecánico, may-**kah**-ne-ko
s mechanic; a
mechanical

mecanización, may-kah-
ne-thah-the-**on** s
mechanization

mecedora, may-thay-**dor**-
rah s rocking chair

mecer, may-**thair** v to rock

mecha, may-chah s wick;
fuse

mechero, may-**chay**-ro s
lighter

medalla, may-**dah**-l´yah s
medal

media, may-de-ah s
stocking

medianero, may-de-ah-
nay-ro a party; dividing

medianía, may-de-ah-**nee**-
ah s mediocrity; average

mediante, may-de-**ahn**-tay
adv by means of

mediar, may-de-**ar** v to
mediate; to be in the
middle

medicación, may-de-ka-
the-**on** s medication

medicina, may-de-**thee**-
nah s medicine

medición, may-de-the-**on**
s measurement

médico, may-de-ko s
doctor; physician; a
medical

medida, may-**dee**-dah s
measurement; size

medio, may-de-o s middle;
midway; a half

medio ambiente, may-de-
o ahm-bi´**ayn**-te s
environment

mediocre, may-de-o-kray
a mediocre; average

mediodía, may-de-o-**dee**-
ah s noon; midday

medios de comunicación,
may-de-os day ko-moo-
ne-kah-the-**on** s media

medir, may-**deer** v to measure

meditar, may-de-**tar** v to meditate; to think

Mediterráneo, may-de-tay-**rrah**-nay-o s & a Mediterranean

medrar, may-**drar** v to increase; to improve; to thrive

medro, may,-dro s growth; improvement

medroso, may-**dro**-so a timid; fearful

médula, may-**doo**-lah s marrow; pith; spinal cord

mejor, may-**Hor** adv & a better

mejora, may-**Ho**-rah s improvement; repairs

mejorar, may-**Ho**-rahr v to improve; to enhance; to get better

mejunje, may-**Hoon**-Hay s brew; mixture

melado, may-**lah**-do a honey-coloured

melancólico, may-lahn-**ko**-le-ko a sad; gloomy

melena, may-**lay**-nah s long hair; loose hair

melocotón, may-lo-ko-**ton** s peach

melodioso, may-lo-de-o-so a melodious

melón, may-**lon** s melon

meloso, may-**lo**-so a honeyed; sweet

mellado, may-l'**yah**-do a jagged; toothless

mellar, may-l'**yar** v to notch; to harm; to damage

mellizo, may-l'**yee**-tho a twin

membrete, mem-**bray**-tay s letterhead; heading

membrillo, mem-**bree**-l'yo s quince; quince tree

memo, may,-mo a silly

memorandum, may-mo-**rahn**-doom s memorandum; memo

memoria, may-**mo**-re-ah s memory; report; thesis

memorial, may-mo-re-**ahl** s memorial; petition

menaje, may-**nah**-Hay s household equipment

mención, men-the-**on** s mention

mendigar, men-de-**gar** v to beg

mendigo, men-**dee**-go s beggar

menear, may-nay-**ar** v to move; to swing

meneo, may-**nay**-o s movement; wag; toss

menester, may-ness-**tair** s job; necessity; pl duties

menestra, may-**ness**-trah s vegetable soup

menestral, may-ness-**trahl** s artisan; mechanic

mengano, men-**gah**-no s (used after **fulano**) so-and-so

mengua, men-**goo**'ah s diminishment; decrease

menguado, men-goo'**ah**-do s wretch; decrease; a decreased; cowardly; weak

menguante, men-goo'**ahn**-tay s ebb-tide; waning

menguar, men-goo'**ar** v to diminish; to wane

menor, may-**nor** s under age; a less; smaller

menoría, may-no-**ree**-ah s minority; inferiority

menos, may,-nos adv less

menoscabar, may-nos-kah-**bar** v to impair; to lessen

menospreciar, may-nos-pray-the-**ar** v to underrate; to despise

mensaje, men-**sah**-Hay s message; errand

mensajero, men-sah-**Hay**-ro s messenger

menstruación, menstroo'**ah**-the-**on** s menstruation

menstruo, mens-troo´o s menses

mensual, men-soo-´ahl a monthly

mensualidad, men-soo´ah-le-dahd s monthly salary

menta, men-tah s mint; peppermint

mentar, men-tar v to mention

mente, men-tay s mind; understanding

mentecato, men-tay-kah-to a silly; stupid

mentir, men-teer v to lie; to deceive; to feign

mentira, men-tee-rah s lie; fib

menudear, may-noo-day-ar v to repeat; to be frequent

menudillos, may-noo-dee-l´yos s giblets

menudo*, may-noo-do a minute; small; a –, ah –, repeatedly; frequently

meñique, may-n´yee-kay s little finger

meollo, may-o-l´yo s marrow; essence; substance

mequetrefe, may-kay-tray-fay s busybody

meramente, may-rah-men-tay adv merely

merca, mair-kah s food market; shopping centre

mercachifle, mair-kah-chee-flay s dealer; hawker

mercadería, mair-kah-day-ree-ah s merchandise; commodity

mercado, mair-kah-do s market

mercancía, mair-kahn-thee-ah s goods; wares; merchandise

mercante, mair-kahn-tay s & a commercial; merchant

mercar, mair-kar v to buy

merced, mair-thed s favour; reward; mercy

mercería, mair-thay-ree-ah s haberdashery

mercero, mair-thay-ro s haberdasher

merecedor, may-ray-thay-dor a deserving

merecer, may-ray-**thair** v to deserve

merecimiento, may-ray-the-me-en-to s merit

merendar, may-ren-dar v to have an afternoon snack

meridiano, may-re-de-ah-no s meridian; a midday

merienda, may-re-en-dah s tea; afternoon snack

merino, may-ree-no s merino; merino wool

mérito, may-re-to s merit

merluza, mair-loo-thah s hake

merma, mair-mah s decrease; wastage

merodear, may-ro-day-ar v to maraud; to prowl

mes, mess s month

mesa, may-sah s table

mesar, may-sar v to pull one's hair

meseta, may-say-tah s landing of a staircase; plateau

mesilla, may-see-l´yah s small table; side table

mesón, may-son s inn; hostelry

mesonero, may-so-**nay**-ro s innkeeper; landlord

mestizo, mess-tee-tho a mixed-race; cross-breed

mesura, may-soo-rah s moderation; gravity

mesurado, may-soo-**rah**-do a moderate; calm

meta, may-tah s goal; aim

metáfora, may-tah-fo-rah s metaphor

metal, may-tahl s metal

metálico, may-tah-le-ko a metallic

meteoro, may-tay-o-ro s

meteor

meter, may-**tair** v to put; to insert; to introduce; to fit in

método, may-to-do s method

metralla, may-trah-l´yah s shrapnel; small change

metro, may-tro s metre (measure and verse); underground; tube

mezcla, meth-klah s mixture

mezclador, meth-klah-**dorr** s mixer

mezclar, meth-**klar** v to mix; to blend

mezquino, meth-**kee**-no a mean; petty

mezquita, meth-**kee**-tah s mosque

mi, me poss a my; s (music) E

mí, me pers pron me

miaja, me-ah-**Hah** s crumb; bit

mico, **mee**-ko s monkey

microbio, me-kro-be-o s microbe

micrófono, me-**kro**-fo-no s microphone

microonda, me-kro-**on**-dah s microwave.

miedo, me-**ay**-do s fear

miel, me-**ell** s honey

miembro, me-**em**-bro s

member; penis

mientras, me-en-trahs adv meanwhile

miércoles, me-**air**-ko-less s Wednesday

mies, me-**ess** s wheat; grain; harvest time

miga, **mee**-gah s crumb; bit

mijo, **mee**-Ho s millet

mil, meel s one thousand

milagro, me-**lah**-gro s miracle; wonder

milano, me-**lah**-no s kite

milésimo, me-**lay**-se-mo a thousandth

milímetro, me-**les**-may-tro s millimetre (0.039 inch)

militante me-le-**tahn**-tay a militant.

militar, me-le-**tar** v to serve in the army; s soldier; a military

milla, **mee**-l´yah s mile

millar, me-l´**yar** s thousand; a great number

millón, mel-´**yon** s million

millonésimo, me-l´yo-**nay**-se-mo a millionth

mimar, me-**mar** v to spoil; to pamper

mimbre, **meem**-bray s wicker

mímica, **mee**-me-kah s

mimicry; sing language

mimo, **mee**-mo s caress; mime

mimoso, me-**mo**-so a spoilt; soft

mina, **mee**-nah s mine; refill

minar, me-**nar** v to mine; to sap; to ruin

minería, me-nay-**ree**-ah s mine work; mining

minero, me-**nay**-ro s miner

mingo, **meen**-go s (billiards) red ball

mínimo, **mee**-ne-mo s minimum; a the smallest

ministerio, me-niss-**tay**-re-o s ministry

ministro, me-**niss**-tro s minister

minorar, me-no-**rar** v to lessen; to reduce

minoría, me-no-**ree**-ah s minority

minucia, me-**noo**-the-ah s tiny bit; trifle

minucioso, me-noo-the-**o**-so a thorough; meticulous

minué, me-noo-**ay** s minuet

minusválido me-noos-**vah**-le-do a disabled; handicapped; s disabled person.

minutario, me-noo-**tah**-re-o s minute-book

minuto, me-**noo**-to s minute

mío, mee-o, *poss pron* my; mine

miope, mee-o-pay *a* short-sighted

mira, mee-rah s sights; care; vigilance; aim

mirada, me-**rah**-dah s glance; gaze; look

mirado, me-rah-do *a* considerate; prudent

mirador, me-rah-**dor** s viewpoint; balcony

mirar, me-**rar** *v* to look at; to observe; to face

mirilla, me-ree-l´yah s peep-hole

mirlo, meer-lo s blackbird

mirón, me-ron s onlooker; watcher; nosey-parker

mirto, meer-to s myrtle

misa, mee-sah s mass

misántropo, me-**sahn**-tropo s misanthrope

misceláneo, miss-thay-**lah**-nay-o s miscellaneous

miseria, me-**say**-re-ah s poverty; meanness

misericordia, me-say-re-**kor**-de-ah s compassion; pity

misionero, me-se-o-**nay**-ro s missionary

misiva, me-**see**-vah s missive

mismo, miss-mo *a* same; similar; equal

misterio, miss-**tay**-re-o s mystery

mitad, me-**tahd** s half

mitigar, me-te-**gar** *v* to mitigate

mito, mee-to s myth

mitón, me-**ton** s mitten

mixto, meeks-to *a* mixed; composite; cross-breed

mixturar, miks-too-**rar** *v* to mix

mobiliario, mo-be-le-a-re-o s furniture

mocedad, mo-thay-**dahd** s youth

mocetón, mo-thay-**ton** s robust youth

mochila mo-**chee**-lah s backpack; rucksack.

mochuelo, mo-choo´**ay**-lo s little owl

moda, mo-**dah** s fashion; style

modelo, mo-**day**-lo s model; pattern; standard; ideal

moderar, mo-day-**rar** *v* to moderate

modesto, mo-**dess**-to *a* modest

módico, mo-de-ko *a* moderate; reasonable

modificar, mo-de-fe-**kar** *v* to modify

modismo, mo-**diss**-mo s idiom

modista, mo-**diss**-tah s dressmaker; milliner

modo, mo-do s way; mode; method; moderation

modorra, mo-**dor**-rrah s drowsiness

modoso, mo-**do**-so *a* quiet; well-behaved

módulo, mo-**doo**-lo s module

mofa, mo-fah s mockery; jeer

mofarse, mo-**far**-say *v* to mock

mofeta, mo-**fay**-tah s skunk

mogollón, mo-go-l´**yon** s sponger; large amount

mogote, mo-**go**-tay s hillock

mohína, mo-ee-nah s grudge; annoyance; sulkiness

mohino, mo-ee-no *a* gloomy; peevish

moho, mo-o s moss; mould; rust

mohoso, mo-**o**-so *a* mouldy; rusty

mojada, mo-Hah-dah s

wetting; soaking

mojama, mo-*Hah*-mah s salt tuna fish

mojar, mo-*Har* v to wet; to damp

mojicón, mo-*He*-kon s punch; sponge cake

mojiganga, mo-*He*-gahn-gah s masquerade

mojigato, mo-*He*-gah-to a hypocritical; prudish

mojón, mo-*Hon* s landmark; milestone

molde, mol-*day* s mould; pattern

moldear, mol-day-*ar* v to mould; to cast

moldura, mol-*doo*-rah s moulding

mole, mo-*lay* s mass; bulk

molecula, mo-lay-*koo*-lah s molecule

moledor, mo-lay-*dor* s miller; grinder; bore

moler, mo-*lair* v to grind; to mill

molestar, mo-less-*tar* v to bother; to annoy

molestia, mo-*less*-te-ah s nuisance; bother; inconvenience

molicie, mo-lee-*the*-ay, softness; effeminacy

molienda, mo-le-en-*dah* s grinding; weariness

molinero, mo-le-*nay*-ro s

miller

molino, mo-lee-*no* s windmill

mollar, mo-l´*yar* a soft; lean; boneless; credulous

molleja, mo-l´*yay*-*Hah* s gizzard; sweetbread

mollera, mo-l´*yay*-rah s crown of the head

mollete, mo-l´*yay*-tay s fat cheek

momento, mo-*men*-to s moment

momia, mo-me-ah s mummy

momio, mo-me-o a lean; bargain; **de** –, day –, gratis

monada, mo-*nah*-dah s cute little thing

monaguillo, mo-nah-ghee-l´yo s acolyte

monarca, mo-*nar*-kah s monarch

monarquía, mo-nar-kee-ah s monarchy

monasterio, mo-nahs-*tay*-re-o s monastery

monda, mon-*dah* s pruning; peeling

mondadientes, mon-dah-de-en-tess s toothpick

mondadura, mon-dah-doo-rah s cleaning; peel

mondar, mon-*dar* v to trim; to peel

mondongo, mon-*don*-go s tripe

monear, mo-nay-*ar* v to act as a monkey

moneda, mo-*nay*-dah s money; coin; currency

monería, mo-nay-ree-ah s mimicry; funny face

monigote, mo-ne-go-tay a puppet; weak character

monja, mon-*Hah* s nun

monje, mon-*Hay* s monk

mono, mo-no s monkey; a neat; pretty

monóculo, mo-no-koo-lo s monocle

monopatín, mo-no-pah-teen s skateboard

monótono, mo-no-to-no a monotonous

monseñor, mon-say-n´*yor* s monseigneur

monstruo, mons-troo´o s monster

monta, mon-*tah* s amount; mounting

montante, mon-*tahn*-tay s upright; standard; amount

montaña, mon-*tah*-n´yah s mountain

montañero, mon-tah-n´*yay*-ro s mountaineer.

montañismo, mon-tah-n´*yees*-mo s mountaineering.

montar, mon-**tar** v to mount; to ride; to overlap

montaraz, mon-tah-**rahth** a mountain; wild

montear, mon-tay-**ar** v to hunt

montera, mon-**tay**-rah s cloth cap; hunting cap

montero, mon-**tay**-ro s hunter

montés, mon-**tess** a wild

montículo, mon-tee-**koo**-lo s mound

monto, mon-to s amount; sum

montón, mon-**ton** s heap; pile

montuoso, mon-too´**o**-so a mountainous; hilly

montura, mon-**too**-rah s saddle; mount; (jewellery) setting; frame

monzón, mon-**thon** s monsoon

moña, mo-n´yah s ornament of ribbons; badge on a bull's neck in the ring; drunkenness

moño, mo-n´yo s chignon; tuft

moquear, mo-kay-**ar** v to have a runny nose

mora, mo-rah s blackberry

morada, mo-**rah**-dah s dwelling; home

morado, mo-**rah**-do a violet; purple

morador, mo-rah-**dor** s inhabitant; lodger

moral*, mo-**rahl** s morality; a moral

moraleja, mo-rah-**lay**-Hah s moral maxim

morar, mo-**rar** v to inhabit; to dwell; to live

morbidez, mor-be-**deth** s softness; mellowness; morbidity

mórbido, mor-be-do a morbid; mellow

morbo, mor-bo s disease; illness; unhealthy curiosity

morcilla, mor-**thee**-l´yah s black pudding

mordaz, mor-**dath** a sarcastic; biting

mordedura, mor-day-**doo**-rah s bite

morder, mor-**dair** v to bite; to nibble

mordiscar, mor-diss-**kar** v to gnaw at

morena, mo-**ray**-nah s brunette; moraine

moreno, mo-**ray**-no a brown; tanned; dark

morera, mo-**ray**-rah s mulberrytree

moribundo, mo-re-**boon**-do a dying

morigerar, mo-re-Hay-**rar** v to moderate

morir, mo-**reer** v to die

moro, mo-ro a moorish

moroso, mo-ro-so a slow; dilatory

morral, mor-**rrahl** s nosebag; knapsack

morralla, mor-**rrah**-l´yah s small fry; rubbish

morriña, mor-**rree**-n´yah s melancholy; homesickness

morsa, mor-sah s walrus

mortaja, mor-tah-**Hah** s shroud; mortise

mortal*, mor-**tahl** s & a mortal

mortecino, mor-tay-**thee**-no a weak; fading

mortero, mor-**tay**-ro s mortar; cement

mortífero, mor-tee-**fay**-ro a deadly; lethal

mortificar, mor-te-fe-**kar** v to mortify; to torment

mortuorio, mor-too-o-**re**-o s burial; a mortuary

mosaico, mo-**sah**´e-ko s mosaic; marquetry

mosca, moss-kah s fly

moscatel, moss-kah-**tel** s muscatel

moscón, moss-**kon** s maple; pest

mosquete, moss-**kay**-tay s
musket

mosquitero, moss-ke-**tay**-ro s mosquito net

mosquito, moss-**kee**-to s mosquito

mostacera, moss-tah-**thay**-rah s mustard pot

mostaza, moss-**tah**-thah s mustard

mosto, **moss**-to s must; unfermented grape juice

mostrador, moss-**trah**-dor s counter; cashdesk

mostrar, moss-**trar** v to show; to prove; to explain

mostrenco, moss-**tren**-ko a stray; homeless

mota, **mo**-tah s speck; burl

mote, **mo**-tay s motto; nickname

motín, mo-**teen** s revolt; riot

motivar, mo-te-**var** v to motivate

motivo, mo-**tee**-vo s motive; cause; reason

motocicleta, mo-to-the-**klay**-tah s motorcycle

motón, mo-**ton** s pulley

motor, mo-**tor** s motor

mousse, **moos** s mousse.

movedizo, mo-vay-**dee**-tho a movable; shifting

mover, mo-**vair** v to

move; to shift; to drive

móvil, **mo**-vil a movable

movilizar, mo-ve-le-**thar** v to mobilize

movimiento, mo-ve-me-**en**-to s movement; motion

moza, **mo**-thah s girl; maid-servant

mozalbete, mo-thahl-**bay**-tay s lad; youth

mozo, **mo**-tho s youth; man-servant; a young

muchacha, moo-**chah**-chah s girl; lass

muchacho, moo-**chah**-cho s boy; lad

muchedumbre, moo-chay-**doom**-bray s multitude; crowd; mass

mucho, **moo**-cho adv much; a much; plenty; a lot of

muda, **moo**-dah s change of clothing; moulting

mudable, moo-**dah**-blay a changeable; fickle

mudanza, moo-**dahn**-thah s change; moodiness; removal

mudar, moo-**dar** v to change; to moult; to move house

mudez, moo-**deth** s dumbness

mudo, **moo**-do a dumb

mueblaje, moo´ay-**blah**-Hay s household furniture

mueble, moo´**ay**-blay s piece of furniture; a movable

mueca, moo´**ay**-kah s grimace

muela, moo´**ay**-lah s millstone; grindstone; molar; tooth

muelle, moo´**ay**-l´yay s wharf; pier; jetty; a tender; soft

muellaje, moo´ay-l´**yah**-Hay s wharfage

muérdago, moo´**air**-dah-go s mistletoe

muerte, moo´**air**-tay s death

muerto, moo´**air**-to s deceased; a dead

muesca, moo´**ess**-kah s notch; groove

muestra, moo´**ess**-trah s pattern; sample

muestrario, moo´ess-**trah**-re-o s set of samples

mugido, moo-**Hee**-do s lowing

mugir, moo-**Heer** v to low; to bellow

mugre, moo-**gray** s dirt; grime

mujer, moo-**Hair** s woman; wife

mujeril, mo-**Hay**-reel *a* womanish; womanly

mula, moo-lay *s* mule

muladar, moo-lah-**dar** *s* dung-hill

mulato, moo-**lah**-to *s* mulatto

muleta, moo-**lay**-tah *s* crutch; prop

multa, mool-tah *s* fine; penalty; forfeit

multar, mool-**tar** *v* to fine; to penalize

múltiple, mool-té-play *a* multiple

multiplicar, mool-te-ple-**kar** *v* to increase; to multiply

multitud, mool-te-**tood** *s* multitude

mullir, moo-l'**yeer** *v* to make fluffy; to soften

mundo, moon-do *s* world

munición, moo-ne-the-**on** *s* ammunition

municipio, moo-ne-**thee**-pe-o *s* municipality

munífico, moo-**nee**-fe-ko *a* munificent

muñeca, moo-n'**yay**-kah *s* wrist; doll

muñeco, moo-n'**yay**-ko *s* puppet

muñón, moo-n'**yon** *s* stump of an amputated limb

muralla, moo-**rah**-l'yah *s* rampart; wall

murciélago, moor-the-**ay**-lah-go *s* (animal) bat

murga, moor-gah *s* band of street musicians

murmurar, moor-moo-**Hay**-**ar** *v* to murmur

muro, moo-ro *s* wall

murrio, moor-rre-o *a* sad; depressed

musaraña, moo-sah-**rah**-n'yah *s* shrew

músculo, mooss-koo-lo *s* muscle

muselina, moo-say-**lee**-nah *s* muslin

museo, moo-**say**-o *s* museum

musgo, moos-go *s* moss

música, moo-se-kah *s* music

músico, moo-se-ko *s* musician; —**ambulante,** ahm-boo-lahn-**tay** *s* busker; *a* musical

musitar, moo-se-**tar** *v* to mumble; to mutter

muslo, mooss-lo *s* thigh

mustio, mooss-te-o *a* withered; sad

musulmán, moo-sool-**mahn** *s a* Muslim

mutilar, moo-te-**lar** *v* to mutilate; to maim

mutuamente, moo-too´ah-**men**-tay *adv* mutually

mutuo, moo-too´o *a* mutual

muy, moo´e *adv* greatly; very

nabo, nah-bo s turnip

nácar, nah-kar s mother-of-pearl; nacre

nacer, nah-thair v to be born

nacido, nah-thee-do a born

nacimiento, nah-the-me-en-to s birth; origin; source

nación, nah-the-on s nation

nada, nah-dah pron nothing; adv not at all; s nothingness

nadador, nah-dah-dor s swimmer

nadar, nah-dar v to swim

nadie, nah-de-ay pron nobody

naipe, nah´e-pay s playing card

nalga, nahl-gah s buttock, rump

nao, na-o s ship

naranja, nah-rahn-Hah s orange

naranjado, nah-rahn-Hah-do a orange-coloured

narciso, nar-thee-so s daffodil; narcissus

nardo, nar-do s spikenard; tuberose

narigón, nah-re-gon a large-nosed

nariz, nah-reeth s nose; nostril

narrar, nar-rrar v to narrate; to relate

nasa, nah-sah s fish-trap

nata, nah-tah s cream

natación, nah-tah-the-on s swimming

natalicio, nah-tah-lee-the-o s birthday

natillas, nah-tee-l´yahs s custard

nato, nah-to a born

natural, nah-too-rahl a natural; native; fresh

naturaleza, nah-too-rah-lay-thah s nature

naufragar, nah´oo-frah-gar v to be wrecked; to sink

naufragio, nah´oo-frah-He-o s shipwreck

náufrago, nah´oo-frah-go a shipwrecked

náusea, nah´oo-say-ah s nausea

nauseabundo, nah´oo-say-ah-boon-do a sickening

náutica, nah´oo-te-kah s navigation

navaja, nah-vah-Hah s razor; clasp-knife

navajada, navajazo, nah-vah-Hah-dah, **nah-vah-Hah-**tho s gash; razor wound

nave, nah-vay s ship; nave

navegar, nah-vay-gar v to navigate; to sail

navidad, nah-ve-dahd s Christmas

naviero, nah-ve-ay-ro s ship-owner

navío, nah-vee-o s ship

neblina, nay-**blee**-nah s mist; fog

nebuloso, nay-boo-**lo**-so a misty; foggy; cloudy

necedad, nay-thay-**dahd** s foolishness; silliness

necesario*, nay-thay-**sah**-re-o a necessary; needful

neceser, nay-thay-**sair** s toilet-case

necesidad, nay-thay-se-**dahd** s necessity

necesitado, nay-thay-se-**tah**-do a in need; needy

necesitar, nay-thay-se-**tar** v to need; to necessitate

necio*, **nay**-the-o a silly; foolish; imprudent

nefasto, nay-**fahs**-to a ominous; unlucky

negado, nay-**gah**-do a incompetent; inept

negar, nay-**gar** v to deny; to refuse

negligente, nay-gle-**Hen**-tay a negligent; careless

negociado, nay-go-the-**ah**-do s department; bureau; section

negociante, nay-go-the-**ahn**-tay s merchant; dealer

negociar, nay-go-the-**ar** v to trade in; to negotiate

negocio, nay-go-**the**-o s business; transaction; deal

negrear, nay-gray-**ar** v to go black; to be blackish

negro, **nay**-gro a black; dark

negrura, nay-**groo**-rah s blackness

neón, nay-**on** s neon

nervio, **nair**-ve-o s nerve

nervioso, **nair**-ve-o-so a nervous

nervudo, nair-**voo**-do a tough; strong

neto, **nay**-to a neat; pure; net

neumático, nay´oo-**mah**-te-ko a pneumatic

neurótico, nay-oo-**ro**-te-ko s & a neurotic

neutral, neutro, nay´oo-**trahl,** nay´oo-tro a neutral

nevada, nay-**vah**-dah s snowfall

nevar, nay-**var** v to snow

ni, ne conj neither; nor

nicho, **nee**-cho s niche; recess in a wall

nido, **nee**-do s nest

niebla, nee-ay-blah s fog; mist

nieto, ne-ay-to s grandson

nieve, ne²ay-vay s snow

nimio*, **nee**-me-o a insignificant; too meticulous

ningún, ninguno, nin-**goon,** nin-goo-no a none; not one

niña, **nee**´yah s girl

niñera, ne-n´**yay**-rah s nursemaid, nanny

niñería, ne-n´yay-**ree**-ah s childishness; childish thing

niñez, ne-n´**yeth** s childhood

niño, **nee**-n´yo s boy; child; a young; childish

níquel, **nee**-kel s nickel

níspero, **niss**-pay-ro s medlar tree

nítido, **nee**-te-do a bright; clean; shining

nitrato, ne-**trah**-to s nitrate

nitro, **nee**-tro s saltpetre

nivel, ne-**vel** s level; standard

no, no adv no, not

nobiliario, no-be-le-**ah**-re-o a noble

noble, **no**-blay s nobleman; a* noble

nobleza, no-**blay**-thah s nobleness; nobility

noción, no-the-**on** s notion

nocivo, no-**thee**-vo a harmful

nocturno, nok-**toor**-no a nocturnal; night

noche, no-chay *s* night

nochebuena, no-chay-boo´ay-nah *s* Christmas eve

nodriza, no-dree-thah *s* wet-nurse

nogal, no-**gahl** *s* walnut tree

nombradía, nom-brah-dee-ah *s* fame; reputation

nombrar, nom-**brar** *v* to name; to appoint

nombre, nom-bray *s* name; title; reputation; noun

nómina, no-me-nah *s* list; catalogue; pay-roll

non, non *a* odd; uneven

nonada, no-nah-dah *s* trifle

nonagésimo, no-nah-Hay-se-mo *a* ninetieth

nono, no-no *a* ninth

no obstante, no-obs-**tahn**-tay *adv* nevertheless

nordeste, nor-dess-tay *s* north-east

noria, no-re-ah *s* water-wheel; big wheel

norte, nor-tay *s* north

nos, nos *pron* us

nosotros, nos-o-tros *pron* we; us; ourselves

nota, no-tah *s* note; mark; remark; censure;

renown; bill

notar, no-**tar** *v* to note; to feel; to criticize

notario, no-tah-re-o *s* notary

noticia, no-tee-the-ah *s* (piece of) news; notice; knowledge; advice

noticiar, no-te-the-**ar** *v* to notify

noticiero, no-te-the-ay-ro *s* news

noticioso, no-te-the-o-so *a* informed; learned

notificar, no-te-fe-**kar** *v* to notify

notorio, no-to-re-o *a* notorious; well-known

novedad, no-vay-**dahd** *s* novelty; newness

novela, no-vay-lah *s* novel; tale

noveno, no-vay-no *a* ninth

noventa, no-ven-tah *s & a* ninety

novia, no-ve-ah *s* bride; girlfriend

novicio, no-vee-the-o *s* novice

noviembre, no-ve-em-bray *s* November

novilla, no-vee-l´yah *s* heifer

novillo, no-vee-l´yo *s* young bull; steer

novio, no-ve-o *s* bridegroom; boyfriend

novísimo, no-vee-se-mo *a* newest; latest

nubada, noo-bah-dah *s* sudden shower; abundance

nubarrón, noo-bar-**rron** *s* storm cloud

nube, noo-bay *s* cloud

nublado, noo-blah-do *a* cloudy

nuca, noo-kah *s* nape (of the neck)

nuclear, noo-klay-**ahr** *a* nuclear

núcleo, noo-klay-o *s* nucleus

nudillo, noo-dee-l´yo *s* knuckle

nuera, noo´ay-rah *s* daughter-in-law

nuestro, noo´ess-tro *poss pron* ours

nueve, noo´ay-vay *s & a* nine

nuevo*, noo´ay-vo *a* new; novel; fresh

nuez, noo´eth *s* walnut

nulidad, noo-le-**dahd** *s* nullity; incapacity; nonentity

nulo, noo-lo *a* null; void

numerar, noo-may-**rar** *v* to number; to enumerate; to count; to page

número, noo-may-ro s
number; size; issue

nunca, noon-kah *adv*
never

nuncio, noon-the-o s
messenger; nuncio

nupcias, noop-the-ahs s
nuptials; wedding

nutria, noo-tre-ah s otter

nutrición, noo-tre-the-**on**
s nutrition

nutrimento, noo-tre-**men**-
to s nourishment;
nutriment

nutrir, noo-**tree,** *v* to feed;
to nourish

ñagaza, n´yah-gah-thah s
bird-call; decoy

ñame, n´yah-may s yam

ñaque, n´yah-kay s junk;
worthless stuff

ñoñería, n´yo-n´yay-ree-
ah s insipidness;
fussiness

ñoño, n´yo-n´yo *a*
characterless; decrepit

o, o *conj* or; either

obcecar, ob-thay-**kar** *v* to blind; to obscure

obedecer, o-bay-day-**thair** *v* to obey

obediente, o-bay-de-en-tay *a* obedient

obertura, o-bair-too-rah *s* (music) overture

obesidad, o-bay-se-**dahd** *s* obesity

óbice, o-be-thay *s* obstacle

obispo, o-**biss**-po *s* bishop

óbito, o-be-to *s* decease

objeción, ob-Hay-the-**on** *s* objection

objetar, ob-Hay-**tar** *v* to object

objeto, ob-**Hay**-to *s* object

oblea, o-**blay**-ah *s* wafer

oblicuo, -oblee-koo´o *a* oblique; slanting; inclined

obligación, o-ble-gah-the-**on** *s* obligation; duty; bond; debenture

obligar, o-ble-**gar** *v* to compel; to force; to constrain

obligatorio, o-ble-gah-to-re-o *a* compulsory; obligatory

obra, o-brah *s* work; book; play

obrador, o-brah-**dor** *s* workshop

obrar, o-**brar** *v* to work; to build; to behave

obrero, o-**bray**-ro *s* worker; workman; labourer

obscurecer, obs-koo-ray-**thair** *v* to obscure; to darken

obscuro*, obs-**koo**-ro *a* obscure; dark; gloomy

obsequiar, ob-say-ke-**ar** *v* to lavish attentions on; to present with

obsequio, ob-**say**-ke-o *a* gift; present; attention

observar, ob-sair-**var** *v* to observe; to notice; to spot

obsesión, ob-say-se-**on** *s* obsession

obstáculo, obs-**tah**-koo-lo *s* obstacle

obstinarse, obs-te-**nar**-say *v* to be obstinate; to persist in

obstruir, obs-troo´**eer** *v* to obstruct; to block; to bung up; to interfere with

obtención, ob-ten-the-**on** *s* obtaining

obtener, ob-tay-**nair** *v* to obtain; to get

obturador, ob-too-rrah-**dorr** *s* shutter; stopper

obtuso, ob-**too**-so *a* obtuse; blunt

obviar, ob-ve-**ar** *v* to obviate

obvio, ob-**ve**-o *a* obvious

oca, o-**kah** *s* goose

ocasionar, o-kah-se-o-**nar** *v* to cause; to occasion

ocaso, o-**kah**-so *s* sunset;

decline

océano, o-**thay**-ah-no s ocean

ocio, o-**the**-o s leisure; spare time

ociosidad, o-the-o-se-**dahd** s idleness; leisure

ocioso, o-the-**o**-so a idle; inactive

octavo, ok-**tah**-vo a eighth

octogésimo, ok-to-**Hay**-se-mo a eightieth

octubre, ok-**too**-bray s October

oculista, o-koo-**liss**-tah s oculist

ocultación, o-kool-tah-the-**on** s concealment; hiding

ocultar, o-kool-**tar** v to hide; to mask; to keep secret

oculto, o-**kool**-to a hidden; secret

ocupante, o-koo-**pahn**-tay s occupant

ocupar, o-koo-**par** v to occupy; to fill; to employ

ocurrir, o-koor-**rreer** v to happen; to occur; to take place

ochavado, o-chah-**vah**-do a octagonal

ochavo, o-**chah**-vo s small

brass coin

ochenta, o-**chen**-tah s & a eighty

ocho, o-**cho** s & a eight

odio, o-**de**-o s hatred

odioso, o-de-**o**-so a odious; hateful; detestable

odorífero, o-do-**ree**-fay-ro a odoriferous; fragrant

odre, o-**dray** s leather bag for wine

oeste, o-**ess**-tay s west

ofender, o-fen-**dair** v to offend

ofensa, o-**fen**-sah s offence

ofensor, o-fen-**sor** s offender

oferta, o-**fair**-tah s offer; proposition

oficial, o-fe-the-**ahl** s officer; official; clerk; a official

oficiar, o-fe-the-**ar** v to officiate; to conduct

oficina, o-fe-**thee**-nah s workshop; office

oficio, o-**fee**-the-o s job; occupation

oficioso, o-fe-the-**o**-so a officious; unofficial

ofrecer, o-fray-**thair** v to offer; to present

ofrecimiento, o-fray-the-me-**en**-to s offer; promise

ofuscación, o-fooss-kah-the-**on** s blindness; confusion

ofuscar, o-fooss-**kar** v to confuse; to dazzle; to blind

oible, o-**ee**-blay a audible

oido, o-**ee**-do s hearing; ear; pp heard

oir, o-**eer** v to hear; to listen

¡ojalá! o-Hah-**lah** interj if only (it were so)!; some hope!

ojeada, o-Hay-**ah**-dah s glance; glimpse

ojear, o-Hay-**ar** v to eye; to glance

ojeriza, o-Hay-**ree**-thah s spite; grudge; ill will

ojete, o-**Hay**-tay s eyelet

ojinegro, o-He-**nay**-gro a black-eyed

ojiva, o-**Hee**-vah s ogive; pointed arch

ojo, o-**Ho** s eye

ola, o-**lah** s wave

oleada, o-lay-**ah**-dah s surge

óleo, o-**lay**-o s oil

oleoso, o-lay-**o**-so a oily

oler, o-**lair** v to smell; to pry into; to snort

olfato, ol-**fah**-to s sense of smell

oliscar, o-liss-**kar** v to

smell; to sniff

oliva, o-lee-vah s olive

olmo, ol-mo s elm-tree

olor, o-**lor** s smell; odour

oloroso, o-lo-ro-so a scented; fragrant

olvidadizo, ol-ve-dah-dee-tho a forgetful

olvidar, ol-ve-**dar** v to forget

olvido, ol-vee-do s forgetfulness, oblivion

olla, o-l'yah s pot; casserole; **–podrida, –** po-**dree**- dah, Spanish stew

ombligo, om-blee-go s navel

ominoso, o-me-no-so a ominous

omisión, o-me-se-on s omission; negligence

omiso, o-mee-so a neglectful; remiss; dreadful

omitir, o-me-teer v to omit; to leave out

on-line, on-lain a adv comput on-line; en línea

omnipotente, om-ne-po-**ten**-tay a omnipotent; almighty

omnisciente, om-niss-thee-en-tay a omniscient

once, on-thay s & a

eleven

onda, on-dah s wave

ondear, on-day-ar v to wave; to undulate

onza, on-thah s ounce

opaco, o-**pah**-ko a opaque; dark

opción, op-the-on s option; choice

operar, o-pay-rar v to operate

operario, o-pay-rah-re-o s worker; operative

ópimo, o-pe-mo a rich; plentiful

opinar, o-pe-nar v to think

opíparo, o-pe-pah-ro a sumptuous

oponer, o-po-nair v to oppose

oportuno*, o-por-too-no a opportune; suitable

opositor, o-po-se-tor s opponent

opresor, o-pray-sor s oppressor

oprimir, o-pre-meer v to oppress; to squeeze

oprobio, o-pro-be-o s opprobrium; ignominy

optar, op-tar v to choose; to decide

óptico, op-te-ko a optical; visual

óptimo, op-te-mo a best;

optimum

opuesto, o-poo´ess-to a opposite; contrary; adverse

opugnar, o-poog-nar v to impugn; to resist

opulento, o-poo-**len**-to a opulent; rich

opúsculo, o-pooss-koo-lo s booklet; tract; short treatise

oquedad, o-kay-**dahd** s cavity

ora, o-ra conj now; then; either; whether

orador, o-rah-**dor** s orator; public speaker

orar, o-**rar** v to pray

orbe, or-bay s sphere; orb

órbita, orr-be-tah s orbit

orden, or-**den** s order (in all its significations)

ordenación, or-day-nah-the-**on** s arrangement; order

ordenador, or-day-nah-**dor** a computer; **– personal, –** payr-so-**nal** s personal computer

ordenanza, or-day-**nahn**-thah s order; ordinance; orderly

ordenar, or-day-nar v to put in order; to order; to command; to confer holy orders

ordeñar, or-day-n´yar v to milk

ordinario, or-de-nah-re-o s ordinary fare; a ordinary; usual

arear, o-ray-ar v to air; to ventilate

oreja, o-ray-Hah s ear

orejudo, o-ray-Hoo-do a big-eared

orfandad, or-fahn-dahd s orphanhood

orfebrería, or-fay-bray-ree-ah s gold and silver work

organizar, or-gah-ne-thar v to organize

órgano, or-gah-no s organ

orgasmo, or-gahs-mo s orgasm

orgía, or-Hee-ah s orgy

orgullo, or-goo-l´yo s pride; haughtiness

orgulloso, or-goo-l´yo-so a proud; haughty

oriente, o-re-en-tay s Orient; east

orificio, o-re-fee-the-o s orifice; aperture

origen, o-ree-Hen s origin; source; lineage

originar, o-re-He-nar v to originate

orilla, o-ree-l´yah s limit; border; margin; edge; shore

orillar, o-re-l´yar v to arrange; to conclude; to border

orillo, o-ree-l´yo s selvage

orín, o-reen s rust of iron; pl urine

orina, o-ree-nah s urine

orinar, o-ree-nahr v urinate

orinal, o-re-nahl s chamberpot

orla, or-lah s border; fringe

orlar, or-lar v to border

ornar, or-nar v to adorn

oro, o-ro s gold

orondo, o-ron-do a pompous; rounded; fat

oropel, o-ro-pel s tinsel

orquesta, or-kess-tah s orchestra

ortiga, or-tee-gah s nettle

orto, or-to s sunrise

oruga, o-roo-gah s caterpillar

orujo, o-roo-Ho s peel of pressed grapes or olives

orzuelo, or-thoo-ay-lo s sty (tumour on the eyelids)

os, os pron you

osa, o-sah s female bear

osadía, o-sah-dee-ah s daring; boldness

osado*, o-sah-do a bold; audacious

osar, o-sar v to dare

osario, o-sah-re-o s charnel house

oscilar, os-the-lar v to oscillate

ósculo, os-koo-lo s kiss

oscurecer, os-koo-ray-thair, (see obscurecer)

oscuridad, obs-koo-re-dahd s obscurity; darkness

oscuro, os-koo-ro, (see obscuro)

óseo, o-say-o a bony

oso, o-so s bear

ostentar, os-ten-tar v to show; to exhibit; to boast

ostra, os-trah s oyster

otear, o-tay-ar v to watch from a high point; to examine

otoñada, o-to-n´yah-dah s autumn

otoñal, o-to-n´yahl a autumnal

otoño, o-to-n´yo s autumn

otorgamiento, o-tor-gah-me-en-to s grant; consent

otorgar, o-tor-gar v to consent; to grant; to give; to agree to

otro, o-tro a other; another

otrosí, o-tro-see adv

furthermore

ovación, o-vah-the-**on** s
ovation

óvalo, o-vah-lo s oval

ovario, o-**vah**-re-o s ovary

oveja, o-**vay**-Hah s sheep;
ewe

ovillo, o-**vee**-l´yo s clew;
ball

óvulo, o-voo-lo s ovule;
ovum

oxidado ok-se-**dah**-do a
rusty

óxido, ok-se-do s oxide;
rust

oyente, o-**yen**-tay s
listener; hearer

ozono, o-**tho**-no s ozone

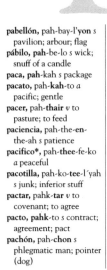

pabellón, pah-bay-l'yon s
pavilion; arbour; flag

pábilo, pah-be-lo s wick;
snuff of a candle

paca, pah-kah s package

pacato, pah-kah-to *a*
pacific; gentle

pacer, pah-thair *v* to
pasture; to feed

paciencia, pah-the-en-
the-ah s patience

pacifico*, pah-thee-fe-ko
a peaceful

pacotilla, pah-ko-tee-l'yah
s junk; inferior stuff

pactar, pahk-tar *v* to
covenant; to agree

pacto, pahk-to s contract;
agreement; pact

pachón, pah-chon s
phlegmatic man; pointer
(dog)

pachorra, pah-chor-rrah s
slowness; sluggishness

padecer, pah-day-thair *v*
to suffer; to bear

padecimiento, pah-day-
the-me-en-to s suffering

padrastro, pah-drahs-tro s
stepfather

padre, pah-dray s father

padrino, pah-dree-no s
godfather

padrón, pah-dron s poll;
census

paga, pah-gah s payment;
fee; wages

pagadero, pah-gah-day-ro
a payable

pagaduría, pah-gah-doo-
ree-ah s paymaster's
office

pagano, pah-gah-no s & *a*
heathen; pagan

pagar, pah-gar *v* to pay

pagaré, pah-gah-ray s
promissory note

página, pah-He-nah s
page (of a book)

pago, pah-go s payment

país, pah´iss s country;
region; landscape

paisaje, pah´e-sah-Hay s
landscape

paisano, pah´e-sah-no s
countryman

paja, pah-Hah s straw

pájaro, pah-Hah-ro s bird;
sly fellow (*fam*)

pajarota, pah-Hah-ro-tah
s false report

paje, pah-Hay s page
(boy)

pala, pah-lah s shovel;
blade; spade

palabra, pah-lah-brah s
word

palabrero, pah-lah-bray-
ro *a* loquacious

palabrita, pah-lah-bree-
tah s short word; word
full of meaning

palaciego, pah-lah-the-ay-
go s courtier; *a* palatial

palacio, pah-lah-the-o s
palace

paladar, pah-lah-dar s
palate; taste; relish

paladear, pah-lah-day-ar *v*
to relish

paladino, pah-lah-dee-no *a* manifest; evident; public

palafrenero, pah-lah-fray-**nay**-ro *s* groom

palanca, pah-**lahn**-kah *s* lever; crowbar

palco, **pahl**-ko *s* (theatre) box

paleto, pah-**lay**-to *s* yokel; rustic

paliar, pah-le-**ar** *v* to palliate

palidecer, pah-le-day-**thair** *v* to grow pale

palidez, pah-le-**deth** *s* paleness; wanness

pálido, **pah**-le-do *a* pallid; pale

palio, **pah**-le-o *s* cloak; pall

palique, pah-**lee**-kay *s* small talk

palizada, pah-le-**thah**-dah *s* beating

palma, **pahl**-mah *s* palm-tree; palm-leaf; palm of the hand

palmada, pahl-**mah**-dah *s* slap; applause

palmear, pahl-may-**ar** *v* to clap hands

palmera, pahl-**may**-rah *s* palm-tree

palmo, **pahl**-mo *s* span; palm (8 inches)

palo, **pah**-lo *s* stick; cudgel; mast; blow with a stick

paloma, pah-**lo**-mah *s* pigeon; dove

palomar, pah-lo-**mar** *s* dovecote

palomera, pah-lo-**may**-rah *s* dovecote

palpar, pahl-**par** *v* to feel; to touch; to grope

palurdo, pah-**loor**-do *s & a* rustic

pamplina, pahm-**plee**-nah *s* duckweed; futility

pan, pan *s* bread; loaf; food

panadería, pah-nah-day-**ree**-ah *s* bakery

panal, pah-**nahl** *s* honeycomb

pandear, pahn-day-**ar** *v* to bend; to bulge out

pandereta, pahn-day-**ray**-tah *s* tambourine

pandilla, pahn-**dee**-l'yah *s* party; gang

panecillo, pah-nay-**thee**-l'yo *s* small loaf; French roll

panela, pah-**nay**-lah *s* small biscuit

pánfilo, **pahn**-fe-lo *a* slow; sluggish

paniaguado, pah-ne-ah-goo'**ah**-do *s* servant;

protégé

pánico, **pah**-ne-ko *s & a* panic

pantalón, pahn-tah-**lon** *s* trousers

pantalla, pahn-**tah**-l'yah *s* screen; lamp shade

pantano, pahn-**tah**-no *s* swamp; marsh; bog; reservoir; dam

pantéon, pahn-tay-**on** *s* pantheon; mausoleum

pantera, pahn-**tay**-rah *s* panther

pantomina, pahn-to-**mee**-mah *s* pantomime; dumb show

pantorrilla, pahn-tor-**rree**-l'yah *s* calf of the leg

pantuflo, pahn-**too**-flo *s* slipper

panza, **pahn**-thah *s* paunch; belly

pañal, pah-n'**yahl** *s* nappy; – **desechable**, disposable nappy

pañería, pah-n'yay-**ree**-ah *s* draper's shop

pañero, pah-n'**yay**-ro *s* draper

paño, **pah**-n'yo *s* cloth; drapery

pañol, pah-n'**yol** *s* storeroom (in a ship)

pañuelo, pah-n'yoo-**ay**-lo

s handkerchief

papa, pah-pah s Pope; fib

papada, pah-**pah**-dah s double chin

papagayo, pah-pah-**gah**-yo s parrot

papanatas, pah-pah-**nah**-tahs s simpleton

papel, pah-**pel** s paper; writing; part; role; document

papel higiénico, pah-**pel** ee-*He´*ay-ne-ko s toilet paper

papelera, pah-pay-**lay**-rah s wastepaper basket; litter bin

papelería, pah-pay-lay-**ree**-ah s stationery

papelero, pah-pay-**lay**-ro s stationer

papeleta, pah-pay-**lay**-tah s slip of paper; card; paper-bag

papilla, pah-**pee**-l´yah s baby food; guile

paquebote, pah-kay-bo-tay s packet (boat)

paquete, pah-**kay**-tay s parcel; package

par, par s pair; peer; *a* equal; even

para, pah-rah *prep* for; to; in order to; toward

parabién, pah-rah-be-en s congratulation

parabrisas, pah-rah-**bree**-sahs s windscreen

parábola, pah-rah-bo-lah s parable; parabola

paracaídas, pah-rah-kah-ee-dahs s parachute

parada, pah-**rah**-dah s halt; pause; stall

parada de autobús, pah-rah-dah day ah´oo-to-**booss** s bus-stop

paradera, pah-rah-**day**-rah s sluice

paradero, pah-rah-**day**-ro s stopping-place; end

parado, pah-**rah**-do *a* remiss; inactive; indolent

paraguas, pah-**rah**-goo´ahs s umbrella

paragüero, pah-rah-goo´ay-ro s umbrella stand

paraiso, pah-rah-ee-so s paradise

paraje, pah-**rah**-*Hay* s place

paralelo, pah-rah-**lay**-lo s comparison; *a* parallel

parálisis, pah-**rah**-le-siss s paralysis

paramento, pah-rah-**men**-to s ornament

páramo, **pah**-rah-mo s wilderness; paramo

parangón, pah-rahn-**gon** s

paragon; model; comparison

parar, pah-**rar** *v* to stop; to halt; to detain

pararrayos, pah-rar-**rrah**-yos s lightning rod or conductor

parcela, par-**thay**-lah s plot of land

parcial*, par-the-**ahl** *a* partial

parco*, **par**-ko *a* sober; sparing; moderate

parche, **par**-chay s plaster; sticking plaster

pardal, par-**dahl** s sparrow; leopard; *a* rustic

pardear, par-day-**ar** *v* to become grey

¡pardiez! par-de-**eth** *interj* by Jove! upon my word!

pardo, **par**-do *a* brown; dark grey

parear, pah-ray-**ar** *v* to match; to couple

parecer, pah-ray-**thair** *v* to appear; to seem; s opinion; look

parecido, pah-ray-**thee**-do *a* like; similar; looking

pared, pah-**red** s wall

paredón, pah-ray-**don** s thick wall

pareja, pah-**ray**-*Hah* s pair; match; coupling

parejo, pah-**ray**-*Ho a*

equal; similar; even

parentela, pah-ren-**tay**-lah s relations

pareo, pah-**ray**-o s coupling; matching

paridad, pah-re-**dahd** s parity

pariente, parienta, pah-re-en-tay, pah-re-en-tah s & a relative

parihuela, pah-re-oo´ay-lah s barrow; stretcher

parir, par-**reer** v to give birth

parla, par-lah s loquacity; talk

parlamentar, par-lah-men-**tar** v to parley; to talk

parlamento, par-lah-**men**-to s parliament; speech

parlar, par-**lar** v to speak with case; to chatter

parlón, a talkative

parodia, pah-ro-de-ah s parody

parpadear, par-pah-day-**ar** v to wink

párpado, **par**-pah-do s eyelid

parque, **par**-kay s park; paddock

parra, par-rrah s grapevine

párrafo, pah-rrahf-o s paragraph

parrilla, par-rree-l´yah s grill; barbecue

párroco, **par**-rro-ko s parish; priest

parroquia, par-rro-ke-ah s parish

parte, **par**-tay s part; share; place; interest; party

partera, par-**tay**-rah s midwife

partible, par-tee-blay a divisible

partición, par-te-the-on s partition; division; distribution

participar, par-te-the-**par** v to inform; to participate

partícipe, par-tee-the-pay s partner; a sharing

partícula, par-tee-koo-lah s particle; supporter

partida, par-tee-dah s departure; item; entry; parcel; stakes; game; pl talents

partidario, par-te-dah-re-o s partisan

partido, par-tee-do s party; district; utility; game; a divided

partir, par-**teer** v to part; to divide; to depart

parto, **par**-to s childbirth

párvulo, par-**voo**-lo s

child; a innocent; humble

pasa, **pah**-sah s raisin

pasada, pah-**sah**-dah s passage

pasadero, pah-sah-**day**-ro a supportable; passable

pasadizo, pah-sah-dee-tho s passage

pasador, pah-sah-**dor** s bolt; pin; peg

pasaje, pah-**sah**-Hay s passage

pasajero, pah-sah-Hay-ro s passenger; a transitory

pasamano, pah-sah-**mah**-no s banisters

pasaporte, pah-sah-**por**-tay s passport

pasar, pah-**sar** v to pass; to convey; to exceed; —**a**, — ah, to proceed to

pasatiempo, pah-sah-te-**em**-po s pastime; hobby

pascua, **pahs**-koo´ah s Easter

pase, **pah**-say s pass; passport

pasear, pah-say-**ar** v to walk; to take a walk

paseo, pah-**say**-o s walk; promenade; drive

pasillo, pah-see-l´yo s passage; corridor

pasión, pah-se-on s passion

pasivo, pah-**see**-vo s liabilities; *a* passive

pasmar, pahs-**mar** v to astound; to wonder

pasmo, pahs-mo s amazement

pasmoso, pahs-**mo**-so *a* wonderful

paso, pah-so s pace; step; passage

pasta, pahs-tah s paste

pastar, pahs-**tar** v to graze; to pasture

pastel, pahs-**tel** s pie; cake; pastel

pastelero, pahs-tay-**lay**-ro s pastrycook

pasto, pahs-to s pasture; food

pastor, pahs-**tor** s shepherd; pastor; clergyman

pastoso, pahs-**to**-so *a* pasty

pastura, pahs-**too**-rah s pasturage

pata, pah-tah s foot, leg (of beasts)

patada, pah-**tah**-dah s kick

patalear, pah-tah-lay-**ar** v to kick about violently

patán, pah-**tahn** s rustic; churl

patata, pah-**tah**-tah s potato

patatús, pah-tah-**tooss** s swoon

paté, pah-**tay** s pâté

patente, pah-**ten**-tay s patent; *a** manifest; evident

patentizar, pah-ten-te-**thar** v to make evident

paternal, pah-**tair**-nahl *a* fatherly

patético, pah-**tay**-te-ko *a* pathetic

patíbulo, pah-**tee**-boo-lo s gallows

patillas, pah-**tee**-l´yahs s whiskers; sideburns

patín, pah-**teen** s skate

patinaje, pah-te-nah-**Hay** s skating

patinar, pah-te-**nar** v to skate

patio, pah-te-o s courtyard; (theatre) pit

patizambo, pah-te-**thahm**-bo *a* knock-kneed

pato, pah-to s duck; drake

patochada, pah-to-**chah**-dah s blunder; nonsense

patraña, pah-**trah**-n´yah s fabulous story

patria, pah-tre-ah s native country

patrio, pah-tre-o *a* native

patrocinio, pah-tro-**thee**-ne-o s patronage

patrón, pah-**tron** s patron; host; landlord; pattern

patrono, pah-**tro**-no s patron; protector; lord of the manor; employer

patrulla, pah-**troo**-l´yah s patrol

patudo, pah-**too**-do *a* club-footed

paupérrimo, pah´oo-**pair**-rre-mo *a* very poor

pausa, pah´oo-sah s pause; rest

pausado, pah´oo-**sah**-do *adv* slowly; *a* slow

pausar, pah´oo-**sar** v to pause; to rest

pauta, pah´oo-tah s ruler; standard; model

pava, pah-vah s turkey

pavimento, pah-ve-**men**-to s pavement

pavo, pah-vo s turkey

pavón, pah-**von** s peacock

pavonada, pah-vo-**nah**-dah s strut; short walk

pavonear, pah-vo-nay-**ar** v to strut

pavor, pah-**vor** s dread; terror

pavoroso, pah-vo-**ro**-so *a* frightful; awful

payaso, pah-**yah**-so s clown

payo, pah-yo s churl

paz, path s peace

pazguato, path-goo´**ah**-to s simpleton

pe, pay s the letter P. **de**

—**a pa,** day — ah pah, from beginning to end

peaje, pay-ah-Hay s toll

peana, pay-ah-nah s pedestal; foot-stool

peatón, pay-ah-ton s pedestrian

peca, pay-kah s freckle; speck

pecado, pay-kah-do s sin

pecador, pay-kah-dor s sinner

pecar, pay-**kar** v to sin

pecera, pay-**thay**-rah s fishbowl; fishtank; aquarium

pecoso, pay-**ko**-so a freckled

peculiar*, pay-koo-le-**ar** a peculiar

peculio, pay-**koo**-le-o s private purse or property

pecunia, pay-**koo**-ne-ah s money

pecuniario, pay-koo-ne-**ah**-re-o a pecuniary; monetary

pechera, pay-**chay**-rah s shirt-front

pechero, pay-**chay**-ro s bib; a commoner

pecho, pay-cho s chest; breast; gradient

pechuga, pay-**choo**-gah s breast

pedazo, pay-**dah**-tho s piece; bit; fragment

pedernal, pay-dair-**nahl** s flint

pedicular, pay-de-koo-**lar** a lousy

pedicuro, pay-de-**koo**-ro s chiropodist

pedido, pay-**dee**-do s order; goods for sale

pedigüeño, pay-de-goo´**ay**-n´yo s beggar

pedir, pay-**deer** v to ask; to beg; to demand; to order (goods)

pedo, pay-do s flatulence

pedrada, pay-**drah**-dah s stoning

pedregoso, pay-dray-**go**-so a stony; afflicted with gravel

pedrera, pay-**dray**-rah s quarry

pedrería, pay-dray-**ree**-ah s jewellery

pega, pay-gah s gluing; pitch; practical joke

pegar, pay-**gar** v to join; to glue; to stick; to beat

pegote, pay-**go**-tay s sticking-plaster

peinador, pay´e-nah-**dor** s hairdresser

peinar, pay´e-**nar** v to comb

peine, pay´e-nays comb

pejiguera, pay-He-**gay**-rah s fam bother

peladilla, pay-lah-dee-l´yah s sugar-almond

pelaje, pay-lah-Hay s coat; fur; fig appearance

pelar, pay-**lar** v to skin; to pluck; to peel

peldaño, pel-dah-n´yo s every step of a flight of stairs

pelea, pay-**lay**-ah s battle; fight; quarrel

pelear, pay-lay-**ar** v to fight; to quarrel

pelele, pay-**lay**-lay s man of straw

peletería, pay-lay-tay-**ree**-ah s furrier's; fur shop

peliagudo, pay-le-ah-**goo**-do a difficult; skilful

pelicano, pay-le-**kah**-no a grey-haired

pelícano, pay-lee-kah-no s pelican

película, pay-lee-**koo**-lah s film

peligrar, pay-le-**grar** v to be in danger

peligro, pay-lee-gro s peril; danger

peligroso*, pay-le-**gro**-so a dangerous

pelillo, pay-lee-l´yo s short hair; trifle

pelo, pay-lo s hair; down; flaw

peloso, pay-**lo**-so *a* hairy

pelota, pay-**lo**-tah *s* ball; Spanish ball game

pelote, pay-**lo**-tay *s* goat's hair

pelotear, pay-lo-tay-**ar** *v* to play at ball; to argue

pelotera, pay-lo-**tay**-rah *s* quarrel

peltre, pell-tray *s* pewter

peluca, pay-**loo**-kah *s* wig

peludo, pay-**loo**-do *a* hairy; shaggy

peluquero, pay-loo-**kay**-ro *s* hairdresser

pelusa, pay-**loo**-sah *s* down of plants or fruit

pella, pay-l'yah *s* pellet; fleece; lump of molten metal; lard

pellejo, pay-l'**yay**-Ho *s* skin; hide; peel; wineskin; tippler

pelliza, pay-l'**yee**-thah *s* pelisse

pellizcar, pay-l'yeeth-**kar** *v* to pinch

pena, pay-nah *s* punishment; pain

penado, pay-**nah**-do *a* punished; painful

penar, pay-**nar** *v* to chastise; to suffer pain; to grieve

pendencia, pen-**den**-the-ah *s* dispute; quarrel

pendenciero, pen-den-the-**ay**-ro *a* quarrelsome

pender, pen-**dair** *v* to hang; to depend

pendiente, pen-de-en-tay *s* earring; slope; *a* hanging; pendent

péndola, **pen**-do-lah *s* pendulum; quill

pendón, pen-**don** *s* standard; banner

péndulo, **pen**-doo-lo *s* pendulum; *a* hanging

penetrar, pay-nay-**trar** *v* to penetrate

penicilina, pay-nee-the-**lee**-nah *s* penicillin

penique, pay-**nee**-kay *s* penny

penitenciar, pay-ne-ten-the-**ar** *v* to impose penance

penoso*, pay-**no**-so *a* painful

pensado, pen-**sah**-do *a* deliberate; **de—,** day —, purposely

pensamiento, pen-sah-me-**en**-to *s* thought

pensar, pen-**sar** *v* to think

pensativo, pen-sah-**tee**-vo *a* pensive; thoughtful

pensión, pen-se-**on** *s* pension; boarding-house

pensionista, pen-se-o-**niss**-tah *s* pensioner

penúltimo, pay-**nool**-te-mo *a* penultimate

penuria, pay-**noo**-re-ah *s* penury

peña, pay-n´yah *s* rock; large stone

peñasco, pay-n´**yahs**-ko *s* large rock

peón, pay-**on** *s* day-labourer; foot soldier; spinning top

peonada, pay-o-**nah**-dah *s* day's work

peor, pay-**or** *adv & a* worse

pepino, pay-**pee**-no *s* cucumber

pepita, pay-**pee**-tah *s* kernel; pip

pequeñez, pay-kay-n´**yeth** *s* smallness

pequeño, pay-**kay**-n´yo *a* little; small; young

pera, pay-rah *s* pear

percance, pair-**kahn**-thay *s* mishap; misfortune

percibir, pair-the-**beer** *v* to receive; to collect; to perceive

percutir, pair-koo-**teer** *v* to strike; to percuss

percha, pair-chah *s* pole; perch (fish); hanger

perder, pair-dair *v* to lose

pérdida, pair-de-dah *s* loss, waste

perdiz, pair-**deeth** s
partridge

perdón, pair-**don** pardon

perdonar, pair-do-**nar** v to
forgive; to remit; to
excuse

perdurable, pair-doo-**rah**-
blay a lasting

perecedero, pay-ray-thay-
day-ro a perishable

perecer, pay-ray-**thair** v to
perish

peregrino, pay-ray-**gree**-
no s pilgrim; a strange

perejil, pay-ray-**Heel** s
parsley

perendengue, pay-ren-
den-gay s ear-ring;
cheap ornament

perentorio, pay-ren-to-re-
o a peremptory

pereza, pay-**ray**-thah s
laziness; slowness

perezoso, pay-ray-**tho**-so a
lazy; idle; indolent

perfeccionamiento, pair-
fek-the-o-nah-me-**en**-to
s improvement

perfecto*, pair-**fek**-to a
perfect; complete

pérfido, pair-fe-do a
perfidious

perfil, pair-**feel** s profile;
side view

perfilar, pair-fe-**lar** v to
outline

perforar, pair-fo-**rar** v to
perforate

perfume, pair-foo-**may** s
perfume

pergamino, pair-gah-**mee**-
no s parchment

pericia, pay-**ree**-the-ah s
skill; expertness

perifollo, pay-re-fo-l´yo s
chervil; pl women's
ornaments

perímetro, pay-**ree**-may-
tro s perimeter; contour

periódico, pay-re-o-de-**ko**
s newspaper; a
periodical

peripuesto, pay-re-
poo´**ess**-to a dressed up;
smart

periquito, pay-re-**kee**-to s
parakeet

perito, pay-**ree**-to a skilful;
experienced

perjudicar, pair-Hoo-de-
kar v to prejudice; to
injure

perjuicio, pair-Hoo-**ee**-
the-o s prejudice

perjurio, pair-Hoo-re-o s
perjury

perjuro, pair-Hoo-ro s
perjurer; a forsworn

perla, **pair**-lah s pearl

permanecer, pair-mah-
nay-**thair** v to remain; to
stay

permanente*, pair-mah-
nen-tay a permanent

permeable, pair-may-**ah**-
blay a permeable

permiso, pair-**mee**-so s
permission; leave;
licence

permitir, pair-me-**teer** v to
permit; to allow

permutar, pair-moo-**tar** v
to exchange; to permute

pernear, pair-nay-**ar** v to
kick; to shake the legs

pernetas (en), en pair-
nay-tahs adv bare-legged

pernicioso, pair-ne-the-o-
so a pernicious

pernil, pair-**neel** s haunch;
leg; ham

pernio, **pair**-ne-o s door or
window hinge

pernoctar, pair-nok-**tar** v
to pass the night

pero, **pay**-ro conj but; yet

perogrullada, pay-ro-groo-
l´**yah**-dah s obvious and
commonplace truth

perol, pay-**rol** s boiler;
kettle

peroné, pay-ro-**nay** s
fibula

peroración, pay-ro-rah-
the-**on** s peroration

perorata, pay-ro-**rah**-tah s
harangue; speech

perpetrar, pair-pay-**trar** v

to perpetrate

perpetuo*, pair-pay-too´o a perpetual

perplejo*, pair-play-Ho a perplexed

perra, pair-rrah s bitch

perramente, pair-rrah-men-tay adv very badly

perrería, pair-rray-ree-ah s pack of dogs; vexation

perro, pair-rro s dog

perruno, pair-rroo-no a canine

perseguir, pair-say-gheer v to pursue; to harrass

perseverar, pair-say-vay-rar v to persevere

persiana, pair-se-ah-nah s window-blind; shutter

persignarse, pair-sig-nar-say v to make the sign of the cross

persistir, pair-siss-teer v to persist

persona, pair-so-nah s person

personaje, pair-so-nah-Hay s personage

perspectiva, pair-spek-tee-vah s perspective; view; prospect

perspicacia, pair-spe-kah-the-ah s perspicacity

perspicaz, pair-spe-kath a perspicacious

perspicuo*, pair-spee-

koo´o a clear

persuadir, pair-soo´ah-deer v to persuade

pertenecer, pair-tay-nay-thair v to belong to; to appertain

pértiga, pair-te-gah s pole; rod

pertiguero, pair-te-gay-ro s verger

pertinaz*, pair-te-nath a pertinacious

pertrechos, pair-tray-chos s stores; ammunition; tools

perturbar, pair-toor-bar v to perturb

perverso, pair-vair-so a perverse; wicked

pesa, pay-sah s weight

pesada, pay-sah-dah s weighing; quantity weighed

pesadez, pay-sah-deth s heaviness; gravity; slowness; drowsiness

pesado*, pay-sah-do a heavy; cumbrous; sluggish; vexatious

pesadumbre, pay-sah-doom-bray s grief; sorrow

pésame, pay-sah-may s expression of condolence

pesantez, pay-sahn-teth s

gravity; heaviness

pesar, pay-sar v to weigh; to cause regret; to ponder; s sorrow; regret; **a —de**, ah — day, in spite of

pesaroso, pay-sah-ro-so a sorrowful; repentant

pesca, pess-kah s fishing; catch

pescado, pess-kah-do s fish

pescador, pess-kah-dor s fisherman

pescante, pess-kahn-tay s wire; jib

pescar, pess-kar v to fish

pescuezo, pess-koo´ay-tho s neck

pesebre, pay-say-bray s crib; manger

peseta, pay-say-tah s Spanish monetary unit

pésimo*, pay-se-mo a very bad

peso, pay-so s weight; load

pesquería, pess-kay-ree-ah s fishing; fishery

pesquisa, pess-kee-sah s enquiry; search

pestaña, pess-tah-n´yah s eyelash; flange

pestañear, pess-tah-n´yay-ar v to blink; to wink

peste, pess-tay s pest; pestilence

pestillo, pess-tee-l´yo s
bolt

petaca, pay-tah-kah s
tobacco pouch

petardear, pay-tar-day-ar
v to cheat

petardista, pay-tar-diss-
tah s cheat; swindler

petardo, pay-tar-do s
petard; firework

peto, pay-to s bodice; bib

pez, peth s fish

pezón, pay-thon s nipple

pezuña, pay-thoo-n´yah s
hoof

piadoso, pe-ah-do-so a
pious; merciful

pian, piano, pe-ahn, pe-
ah-no adv gently; softly;
slowly

piano, pe-ah-no s
pianoforte

piar, pe-ar v to cheep

piara, pe-ah-rah s herd of
swine

pica, pee-kah s pike; spear

picada, pe-kah-dah s
puncture

picadero, pe-kah-day-ro s
riding-school

picador, pe-kah-dor s
riding-master; (bull-
fights) pricker

picadura, pe-kah-doo-rah
s (insect) bite, sting

picante, pe-kahn-tay s hot

tast; chilli sauce; a hot;
spicy

picaporte, pe-kah-por-tay
s spring-latch; latch-key;
door-knocker

picar, pe-kar v to prick; to
sting; to nibble; to peck;
to itch

picardía, pe-kar-dee-ah s
mischief

picaresco, pe-kah-ress-ko
a roguish

pícaro, pee-kah-ro a
knavish; mischievous

picatoste, pe-kah-tos-tay s
buttered toast

picazón, pe-kah-thon s
itching; displeasure

pico, pee-ko s beak; bill;
nib; peak; garrulity

picota, pe-ko-tah s pillory;
top

picotear, pe-ko-tay-ar v to
peck; to nibble

pictórico, pik-to-re-ko a
pictorial; picturesque

pichón, pe-chon s young
pigeon

pie, pe-ay s foot; basis;
trunk; foundation;
motive; a —firme, ah
— feer-may, steadfastly

piedad, pe-ay-dahd s piety;
mercy; pity

piedra, pe-ay-drah s stone;
hail

piel, pe-ell s skin; hide;
peel

pierna, pe-air-nah s leg;
leg of mutton; limb

pieza, pe-ay-thah s piece;
coin

pifia, pee-fe-ah s
(billiards) miss

pila, pee-lah s pile; heap;
font; trough for cattle

pila, pee-lah s battery

pilar, pe-lar s basin of a
fountain; column; pillar

píldora, peel-do-rah s pill

pilón, pe-lon s basin of a
fountain; cattle trough

piloto, pe-lo-to s pilot

pillada, pe-l´yah-dah s
knavish trick

pillar, pe-l´yar v to
plunder

pillo, pee-l´yo s rogue;
thief; a roguish

pimentón, pe-men-ton s
red pepper; paprika

pimienta, pe-me-en-tah s
pepper

pimpollo, pim-po-l´yo s
sprout; shoot; lively
youth

pina, pee-nah s conical
mound; jaunt

pinar, pe-nar s pine-grove

pincel, pin-thell s
painter's brush

pincelar, pin-thay-lar v to

paint

pinchadiscos, pin-cha-**diss**-kos s disc jockey

pinchar, pin-**char** v to prick; to puncture

pineda, pe-**nay**-dah s pine-grove

pingajo, pin-**gah**-Ho s rag; tatter

ping-pong peeng-pong s table tennis.

pingüe, peen-goo´ay a abundant; rich (profit)

pino, pee-no s pine-tree; a steep

pinocha, pe-no-chah s pine-cone

pinta, peen-tah s spot; stain; pint

pintado, pin-**tah**-do a painted; mottled; just; exact

pintar, pin-**tar** v to paint

pintiparado, pin-te-pah-**rah**-do a perfectly like

pintor, pin-**tor** s painter

pintoresco, pin-to-**ress**-ko a picturesque

pintorrear, pin-tor-rray-**ar** v to daub

pintura, pin-**too**-rah s painting; picture

pinzas, pin-**thahs** s nippers; tweezers

pinzón, pin-**thon** s chaffinch

piña, pee-n´yah s cone of the pine-tree; pineapple

pío, pee-o s longing; puling of chickens; a pious; merciful

piojo, pe-o-Ho s louse

pipa, pee-pah s cask; tobacco pipe

pipote, pe-po-tay s keg

pique, pee-kay s pique; a — , ah — , on the point of; **echar a** — , ay-char ah — , to sink (a ship); **irse a** — , eer-say ah — , to founder (ship)

piquete, pe-**kay**-tay s small wound; small hole; picket

pira, pee-rah s funeral pile

pirata, pe-**rah**-tah s pirate

piratería, pe-rah-tay-ree-ah s piracy

piropo, pe-ro-po s compliment; flattery

pirueta, pe-roo´ay-tah s pirouette

pisada, pe-**sah**-dah s footstep; footprint

pisar, pe-**sar** v to tread; to trample

pisaverde, pe-sah-**vair**-day s fam fop

piscina, piss-**thee**-nah s fish-pond; swimming tank

piso, pe-so s floor; story;

flat; apartment

pisotear, pe-so-tay-**ar** v to trample

pista, piss-tah s track; trail; scent; trace; **– de esquí,** – day es-ke, ski slope; **– de patinaje,** – day pa-te-nah-Hay, skating rink; **– de tenis,** – day tay-nes, tennis court

pisto, piss-to s thick broth

pistola, piss-to-lah s pistol

pistolete, piss-to-**lay**-tay s pocket-pistol

pistón, piss-**ton** s piston; percussion cap

pitada, pe-**tah**-dah s blow of a whistle

pitanza, pe-**tahn**-thah s pittance; daily allowance

pitillo, pe-tee-l´yo s cigarette

pito, pee-to s whistle

pitón, pe-ton s sprig; nozzle; horn

pizarra, pe-**thar**-rrah s slate; blackboard

pizca, pith-kah s bit; jot

pizpireta, pith-pe-**ray**-tah s lively (woman)

placa, plah-kah s plate; insignia of an order of knighthood

pláceme, plah-thay-may s

congratulation

placentero, plah-then-**tay**-ro *a* pleasant; joyful; mirthful

placer, plah-**thair** *v* to please; *s* pleasure; consent

placidez, plah-the-**deth** *s* placidity

plácido, plah-the-do *a* placid

plaga, plah-gah *s* plague; pestilence

plagar, plah-**gar** *v* to plague; to infest

plagio, plah-He-o *s* plagiarism

plan, plahn *s* plan; design; scheme; plot

plana, plah-nah *s* trowel; (book) page; plain

plancha, plahn-chah *s* plate; (clothes) iron; — **de vapour,** day vah-**porr** *s* steam-iron

planchar, plahn-**char** *v* to iron (clothes); to press

planicie, plah-nee-the-ay *s* plain

plano, plah-no *s* plan; map; chart; *a* plain; level; flat

planta, plahn-tah *s* sole of the foot; plant; plan of a building

plantar, plahn-**tar** *v* to

plant; to fix upright; to jilt

plantear, plahn-tay-**ar** *v* to plan; to trace; to set up

plantilla, plahn-tee-l'yah *s* pattern; inner sole of a shoe; staff

plantón, plahn-ton *s* sprout; sentry

plañidero, plah-n´yee-day-ro *a* mournful

plañido, plah-n´yee-do; *s* moan; lamentation

plasmar, plahs-**mar** *v* to mold

plástico, plahs-te-ko *a* plastic

plata, plah-tah *s* silver; *fam* money

plátano, plah-tah-no *s* banana; plane-tree

platea, plah-**tay**-ah *s* (theatre) orchestra; pit

platear, plah-tay-**ar** *v* to silver

platería, plah-tay-**ree**-ah *s* silversmith's shop or trade

platero, plah-**tay**-ro *s* silversmith

plática, plah-te-kah *s* discourage; conversation; chat

platillo, plah-tee-l´yo *s* small dish; saucer

platino, plah-**tee**-no *s*

platinum

plato, plah-to *s* dish; plate; daily fare

playa, plah-yah *s* shore; beach

plaza, plah-thah *s* square; market-place; fortified town; employment

plazo, plah-tho *s* term; date; instalment

pleamar, play-ah-**mar** *s* high tide

plebe, play-bay *s* common people; plebs

plebeyo, play-**bay**-yo *a* plebeian

plegable, play-gah-blay *a* pliable; folding

plegar, play-**gar** *v* to fold; to plait; to double

plegaria, play-gah-re-ah *s* prayer

pleitear, play´e-tay-**ar** *v* to plead; to litigate

pleito, play´e-to *s* lawsuit; case

plenilunio, play-ne-loo-ne-o *s* full moon

plenitud, play-ne-**tood** *s* fullness; plenitude

pliego, ple-**ay**-go *s* sheet of paper

pliegue, ple-**ay**-gay *s* fold; plait; crease

plomada, plo-**mah**-dah *s* plumb

plomero, plo-**may**-ro s plumber

plomizo, plo-**mee**-tho a leaden

plomo, plo-mo s lead

pluma, ploo-mah s feather; pen

plumero, ploo-**may**-ro s plume; feather-duster

plumón, ploo-**mon** s down; feather-bed

pluvial, ploo-ve-**ahl** a rainy; pluvial

población, po-blah-the-**on** s population

poblado, po-**blah**-do s town; village; inhabited place

poblar, po-**blar** v to people; to found; to occupy; to stock; to settle

pobre*, po-bray a poor

pobreza, po-**bray**-thah s poverty

pocilga, po-**theel**-gah s pig-sty

pócima, po-the-mah s potion; brew

poco, po-ko adv a little; s small quantity; a little; scanty; few

poda, po-dah s pruning

poder, po-**dair** v to be able; s power; authority; force

poderío, po-day-ree-o s power; might; dominion

poderoso, po-day-**ro**-so a powerful; efficacious

podre, po-dray s pus; matter

podredumbre, po-dray-**doom**-bray s putrid matter; corruption

podrir, po-**dreer** (see **pudrir**)

poesía, po-ay-**see**-ah s poetry

polaina, po-lah´ee-nah s legging; gaiter

polea, po-lay-ah s pulley

polen, po-layn s pollen

policía, po-le-**thee**-ah s police

poliéster, po-le-**ays**-tayr s polyester

poligloto, po-lee-**glo**-to s linguist; polyglot

poligonal, po-lee-go-**nahl** a polygonal

polígono, po-lee-go-no s polygon

polilla, po-lee-l´yah s moth

política, po-lee-te-kah s politics

póliza, po-le-thah s policy; scrip

polizonte, po-le-**thon**-tay s fam detective

polo, po-lo s pole

poltrón, pol-tron a idle; lazy

poltrona, pol-tro-nah s easy chair

polución, po-loo-the-**on** s pollution

polvareda, pol-vah-**ray**-dah s dust cloud

polvo, pol-vo s dust; powder

pólvora, pol-vo-rah s gunpowder

polvorear, pol-vo-ray-**ar** v to powder

polla, po-l´yah s pullet

pollada, po-l´yah-dah s hatch; covey

pollero, po-l´yay-ro s poulterer

pollino, po-l´yee-no s donkey; ass

pollo, po-l´yo s chicken; nestling; young man

polluelo, po-l´yoo´ay-lo s small chicken

pomada, po-**mah**-dah s ointment; pomade

pomar, po-mar s orchard

pomez, po-meth s pumicestone

pomo, po-mo s pome; fruit with pips; pommel; round knob

pompa, pom-pah s pomp; pageant; bubble

ponche, pon-chay s punch

ponderación, pon-day-rah-the-on *s* consideration; weighing

ponderar, pon-day-rar *v* to ponder; to exaggerate

ponderoso*, pon-day-ro-so *a* ponderous; grave

ponedero, po-nay-day-ro *a* egg-laying; nest

poner, po-nair *v* to put; to place; to lay eggs; to contribute

ponerse, po-nair-say *v* to set about

poniente, po-ne-en-tay *s* west; west-wind

pontífice, pon-tee-fe-thay *s* Pope; pontiff

pontón, pon-ton *s* pontoon

ponzoña, pon-tho-n´yah *s* poison

popa, po-pah *s* poop; stern

populacho, po-poo-lah-cho *s* populace; mob

poquedad, po-kay-dahd *s* paucity; cowardice; trifle

poquito, po-kee-to *a* very little

por, por *prep* for; by; about; through; by means of; on account of

porcelana, por-thay-lah-nah *s* porcelain; chinaware

porcino, por-thee-no *a* porcine; pig

porción, por-the-on *s* part; portion; lot

porcuno, por-koo-no *a* porcine; hoggish

porche, por-chay *s* porch; covered walk

pordiosero, por-de-o-say-ro *s* beggar

porfía, por-fee-ah *s* obstinacy; stubborness; insistence

porfiado, por-fe-ah-do *a* obstinate; insistent

porfiar, por-fe-ar *v* to wrangle; to persist; to insist

pormenor, por-may-nor *s* detail

poro, po-ro *s* pore

porque, por-kay *conj* because

¿por qué? por kay *conj* why?

porquería, por-kay-ree-ah *s* nastiness; filth

porrillo (a), ah por-rree-l´yo *adv* copiously

porrón, por-rron *s* wine jar with a long spout

portada, por-tah-dah *s* facade; porch; title page; cover

portador, por-tah-dor *s* carrier; bearer; tray

portaequipajes, por-tah-ay-ke-pah-Hayss *s* boot; luggage-rack

portal, por-tahl *s* porch; portico

portamonedas, por-tah-mo-nay-dahs *s* purse

portarse, por-tar-say *v* to behave

portátil, por-tah-til *a* portable

portazgo, por-tahth-go *s* toll; turnpike duty

porte, por-tay *s* porterage; postage; carriage; conduct

portear, por-tay-ar *v* to convey

portento, por-ten-to *s* portent

portero, por-tay-ro *s* janitor; doorkeeper; caretaker

portillo, por-tee-l´yo *s* aperture; gap; breach

portón, por-ton *s* inner door of a house

porvenir, por-vay-neer *s* future

pos (en), en pos *adv* after; behind; in pursuit of

posada, po-sah-dah *s* lodging house; inn

posadero, po-sah-day-ro *s* innkeeper; host

poseedor, po-say-ay-dor *s* possessor

poseer, po-say-**air** v to hold; to possess; to own; to have

poseído, po-say-ee-do a possessed with the devil

posibilitar, po-se-be-le-**tar** v to make possible

posible*, po-see-blay a possible; s pl wealth; means

posición, po-se-the-**on** s position; posture; pose; attitude; situation

positivo, po-se-tee-vo a positive; true; certain

poso, po-so s sediment; dregs

posponer, pos-po-**nair** v to postpone

posta, pos-tah s post stage; relay

poste, pos-tay s post; pillar

postema, pos-tay-mah s abscess; tumour

postergar, pos-tair-**gar** v to leave behind; to delay

posterior*, pos-tay-re-or a posterior; hinder

postigo, pos-tee-go s wicket; postern; shutter

postilla, pos-tee-l´yah s scab on wounds

postizo, pos-tee-tho a artificial; false

postor, pos-**tor** s bidder

postrar, pos-**trar** v to prostrate

postre, pos-tray s dessert

postremo, pos-**tray**-mo a last

postrer, pos-**trair**, a last; hindermost

postulado, pos-too-**lah**-do s postulate

póstumo, pos-**too**-mo a posthumous

postura, pos-**too**-rah s posture; bet; wager; agreement

potable, po-tah-blay a drinkable

potaje, po-tah-Hay s broth; vegetable stew

potasa, po-tah-sah s potash

pote, po-tay s pot; jar

potencia, po-ten-the-ah s power; potency

potencial, po-ten-the-**ahl** a potential; virtual

potente, po-ten-tay a potent

potestad, po-tess-**tahd** s power

potra, po-trah s hernia; filly

potro, po-tro s colt; foal; rack

poyo, po-yo s stone bench

poza, po-thah s puddle

pozo, po-tho s well

practicante, prahk-te-kahn-tay s practitioner

practicar, prahk-te-**kar** v to practice; to exercise

pradera, pradería, prah-**day**-rah, prah-day-ree-ah s meadow

prado, prah-do s lawn; meadow; pasture

preboste, pray-bos-tay s provost; leader

precaver, pray-kah-**vair** v to guard against

precavido*, prah-kah-vee-do a cautious

preceder, pray-thay-**dair** v to precede

precepto, pray-**thep**-to s precept; order; mandate

preces, pray-thess s prayers

preciado, pray-the-**ah**-do a valued; prized

preciarse, pray-the-ar-say v to boast; to take a price in

precio, pray-the-o s price; coat; value; reward

precipitar, pray-the-pe-**tar** v to precipitate; to rush

precisar, pray-the-**sar** v to need; to pinpoint

precisión, pray-the-se-**on** s accuracy; precison; preciseness

preciso, pray-**thee**-so a necessary; precise;

concise

preclaro, pray-**klah**-ro *a* illustrious

preconizar, pray-ko-ne-**thar** *v* to suggest; to advise

precoz, pray-**koth** *a* precocious

precursor, pray-koor-**sor** *s* predecessor; forerunner

predecir, pray-day-**theer** *v* to foretell; to predict

prédica, pray-de-kah *s* sermon

predicador, pray-de-kah-**dor** *s* preacher

predicar, pray-de-**kar** *v* to publish; to preach

predilecto, pray-de-**lek**-to *a* favourite

predio, pray-de-o *s* landed property; farm

predisponer, pray-diss-po-**nair** *v* to predispose

predominio, pray-do-**mee**-ne-o *s* predominance

preestreno, prays-**tray**-no *s* preview

prefacio, pray-**fah**-the-o *s* preface

preferible, pray-fay-**ree**-blay *a* preferable

preferir, pray-fay-**reer** *v* to prefer

prefijo, pray-**fee**-Ho *s* prefix

pregonar, pray-go-**nar** *v* to proclaim; to cry out

pregonero, pray-go-**nay**-ro *s* town crier; auctioneer

pregunta, pray-**goon**-tah *s* question; enquiry

preguntar, pray-goon-**tar** *v* to ask; to question; to enquire

preguntón, pray-goon-**ton** *a* inquisitive

prejuzgar, pray-Hooth-**gar** *v* to prejudge

prelado, pray-**lah**-do *s* prelate

premiar, pray-me-**ar** *v* to reward; to remunerate

premio, pray-me-o *s* reward; premium; prize

premioso*, pray-me-o-so *a* tight; troublesome; rigid

premura, pray-**moo**-rah *s* urgency

prenda, pren-dah *s* pledge; token; garment; person or object dearly loved; *pl* talents

prender, pren-**dair** *v* to catch; to capture; to fasten

prendería, pren-day-ree-ah *s* pawnbroker's shop

prensa, pren-sah *s* press; printing press

prensar, pren-**sar** *v* to press

preñado, pray-n´**yah**-do *s* pregnancy; *a* pregnant

preparar, pray-pah-**rar** *v* to prepare

preponderar, pray-pon-day-**rar** *v* to preponderate

prepotente, pray-po-**ten**-tay *a* powerful; supreme

presa, pray-sah *s* capture; seizure; prey; dam

presagiar, pray-sah-**He**-ar *v* to presage; to forebode

presbiterio, press-be-**tay**-re-o *s* presbytery; chancel

presbítero, press-**bee**-tay-ro *s* priest

precindir, press-thin-**deer** *v* to prescind; to cut off; to do without

prescribir, press-kre-**beer** *v* to prescribe

presenciar, pray-sen-the-**ar** *v* to be present; to witness

presentar, pray-sen-**tar** *v* to present; to exhibit; to give

presente, pray-sen-tay *s* present; gift; *a** present; actual

presentir, pray-sen-**teer** *v* to have a premonition of

preservar, pray-sair-**var** *v*

to preserve

presidiario, pray-se-de-**ah**-re-o s convict

presidio, pray-**see**-de-o s prison; garrison; penitentiary

presidir, pray-se-**deer** v to preside

presilla, pray-see-l´yah s noose; loop

presión, pray-se-**on** s pressure

preso, pray-so s prisoner

prestación, press-tah-the-**on** s lending; benefit; feature

prestamista, press-tah-**miss**-tah s lender; pawnbroker

préstamo, **press**-tah-mo s loan

prestar, press-**tar** v to lend

presteza, press-**tay**-thah s quickness; haste; speed

prestigio, press-tee-**He**-o s prestige; good name

presto, **press**-to adv quickly; a quick; prompt; ready

presumible, pray-soo-mee-blay a presumable

presumido, pray-soo-**mee**-do a presumptuous; arrogant

presumir, pray-soo-**meer** v to presume; to

conjecture

presunción, pray-soon-the-**on** s presumption; conjecture

presuntuoso,* pray-soon-too´o-so a presumptuous

presuponer, pray-soo-po-**nair** v to presuppose

presupuesto, pray-soo-poo´**ess**-to s estimate; budget

presuroso,* pray-soo-**ro**-so a hasty; prompt

pretender, pray-ten-**dair** v to pretend; to claim; to endeavour; to try

pretérito, pray-**tay**-re-to a past

pretextar, pray-teks-**tar** v to use a pretext; to plead

pretil, pray-**teel** s breast-work; parapet

pretina, pray-**tee**-nah s girdle; waistband; belt

prevalecer, pray-vah-lay-**thair** v to prevail; to triumph

prevaricar, pray-vah-re-**kar** v to pervert the course of justice

prevención, pray-ven-the-**on** s foresight; warning; prevention; preparation

prevenido, pray-vay-**nee**-do a prepared; provided; cautious

prevenir, pray-vay-**neer** v to foresee; to prevent; to advise

prever, pray-**vair** v to foresee; to forecast

previo*, pray-**ve**-o a previous

prieto, pray-**ay**-to a very black; compressed; tight

prima, **pree**-mah s premium; female cousin; bonus

primavera, pre-mah-**vay**-rah s spring season; primrose

primero, pre-**may**-ro adv first; rather; sooner; a first; principal; former

primo, **pree**-mo s male cousin; a raw; prime

primogénito, pre-mo-**Hay**-ne-to s & a first born

primor, pre-**mor** s beauty; dexterity; nicety

primoroso, pre-mo-**ro**-so a neat; elegant; exquisite

princesa, prin-**thay**-sah s princess

principal, prin-the-**pahl** s capital; a principal

príncipe, **prin**-the-pay s prince

principiar, prin-the-pe-**ar** v to begin

principio, prin-**thee**-pe-o s

beginning; principle

pringar, prin-**gar** v to baste; to grease; to slander

pringue, preen-gay s grease; lard; greasiness

prior, pre-**or** s prior

prisa, pree-sah s hurry

prisión, pre-se-**on** s prison; fetters

prisionero, pre-se-o-**nay**-ro s prisoner

prisma, priss-mah s prism

privado, pre-**vah**-do s favourite; a private

privar, pre-**var** v to deprive; to despoil; to prohibit

privilegio, pre-ve-lay-**He**-o s privilege

pro, pro s m. & f. profit; benefit; advantage; **en —, en —,** in favour of

probanza, pro-**bahn**-thah s proof; evidence

probar, pro-**bar** v to try; to prove; to taste

probeta, pro-**bay**-tah s test-tube

probidad, pro-be-**dahd** s honesty; integrity

procacidad, pro-kah-the-**dahd** s petulance; sauciness; impudence

procaz, pro-**kahth** a bold; insolent

procedencia, pro-thay-den-the-ah s origin

proceder, pro-thay-**dair** v to proceed; to emanate

procedimiento, pro-thay-de-me-en-to s proceedings; procedure

proceloso, pro-thay-lo-so a tempestuous

prócer, pro-thair a worthy; leader

procesar, pro-thay-**sar** v to prosecute; to process

proceso, pro-**thay**-so s process; lawsuit; trial

proclama, pro-**klah**-mah s proclamation

proclividad, pro-kle-ve-**dahd** s proclivity

procurador, pro-koo-rah-**dorr** s solicitor; attorney

prodigar, pro-de-**gar** v to lavish

prodigio, pro-dee-**He**-o s prodigy; wonder

pródigo*, pro-de-go a prodigal; productive; generous

producir, pro-doo-**theer** v to produce

producto, pro-**dook**-to s product

proeza, pro-ay-thah s bravery; exploit

profano, pro-**fah**-no a profane

proferir, pro-fay-**reer** v to pronounce; to express; to utter

profesar, pro-fay-**sar** v to profess; to practise

profesor, pro-fay-**sor** s professor; teacher

profeta, pro-**fay**-tah s prophet

profético, pro-**fay**-te-ko a prophetic

profetizar, pro-fay-te-**thar** v to prophesy; to predict; to foretell

prófugo, pro-foo-go a fugitive

profundo*, pro-**foon**-do a profound; deep

progenitura, pro-Hay-ne-**too**-rah s progeny

programa, pro-**grah**-mah s programme

programador, pro-grah-mah-**dorr** s programmer

progreso, pro-**gray**-so s progress; advance

prohibir, pro-e-**beer** v to prohibit; to forbid

prohijar, pro-e-**Har** v to adopt

prohombre, pro-om-bray s headman; leader

prójimo, pro-**He**-mo s fellow-creature

prole, pro-lay s offspring; race

prolijo, pro-lee-*Ho* s
prolix

prólogo, **pro**-lo-go s
prologue; preface

prolongar, pro-lon-**gar** v
to prolong; to extend

promedio, pro-**may**-de-o s
middle; average

promesa, pro-**may**-sah s
promise

prometer, pro-may-**tair** v
to promise

prometido, pro-may-tee-do a promised; engaged;
s fiancé(é)

prominencia, pro-me-**nen**-the-ah s
prominence;
protuberance

promiscuo, pro-**miss**-koo´o a ambiguous;
mixed (up)

promover, pro-mo-**vair** v
to promote; to forward

pronombre, pro-**nom**-bray
s pronoun

prontitud, pron-te-**tood** s
promptitude

pronto*, **pron**-to adv
promptly; s sudden
impulse; a prompt; quick

prontuario, pron-too´**ah**-re-o s handbook;
manual

pronunciamiento, pro-noon-the-ah-me-**en**-to s

insurrection

pronunciar, pro-noon-the-**ar** v to pronounce;
to rebel

propalar, pro-pah-**lar** v to
divulge

propasar, pro-pah-**sar** v to
go beyond; to transgress

propender, pro-pen-**dair** v
to incline to

propenso, pro-**pen**-so a
inclined; prone

propicio*, pro-pee-the-o a
propitious

propiedad, pro-pe-ay-**dahd**
s ownership; property;
dominion

propina, pro-**pee**-nah s
gratuity; tip

propincuo, pro-**peen**-koo´o a near; contiguous

propio, **pro**-pe-o s
messenger; a* own;
private; proper; fit;
natural

proponer, pro-po-**nair** v to
propose; to suggest

proporcionar, pro-por-the-o-**nar** v to supply; to
provide

propósito, pro-**po**-se-to s
purpose; purport

propuesta, pro-poo´**ess**-tah s proposal; tender

propulsión, pro-pool-se-**on** s propulsion

propulsor, pro-pool-**sor** s
propellent; promotor

prorrata, pror-**rrah**-tah s
quota

prórroga, pror-**rro**-gah s
deferment; extension;
extra time

prorrumpir, pror-rroom-**peer** v to break forth; to
burst into

prosa, **pro**-sah s prose

proscribir, pros-kre-**beer** v
to proscribe; to prohibit

proseguir, pro-say-**gheer** v
to pursue; to continue;
to carry on

prosélito, pro-**say**-le-to s
proselyte; convert

prospecto, pros-**pek**-to s
prospectus; leaflet

próspero*, **pros**-pay-ro a
prosperous

prosternarse, pros-tair-**nar**-say v to prostrate
oneself

prostituir, pros-te-too´**eer**
v to prostitute

prostituta, pros-te-**too**-tah
s prostitute

proteger, pro-tay-*Hair* v
to protect

protervo, pro-**tair**-vo a
perverse

protestar, pro-tess-**tar** v to
protest

provecho, pro-**vay**-cho s

profit; benefit; advantage

provechoso*, pro-vay-cho-so *a* profitable; beneficial

proveeduría, pro-vay-ay-doo-ree-ah *s* store-house

proveer, pro-vay-air *v* to provide; to supply with

provenir, pro-vay-neer *v* to come from

provocar, pro-vo-kar *v* to provoke

provocativo, pro-vo-ka-tee-vo *a* sexy; provocative

próximo, prok-se-mo *a* next; close

proyecto, pro-yek-to *s* project; scheme; design

prudente*, proo-den-tay *a* prudent

prueba, proo´ay-bah *s* proof; test; experiment

prurito, proo-ree-to *s* itching; yurge; pruritis

psicoanalista, psee-ko´ah-nah-les-ta *s* psychoanalyst

psicológico, psee-ko-lo-He-ko *a* psychological

psicópata, psee-ko-lo-He-ko *s* psychopath

psiquiatra, psee-kee-ah-trah *s* psychiatrist

psiquiatría, psee-kee-ah-

tree-ah *s* psychiatry

púa, poo´ah *s* prickle; prong; graft

pubertad, poo-bair-tad *s* adolescence

publicar, poo-ble-kar *v* to publish; to proclaim; to reveal

publicidad, poo-ble-the-dahd *s* advertising

público*, poo-ble-ko *a* public

puchero, poo-chay-ro *s* earthen pot; stew

púdico, poo-de-ko *a* chaste; modest

pudiente, poo-de-en-tay *a* rich; opulent

pudor, poo-dor *s* modesty; bashfulness

pudrir, poo-dreer *v* to rot

pueblo, poo´ay-blo *s* town; village; population

puente, poo´en-tay *s* bridge

puerca, poo´air-kah *s* sow

puerco, poo´air-ko *s* pig; *a* filthy; coarse

pueril, poo´ay-reel *a* puerile; childish

puerro, poo´air-rro *s* leek

puerta, poo´air-tah *s* door

puerto, poo´air-to *s* port; haven; harbour

pues, poo´ess *conj* then;

therefore; since; *interj* well; then

puesta, poo´ess-tah *s* setting; sunset

puesto, poo´ess-to *s* place; post; stand; employment; —**que**, —kay, although

púgil, poo-Hil *s* boxer

pugna, poog-nah *s* combat; conflict; struggle

pugnar, poog-nar *v* to fight; to struggle

puja, poo-Hah *s* bid; attempt

pujante, poo-Hahn-tay *a* powerful; strong

pujanza, poo-Hahn-thah *s* might; strength

pujar, poo-Har *v* to bid

pulcritud, pool-kre-tood *s* neatness; tidiness

pulcro, pool-kro *a* tidy; neat

pulga, pool-gah *s* flea

pulgada, pool-gah-dah *s* inch

pulgar, pool-g´ar *s* thumb

pulido, poo-lee-do *a* neat; cleanly; polished

pulimento, poo-le-men-to *s* polish

pulir, poo-leer *v* to polish; to smooth

pulmón, pool-mon *s* lung

pulmonía, pool-mo-nee-ah s pneumonia

pulpa, pool-pah s pulp

pulpo, pool-po s octopus

pulsar, pool-sar v to strive; to press

pulso, pool-so s pulse

pulla, poo-l´yah s cutting remark; dig

pundonor, poon-do-nor s self-respect; pride

punta, poon-tah s point; end; tip; nail

puntada, poon-tah-dah s stitch

puntal, poon-tahl s prop

puntapié, poon-tah-pe-ay s kick

puntear, poon-tay-ar v to play upon the guitar; to dot

puntería, poon-tay-ree-ah s aim

puntilla, poon-tee-l´yah s narrow lace edging; **de —s,** day —s, on tiptoe

punto, poon-to s point; dot; aim; stitch; spot; gist

puntual*, poon-too´ahl a punctual; prompt; exact

punzada, poon-thah-dah s prick; sting; compunction

punzar, poon-thar v to prick; to sting

punzón, poon-thon s punch; graver

puñado, poo-n´yah-do s handful; a few

puñal, poo-n´yahl s dagger

puño, poo-n´yo s fist; cuff

pupa, poo-pah s pimple; sore

pupilaje, poo-pe-lah-Hay s board and lodging

pupilo, poo-pee-lo s pupil; boarder

pupitre, poo-pee-tray s desk

pureza, poo-ray-thah s purity; innocence

purga, poor-gah s purge

purificar, poo-re-fe-kar v to purify

puro*, poo-ro a pure; mere; genuine; incorrupt

púrpura, poor-poo-rah s purple

pusilánime*, poo-se-lah-ne-may a pusillanimous; faint-hearted

putrefacto, poo-tray-fahk-to a rotten, putrid

pútrido, poo-tree-do a putrid

puya, poo-yah s goad

que, kay *pron* that; who; which; what

quebrada, kay-**brah**-dah s broken ground; ravine

quebradizo, kay-brah-**dee**-tho a brittle; frail

quebradura, kay-brah-**doo**-rah s fracture; rupture

quebrantamiento, kay-brahn-tah-me-**en**-to s fracture; weariness; breaking out of prison; violation of the law

quebrantar, kay-brahn-**tar** v to break; to grind; to violate; to fatigue

quebrar, kay-**brar** v to break

quedar, kay-**dar** v to stay; to resolve; to agree

quedo, kay-do *adv* gently; softly

quehacer, kay-ah-**thair** s business; occupation; job; task

queja, kay-*H*ah s complaint; grudge

quejarse, kay-*H*ar-say v to complain

quejido, kay-*H*ee-do s complaint; moan

quejoso*, kay-*H*o-so a querulous

quema, kay-mah s combustion

quemadura, kay-mah-**doo**-rah s burn

quemar, kay-**mar** v to burn

quemazón, kay-mah-**thon** s burning

querella, kay-ray-l´yah s complaint; dispute; accusation

querellarse, kay-ray-l´**yar**-say v to complain; to file a complaint

querencia, kay-**ren**-the-ah s lair; (*fig*) favourite spot

querer, kay-**rair** v to wish; to desire; to will; to want

quesera, kay-say-rah s cheese-dish; cheesemaker

queso, kay-so s cheese

quiebra, ke-ay-brah s crack; fracture; bankruptcy

quiebro, ke-ay-bro s trill; inclination of the body

quien, ke-en *pron* who; whom; which

quienquiera, ke-en-ke-ay-rah *pron* whoever

quieto*, ke-ay-to a quiet; still; peaceable

quietud, ke-ay-**tood** s quietude; peace

quijada, ke-*H*ah-dah s jaw; jaw-bone

quijotada, ke-*H*o-**tah**-dah s quixotic action

quijote, ke-*Ho*-tay *s* thigh guard; quixotic person

quilate, ke-*lah*-tay *s* carat

quimera, ke-*may*-rah *s* chimera; illusion

química, *kee*-me-kah *s* chemistry

quincalla, kin-*kah*-l´yah *s* hardware

quince, *keen*-thay *s* & *a* fifteen

quinceañero, kin-thay-ah-n´*yay*-ro *s* teenager

quinceno, kin-*thay*-no *a* fifteenth

quincuagésimo, kin-koo´ah-*Hay*-se-mo *a* fiftieth

quinientos, ke-ne-en-tos *a* five hundred

quinqué, kin-*kay* *s* oil table-lamp

quinta, *keen*-tah *s* country house; cottage

quintañón, kin-tah-n´*yon* *s* centenarian

quintar, kin-*tar* *v* to draw one out of five

quinto, *keen*-to *s* one fifth; conscript

quiosco, ke´os-ko *s* kiosk

quisquilloso, kiss-ke-l´*yo*-so *a* fastidious; peevish

quitar, ke-*tar* *v* to remove; to rob

quito, *kee*-to *a* free; quits

quizá, quizás, ke-*thah*, ke-*thahs* *adv* perhaps

rabadilla, rrah-bah-deerrah-bah-dee-l´yah s rump; coccyx

rábano, rrah-bah-no s radish

rabia, rrah-be-ah s rabies; rage; fury

rabieta, rrah-be-ay-tah s fretting; impatience

rabioso, rrah-be-o-so a tabid; furious

rabo, rrah-bo s tail

racimo, rrah-thee-mo s bunch (of grapes)

racionar, rrah-the-o-the-nar v to ration

ración, rrah-the-on s ration; prebend

racismo, rrah-thees-mo s racism

racista, rrah-thees-tah s a racist

racha, rrah-chah s gust of wind

rada, rrah-dah s roadstead

radiación, rah-de-ah-the-on s radiation

radiador, rah-de-ah-dorr s radiator

radiar, rrah-de-ar v to radiate

radio, rrah-de-o s radius; ray; radio; —**actividad,** —ahk-te-ve-dahd s radioactivity; —**activo,** —ahk-te-vo a radioactive; —**difusión,** —de-foo-se-on s broadcasting; **residuo**— s radioactive waste

raedura, rrah-ay-doo-rah s erasure; scrapings

raer, rrah-air v to scrape; to erase

ráfaga, rrah-fah-gah s violent squall of wind

raído, rrah´ee-do a scraped; worn out

raigón, rrah´e-gon s stump

raimiento, rrah´e-me-en-to s scraping; erasure

raíz, rrah´eeth s root; base; basin; origin

raja, rrah-Hah s crack; cranny

rajadura, rrah-Hah-doo-rah s cleft; rent; split

rajar, rrah-Har v to split; to rend; to cleave

ralea, rrah-lay-ah s race; breed; species

rallar, rrah-l´yar v to grate

rama, rrah-mah s branch

ramaje, rrah-mah-Hay s mass of branches

rambla, rrahm-blah s stream; avenue

ramillete, rrah-me-l´yay-tay s bouquet; bunch (of flowers)

ramo, rrah-mo s branch; cluster; line of business

rampa, rrahm-pah s slope

ramplón, rrahm-plon a rude; unpolished

rana, rrah-nah s frog

rancio, rrahn-the-o a rancid; rank

ranchería, rrahn-chay-ree-ah s mess; horde;

camp

ranchero, rrahn-**chay**-ro s mess steward; ranch owner

rancho, rrahn-cho s mess; mess-room; ranch

rango, **rrahn**-go s rank; quality

ranura, rrah-**noo**-rah s groove; slot

rapadura, rrah-pah-**doo**-rah s shaving; hair-cut

rapar, rrah-**par** v to shave; to rob

rapaz, rrah-**path** s young boy;
a rapacious

rapaza, rrah-**pah**-thah s young girl

rapidez, rrah-pe-**deth** s rapidity; speed

rápido*, **rrah**-pe-do a rapid; fast

rapiña, rrah-pee-n´yah s plunder

raposa, rrah-po-sah s vixen; cunning person

raposo, rrah-po-so s fox

rapto, **rrahp**-to s kidnapping; rapine; ecstasy; rapture; abduction

raptor, rrahp-**tor** s abductor; kidnapper

raqueta, rrah-**kay**-tah s racket

raquítico, rrah-**kee**-te-ko a rickety; feeble

rareza, rrah-**ray**-thah s rarity; rareness

raro*, **rrah**-ro a rare; scarce; queer; odd

ras, rrahs s level; even surface

rasar, rrah-**sar** v to level with a strickle; to graze

rascacielos, rrah-kah-the´**ay**-lohs s skyscraper

rascar, rrahs-**kar** v to scratch; to scrape

rascazón, rrahs-kah-**thon** s pricking; scratching; itching

rasero, rrah-**say**-ro s strickle

rasgar, rrahs-**gar** v to tear; to rend

rasgón, rrahs-**gon** s rent; tear

rasguñar, rrahs-goo-n´**yar** v to scratch; to scrape

raso, **rrah**-so a plain; flat; clear

raspar, rrahs-**par** v to rub off; to scrape; to rasp

rastra, **rrahs**-trah s sledge; train; track

rastrear, rrahs-tray-**ar** v to trace; to track; to rake

rastrero, rrahs-**tray**-ro a creeping; grovelling; low

rastro, **rrahs**-tro s track; trail; rake

rasurar, rrah-soo-**rar** v to shave

rata, **rrah**-tah s rat

ratear, rrah-tay-**ar** v to creep; to filch

ratero, rrah-**tay**-ro s pickpocket; a creeping

rato, **rrah**-to s short time

ratón, rrah-**ton** s mouse

ratonera, rrah-to-**nay**-rah s mousetrap; mouse-hole

raudal, rrah´oo-**dahl** s torrent

raya, **rrah**-yah s stroke; line; boundary; (fish) skate

rayano, rrah-**yah**-no a neighbouring; contiguous

raza, **rrah**-thah s race; lineage; breed

razón, rrah-**thon** s reason; motive; account; firm

razonar, rrah-tho-**nar** v to reason; to discourse

reacio, rray-ah-the-o a stubborn

real, rray-**ahl** a a real; true; royal

realce, rray-**ahl**-thay s embossment; highlight

realidad, ray-ah-le-**dahd** s reality

realzar, rray-ahl-**thar** v to emboss

reasumir, rray-ah-soo-

meer v to resume

rebaja, rray-bah-Hah s reduction; discount

rebajar, rray-bah-Har v to reduce; to lower; to lessen

rebalsar, rray-bahl-sar v to dam water

rebanar, rray-bah-nar v to slice

rebaño, rray-bah-n´yo s flock; herd

rebasar, rray-bah-sar v to sail past; to go beyond; to overflow

rebatir, rray-bah-teer v to resist; to repel; to refute

rebato, rray-bah-to s alarm

rebeca, rray-be-kah s cardigan

rebelde, rray-bell-day s rebel; a rebellious

reblandecer, rray-blahn-day-thair v to soften

rebosar, rray-bo-sar v to run over; to overflow; to abound

rebotar, rray-bo-tar v to rebound; to clinch

rebozar, ray-bo-thahr v to roll in batter; to fry in batter

rebozo, rray-bo-tho s muffler

rebullir, rray-boo-l´yeer v

to begin to move

rebusca, rray-booss-kah s research; gleaning

rebuznar, rray-booth-nar v to bray

recabar, rray-kah-bar v to obtain by entreaty

recado, rray-kah-do s message; greetings; outfit

recaer, rray-kah-air v to fall back; to devolve

recaida, rray-kah´ee-dah s relapse

recalar, rray-kah-lar v to soak; to reach land

recalcar, rray-kahl-kar v to squeeze in; to harp upon; to emphasize

recalcitrar, rray-kahl-the-trar v to wince; to resist

recalentar, rray-kah-len-tar v to heat again

recámara, rray-kah-mah-rah s dressing room; breech of a gun

recambio, rray-kahm-be-o s spare part

recapacitar, rray-kah-pah-the-tar v to recall to mind

recargo, rray-kar-go s surcharge

recatado*, rray-kah-tah-do a circumspect; shy

recatar, rray-kah-tar v to

conceal; to take care

recaudar, rray-kah´oo-dar v to collect taxes

recaudo, rray-kah´oo-do s collection; surety

recelar, rray-thay-lar v to fear; to distrust

receloso, rray-thay-lo-so a distrustful

receta, rray-thay-tah s recipe; prescription

recetar, rray-thay-tar v to prescribe medicines

recibimiento, rray-the-be-me-en-to s reception; welcome

recibir, rray-the-beer v to receive; to admit

recibo, rray-thee-bo s receipt

recién, rray-the-en adv recently

reciente*, rray-the-en-tay a recent

recinto, rray-theen-to s enclosure; precinct

recio, rray-the-o adv stoutly; a strong; coarse

reclamar, rray-klah-mar v to claim; to demand

reclamo, rray-klah-mo s call; decoy bird

reclinar, rray-kle-nar v to lean on or upon

reclinatorio, rray-kle-nah-to-re-o s couch; prayer desk

recluir, rray-kloo´eer *v* to shut away

reclutar, rray-kloo-**tar** *v* to recruit

recobrar, rray-ko-**brar** *v* to recover

recodo, rray-**ko**-do *s* corner; turn

recoger, rray-ko-*H*air *v* to collect; to shelter

recogida, rray-ko-*H*ee-dah *s* collection; harvesting

recogimiento, rray-ko-*H*e-me-en-to *s* concentration

recomendar, rray-ko-men-**dar** *v* to recommend

recompensa, rray-kom-**pen**-sah *s* compensation; reward

recóndito, rray-**kon**-de-to *a* recondite

reconocer, rray-ko-no-**thair** *v* to examine; to recognize

reconocido, rray-ko-no-**thee**-do *a* recognised

reconocimiento, rray-ko-no-the-me-en-to *s* gratitude; inspection

recontar, rray-kon-**tar** *v* to recount

reconvención, rray-kon-ven-the-**on** *s*

recrimination

reconvenir, rray-kon-vay-**neer** *v* to recriminate

recopilar, rray-ko-pe-**lar** *v* to compile

recordar, rray-kor-**dar** *v* to remind; to remember

recorrer, rray-kor-**rrair** *v* to run over ; to peruse

recortar, rray-kor-**tar** *v* to cut away

recorte, rray-**kor**-tay *s* outline; cutting

recoser, rray-ko-**sair** *v* to patch up

recostar, rray-kos-**tar** *v* to lean against

recrear, rray-kray-**ar** *v* to amuse

recreo, rray-**kray**-o *s* recreation; break

rectificar, rrek-te-fe-**kar** *v* to rectify

recto*, **rrek**-to *a* straight; right; just; honest

recuento, rray-koo´en-to *s* inventory; recount

recuerdo, rray-koo´air-do *s* remembrance; memory

recuesto, rray-koo´ess-to *s* declivity

recular, rray-koo-**lar** *v* to fall back; to recoil

recuperar, rray-koo-pay-**rar** *v* to regain; to recover

recurrir, rray-koor-**rreer** *v* to resort; to recur

recurso, rray-**koor**-so *s* recourse

rechazar, rray-chah-**thar** *v* to repel; to repulse; to reject

rechazo, rray-**chah**-tho *s* rebound

rechiflar, rray-che-**flar** *v* to mock; to ridicule

rechinar, rray-che-**nar** *v* to creak; to squeak; to gnash the teeth

rechoncho, rray-**chon**-cho *a* chubby

red, rrayd *s* net; netting

redacción, rray-dak-the-**on** *s* wording; editing; editorial rooms or staff

redactor, rray-dak-**tor** *s* editor; journalist

redada, rray-**dah**-dah *s* catch; haul

rededor, rray-day-**dor** *s* environs; **al —**, ahl —, round about

redentor, rray-den-**tor** *s* redeemer

redil, rray-**deel** *s* sheep cot

redimir, rray-de-**meer** *v* to redeem; to ransom

rédito, **rray**-de-to *s* revenue; rent; interest; yield

redituar, rray-de-too´ar *v*

to yield

redoblar, rray-do-**blar** v to redouble; to bend over

redoma, rray-**do**-mah s phial

redonda, rray-**don**-dah s semibreve

redondel, rray-don-**dell** s circle; roundabout

redondo, rray-**don**-do a round

reducir, rray-doo-**theer** v to reduce

reducto, rray-**dook**-to s redoubt

redundante, rray-doon-**dahn**-te a redundant

redundar, rray-doon-**dar** v to be redundant; to overflow; to redound

reelegir, rray-ay-lay-**Heer** v to re-elect

reembolsar, rray-em-bol-**sar** v to reimburse; to repay

reemplazar, rray-em-plah-**thar** v to replace; to restore

reencuentro, rray-en-koo´**en**-tro s encounter

refacción, rray-fahk-the-**on** s refection; repast

referéndum, rray-fay-**rayn**-doom s referendum

referir, rray-fay-**reer** v to relate; to refer; to report

refinado, rray-fe-**nah**-do a refined

refinar, rray-fe-**nar** v to refine

reflejo, rray-**flay**-Ho s reflected light; a reflected; reflex

reflexión, rray-flek-the-**on** s reflection

refluir, rray-floo´**eer** v to flow back

reforzar, rray-for-**thar** v to strengthen; to reinforce

refrán, rray-**frahn** s proverb

refregar, rray-fray-**gar** v to rub one thing against another

refrenar, rray-fray-**nar** v to restrain; to curb

refrendar, rray-fren-**dar** v to countersign

refresco, rray-**fress**-ko s refreshment

refriega, rray-fre-**ay**-gah s affray; skirmish

refrigerio, rray-fre-**Hay**-re-o s refreshment

refuerzo, rray-foo´**air**-tho s reinforcement

refugiar, rray-foo-He-**ar** v to shelter; to take refuge

refundir, rray-foon-**deer** v to recast; to rearrange

refunfuñar, rray-foon-fon-n´**yar** v to grumble; to

growl

refutar, rray-foo-**tar** v to refute

regadera, rray-gah-**day**-rah s watering-can

regalado, rray-gah-**lah**-do a delicate; dainty

regalía, rray-gah-**lee**-ah s royalty

regalo, rray-**gah**-lo s present; gift; keepsake

regañar, rray-gah-n´**yar** v to snarl; to growl; to quarrel; to tell off

regar, rray-**gar** v to water; to irrigate

regata, rray-**gah**-tah s small water channel; regatta; boat-race

regate, rray-**gah**-tay s dodging

regatear, rray-gah-tay-**ar** v to haggle; to bargain over

regazo, rray-**gah**-tho s lap

regentar, rray-Hen-**tar** v to rule; to govern

regidor, rray-He-**dor** s alderman; a governing

régimen, rray-**He**-men s rule; management; diet

regimiento, rray-He-me-**en**-to s administration; government; regiment

regio*, rray-**He**-o a royal

región, rray-He-**on**,

region; district

regir, rray-*H*eer *v* to rule; to control

registrador, rray-*H*isstrah-**dor** *s* registrar; recorder; —**de cinta magnetofónica**, day **thin**-tah mag-nay-to-**fo**-ne-kah *s* tape-recorder

registrar, rray-*H*iss-**trar** *v* to search; to examine; to register

registro, rray-*H*iss-tro *s* search; registry; enrolment

regla, rray-glah *s* rule; ruler

reglado*, rray-glah-do *a* regulated; temperate

reglamento, rray-glah-**men**-to *s* regulation; ordinance; by-law

reglar, rray-**glar** *v* to regulate; to rule

regocijar, rray-go-the-*H*ar *v* to rejoice

regocijo, rray-go-**thee**-Ho *s* joy; merriment; pleasure

regodeo, rray-go-day-o *s* joy; mirth

regordete, rray-gor-day-tay *a* chubby; plump

regresar, rray-gray-**sar** *v* to return; to go back

regreso, rray-**gray**-so *s* return

regüeldo, rray-goo **ell**-do *s* belch

reguera, rray-**gay**-rah *s* irrigation canal

reguero, rray-**gay**-ro *s* track; train; irrigation ditch

regular, rray-goo-**lar** *v* to regulate; *a** regular

régulo, rray-goo-lo *s* chief of a petty state

regurgitar, rray-goor-*H*e-**tar** *v* to overflow; to regurgitate

rehacer, rray-ah-**thair** *v* to make again; to mend; to redo

rehén, rray-en *s* hostage

rehilete, rray´e-lay-tay *s* shuttlecock

rehusar, rray´oo-**sar** *v* to refuse; to decline

reidero, rray´e-day-ro *a* funny

reina, rray´ee-nah *s* queen

reinado, rray´e-nah-do *s* reign

reinar, rray´e-**nar** *v* to reign

reincidir, rray-in-the-**deer** *v* to relapse

reintegrar, rray-in-tay-**grar** *v* to restore; to refund

reír, rray´eer *v* to laugh

reja, rray-*H*ah *s* ploughshare; grid; bars

rejón, rray-*H*on *s* spike; pointed iron bar

rejuvenecer, rray-*H*oo-vay-nay-**thair** *v* to become young again; to rejuvenate

relacionar, rray-lah-the-o-**nar** *v* to relate; to connect

relajación, rray-lah-*H*ah-the-**on** *s* relaxation

relajar, rray-lah-**Har** *v* to relax; to slacken; to remit

relamido, rray-lah-mee-do *a* prim and proper

relámpago, rray-**lahm**-pah-go *s* flash of lightning

relatar, rray-lah-**tar** *v* to relate; to tell; to report

relato, rray-**lah**-to *s* narrative; story; report

releer, rray-lay-**air** *v* to read over again

relente, rray-**len**-tay *s* night dew

relevación, rray-lay-vah-the-**on** *s* liberation; relief; remission

relevante, rray-lay-**vahn**-tay *a* excellent; great; eminent

relevar, rray-lay-**var** v to emboss; to exonerate; to relieve

relevo, rray-**lay**-vo s relief

relieve, rray-le-**ay**-vay s raised work; relief

religión, rray-le-**He**-on s religion

relinchar, rray-lin-**char** v to neigh

reliquia, rray-lee-ke-ah s residue; remains; relics

reloj, rray-loH s clock; watch

relojero, rray-lo-**Hay**-ro s watchmaker

relucir, rray-loo-**theer** v to shine; to excel

relumbrar, rray-loom-**brar** v to sparkle; to glisten

rellano, rray-l´**yah**-no s landing

rellenar, rray-l´yay-**nar** v to refill; to stuff

relleno, rray-l´**yay**-no s stuffing; a satiated

remachar, rray-mah-**char** v to rivet; to clinch

remanente, rray-mah-**nen**-tay s remainder

remar, rray-**mar** v to row; to paddle

rematar, rray-mah-**tar** v to finish

remate, rray-**mah**-tay s conclusion; end

remedio, rray-**may**-de-o s remedy

rememorar, rray-may-mo-**rar** v to recall

remendar, rray-men-**dar** v to patch; to repair

remendón, rray-men-**don** s cobbler

remero, rray-**may**-ro s rower; oarsman

remesa, rray-**may**-sah s shipment

remiendo, rray-me-**en**-do s patch; clout

remilgado, rray-mil-**gah**-do a affected; fastidious

remirado, rray-me-**rah**-do a prudent; cautious

remirar, rray-me-**rar** v to revise; to look at again

remisión, rray-me-se-**on** s reference; forgiveness (eccl)

remiso*, rray-**mee**-so a remiss; slack

remitir, rray-me-**teer** v to remit; to forgive; to refer

remo, **rray**-mo s oar; hard work

remoción, rray-mo-the-**on** s removal

remojar, rray-mo-**Har** v to steep; to soak

remolacha, rray-mo-**lah**-chah s beetroot

remolcador, rray-mol-kah-

dor s tow car; tug

remolcar, rray-mol-**kar** v to tow

remolinar, rray-mo-le-**nar** v to whirl

remolino, rray-mo-lee-no s whirl; whirlpool

remolque, rray-**mol**-kay s towing

remontar, rray-mon-**tar** v to soar; to go up (river)

remorder, rray-mor-**dair** v to cause remorse; to grieve

remordimiento, rray-mor-de-me-**en**-to s remorse

remoto*, rray-**mo**-to a remote

remover, rray-mo-**vair** v to remove; to stir up

removimiento, rray-mo-ve-me-**en**-to s removal

remozar, rray-mo-**thar** v to make or look young

remunerar, rray-moo-nay-**rar** v to reward; to remunerate

renacer, rray-nah-**thair** v to be born again; to revive

renacimiento, rray-nah-the-me-**en**-to s revival; renaissance

renacuajo, rray-nah-koo´ah-**Ho** s tadpole

rencilla, rren-**thee**-l´yah s

grudge; discard; feud

rencor, rren-**kor** s rancour
humbly

rendición, rren-de-the-**on**
s surrender; yield

rendidamente, rren-de-
dah-**men**-tay adv

rendija, rren-dee-**Hah** s
crevice; crack

rendimiento, rren-de-me-
en-to s income; yield;
efficiency

rendir, rren-**deer** v to
subdue; to surrender; to
yield

renegar, rray-nay-**gar** v to
disown; to swear

renglón, rren-**glon** s line

reniego, rray-ne-**ay**-go s
blasphemy

reno, rray-no s reindeer

renombre, rray-**nom**-bray
s renown

renovar, rray-no-**var** v to
renovate; to renew

renta, rren-tah s income;
rent

rentero, rren-**tay**-ro s
farmer; lessee

rentista, rren-**tiss**-tah s
person with
independent means

renuencia, rray-noo-**en**-
the-ah s reluctance

renuevo, rray-noo-**ay**-vo s
sprout; renewal

renunciar, rray-noon-the-
ar v to renounce

reñir, rray-n-**yeer** v to
quarrel; to scold

reo, rray-o s offender;
culprit; defendant

reojo, rray-o-**Ho** adv de —
, day — askance

reparar, rray-pah-**rar** v to
repair; to notice

reparo, rray-**pah**-ro s
repair; consideration;
doubt; objection

repartir, rray-par-**teer** v to
distribute

repasar, rray-pah-**sar** v to
repass; to revise

repecho, rray-**pay**-cho s
declivity

repeler, rray-pay-**lair** v to
repel; to refute; to reject

repente, rray-**pen**-tay adv
de—, day— suddenly

repercutir, rray-pair-koo-
teer v to reflect; to
reverberate; to rebound

repetir, rray-pay-**teer** v to
repeat

repicar, rray-pe-**kar** v to
ring (bell); to prick

repique, rray-**pee**-kay s
chime

repisa, rray-**pee**-sah s
bracket; shelf

replegar, rray-play-**gar** v to
refold

repleto, rray-**play**-to a
replete

réplica, rray-ple-kah s
reply; retort

repliegue, rray-ple-**ay**-gay
s doubling; fold

reponer, rray-po-**nair** v to
replace; to restore

reponerse, rray-po-**nair**-
say v to recover lost
health

reportar, rray-por-**tar** v to
refrain; to carry

reposo, rray-**po**-so s rest;
repose

repostería, rray-pos-tay-
ree-ah s confectionery;
pantry; larder

represa, rray-**pray**-sah s
dam; sluice; lock

represar, rray-pray-**sar** v to
recapture; to retain

representar, rray-pray-sen-
tar v to represent; to
perform; to act

reprimir, rray-pre-**meer** v
to repress

reprobable, rray-pro-**bah**-
blay a reprehensible

reprobar, rray-pro-**bar** v to
reprove; to rebuke

réprobo, rray-pro-bo s &
a reprobate

reprochar, rray-pro-**char** v
to reproach; to blame

reproducir, rray-pro-doo-theer *v* to reproduce

reptil, rrep-**teel** *s* reptile

república, rray-**poo**-ble-kah *s* republic

repudiar, rray-poo-de-ar *v* to repudiate; to disclaim

repuestos, rray-poo´**ess**-tos *s pl* spare parts

repulsa, rray-**pool**-sah *s* refusal; repulse

repulsar, rray-pool-**sar** *v* to reject; to decline

reputar, rray-poo-**tar** *v* to repute; to estimate

requerir, rray-kay-**reer** *v* to request; to require

requesón, rray-kay-**son** *s* curd

requiebro, rray-ke-**ay**-bro *s* endearing expression

res, ress *s* head of cattle; beast

resabiar, rray-sah-be-ar *v* to become vicious

resabio, rray-**sah**-be-o *s* unpleasant taste; vicious nature

resaca, rray-**sah**-kah *s* surge; surf; redraft; hangover

resaltar, rray-sahl-**tar** *v* to jut out; to be evident

resarcimiento, rray-sar-the-me-**en**-to *s* compensation

resarcir, rray-sar-**theer** *v*

to compensate

resbalar, ress-bah-**lar** *v* to slip; to slide

rescatar, ress-kah-**tar** *v* to redeem; to recover; to rescue

rescate, ress-**kah**-tay *s* ransom

rescisión, ress-the-se-on *s* recission; cancellation

rescoldo, ress-**kol**-do *s* embers

resentirse, rray-sen-**teer**-say *v* to grow weak; to resent

reseña, rray-**say**-n´yah *s* review; brief description

reserva, rray-**sayr**-vah *s* reservation

reservar, rray-sair-**var** *v* to reserve; to save

resfriado, ress-fre-**ah**-do *s* cold

resguardar, ress-goo´ar-dar *v* to preserve; to defend

resguardo, ress-goo´ar-do *s* guard; security

residencia, rray-se-**den**-the-ah *s* abode; domicile; residence

residenciar, rray-se-den-the-ar *v* to impeach

residir, rray-se-**deer** *v* to reside

residuo, rray-**see**-doo´o *s*

residue; remnant

resignar, rray-sig-**nar** *v* to resign; to give up

resistente, rray-siss-**ten**-tay *a* tough; resisting

resma, rress-mah *s* ream of paper

resoluto, rray-so-**loo**-to *a* resolute; bold

resolver, rray-sol-**vair** *v* to resolve

resollar, rray-so-l´yar *v* to breath heavily

resonar, rray-so-**nar** *v* to resound; to echo

resoplar, rray-so-**plar** *v* to breath audibly; to snort

resorte, rray-**sor**-tay *s* spring; resiliency

respaldar, rress-pahl-**dar** *v* to endorse

respaldarse, rress-pahl-**dar**-say *v* to lean back

respaldo, rress-**pahl**-do *s* back; endorsement

respetar, rress-pay-**tar** *v* to respect; to honour

respeto, rress-**pay**-to *s* respect; regard

respigar, rress-pe-**gar** *v* to glean

respirador, rress-pe-ra-**dor** *s* breathing tube; snorkel

respirar, rress-pe-**rar** *v* to breathe; to live

respiro, rress-**pee**-ro *s*

breathing; respite

resplandecer, rress-plahn-day-**thair** v to shine; to glitter

responder, rress-pon-**dair** v to answer; to be responsible for

respuesta, rress-poo´**ess**-tah s answer; reply

resquebrar, rress-kay-**brar** v to crack; to split; to burst

resquemar, rress-kay-**mar** v to burn; to sting

resquicio, rress-**kee**-the-o s chink; crack

resta, rress-tah s rest; remainder

restablecer, rress-tah-blay-**thair** v to re-establish; to reinstate

restante, rress-**tahn**-tay s remainder

restañar, rress-tah-n´**yar** v to stanch; to stop the flow of (blood)

restar, rress-**tar** v to subtract

restaurar, rress-tah´oo-**rar** v to restore; to repair

restituir, rress-te-too´**eer** v to give back; to refund

resto, rress-to s residue; balance; pl remains

restregar, rress-tray-**gar** v to scrub

restringir, rress-trin-**Heer** v to restrain; to restrict

resuelto, rray-soo´**ell**-to a resolute

resuello, rray-soo´**ay**-l´yo s breathing; panting

resulta, rray-**sool**-tah s consequence; result

resultado, rray-sool-**tah**-do s result

resumen, rray-soo-men s summary; recapitulation

resumir, rray-soo-**meer** v to abridge; to sum up

retal, rray-**tahl** s remnant; clipping

retallo, rray-**tah**-l´yo s new shoot

retama, rray-**tah**-mah s broom; furze

retar, rray-**tar** v to challenge

retardar, rray-tar-**dar** v to retard; to delay

retazo, rray-**tah**-tho s remnant; piece; cutting

retemblar, rray-tem-**blar** v to tremble; to vibrate

retén, rray-**ten** s store; stock; reserve

retener, rray-tay-**nair** v to retain

retentiva, rray-ten-tee-vah s retentiveness

reticencia, rray-te-**then**-the-ah s reticence

retina, rray-tee-nah s retina

retintín, rray-tin-**teen** s tinkling; jingle

retinto, rray-**teen**-to a dark; obscure

retirada, rray-te-**rah**-dah s retreat; retirement; privy

retirar, rray-te-**rar** v to withdraw; to retire

retiro, rray-tee-ro s retreat; retirement

reto, **rray**-to s challenge

retocar, rray-to-**kar** v to retouch; to finish

retoñar, rray-to-n´**yar** v to sprout; to reappear

retoque, rray-**to**-kay s finishing stroke

retorcer, rray-tor-**thair** v to twist; to distort

retornar, rray-tor-**nar** v to come back; to give back

retorno, rray-**tor**-no s return; exchange

retorsión, rray-tor-se-on s retort; rejoinder

retozo, rray-to-tho s friskiness

retractar, rray-trahk-**tar** v to retract; to recant

retraer, rray-trah-**air** v to dissuade; —**se,** to retire; to shun

retraído, rray-trah-ee-do s

shy

retraimiento, rray-trah-e-me-**en**-to s retreat; refuge

retrasar, rray-trah-**sar** v to defer; to delay; to be slow

retraso, rray-**trah**-so s delay

retratar, rray-trah-**tar** v to portray

retrato, rray-**trah**-to s portrait

retreta, rray-**tray**-tah s tattoo

retrete, rray-**tray**-tay s closet; privy; lavatory

retribuir, rray-tre-boo´**eer** v to retribute; to recompense; to reward

retroceso, rray-tro-**thay**-so s backward movement; v relapse

retrógrado, rray-tro-**grah**-do a retrograde

retronar, rray-tro-**nar** v to thunder again

retumbar, rray-toom-**bar** v to resound

reúma, rray´oo-mah s rheumatism

reunir, rray´oo-**neer** v to reunite; to join

revalidación, rray-vah-le-dah-the-**on** s confirmation

revalidar, rray-vah-le-**dar** v to ratify; to confirm

revejecer, rray-vay-Hay-**thair** v to grow old prematurely

revender, rray-ven-**dair** v to retail; to resell

revenirse, rray-vay-**neer**-say v to grow sour; to shrink

reventar, rray-ven-**tar** v to burst; to molest

rever, rray-**vair** v to review; to revise; to look again

reverbero, rray-vair-**bay**-ro s reflector; streetlamp

reverenciar, rray-vay-ren-the-**ar** v to revere

reverendo, rray-vay-**ren**-do a reverend

reverente, rray-vay-**ren**-tay a respectful

reverso, rray-**vair**-so s reverse side

reverter, nay-vair-**tair** v to overflow

revés, rray-**vess** s back side; wrong side

revestir, rray-vess-**teer** v to dress; to clothe

revisar, rray-ve-**sar** v to revise; to review

revisor, rray-ve-**sor** s revisor; ticket-collector

revista, rray-**viss**-tah s review

revivir, rray-ve-**veer** v to revive

revocar, rray-vo-**kar** v to revoke

revolcarse, rray-vol-**kar**-say v to wallow

revoloteo, rray-vo-lo-**tay**-o s fluttering; hovering

revoltillo, rray-vol-**tee**-l´yo s medley; jumble

revoltoso, rray-vol-**to**-so a turbulent

revolucionar, rray-vo-loo-the-o-**nar** v to revolutionize

revolver, rray-vol-**vair** v to revolve; to stir

revólver, rray-**vol**-vair s revolver (pistol)

revoque, rray-**vo**-kay s whitewashing

revuelta, rray-voo´**ell**-tah s revolt

revuelto, rray-voo´**ell**-to a restless; intricate

rey, rray´e s king

reyerta, rray-**yair**-tah s dispute; wrangle

rezago, rray-**thah**-go s remainder

rezar, rray-**thar** v to pray

rezongar, rray-thon-**gar** v to grumble

rezumarse, rray-thoo-mar-say v to ooze

ría, rree-ah s mouth of a river

riada, rre-ah-dah s overflow; inundation

ribazo, rre-bah-tho s sloping bank

ribera, rre-bay-rah s shore; beach

ribete, rre-bay-tay s ribbon; seam; border

ricacho, rre-kah-cho a very rich

ricino, rre-thee-no s castoroil plant

rico*, rree-ko a rich; wealthy

ridiculez, rre-de-koo-leth s ridiculous action

ridículo, rre-dee-koo-lo a ridiculous

riego, rre-ay-go s irrigation

rienda, rre-en-dah s rein; bridle; restraint

riesgo, rre-ess-go s risk; danger

rifa, rree-fah s raffle

rígido, rree-He-do a rigid; severe

rigor, rre-gor s rigour

rimbombar, rrim-bom-bar v to resound

rimero, rre-may-ro s heap; pile

rincón, rrin-kon s corner; nook

ringlera, rrin-glay-rah s row; file

riña, rree-n´yah s dispute; quarrel

riñón, rre-n´yon s kidney

río, rree-o s river; stream

riqueza, rre-kay-thah s wealth

risa, rree-sah s laugh; laughter; laughingstock

risco, rriss-ko s crag; cliff

risueño, rre-soo´ay-n´yo a smiling; pleasing

rival, rre-vahl s rival; competitor

rivalidad, rre-vah-le-dahd s rivalry; emulation

rizado, rree-thah-do a curly

rizo, rree-tho s ringlet; curl

robar, rro-bar v to rob; to plunder; to steal

roble, rro-blay s oak

roblón, rro-blon s rivet

robo, rro-bo s robbery; theft; spoliation

robusto*, rro-booss-to a robust

roca, rro-kah s rock; cliff; stone

rocalla, rro-kah-l´yah s talus of rocks

rocanrol, rro-kahn-rrol s rock and roll

roce, rro-thay s friction;

familiarity

rociar, rro-the-ar v to sprinkle

rocín, rocinante, rro-theen, rro-the-nahn-tay s hack; jade

rocío, rro-thee-o s dew; slight shower

rodada, rro-dah-dah s rut; wheel track

rodar, rro-dar v to roll; to wander about

rodear, rro-day-ar v to surround; to encompass

rodeo, rro-day-o s turning; winding; delay; evasion

rodilla, rro-dee-l´yah s knee; clout

rodillo, rro-dee-l´yo s roller

roedor, rro-ay-dor s rodent

roer, rro-air v to gnaw

rogación, rro-gah-the-on s petition; supplication

rogar, rro-gar v to implore; to pray

rojear, rro-Hay-ar v to redden

rojo, rro-Ho a red

**rol, rrol s list; roll; catalogue

rollizo, rro-l´yee-tho a plump; round, robust

rollo, rro-l´yo s roll; roller

romana, rro-mah-nah s

steelyard

romance, rro-**mahn**-thay s
Spanish language; love
affair

romántico, rro-**mahn**-te-ko
s & a romantic

romería, rro-may-ree-ah s
pilgrimage; picnic

romero, rro-**may**-ro s
pilgrim; rosemary

rompecabezas, rrom-pay-
kah-**bay**-thahs s jigsaw

rompedero, rrom-pay-**day**-
ro a brittle; fragile

romper, rrom-**pair** v to
break; to wear out

ron, rron s rum

ronca, rron-kah s threat;
boast; braggadocio

roncar, rron-**kar** v to
snore

roncería, rron-thay-ree-ah
s sloth; cajolery

roncero, rron-**thay**-ro a
slow; lazy

ronco, rron-ko a hoarse;
husky

roncha, rron-chah s
wheal; fraud

ronda, rron-dah s night
patrol; round

rondar, rron-dar v to
patrol, to serenade

ronquera, rron-kay-rah s
hoarseness

ronquido, rron-kee-do s
snore; harsh sound

roña, rro-n´yah s scab;
filth

roñería, rro-n´yay-ree-ah s
cunning; stinginess

roñoso, rro-n´yo-so a
scabby; stingy; filthy

ropa, rro-pah s cloth;
material; clothing;
clothes

ropa interior, rro-pah in-
tay-re-or s lingerie

ropería, rro-pay-ree-ah s
old clothes trade or shop

ropón, rro-**pon** s loose
gown worn over the
clothes

rosa, rro-sah s rose

rosca, rros-kah s screw;
worm; spiral

rosetón, rro-say-ton s
rose-window

rostro, rros-tro s feature;
human face; beak

rota, rro-tah s rout;
course; rattan

rotar, rro-tar v to rotate

roto, rro-to a broken;
leaky; ragged; lewd

rotular, rro-too-lar v to
label; to ticket; to
endorse

rótulo, rro-too-lo s label;
lettering; title; sign

rotura, rro-too-rah s

rupture; breakage; cleft

roya, rro-yah s rust;
mildew; red blight

rozadura, rro-thah-**doo**-
rah s friction; gall;
abrasion

rozamiento, rro-thah-me-
en-to s friction; rubbing

rozar, rro-**thar** v to brush
against; to rub against

rubí, rroo-bee s ruby

rubia, rroo-be-ah s blonde

rubio, rroo-be-o a golden;
fair (hair); blonde

rubor, rroo-bor s blush;
flush; shamefulness

rubro, rroo-bro a red;
reddish

rucio, rroo-the-o a silver
grey

ruda, rroo-dah s rue

rudeza, rroo-**day**-thah s
roughness; rudeness

rudo*, rroo-do a rude;
rough

rueda, rroo´ay-dah s
wheel; turn; circle

ruedo, rroo´ay-do s
rotation; border; mat

ruego, rroo´ay-go s
request; entreaty

rugby, rroog-bee s rugby

rugido, rroo-Hee-do s roar

rugir, rroo-Heer v to roar;
to bellow

rugoso, rroo-go-so a

wrinkled; creased

ruibarbo, rroo´e-bar-bo s
rhubarb

ruido, rroo´ee-do s noise;
tumult

ruidoso*, rroo´e-do-so a
noisy

ruin, rroo´een a vile;
mean; base

ruina, rroo´ee-nah s ruin

ruindad, rroo´een-dahd s
meanness; baseness

ruinoso, rroo´e-no-so a
ruinous

ruiseñor, rroo´e-say-n´yor
s nightingale

ruleta, rroo-lay-tah s
roulette

rumbo, rroom-bo s
bearing; course; route

rumbón, rroom-bon a
pompous; liberal

rumiar, rroo-me-ar v to
ruminate

rumor, rroo-mor s rumour

runrún, rroon-rroon s
rumour; report

rústico*, rrooss-te-ko a
rustic

ruta, rroo-tah s route;
itinerary

rutina, rroo-ree-nah s
routine; custom

S

sábado, sah-bah-do s
Saturday

sábana, sah-bah-nah s
sheet

sabañón, sah-bah-n´yon s
chilblain

sabedor, sah-bay-dor s
well informed person

saber, sah-bair v to know

sabido, sah-bee-do a
learned

sabiduría, sah-be-doo-ree-
ah s learning; wisdom;
knowledge

sabio*, sah-be-o a wise;
learned

sable, sah-blay s sabre;
cutlass

sabor, sah-bor s relish;
taste; savour

saborear, sah-bo-ray-ar v
to relish; to taste; to
enjoy

sabroso*, sah-bro-so a
savoury; tasty

sabueso, sah-boo´ay-so s
bloodhound

saca, sah-kah s
exportation; sack

sacacorchos, sah-kah-kor-
chos s corkscrew

sacadineros, sah-kah-de-
nay-ros s cheap trinket

sacamuelas, sah-kah-
moo´ay-lahs s dentist

sacar, sah-kar v to draw
out; to extort; to
remove; to take out

sacerdote, sah-thair-do-
tay s priest

saciar, sah-the-ar v to
satisfy

saciedad, sah-the-ay-dahd
s satiety

saco, sah-ko s sack; bag

sacro, sah-kro a holy;
sacred

sacudida, sah-koo-dee-
dah s shake; jerk

sacudido*, sah-koo-dee-
do a shake; intractable

sacudir, sah-koo-deer v to
shake; to jerk; to beat

saeta, sah-ay-tah s arrow;
dart

sagaz*, sah-gath a
sagacious

sagrado*, sah-grah-do a
sacred; holy

sagrario, sah-grah-re-o s
tabernacle; ciborium

sagú, sah-goo s sago

sahumar, sah-oo-mar v to
fumigate

saín, sah-een s grease; fat;
dirt

sainete, sah´e-nay-tay s
one act farce

sajar, sah-Har v to cut
open

sal, sahl s salt

sala, sah-lah s hall; saloon

salado, sah-lah-do a
salted; witty; winsome

salar, sah-lar v to salt

salazón, sah-lah-thon s
salted meal; salting

salchicha, sahl-chee-chah
s sausage

saldar, sahl-dar v to

liquidate; to settle

salero, sah-**lay**-ro s salt cellar; (*fam*) wit

saleroso, sah-lay-**ro**-so *a* graceful; witty

saleta, sah-**lay**-tah s small hall

salida, sah-**lee**-dah s departure; outlet; exit

salina, sah-**lee**-nah s salt-pit

salir, sah-**leer** v to go out; to appear

salitre, sah-**lee**-tray s saltpetre

saliva, sah-**lee**-vah s saliva; spittle

salmón, sahl-**mon** s salmon

salmuera, sahl-moo´**ay**-rah s brine

salobre, sah-**lo**-bray *a* brackish; briny

salón, sah-**lon** s saloon; hall

salpicar, sahl-pe-**kar** v to spatter; to splash

salpimentar, sahl-pe-men-**tar** v to season with pepper and salt

salsa, sahl-sah s sauce; gravy

salsera, sahl-**say**-rah s sauce boat

saltar, sahl-**tar** v to leap; to spring; to rebound; to

jump

saltarín, sahl-tah-**reen** s dancer; restless young rake

saltear, sahl-tay-**ar** v to rob; to sauté

salterio, sahl-**tay**-re-o s psalter

salto, sahl-to s leap; jump

saltón, sahl-**ton** s grasshopper **ojos saltones,** o-Hos sahl-**to**-ness, prominent eyes

salubre, sah-**loo**-bray *a* healthy

salud, sah-**lood** s health

saludar, sah-loo-**dar** v to greet; to salute

saludo, sah-**loo**-do s salutation; bow; greeting

salva, sahl-vah s salvo; salver

salvado, sahl-**vah**-do s bran

salvador, sahl-vah-**dor** s saviour; rescuer

salvaguardia, sahl-vah-goo´**ar**-de-ah s safeguard

salvaje*, sahl-**vah**-Hay *a* savage; wild

salvajería, sahl-vah-Hay-**ree**-ah s savageness; brutal action

salvamento, sahl-vah-**men**-to s salvage; rescue

salvar, sahl-**var** v to save

salvavidas, sahl-vah-**vee**-dahs s lifebelt

salvia, sahl-ve-ah s sage (plant)

salvilla, sahl-**vee**-l´yah s salver

salvo, sahl-vo *adv* excepting; *a** safe

salvoconducto, sahl-vo-kon-**dook**-to s safe-conduct

san, sahn *a* (*abbr* of **santo**) saint

sanar, sah-**nar** v to heal

sanativo, sah-nah-**tee**-vo *a* curative

sanción, sahn-the-**on** s sanction

sandez, sahn-**deth** s folly; stupidity

sandía, sahn-**dee**-ah s watermelon

sandío, sahn-**de**-o *a* foolish; nonsensical

saneamiento, sah-nay-ah-me-**en**-to s indemnification; drainage

sanear, sah-nay-**ar** v to indemnify; to drain

sangrar, sahn-**grar** v to bleed

sangre, sahn-gray s blood; race

sangría, sahn-**gree**-ah s bleeding

sangriento*, sahn-gre-en-to *a* bloody; gory

sanguijuela, sahn-ghee-Hoo´ay-lah *s* leech

sanidad, sah-ne-dahd *s* health

sano*, sah-no *a* sound; sane

santiamén, sahn-te-ah-men *s* moment; twinkling of an eye

santidad, sahn-te-dahd *s* sanctity; holiness

santiguar, sahn-te-goo´ar *v* to make the sign of the Cross

santo*, sahn-to *a* saint; holy; sacred

saña, sah-n´yah *s* anger; passion; rage

sañudo, sah-n´yoo-do *a* furious

sapo, sah-po *s* large toad

saquear, sah-kay-ar *v* to ransack; to plunder

saqueo, sah-kay-o *s* pillage

sarampión, sah-rahm-pe-on *s* measles

sarao, sah-rah-o *s* ball; dance

sardina, sar-dee-nah *s* sardine

sarga, sar-gah *s* serge

sargento, sar-Hen-to *s* sergeant

sarmiento, sar-me-en-to *s* vine shoot

sarna, sar-nah *s* itch; mange

sarracina, sar-rrah-thee-nah *s* tumultuous contest

sarro, sar-rro *s* incrustation; plaque

sarta, sar-tah *s* string of beads; line; row; series

sartén, sar-ten *s* frying-pan

sastre, sahs-tray *s* tailor

sastrería, sahs-tray-ree-ah *s* tailor's shop

satélite, sah-tay-le-tay *s* satellite; bailiff

sátira, sah-te-rah *s* satire

satisfacer, sah-tiss-fah-thair *v* to satisfy; to atone

satisfecho, sah-tiss-fay-cho *a* satisfied; conceited

sauce, sah´oo-thay *s* willow

saúco, sah´oo-ko *s* elder tree

savia, sah-ve-ah *s* sap

saya, sah-yah *s* petticoat

sayo, sah-yo *s* smock-coat

sayón, sah-yon *s* corpulent, ugly-looking fellow

sazón, sah-thon *s* maturity; season; flavour

sazonar, sah-tho-nar *v* to season; to mature

se, say *pron* himself; herself; itself; themselves; oneself; to him; to her

sebo, say-bo *s* fat; suet; tallow

secador, say-kah-dor *s* drier

secar, say-kar *v* to dry

seco*, say-ko *a* dry; parched; barren; bare

secreta, say-kray-tah *s* secret police

secretear, say-kray-tay-ar *v* to talk privately

secreto, say-kray-to *s* secrecy; *a** secret

secuela, say-koo´ay-lah *s* sequel; continuation

secuestro, say-koo´ess-tro *s* kidnapping

secundar, say-koon-dar *v* to second; to help

sed, sed *s* thirst; eagerness

seda, say-dah *s* silk

sede, say-day *s* headquarters; central office

sedería, say-day-ree-ah *s* silk manufacture

sedoso, say-do-so *a* silken; silky

seducir, say-doo-theer *v*

to seduce; to entice

segadora, say-gah-**do**-rah *s* mowing machine; mower

segar, say-**gar** *v* to reap; to mow

segregación racial, say-gray-gah-the-on rrah-the-ahl *s* apartheid

segregar, say-gray-**gar** *v* to segregate

seguido*, say-**ghee**-do *a* continued; successive

seguir, say-**gheer** *v* to follow; to pursue

según, say-**goon** *prep* according to

segundo, say-**goon**-do *s* (time) second; *a* second

seguro, say-**goo**-ro *s* assurance; insurance; *a** secure; sure; certain

seis, say´iss *s* six

selva, sel-**vah** *s* forest

sellar, say-l´yar *v* to seal; to stamp; to conclude

sello, say-l´yo *s* seal; stamp

semana, say-**mah**-nah *s* week

semanal, say-mah-**nahl** *a* weekly

sembrar, sem-**brar** *v* to sow; to scatter; to seed

semejante, say-may-Hahn-tay *a* similar; like

semejanza, say-may-Hahn *s* resemblance

semestre, say-**mees**-tray *s* semester

semi, say-me *prefix* semi; half

semidiós, say-me-de´os *s* demigod

semilla, say-mee-l´yah *s* seed; origin

seminario, say-me-**nah**-re-o *s* seminary (a school)

sémola, say-mo-lah *s* semolina

senado, say-**nah**-do *s* senate

sencillez, sen-the-l´yeth *s* simplicity; artlessness

sencillo*, sen-**thee**-l´yo *a* simple; guileless

senda, sen-dah *s* path; footpath

senil, say-**neel** *a* senile

seno, say-no *s* breast; bosom

sensato, sen-**sah**-to *a* judicious; prudent

sensible, sen-see-blay *a* sensible; perceptible; painful

sensual*, sen-soo´ahl *a* sensuous; sensual

sentado, sen-**tah**-do *a* sedate; judicious

sentar, sen-**tar** *v* to fit; to

set up; to seat; to suit

sentenciar, sen-ten-the-**ar** *v* to sentence; to express an opinion

sentido, sen-tee-do *s* sense; reason; meaning; *a** sensible

sentimiento, sente-me-en-to *s* sentiment; feeling

sentina, sen-tee-nah *s* sink; drain

sentir, sen-**teer** *v* to feel; to perceive; to suffer; to regret

seña, say-n´yah *s* sign; token; signal; pass-word

señal, say-n´yahl *s* sign; signal; token; landmark

señalado*, say-n´yah-**lah**-do *a* famous; marked down

señalar, say-n´yah-**lar** *v* to stamp; to mark; to signalise

señor, say-n´yor *s* sir; mister; lord

señora, say-n´yo-rah *s* lady; mistress; madam

señorear, say-n´yo-ray-**ar** *v* to domineer; to excel

separado*, say-pah-**rah**-do *a* separated; separate

separar, say-pah-**rar** *v* to separate

sepelio, say-**pay**-le-o *s* burial

septiembre, sep-te-**em**-bray s September

séptimo, sep-te-mo a seventh

sepulcro, say-**pool**-kro s sepulchre; grave

sepultar, say-pool-**tar** v to bury

sequedad, say-kay-**dahd** s dryness; barrenness

sequía, say-**kee**-ah s dryness; drought

séquito, say-ke-to s retinue; train; suite

ser, sair v to be; to exist; to happen; to belong; to become

serenar, say-ray-**nar** v to clear up; to settle; to pacify

sereno, say-**ray**-no s night watchman; a* serene; cloudless

serie, say-re-ay s series

seriedad, say-re-ay-**dahd** s seriousness; sincerity

serio*, say-re-o a serious; severe

sermonear, sair-mo-nay-**ar** v to reprimand

serpiente, sair-pe-en-tay s serpent; snake

serranía, sair-rrah-**nee**-ah s ridge of mountains

serrano, sair-**rrah**-no s highlander

serrar, sair-**rrar** v to saw

serrín, sair-**rreen** s sawdust

servible, sair-vee-blay a serviceable

servicial, sair-ve-the-**ahl** a obsequious; obliging

servicio, sair-vee-the-o s service

servicios, sair-vee-the-os s (water) loo

servidumbre, sair-ve-**doom**-bray s servitude

servil, sair-**veel** a servile; grovelling

servilleta, sair-ve-l´**yay**-tah s napkin

servir, sair-**veer** v to serve; to wait at table; —**se**, to help oneself; to please

sesenta, say-**sen**-tah s & a sixty

sesentón, say-sen-**ton** s & a sexagenarian

sesgado*, sess-**gah**-do a slanting

sesgar, sess-**gar** v to slope; to bevel

sesgo, sess-go s bias; slope; a sloped; biassed

seso, say-so s brain; intelligence

sesudo*, say-**soo**-do a judicious; discreet; wise

seta, say-tah s mushroom

setenta, say-**ten**-tah s & a seventy

setentón, say-ten-**ton** s & a septuagenarian

seto, say-to s fence; enclosure

seudónimo, say´oo-**do**-ne-mo s pseudonym

severidad, say-vay-re-**dahd** s severity

severo*, say-**vay**-ro a severe

sexagésimo, sek-sah-**Hay**-se-mo a sixtieth

sexista, sek-**sees**-tah s & a sexist

sexo, sek-so s sex

sexto, seks-to a sixth

sexy, sek-see a sexy

sí, see adv yes; pron himself; herself, etc

si, see conj if

sibilante, se-be-**lahn**-tay a hissing

SIDA, see-dah s abbr acquired immune deficiency syndrome, AIDS

sidra, see-drah s cider

siega, se-ay-gah s reaping; harvest time

siempre, se-em-pray adv always; —**jamás**, —Hah-**mahs**, for ever and ever

sien, se-en s temple (of the head)

sierpe, se-**air**-pay s
serpent; snake

sierra, se-**air**-rrah s saw;
ridge of mountains

siervo, se-**air**-vo s serf;
slave; servant

siesta, se-**ess**-tah s
afternoon nap

siete, se-**ay**-tay s & a
seven

sifón, se-**fon** s syphon

sigilar, se-He-**lar** v to seal;
to conceal

sigilo, se-**Hee**-lo s secret;
secrecy

sigiloso, se-He-**lo**-so a
reserved; discreet

siglo, see-glo s century

signar, sig-**nar** v to sign;
— **se**, to make the sign
of the Cross

significar, sig-ne-fe-**kar** v
to signify; to mean

signo, seeg-no, sign; mark

siguiente, se-ghee-**en**-tay
a following

silbar, sil-**bar** v to whistle

silbato, sil-**bah**-to s
whistle

silbido, sil-**bee**-do s hiss;
whistling

silencio, se-**len**-the-o s
silence

silicio, se-**lee**-the-o s
silicon

silueta, se-loo´**ay**-tah s

silhouette

silvestre, sil-**vess**-tray a
wild; rustic

silla, see-l´yah s chair; see;
saddle; seat

sillar, se-l´yar s ashlar;
horseback

sillero, se-l´yay-ro s
saddler

sillón, se-l´yon s easy
chair; armchair

símbolo, seem-bo-lo s
symbol; sign

simiente, se-me-en-tay s
seed

símil, see-mil s simile; a
similar

simio, see-me-o s male
ape

simpatía, sim-pah-tee-ah s
sympathy

simpleza, sim-play-thah s
silliness; rusticity

simplificar, sim-ple-fe-kar
v to simplify

simulado, se-moo-lah-do a
sham; simulated

sin, sin prep without; —
embargo, — em-bar- go,
notwithstanding

sincerar, sin-thay-rar v to
tell the truth; to justify

sincero*, sin-thay-ro a
sincere

síncopa, seen-ko-pah s
syncope

sindicado, sin-de-kah-do s
syndicate

síndico, seen-de-ko s
trustee; receiver

singularizar, sin-goo-lah-
re-thar v to distinguish;
to single out

siniestra, se-ne´ess-trah s
left hand

siniestro, se-ne´ess-tro s
disaster; a* sinister

sino, se-no conj if not;
except; only; but

sinónimo, se-no-ne-mo a
synonymous

sinrazón, sin-rah-thon s
wrong; injustice

sinsabor, sib-sah-bor s
displeasure; disgust

sintaxis, sin-tahk-siss s
syntax

sintético, sin-tay-te-ko a
synthetic

síntoma, seen-to-mah s
symptom

sinuoso, se-noo´o-so a
sinuous

siquiera, se-ke´ay-rah conj
at least; **ni** —, ne —,
not even

sirena, se-ray-nah s siren

sirgar, seer-gar v to tow

sirvienta, seer-ve-en-tah s
maid; servant

sisa, see-sah s petty theft

sisar, se-sar v to pilfer; to

size for gilding

sisón, se-**son** s pilferer

sistema métrico, sees-**tay**-mah **may**-tre-ko s metric system

sitial, se-te-**ahl** s seat of honour; stool

sitiar, se-te-**ar** v to besiege

sitio, see-te-o s place; site; siege

sito, see-to a situated

situado, se-too´**ah**-do a placed; situate

situar, se-too´**ar** v to place

so, so prep under; below

soba, so-bah s softening; beating; rubbing

sobaco, so-bah-ko s armpit

sobar, so-**bar** v to handle; to soften; to pummel

soberanía, so-bay-rah-nee-ah s sovereignty; dominion

soberano, so-bay-rah-no s & a sovereign

soberbia, so-**bair**-be-ah s pride; haughtiness

soberbio*, so-**bair**-be-o a proud; superb

sobornar, so-bor-**nar** v to suborn; to bribe

sobra, so-brah s surplus; excess; offence; pl leftovers

sobradillo, so-brah-dee-

l´yo s penthouse

sobrado, so-**brah**-do s garret; attic; a wealthy

sobrante, so-**brahn**-tay s residue; surplus

sobrar, so-**brar** v to have more than necessary; to be left

sobre, so-bray prep above; over; s envelope

sobrecama, so-bray-**kah**-mah s quilt

sobrecargar, so-bray-kar-**gar** v to overload; s surcharge

sobrecargo, so-bray-**kar**-go s supercargo; purser

sobrecejo, so-bray-**thay**-Ho s frown

sobrecito, so-bray-**the**-to s sachet

sobrecoger, so-bray-ko-Hair v to surprise

sobredicho, so-bray-dee-cho a aforesaid

sobredorar, so-bray-do-**rar** v to gild; to palliate

sobrehumano, so-bray´oo-mah-no a superhuman

sobrellevar, so-bray-l´yay-**var** v to endure; to undergo; to bear

sobremanera, so-bray-mah-**nay**-rah adv exceedingly

sobremesa, so-bray-**may**-

sah s table-cloth; dessert

sobrenadar, so-bray-nah-dar v to float

sobrenatural*, so-bray-nah-too-**rahl** a supernatural

sobrenombre, so-bray-**nom**-bray s surname; nickname

sobrentender, so-bren-ten-**dair** v to understand

sobrepaga, so-bray-**pah**-gah s extra pay

sobrepeso, so-bray-**pay**-so s overweight

sobreponer, so-bray-po-**nair** v to put over; to overcome

sobreprecio, so-bray-**pray**-the-o s extra price

sobrepujar, so-bray-poo-Har v to surpass; to excel; to exceed

sobresalir, so-bray-sah-**leer** v to overhang; to stick out

sobresaltar, so-bray-sahl-**tar** v to startle

sobrescrito, so-bress-**kree**-to s address of a letter

sobreseer, so-bray-say-**air** v to desist from

sobreseguro, so-bray-say-goo-ro adv without risk

sobreseimiento, so-bray-say´e-me-**en**-to s

dismissal

sobrestante, so-bress-**tahn**-tay s overseer; foreman

sobretodo, so-bray-**to**-do s overcoat

sobrevenir, so-bray-vay-**neer** v to supervene; to happen

sobrevivir, so-bray-ve-**veer** v to survive; to outlive

sobrina, so-**bree**-nah s niece

sobrino, so-**bree**-no s nephew

sobrio*, so-**bre**-o a sober; frugal

socaliñar, so-kah-le-n´yar v to extort by trickery

socapa, so-**kah**-pah s pretext; pretence

socarrar, so-kar-**rrar** v to scorch

socarrón, so-kar-**rron** a cunning; crafty

socavar, so-kah-**var** v to undermine

sociedad, so-the´ay-**dahd** s society

socio, so-the-o s associate; partner

socorrido, so-kor-**rree**-do a supplied; useful; handy

socorro, so-**kor**-rro s help; aid

sodio, so-de-o s sodium

soez, so-**eth** a mean; vile; coarse

sofá, so-**fah** s sofa

sofocar, so-fo-**kar** v to suffocate; to quench

software, soft-oo-ayr s software

soga, so-gah s rope; halter

sojuzgar, so-Hooth-**gar** v to subdue

sol, sol s sun

solana, so-**lah**-nah s sunny place

solano, so-**lah**-no s easterly wind

solapa, so-**lah**-pah s lapel; pretext

solapado, so-lah-**pah**-do a cunning; artful

solapar, so-lah-**par** v to overlap; to cover up

solar, so-**lar** s piece or plot of ground; a solar

solaz, so-**lath** s solace; recreation

solazar, so-lah-**thar** v to console; to comfort; to cheer

soldada, sol-**dah**-dah s wages

soldadesco, sol-dah-**dess**-ko a soldierly

soldado, sol-**dah**-do s soldier; private

soldadura, sol-dah-**doo**-
rah s soldering

soldar, sol-**dar** v to solder; to weld; to mend

soledad, so-lay-**dahd** s solitude; loneliness; desert

solemne*, so-**lem**-nay a solemn; grand

soler, so-**lair** v to use to; to be accustomed to

solera, so-**lay**-rah s inherited character

solería, so-lay-**ree**-ah s pavement; sole-leather

solicitar, so-le-the-**tar** v to solicit; to apply for

solícito*, so-**lee**-the-to a solicitous

solicitud, so-le-the-**tood** s solicitude; application

solidaridad, so-le-dah-rre-**dahd** s solidarity

solidez, so-le-**deth** s solidity

sólido*, so-**le**-do a solid

solio, so-le-o s canopied throne

solitario, so-le-tah-re-o a solitary; lonely

sólito, so-le-to a accustomed

soliviar, so-le-ve-ar v to lift up

solo, so-lo a alone; lonely

sólo, so-lo adv only

solomillo, solomo, so-lo-

mee-l´yo, so-**lo**-mo s sirloin

soltar, sol-**tar** v to untie; to loosen; to release

soltería, sol-tay-**ree**-ah s single state

soltero, sol-**tay**-ro s bachelor; a single; unmarried

soltura, sol-**too**-rah s agility; ease; skill

solución, so-loo-the-**on** s solution

solvencia, sol-**ven**-the-ah s solvency

sollozar, so-l´yo-**thar** v to sob

somanta, so-**mahn**-tah s beating

sombra, **som**-brah s shade; shadow

sombrerera, som-bray-**ray**-rah s hat-box

sombrero, som-**bray**-ro s hat

sombrío, som-**bree**-o a shady; sombre; dark

sombrilla, som-**bree**-l´yah s parasol; sunshade

someter, so-may-**tair** v to subject; to subdue

sometimiento, so-may-te-me-**en**-to s submission

somnífero, som-**nee**-fay-ro s sleeping pill

son, son s sound; report

sonado, so-**nah**-do a celebrated

sonar, so-**nar** v (music) to play; to sound; to blow the nose

sonda, **son**-dah s plummet; sounding

sondar, sondear, son-**dar**, son-day-**ar** v to sound; to gauge

soneto, so-**nay**-to s sonnet

sonido, so-**nee**-do s sound

sonreírse, son-ray-**eer**-say v to smile

sonrisa, son-**ree**-sah s smile

sonrojo, son-**ro**-Ho s blush

sonsacar, son-sah-**kar** v to draw one out

soñar, so-n´**yar** v to dream

soñoliento, so-n´yo-le-**en**-to a sleepy; drowsy; lazy

sopa, **so**-pah s sop; soup

sopapo, so-**pah**-po s slap; blow

sopera, so-**pay**-rah s soup-tureen

soplar, so-**plar** v to blow; to steal artfully; to prompt

soplete, so-**play**-tay s blow-pipe

soplón, so-**plon** s informer

sopor, so-**por** s drowsiness; sleepiness

soportar, so-por-**tar** v to suffer; to tolerate; to endure

soporte, so-**por**-tay s support; base

sor, sor s (nun) sister

sorber, sor-**bair** v to sip; to suck

sorbete, sor-**bay**-tay s sherbet

sordera, sordez, sor-day-rah, sor-**deth** s deafness

sordidez, sor-de-**deth** s sordidness; nastiness; covetousness

sórdido*, sor-**dee**-do a sordid; nasty; licentious

sordo, **sor**-do a deaf; noiseless; muffled

sorna, **sor**-nah s irony

sorprender, sor-pren-**dair** v to surprise

sorpresa, sor-**pray**-sah s surprise

sortija, sor-tee-Hah s ring; hoop

sosa, **so**-sah s glasswort; soda

sosegado, so-say-**gah**-do a quiet; peaceful

sosegar, so-say-**gar** v to appease; to rest

sosería, so-say-**ree**-ah s insipidity

sosiego, so-se-**ay**-go s tranquillity; calmness

soslayar, sos-lah-**yar** v to do or place obliquely

soso*, **so**-so a tasteless

sospecha, sos-**pay**-chah s suspicion

sospechar, sos-pay-**char** v to suspect

sospesar, sos-pay-**sar** v to suspend; to lift

sostén, sos-**ten** s support; bra

sostener, sos-tay-**nair** v to sustain; to prop

sota, **so**-tah s (cards) knave

sotabanco, so-tah-**bahn**-ko s garret

sotana, so-**tah**-nah s cassock

sótano, **so**-tah-no s underground cellar; basement

sotavento, so-tah-**ven**-to s leeward; lee

sotechado, so-tay-**chah**-do s shed

soto, **so**-to s grove; thicket

su, soo pron his; her; its; their; one's

suave*, soo´**ah**-vay a smooth; soft; gentle

suavizar, soo´ah-ve-**thar** v to soften

subarrendar, soob-ar-rren-**dar** v to sublet; to sublease

subasta, soo-**bahs**-tah s auction

súbdito, **soob**-de-to s & a subject

subida, soo-**bee**-dah s mounting; ascent; increase

subir, soo-**beer** v to ascend; to mount; to increase

súbito, **soo**-be-to adv suddenly; unexpectedly; a* sudden; unforeseen

sublevar, soo-blay-**var** v to excite rebellion

sublime*, soo-**blee**-may a sublime

subrayar, soob-rrah-**yar** v to underline

subrogar, soob-rro-**gar** v to surrogate; to replace with

subsanar, soob-sah-**nar** v to excuse; to repair

subscribir, soobs-kre-**beer** v to subscribe

subsidiar, soob-se-de-**ar** v to subsidize

subsiguiente, soob-se-ghee-en-**tay** a subsequent

subsistencia, soob-siss-ten-the-ah s subsistence; livelihood

subsistir, soob-siss-**teer** v to subsist

substancia, soobs-**tahn**-the-ah s substance; aliment; nature of things

substituir, soobs-te-too-**eer** v to substitute; to replace

substraer, soobs-trah-**air** v to subtract; —se, to withdraw

subteniente, soob-tay-ne-en-**tay** s second lieutenant

subtitular, soob-tee-too-**lahr** v subtitle

subtítulo, soob-**tee**-too-lo s subtitle

suburbio, soo-**boor**-be-o s suburb

subvenir, soob-vay-**neer** v to aid; to assist; to subvene

subversivo, soob-vair-**see**-vo a subversive

subyugar, soob-yoo-**gar** v to subdue

suceder, soo-thay-**dair** v to succeed; to inherit; to follow; to happen

suceso, soo-**thay**-so s success; occurrence; issue

sucio*, **soo**-the-o a dirty; nasty; filthy

sucumbir, soo-koom-**beer** v to succumb

sucursal, soo-koor-**sahl** s
branch office

sudar, soo-**dar** v to sweat;
to perspire; to toil

sudeste, soo-**dess**-tay s
south-east

sudoeste, soo-do-**ess**-tay s
south-west

suegra, soo´**ay**-grah s
mother-in-law

suegro, soo´**ay**-gro s
father-in-law

suegros, soo´**ay**-gros s in-
laws

suela, soo´**ay**-lah s sole of
the shoe

sueldo, soo´**ell**-do s wages;
pay

suelo, soo´**ay**-lo s soil;
ground; floor

suelto, soo´**ell**-to a loose;
swift; free; easy

sueño, soo´**ay**-n´yo s
sleep; dream; vision

suero, soo´**ay**-ro s whey;
serum

suerte, soo´**air**-tay s
chance; fortune; luck;
fate; kind; manner

suficiente*, soo-fe-the-
en-tay a sufficient; apt;
fit

sufragar, soo-frah-**gar** v to
defray

sufrible, soo-**free**-blay a
bearable

sufridor, soo-fre-**dor** s & a
long-suffering

sufrimiento, soo-fre-me-
en-to s suffering

sufrir, soo-**freer** v to
suffer; to tolerate; to
undergo

sugerir, soo-**Hay**-reer v to
suggest

sujeción, soo-**Hay**-the-on
s subjection

sujetador, soo-**Hay**-ta-dor
s bra

sujetar, soo-**Hay**-tar v to
subdue; to subject; to
fasten

sujeto, soo-**Hay**-to s
subject; matter; a
subject; liable

suma, sumo, soo-**mah** s sum;
amount; addition

sumar, soo-**mar** v to sum;
to add

sumario, soo-**mah**-re-o s
& a summary

sumergir, soo-mair-**Heer** v
to submerge; to
immerse; to plunge

sumidero, soo-me-**day**-ro s
sewer; drain

suministrar, soo-me-niss-
trar v to supply; to
provide

sumir, soo-**meer** v to sink;
to depress

sumiso, soo-**mee**-so a

submissive; docile

sumo*, soo-mo a highest;
greatest

suntuoso*, soon-too´o-so
a sumptuous

supeditar, soo-pay-de-**tar**
v to subdue; to subject

superar, soo-pay-**rar** v to
overcome; to surpass

superávit, soo-pay-**rah**-vit
s surplus

superchería, soo-pair-
chay-ree-ah s fraud;
cheat

superficie, soo-pair-fee-
the-ay s surface

supermercado, soo-payr-
mayr-**kah**-do s
supermarket

supervivencia, soo-pair-
ve-ven-the-ah s survival

superviviente, soo-pair-
ve-ve-en-tay s & a
survivor

suplantar, soo-plahn-**tar** v
to supplant; to falsify a
writing

suplemento, soo-play-
men-to s supply;
supplement

súplica, soo-**ple**-kah s
petition

suplicar, soo-ple-**kar** v to
implore; to entreat; to
appeal

suplicio, soo-**plee**-the-o s

torture

suplir, soo-**pleer** *v* to supply; to furnish; to fill up

suponer, soo-po-**nair** *v* to suppose; to assume

suprimir, soo-pre-**meer** *v* to suppress

supuesto, soo-poo´**ess**-to *s* supposition; *a* supposed

sur, soor *s* south

surco, soor-ko *s* furrow; line

surf, soorf *s* surfing

surgir, soor-*Heer* *v* to emerge

surtido, soor-**tee**-do *s* assortment

surtidor, soor-te-**dor** *s* jet of water

surtir, soor-**teer** *v* to provide; to supply

suscitar, sooss-the-**tar** *v* to excite; to promote

suspender, sooss-pen-**dair** *v* to suspend

suspicaz*, sooss-pe-**kath** *a* suspicious

suspirar, sooss-pe-**rar** *v* to sigh; to long for

sustancia, sooss-**tahn**-the-ah, (see **substancia**)

sustentable, sooss-ten-**tah**-blay *a* defensible; sustainable

sustentar, sooss-ten-**tar** *v*

to sustain; to nourish

sustento, sooss-**ten**-to *s* food; sustenance

substituir, sooss-te-too´**eer** *v* to substitute

susto, sooss-toh *s* scare; fright; shock

susurrar, soo-soor-**rrar** *v* to whisper; to murmur

sutil*, soo-**teel** *a* subtle; keen; flimsy

sutileza, soo-te-**lay**-thah *s* subtlety; acumen

suyo, soo-yo *pron* his; hers; theirs; *pl* family friends; servants

T

taba, tah-bah s small bone

tabaco, tah-bah-ko s tobacco

tábano, tah-bah-no s hornet

tabaquero, tah-bah-kay-ro s tobacconist

taberna, tah-bair-nah s tavern

tabernero, tah-bair-nay-ro s landlord; barman

tabicar, tah-be-kar v to wall up

tabique, tah-bee-kay s partition wall

tabla, tah-blah s board; table; index; list

tablado, tah-blah-do s scaffold; stage

tableta, tah-blay-tah s tablet; bar

tablilla, tah-blee-l´yah s notice board

tablón, tah-blon s plank; thick board

taburete, tah-boo-ray-tay s stool; (theatre) stall

tacañería, tah-kah-n´yay-ree-ah s meanness

tacaño, tah-kah-n´yo a stingy

tácito*, tah-the-to a tacit; implied

taco, tah-ko s stopper; wad; billiard cue

tacón, tah-kon s heel

taconear, tah-ko-nay-ar v to walk loftily on the heels

tacha, tah-chah s fault; defect

tachar, tah-char v to find fault with; to cross out

tacto, tahk-to s touch; tact

tafetán, tah-fay-tahn s taffeta

tafilete, tah-fe-lay-tay s morocco leather

tahona, tah-o-nah s bakery

tahonero, tah-o-nay-ro s baker

tahur, tah´oor s gambler; cheat

taimado, tah´e-mah-do a sly; crafty

taja, tah-Hah s cut; dissection; tally

tajadura, tah-Hah-doo-rah s cut; notch; section

tajamar, tah-Hah-mar s cutwater

tajar, tah-Har v to cut; to chop; to hew

tajo, tah-Ho s cut; incision

tal, tahl a such; so; as; similar; equal

tala, tah-lah s felling of trees; devastation

taladrar, tah-lah-drar v to bore; to drill; to pierce

taladro, tah-lah-dro s bit; borer; drill

talar, tah-lar v to fell trees; to lay waste

talco, tahl-ko s talcum powder

talega, tah-lay-gah s bag;

sack; bagful

talento, tah-**len**-to s talent

talismán, tah-liss-**mahn** s
talisman; amulet

talmente, tahl-**men**-tay
adv in the same manner;
so

talón, tah-**lon** s heel;
counterfoil

talud, tah-**lood** s talus;
slope; ramp

talla, tah-l´yah s raised
work; sculpture

tallar, tah-l´yar v to cut;
to carve in wood

talle, tah-l´yay s shape;
size; waist

taller, tah-l´yair s
workshop; laboratory

tallista, tah-l´yeess-tah s
carver in wood

tallo, tah-l´yo s shoot;
sprout; stem

tamaño, tah-**mah**-n´yo s
size;
a as large; so large

tambalear, tahm-bah-lay-
ar v to stagger; to waver

también, tahm-be-en *adv*
& *conj* also; as well

tambor, tahm-**bor** s drum;
drummer

tamiz, tah-**meeth** s fine
sieve

tamo, tah-mo, fluff; dust

tampoco, tahm-po-ko *adv*

neither

tampón, tahm-**pon** s
tampon

tan, tahn *adv* so; so much;
s sound of the drum

tanda, tahn-dah s turn;
task; gang; batch

tanganillo, tahn-gah-nee-
l´yo s small prop

tantear, tahn-tay-ar v to
measure; to proportion;
to examine

tanteo, tahn-**tay**-o s
calculation

tanto, tahn-to *adv* so; s
quantity; *a* so much

tañedor, tah-n´yay-**dor** s
player on a musical
instrument

tañer, tah-n´yair (see
tocar)

tapa, tah-pah s lid; cover

tapar, tah-**par** v to cover;
to conceal

tapete, tah-**pay**-tay s small
carpet; rug; table cover

tapiar, tah-pe-ar v to wall
up

tapicería, tah-pe-thay-ree-
ah s tapestry

tapiz, tah-**peeth** s tapestry

tapón, tah-**pon** s cork;
plug; bung

taquigrafía, tah-ke-grah-
fee-ah s shorthand

taquígrafo, tah-**kee**-grah-

fo s stenographer;
shorthand typist

taquilla, tah-kee-l´yah s
booking-office; letter-
file

tara, tah-rah s tare; defect

tardanza, tar-dahn-than s
slowness; delay

tardar, tar-**dar** v to delay;
to put off; to tarry

tarde, tar-day *adv* late; s
afternoon; evening

tardíamente, tar-de-ah-
men-tay *adv* too late

tardío, tar-dee-o *a* late;
too late

tardo, tar-do *a* slow;
sluggish; tardy

tarea, tah-ray-ah s task;
day's work

tarifa, tah-ree-fah s tariff;
fee

tarima, tah-ree-mah s
stand; platform

tarjeta, tar-**Hay**-tah s
card; **—postal,** — pos-
tahl postcard

tarro, tar-rro s jar

tartajear, tartamudear,
tar-tah-Hay-ar, tar- tah-
moo-day-**ar** v to stutter;
to stammer

tartamudo, tar-tah-moo-
do s stutterer; stammerer

tártaro, tar-tah-ro s tartar;
hell

tarugo, tah-**roo**-go s wooden peg or pin

tasa, tah-sah s rate; price; valuation

tasación, tah-sah-the-**on** s appraisement

tasar, tah-**sar** v to appraise; to value

tatarabuelo, tah-tah-rah-boo´ay-lo s great-great-grandfather

¡tate! tah-**tay** interj beware!

taza, tah-thah s cup; bowl; basin of a fountain

té, tay s tea

te, tay pron you

tea, tay-ah s torch

teatro, tay-**ah**-tro s theatre

tecla, tay-klah s key (of a piano or organ); key

teclado, tay-**klah**-do s keyboard

técnica, tek-ne-kah s technique

tecnología, tek-no-lo-Hee´ah s technology

techo, tay-cho s roof; ceiling

techumbre, tay-**choom**-bray s vaulted roof

tedio, tay-de-o s loathing; tediousness

teja, tay-Hah s roof-tile

tejedor, tay-Hay-dor s weaver

tejer, tay-Hair v to weave

tejido, tay-**Hee**-do s texture; fabric; web

tela, tay-lah s cloth

telar, tay-**lar** s loom

telaraña, tay-lah-rahn´yah s cobweb

telefonear, tay-lay-fo-nay-ar v to telephone

teléfono, tay-**lay**-fo-no s telephone

telegrafiar, tay-lay-grah-fe-**ar** v to telegraph; to wire

telégrafo, tay-**lay**-grah-fo s telegraph

telegrama, tay-lay-**grah**-mah s telegram

telémetro, tay-**lay**-may-tro s range-finder camera

telescopio, tay-less-**ko**-pe-o s telescope

telesquí, tay-lays-**kee** s ski lift

televisión, tay-lay-ve-se-**on** s television

telón, tay-**lon** s (theatre) curtain

tema, tay-mah s theme

temblar, tem-**blar** v to tremble; to shake; to quiver

temblón, tem-**blon** a tremulous

temblor, tem-**blor** s trembling

temer, tay-**mair** v to fear; to doubt

temerario*, tay-may-**rah**-re-o a rash; imprudent

temeroso*, tay-may-ro-so a timid; timorous

temible, tay-mee-blay a terrible; frightful

temor, tay-mor s dread; fear

témpano, tem-pah-no s iceberg; big piece of ice

tempestad, tem-pess-**tahd** s tempest; storm

templado, tem-**plah**-do a temperate

templar, tem-**plar** v to temper; to tune

temple, tem-play s temper (metal)

templo, tem-plo s temple

temporada, tem-po-**rah**-dah s spell; season

temporal, tem-po-**rahl** s tempest; season; a temporary; temporal

temprano, tem-**prah**-no adv early; a precocious

tenacillas, tay-nah-**thee**-l´yahs s tweezers; tongs

tenaz*, tay-**nath** a tenacious

tenazas, tay-**nah**-thahs s tongs; pliers

tenca, ten-kah s tench

tender, ten-**dair** v to

stretch out; to expand

tendero, ten-**day**-ro s shopkeeper

tendido, ten-dee-do s row of seats in a circus

tenebroso*, tay-nay-**bro**-so a dark; obscure

tenedor, tay-nay-**dor** s holder; fork

tenencia, tay-**nen**-the-ah s possession; lieutenancy

tener, tay-**nair** v to have; to hold; to posses; to contain; to retain

teniente, tay-ne-en-tay s deputy; lieutenant

tenor, tay-nor s tenor; purport; (singer) tenor

tensión arterial, ten-se-on ar-tay-ree-**ahl** s blood pressure

tentar, ten-**tar** v to touch; to try; to tempt

tentativa, ten-tah-**tee**-vah s attempt; trial

tenue*, tay-noo´ay a thin; slender

tenuidad, tay-noo´e-**dahd** s tenuity; weakness

teñir, tay-n´yeer v to tinge; to dye

teoría, tay-o-**ree**-ah s theory

terapia, tay-**rah**-pe-ah s therapy

tercer, tercero, tair-**thair,**

tair-**thay**-ro a third

tercería, tair-thay-**ree**-ah s mediation

tercero, tair-**thay**-ro s third person

terciado, tair-the-**ah**-do s cutlass

terciar, tair-the-**ar** v to divide in three parts; to mediate

tercio, tair-the-o s third part; half a load

terciopelo, tair-the-o-**pay**-lo s velvet

terco, tair-ko a pertinacious; obstinate

tergiversar, tair-He-vair-**sar** v to twist; to misrepresent

terminal, tayr-me-**nahl** s (air) terminal

término, tair-me-no s term; end; boundary; condition

termómetro, tair-**mo**-may-tro s thermometer

termos, tair-mos s Thermos flask

termostato, tair-mo-**stah**-to s thermostat

ternero, tair-nay-ro s calf; bullock

terneza, tair-nay-thah s softness; tenderness

terno, tair-no s suit; ternary number

ternura, tair-**noo**-rah s tenderness

terquedad, tair-**kay**-dahd s stubbornness

terrado, tair-**rrah**-do s terrace

terraplén, tair-rrah-**plen** s embankment

terremoto, tair-rray-**mo**-to s earthquake

terrenal, terreno, tair-rray-**nahl,** tair-rray-no a terrestrial

terrible*, tair-**rree**-blay a terrible

terrón, tair-**rron** s cold; mound; lump

terror, tair-**rror** s terror; dread

terrorista, tay-rro-res-tah s terrorist

terso, tair-so a smooth; glossy

tersura, tair-**soo**-rah s smoothness

tertulia, tair-**too**-le-ah s evening party; circle; assembly

tesón, tay-son s tenacity

tesoro, tay-so-ro s treasure; treasury

testa, tess-tah s head

testador, tess-tah-**dor** s testator

testamento, tess-tah-**men**-to s will; testament

testar, tess-**tar** *v* to make a will

testarudo, tess-tah-**roo**-do *a* obstinate

testificación, tess-te-fe-kah-the-**on** *s* attestation

testigo, tess-**tee**-go *s* witness

testimoniar, tess-te-mone-**ar** *v* to testify; to attest

testimonio, tess-te-**mo**-ne-o *s* testimony; attestation

teta, tay-tah *s* teat; udder; breast

tetera, tay-**tay**-rah *s* teapot

tétrico, tay-**tre**-ko *a* gloomy; sullen

tez, teth *s* complexion

ti, tee *pron* you

tía, tee-ah *s* aunt

tibieza, te-be-ay-thah *s* lukewarmness; tepidity

tibio, tee-be-o *a* lukewarm

tiburón, te-boo-**ron** *s* shark

tiempo, te-**em**-po *s* time; term; occasion; season; weather; while

tienda, te-en-dah *s* tent; awning; tilt; shop

tiento, te-en-to *s* touch; tact; blow; **a —,ah —,** gropingly

tierno,* te-**air**-rr *a* tender

tierra, te-**air**-rrah *s* earth; land; ground; native country

tieso, te-**ay**-so *a* stiff; hard; rigid

tifus, tee-**fooss** *s* typhus

tigre, tee-**gray** *s* tiger

tijeras, te-**Hay**-rahs *s* scissors; shears

tildar, til-**dar** *v* to brand

tilde, teel-**day** *s* sign of the letter ñ; iota; very small thing; accent (´)

tilo, tee-lo *s* lime tree

timbrar, tim-**brar** *v* to stamp

timbre, teem-**bray** *s* stamp; (voice) timbre

timidez, te-me-**deth** *s* timidity

tímido,* tee-me-do *a* timid

timón, te-**mon** *s* helm; rudder

tina, tee-**nah** *s* vat; tub

tinaja, te-nah-**Hah** *s* large earthen jar

tinglado, tin-**glah**-do *s* shed; plot

tinieblas, te-ne´**ay**blahs *s* darkness

tino, tee-**no** *s* skill in touch; knack; judgment

tinta, teen-tah *s* ink; tint

tinte, teen-tay *s* tint; dye

tintero, tin-**tay**-ro *s* inkstand

tinto, teen-to *a* dyed; red (wine)

tintura, tin-**too**-rah *s* tincture; dye; rouge

tiña, tee-n´**yah** *s* poverty; meanness

tío, tee-o *s* uncle

típico, tee-pe-ko *a* typical

tipo, tee-po *s* type; pattern; standard; bloke

tira, tee-rah *s* stripe; list; band

tirabuzón, te-rah-boo-**thon** *s* corkscrew; curl

tirada, te-rah-dah *s* cast; throw; distance

tiranía, te-rah-**nee**-ah *s* tyranny

tirano, te-**rah**-no *s* tyrant; despot

tirante, te-**rahn**-tay *s* joist; gear; trace; *a* drawn; tight

tirar, te-**rar** *v* to throw; to cast; to pull; to draw; to shoot; to aim at

tiritar, te-re-tar *v* to shiver

tiro, tee-ro *s* cast; throw; shot; fling; prank

tirón, te-**ron** *s* pull; haul; tyro

tirria, teer-**rre**-ah *s* aversion; dislike

tisana, te-sah-nah *s* infusion

tisis, tee-siss *s*
tuberculosis;
consumption

tisú, te-**soo** *s* tissue

títere, tee-tay-ray *s*
puppet; *pl* puppet show

titubear, te-too-bay-**ar** *v*
to vacillate; to doubt; to
hesitate

título, tee-too-lo *s* title

tiza, tee-thah *s* chalk; clay

tiznar, tith-**nar** *v* to smut;
to tarnish

tizne, teeth-nay *s* soot;
coal smut

tizón, te-**thon** *s* firebrand

toalla, to-´ah-l´yah *s* towel

tobillo, to-bee-l´yo *s* ankle

toca, to-kah *s* head-dress;
thin fabric

tocadiscos, to-kah-**dess**-
koss *s* record player

tocador, to-kah-**dor** *s*
(music) player; dressing
table; boudoir

tocante, to-**kahn**-tay *prep*
relating to; *a* relative

tocar, to-**kar** *v* to touch;
to play on; to concern;
—**se,** to put one's hat on

tocayo, to-**kah**-yo *s*
namesake

tocinero, to-the-**nay**-ro *s*
pork butcher

tocino, to-**thee**-no *s*
bacon; salt pork

tocón, to-**kon** *s* stump

tocho, to-cho *a* boorish;
unpolished

todavía, to-dah-vee-ah
adv yet; still; even

todo, to-do *s* whole; *a* all;
entire

toldo, tol-do *s* awning

tolerancia, to-lay-**rahn**-
the-ah *s* toleration;
tolerance

tolerar, to-lay-**rar** *v* to
tolerate

toma, to-mah *s* taking;
grasp; capture; dose

tomar, to-**mar** *v* to take; to
seize; to gasp

tomate, to-**mah**-tay *s*
tomato

tomillo, to-mee-l´yo *s*
thyme

tomo, to-mo *s* bulk; tome;
volume

ton, ton *s* tone; **sin —ni
son,** sin — ne son,
without rhyme or reason

tonada, to-**nah**-dah *s* tune;
song

tonel, to-**nell** *s* cask; barrel

tonelada, to-nay-**lah**-dah *s*
ton

tonelaje, to-nay-**lah**-Hay *s*
tonnage; capacity

tono, to-no *s* tone; tune

tontada, ton-**tah**-dah *s*
nonsense

tontear, ton-tay-**ar** *v* to
fool

tonto*, ton-to *a* foolish;
stupid

topar, to-**par** *v* to collide

tope, to-pays *s* butt; top

topera, to-**pay**-rah *s*
molehole

topetar, to-pay-**tar** *v* to
butt

tópico, to-pe-ko *s* topic;
subject; *a* topical

top-less, top-lays *a*
toplesss

topo, to-po *s* mole

toque, to-kay *s* touch;
ringing of bells

torbellino, tor-bay-l´yee-
no *s* whirlwind

torcer, tor-**thair** *v* to twist;
to bend; to distort

torcido*, tor-thee-do *a*
tortuous; twisted

tordo, tor-do *s* thrush; *a*
speckled; dappled

toreo, to-ray-o *s* bull-
fighting

torero, to-ray-ro *s* bull-
fighter

tormenta, tor-men-tah *s*
storm

tormento, tor-men-to *s*
torment; anguish;
torture

torna, tor-nah *s*
restitution; return

tornar, tor-**nar** v to
return; to restore

tornasol, tor-nah-**sol** s
sunflower

tornear, tor-nay-**ar** v to
turn on a lathe

tornillo, tor-nee-l'yo s
screw; clamp

torno, tor-no s lathe;
winch

toro, to-ro s bull

toronja, to-ron-Hah s
shaddock; grapefruit

torpe, tor-pay a slow; dull;
obscene

torpeza, tor-pay-thah s
heaviness; clumsiness

torre, tor-rray s tower

torrente, tor-rren-tay s
torrent

torreón, tor-rray-on s
fortified tower

torrero, tor-rray-roh s
lighthouse-keeper

torrezno, tor-rreth-no s
rasher of bacon

tórrido, tor-rre-do a
torrid; parched; hot

torsión, tor-se-on s twist

torso, tor-so s trunk of a
statue; bust

torta, tor-tah s round
cake; pie

tortilla, tor-tee-l'yah s
omelet

tórtola, tor-to-lah s turtle-
dove

tortuga, tor-too-gah s
turtle; tortoise

tortuoso, tor-too′o-soh a
winding; sinuous

tortura, tor-too-rah s
torsion; torture

torvo, tor-vo a stern;
grim; severe

torzal, tor-thahl s cord;
twist

tos, toss s cough

tosco*, toss-ko a coarse;
rough

toser, to-sair v to cough

tosquedad, toss-kay-dahd
s roughness; coarseness

tostada, toss-tah-dah s
toast

tostar, toss-tar v to toast;
to roast

total, to-tahl s & a whole;
total

tozudo, to-thoo-do a
obstinate

traba, trah-bah s tie;
ligament; obstacle;
trammel

trabajar, trah-bah-Har v
to work

trabajo, trah-**bah**-Ho s
work; difficulty;
hardship

trabar, trah-bar v to join;
to fasten; to fetter

trabilla, trah-bee-l'yah s
stitch; strap

tracción, trah-the-on s
traction

tractor, trahk-tor s tractor

traducción, trah-dook-
the-on s translation

traducir, trah-doo-theer v
to translate

traductor, trah-dook-tor s
translator

traer, trah-air v to bring;
to carry; to wear; to
attract

tráfago, trah-fah-go s
traffic; business

traficar, trah-fe-kar v to
trade

tráfico, trah-fe-ko s
traffic; business;
commerce

tragaluz, trah-gah-looth s
sky-light

tragantón, trah-gahn-ton
a gluttonous

tragar, trah-gar v to
swallow; to believe
credulously

trago, trah-go s draught of
liquor

tragón, trah-gon a
gluttonous

traición, trah′e-the-on s
treason; betrayal

traído, trah′ee-do a worn
out

traidor, trah′e-dor s

traitor; *a* treacherous

traílla, trah´ee-l´yah *s* leash; lash

traje, trah-*Hay* *s* costume; dress

trajinar, trah-*Hee*-nar *v* to convey goods

trama, trah-mah *s* plot; conspiracy

tramar, trah-mar *v* to weave; to plot

trámite, trah-me-tay *s* business transaction; step; stage

tramo, trah-mo *s* plot of ground; flight (of stairs); section

tramoya, trah-mo-yah *s* (theatre) trick; wile

tramoyista, trah-mo-yiss-tah *s* swindler; scene-shifter

trampa, trahm-pah *s* trap; snare; trap-door

trampear, trahm-pay-ar *v* to swindle

trampista, trahm-piss-tah *s* swindler

tramposo, trahm-po-so *a* deceitful; swindling

trancar, trahn-kar *v* to barricade; to bar a door

trance, trahn-thay *s* danger; critical moment

tranco, trahn-ko *s* long step or stride

tranquilizante, trahn-kee-le-*thahn*-te *s* tranquilizer

tranquilo*, trahn-kee-lo *a* tranquil; calm; quiet

transacción, trahn-sahk-the-on *s* compromise; deal; transaction

transbordar, trahns-bor-dar *v* to tranship; to transfer

transcribir, trahns-kre-beer *v* to transcribe; to copy

transcurrir, trahns-koor-rreer *v* to elapse; to pass

transcurso, trahns-koor-so *s* lapse of time

transeúnte, trahn-say-oon-tay *s* passer-by; *a* transitory

transferir, trahns-fay-reer *v* to transfer

transfigurar, trahns-fe-goo-rar *v* to transfigure; to transform

transformar, trahns-for-mar *v* to transform

tránsfuga, trahns-foo-gah *s* deserter; runaway

transgredir, trahns-gray-deer *v* to transgress

transigir, trahn-se-*Heer* *v* to compound; to compromise

transitar, trahns-se-tar *v*

to travel; to pass by

tránsito, trahn-se-to *s* transit

transmitir, trahns-me-teer *v* to transmit

transpirar, trahns-pe-rar *v* to transpire; to perspire

transportar, trahns-por-tar *v* to transport; to convey

tranvía, trahn-vee-ah *s* tramway

trapacería, trah-pah-thay-ree-ah *s* fraud; cheat

trapacero, trah-pah-*thay*-ro *s* swindler

trapecio, trah-pay-the-o *s* swing; trapeze

trapero, trah-*pay*-ro *s* dealer in rags

trapisonda, trah-pe-son-dah *s* noise; bustle

trapo, trah-po *s* rag

tras, trahs *prep* after; behind

trasbordador, trahs-bor-dah-dor *s* car ferry

trascender, trahs-then-dair *v* to transcend; to smell; to spread

trasegar, trah-say-gar *v* to overset; to decant

trasera, trah-say-rah *s* back part; rear

trasero, trah-say-ro *s* buttock; *a* hind

trasgo, trahs-go s goblin; imp

trasiego, trah-se-ay-go s decanting; move

traslación, trahs-lah-the-**on** s movement; copy; passage

trasladar, trahs-lah-**dar** v to move; to translate; to postpone

traslado, trahs-**lah**-do s move; transcript; transfer; removal

traslúcido, trahs-loo-thee-do a transparent

traslumbrarse, trahs-loom-**brar**-say v to be dazzled; to vanish

trasluz, trahs-**looth** s diffused light; reflected light

trasnochar, trahs-no-**char** v to stay up late

traspapelarse, trahs-pah-pay-**lar**-say v to be mislaid among other papers

traspasar, trahs-pah-**sar** v to go beyond; to pass over; to transfer; to trespass

traspaso, trahs-**pah**-so s conveyance; transfer

traspié, trahs-pe-**ay** s trip; slip; stumble

trasquilar, trahs-ke-**lar** v to shear; to lop; to clip

trastienda, trahs-te-**en**-dah s back-room behind a shop

trasto, trahs-to s old furniture; lumber; rubbish

trastornar, trahs-tor-**nar** v to overthrow; to disturb; to confuse

trastorno, trahs-**tor**-no s overthrow; disorder; confusion

trastrocar, trahs-tro-**kar** v to invert the order of things

trasuntar, trah-soon-**tar** v to transcribe; to abridge

trasunto, trah-**soon**-to s copy; likeness

trata, trah-tah s slave trade

tratable, trah-**tah**-blay a sociable

tratado, trah-**tah**-do s treaty; treatise

tratamiento, trah-tah-me-**en**-to s treatment

tratante, trah-**tahn**-tay s dealer

tratar, trah-**tar** v to treat (a subject); to trade; to use

través, trah-**vess** s bias; misfortune; **al** —, ahl — , across

travesía, trah-vay-**see**-ah s passage; crossing

travesura, trah-vay-**soo**-rah s prank; wit

travieso, trah-ve-**ay**-so a lively; naughty

traza, trah-thah s first sketch; outline

trazado, trah-**thah**-do s layout

trazar, trah-**thar** v to plan out

trébol, tray-bol s clover

trece, tray-thays s & a thirteen

trecho, tray-cho s space; distance

tregua, tray-goo´ah s truce

treinta, tray-in-tah s & a thirty

tremendo, tray-**men**-do a tremendous; formidable

trementina, tray-men-tee-nah s turpentine

trémulo, tray-**moo**-lo a trembling

tren, tren s train; baggage

trencilla, tren-thee-l´yah s braid

trenza, tren-thah s braided hair; plait

trepar, tray-**par** v to climb; to crawl

trepidar, tray-pe-**dar** v to shake; to quake

tres, tres s & a three

tribunal, tre-boo-**nahl** s tribunal; court of justice

triciclo, tre-**thee**-klo s tricycle

trigésimo, tre-Hay-se-mo a thirtieth

trigo, tree-go s wheat

trigueño, tre-**gay**-n´yo a swarthy

trillado, tre-l´**yah**-do a threshed; beaten; trite

trillar, tre-l´**yar** v to thresh; to beat

trimestre, tre-**mess**-tray s three months; quarter

trincar, trin-**kar** v to tie up; to arrest

trinchar, trin-**char** v to carve

trino, tree-no s trill

tripa, tree-pah s tripe; gut; intestine

tripe, tree-pay s plush; shag

tripudo, tre-**poo**-do a big-bellied

tripulación, tre-poo-lah-the-**on** s crew of a ship

tripular, tre-poo-**lar** v to man a ship

triscar, triss-**kar** v to stamp the feet; to frisk

triste*, triss-tay a sad

tristeza, triss-**tay**-thah s sadness; sorrow

triturar, tre-too-**rar** v to grind; to pound

triunfar, tre-oon-**far** v to triumph

trocar, tro-**kar** v to barter; to exchange

trofeo, tro-**fay**-o s trophy

tromba, trom-bah s water-spout

trompa, trom-pah s horn; wind instrument; trunk of an elephant

trompeta, trom-**pay**-tah s trumpet

tronada, tro-**nah**-dah s thunderstorm

troncar, tron-**kar** v to mutilate

tronco, tron-ko s trunk

troncho, tron-cho s sprig; stem; stalk

trono, tro-no s throne

tropa, tro-pah s troop

tropel, tro-**pell** s rush; bustle; crowd

tropezar, tro-pay-**thar** v to stumble; to meet by chance

troquel, tro-**kell** s die; stamp

trotar, tro-**tar** v to trot

trozo, tro-tho s piece; fragment

trucha, troo-chah s trout

trueno, troo´**ay**-no s thunder

trueque, troo´**ay**-kay s exchange; barter

trufa, troo-fah s truffle

truhán, troo´**an** s buffoon; swindler

truncar, troon-**kar** v to truncate; to maim

tú, too pron you

tu, too a your

tubérculo, too-**bair**-koo-lo s tuber; tubercle

tubo, too-bo s pipe; tube

tuerca, too´**air**-kah s screw; nut

tuerto, too´**air**-to a squint-eyed; one-eyed

tuétano, too´**ay**-tah-no s marrow

tufo, too-fo s fume; strong and offensive smell

tul, tool s tulle

tulipán too-le-**pahn** s tulip

tullido, too-l´**yee**-do a crippled

tumbar, toom-**bar** v to knock down; to tumble

tumor, too-**mor** s tumour

túmulo, too-moo-lo s tomb; sepulchral monument

tumulto, too-**mool**-to s tumult; uproar

tunante, too-**nahn**-tay s rogue

túnel, too-nel s tunnel

túnica, too-ne-kah s tunic

tuno, too-no s truant

tupir, too-peer v to press
close; **—se,** to glut
oneself

turba, toor-bah s crowd;
rabble

turbación, toor-bah-the-
on s perturbation

turbar, toor-bar v to
disturb; to trouble

turbio*, toor-be-o a
muddy; troubled;
obscure

turbión, toor-be-**on** s
heavy shower

**turbulencia, toor-boo-
layn-**the-ah s turbulence

**turbulento*, toor-boo-
len-**to a turbid;
disorderly

turnar, toor-nar v to take
(it) in turns

turno, toor-no s turn;
alternate order

turquesa, toor-kay-sah s
turquoise

turquí, toor-kee s deep
blue colour

turrón, toor-rron s nougat

¡tús! tooss interj word used
for calling dogs

tutear, too-tay-ar v (fig) to
be on equal terms with

tutela, too-tay-lah s
guardianship; tutelage

tutor, too-tor s tutor;
instructor

tuyo, tuya, too-yo, yoo-
yah a & pron yours

U

ubre, oo-bray *s* teat; udder
ufanarse, oo-fah-nar-say *v* to boast; to be vain
ufano*, oo-fah-no *a* arrogant; cheerful; proud
ujier, oo-He-air *s* usher
úlcera, ool-thay-rah *s* ulcer
ultimar, ool-te-mar *v* to finish; to conclude
último*, ool-te-mo *a* last; latest; final
ultrajar, ool-trah-Har *v* to outrage
ultraje, ool-trah-Hay *s* outrage
umbral, oom-brahl *s* threshold
un, oon *a* (for **uno**) one, a, an
unánime*, oo-nah-ne-

may *a* unanimous
unción, oon-the-on *s* unction
ungüento, oon-goo´en-to *s* ointment; (*fig*) balm
único*, oo-ne-ko *a* unique; sole; only
unidad, oo-ne-dahd *s* unity; (*mat*) unit
uniforme, oo-ne-for-may *a* uniform; even; *s* uniform
unión, oo-ne-on *s* union; joining; (*mech*) joint
unir, oo-neer *v* to unite; to join; to blend; to mix —**se,** to associate
universidad, oo-ne-vair-se-dahd *s* university
universo, oo-en-vair-so *s* universe
uno, oo-no *a & pron* one

untar, oon-tar *v* to anoint; to grease; to rub
untuoso, oon-too´o-so *a* greasy; oily
uña, oo-n´yah *s* nail; (*pie*) toenail; (*zool*) claw; (*pezuña*) hoof
uñada, oo-n´yah-dah *s* scratch with the nail
urbano*, oor-bah-no *a* urban; urbane
urdir, oor-deer *v* to warp; to contrive
urgente*, oor-Hen-tay *a* urgent
urgir, oor-Heer *v* to be urgent
urraca, oor-rrah-kah *s* magpie
usado, oo-sah-do *a* used; worn out; second-hand
usanza, oo-sahn-thah *s* usage; custom
usar, oo-sar *v* to use; to accustom; to make use of
uso, oo-so *s* use; service; custom; fashion
usted, oos-ted *pron* you (polite or formal address)
utensilio, oo-ten-see-le-o *s* utensil; tool; implement
útero, oo-tay-ro *s* uterus; womb

útil*, oo-til *a* useful
uva, oo-vah *s* grape

V

vaca, vah-kah s cow; beef

vacaciones, vah-kah-the-o-ness s holidays; — **organizadas,** or-gah-ne-**tha**-dahs package holiday.

vacada, vah-**kah**-dah s herd of cows

vacante, vah-**kahn**-tay s vacancy; a vacant

vacar, vah-**kar** v to become vacant; to fall vacant

vaciar, vah-the-**ar** v to empty; to hollow

vacío, vah-**thee**-o s emptiness; vacuum; a empty; (flat) unfurnished

vacunar, vah-koo-**nar** v to vaccinate

vadeable, vah-day-**ah**-blay a fordable

vagabundo, vah-gah-**boon**-do s wanderer; vagabond; a wandering; vagabond

vagancia, vah-**gahn**-the-ah s vagrancy; laziness

vago, vah-go s vagabond s tramp; idler; a vague; lazy; slack; idle

vagón, vah-**gon** s wagon; van

vaguear, vah-gay-**ar** v to loiter; to rove

vaguedad, vah-gay-**dahd** s vagueness

vaina, vah´e-nah s scabbard; pod; husk

vainilla, vah´e-nee-l´yah s vanilla

vaivén, vah´e-ven s swaying; oscillation

vajilla, vah-Hee-l´yah s crockery; set of dishes

vale, vah-lay s promissory note; voucher

valedero, vah-lay-**day**-ro a valid

valedor, vah-lay-**dor** s protector

valentía, vah-len-tee-ah s courage

valer, vah-**lair** v to protect; to be worth

valeroso*, vah-lay-ro-so a valiant; brave

valía, vah-**lee**-ah s worth; value; (person) estimable

válido*, vah-le-do a valid

valido, vah-**lee**-do s favourite

valiente, vah-le-en-tay a valiant; brave

valija, vah-lee Hah s (fig) post; — **diplomatica,** diplomatic bag

valimiento, vah-le-me-en-to s benefit; favour

valor, vah-**lor** s value; (fin) securities; bonds; courage

valorar, vah-lo-**rar** v to value; to appraise

vals, vals s waltz

vallado, vah-l´yah-do a fence

valle, vah-l´yay s valley

vanagloria, vah-nah-glo-re-ah *s* vainglory

vanidad, vah-ne-**dahd** *s* vanity

vanidoso, vah-ne-do-so *a* vain; conceited

vano*, vah-no *a* vain; useless

vapor, vah-**por** *s* vapour; steam

vapul (e) ar, vap-poo-**lar** (-lay-**ar**) *v* to flog; to beat

vaquería, vah-kay-ree-ah *s* dairy

vaquero vah-**kay**-ro *s* cowboy.

vara, vah-rah *s* rod; pole; shaft; branch

varar, vah-**rar** *v* to launch; to be stranded

variar, vah-re-**ar** *v* to vary; to change; to alter

varilla, vah-ree-l'yah *s* rod; (*mech*) rod; (*aut*) dipstick

vario*, vah-re-o *a* varied; variable; *pl* some; several

varón, vah-**ron** *s* man (male human being)

varonil, vah-ro-neel *a* manly; vigorous; virile

vasar, vah-**sar** *s* kitchen dresser

vasija, vah-see Hah *s* vessel

vaso, vah-so *s* glass; vase; vessel; tumbler

vástago, vahs-tah-go *s* (*mech*) stem; (*bot*) bud; shoot; (*son*) offspring

vasto, vahs-to *a* vast; huge

vaticinio, vah-te-thee-ne-o *s* prediction

vecindad, vay-thin-dahd *s* neighbourhood; vicinity

vecino, vay-thee-no *s* neighbour; *a* neighbouring

veda, vay-dah *s* closed season

vedar, vay-**dar** *v* to forbid; to stop

vega, vay-gah *s* meadow

vehículo, vay-ee-koo-lo *s* vehicle

veinte, vay-in-tay *s* & *a* twenty

vejación, vay-Hah-the-on *s* vexation

vejar, vay-**Har** *v* to vex

vejez, vay-Heth *s* old age

vejiga, vay-Hee-gah *s* bladder

vela, vay-lah *s* sleeplessness; vigil; candle; (*naut*) sail

velar, vay-**lar** *v* to watch; to be awake; to keep vigil; to work at night

veleidad, vay-lay´e-dahd *s* velleity; faint desire; levity

veleta, vay-**lay**-tah *s* weather-vane; weathercock

velo, vay-lo *s* veil

velocidad vay-lo-thee-**dahd** *s* speed.

velocímetro, vay-lo-thee-may-tro *s* speedometer

veloz*, vay-**loth** *a* swift; fast

vello, vay-l´yo *s* down; hair

vellón, vay-l´yon *s* fleece; lock of wool

velludo, vay-l´yoo-do *s* velvet; *a* hairy

vena, vay-nah *s* vein; seam (*geol*)

venado, vay-**nah**-do *s* deer; stag

vencedor, ven-thay-**dor** *s* victor; winner

vencejo, ven-**thay**-Ho *s* string

vencer, ven-**thair** *v* to beat; to vanquish; to conquer; to win

vencido, ven-**thee**-do *a* beaten; vanquished; (*fin*) due for payment

vencimiento, ven-the-me-en-to *s* maturity (of bill)

venda, ven-dah *s* bandage

vendar, ven-**dar** *v* to bandage

vendaval, ven-dah-**vahl** s strong wind; gale

vendedor, ven-day-**dor** s vendor; seller; salesman

vender, ven-**dair** v to sell

vendimia, ven-dee-me-ah s vintage; grape harvest

veneno, vay-**nay**-no s venom; poison

venero, vay-**nay**-ro s vein of metal; source

venganza, ven-**gahn**-thah s vengeance; revenge

vengar, ven-**gar** v to revenge; **—se,** to take revenge

venia, **vay**-ne-ah s pardon; leave; bow; consent

venida, vay-**nee**-dah s arrival

venidero, vay-ne-**day**-ro a future

venir, vay-**neer** v to come

venta, **ven**-tah s sale; roadside inn

ventaja, ven-**tah**-Hah s advantage; commodity

ventajoso*, ven-tah-**Ho**-so a advantageous

ventana, ven-**tah**-nah s window

ventear, ven-tay-**ar** v to sniff; to air; to split

ventisca, ven-**tiss**-kah s snow-storm

ventosa, ven-to-sah s vent; air-hole; suction pad

ventrudo, ven-**troo**-do a big-bellied

ventura, ven-**too**-rah s luck; fortune

venturoso*, ven-too-**ro**-so a fortunate

ver, vair v to see; to look at; to observe

vera, **vay**-rah s edge; **a la—** beside

verano, vay-**rah**-no s summer

veras, **vay**-rahs s truth; **de — day —** sincerely

veraz, vay-**rath** a veracious

verbo, **vair**-bo s verb

verdad, vair-**dahd** s truth

verdadero, vair-dah-**day**-ro a true; real

verde, **vair**-day a green; unripe

verdín, vair-**deen** s scum

verdugo, vair-**doo**-go s hangman; executioner

verdura, vair-**doo**-rah s verdure; greens

vereda, vay-**ray**-dah s path

vergel, vair-**Hell** s orchard

vergonzoso*, vair-gon-**tho**-so a bashful; shameful; shy

vergüenza, vair-goo´**en**-thah s shame; bashfulness; shyness

verídico, vay-**ree**-de-ko a truthful; true

verja, vair-**Hah** s railing

vernáculo, vair-**nah**-koo-lo a native; vernacular

verosímil, vay-ro-see-**mil** a likely; credible

verruga, vair-**rroo**-gah s wart

versado, vair-**sah**-do a versed; conversant

versar, vair-**sar** v to be about

vertedor, vair-tay-**dor** s outlet; runway

verter, vair-**tair** v to spill; to empty; to translate

vértice, **vair**-te-thay s top; apex; vertex

vertiente, vair-te-en-**tay** s slope; side

vespertino, vess-pair-**tee**-no a evening

vestíbulo, vess-**tee**-boo-lo s foyer; hall; lobby

vestido, vess-**tee**-do s dress; clothes; garment

vestir, vess-**teer** v to clothe; to dress; to adorn

vestuario, vess-too´**ah**-re-o s clothes; wardrobe; uniform; changing-room

veta, vay-tah s vein; lode

veterinario, vay-tay-re-nah-re-o s vet;
veterinary surgeon

vez, veth s turn; time

vía, vee´ah s way; road;
track

viajar, ve´ah-**Har** v to
travel

viaje, ve´ah-**Hay** s
journey; trip; voyage

viajero, ve´ah-**Hay**-ro s
traveller; passenger

víbora, vee-bo-rah s viper

vibrar, ve-**brar** v to
vibrate

vicario, ve-**kah**-re-o s
vicar

viceversa, ve-thay-**vayr**-sah adv vice versa

viciar, ve-the-**ar** v to
vitiate; to adulterate; to
corrupt

vicio, vee-the-o s vice

vid, vid s vine

vida, vee-dah s life

vídeo, vee-day-o s video

vídeojuego, vee-day-o-Hoo´ay-go s computer
game

vidrio, vee-dre-o s glass

viejo, ve-ay-**Ho** a old;
ancient

viento, ve-en-to s wind

vientre, ve-en-tray s belly

viernes, ve-**air**-ness s
Friday

viga, vee-gah s beam

vigente, ve-**Hen**-tay a
valid; in force

vigésimo, ve-**Hay**-se-mo a
twentieth

vigilar, ve-**He**-lar v to
watch over; to keep an
eye on; to be vigilant

vihuela, ve-oo´ay-lah s
guitar

vil*, veel a vile; low

vileza, ve-lay-thah s
vileness

vilipendiar, ve-le-pen-de-ar v to revile

villa, ve-**l**´yah s town;
municipality

villanaje, ve-l´yah-**nah**-Hay s peasantry

villano, ve-l´**yah**-no s
rustic; a* villainous

vinagre, ve-**nah**-gray s
vinegar

vinatero, ve-nah-**tay**-ro s
wine-merchant

vinazo, ve-**nah**-tho s very
strong wine

vínculo, veen-koo-lo s tie;
link

vindicar, vin-de-**kar** v to
vindicate; to avenge

vino, vee-no s wine

viña, vee-n´yah s vineyard

violado, ve-o-**lah**-do a
violet

violar, ve-o-**lar** v to
violate; to rape; to
profane

violento*, ve-o-**len**-to a
violent; awkward

violín, ve-o-**leen** s violin

violón, ve-o-**lon** s double
bass

vírgen, veer-**Hen** s virgin

viril*, ve-**reel** a virile

virrey, veer-**rray**´e s
viceroy

virtud, veer-**tood** s virtue

viruela, ve-roo´ay-lah s
small-pox

viru, vee-roos s virus

viruta, ve-**roo**-tah s chip;
pl wood-shavings

visa, vee-sah s visa

visaje, ve-sah-**Hay** s
grimace

víscera, viss-thay-rah s
entrails

visitar, ve-se-**tar** v to visit

vislumbrar, viss-loom-brar v to glimpse

viso, vee-so pl sheen;
appearance

visor, ve-**sor** s sight;
viewfinder (camera)

víspera, viss-pay-rah s
eve; pl vespers

vista, viss-tah s sight;
view; eye; appearance;
landscape

vitamina, vee-tah-**mee**-

nah s vitamin

vistazo, viss-**tah**-tho s glance

visto, viss-to a obvious; clear

vistoso, viss-**to**-so a showy

vitalicio, ve-tah-**lee**-the-o a for life

¡vítor! vee-tor interj long live!

vitualla, ve-too´**ah**-l´yah s victuals; food

vituperar, ve-too-pay-**rar** v to condemn

viuda, ve´oo-dah s widow

viudo, ve´oo-do s widower

vivac, ve-**vahk** s bivouac

vivaracho, ve-vah-**rah**-cho a lively; sprightly

vivaz, ve-**vath** a lively

víveres, vee-vay-res s provisions

viveza, ve-**vay**-thah s liveliness

vividero, ve-ve-**day**-ro a habitable

vivienda, ve-ve-en-dah s dwelling-house

vivir, ve-**veer** v to live; to last

vivo*, vee-vo a living; lively; acute; vivid; alive

vizconde, vith-**kon**-day s viscount

vocear, vo-thay-**ar** v to cry; to shout

vocinglería, vo-thin-glay-ree-ah s clamour; outcry

volar, vo-**lar** v to fly; to blow up

volatería, vo-lah-tay-ree-ah s fowling; fowls

volátil, vo-**lah**-til a volatile

volatín, vo-lah-**teen** s tightrope walking

volcar, vol-**kar** v to overturn

voltear, vol-tay-**ar** v to peal (camoanas); to roll over

volumen, vo-**loo**-men s volume; size; bulk; tome

voluntad, vo-loon-**tahd** s will

volver, vol-**vair** v to return; to send back; to turn

vorágine, vo-**rah**-He-nay s vortex

voraz*, vo-**rath** a voracious

vosotros, vos-o-tros pron you

votar, vo-**tar** v to vote; to vow

voto, vo-to s vote; vow; opinion

voz, voth s voice; word; vote; opinion

vuelco, voo´**ell**-ko s overturning

vuelo, voo´**ay**-lo s flight

vuelta, voo´**ell**-tah s turn; return; round

vuestro, voo´**es**-tro pron your; yours

vulgo, **vool**-go s common people; general public

vulnerar, vool-nay-**rar** v to damage; to affect seriously

Y

y, e *conj* and
ya, yah *adv* now; already;
  –que, – kay, seeing that
yacente, yah-**then**-tay *a*
  lying; recumbent
yacer, yah-**thair** *v* to lie
yedra, yay-drah *s* ivy
yegua, yay-goo´ah *s* mare
yelmo, yell-mo *s* helmet
yema, yay-mah *s* yolk;
  –del dedo fingertip
yerba, yair-bah (see
  hierba)
yermo, yair-mo *s*
  uncultivated; wilderness
yerno, yair-no *s* son-in-
  law
yerro, yair-rro *s* error;
  mistake
yerto, yair-to *a* stiff; rigid
yesca, yess-kah *s* tinder;
  spunk

yeso, yay-so *s* gypsum;
  plaster
yo, yo *pron* I
yogur, yo-**goor** *s* yog(h)urt
yugo, yoo-go *s* yoke;
  nuptial tie; oppressive
  authority
yunta, yoon-tah *s* yoke;
  team (of oxen)
yute, yoo-tay *s* jute

zafio*, thah-fe-o *a* coarse

zaga, thah-gah *s* rear; back of a carriage

zagal, thah-gahl *s* lad; youth; shepherd boy

zaguán, thah-goo´ahn *s* porch; vestibule; entry

zaherir, thah-ay-reer *v* to criticize; to mortify

zahurda, thah´oor-dah *s* hovel; pigsty

zalamería, thah-lah-may-ree-ah *s* wheedling; flattery

zamarra, thah-mar-rrah *s* sheepskin jacket

zambo, thahm-bo *a* knock-kneed

zambra, thahm-brah *s* gipsy/gypsy festivity; uproar

zambucar, thahm-boo-kar *v* to hide; to cover up

zambullida, thahm-boo-l´yee-dah *s* ducking; dive; plunge

zambullir, tham-boo-l´yeer *v* to plunge

zampar, thahm-par *v* to devour eagerly; to gobble; to hurl

zampuzar, thahm-poo-thar *v* to plunge; to dive

zanahoria, thah-nah-o-re-ah *s* carrot

zancada, thahn-kah-dah *s* stride

zancajo, thahn-kah-Ho *s* heel

zancarrón, thahn-kar-rron *s* fleshless bone; leg bone

zanco, thahn-ko *s* stilt

zanganear, thahn-gah-nay-ar *v* to idle; to loaf; to waste one's time

zángano, thahn-gah-no *s* drone; slacker; idler

zanja, thahn-Hah *s* ditch; trench; drainage channel

zanquear, thahn-kay-ar *v* to waddle

zapata, thah-pah-tah *s* boot; shoe; break shoe

zapatero, thah-pah-tay-ro *s* shoemaker; cobbler

zapatillas, thah-pah-te-l´yahs *s* (deporte) trainers; sleepers

zapato, thah-pah-to *s* shoe

zaque, thah-kay *s* wineskin

zarabanda, thah-rah-bahn-dah *s* saraband; rush; whirl

zaranda, thah-rahn-dah *s* sieve

zarandajas, thah-rahn-dah-Hahs *s* trifles; odds and ends

zarandear, thah-rahn-day´ar *v* to shake; to sieve; to shove

zarapito, thah-rah-pee-to *s* curlew

zaraza, thah-rah-thah *s* chintz

zarcillo, thar-thee-l´yo *s* ear-ring; tendril

zarpa, thar-pah *s* claw;
paw

zarrapastroso, thar-rrah-
pahs-**tro**-so *a* ragged;
shabby

zarria, thar-rre-ah *s* rag;
tatter; splash of mud

zarzal, thar-**thahl** *s*
bramble patch

zarzamora, thar-thah-**mo**-
rah *s* blackberry

zarzuela, thar-thoo´ay-lah
s light opera; operetta

zascandil, thahs-kahn-**dil**
s busybody; unreliable
person

zipizape, the-pe-**thah**-pay
s noisy scuffle

zócalo, tho-kah-lo *s* base;
skirting board

zoclo, tho-klo *s* wooden
shoe

zona, tho-nah *s* zone; area

zonzo*, thon-tho *a* dull;
stupid

zoquete, tho-**kay**-tay *s*
block; bit of bread;
blockhead

zorra, thor-rrah *s* vixen;
whore; tart

zorro, thor-rro *s* fox

zorruno, thor-**rroo**-no *a*
foxlike

zorzal, thor-**thal** *s* thrush

zote, tho-tay *s* ignorant
lazy person; dim

zozobra, tho-**tho**-brah *s*
uneasiness; anxiety

zueco, thoo´ay-ko *s* clog;
wooden shoe

zumba, thoom-bah *s*
teasing; humour

zumbido, thoom-**bee**-do *s*
buzzing; whirring

zumo, thoo-mo *s* squash;
juice

zurcir, thoor-**theer** *v* to
mend; to patch up; to
sew up

zurdo, thoor-do *a* left
handed

zurrapa, thoor-**rrah**-pah *s*
thread; soft lump; dregs

zurrar, thoor-**rrar** *v* to
dress; to tan

zurriago, thoor-rre-**ah**-go
s leather whip

zurrón, thoor-**rron** *s*
pouch; bag

ENGLISH · SPANISH
INGLÉS · ESPAÑOL

a, ei *art* un; uno; una

aback, *a*-bAk´ *adv* detrás, atrás; **taken –,** sorprendido; desconcertado

abandon, *a*-bAn´-dñ *v* abandonar; **–ed** *a* abandonado; (morally) vicioso

abase, *a*-beis´ *v* humillar

abash, *a*-bAsh´ *v* avergonzar, consternar

abate, *a*-beit´ *v* disminuir; (price) rebajar

abbot, Ab´-ot *s* abad *m*.

abbreviate, *a*-brii´-vi-eit *v* abreviar

abbreviation *a*-brii´-vi-ei-shon *s* abreviatura *f*.; abreviación *f*.

abdicate, Ab´-di-keit *v*

abdicar

abdomen, Ab´-do-men *s* abdomen *m*.

abduction, Ab-dŏk´-shon *s* abducción *f*.; rapto *m*.

abet, *a*-bet´ *v* apoyar; ayudar

abeyance, *a*-bei´-*a*ns *s* expectación *f*.; suspensión *f*.; **in –,** en suspenso

abhor, ab-joar´ *v* aborrecer

abhorrence, ab-jor´-ens *s* aborrecimiento *m*.

abide, *a*-baid´ *v* permanecer; **–by,** adherirse a

ability, *a*-bil´-i-ti *s* habilidad *f*., aptitud *f*.

abject*, Ab´-CHekt *a* abyecto; vil

ablaze, *a*-bleis´ *a* en llamas; (emotion) ardiendo

able, ei-´bl *a* capaz, hábil; **to be –,** poder

ably, ei´-bli *adv* hábilmente

abnormal, Ab-noar´-mal *a* anormal; (misshapen) disforme

aboard, *a*-bó rd´ *a* a bordo

abode, *a*-boud´ *s* domicilio *m*.; habitación *f*.

abolish, *a*-bol´-ish *v* abolir; (cancel) anular

abominable, *a*-bom´-in-*a*-bl *a* abominable

abominate, *a*-bom´-in-eit *v* abominar

aboriginal, Ab-o-riCH-in-al *a* aborigen

abortion, *a*-boar´-shon *s* aborto *m*.

abound, *a*-baund´ *v* abundar

about, *a*-baut´ *adv* casi; alrededor; *prep* alrededor de; cerca de; por; hacia

above, *a*-bŏv´ *adv* arriba; encima; *prep* encima de; sobre

abrasion, *a*-brei´-shon *s* raspadura *f*.

abreast, *a*-brest´ *adv* de frente

abridge, *a*-briCH´ *v*

abreviar

abroad, a-broad´ adv (to be –) estar en el extranjero; (to go –) ir al extranjero

abrupt*, ab-rŏpt´ a abrupto, brusco

abscess, Ab´-ses s absceso m.

abscond, ab-skond´ v evadirse

absence, ab´-sens s ausencia f.; (lack) falta f.

absent, Ab´-sent a ausente; –minded, - distraído

absentee, Ab-sen-tii´ s ausente m.

absolute*, Ab´-so-luut a absoluto; categórico

absolve, ab-solv´ v absolver; desligar

absorb, ab-soarb´ v absorber

abstain, ab-stein´ v abstenerse

abstainer, Ab-stein´-a s abstinente m.

abstemious, ab-stii´-mi-os a abstemio

abstinence, Ab´-sti-nens s abstinencia f.

abstract, Ab-strAkt´ v abstraer; extractar

abstract, Ab´-strAkt s

abstracto m.; a abstracto

abstruse*, Ab-struus´ a abstruso

absurd*, ab-sĕrd´ a absurdo

abundant*, a-bŏn-dant a abundante

abuse, a-biuus ´ v injuriar; abusar de

abuse, a-biuus´ s abuso m.; (insult) injuria f.

abusive*, a-biuus´-iv a abusivo; injurioso

abut, a-bŏt´ v colindar

abyss, a-bis´ s abismo m.

academy, a-kAd´-i-mi s academia f.

accelerate, Ak-sel´-er-eit v acelerar

accent, Ak´-sent s acento m.; inflexión de voz f.

accentuate, Ak-sent´-tu-eit v acentuar

accept, ak-sept´ v aceptar; (opinion) acoger bien

acceptance, ak-sept´-ans s aceptación f.

acceptor, ak-sept´-or s aceptante m.; (bill) aceptador m.

access, Ak´-ses s acceso m.; entrada f.

accession, Ak-se´-shon s (throne) advenimiento m.

accessory, Ak´-ses-so-ri s

cómplice m.; a accesorio

accident, Ak´-si-dent s accidente m.

accidental*, Ak-si-den´-tl a accidental

acclaim, a-kleim´ v aclamar; aplaudir

acclimatize, a-klai´-met-ais v aclimatar

accommodate, a-kom´-o-deit v acomodar; (lodge) alojar; (money) prestar dinero

accommodation, a-kom-o-dei´-shon s (lodging) alojamiento m.; (agreement) conveniencia f.

accompaniment, a-kŏm´-pa-ni-ment s acompañamiento m.

accompanist, a-kŏm´-pa-nist s acompañante m.

accompany, a-kŏm´-pa-ni v acompañar

accomplice, a-kom´-plis s cómplice m.

accomplish, a-kom´-plish v efectuar

accomplishment, a-kom´-plish-ment s cumplimiento m.; (completion) terminación f. pl; (talents) talentas m. pl; (prendas f. pl

accord, *a*-koard´ *v* conceder; ajustar; conciliar *s* acuerdo *m*.

according to, *a*-koard´-ing tu *prep* según; conforme

accordingly, *a*-koard´-ing-li *adv* en conformidad

accordion, *a*-koard´-i-on *s* acordeón *m*.

accost, *a*-kost´ *v* acercarse; trabar conversación

account, *a*-kaunt´ *s* cuenta *f*.; *v* dar cuenta; (explain) explicar; **on no –**, de ninguna manera

accountable, *a*-kaunt´-*a*-bl *a* responsable

accountant, *a*-kaunt´-ant *s* contador *m*.; (chartered) contador colegiado *m*.

accredit, *a*-kred´-it *v* acreditar

accrue, *a*-kruu´ *v* crecer; resultar

accumulate, *a*-kiuu´-miu-leit *v* (gather) amontonar; (hoard) acumular

accumulator, *a*-kiuu´-miu-lei-*ta* *s* acumulador *m*.

accuracy, Ak´-iu-ra-si *s* exactitud *f*.

accurate*, Ak´-iu-reit *a*

exacto

accursed, *a*-kĕrst´ *a* maldito, maldecido

accusation, *a*-kius -ei´-shon *s* acusación *f*.

accuse, *a*-kiuus ´ *v* acusar

accustom, *a*-kŏs´-tm *v* acostumbrar; soler

ace, eis *s* (cards) as *m*.

acetate, As´-si-teit *s* acetato *m*.

ache, eik *s* dolor *m*.; mal *m*.; *v* doler

achieve, *a*-chiiv´ *v* ejecutar; (ambition) lograr

achievement, *a*-chiiv´-ment *s* ejecución *f*.; (feat) hazaña *f*.

acid, As´-id *s* & *a* ácido *m*.

acidity, *a*-sid´-i-ti *s* acidez *f*.

acid rain As´-id rein *s* lluvia ácida *f*.

acknowledge, ak-nol´-eCH *v* reconocer; confesar

acknowledgment, ak-nol´-eCH-ment *s* reconocimiento *m*.; gratitud *f*.; confesión *f*.; (receipt) acuse de recibo *m*.

acme, Ak´-mi *s* colmo *m*.

acne Ak´-ni *s* acné *f*.

acorn, ei´-koarn *s* bellota *f*.

acoustics, *a*-kus´-tiks *s* acústica *f*.

acquaint, *a*-kueint´ *v* familiarizar; informar; (socially) conocer; **–ance**, *s* conocimiento *m*.; (person) conocido *m*.

acquiesce, A-kui-es´ *v* consentir, someterse; **–nce**, *s*., sumisión *f*.; consentimiento *m*.

acquire, *a*-kuair´ *v* adquirir; **–ment**, *s* adquisición *f*.

acquisition, *a*-kui- s i´-shon *s* adquisición *f*.

acquit, *a*-kuit´ *v* absolver; libertar

acquittal, *a*-kuit´-l *s* absolución *f*.; descargo *m*.

acre, ei´-kr *s* acre *m*.

acrid, Ak´-rid *a* acre; mordaz

acrobat Ak´-ro-bAt *s* acróbata *mf*.

across, *a*-kros´ *adv* a través; *prep* a través de

act, Akt *s* (deed) hecho *m*.; (of a play) acto *m*.; (law) ley *f*.; *v* operar; (in theatre) representar; **–or**, *s* actor *m*.; **–ress**, actriz *f*.

action, Ak´-shon *s* acción

f.; (law) proceso m.; (mil.) batalla f.

active*, Ak´-tiv a activo

actual*, Ak´-tiu-al a actual; efectivo

actuate, Ak´-tiu-eit v impulsar; excitar

acumen, a-kiuu´-men s penetración f.

acute*, a-kiuut´ a agudo; (senses) penetrante

acuteness, a-kiuut´nes s (mind) perspicacia f.; (sharpness) agudeza f.

adage, Ad´-eiCH s adagio m.

adamant, Ad´-a-mant a inexorable

adapt, a-dApt´ v adaptar

adaptation, a-dAp-tei´-shon s adaptación f.

add, Ad v añadir; –up sumar

adder, Ad´-a s (snake) víbora f.

addict, a-dikt´ v (oneself to) entregarse a; s partidario m. -a f.; entusiasta n; med adicto m. -a f.

addicted, a-dikt´-id a entregado

addition, a-di´-shon s adición f.; in – además

additional*, a-di´-sho-l a adicional

additive a-dikt´-iv s aditivo (alimenticio) m.

addle, Ad´-l a (egg) huero; fig inepto

address, a-dres´ v (letter, etc) dirigir; (a meeting) hablar; (a crowd) arengar; s (domicile) señas f. pl; (speech) discurso m.; (to king, etc) petición f.

addressee, A-dres´-ii s destinatario m.

adduce, a-diuus´ v aducir, alegar

adept, Ad´-ept s adepto m.; a hábil

adequacy, Ad´-i-kua-si s suficiencia f.

adequate*, Ad´-i-kuit a adecuado; proporcionado

adhere, Ad-jiir´ v adherir

adherence, Ad-jiir´-ens s adhesión f.

adherent, Ad-jiir´-ent s (partisan) partidario m.; a adherente

adhesive, ad-jii´-siv s adhesivo m.; a adhesivo

adjacent, a-CHei´-sent a contiguo

adjective a-CHekt-iv s adjetivo m.

adjoin, a-CHoin´ v estar contiguo; (fields, etc.)

colindar; –ing a contiguo; colindante

adjourn, a-CHërn´ v aplazar; suspender

adjournment, a-CHërn´-ment s suspensión f.

adjudge, a-CHÖCH´ v adjudicar; (prize) conceder

adjudication, A-CHiu-di-kei´-shon s adjudicación f.

adjunct, A´-CHöñ-kt s & a accesorio m.; adjunto m.

adjust, a-CHöst´ v arreglar; (mech) ajustar

adjustment, a-CHöst´-ment s arreglo m.; (mech) ajuste m.

adjutant, A´-CHu-tant s ayudante m.

administer, ad-min´-is-ta v administrar

admirable, Ad´-mi-ra-bl a admirable

admiral, Ad´-mi-ral s almirante m.; –ty s ministerio de marina m.

admiration, ad-mi-rei´-shon s admiración f.

admire, ad-mair´ v admirar

admission, ad-mi´-shon s entrada f., acceso m.; (confession) admisión f.

admit, ad-mit´ v (enter)

admitir; (acknowledge)
reconocer; (confess)
confesar

admittance, ad-mit´-ans s
entrada f.; admisión f.

admonish, ad-mon´-ish v
amonestar; reprender

admonition, ad-mo-ni´-
shon s amonestación f.

adolescence, Ad-o-les´-ens
s adolescencia f.;
pubertad f.

adolescent Ad-o-les´-ent s
& a adolescente mf.;
joven mf.

adopt, a-dopt´ v adoptar

adore, a-dór´ v adorar;
idolatrar

adorn, a-doarn´ v adornar

adornment, a-doarn´-
ment s adorno m.

adri (naut) a la deriva,
flotàndo

adroit, a-droit´ a diestro,
hábil

adulation, Ad-iu-lei´shon
s adulación f.

adult, a-dŏt´ s adulto m.; a
adulto

adulterate, a-dŏl´-te-reit v
adulterar

adultery, a-dŏl´-te-ri s
adulterio m.

advance, ad-vaans´ v
(ahead) adelantar; (push
forward) avanzar;

(price) encarecer; (lend)
anticipar; s (progress)
progreso m.; (money)
anticipo m.; (price) alza
f.; **in** – (before)
anticipadamente;
(payment) por
adelantado; –**ment** s
adelantamiento m.,
progreso m.

advantage, ad-vaan´-tiCH
s ventaja f.

advantageous*, ad-vaan-
tei´-CHos a ventajoso

advent, Ad´-vent s venida
f.; (eccl) adviento m.

adventitious, Ad-ven-
tish´-os a adventicio

adventure, ad-ven´-tiur s
aventura f.

adventurer, ad-ven´-tiur-a
s aventurero m.

adventurous*, ad-ven´-
tiur-os a aventurero;
(bold) valeroso

adverb Ad´-věrb s
adverbio m.

adversary, Ad´-ver-sa-ri s
adversario m.

adverse*, Ad´-věrs a
adverso; contrario

advertise, Ad´-ver-tais v
anunciar; avisar;
publicar; notificar;– **er** s
anunciante m.; avisador
m.

advertisement, ad-věr´-tis
-ment s anuncio m.;
aviso m.

advertising, Ad-ver-tais´-
ing s publicidad f.;
propaganda f.; (adverts
collectively) anuncios
m. pl

advice, ad-vais´ s (opinion
offered) consejo m.;
(commerce) aviso m.

advisability, ad-vais ´-a-
bil´-i-s prudencia f.;
conveniencia f.

advisable, ad-vais ´-a-bl a
aconsejabe, prudente

advise, ad-vais ´ v
aconsejar; avisar;
notificar; **ill –d** mal
aconsejado; **well –d** bien
aconsejado

adviser, ad-vais ´-a s
consejero m.

advocate, ad-vo-kit´ s
abogado m.; v abogar

aerated, ei´-e-rei-tid
–**water** s agua gaseosa f.

aerial, e-i´-ri-al s antena
f.; a aéreo

aerobics, e´-er-o-biks s
aerobic m.

aerodrome, e´-er-o-droum
s aerodromo m.

aeroplane, e´-er-o-plein s
avión m.; aeroplano m.

aerosol e´-er-o-sol s

aerosol m.

afar (from), a-faar´ adv
lejos

affable, Af´-a-bl a afable;
amable; cortés

affably, Af´-a-bli adv
afablemente

affair, a-fér s negocio m.;
(matter) asunto m.

affect, a-fekt´ v (act upon)
afectar; (pretend) fingir

affected*, a-fek´-id a
(moved) conmovido;
(assuming) afectado

affecting, a-fekt´-ing a
(pathetic) conmovedor

affection, a-fek´-shon s
afección f.

affectionate*, a-fek´-shon-
eit a afectuoso; cariñoso

affianced, a-fai´-anst a
desposado

affidavit, A-fi-dei´-vit s
atestación f.

affiliate, a-fil´-i-eit v
afiliar

affinity, a-fin´-i-ti s
afinidad f.

affirm, a-fèrm´ v afirmar

affirmation, A-fèr-mei´-
shon s afirmación f.

affirmative, a-fèrm´-at-iv
s afirmativa f.; a*
afirmativo

affix, a-fiks´ v pegar; (not
stick) fijar

afflict, a-flikt´ v afligir

affliction, a-flik´-shon s
aflicción f.; desgracia f.;
(by death) duelo m.

affluence, Af´-lu-ens s
afluencia f.; opulencia f.

affluent, Af´-lu-ent s
afluente m.; a opulento;
copioso

afford, a-fórd´ v tener
medios para

affray, a-frei´ s riña f.;
tumulto m.

affront, a-frŏnt´ v afrentar
s afrenta f.

aflame, a-fleim´ adv & a
en llamas

afloat, a-flout´ adv & a
flotante; a flote

aforesaid, a-fór´-sed a
susodicho

afraid, a-fred´, **to be** – (of)
v tener miedo (de)

afresh, a-fresh´ adv de
nuevo

aft, aaft adv (naut) a popa;
en popa

after, aaft´-a adv después;
prep después de; según

aftermath, aaft´-er-maaz s
(fig) segunda cosecha f.

afternoon, aaft´-er-nuun s
la tarde f.

afterthought, aaft´-er-zoat
s reflexión tardía f.

afterwards, aaft´-er-uerds

adv después

again, a-guein´ adv otra
vez; de nuevo

against, a-gueinst´ prep
contra

age, eiCH s edad f.;
(period) siglo m.;
(ancient) antigüedad f.;
to be of – ser mayor de
edad

aged, ei´-CHed a viejo;
anciano; s viejo m.

agency, ei´-CHen-si s
agencia f.; (fig)
mediación f.

agenda, A-CHen-da s orden
m del día; asuntos m.; pl
a tratar

agent, ei´-CHent s agente
m.; comisionista m.

agglomerate, a-glom´-er-
eit v aglomerar

aggravate, Ag´-ra-veit v
agravar

aggregate, Ag´-ri-gueit s
totalidad f.; v agregar

aggression, a-gre´-shon s
agresión f.

aggressive*, a-gres´-iv a
agresivo

aggrieve, a-griiv´ v apenar;
afligir; vejar

aghast, a-gaast´ a
estupefacto; horrorizado

agile, A´-CHil a ágil

agitate, A´-CHi-teit v

(shake) agitar; (mental) perturbar; (stir up strife) alborotar

agitation, A-CHi-tei´-shon s agitación f.; perturbación f.

ago, a- gou´ adv hace; ha; **long –** mucho tiempo ha; **how long –?** ¿cuánto tiempo ha?

agog, a-gog´ adv & a ansiosamente; con curiosidad

agonize, Ag´-o-nais v agonizar; torturar

agonizing*, Ag´-o-nais - ing a atroz; angustioso

agony, ag´-o-ni s agonía f.; (mental) angustia f.

agree, a-grii´ v concordar; consentir; acceder; convenir en; **–able** a conveniente; agradable; **–ment** s acuerdo m.; convenio m.; (contract) contrato m.

agricultural, a-gri-cŏl´- tiu-ral a agrícola

agriculture, Ag-ri-cŏl-tiur s agricultura f.

aground, a-graund´ adv (naut.) encallado

argue, ei´-guiu s flebre intermitente f.

ahead, a-jed´ adv delante; adelante

AIDS eids s abbr of **acquired immune** or **immuno-deficiency syndrome** síndrome m de inmuno-deficiencia adquirida, SIDA m.

aid, eid s ayuda f.; socorro m.; v ayudar socorrer

ail, eil v estar enfermo; estar malo; **–ing** a enfermizo; **–ment** s dolencia f.; indisposicion f.

aim, eim v (arms) apuntar; (aspire) aspirar; a & s (arms) puntería f.; (ambition) fin m.

aimless, eim´-les a sin objeto

air, ér s aire m.; v (clothes, etc) airear; **– conditioning** s acondicionamiento de aire m.; **–craft** s avión m.; **–gun** s escopeta de aire comprimido f.; **–ily** adv ligeramente; **–port** s, aeropuerto m.; **–ship** s dirigible m.; **–tight** a hermético; **–y** a aéreo; (manners) airoso

aisle, ail s ala f.; nave lateral f.; pasillo

ajar, a-CHaar´ a entreabierto

akimbo, a-kim´-bou adv

en jarras

akin, a-kin´ a emparentado; análogo

alabaster, Al´-a-baas-ta s alabastro m.

alacrity, a-lAk´-ri-ti s viveza f.

alarm, a-laarm´ v alarmar; s alarma f.; **–clock,** despertador m.; **–ing*** a alarmante; inquietante

alas! a-lass´ interj ¡ay!

albeit, oal-bii´-it conj aunque; bien que

album, Al´-bom s álbum m.

alcohol, Al´-ko-jol s alcohol m.

alcoholic Al´-ko-jol-ik s a alcohólico m. -a f; alcoholizado m. -a f.

alderman, oal´-der-man s regidor m.

alert, a-lërt´ a alerto; activo; **on the –** sobre aviso; **–ness** s viveza f.; vigilancia f.

alias, ei´-li-as adv alias; por otro nombre

alibi, Al´-i-bai s coartada f.

alien, eil´-yen s extranjero m.; a ajeno

alienate, ei´-li-en-eit v enajenar; (estrange) malquistar

alight, a-lait´ v bajar;

descender; apearse; *a* encendido

alike, *a*-laik´ *adv* igualmente; *a* semejante

alimony, Al´-im-*o*-ni *s* alimento *m.*

alive, *a*-laiv´ *a* vivo; activo

all, oal *a* todo; todos; *adv* enteramente, del todo –**along** todo el tiempo ;– **but** casi; **not at** – de nada; de ningún modo; –**right** bien

allay, *a*-lei´ *v* aliviar; calmar

allege, *a*-leCH´ *v* alegar; sostener

allegiance, *a*-lii´-CHi-ans *s* lealtad *f.*; fidelidad *f.*

allergic *a*-ler-CHik *a* alérgico *m.* -a *f.* (**to** a)

allergy *a*-ler-CHik *s* alergia *f* (**to** a)

alleviate, *a*-li´-vi-eit *v* aliviar; calmar

alley, Al´-i *s* callejuela *f.*; callejón *m.*

alliance, *a*-lai´-ans *s* alianza *f.*; unión *f.*

allied, *a*-laid´ *a* aliado; confederado

allocate, Al´-lou-keit *v* asignar; distribuir

allot, *a*-lot´ *v* asignar; (distribute) repartir;

–**ment** *s* (issue) reparto *m.*; (portion) lote *m.*

allow, *a*-lau´ *v* permitir; admitir; rebajar

allowance, *a*-lau´-ans *s* (monetary) pensión *f.*; (food) ración *f.*; (rebate) descuento *m.*

alloy, *a*-loi´ *s* aleación *f.*; mezcla; *v* alear

allude, *a*-liuud´ *v* aludir; referirse

allure, *a*-liur´ *v* atraer; fascinar; seducir

alluring, *a*-liur´-ing *a* atractivo; tentador; seductivo

allusion, *a*-liuu´-shon *s* alusión *f.*

ally, Al´-lai *s* aliado *m.*; *v* aliar; unir

almanac, oal´-ma-nak *s* almanaque *m.*

Almighty, oal-mai´-ti *s* El Omnipotente *m.*; *a* omnipotente

almond, aa´-mond *s* almendra *f.*

almost, oal´-moust *adv* casi, cerca de

alms, aams *s* limosna *f.*; – **house** hospicio *m.*

aloft, *a*-loft´ *adv* arriba en alto

alone, *a*-loun´ *a* solo, solitario

along, *a*-long´ *adv* a lo largo; –**with** *prep* con

alongside, *a*-long´-said *adv* al lado; (a ship) al costado

aloof, *a*-luuf´ *adv* lejos; lejos de; (reserved) apartado

aloud, *a*-laud´ *adv* alto; en alta voz

alphabet Al´-fa-bet *s* alfabeto *m.*

already, oal-red´-i *adv* ya

also, oal´-sou *adv* también

altar, oal´-ta *s* altar *m.*

alter, oal´-ta *v* alterar; cambiar; reformar

alteration, oal-ter-ei´-shon *s* alteración *f.*; cambio *m.*; reforma *f.*

alternate, oal-tĕr´-neit *a* alternativo

alternating, oal-tĕr-nei´-ting *a* alternate

alternative, oal-tĕr´-na-tiv *s* alternativa *f.*; *a** alternativo

although, oal-Dou´ *conj* aunque, bien que

altitude, Al´-ti-tiuud *s* altitud *f.*; altura *f.*

altogether, oal-tug-eD´-a *adv* en conjunto; completamente

alum, Al´-am *s* alumbre *m.*

aluminium, al-iu-min´-iõm s aluminio m.

always, oal´-ues adv
siempre

amass, a-mAs´ v acumular

amateur, Am´-a-tiur s
aficionado m.

amaze, a-meis´ v
asombrar; pasmar

amazement, a-meis´-ment
s asombro m.; pasmo m.

amazing*, a-meis´-ing a
asombroso; pasmoso

ambassador, Am-bAs´-a-dr
s embajador m.

amber, Am´-br s ámbar m.

ambiguous*, Am-bi´-guiu-
os a ambiguo; equívoco

ambiguousness, Am-bi´-
gui-os-nes s ambigüedad
f.

ambition, Am-bi´-shon s
ambición f.

ambitious*, ?m-bi´-shos a
ambicioso

ambulance, Am´-biu-lans
s ambulancia f.

ambush, Am´-bush s
emboscada f.; v asechar

ameliorate, a-mii´-lyor-eit
v mejorar

amenable, a-mii´-na-bl a
sujeto a

amend, a-mend´ v
enmendar; reformarse

amendment, a-mend´-
ment s enmienda f.

amends, a-mend s´ s
compensación f.; **make
– v** compensar

amethyst, Am´-i-zist s
amatista f.

amiable, ei´-mi-a-bl a
amable; afable

amicable, Am´-i-ka-bl a
amigable; amistoso

amicably, Am´-i-ka-bli adv
amigablemente

amid, amidst, a-mid´, a-
midst´ prep entre; en
medio de; **–ships** adv en
medio del buque

amiss, a-mis´ adv mal;
fuera de lugar; a malo;
irregular

amity, Am´-i-ti s amistad
f.; concordia f.

ammonia, a-mou´-ni-a s
amoníaco m.

ammunition, a-miu-ni´-
schon s munición f.

amnesty, Am´-nes-ti s
amnistía f.

among, amongst, a-möng´
a-möngst´ prep entre; en
medio de; con; en

amorous*, Am´-or-os a
enamorado

amount, a-maunt´ s
importe m.; suma f.; v
importar

ample, Am´-pl a amplio;
abundante

amplifier, Am´-pli-fair
amplificador m.

amplify, Am´-pli-fai v
ampliar

amputate, Am´-piu-teit v
amputar

amuck, a-mok´ adv
furiosamente

amuse, a-miuus´ v
entretener; divertir

amusement, a-miuus´-
ment s diversión f.;
entretenimiento m.

amusing*, a-miuus´-ing a
divertido

an, an art un; uno; una
(see **a**)

anaemic a-ni-mik a med
anémico m.; fig débil.
insípido m.

analogous*, a-nAl´-og-os a
análogo

analysis, a-nAl´-i-sis s
análisis f.

analyze, An´-a-lais v
analizar

anarchy, An´-aar-ki s
anarquismo m.

anathema, a-nAz´-i-ma s
anatema m.

ancestor, An´-ses-tr s
antepasado m.

ancestral, an-ses´-tral a
hereditario

ancestry, An´-ses-tri s
linaje m.

anchor, Añ´-ker s ancla m. (in the plural, f.)

anchorage, Añ´-ker-eiCH s anclaje m.

anchovy, An-chou´-vi s anchoa f.

ancient*, ein´-shent a antiguo

ancillary, An´-sil-a-ri a auxiliar

and, And conj y ; e

angel, ein´-CHel s ángel m.

anger, An´-guër s ira f.; cólera f.; v enfurecer, irritar; enfadar

angle, Añ´-gl s ángulo m.; (of a street) esquina f.; v (to fish) pescar con caña

angler, Añ´-gla s pescador de caña m.

angling, Añ´-gling s pesca con caña

angrily, Añ´-gri-li adv coléricamente

angry, Añ´-gri a enfadado; enojado

anguish, Añ´-guish s ansia f.; angustia f.

animal, An´-i-mal s animal m.; a animal

animate, An´-i-meit v animar; a animado

animated, An´-i-mei-tid a vivo

animation, An-i-mei´-shon s animación f.; viveza f.

animosity, An-i-mou´- s i-ti s animosidad f.

aniseed, An´-i-siid s anís m.

ankle, Añ´-kl s tobillo m.

annals, An´-als s anales m.

annex, An´-neks s anexo m.

annihilate, a-nai´-jil-eit v aniquilar

annihilation, a-nai-jil-ei´-shon s aniquilación f.

anniversary, An-i-vers´-a-ri s aniversario m.

annotate, An´-nou-teit v anotar, apuntar

announce, a-nauns´ v anunciar; publicar

announcement, a-nauns´-ment s anuncio m.

annoy, a-noi´ v molestar; dar la lata a

annoying, a-noi´-ing a molesto; fastidioso

annual, An´-iu-al a* anual; s anuario m.

annuity, a-niuu´-i-ti s anualidad f.; renta vitalicia f.

annul, a-nõl´ v anular; cancelar

annulment, a-nõl´-ment s anulación f.

anode, An´-oud s ánodo

m.

anoint, a-noint´ v untar; ungir

anomalous*, a-nom´-a-los a anómalo

anon, a-non´ adv pronto; en seguida

anonymous*, a-non´-i-mos a anónimo

anorak, a´-no-rak s anorac m.

another, a-nõD´-r pron & a otro; diferente

answer, aan´-s s respuesta f.; contestación f.; solución f.; v responder; contestar

answerable, aan´-ser-a-bl a responsable

answering machine, aan´-sr-ing ma-shiin´ s contestador m automático

ant, Ant s hormiga f.

antagonist, An-tAg´-o-nist s antagonista m.

antecedent, An-ti-sii´-dent s & a antecedente m.

antechamber, An´-ti-CHeim´-br s antecámara f.

antedate, An´-ti-deit v antedatar

antediluvian, An´-ti-di-luu´-vi-an a antediluviano

antelope, An´-ti-loup s
antílope m.

anterior, an-ti´-ri-or a
anterior; precedente

anteroom, An´-ti-ruum s
antesala f.; vestíbulo m.

anthem, An´-zem s
antífona f.; (national
anthem) himno
nacional m.

anthracite, An´-zra-sait s
antracita f.

anthrax, An´-zraks s
antrax m.

antibiotic, An-ti-bai-o-tik
a & s antibiótico m.

anticipate, An-tis´-i-peit v
esperar, prever

anticipation, An-tis´-i-
pei´-shon s anticipación
f.; expectación f.

antics, An´-tiks s pl
payasadas f.; gracias f.

antidote, An´-ti-dout s
antídoto m.

anti-freeze, An´-ti-friis s
anticogelante m.

antihistamine, An-ti-jis-
ta-miin a & s
antihistamínico m.

antipathy, An-tip´-a-zi s
antipatía f.

antiquary, An´-ti-kua-ri s
anticuario m.

antiquated, An´-ti-kueit-
id a anticuado

antique, An-tiik´ s
antigüedad f.; a antiguo

antiseptic, An-ti sep´ tik s
& a antiséptico m.

antler, Ant´-la s asta del
venado f.; cuerno m.

anvil, An´-v-il s yunque m.

anxiety, Añk- s ai´-i-ti s
ansiedad f.; inquietud f.

anxious*, Añk´-shos a
ansioso; inquieto

any, en´-i a & adv
cualquier, cualquiera,
cualesquiera; alguno,
algunos; alguna, algunas

anybody, en´-i-bo-di pron
alguien, cualquiera

anyhow, en´-i-jau adv de
cualquier manera

anything, en´-i-zing pron
algo; cualquier cosa

anyway, en´-i-ouei adv de
cualquier modo

anywhere, en´-i-uè r adv
en cualquier parte;
donde quiera

apart, a-paart´ adv aparte;
a un lado;
separadamente

apartheid, a-paar-tait s
segregación f.; racial;
apartheid m.

apartment, a-paart´-ment
s (lodgings) cuarto m.;
habitación f.; (flat) piso
m.; apartamento m.

apathetic, Ap-a-zet´-ik a
apático

apathy, Ap´-a-zi s apatía f.

ape, eip v imitar; s mono
m.; mona f.

aperient, a-pi´-ri-ent s
laxante m.

apéritif, Ap´-e-re-tiif s
aperitivo m.

aperture, Ap´-er-tiur s
abertura f.

apex, ei´-peks s ápice m.

apiece, a-piis´ adv por
persona; por cabeza;
cada uno

apologize, a-pol´-o-CH ais
v excusarse; excusar

apology, a-pol´-o-CHi s
apología f.; justificación
f.

apostle, a-pos´-l s apóstol
m.

apothecary, a-poz´-i-kari s
boticario m.; far-

appal, a-poal´ v espantar,
aterrar

appalling, a-poal´-ing a
espantoso, aterrador

apparatus, Ap-a-rei´-tos s
aparato m., aparejo m.

apparel, a-par´-el s vestido
m.; traje m.; adorno m.

apparent*, a-pei´-rent a
aparente; manifesto;
obvio

apparition, Ap-a-ri´-shon s

aparición f.

appeal, a-piil´ s súplica f.; (legal) apelación f.; v apelar; suplicar

appear, a-pir´ v aparecer; (in courts) comparecer

appearance, a-pir´-ans s apariencia f.; (in courts) comparecencia

appease, a-piis´ v calmar; apaciguar

appeasement, a-piis´-ment s apaciguamiento m.

appellant, a-pel´-ant s apelante m.; a apelante

append, a-pend´ v añadir; agregar; **–age** s dependencia f.; accesorio m.

appendix, a-pen´-diks s apéndice m.

appertain, Ap-er-tein´ v pertenecer

appetite, Ap´-i-tait s apetito m.; gana f.

appetizer, Ap´-i-tais -a s aperitivo m.

appetizing, Ap´-i-tais -ing a apetitoso; tentador

applaud, a-plo_d´ v aplaudir; alabar

applause, a-ploas´ s aplauso m.; aprobación f.

apple, Ap´-el s manzana f.;

–tree manzano m.

appliance, a-plai´-ans s utensilio m.; aparato m.

applicant, Ap´-li-kant s candidato m.; pretendiente m.; (petitioner) suplicante m.

application, Ap-li-kei´-shon s aplicación f.; uso m.

apply, a-plai´ v aplicar; (for employment, license, etc) solicitar; **–to** dirigirse a; recurrir a

appoint, a-point´ v nombrar; (time) señalar; **–ment** s (engagement) cita f.; (position) empleo m.; (official) nombramiento m.

apportion, a-pó r´-shon v distribuir, repartir; **–ment** s repartimiento m.

apposite*, Ap´-o- s it a adaptado; oportuno

apposition, Ap-o- s i´-shon s aposición f.

appraise, a-pre s´ v valuar; tasar; estimar; **–ment** s valuación f.; tasación f.

appraiser, a-pre s´-a s avaluador m.; tasador m.

appreciable, a-prii´-shi-a-

bl a apreciable

appreciate, a-prii´-shi-eit v apreciar; valuar; tasar; (in value) subir en valor

appreciation, a-prii´-shi-ei´-shon s valuación f.; tasa f.; aprecio m.; (in value) alza f.

apprehend, Ap´-ri-jend v aprehender; arrestar; (understand) comprender; (fear) temer

apprehension, Ap-ri-jen´-shon s temor m.; comprensión f.; arresto m.

apprehensive*, Ap-ri-jen´-siv a aprensivo

apprentice, a-pren´-tis s aprendiz m.; v poner en aprendizaje

apprise, a-prais´ v informar; avisar

approach, a-proach´ s acceso m.; entrada f.; v acercarse

approbation, Ap-ro-bei´-shon s aprobación f.

approbative, Ap´-ro-bat-iv a aprobativo

appropriate, a-prou´-pri-eit v apropiar; destinar; a* apropiado; conveniente

appropriateness, a-prou´-

pri-eit´-nes s aptitud f.

approval, a-pruu´-val s aprobación f.

approve, a-pruuv´ v aprobar

approvingly, a-pruuv´-ing-li adv con aprobación

approximate, a-prox´-i-meit a aproximado; v aproximar; acercarse

appurtenance, a-pёr´-ten-ans s pertenencia f.

apricot, ei´-pri-kot s albaricoque m.

April, ei´-pril s abril m.

apron, ei´-pron s delantal m.; (coarse) mandil m.

apse, apsis, Aps, Ap´-sis s ábside m.

apt*, Apt a apto; (inclined) propenso

aptitude, aptness, Ap´-ti-tiuud, apt´-nes s aptitud f.; (inclination) tendencia f.

aqueduct, Ak´-ui-dŏkt s acueducto m.

aqueous, ei´kui-os a ácueo

aquiline, Ak´-uil-in a aguileño

arable, A r´-a-bl a arable

arbitrary, aar´-bi-tra-ri a arbitrario

arbitrate, aar´-bi-treit v arbitrar

arbitration, aar-bi-trei´-

chon s arbitraje m.

arbitrator, aar´-bi-treit-a s árbitro m.

arbour, aar´-ba s emparrado m.; glorieta f.

arc, aark s arco m.; **–lamp**, arco voltáico m.

arcade, aar´-keid s arcada f.

arch, aarch s arco m.; bóveda f.; v arquear; a principal

archaeology, aar´-ki-ol´-o-CHi s arqueología f.

archbishop, aarch-bish´-op s arzobispo m.

archdeacon, aarch-dii´-kn s arcediano m.

archer, aarch´-a s arquero m.

architect, aar´-ki-tekt s arquitecto m.

archive, aar´-kaiv s archivo m.

archway, aarch´-uei s arcada f.; bóveda f.

arctic, aark´-tik a ártico

ardent*, aar´-dent a ardiente

ardour, aar´-da s ardor m.; pasión f.

arduous*, aar´-diu-os a arduo

area, é´-ri-a s área f.; superficie f.

arena, a-rii´-na s arena f.; (bull ring) redondel m.

argue, aar´-guiuu v discutir; disputar

argument, aar´-giu-ment s argumento m.

aright, a-rait´ adv rectamente

arise, a-rais´ v elevarse; levantarse

aristocracy, Ar-is-tok´-ra-ci s aristocracia f.

aristocratic, Ar-is-tok-rAt´-ik a aristocrático

arithmetic, a-riz´-met-ik s aritmética f.

ark, aark s arca f.

arm, aarm s brazo m.; (gun) arma f.; v armar, armarse

armament, aar´-ma-ment s armamento m.; equipo m.

arm-chair, aarm´-chér s sillón m.

armful, aarm´-ful s brazada f.

armlet, aarm´-let s brazalete m.

armour, aar´-ma s armadura f.; coraza.f.

armourer, aar´-mo-a s armero m.

armoury, aar´-mor-i s armería f.; arsenal m.; museo de armas m.

arm-pit, aarm´-pit s
sobaco m.

arms, aarms s armas f.;
(crest) cota de armas f.

army, aar´-mi s ejército m.

aromatic, Ar-o-mAt´-ik a
aromático

around, a-raund´ adv
alrededor; prep cerca de

arouse, a-raus´ v
despertar; excitar

arraign, a-rein´ v citar;
acusar

arrange, a-reinCH´ v
arreglar; colocar;
convenir

arrant*, Ar´-ant a insigne;
consumado

array, a-rei´ v ataviar;
adorner; s atavío m.;
adorno m.; (fig) serie
impresionante

arrear, a-rir´ s atraso m.;
–s s pl atrasos m. pl.

arrest, a-rest´ s detención
f.; (goods) arresto m.; v
detener; arrestar

arrival, a-rai-val s llegada
f.

arrive, a-raiv´ v llegar

arrogant*, A´-ro-gant a
arrogante

arrow, A´-rou s flecha f.;
saeta f.

arsenal, aar´-sen-al s
arsenal m.

arson, aar´-son s incendio
premeditado m.

art, aart s arte m.

artery, aar´-ter-i s arteria f.

artful*, aart´-ful a
artificioso; astuto

artichoke, aar´-ti-chouk s
alcachofa f.

article, aar´-ti-kl s (news)
artículo m.;
(commodity) objeto m.;
(clause) estipulación f.;
v contratar; poner en
aprendizaje

articulate, aar-tik´-iu-leit
v articular; a articulado;
claro

artificial*, aar-ti-fish´-al a
artificial

artillery, aar-til´-a-ri s
artillería f.

artisan, aar-ti- sAn´ s
obrero m.; artesano m.

artist, aart´-ist s artista m.

artless*, aart´-les a
natural; sencillo;
ingenuo

artlessness, aart´-les-nes s
naturalidad; ingenuidad

as, A s conj como; tan;
mientras; según;
igualmente; pues que;
–for, –to en cuanto a;
–soon – tan pronto
como; –well también;
–yet hasta ahora

asbestos, as-bes´-tos s
amianto m.; asbesto m.

ascend, a-send´ v
ascendar; subir

ascendency, a-send´-en-si
s ascendencia f.; poder
m.

ascent, a-sent´ s subida f.;
ascensión f.

ascertain, A-sa-tein´ v
averiguar

ascribe, as-kraib´ v
atribuir; asignar

ash, Ash s ceniza f.; (tree)
fresno m.; –tray,
cenicero m.

ashamed, a-sheimd´ a
avergonzado

ashore, a-shór´ adv en
tierra; a (aground)
varado

aside, a-said´ adv al lado; a
un lado; aparte

ask, aask v preguntar; –for
pedir

askance, askew, aslant, a-
skAns´, a-skiuu´, a-
slaant´ adv sesgado;
oblícuamente

asleep, a-sliip´ a dormido

asp, asp s (snake) áspid m.

asparagus, as-pAr´-a-gos s
espárrago m.

aspect, As´-pekt s aspecto
m.

aspen, Asp´-n s álamo

temblón m.

asperse, As-pèrs´ v
calumniar

aspersion, As-pèr´-shon s
difamación f.

asphyxia, As-fik´-si-a s
asfixia f.

aspirate, As´-pi-reit v
aspirar; a aspirado

aspire, as-pair´ v aspirar

aspirin, As-pi-rin s
aspirina f.

ass, As s asno m.; borrico
m.

assail, a-seil´ v atacar;
acometer

assailant, a-sei-lant s
agresor m.

assassinate, a-sAs´-si-neit
v asesinar

assault, a-soalt´ s asalto
m.; v asaltar; acometer

assay, a-sei´, s., prueba f.;
aquilatamiento m.; v
aquilatar

assemble, a-sem´-bl v
congregar; reunir

assembly, a-sem´-bli s
asamblea f.; reunión f.;
(mech) montaje m.

assent, a-sent´ v asentir; s
asentimiento m.

assert, a-sèrt´ v sostener;
afirmar

assertion, a-sèr´-shon s
aserción f.; afirmación

assess, a-ses´ v (taxes)
valorar; tasar; (damages)
fijar; –ment s valoración
f.; tasación f.;
evaluación f.;
valoración f.

assets, A´-sets s pl haber
m.; capital m.; activo m.

assiduous*, a-sid´-iu-os a
asiduo

assign, a-sain´ v asignar;
(law) transferir; –ee s
apoderado m.; –ment s
asignación f.; cesión f.

assist, a-sist´ v ayudar;
(charity) socorrer; (to
be present) asistir; –ant
s ayudante m.; auxiliar
m.; asistente m.

assizes, a-sais´ s pl
tribunal de justicia m.

associate, a-sou´-shi-eit s
(partner) socio m.;
(companion) asociado
m.; v asociar, asociarse

assort, a-soart´ v surtir;
clasificar; ordenar;
–ment s surtido variado
m.; clasificación f.

assuage, a-sueiCH´ v
mitigar; apaciguar

assume, a-siuum´ v tomar;
apropiarse; suponer

assuming, a-siuum´-ing a
presuntuoso

assumption, a-sŏmp´-shon

s suposición f.; asunción
f.

assurance, a-shú r´-ans s
garantía f.; certeza;
(insurance) seguro m.

assure, a-shúr´ v
garantizar; asegurar

asterisk, as´-te-risk s
asterisco m.

astern, a-stèrn´ adv en
popa

asthma, az´-ma s asma f.

astir, a-stèr´ a activo; en
movimiento

astonish, as-ton´-ish v
asombrar; pasmar

astound, as-taund´ v
aturdir; aterrar

astray, a-strei´ adv
extraviado

astride, a-straid´ adv a
horcajadas

astrology, a-strol´-o-CHi s
astrología f.

astronaut, as´-tro-noat s
astronauta mf.

astronomy, a-stron-o-mi s
astronomía f.

astute, as-tiut´ a astuto;
sagaz

astuteness, as-tiut´-ness s
astucia f.

asunder, a-sŏn´-da adv
separadamente; en dos

asylum, a-sai´-lom s
(mental) asilo m.;

manicomio m.; **to give –** to dar asilo a

at, At *prep* a; en; sobre; **– all events**, en todo caso; **–home**, en casa; **– once** enseguida; **–times** de vez en cuando

atheist, ei-zi-ist s & a ateo m. -a f.

athlete, Az´-liit s atleta m.

athletic, Az´-le-tik a atlético m. -a f.

athwart, a-zuoart´ adv al través; *prep* a través de

atlas, At´-las s atlas m.

atmosphere, At-mos-fir s atmósfera f.; *fig* ambiente m.

atom, At´-om s átomo m.; **–ic** a atómico; **–ic energy** s energía atómica f.

atone, a-toun´ v expiar; reparar

atonement, a-toun´-ment s expiación f.

atrocious*, a-trou´-shos a atroz; espantoso

atrophy, At´-ro-fi s atrofia f.; v atrofiar

attach, a-tAch v (tie) atar; (stick) pegar; (annex) juntar; (law) embargar

attachment, a-tAch´-ment s atadura f.; unión f.; (liking) afecto m.; (law)

embargo m.; accesorio

attack, a-tAk´ s ataque m.; agresión f.; v atacar

attain, a-tein´ v lograr; alcanzar

attainment, a-tein´-ment s logro m.; **–s,** (acquirements) conocimientos m. pl; alcances m. pl

attempt, a-tempt´ v intentar; ensayar; (risk) emprender; (attack) atentar; s empresa f.; (attack) atentado m.

attend, a-tend´ v asistir a; **–to** atender; (serve) servir; (nurse) cuidar

attendance, a-tend´-ans s servicio m.

attendant, a-tend´-ant s sirviente m.; criado m.; compañero m.

attention, a-ten´-shon s atención f.

attest, a-test´ v atestiguar; atestar; certificar

attic, At´-ik s desván m.; guardilla f.

attire, a-tair´ s atavío m.; v vestir; adornar

attitude, A´-ti-tiiud s actitud f.; postura f.

attorney, a-tër´-ni s procurador m.; (commercial) apoderado

m.

attract, a-trAkt´ v atraer

attraction, a-trAk´-shon s atracción f.

attractive*, a-trAkt´-iv a atractivo

attribute, a-trib´-iut v atribuir; imputar

attribute, At´-ri-biut s atributo m.; símbolo m.

attune, a-tiuun´ v acordar; armonizar

aubergine, oa´-ber-CHin s berenjena f.

auburn, oa´-ban a castaño rojizo

auction, oak´-shon s subasta f.; almoneda f.

auctioneer, oak´-shon-ir s subastador m.

audacious*, oa-dei´-shos a audaz

audacity, oa-dAs´-i-ti s audacia f.

audible, oa´-di-bl a perceptible

audience, oa´-di-ens s auditorio m.; audiencia f.

audit, oa´-dit v intervenir; verificar una cuenta

auditor, oa´-dit-or s revisor de cuentas m.

augment, oag´-ment s aumento m.

augur, oa´-ga s presagio

m.; *v* augurar; pronosticar

August, oa´-gost *s* agosto m.

august, oa-gŏst´ *a* augusto; majestuoso

aunt, aant *s* tía *f.*

au pair, oa´-pér *s* chica *f.*- o *m* au pair

auspicious*, oas-pi´-shos *a* propicio; favorable

austere*, oas-tir´ *a* austero

authentic, oa-zen´-tik *a* auténtico

author, oa´-za *s* autor m.; escritor m.

authoritative*, oa-zor´-i-ta-tiv *a* autoritivo

authority, oa-zor´-i-ti *s* autoridad *f.*

authorize, oa´-zor-ais *v* autorizar

autograph, oa-to-graf *s* & *a* autógrafo m; (signature) firma *f.*

automatic, oa-to-mAt´-ik *a* automático

autumn, oa´-tom *s* otoño m.

auxiliary, oag-zil´-i-a-ri *a* auxiliar

avail, a-veil´ *s* provecho m.; ventaja *f.*; *v* ser útil; –**oneself of,** valerse de

available, a-veil´-a-bl *a* disponible

avalanche, Av´-a-laanch *s* avalancha *f.*; alud *f.*

avarice, Av´-a-ris *s* avaricia *f.*

avaricious*, Av-a-ri´-shos *a* avaro

avenge, a-venCH *v* vengar

avenue, Av´-e-niuu *s* avenida *f.*; alameda *f.*

average, Av´-a-riCH *s* término medio m.; *a* medio

averse, a-vĕrs *a* adverso

aversely, a-vĕrs´-li *adv* con repugnancia

aversion, a-vĕr´-shon *s* aversión *f.*

avert, a-vĕrt´ *v* prevenir

aviary, ei´-vi-a-ri *s* pajarera *f.*

aviation, ei-vi-ei´-shon *s* aviación *f.*

avidity, a-vid´-i-ti *s* avidez *f.*; voracidad *f.*

avocado, Av´-a-kaa-do *s* aguacate m.

avoid, a-void´ *v* evitar

avow, a-vau *v* confesa; declarar

avowal, a-vau´-al *s* confesión *f.*; declaración *f.*

await, a-ueit´ *v* aguardar; esperar

awake, awaken, a-ueik´, a-ueik´-n *v* despertarse;

(to call) despertar *a* despierto

awakening, a-ueik´-ning *s* despertar m.

award, a-ouoard´ *s* sentencia *f.*; *v* conceder

aware, a-ué r´ *a* enterado; cauto

away, a-uei´ *adv* (absent) ausente; **far**– lejos

awe, oa *s* temor m.; (terror) pavor m.; *v* atemorizar; –**struck** *a* aterrado

awful*, oa´-ful *a* horroroso; terrible

awhile, a-uail´ *adv* poco tiempo; un rato

awkward*, oak´-uerd *a* (clumsy) desmañado; (inconvenient, embarrassing) embarazoso; –**ness** *s* (clumsiness) torpeza *f.*

awl, oal *s* punzón m.

awning, oan´-ing *s* toldo m.

awry, oa-rai´ *adv* de través; *a* sesgado; oblicuo

axe, Aks *s* hacha *f.*

axle, Aks´-l *s* eje m.

azure, A´-sher *s* azul celeste m.

babble, bAB´-l s balbuceo m.; v balbucear

babe, baby, beib, bei´-bi s bebé m.; nene m.; infante m.

bacchanal, bAK´-a-nal s bacanal f.

bachelor, bACH´-el-or s soltero m.; (degree) bachiller m.

back, bAK s espalda f.; (animal) dorso m.; v (support) apoyar; (bet) apostar; adv (behind) atrás; interj ¡atrás!; **–bone,** s espina dorsal f.; **–door,** puerta trasera f.; **–ground,** fondo m.; **–ing,** apoyo m.; endoso m.; **–seat,** asiento de detrás m.; **–slide,** v reincidir; **–ward,** adv atrás; a lento; atrasado; **–wards,** adv atrás; **–water,** s remanso m.

backer, bAK´-a s partidario m.; (sport) apostador m.

backpack, bAK´-pAk s mochila f.; v viajar con mochila

bacon, bei´-kn s tocino m.

bad*, bAd a malo; (health) enfermo

badge, bACH s divisa f.; símbolo m.

badger, bACH´-a s tejón m.; v molestar

badminton, bAd´-min-ton s bádminton m.

badness, bAd´-nes s maldad f.

baffle, bAf´-l v frustrar; dejar perplejo

bag, bAg s saco m.; bolsa f.; v ensacar

baggage, bAg´-iCH s equipaje m.

bagpipe, bAg´-paip s gaita f.

bail, beil s caución f.; fianza f.; v caucionar

bailer, beil´-a s fiador m.

bailiff, bei´-lif s alguacil m.

bait, beit s (lure) anzuelo m.; v azuzar; (molest) molestar

baize, beis s bayeta f.

bake, beik v cocer; (in oven) cocer en horno

baker, beik´-a s panadero m.

bakery, beik´-er-i s panadería f.

balance, bAl´-ans s (poise) balance m.; (accounts) saldo m.; (scale) balanza f.; v (poise) balancear; (accounts) saldar

balcony, bAl´-ko-ni s balcón m.

bald, boald a calvo; **–ness,** s calvicie f.

bale, beil s bala f.

baleful*, beil´-ful a triste; funesto

balk, baulk, boak v frustrar; fracasar

ball, boal s bola f.; pelota f.; (dance) baile m.;

–point (pen) s bolígrafo m.

ballast, bAl´-ast s lastre m.

ballet, bAl´-ei s baile m.; ballet m.

balloon, ba-luun´ s balón m.; (toy) globo m.; globo dirigible m.

ballot, bal´-ot s votación f.; v votar

balm, baam s bálsamo m.; v embalsamar

balsam, boal´-sam s bálsamo m.

bamboo, bAm-buu´ s bambú m.

ban, bAn, v proscribir; maldecir; s bando m.; (excommunication) pregón m.

banana, ba-naa´-na s plátano m.

band, bAnd s (brass) banda f.; (string) orquesta f.; (ligature) venda f.; (company) bandería f.; v vendar

bandage, bAn´diCH s vendaje m.

band-master, bAnd´-maastr s director de orquesta m.

bandy (legged), bAn´-di (legd) a estevado

bane, bein s veneno m.

baneful*, bein´-ful a

venenoso; funesto

bang, bAng s ruido m.; detonación f.; v (knock) golpear; (door) cerrar la puerta con estrépito

banish, bAn´-ish v desterrar

banister, bAn´-is-ta s baranda f.; barandilla f.

bank, bAñk s banco m.; (river) orilla f.; v (money, etc) poner dinero en un banco; –book, s libreta de banco f.; –er, banquero m.; – holiday, día feriado m.; –note, billete de banco m.; –rupt, fallido m.; a insolvente; quebrazo; –ruptcy, s bancarrota f.; quiebra f.

bank account, bAñk a-kaunt´ s cuenta f.; bancaria

banner, bAn´-a s insignia f.; bandera f.

banquet, bAñ´-kuet s banquete m.; v banquetear

banter, bAn´-ta s zumba f.; burla f.; v burlarse

baptism, bAp´-tis m s bautismo m.

bar, baar s bar m.; (metal) barra f.; (courts)

tribunal m.; v atrancar; (impede) impedir; –maid, s camarera de bar f.

barb, baarb s (implement) púa f.

barbarian, baar-be´-ri-an s bárbaro m.; a bárbaro

barbarity, baar-bAr´-i-ti s barbaridad f.

barbecue, baar-be-kiuu s barbacoa f.; v preparar en barbacoa

barbed, baarbd a barbado

barber, baar´-ba s barbero m.

bard, baard s bardo m.; poeta m.

bare, bér v desnudar; a desnudo; –faced, descarado; –footed, descalzo; –headed, descubierto; –ness, s desnudez f.; pobreza f.

barely, bér´-li adv apenas; escasamente

bargain, baar´-guin s ocasión f.; ganga f.; v regatear; –ing, s regateo m.

barge, baarCH s bote m.

bark, baark s (dog) ladrido m.; (tree) corteza f.; v ladrar; (tree) descortezar

barley, baar´-li s cebada f.

barman, baar-mAn s

barman m.

barn, baarn s granero m.

barometer, ba-rom´-it-a s barómetro m.

barracks, bAr´-aks s cuartel m.

barrel, bAr´-el s barril m.; (gun) cañón de escopeta m.

barren, bAr´-en a estéril; infructuoso

barrenness bAr´-en-nes s esterilidad f.

barrier, bAr´-i-a s barrera f.

barring, baar´-ing prep salvo; excepto

barrister, bAr´-is-ta s abogado m.

barrow, bAr´-ou s carretón m.; carretilla f.

barter, baar´-ta v trocar; s tráfico m.; cambio m.

base, beis v basar; fundar; s base f.; a* (vile) vil (metal, etc) bajo

baseball, beis-boal s béisbol m.

baseless, beis´-les a infundado

basement, beis´-ment s sótano m.

baseness, beis´-nes s bajeza f.; infamia f.

bashful*, bAsh´-ful a tímido; modesto;

–ness, s timidez f.; modestia f.

basic, bei´-sik a básico; fundamental; **-pay** sueldo m.; básico; **-rate** interés m.; base

basically, bei´-sik-ali adv esencialmente; fundamentalmente; en el fondo

basil, bAs-l s albahaca f.

basin, bei´-sn s (ablution) bacía f.; (dish) tazón m.

basis, bei´-sis s base f.

bask, baask v ponerse al sol

basket, baas´-kit s cesta f.; canasta f.

basketful, baas´-kit-ful s cesta llena f.

bass, beis s (music) bajo; profundo m.

bassoon, ba-suun´ s bajón m.

bastard, bAs´-tard s bastardo m.; a bastardo

baste, beist v pringar

bat, bAt s (mammal) murciélago m.; (games) pala f.

batch, bAch s (bakery) hornada f.; (things) cantidad f.

bath, baaz s baño m.; **–room,** baño f.; **shower–** ducha f.

bathe, beiD v bañar; bañarse

bather, beiD´-a s bañero m.

batter, bAt´-a s batido m.; v apalear

battery, bAt´-a-ri s mil, aut batería; (of torch, radio) pila f.

battle, bAt´-l s batalla f.; v batallar

battleship, bAt´-l-ship s buque de guerra m.; acorazado m.

bauble, boa´-bl s baratija f.; chuchería f.

bawd, boad s alcahuete m.; alcahueta f.

bawdy, boa´-di a impúdico; obsceno; indecente

bawl, boal v gritar

bay, bei s (geographical) bahía f.; (tree, leaf) laurel m.; a (colour) bayo; v (dog, etc) aullar

b´e, bi v ser; estar

beach, biich s playa f.

beacon, bii´-kon s fanal m.; (naut) boya f.

bead, biid s (adornment) cuenta f.; (drop) gota f.

beadle, bii´-dl s bedel m.; macero m.

beagle, bii´-gl s (hound) sabueso m.

beak, biik s pico m.; punta f.

beam, biim s (wood) viga f.; (light) rayo m.

beaming, biim´-ing a radiante

bean, biin s judía f.; haba f.; alubia f.

bear, bér s oso m.; (Stock-Exchange) bajista m.; v (suffer) soportar; (burden) cargar; (produce) producir; (birth) dar a luz

bearable, bér´-a-bl a soportable

beard, biird s barba f.

bearded, bird´-id a barbudo

beardless, bird´-les a imberde

bearer, bér´-a s portador m.; (mech) soporte m.

beast, biist s bestia f.; **wild –** fiera f.

beastly, biist´-li a* bestial; repugnante

beat, biit v (thrash) batir; golpear; (drum) tocar; (pulsate) palpitar; (vanquish) vencer; (time) marcar el compás; s (stroke) golpe m.; (pulse, etc) pulsación f.; (police) ronda f.

beating, biit´-ing s pulsación f.; (thrashing) paliza f.

beautiful*, biuu´-ti-ful a hermoso; bello

beautify, biuu´-ti-fai v hermosear

beauty, biuu´-ti s hermosura f.; **–spot,** lunar m.

beaver, bii´-va s castor m.

becalm, bi-kaam´ v calmar; (naut) encalmar

because, bi-koas´ conj porque; **–of,** a causa de

beckon, bek´-on v llamar por señas

become, bi-kŏm´ v hacerse; ponerse; llegar a ser; convenir a

becoming, bi-kŏm´-ing a decoroso; conveniente

bed, bed s cama f.; lecho m.; **–ding,** s ropa de cama f.; **–ridden,** a postrado en cama; **–room,** s habitación f.

bedeck, bi-dek´ v adornar

bee, bii s abeja f.; **–hive,** s colmena f.

beech, biich s haya f.

beef, biif s carne de vaca f.

beer, bir s cerveza f.

beet, biit s acelga f.; **–root,** remolacha f.

beetle, bii´-tl s escarabajo m.

befall, bi-foal´ v suceder; acontecer

befitting, bi-fit´-ing a conveniente; propio

before, bi-fór´ adv antes; ya; prep delante de; enfrente de; ante; **–hand,** adv de antemano

befriend, bi-frend´ v amparar; patrocinar

beg, beg v (alms) mendigar; (request) rogar; (implore) implorar

beget, bi-guet v engendrar

beggar, beg´-a s mendigo m.

beggarly, beg´-ar-li adv pobremente; a pobre

begging, be´-guing s mendiguez f.

begin, bi-guin´ v empezar; comenzar

beginner, bi-guin´-a s novato m.; principiante m.

beginning, bi-guin-ing s principio m.; origen m.; comienzo m.

begone! bi-goon´ interj ¡fuera!; ¡véte!

begrime, bi-graim´ v enlodar

begrudge, bi-grŏCH´ v envidiar

beguile, bi-gail′ v engañar;
seducir

behalf, bi-jaaf′ on – of,
por; en nombre de; en
favor de

behave, bi-jeiv′ v
conducirse; comportarse
bien

behaviour, bi-jeiv′-ia s
conducta f.; proceder m.

behead, bi-jed′ v decapitar

behest, bi-jest′ s mandato
m.; orden m.

behind, bi-jaind′ s
posterior m.; adv atrás;
por detrás; prep detrás

behindhand, bi-jaind′-
jAnd adv con atraso; a
atrasado

behold, bi-jould′ v mirar;
observar; interj ¡he aquí!;
¡mirad!

beholden, bi-joold′-n a
obligado; deudor

being, bii′-ing s existencia
f.; (human) ser m.; ente
m.

belabour, bi-lei′-ba v
apalear

belated, bi-lei′-tid a
atrasado; tardío

belch, belch v (vulgar)
eructar

belfry, bel′-fri s
campanario m.

belie, bi-lai′ v desmentir;

contradecir

belief, bi-liif′ s creencia f.;
opinión f.

believable, bi-liiv′-a-bl a
creíble

believe, bi-liiv′ v creer

believer, bi-liiv′-a s
creyente m.; fiel m.

bell, bel s campana f.;
(small size) campanilla
f.; (sleigh) cascabel m.;
(door, etc) timbre m.

belligerent, bel-li′-CHe-
rent s beligerante m.

bellow, bel′-ou v
vociferar; (bull, etc)
mugir

bellows, bel′-ous s fuelle
m.

bellringer, bel-ring′-a s
campanero m.

belly, bel′-i s vientre m.;
panza f.

belong, bi-lŏng′ v
pertenecer; atañer

belongings, bi-lŏng′-ings s
pl posesiones f. pl; bienes
m. pl

beloved, bi-lŏv′-id a
querido; amado

below, bi-lou′ adv abajo;
debajo; prep bajo

belt, belt v ceñir s
cinturón m.; (silk, etc)
faja f.

bemoan, bi-moun′ v

lamentar; deplorar

bench, bench s banco m.;
tribunal de justicia m.

bend, bend v encorvar;
plegar; curvar; s curva f.

bending, bend′-ing s
recodo m.; a encorvado

beneath, bi-niiz′ adv &
prep debajo; (unworthy)
indigno de

benediction, ben-e-dik′-
shon s bendición f.

benefactor, ben-i-fAk′-ta s
bienhechor m.

beneficial*, ben-i-fi′-shal
a beneficioso;
provechoso

beneficiary, ben-i-fi′-sha-
ri s beneficiario m.

benefit, ben′-i-fit v
beneficiar; aprovechar; s
beneficio m.; provecho
m.

benevolence, ben-nev′-o-
lens s benevolencia f.

benevolent*, ben-nev′-o-
lent a benévolo

benighted, bi-nait′-id a
anochecido

benign*, bi-nain′ a
benigno

bent, bent a torcido; s (fig)
inclinación f.

benumb, bi-nŏm′ v
entorpecer entumecer

benzine, ben′-s iin s

bencina f.

bequeath, bi-kuiiz′ v legar

bequest, bi-kuest′ s legado m.

bereave, bi-riiv′ v despojar; (death) desolar; privar; **–ment,** s aflicción f.; (death) duelo m.

berry, be′-ri s baya f.; (coffee) grano m.

berth, berz s (dock) anclaje m.; (on a train or ship, etc) camarote m.; (employment) emple om; v amarrar

beseech, bi-siich′ v suplicar; implorar

beset, bi-set′ v importunar; perseguir

beside, bi-said′ prep al lado de

besides, bi-saids′ adv además; prep adeás de

besiege, bi-sii CH′ v (mil) sitiar; (fig) acosar

besmear, bi-smir′ v ensuciar

besotted*, bi-sot′-id a tonto

bespangle, bi-spAñ′-gl v adornar con lentejuelas

bespatter, bi-spAt′-a v salpicar

besprinkle, bi-spriñ′-kl v rociar; regar

best, best adv más bien; a mejor; s lo mejor n.

bestial*, bes′-ti-al a bestial; brutal

bestir (oneself), bi-stér′ (uŏn-self′) v moverse

bestow, bi-stou′ v dar; conferir

bestowal, bi-stou′-al s donación f.; presente m.

bestrew, bi-struu′ v rociar; esparcir

bet, bet v apostar; s apuesta f.; **–ter,** s apostador m.; **–ting,** s apuesta f.

betide, bi-taid′ v suceder; acontecer

betimes, bi-taims′ adv con tiempo

betoken, bi-tou′-kn v anunciar; indicar

betray, bi-trei′ v (treason) traicionar; (seduce) vender; (secret) revelar; **–al,** s traición f.

betroth, bi-trouD′ v desposar; **–al,** s esponsales m. pl

better, bet′-a s superior m.; (gambler) apostador m.; a mejor; adv más; mejor; v mejorar; **–ment,** s (physically) mejora f.; (materially) mejoramiento m.

between, betwixt, bi-tuiin′ bi-tuikst′ adv en medio; prep entre

bevel, bev′-l v sesgar; s bisel m.; a sesgo

beverage, bev′-er-iCH s bebida f.; brebaje m.

bevy, bev′-i s bandada f.

bewail, bi-ueíl′ v llorar; lamentar

beware, bi-ué r′ v guardarse de

bewilder, bi-uil′-da v descaminar; aturdir

bewilderment, bi-uil′-der-ment s aturdimiento m.

bewitch, bi-uiCH′ v embrujar; fascinar

beyond, bi-iond′ adv lejos; prep tras; más allá; fuera de

bias, bai′-as, v influir; s prejuico m.

Bible, bai′-bl s Biblia f.

bibulous, bib-′-iu-los a poroso

bicker, bik′-a v reñir; disputar

bickering, bik′-er-ing s disputa f.; riña f.

bicycle, bai′-si-kl s bicicleta f.

bid, bid s postura f.; v licitar; ofrecer; **to –goodbye,** v despedirse

bidder, bid-a s postor m.;

pujador m.

bidding, bid´-ing s postura f.; subasta f.

bide, baid v soportar

bier, bir s féretro m.

big, big a grande; vasto

bigot, big´-ot s fanático m.

bigoted*, big´-ot-id a fanático

bike, baik s (fam) bici f.; v ir en bicicleta; ir en moto

bikini, bi-kii-ni s bikini m.; biquini m.

bile, bail s bilis f.

bilingual, bai-ling´-ual a bilingüe

billion s billón m.; mil; millones m. pl

bilious, bil´-i-os a bilioso

bill, bil s cuenta f.; (of exchange) letra de cambio f.; (poster) cartel m.; (parliamentary) proyecto de ley m.; (bird) pico m.; –of fare, lista de platos f.; –of lading, conocimiento de embarque m.

billiards, bil´-iards s pl billar m.

billion, bil´-yon s billón m.

bimonthly, bai-mŏnz´-li a bimestral

bin, bin s hucha f.; (wine)

portabotellas m.; (refuse) cubo de la basura m.

bind, baind v atar; (-up) ligar; (books) encuadernar; –over, obligar a compareer

binding, baind´-ing s (of books) encuadernación f.; a obligatorio

binocular(s), bai-nok´-iu-la (s) s binóculo m.; s pl gemelos m. pl

biography, bai-og´-ra-fi s biografía f.

biology, bai-ol´-o-CHi s biología f.

biped, bai´-ped s bípedo m.

birch, bĕrch s (tree) abedul m.; (punitive) férula f.

bird, bĕrd s ave m.; pájaro m.

bird's-eye view, bĕrds ´-ai-viuu adv a vista de pájaro

birth, bĕrz s nacimiento m.

birthday, bĕrz´-dei s cumpleaños m.

birthplace, bĕrz´-pleis s suelo natal m.

birthrate, bĕrz´-reit s natalidad f.

biscuit, bis´-kit s bizcocho

m.

bisect, bai-sekt´ v bisecar

bishop, bish´-op s obispo m.

bit, bit s pedazo m.; (horse) bocado del freno m.

bitch, bich s perra f.

bite, bait v morder; s mordedura f.; (insect) picadura f.

biting*, bai´-ting a (fig) cáustico

bitter*, bit´-a a amargo; –ness, s amargura f.

black, blAk a color negro m.; a negro; oscuro; v ennegrecer; (shoes) embetunar

blackbeetle, blAk-bii´-tl s cucaracha f.

blackberry, blAk´-be-ri s zarzamora f.

blackbird, blAk´-bĕrd s mirlo m.

blackcurrant, blAk´-kŏr-ent s grosella negra f.

blacken, blAk´-en v ennegrecer

blackguard, blA´-guard s pillo m.; pícaro m.

blacking, blAk´-ing s betún m.

blacklead, blAk´-led s grafito m.

blackleg, blAk´-leg s

petardista *m*.
blackmail, blAk´-meil *s*
chantage *m*.; *v* sacar
dinero con amenazas
black market, blAk maar´-
ket estraperlo *m*.;
mercado *m*. negro
blacksmith, blAk´-smiz *s*
herrero *m*.; cerrajero *m*.
blackthorn, blAk´-zoarn *s*
endrino *m*.
bladder, blAd´-a *s* vejiga *f*.
blade, bleid *s* (cutting
part) hoja *f*.; (grass)
brizna *f*.; (oar) pala de
remo *f*.
blame, bleim *v* reprobar,
censurar *s* censura *f*.;
culpa *f*.; **–less*,** *a*
irreprochable
blanch, blaanch *v*
blanquear
bland, blAnd *a* suave;
blando
blandishment, blAn´-dish-
ment *s* caricia *f*.
blank, blAñk *s* blanco *m*.;
(lottery) billete en
blanco *m*.; *a* (mental)
desconcertado; (vacant)
blanco
blanket, blAñ´-ket *s*
manta *f*.
blare, blér *v* trompetear
blaspheme, blAs-fiim´ *v*
blasfemar

blasphemy, blAs´-fi-mi *s*
blasfemia *f*.
blast, blaast *v* (explode)
minar; (blight)
marchitar; *s* (gust)
ráfaga *f*.; (trumpet)
llamada *f*.
blatant, blei´-tant *a*
ruidoso
blaze, bleis *v* flamear; *s*
(flame) llama *f*.;
(conflagration) hoguera
f.; **–of light,** luz brillante
f.
bleach, bliich *v* blanquear;
s lejía *f*.
bleak*, bliik *a* (cold) frío;
(desolate) desierto
bleat, bliit *v* balar *s* balido
m.
bleed, bliid *v* sangrar
bleeding, bliid´-ing *s*
sangría *f*.
blemish, blem´-ish *s*
imperfección *f*.;
(character) deshonra *f*.;
v infamar
blend, blend *v* mezclar; *s*
mezcla *f*.
bless, bles *v* bendecir;
–ed, *a* bendito
blight, blait *s* (disease)
tizón *m*.
blind, blaind *a* (sight)
ciego; *v* cegar; **–fold,**
vendar los ojos; **–man,** *s*

ciego *m*.; **–ness,** ceguera
f.
blind, blaind *s* (window)
persiana *f*.; (venetian)
celosía *f*.
blink, bliñk *v* pestañear;
–er, *s* (horse) anteojera
f.
bliss, blis *s* felicidad *f*.;
gloria *f*.
blissful*, blis´-ful *a*
bienaventurado; dichoso
blister, blis´-ta *s* ampolla
f.
blithe*, blaiD *a* alegre;
contento
blizzard, blis´-ard *s*
ventisca *f*.
bloat, blout *v* hinchar;
hincharse
bloater, blout´-a *s* arenque
ahumado *m*.
block, blok *v* bloquear; *s*
bloque *m*.; (traffic)
embotellamiento *m*.; *v*
embotellar; bloquear
blockade, blok´-eid *s*
bloqueo *m*.; *v* bloquear
bloke, blouk *s* tío; tipo;
sujeto
blonde, blond *s* & *a* rubio
m.; rubia *f*.
blood, blöd *s* sangre *f*.
blood-hound, blöd´-jaund
s sabueso *m*.
blood pressure, blöd

presh´-er s presión f.; sanguinea; tensión f.; arterial; **high –** hipertensión

bloodshed, blŏd´-shed s matanza f.

bloodthirsty, blŏd´-zĕrs-ti a sanguinario

bloody, blŏd-i a sangriento

bloom, bluum s flor f.; v florecer

blossom, blos´-om s capullo m.; v florecer

blot, blot v emborronar; secar; s borrón m.; (character) mancha f.

blotch, bloch s roncha f.; mancha f.

blotting-paper, blot´-ing-pei´-pa s papel secante m.

blouse, blaus s blusa f.

blow, blou v soplar; (wind) ventear; (nose, trumpet, etc) sonar; s (knock) golpe m.

blow-pipe, blou´-paip s soplete m.

blubber, blŏb´-a s grasa de ballena f.; v gimotear

bludgeon, blŏ CH´-en s porra f.; garrote m.; v garrotear

blue, bluu a azul; **–bell,** s campanilla f.; **––stocking,** s literata f.

bluff, blŏf s fanfarronada f.; v alardear

bluish, bluu´-ish a azulado; azulino

blunder, blŏn´-da v desatinar; s disparate m.

blunt, blŏnt v embotar; a* embotado; (brusque) brusco; **–ness,** s embotadura f.; (manner) grosería f.

blur, blĕr v hacer borrones; s borrón m.

blush, blŏsh v sonrojarse; s rubor m.; sonrojo m.

bluster, blŏs´-ta v bravear; s bravata f.; **–er,** fanfarrón m.; **–ing*,** a ruidoso; (gusty) tempestuoso

boar, bó r s verraco m.; **wild –** jabalí m.

board, bó rd s (wood) tabla f.; (directors, etc) consejo m.; (food) pensión f.; v (carpentering) entablar; **–er,** s huésped m.; (school) interno m.; **–ing-house,** casa de huéspedes f.; pensión f.; **–ing-school,** internado f.

boast, boust v jactarse; s fanfarronada f.; alarde m.

boaster, boust´-a s fanfarrón m.; jaque m.

boat, bout s barco m.; vapor m.; (rowing) bote de remos m.; **motor–,** lancha automóvil f.; **steam–,** buque de vapor m.

boat-hook, bout´-juk s bichero m.

boating, bout´-ing s paseo en bote m.

boatman, bout´-mAn s barquero m.

boatswain, bou´-s'n s contramaestre m.

bob, bob v bambolearse; oscilar

bobbin, bob´-in s bobina f.

bode, boud v presagiar

bodice, bod´-is s corpiño m.

bodily, bod´-i-li adv corporalmente; a corpóreo

bodkin, bod´-kin s punzón m.

body, bod´-i s cuerpo m.; (vehicle) carrocería f.

bog, bog s pantano m.

bogey, bou´-gui s (children's) coco m.; (goblin) duende m.; (truck) carretilla f.

boggy, bo´-gui a pantanoso

boil, boil v (fluids) hervir; (food in fluids) cocer; s (tumour) furúnculo m.

boiler, boil´-a s olla f.

boisterous*, boist´-er-os a tempestuoso; borrascoso; violento

bold*, bould a intrépido; audaz

boldness, bould´-nes s intrepidez f.; audacia f.

bolster, boul´-sta v apoyar; s travesaño m.

bolt, boult v cerrar con cerrojo; (horse) desbocarse; s cerrojo m.; **thunder–,** rayo m.

bomb, bom s bomba f.

bombard, bom-baa rd´ v bombardear

bombastic, bom-bAs´-tik a rimbombante ampuloso

bond, bond s (obligation; stock) obligación f.; (tie) ligadura f.; (customs) **in –,** en depósito m.

bondage, bon´-diCH s esclavitud f.; servidumbre f.

bone, boun s hueso m.; (fish) espina f.

bonfire, bon´-fair s hoguera f.

bonnet, bon´-et s gorro m.; gorra f.

bonus, bou´-nas s bonificación f.

bony, bou´-ni a osudo; huesudo

book, buk v registar; s libro m.; **–binder,** s encuadornador m.; **–case,** s librería m.; **–ing-office,** s taquilla f.; **––keeper,** s tenedor de libros m.; **–seller,** s librero m.; **–shop,** s librería f.; **–stall,** s puesto de libros m.; **–worm,** s ratón de biblioteca m.

boom, buum s (business) prosperidad f.; (noise) estampido m.; (ship) cadena de puerto f.; v (noise) dar bombo; (prices) estar en auge

boon, buun s dádiva f.; dicha f.

boor, bú r s patán m.; villano m.

boorish*, bú r´-ish a rústico

boot, buut s bota f.; **––maker,** s zapatero m.

booth, buuD s barraca f.; cabaña f.

booty, buu´-ti s botín m.; saqueo m.

booze, buus s bebida f.; alcohol m.; borrachera

f.; v beber; emborracharse

border, boar´-da s (ornamental edge) orilla f.; (frontier) frontera f.; v orillar

bordering, boar´-der-ing a contiguo; lindante

bore, bór v (pierce) perforar; (drill) taladrar; s barreno m.; (calibre) calibre m.; (person) majadero m.

born, boarn a nacido

borough, bör´-o s burgo m.

borrow, bor´-ou v pedir prestado

bosom, bu´-s om s seno m.

botanist, bot´-a-nist s botánico m.

botany, bot´-a-ni s botánica f.

both, bouz a ambos; conj tanto como

bother, boD´-a v fastidiar; incomodarse; s molestia f.

bottle, bot´-el s botella f.; v embotellar

bottom, bot´-om s fondo m.; (seat) posterior m.

bottomless, bot´-om-les a sin fondo

boudoir, buu´-duaar s tocador de (habitación)

m.

bough, bau s rama de árbol f.

bounce, bauns v saltar; s salto mf.

bound, baund v limitar; (jump) saltar; s (jump) salto m.; **–for,** a destinado

boundary, baun´-da-ri s frontera f.; límite m.

bounteous*, bountiful*, baun´-ti-os, baun´-ti-ful a generoso; liberal

bounty, baun´-ti s generosidad f.; (gift) prima f.

bouquet, bu´-kei s ramillete f.; (wine) olor m.

bout, baut s turno m.

bow, bau v saludar; inclinarse; (bend) doblarse; s inclinación f.; reverencia f.; (ship) proa f.

bow, bou s (archery) arco m.; (tie) corbata de lazo f.; (violin) arco de violín m.; (knot) nudo m.

bowels, bau´-els s pl intestinos m. pl

bower, bau´-a s glorieta f.; cenador m.

bowl, baul v bolear; s

tazón m.; (ball) bola f.

bowling-green, baul´-ing-griin s boleo m.

box, boks v boxear; s (small) cajita f.; (medium size) caja f.; (large) cajón m.; (theatre) palco m.; (on the ear) bofetada f.

boxing, bok´-sing s boxeo m.

boy, boi s muchacho m.; niño m.; chico m.

boycott, boi´-kot s boicoteo m.; v excluir; boicotear

boyfriend, boi-frend s novio m.; amigo m.

boyhood, boi´-jud s niñez f.

boyish, boi´-ish a pueril; juvenil

bra, braa s sostén m.; sujetador m.

brace, breis v atar; (invigorate) bracear; s abrazadera f.; (two) par m.; **–s,** pl tirantes m. pl

bracelet, breis´-let s brazalete m.; pulsera f.

bracing, breis´-ing a tónico

bracken, brAk´-n s helecho m.

bracket, brAk´-et s paréntesis m.; (wall)

modillón m.; v poner entre paréntesis

brackish, brAk´-ish a salobre

brag, brAg v jactarse; s jactancia f.

braggart, brAg´-aart s fanfarrón m.

braid, breid s trenza f.; galón m.; v trenzar

brain, brein s cerebro m.; sesos m. pl

brainless, brein´-les a tonto

braise, breis v cocer en marmita

brake, breik s freno m.; v frenar

bramble, brAm´-bl s zarza f.

bran, brAn s salvado m.; afrecho m.

branch, braanch s rama f.; (business) sucursal f.; v ramificarse

brand, brAnd s (trade mark) marca f.; (fire) tizón m.; (stigma) estigma f.; v marcar; estigmatizar; (cattle) herrar

brandish, brAn´-dish v blandir

brandy, brAn´-di s brandy m.

brass, braas s latón m.;

bronce m.

brat, brAt s rapaz m.; chico m.

bravado, brA-vaa´-dou s bravata f.

brave, breiv a* bravo; valiente; v bravear

bravery, breiv´-er-i s valentía f.

brawl, broal v alborotar; s alboroto m.

brawn, broan s carne de cerdo f.; (muscle) fuerza muscular f.

brawny, broa´-ni a musculoso

bray, brei v rebuznar

brazen, brei´-s en a bronceado; (insolent) desvergonzado

brazier, brei´-s-a s latonero m.; (fire) brasero m.

Brazil-nut, bre-s ill´-nŏt s nuez del Brasíl f.

breach, briich s (aperture) brecha f.; (contract) rotura f.; (law) violación f.

bread, bred s pan m.

breadth, bredz s anchura f.

break, breik v romper; (tame) domar; (limb) fracturar; (law) violar; (contract, promise) romper; s rotura f.;

(pause) pausa f.

breakage, breik´-icH s fractura f.; rotura f.

breakdown, breik´-daun s derrumbamiento m.

breaker, breik´-a s rompedor m.; (law) infractor m.

breakers, breik´-a s s pl (sea) rompientes m. pl

breakfast, brek´-fast s desayuno m.; v desayunarse

breakthrough, breik-zruu v salvar un obstáculo

breakwater, breik´-uoa-tr s rompeolas m.

bream, briim s (river) sargo m.; (sea) besugo m.

breast, brest s seno m.; (chest) pecho m.

breast-bone, brest´-boun s esternón m.

breath, brez s respiración f.; (vapour) aliento m.

breathe, briiD v respirar

breathless, brez´-les a falto de aliento

bred, bred a criado; educado

breech, briich s (arms) culata f.

breeches, briich´-is s pl pantalones m. pl

breed, briid v criar;

multiplicarse; s raza f.

breeder, briid´-a s criador m.; productor m.

breeding, briid´-ing s cría f.; educación f.

breeze, briis s brisa f.

breezy, brii´-si a fresco

brethren, breD´-ren s pl hermanos m. pl

brevity, brev´-i-ti s brevedad f.; concisión f.

brew, bruu v hacer cerveza; s mezcla f.

brewer, bruu´-a s cervecero m.

brewery, bruu´-ar-i s fábrica de cerveza f.

briar, brier, brai´-a s zarza f.

bribe, braib v sobornar; s soborno m.

bribery, brai-ber-i s corrupción f.

brick, brik s ladrillo m.

bricklayer, brik´-lei-a s albañil m.

bridal, brai´-dl s boda f.; a nupcial

bride, braid s novia f.

bridegroom, braid´-gruum s novio m.

bridesmaid, braids´-meid s madrina de boda f.

bridge, bricH s puente m.; v levantar un puente

bridle, brai´-dl s brida f.;

freno m.; v embridar;
–path, s camino de
herradura

brief, briif s relación f.; a
breve; v instruir

brigade, bri-gueid´ s
brigada f.

bright*, brait a claro;
(lively) brillante

brighten, brait´-n, v pulir;
(weather) aclarar;
despejarse

brightness, brait´-nes s
claridad f.; brillantez f.;
(mental) viveza f.

brilliancy, bril´-yan-si s
brillantez f.; fulgor m.

brilliant, bril´-yant a*
brillante; s brillante m.

brim, brim s borde m.;
orilla f.; (glass) labio m.;
borde m.; (hat) ala f.;
–over, v desbordar

brimstone, brim´-stoun s
azufre m.

brine, brain s salmuera f.

bring, bring v traer; llevar;
–forward, (accounts)
llevar una suma a otra
cuenta; **–in** (receipts)
presentar; **–up,**
(educate) educar; (rear)
criar

bringer, bring´-a s
portador m.

brink, brink s borde m.;

(river) orilla f.

briny, brai´-ni a salado

brisk*, brisk a (lively)
vivo; (agile) activo

brisket, brisk´-et s pecho
de buey m.

briskness, brisk´-nes s
vivacidad f.; despejo m.

bristle, bris´-l v erizarse s
cerda f.

bristly, bris´-li a cerdoso

brittle, brit´-el a
quebradizo; frágil

brittleness, brit´-el-nes s
fragilidad f.

broad*, broad a ancho;
(accent) marcado

broadcast, broad´-kaast s
emisión f.; difusión f.; v
radiar; difundir; emitir;
adv esparcidamente;
–ing, s transmisión f.

brocade, bro-keid´ s
brocado m.

broccoli, brok´-o-li s
bróculi m.; paseo m.;
brécol m.

brochure, brou´-sher s
folleto m.

brogue, broug s acento m.;
acento m.; irlandés;
(shoe) zapato de estilo
inglés

broil, broil v asar; tostar; s
(dispute) riña f.

broker, brou´-ka s

corredor m.; **stock–,**
agente de bolsa m.

broken, brou´-kn a roto;
(ground) accidentado;
quebrado; (machine)
averiado; **-man** hombre
m.; arruinado

bromide, brou´-maid s
bromuro m.

bronchitis, bron-kai´-tis s
bronquitis f.

bronze, bron s s bronce
m.; v broncear

brooch, brouch s broche
m.; prendedero m.

brood, bruud s pollada f.;
nidada f.; v empollar;
meditar

brook, bruk s arroyo m.

broom, bruum s escoba f.;
(shrub) retama f.

broth, broaz s caldo m.

brothel, broD´-el s burdel
m.; lupanar m.

brother, brŏD´-a s
hermano m.; **—in-law,**
cuñado m.; **–hood,** s
hermandad f.; **–ly,** a
fraternal

brow, brau s frente f.

browbeat, brau´-biit v
intimidar; amedrentar

brown, braun a moreno; v
poner tostado; tostar

brownish, braun´-ish a
pardo

browse, braus *v* pacer

bruise, bruus *v* magullar; s magulladura *f.*

brunette, bru-net´ s morena *f.*; trigueña *f.*

brunt, brönt s choque *m.*; embate *m.*

brush, brösh s cepillo *m.*; (paint) pincel *m.*; (dynamo) cepillo *m.*; *v* acepillar

brushwood, brösh´-u´ud s breñal *m.*; zarzal *m.*

brusque, brösk *a* brusco

brussels sprouts, brös´-els sprauts s *pl* coles de Bruselas *m. pl*

brutal*, bruu´-tl *a* brutal

brutality, bruu-tʌl´-i-ti s brutalidad *f.*

brute, bruut s bruto *m.*; bestia *f.*; *a* bruto; bestial

bubble, böb´-l s burbuja *f.*; *v* burbujear

buccaneer, bök-a-nir´ s bucanero *m.*

buck, bök s lejía *f.*; gamo *m.*

bucket, bök´-et s cubo *m.*; balde *m.*

buckle, bök´-l s hebilla *f.*; *v* hebillar; abrochar; (bend) doblarse

buckram, bök´-ram s bucarán *m.*; cinturilla *f.*

buckthorn, bök´-zörn s cambrón *m.*

bud, böd s yema *f.*; (rose) capullo *m.*; *v* brotar

budge, bö CH *v* moverse; menearse

budget, bö CH´-it s presupuesto *m.*

buff, böf s (colour) color de ante *m.*

buffalo, böf´-a-lou s búfalo *m.*

buffer, böf´-a s (railway) tope *m.*

buffet, böf´-it s (refreshments) cantina *f.*; *v* (hit) abofetear

buffoon, bo-fuun´ s bufón *m.*

bug, bög s chinche *m.*

bugbear, bög´-bé r s espantajo *m.*

buggy, bög-i s calesa *f.*; cochecito (de niño) *m.*

bugle, biuu´-gl s (military) corneta *f.*

build, bild *v* edificar; s estructura *f.*

builder, bil´-da s constructor *m.*

building, bil´-ding s edificio *m.*; construcción *f.*

bulb, bölb s (plant) bulbo *m.*; (lamp) ampolla *f.*

bulge, bölCH *v* combarse

bulk, bölk s volumen *m.*;

in –, a granel *m.*

bulky, böl´-ki *a* voluminoso

bull, bul s toro *m.*; (papal) bula *f.*; (stock exchange) alcista *m.*; –dog, s perro de presa *m.*; –fight, s corrida de toros *f.*

bullet, bul´-et s bala *f.*

bulletin, bul´-i-tin s boletín s

bullion, bul´-yon s (gold) oro en barras *m.*; (silver) plata en barras *f.*

bullock, bul´-ok s buey *m.*; cebón *m.*

bull's eye, buls´-ai s (target) centro de blanco *m.*

bully, bul´-i *v* maltratar; s matón *m.*

bulrush, bul´-rösh s junco *m.*

bulwark, bul´-uërk s baluarte *m.*

bumble-bee, böm´-bi-bii s abejorron *m.*

bump, bömp s chocar; s topetazo *m.*; (bruise) chichón *m.*

bumper, böm´-pa s (shock) tope *m.*

bumpkin, bömp´-kin s (yokel) patán *m.*

bumptious, böm´-shos *a*

presumido
bun, bŏn s bollo m.
bunch, bŏnch s – **of flowers,** manojo de flores m.; – **of violets,** ramillete de violetas m.; – **of grapes,** racimo de uvas m.; – **of keys,** puñado de llaves m.
bundle, bŏn´-dl s paquete m.; v empaquetar
bung, bŏng s tapón m.
bungalow, bŏn´-ga-lou s chalét m.; casa de un piso f.
bungle, bŏn´-gl v chapucear; s chapuza f.
bungler, bŏn´-gla s chapucero m.
bunion, bŏn´-yon s juanete m.
bunk, bŏnk s tarima f.
bunker, bŏn´-ka s (ship's) carbonera f.
bunkum, bŏn´-kom s patraña f.
bunting, bŏn´-ting s lanilla f.
buoy, boi v boyar; s boya f.
buoyancy, boi´-an-si s confianza f.; vivacidad f.
buoyant, boi´-ant a flotante; vivo
burden, bĕr´-dn s carga f.; (responsibility) fardo m.; v cargar; gravar;

(oppress) agobiar
burdensome, bĕr´-den-som a (expensive) oneroso; (encumbrance) molesto
bureau, biu´-rou s (office) oficina f.; escritorio m.; (desk) mesa f.
bureaucracy, biu-ro´-kra-si s burocracia f.
burgess, bĕr´-CHes s burgués m.
burglar, bĕr´-gla s ladrón m.
burglary, bĕr´-gla-ri s hurto m.; robo m.
burial, be´-ri-al s entierro m.
burial-ground, be´-ri-al-graund s cementerio m.
burlesque, ber-lesk´ s burlesco m.; a burlesco; v parodiar
burly, bĕr´-li a corpulento; robusto
burn, bĕrn v quemar; arder; s quemadura f.
burner, bĕrn´-a s mechero m.
burnish, bĕrn´-ish v bruñir
burrow, bŏr´-ou v minar; (by animals) horadar; s conejera f.
bursar, bĕr´-sa s tesorero m.

burst, bĕrst v reventar; (tears) brotar; s explosión f.; (crack) reventón m.
bury, ber´-i v enterrar
bus, bŏs s autobus m.
bush, bush s arbusto m.; mata f.
bushel, bush´-l s medida inglesa de áridos f. (unos 36 litros)
bushy, bush´-i a matoso
busily, bis´-i-li adv activamente
business, bis´-nes s negocio m.; or negocios pl
business-like, bis´-nes-laik a serio; práctico
businessman, bis-nes-mAn s hombre m.; de negocios; empresario m.
businesswoman, bis-nes-uu´-man s mujer f.; de negocios; mujer f.; empresaria
busker, bŏs-ka s músico m. -a f.; ambulante
bust, bŏst s busto m.
bustle, bŏs´-l v bullir; menearse; s bullicio m.
bustling, bŏs´-ling a bullicioso; ruidoso
bus-stop, bŏs stop s parada f.; de autobús
busy, bis´-i a ocupado

busybody, bis ´-i-bod-i s
entrometido *m.*

but, bŏt *conj* pero; mas;
sin embargo; *prep*
excepto; menos; *adv*
solamente, no... mas
que; no... sino

butcher, buch´-a s
carnicero *m.*; *v* matar

butler, bŏt´-la s
despensero *m.*;
mayordomo *m.*

butt, bŏt s extremidad *f.*;
(gun) culata *f.*; (cask)
tonel *m.*; *v* topetar

butter, bŏt´-a s manteca
f.; mantequilla *f.*; *v*
untar con manteca; —
dish, mantequera *f.*

buttercup, bŏt´-er-kŏp s
botón de oro *m.*

butterfly, bŏt´-er-flai s
mariposa *f.*

buttock, bŏt´-ok s nalga
f.; anca *f.*

button, bŏt´-n s botón *m.*;
v abotonar; (*refl*)
abotonarse; –**hole,** s ojal
m.

buttress, bŏt´-res s
contrafuerte *m.*; estribo
m.

buxom, bŏk´-som *a*
(woman) rolliza

buy, bai *v* comprar

buyer, bai´-a s comprador

m.

buzz, bŏ s *v* zumbar; s
zumbido *m.*

buzzard, bŏ s ´-erd s
buharro *m.*; modrego *m.*

buzzer, bŏs-a s timbre *m.*

by, bai *adv* ahí; allí; *prep*
por; a; en; de; cerca de;
sobre; según

bye-law, bai´-loa s
reglamento *m.*

bypass, bai´-paas s
carretera *f.*; de
circunvalación;
desviación; *v* evitar;
prescindir; pasar de
largo; – **operation** by-
pass *m.*; operación de
by-pass

by-pass, bai´-paas s paso
m.; desvío *m.*; *v* pasar;
desviar

bygone, bai´-goan *a*
pasado

bystander, bai´-stAn-dr s
espectador *m.*

by the by, bai-Di-bai *adv*
de paso

byway, bai´-uei s camino
desviado *m.*

byword, bai´-uĕrd s
proverbio *m.*

C

cab, kAb s (motor) taxi m; (horse) coche m; **-by, -man,** s cochero m.

cabal, ka-bAl´ v maquinar; intrigar; s cábala f.

cabbage, kAb´-iCH s col f.

cabin, kAb´-in s camarote m.; (hut) choza f.

cabinet, kAb´-in-et s gabinete m.; ministerio m.

cabinet-maker, kAb´-in-et-meik´-a s ebanista m.

cable, kei´-bl s cable m.; v cablegrafiar

cablegram, kei´-bl-grAm s cablegrama m.

cable television, kei´-bl tel´-i-vish-on s televisión f.; por cable

cackle, kAk´-l v cacarear; s cacareo m.

cactus, kAk´-tus s cacto m.

cad, kAd s sinvergüenza m.

caddy, kAd s (tea) cajita para té f.

café, kAf´-ei s café m.; cafetería f.

cafeteria, kaf-tii´-ri-a s (restaurante m de) autoservicio

cage, keiCH s jaula f.; v enjaular

cajole, ka-CH oul´ v lisonjear

cake, keik s pastel m.; tarta f.; torta; (soap) pastilla de jabón f.; v coagularse

calamitous*, ka-lAm´-i-tos a calamitoso

calamity, ka-lAm´-i-ti s calamidad f.

calculate, kAl´-kiu-leit v calcular

calendar, kAl´-en-da s calendario m.

calender, kAl´-en-da s calandria f.

calf, kaaf s ternero m.; (leg) pantorrilla f.

calico, kAl´-i-kou s estampado m.; indiana f.; percal m.

call, koal s llamada f.; (visit) f.; v llamar; visitar; **–ing,** s profesión f.

callous*, kAl´-os a calloso; (unfeeling) endurecido

callow, kAl´-ou a inexperto

calm, kaam s calma f.; (weather) bonanza f.; a* quieto; v calmar

calmness, kaam´-nes s tranquilidad f.; sosiego m.

calorie, kAl´-o-ri s caloría f.

calumny, kAl´-om-ni s calumnia f.

cambric, keim´-brik s batista f.

camcorder, kAm´-koard-a s cámara f.; de video portátil

camel, kAm´-l s camello

m.

cameo, kAm´-i-ou s
camafeo *m.*

camera, kAm´-er-a s
cámara *f.*; cámara
fotográfica *f.*

camisole, kAm´-i-soul s
camiseta *f.*

camomile, kAm´-o-mail s
camomila *f.*

camouflage, kAm´-o-flaar
CH s camuflage *m.*; *v*
camuflar

camp, kAmp *v* acampar; *s*
campo *m.*; campamento
m.; **—stool,** silla
plegadiza *f.*

campaign, kAm-pein´ s
campaña; *v* servir en

camphor, kAm´-fa s
alcanfor *m.*

campsite, kAmp-sait s
cámping *m.*;
campamento *m.*

campus, kAm-pös s
campus *m.*

can, kAn s lata *f.*; *v*
(preserve) enlatar

can, kAn *v* (to be able)
poder; (to know how)
saber

canal, ka-nal´ s canal *m.*

canary, ka-nei´-ri s
canario *m.*

cancel, kAn´-sl *v* cancelar;
anular

cancer, kAn´-sa s cáncer
m.

candid*, kAn´-did *a*
cándido; sincero

candidate, kAn´-di-deit s
candidato *m.*

candied, kAn´-did *a*
confitado

candle, kAn´-dl s vela *f.*;
candela *f.*

candlestick, kAn´-del-stik
s palmatoria *f.*

candour, kAn´-da s candor
m.; sinceridad *f.*

candy, kAn´-di s confite
m.; *v* confitar

cane, kein s caña *f.*;
(walking-stick) bastón
m.

canine, kei´-nain *a* canino

canister, kAn´-is-ta s
canastillo *m.*; (tin) lata
f.

canker, kAñ´-ka s
gangrena *f.*

cannabis, kAn´-a-bis s
marihuana *f.*

cannibal, kAn´-i-bal s
caníbal *m.*

cannon, kAn´-on s cañón
m.; (billiards) carambola
f.

canoe, k a-nuu´ s canoa *f.*

canon, kAn´-on s (title)
canónigo; (law) canon
m.

can opener, kAn ou´-pn-a
s abrelatas *f.*

canopy, kAn´-o-pi s
baldaquín *m.*; (of bed)
dosel *m.*

cant, kAnt s hipocresía *f.*;
v hablar en caló

cantankerous, kAn-tAñ´-
ker-os *a* pendenciero

canteen, kAn-tiin´ s
cantina *f.*

canter, kAn´-ta s medio
galope *m.*; *v* andar a
caballo a paso largo

canticle, kAn´-ti-kl s
cántico *m.*

canting, kAnt´-ing s falso
devoto *m.*; *a* hipócrita

canvas, kAn´-vas s (cloth)
lona *f.*; (sail) vela *f.*;
(painting) lienzo *m.*

canvass, kAn´-vas *v*
solicitar; s solicitación *f.*

cap, kAp s gorra *f.*;
(metal) cápsula *f.*

capable, kei´-pa-bl *a* capaz

capacity, ka-pass´-i-ti s
capacidad *f.*

cape, keip s (geographical)
cabo *m.*; (cloak) capa *f.*

caper, kei´-pa *v* hacer
cabriolas; s (pickle)
alcaparra *f.*

capital, kAp´-i-tl s (city)
capital *f.*; (money)
capital *m.*; (letter)

mayúscula f.

capitulate, ka-pit´-iu-leit v
capitular

capon, kei´-pn s capón m.

capricious*, ka-prish´-os a
caprichoso

capsize, kAp-sais´ v
volcar; (naut) zozobrar

capstan, kAp´-stan s
cabrestante m.

capsule, kAp´-siul s
cápsula f.

captain, kAp´-tin s capitán
m.

captive, kAp´-tiv s & a
cautivo m.; prisionero
m.

captivity, kAp-tiv´-i-ti s
cautiverio m.

capture, kAp´-tiur v
capturar; s captura f.

car, kaar s coche m. ;
automóvil m.; (horse)
carro m.; (tramcar)
tranvía m.; (aero)
barquilla f.

caramel, kAr´-a-mel s
caramelo m.

carat, kAr´-at s quilate m.

caravan, kAr´-a-van s
caravana f.

caraway, kAr´-a-uei s
(seed) alcaravea f.

carbide, kaar´-baid s
carburo m.

carbine, kaar´-bain s

carabina f.

carbolic, kaar-bol´-ik s
ácido fénico m.; a
afenicado

carbon, kaar´-bon s
carbón m.; carbono m.;
--**paper**, papel carbón
m.

carbuncle, kaar´-bŏn-kl s
(med) carbunclo m.

carburettor, kaar´biu-ret-a
s carburador m.

carcase, carcass, kaar´-kas
s res muerta f.

card, kaard s carta f.;
(playing) naipe m.;
(visiting) tarjeta f.;
–**board**, s cartón m.

cardigan, kaar´-di-gan s
rebeca f.; chaqueta f.; de
punto; cárdigan m.

cardinal, kaar´-di-nal s
cardenal m.; a cardinal

care, kér s cuidado m.;
atención f.; (anxiety)
inquietud f.; cuidar; –
for, (persons) querer a;
take – of, cuidar de; c/o,
al cuidado de

career, ka-rir s carrera f.;
profesión f.

careful*, kér´-ful a
cuidadoso; atento

careless*, kér´-les a
descuidado; indiferente

carelessness, kér´-les-nes s

descuido m.

caress, ka-res´ v acariciar;
s caricia f.

caretaker, ké r-tei´-ka s
guardián m.; conserje m.

car ferry, kaar fer´-i s
trasbordador m.; para
coches; ferry m.

cargo, kaar´-gou s carga f.;
cargamento m.

car hire, kaar jair s
alquiler m.; de coches

caricature, kAr´-i-ka-tiur s
caricatura f.; v ridiculizar

carman, kaar´-man s
carretero m.

carmine, kaar´-min s
carmín m.

carnage, kaar´-niCH s
matanza f.; carnicería f.

carnal*, kaar´-nl a carnal;
sensual

carnation, kaar-nei´-shon
s (flower) clavel m.

carnival, kaar´-ni-vl s
carnaval m.

carol, kAr´-ol s (cantata)
villancico m.

carousal, ka-rau-s l s
francachela f.; orgía f.

carp, kaarp s carpa f.; v
criticar

car park, kaar paark s
aparcamiento m.;
parking m.

carpenter, kaar´-pen-ta s

carpintero m.

carpet, kaar´-pet s alfombra f.

car phone, kaar-foun s teléfono m.; móvil

carping, kaarp´-ing s censura f.; a capcioso

carriage, kAr´-iCH s (vehicle) coche m.; (freight) porte m.; (deportment) porte m.

carrier, kAr´-i-a s portador m.; (carter) carretero m.; (mule) arriero m.

carrion, kAr´-i-on s carroña f.

carrot, kAr´-ot s zanahoria f.; **-y,** a pelirrojo

carry, kAr´-i v llevar; transportar

cart, kaart s carro m.; (long and narrow) carreta f.; v carretear; **-age,** s acarreo m.; **-er,** s carretero m.; **-load,** s carretada f.

carton, kaar-tn s envase m.; caja f.; de cartón; cartón m.

cartoon, kaar-tuun´ s caricatura f.

cartridge, kaar´-triCH s cartucho m.

carve, kaarv v (wood) tallar; (meat, etc) trinchar

carving, kaarv´-ing s (wood) talla f.

cascade, kAs-keid´ s cascada f.

case, keis s caso m. ; (box) caja f.; (cigarette, jewel, or spectacle) estuche m.; **in –,** en caso

casement, keis´-ment s alféizar m.

cash, kAsh s dinero m. ; (paying) dinero contante m.; v cobrar; **–book,** s libro de caja m.; **–box,** s caja para dinero f.; **–ier,** s cajero m.; **–card,** kAsh kaard n tarjeta f.; de dinero; **–desk,** kAsh desk s caja f.; **–dispenser,** kAsh dispen´-sa s cajero m.; automático

cashmere, kAsh´-mi r s casimir m.

casino, kA-siin´-o s casino m. (de juego)

cask, kaask s barril m.; tonel m.; (for water) cuba f.

casket, kaas´-ket s estuche para joyas f.

casserole, kAs´-er-roul s cacerola f.; cazuela f.

cassette, kA-set s casete f.; cassette f.

cassette player, kA-set

plei-a s casete f.; cassette f.

cassock, kAs´-ok s sotana f.

cast, kaast s (throw) tiro m.; (theatre) reparto m.; (metal) molde m.; v tirar; fundir; modelar

castanet, kAs´-ta-net s castañuela f.

caste, kaast s casta f.

castigate, kAs´-ti-gueit v castigar

casting, kaas´-ting s moldura f.

castle, kaa´-sl s castillo m ; (fortress) fortaleza f.; (chess) torre f.; v enrocar

castor, kaas´-tor s (furniture bearings) ruedecilla f.; **–oil,** aceite de ricino m.

casual, kA sh´-iu-al a casual

casualties, kA sh´-iu-al-te s s pl pérdidas f. pl; (war) bajas f. pl

casualty, kA sh´-iu-al-ti s accidente m.

cat, kAt s gato m.

catalogue, kAt´-a-log s catálogo m.

catarrh, ka-taar´ s catarro m.

catastrophe, ka-tAs´-tro-fi s catástrofe f.

catch, kAch v coger; (seize) asir; **–up,** alcanzar; s presa f.; (door, etc) cerradera f.

catching, kAch´-ing a contagioso

catchword, kAch´-uĕrd s reclamo m.; slogan m.

category, kAt´-i-gor-i s categoría f.

cater, kei´-ta v abastecer; proveer

caterer, kei´-ter-a s abastacedor m.; proveedor m.

caterpillar, kAt´-er-pil-a s oruga f.

cathedral, ka-zii´-dral s catedral f.

catholic, kAz´-o-lik a católico

cattle, kAt´-l s ganado m.

cauldron, koal´-dron s caldero m.

caucus, koa´-kos s junta secreta f.

cauliflower, ko´-li-flau-er s coliflor f.

caulk, koak v calafatear

cause, koas s causa f.; origen m.; v causar

causeway, koas ´-uei s calzada f.

caustic, koas´-tik s sosa cáustica f.; a caústico

cauterize, koa´-ter-ais v cauterizar

caution, koa´-shon s precaución f.; cuidado m.; (warning) aviso m.; v caucionar; prevenir

cautious*, koa´-shos a cauto; prudente

cavalier, kAv-a-li r´ s caballero m.

cavalry, kAv´-al-ris caballería f.

cave, keiv s cueva f.; caverna f.

cavernous, kAv´-ern-os a cavernoso

cavil, kAv´-il v cavilar

cavity, kAv´-i-ti s hueco m.; (tooth) cavidad f.

caw, koa v graznar

CD, sii-dii n abbr of **compact disc** disco m.; compacto

CD ROM, sii-dii rom s abbr of **compact disc read-only memory**

cease, sis v cesar; parar; **–less*,** a incesante

ceasefire, siis-fair s cese m de hostilidades; alto m el fuego

cedar, sii´-da s cedro m.

cede, siid v ceder

ceiling, siil´-ing s techo m.

celebrate, sel´-i-breit v celebrar; solemnizar

celebrated, sel´-i-breit-id a célebre

celebration, sel´-i-brei-shon s celebración f.; fiesta f.

celerity, si-ler´-i-ti s celeridad f.

celery, sel´-e-ri s apio m.

celestial*, si-les´-ti-al a celeste

celibacy, sel´-i-ba-si s celibato m.

cell, sel s calabozo m.; (anatomy) célula f.; (battery) par m.

cellar, sel´-a s sótano m.; (wine) bodega f.

celluloid, sel´-iu-loid s celuloide f.

cement, si-ment´ s cemento m.; v argamasar

cemetery, sem´-i-ta-ri s cementerio m.

cenotaph, sen´-o-taf s cenotafio m.

censer, sen´-sa s incensario m.

censor, sen´-sr s censor m.

censorship, sen´-sr-ship s censura f.

census, sen´-sos s censo m.

cent, sent s ciento m.; centavo m ; céntimo m.

centenary, sen´-ti-ner-i a centenario

centigrade, sent-i-greid *a* centígrado

centimetre, sent-i-mii´-ta *s* centímetro

central*, sen´-tral *a* central; **– heating,** *s* calefacción central *f.*; **–ize,** *v* centralizar

centre, sen´-tr *s* centro *m.*; *v* centralizar

century, sen´-tiu-ri *s* siglo *m.*

ceramics, ser-Am´-iks *s* cerámica *f.*

cereal, si´-ri-al *s & a* cereal *m.*

ceremonious*, ser-i-mou´-ni-os *a* ceremonioso

ceremony, ser´-i-mou-ni *s* ceremonia *f.*

certain*, sĕr´-tin *a* cierto; **–ty,** *s* certeza *f.*

certificate, sĕr-tif´-i-keit *s* certificado *m.*; testimonio *m.*

certify, sĕr´-ti-fai *v* certificar

certitude, sĕr´-ti-tiuud *s* certidumbre *f.*

cessation, se-sei´-shon *s* cesación *f.*; suspensión *f.*

cesspool, ses´-puul *s* sumidero *m.*

chafe, cheif *v* (rub) calentar frotando; (fret)

irritar

chafing dish, chei´-fing dish *s* escalfeta *f.*

chaff, chaaf *s* paja *f.*; (tease) burla *f.*; *v* burlarse

chaffinch, chAf´-inch *s* pinzón *m.*

chain, chein *v* encadenar; *s* cadena *f.*; **– up,** *v* encadenar

chair, ché *r s* silla *f.*

chairman, ché *r*´-man *s* presidente *m.*

chalice, chAl´-is *s* cáliz *m.*

chalk, choak *s* yeso *m.*; greda *f.*; (crayon) tiza *f.*

chalky, choa´-ki *a* gredoso

challenge, chAl´-inCH *s* desafío *m.*; (duel) provocación *f.*; *v* desafiar; provocar

chamber, cheim´-ba *s* (apartment) cuarto *m.*; (gun) cámara *f.*; **–s,** *pl* (lawyers', etc) estudio de abogado *m.*

chamberlain, cheim´-ber-lin *s* chambelán *m.*

chambermaid, cheim´-ber-meid *s* doncella *f.*; camarera *f.*; sirvienta *f.*

chamois, shAm´-uaa, shAm´-i *s* gamuza *f.*

champagne, shAm-pein´ *s* champán *f.*

champion, chAm´-pi-on *s* campeón *m.*; *v* defender

chance, chaans *s* ventura *f.*; azar *m.*; (opportunity) oportunidad *f.*; *a* casual; *v* acaecer

chancel, chaan´-sl *s* santuario *m.*

chancellor, chaan´-se-la *s* canciller *m.*

chancery, chaan´-se-ri *s* cancillería *f.*

chandelier, shAn-di-lir´ *s* candelabro *m.*

chandler, shaand´-la *s* cerero *m.*; velero *m.*

change, cheinCH *s* (money, alteration, exchange) cambio *m.*; (residence) mudanza *f.*; *v* (money, opinion, habits, trains, gear, etc) cambiar; (clothing) mudar; **–able,** *a* variable

changeless, cheinCH´-les *a* inmutable

changing room, cheinCH-ing ruum *s* vestuario *m.*

channel, chAn´-l *s* canal *f.*; *v* acanalar

chant, chaant *v* cantar; *s* canto llano *m.*

chaos, kei´-os *s* caos *m.*

chap, chAp *v* agrietar; *s* grieta *f.*

chapel, chAp´-l *s* capilla *f.*

chaperon, shAp´-roun s acompañante mf.; v escoltar

chaplain, chAp´-lin s capellán m.

chaplet, chAp´-let s guirnalda f.; rosario m.

chapter, chAp´-ta s capítulo m.

char, chaar v carbonizar; (clean) trabajar a jornal; **–woman,** s jornalera f.

character, kAr´-ak-ta s carácter m.

charcoal, chaar´-koul s carbón vegetal m.

charge, chaar CH s coste m.; ataque m.; acusación f.; v acusar; atacar; (price) cobrar; (battery) cargar; **to be in –,** estar encargado

chariot, chAr´-i-ot s carroza f.

charitable, chAr´-it-a-bl a caritativo

charity, chAr´-i-ti s caridad f.

charm, chaarm v encantar; s encanto m. ; **–ing*,** a encantador; (bewitching) hechicero

charnel-house, chaar´- nel-jaus s osario m.

chart, chaart s carta de navegar f.

charter, chaar´-ta v (ship) fletar; s (grant) carta de privilegio f.

chary, ché´-ri a cauteloso

chase, cheis v cazar; perseguir; s caza f.

chasm, kA s m s abismo m.

chaste*, cheist a casto; virtuoso

chastise, chAs-tais´ v castigar

chastisement, chAs´-tis - ment s castigo m.

chastity, chAs´-ti-ti s castidad f.

chat, chAt s charla f.; v charlar

chattel, chAt´-l s bienes muebles m. pl

chatter, chAt´-a v charlar; (teeth) castañetear; **–box,** s charladon m.; **–ing,** charla f.

chauffeur, shof´-a s chófer m.

chauvinist, shou-vin-ist s & a chauvinista mf.; machista mf.; patriotero/a mf.

cheap*, chiip a barato; **–en,** v abaratar; **–er,** a más barato; **–ness,** s baratura f.

cheat, chiit v trampear; s trampa f.

cheating, chiit´-ing s timo m.

check, chek s (restraint) rechazo m.; (verification) revisión f.; (chess) jaque m.; (pattern) cuadrados m. pl; v refrenar; revisar; (stop) parar; **–mate,** s jaque mate m.; v dar jaque mate; **– in,** chek in; v (baggage) facturar; (hotel) registrarse; fig llegar; **– out,** chek aut v (luggage) recoger; (look at) mirar; controlar; (hotel) pagar y marcharse

cheek, chiik s mejilla f.; (fam) descaro m.

cheer, chi r s alegría f.; (applause) vivas m. pl; v dar vivas; (brighten) alegrar; **–ful*,** a alegre; animado; **–less,** triste; desanimado

cheese, chiis s queso m.

chef, shef v jefe de cocina; cocinero

chemical*, kem´-i-kl a químico (producto)

chemise, shi-miis´ s camisa de señora f.

chemist, kem´-ist s químico m.; (shop) farmacéutico m.; **–ry,**

química f.

cheque, chek s cheque m.

cheque-book, chek´-buk s libro de cheques m.

cheque card, chek kaard s tarjeta f.; de identidad bancaria

chequered, chek´-erd a variado

cherish, cher´-ish v querer

cherry, cher-i s cereza f.; –**tree,** cerezo m.

cherub, cher´-ob s querubin m.

chess, ches s ajedrez m.

chest, chest s (human) pecho m.; (trunk) cofre m.; (box) cajón m.; –**of drawers,** cómoda f.

chestnut, ches´-nŏt s castaña f.; a castaño; – **tree,** s castaño m.; **horse** –, castaña de Indias f.

chew, chuu v masticar; (tobacco, etc) mascar –**ing gum,** s chicle m.; goma f.; de mascar

chicken, chik´-n s gallina f.; pollo m.

chicken-pox, chik´-n-poks s viruelas locas f. pl

chide, chaid v regañar; reprender

chief, chiif s jefe m.; a* principal

chilblain, chil´-blein s sabañón m.

child, chaild s niño m.; –**ish*,** a infantil

chill, chil s escalofrío m.; v enfriar; (liquids) helar

chilly, chil´-i a frío

chime, chaim v repiquetear; s tañido de campanas m.; juego de campanas m.

chimney, chim´-ni s chimenea f.

chimney-sweep, chim´-ni-suiip s deshollinador m.

chin, chin s barbilla f.

china, chai´-na s porcelana f.; loza f.

chink, chiňk s hendidura f.; v sonar

chintz, chints s zaraza f.

chip, chip v desmenuzar; s trozo m.; astilla f.

chiropodist, ki-rop´-o-dist s pedicuro m.

chirp, chěrp v chirriar; gorjear

chisel, chis ´-l s cincel m.; v cincelar

chivalrous, shiv´-al-ros a caballeresco

chive, chaiv s cebolleta f.

chloride, kló´-raid s cloruro m.

chlorine, kló´-rin s cloro m.

chloroform, klou´-rou-form s cloroformo m.

chocolate, chok´-o-leit s chocolate m.

choice, chois s elección f.; a escogido; selecto

choir, kuair s coro m.

choke, chouk v (suffocate) sofocar; (strangle) ahogar; (block up) obstruir

choler, kol´-a s cólera f.

cholera, kol´-er-a s cólera-morbo m.

cholesterol, kol-est-e-rol s colesterol m.

choose, chuu s v escoger; elegir

chop, chop s chuleta f.; costilla f.; v cortar; – **off,** tajar

chopper, chop´-a s cortante m.; cuchilla f.

choral, kó-ral a coral

chord, koard s cuerda f.; acorde m.

chorister, kor´-is-ta s corista f.

chorus, kó´-ros s coro m.

Christ, kraist s Cristo m.

christen, kris´-n v bautizar

christening, kris´-ning s bautismo m.

Christianity, kris-ti-An´-i-ti s cristianismo m.

Christmas, kris´-mas s

Navidad f.; —**box**, aguinaldo m.; —**tree**, árbol de Navidad m.

chronic, kron´-ik a crónico

chronicle, kron´-ik-l s crónica f.; v contar

chrysanthemum, kri-san´-ze-mom s crisantemo m.

chubby, chŏb´-i a mofletudo; rechoncho

chuckle, chŏk´-l v reir entre dientes; s risa ahogada f.

chum, chŏm s camarada m.

chunk, chŏnk s trozo m.; pedazo m.

church, chĕrch s iglesia f.

churchyard, chĕrch-yaar s cementerio m.

churl, chĕrl s rústico m.

churlish*, chĕr´-lish a rudo

churn, chern s mantequera f.; v batir la leche

cider, sai´-da s sidra f.

cigar, si-gaar´ s cigarro m.

cigarette, sig-a-ret´ s cigarrillo m.

cinder, sin´-da s escoria f.

cine-film, sin´-i film s película de cine

cinema, sin´-i-ma s cinema m.

cinnamon, sin´-na-mon s canela f.

cipher, sai´-fa s cifra f.; v cifrar

circle, sĕr´-kl s círculo m.; v circundar

circlet, sĕr´-klet s (headband) corona f.

circuit, sĕr´-kit s circuito m.

circuitous*, sĕr-kiu´-it-os a tortuoso

circular, sĕr-kiu-lar s circular f.; a* circular

circulate, sĕr´-kiu-leit v circular; poner en circulación

circulating, sĕr´-kiu-leit-ing a circulante; —**library,** s gabinete de lectura m.

circumcise, sĕr-kŏm-sais v circuncisar

circumference, sĕr-kŏm´-fer-ens s circunferencia f.

circumflex, sĕr´-kom-fleks s circunflejo m.

circumscribe, sĕr-kŏm-skraib v circunscribir

circumspect, sĕr´-kom-spect a circunspecto; prudente

circumstance, sĕr´-kom-stans, s circunstancia f.; —**s,** pl (financial) medios m. pl

circumstancial*, sĕr-ko-stan´-shal a circunstancial; —**evidence,** s prueba iniciaria f.

circumvent, sĕr-kom-vent v engañar

circus, sĕr´-kos s circo m.

cistern, sis´-tern s cisterna f.

citadel, sit´-a-del s ciudadela f.

cite, sait v citar

citizen, sit´-i-sn s ciudadano m.

citizenship, sit´-i-sn-ship s ciudadania f.

citron, sit´-ron s (fruit) cidra f.; (tree) cidro m.

city, sit´-i s ciudad f.

civil*, siv´-il a civil; (courteous) cortés

civilian, siv-il´-yan s paisano m.; burgués m.

civilisation, siv´-il-ai-s ei´-sho s civilización f.

claim, kleim s demanda f.; (inheritance) título m.; (mine, etc) pertenencia f.; v reclamar

claimant, kleim´-ant s reclamante m.; (throne) pretendiente m.

clamber, klAm´-ba v trepar; gatear

clamorous*, klAm´-or-os a

ruidoso; tumultuoso

clamour, klAm´-er s clamor m.; v gritar; vociferar

clamp, klAmp s grapa f.; v empalmar

clan, klAn s tribu f.; clan m.

clandestine, klAn-des-tin a clandestino

clang, klAñg s rechinamiento m.; v rechinar

clank, klAñk (see clang)

clap, klAp s aplauso m.; (thunder) trueno m.; v aplaudir

clapping, klAp´-ing s aplauso m.

clap-trap, klAp´-trap s engañabobos m. pl

claret, klAr´-et s clarete m.

clarify, klAr´-i-fai v clarificar

clarinet, klAr´-i-net s clarinete m.

clarion, klAr´-yon s clarín m.

clash, klAsh s (noise) choque m.; (differing) conflicto m.; v chocar; oponerse

clasp, klaasp s corchete m.; (embrace) abrazo m.; v abrochar; abrazar

class, klaas s clase f.;

(quality) calidad f.; v clasificar

classify, klAs´-i-fai v clasificar

clatter, klAt´-a v resonar; s ruido m.

clause, kloas s cláusula f.; estipulación f.

claw, kloa s garra f.; uña f.; v arañar

clay, kiei s arcilla f.; barro m.

clayey, klei´-i a arcilloso

clean, kliin v limpiar; a* limpio

cleaning, kliin´-ing s limpieza f.

cleanliness, cleanness, klen´-li-nes, kliin´-nes s limpieza f.; aseo m.

cleanse, kien s v limpiar; purificar

clear*, kli r a claro; (profit) neto; v desembarazar; (sky) aclarar; (customs) despacho m.; –ness, claridad f.

cleave, kliiv v hender

cleft, kleft s hendedura f.; grieta f.

clematis, kiem´-a-tis s clemátide f.

clemency, klem´-en-si s clemencia f.

clench, klench v

remachar; (teeth, etc) cerrar

clergy, klĕr´-CHi s clero m.; –man, clérigo m.; eclesiástico m.

clerical, kier´-ik-l a clerical; –error, s error de escritura m.

clerk, klaark s dependiente m.; escribiente m.

clever*, klev´-a a inteligente; hábil; (manually) diestro

cleverness, klev´-er-nes s habilidad f.; (manual) destreza f.

click, klik v hacer tictac; s golpe seco m.

client, klai´-ent s cliente m.

clientele, klai´-ent-il s clientela f.

cliff, klif s acantilado m.

climate, klai´-met s clima m.

climax, klai´-mAks s colmo m.

climb, klaim v trepar; escalar; –er, s trepador m.; (plant) enredadera f.

clinch, klinch (see clench)

cling, kling v pegarse; (fig) adherirse

clinic, klin´-ik s clínica f.; centro m.; médico (privado)

clinical, klin´-i-kal a clínico

clink, kliñk v hacer resonar; (metallic) retiñir s retintín m.

clinker, kliñk´-a s escoria f.

clip, klip s grapa f.; v sujetar; (cut) cortar

cloak, klouk s capa f.; manto m.; v encapotar; (conceal) encubrir; **–room,** s (theatre, restaurant) guardarropa f.; (railway) consigna f.

clock, klok s reloj m. ; **alarm –,** despertador m.; **–maker,** relojero m.; **– work,** mecanismo de reloj m.

clod, klod s terrón m.

clog, klog s traba f.; (shoe) chanolo m.; v (mech) trabar; (obstruct) obstruir

cloister, klois´-ta s claustro m.

close, klou s s fin m.; conclusionf; v cerrar; (terminate) terminar; a (weather) pesado; adv (near) cerca; prep cerca de

closet, klo s ´-et s

gabinete m.; **water –,** (private) excusado m.; (public) retrete m.

closure, klou´-sh ur s clausura f.; fin m.

clot, klot s cuajarón m.; v cuajarse

cloth, kloz s tela f.; paño m.; **table–,** mantel m.

clothe, klouD v vestir

clothes, klouD s s pl vestidos m. pl; **bed–,** ropa de cama f.; **– brush,** cepillo m.

clothier, klouD´-ya s pañero m.

clothing, klouD´-ing s vestidos m. pl; ropa f.

cloud, klaud s nube f.; v anublarse; **–burst,** s chaparrón m.; **–less,** a sin nubes; **–y,** nublado

clout, klaut s trapo m.; (nail) clavo m.; (slap) bofetada f.; v remendar; abofetear

clove, klouv s clavo m.

cloven, klouv´-n, **–footed,** a patihendido

clover, klou´-va s trébol m.

clown, klaun s payaso m.

club, klöb s asociación m.; (stick) porra f.; (cards) bastos m. pl; **–foot,** pateta m.

cluck, klök v cloquear s cloqueo m.

clue, kluu, s guía f.; pista f.; indicio m.

clump, klömp s tarugo m.

clumsiness, klöm´-s-nes s torpeza f.

clumsy, klöm´-si a torpe; desmañado

cluster, klös´-ta s grupo m.; (fruit) racimo m.; v agruparse; arracimarse

clutch, klöch s garra f.; presa f.; (motor) embrague m.; v agarrar

coach, kouch s coche m.; (state) carroza f.; (tutor) preceptor m.; v (teaching) enseñar; **–man,** s cochero m.

coagulate, kou-A´-giuu-leit v coagular; (refl) coagularse

coal, koul s carbón de piedra m.; **–cellar,** carbonera f.; **–mine,** mina de carbón f.

coalition, kou-a-li´-shon s coalición f.

coarse*, kours a tosco; (manner) grosero

coarseness, kours´-nes s grosería f.

coast, koust s costa f.; litoral m.; v costear; **– guard,** s guarda costas m.

coat, kout *s* levita *f.*; chaqueta *f.*; abrigo *m.*; (animal) pelaje *m.*; (paint) capa de pintura *f.*; *v* vestir; **–ing,** *s* revestimiento *m.*; **–of arms,** escudo de armas *m.*; **over–,** abrigo *m.*

coax, kouks *v* engatusar

cob, kob *s* (horse) jaca *f.*

cobbler, kob´-la *s* remendón *m.*

cobweb, kob´-ueb *s* telaraña *f.*

cocaine, kou-kein´ *s* cocaína *f.*

cochineal, koch´-i-niil *s* cochinilla *f.*

cock, kok *s* (bird) gallo *m.*; (gun) gatillo *m.*; (turn-valve) llave *f.*; **–ade,** escarapela *f.*; **–erel,** pollo *m.*

cockle, kok´-l *s* coquina *f.*; (plant) cáscara *f.*

cockney, kok´-ni *s* indígena de Londres *m.*

cockroach, kok´-rouch *s* cucaracha *f.*

cocoa, kou´-kou *s* cacao *m.*; **–nut,** coco *m.*

cocoon, ko-kuun´ *s* capullo del gusano de seda *m.*

cod, kod *s* abadejo *m.*; bacalao *m.*; **–liver oil,** aceite de hígado de bacalao *m.*

coddle, kod´-l *v* mimar; acariciar

code, koud *s* código *m.*

codicil, kod´-i-sil *s* codicilo *m.*

coerce, kou-ĕrs´ *v* forzar

coffee, kof´-i *s* café *m.*; **–house,** café *m.*

coffee-pot, kof´-i-pot *s* cafetera *f.*

coffer, kof´-a *s* cofre *m.*; **–s,** *pl* tesoro *m.*

coffin, kof´-in *s* ataúd *m.*; féretro *m.*

cog, kog *s* diente de rueda *m.*; *v* dentar una rueda; **–wheel,** *s* rueda dentada *f.*

cogency, kou´-CHen-si *s* fuerza lógica *f.*; fuerza moral *f.*

cogitate, koCH´-i-teit *v* pensar; meditar

cogitation, koCH-i-tei´-shon *s* meditación *f.*

cognac, ko-ñak´ *s* coñac *m.*

cognate, kog´-neit *a* consanguíneo; análogo

cognizance, kog´-ni-s ans *s* conocimiento *m.*

cognizant, kog´-ni-s ant *a* informado; enterado

coherence, kou-ji´-rens *s* coherencia *f.*

coherent*, kou-ji´-rent *a* coherente

cohesion, kou-jii´-s hon *s* cohesión *f.*

cohesive*, kou-jii´-siv *a* cohesivo

coil, koil *s* rollo *m.*; bobina *f.*; *v* enrollar

coin, koin *s* moneda *f.*; *v* acuñar

coincide, kou-in-said´ *v* coincidir

coke, kouk *s* coque *m.*

cold, kould *s* frío *m.*; (head) resfriado *m.*; *a** frío

colic, kol´-ik *s* cólico *m.*

collaborate, ko-lAb´-o-reit *v* colaborar

collapse, ko-lAps´ *v* hundirse; *s* hundimiento *m.*

collar, kol´-r *s* cuello *m.*; (dog) collar *m.*; **–bone,** clavícula *f.*

collate, ko-leit´ *v* comparar

collateral*, ko-lAt´-er-al *a* colateral; accesorio

collation, ko-lei´-shon *s* cotejo *m.*

colleague, kol´-iig *s* colega *m.*

collect, ko-lekt´ *v* (stamps, art) coleccionar;

(money) cobrar; **–ed,** *a*
reunido; **–ion,** *s*
colección *f.*; (money)
cobro *m.*; **–ive,** *a*
colectivo; **–or,** *s* (tax,
etc) cobrador *m.*;
(stamps, art, etc)
coleccionador *m.*

college, kol´-ich *s* colegio
m.

collide, ko-laid´ *v* chocar

collier, kol´-ya *s* minero
m.; carbonero *m.*

colliery, kol´-yer-i *s* mina
de carbón *f.*

collision, ko-li´-sh *on s*
choque *m.*

collop, kol´-op *s* tajada *f.*;
rebanada *f.*

colloquial, ko-lou´-küi-al
a familiar

collusion, ko-luu´-shon *s*
colusión *f.*

colon, kou´-lon *s* dos
puntos *m. pl*

colonel, kër´-nel *s* coronel
m.

colonist, kol´-on-ist *s*
colono *m.*

colonnade, ko-lon-eid´ *s*
columnata *f.*

colony, kol´-o-ni *s* colonia
f.

colossal, ko-los´-l *a* colosal

colour, köl´-a *s* color *m.*; *v*
colorar; **–bar,** *s*

discriminación racial;
–ing, *s* colorido *m.*;
color *m.*

colt, koult *s* potro *m.*

column, kol´-om *s*
columna *f.*

coma, kou´-ma *s* coma *f.*;
letargo *m.*

comb, koum *s* (hair) peine
m.; (bird) cresta *f.*;
(honey) panal *m.*; *v*
peinar

combat, kom´-bat *s*
combate *m.*; *v* combatir;
–ant, *s* combatiente *m.*;
–ive, *a* belicoso

combination (s), kom-bi-
nei´-shon(s) *s*
combinación *f.*;
combinaciones *f. pl*

combine, köm-bain´ *s*
asociación *f.*; *v*
combinar

combustion, kom-böst´-
yon *s* combustión *f.*

come, köm *v* venir; **–back,**
volver; **–down,** bajar;
– in, entrar; **– off,**
(unfasten, disjoin,
loose) separarse; **– out,**
salir; **– up,** subir

comedian, ko-mii´-di-an *s*
comediante *m.*; cómico
m.

comedy, kom´-i-di *s*
comedia *f.*

comeliness, köm´-li-nes *s*
(grace) gracia *f.*;
(beauty) belleza *f.*

comet, kom´-et *s* cometa
m.

comfit, köm´-fit *s* confite
m.

comfort, köm´-fort *s*
(physical) comodidad *f.*;
(solace) consuelo *m.*;
(relief) alivio *m.*; *v*
consolar; aliviar; **–able,**
a cómodo; agradable

comic, kom´-ic *a* cómico

comma, kom´-a *s* coma *f.*

command, ko-maand´ *v*
mandar; dominar; *s*
orden *f.*; (knowledge)
dominio *m.*; (mil)
mando *m.*; **–er,**
comandante *m.*

commandment (s), ko-
maand´-ment(s) *s*
mandamiento(s) de la
ley de Dios *m.* (pl)

commence, ko-mens´ *v*
comenzar, principiar;
–ment, *s* comienzo *m.*;
principio *m.*

commend, ko-mend´ *v*
recomendar; (praise)
alabar

commendation, ko-men-
dei´-shon *s* elogio *m.*

comment, ko-ment´ *v*
comentar; *s* comentario

m.

commerce, kom´-ĕrs s
comercio m.

commercial, kom-mer´-
shal a comercial

commiserate, ko-mis´-er-
eit v compadecer

commission, ko-mish´-on
v comisionar; s comisión
f.; (rank) patente f.;
–aire, factor m.

commit, ko-mit´ v (bind)
comprometerse; (fault)
cometer; (sentence)
encarcelar

committal, ko-mit´-l s
encarcelamiento m.

committee, ko-mit´-i s
comité m.

commodious*, ko-moud´-
i-os a cómodo

commodity, ko-mod´-i-ti s
géneros m. pl; productos
m. pl

commodore, kom´-o-dór s
jefe de escuadra m.

common, kom´-on a*
común; ordinario;
vulgar; s (public land)
ejido m.

commoner, kom´-on-a s
plebeyo m.

commonplace, kom´-n-
pleis a común; trivial

commonwealth, kom´-on-
uelz s el estado m.; la

nación f.

commotion, ko-mou-
shon s conmoción f.

commune, ko-miuun´ v
conferir; conversar

communicate, ko-miuu´-
ni-keit v comunicar;
(eccl) comulgar

communication, ko-miuu-
ni-kei´-shon s
comunicación f.

Communion, ko-miuu´-ni-
on s (eccl) comunión f.

communism, ko-miuu-
ni-sm s comunismo m.

communist, ko-miuu-
ni-st a comunista; s
comunista mf.

community, ko-miuu´-ni-
ti s comunidad f.

commute, ko-miuut´ v
conmutar; **–r,** s viajero
de cercanía; v viajar a
diario

compact, kom-pAkt´ s
pacto m.; a* compacto

companion, kom-pAn´-
yon s compañero m.;
–ship, compañerismo m.

company, kŏm´-pa-ni s
compañía f.

comparative*, kom-pAr´-
a-tiv a comparativo

compare, kom-pé r´ v
comparar; compararse

comparison, kom-pAr´-is-n

s comparación f.

compartment, kom-paart´-
ment s compartimiento
m.

compass, kŏm´-pAs s
(magnetic) brújula f.;
(range) alcance m.; (a
pair of)– **es,** pl compás
m.

compassionate*, kom-pA´-
shon-eit a compasivo

compatible, kom-pat-i-bl
a compatible

compel, kom-pel´ v forzar;
constreñir

compensate, kom´-pen-
seit v compensar;
indemnizar

compensation, kom-pen-
sei´-shon s
compensación f.

compete, kom-piit´ v
concurrir; competir

competence, kom´-pi-tens
s competencia f.

competent, kom-pet-ant a
competente; capaz;
adecuado; suficiente

competition, kom-pi-ti´-
shon s (commercial)
concurrencia f.; (games)
concurso m.

competitive, kom-pet-it-
iv a (price) competitivo;
(spirit) competidor

competitor, kom-pet´-i-ta

s competidor m.; rival
m.
compile, kom-pail´ v
compilar
complacent*, kom-plei´-
sent a complaciente
complain, kom-plein´ v
quejarse
complaint, kom-pleint´ s
queja f.; (malady) mal
m.
complement, kom´-plii-
ment s complemento m.
complete, kom-pliit´ v
completar; terminar a*
completo; **–ly,** adv
completamente; **–ness,** s
integridad
completion, kom-plii´-
shon s acabamiento m.
complex, kom´-pleks s
complejo m.; a complejo
complexion, kom-plek´-
shon s (face) cutis m.
compliance, kom-plai´-ans
s consentimiento m.
compliant*, kom-plai´-ant
a complaciente
complicate, kom´-pli-keit
v complicar
compliment, kom´-pli-
ment s cumplimiento
m.; v cumplementar; **–s,**
s pl saludos m. pl
comply, kom-plai´ v
conformarse

component, kom-pou´-
nent s & a componente
m.
comport, kom-port´ v
comportarse
compose, kom-pous´ v
componer; calmar
composer, kom-pou´-sa s
compositor m.
composite, kom´-po-sit a
compuesto
composition, kom-pou-
si´shon s (essay, music)
composición f.
compositor, kom-pos´-i-tr
s compositor m.
composure, kom-pou´-
sher s calma f.;
compostura f.
compound, kom-paund´ v
componer a compuesto;
–fracture, s fractura
múltiple f.; **–interest,**
interés compuesto m.
comprehend, kom-pri-
jend´ v comprender
comprehension, kom-pri-
jen´-shon s comprensión
f.
compress, kom-pres´ v
comprimir; s compresa f.
comprise, kom-prais ´ v
contener
compromise, kom´-pro-
mais s compromiso m.; v
comprometer

compulsion, kom-pŏl´-
shon s compulsión f.
compulsive, kom-pŏl-siv a
compulsivo
compulsory, kom-pŏl´-so-
ri a obligatorio
compunction, kom-pŏñk´-
shon s contrición f.
compute, kom-piuut´ v
computar; calcular; **–er,**
s ordenador m.;
computadora f.
computer game, kom-
piuu-ta gueim s
vídeojuego
comrade, kom´-reid s
camarada m.
concave, kon´-keiv a
cóncavo
conceal, kon-siil´ v
esconder; ocultar;
–ment, s escondite m.;
secreto m.
concede, kon-siid´ v
conceder
conceit, kon-siit´ s
vanidad f.; presunción f.
conceited*, kon-sii´-tid a
presumido; vano
conceive, kon-siiv´ v
concebir; imaginar
concentrate, kon´-sen-
treit v concentrar
concept, kon´-sept s
concepto m.
conception, kon-sep´-shon

s concepción f.
concern, kon´-sĕrn s
(affair) negocio m.; (firm)
empresa f.; (disquiet)
preocupación f.; v
concernir; **to be –ed,**
(anxious) estar inquieto;
(involved, interested)
estar mezclado
concert, kon´-sĕrt s
concierto m.
concession, kon-sesh´-on s
concesión f.
conciliate, kon-sil´-i-eit v
conciliar
concise*, kon-sais´ a
conciso
conclude, kon-kluud´ v
concluir
conclusion, kon-kluu´-
shon s conclusión f.
conclusive*, kon-kluu´-
siv a concluyente
concoct, kon-kokt´ v
confeccionar; inventar´
concord, kon´-koard s
concordia f.; v
concordar
concordant, kon-koar´-
dant a conforme
concourse, kŏn´-kórs s
concurso m.; afluencia f.
concrete, kon´-kriit s
hormigón m.; a concreto
concur, kon-kĕr´ v
concurrir; estar de

acuerdo
concurrence, kon-kŏr´-
ens s cooperación f.
concussion, kon-kŏsh´-on
s conmoción cerebral
condemn, kon-dem´ v
condenar
condense, kon-dens v
condensar
condescend, kon-di-send´
v condescender
condescension, kon-di-
sen´-shon s
condescendencia f.
condiment, kon´-di-ment
s condimento m.
condition, kon-di´-shon s
condición f.
conditional*, kon-di´-
shon-al a condicional
condole, kon-doul´ v
condolerse; dar el
pésame
condolence, kon-dou´-lens
s pésame m.
condom, kon´-dom s
condón m.; preservativo
m.
condone, kon-doun´ v
condonar
conduce, kon-diuus´ v
conducir
conducive, kon-diuu´-siv
a conducente
conduct, kon´-dokt s
conducta f.; proceder

m.; v conducir; dirigir
conductor, kon-dŏkt´-a s
(guide) guía m.; (bus)
cobrador m.; (music)
director de orquesta m.
conduit, kŏn´-dit s
conducto m.; (pipe)
caño m.
cone, koun s cono m.;
(fir) piña f.
coney, (see cony)
confabulate, kon-fʌb´-iu-
leit v confabular
confectioner, kon-fek´-
sho-nʌ s confitero m.;
(shop) confitería f.;– y,
(sweetmeats) dulces m. pl
confederate, kon-fed´-er-
eit s confederado m.;
cómplice m.
confederation, kon-fed´-
er-ei-shon s
confederación f.
confer, kon-fĕr´ v
conferenciar; (bestow)
conferir
confess, kon-fes´ v
confesar; reconocer
confession, konfesh´-on s
confesión f.
confide, kon´-faid v confiar
confidence, kon´-fi-dens s
confianza f.; confidencia
f.
confident*, kon´-fi-dent a
seguro; (trustful)

confiado

confidential*, kon-fi-den´-shal *a* confidencial

confine, kon-fain´ *v* limitar; (lock up) aprisionar; *s* confín *m.*; límite *m.*; **–ment,** prisión *f.*; (lying-in) parto *m.*

confirm, kon-fĕrm´ *v* confirmar

confirmation, kon-fĕr-mei´-shon *s* confirmación *f.*

confiscate, kon´-fis-keit *v* confiscar

conflagration, kon-fla-grei´-shon *s* incendio *m.*

conflict, kon´-flikt *s* conflicto *m.*; (combat) lucha *f.*; *v* contender; **–ing,** *a* contradictorio

confluent, kon´-flu-ent *a* confluente

conform, kon-foarm´ *v* conformar; **–to,** conformarse; **–able,** *a* conforme

confound, kon-faund´ *v* (confuse) consternar; (mistake) confundir; **–ed,** *a* maldito

confront, kon-frŏnt´ *v* confrontar

confuse, kon-fiuus´ *v* confundir

confusion, kon-fiuu´-shon *s* confusión *f.*

confutation, kon-fiu-tei´-shon *s* refutación *f.*

congeal, kon-CH iil´ *v* congelar

congenial, kon-CH ii´-ni-al *a* congenial; simpático

congenital, kon-CHen´-i-tl *a* congénito

congest, ko-CHest´ *v* aglomerar; congestionar; **–ion,** *s* acumulación *f.* ; (med) congestión *f.*

congratulate, kon-grAt´-iu-leit *v* felicitar

congratulation, kon-grAt´-iu-lei´-shon *s* felicitación *f.*; enhorabuena *f.*

congregate, koñ´-gri-gueit *v* congregar; juntarse

congregation, koñ-gri-guei´-shon *s* asamblea *f.*; (eccl) congregación *f.*

congress, koñ-gres *s* congreso *m.*

congruous*, koñ´-gru-os *a* congruo

conjecture, kon-CHek´-tiur *v* conjeturar; *s* conjetura *f.*

conjointly, kon-CHoint´-li *adv* conjuntamente

conjugal, kon´-CHiuu-gal *a* conyugal

conjunct, kon-CHŏnkt´ *a* conjunto; unido

conjuncture, kon-CHŏnk´-tiur *s* coyuntura *f.*; sazón *f.*

conjure, kŏn´-CHer *v* hacer juegos de mano; escamotear

conjurer, kŏn´-CHer-a *s* prestidigitador *m.*

connect, ko-neet´ *v* juntar; unir; (mech) acoplar; **–ion,** *s* conexión *f.*; relación *f.*; clientela *f.*

connive (at), ko-naiv´ (At) *v* hacer la vista gorda

connoisseur, kon-is-ĕr´ *s* conocedor *m.*

conquer, koñ´-ker *v* conquistar; vencer; **–or,** *s* conquistado *m.*; vencedor *m.*

conquest, koñ´-kuest *s* conquista *f.*

conscience, kon´-shens *s* conciencia *f.*

conscientious*, kon-shi´-en-shos *a* concienzudo

conscious*, kon´-shos *a* consciente

consciousness, kon´-shos-nes *s* conocimiento *m.*

conscript, kon´-skript *s* recluta *m.*; *a* conscripto; *v* reclutar

consecrate, kon´-si-kreit v
consagrar

consecutive*, kon-sek´-
iu-tiv a consecutivo

consent, kon-sent´ v
consentir s
consentimiento m.

consequence, kon´-si-
küens s consecuencia f.

consequential*, kon-si-
küen´-shal a importante

consequently, kon-si-
küent´-li adv por
consiguiente;
consiguientemente

conservative, kon-sĕr-va-
tiv s conservador m.; a
conservador

conservatory, kon-sĕr´-va-
to-ri s (plants)
invernadero m.; (music)
conservatorio m.

conserve, kon-sĕrv´ v
conservar

consider, kon-sid´-a v
(opinion) considerar;
(ponder) reflexionar;
–ate, a considerado;
atento; –ation, s
consideración f.; in –
ation, of, en
consideración de; –ing,
prep visto que; en
atención; a
considerando

considerable, kon-sid´-er-

a-bl a considerable

consign, kon-sain´ v
consignar; enviar; –ee s
consignatario m.;
–ment, consignación f.;
envío m.; expedición f.;
–or, consignador m.

consist, kon-sist´ v
consistir

consistency, kon-sis´-ten-
si s consistencia f.

consistent*, kon-sis´-tent
a consistente;
compatible

consolation, kon-so-lei´-
shon s consolación f.

console, kon-soul´ v
consolar

consoler, kon-soul´-a s
consolador m.

consolidate, kon-sol´-i-
deit v consolidar

consols, kon´-sols s pl
títulos de la deuda
consolidada f. pl

consonant, kon´-so-nant s
consonante f.

consort, ko-ssoart s
cónyuge m.; v asociarse

conspicuous*, kon-spik´-
iu-os a (noticeable)
visible; (distinguished)
notable

conspiracy, kon-spir´-a-si
s conspiración f.

conspirator, kon-spir´-ei-

ta s conspirador m.

conspire, kon-spair´ v
conspirar

constable, kon´-sta-bl s
agente de policía m.

constabulary, kon-stAb´-
iu-lA-ri s policía f.

constancy, kon´-stan-ci s
constancia f.

constant*, kon´-stant a
constante

constipated, kon-stip-eit-
ed a estreñido

constipation, kon-sti-pei´-
shon s estreñimiento m.

constituency, kon-stit´-iu-
en-si s distrito electoral
m.

constituent, kon-stit´-iu-
ent s elector m.

constitute, kon´-sti-tiuut
v constituir

constitution, kon-sti-
tiuu´-shon s
constitución f.

contraceptive, kon-tra-
sep-tiv s & a
anticonceptivo m.;
contraceptivo m.

constrain, kon-strein´ v
constreñir

constraint, kon-streint´ s
constreñimiento m.

constriction, kon-strik´-
shon s constricción f.

construct, kons-trŏkt´ v

construir; edificar

construction, kons-trŏk´-shon s construcción f.; interpretación f.

construe, kon´-struu v interpretar; construir

consul, kon´-sel s cónsul m.

consulate, kon´-siul-eit s consulado m.

consult, kon-sŏlt´ v consultar

consultation, kon-sel-tei´-shon s consulta f.

consume, kon-siuum´ v consumir

consumer, kon-siuu´-ma s consumidor m.

consummate, kon´-som-eit v consumar

consummation, kon-som-ei´-shon s consumación f.

consumption, kon-sŏm´-shon s (use) consumo m.; (med) tisis f.

consumptive, kon-sŏm´-tiv a tísico

contact, kon´-tAkt s contacto m.; –lenses, s pl lentes de contacto

contagious, kon-tei´-CH os a contagioso

contain, kon-tein´ v contener

contaminate, kon-tAm´-i-

neit v contaminar

contemplate, kon´-tem-pleit v contemplar

contemporary, kon-tem´-po-ra-ri s contemporáneo m.

contempt, kon-temt´ s desprecio m.

contemptible, kon-tem´-ti-bl a despreciable

contend, kon-tend´ v contender; (maintain) sostener

content, kon-tent´ v contentar; a contento

contention, kon-ten´-shon s contención f.; disputa f.

contentious, kon-ten´-shos a contencioso

contents, kon-tents´ s pl contenido m.

contest, kon´-test s contienda f.; disputa f.; v competir; disputar

contiguous*, kon-ti-guiu´-os a contiguo

continent, kon´-ti-nent s continente m.

contingency, kon-tin´-CHen-si s eventualidad f.; contigencia f.

contingent*, kon-tin´-CHent a contingente; casual

continual*, kon-tin´-iu-al

a continuo; incesante

continuation, kon-tin´-iu-ei´-shon s continuación f.

continue, kon-tin´-iuu v continuar

continuous*, kon-tin´-iu-os a continuo

contortion, kon-toar´-shon s contorsión f.

contraband, kon´-tra-bAnd s contrabando m.

contract, kon-trAkt´ s contrato m.; v contraer; (marriage) contraer; –for, contratar; –ion, s contracción f.; abreviación f.; –or, contratante m.; (builder) maestro de obras m.

contradict, kon-tra-dikt´ v contradecir

contradiction, kon-tra-dik´-shon s contradicción f.

contrary, kon´-tra-ri s contrario m.

contrary, kon´-tra-ri a opuesto

contrast, kon´-trAst s contraste m.; v contrastar

contravene, kon-tra-viin´ v contravenir; infringir

contravention, kon-traven´-shon s contravención f.

contribute, kon-trib´-iut v contribuir

contribution, kon-trib-iuu´-shon s contribución f.; (gift) dádiva f.; (literary) artículo m.

contrite, kon´-trait a contrito

contrivance, kon-trai´-vans s invención f.; artificio m.; disposición f.

contrive, kon-traiv´ v imaginar; ingeniar

control, kon-troul´ v dirigir; (feelings) refrenar s dominio m.; (authority) dirección f.

controller, kon-troul´-a s director m.; inspector m.

controls, kon-troul s´ s (mech) mandos m. pl

controversial, kon-tro-věr´-shal a contencioso

controversy, kon´-tro-ver-si s controversia f.

controvert, kon´-tro-ve rt v controvertir

contumely, kon´-tiu-me-li s contumelia f.; desdén m.

conundrum, ko-nŏn´-

drom s acertijo m.; adivinanza f.

convalescence, kon-va-les´-ans s convalecencia f.

convalescent, kon-va-les´-ent a convaleciente

convene, kon-viin´ v convocar

convenience, kon-vii´-ni-ens s conveniencia f.; (lavatory) excusado m.

convenient*, kon-vii´-ni-ent a conveniente

convent, kon´-vent s convento m.

convention, kon-ven´-shon s convención f.; (assembly) asamblea f.

converge, kon-věr CH´ v converger

conversant, kon´-ver-sant a versado en; experto

conversation, kon-ver-sei´-shon s conversación f.

converse, kon-věrs´ v conversar

conversion, kon-ver´-shon s conversión f.

convert, kon-věrt´ v convertir; (alter) cambiar; (religion) convertirse

convert, kon´-věrt s convertido m.

convex, kon´-veks a convexo

convey, kon-vei´ v transportar; (impart) transmitir; participar; –ance, s transporte m.; vehículo m.; (law) cesión f.

conveyancer, kon-vei´-ans-a s escribano m.

convict, kon´-vikt s convicto m.; presidiario m.; v condenar; –ion, s convicción f.; (crime) condenación f.

convince, kon-vins´ v convencer

convivial, kon-viv´-i-al a sociable; festivo

conviviality, kon-viv´-i-Al´-i-ti s jovialidad f.

convocation, kon-vou-kei´-shon s convocatoria f.; asamblea f.

convoy, kon-voi´ s convoy m.; v convoyar

convulse, kon-vŏls´ v convulsionarse; (geological) sacudir

convulsion, kon-vŏl´-shon s convulsión f.; (geological) sacudida f.

convulsive*, kon-vŏl´-siv a convulsivo

coo, kuu, v arrullar

cook, kuk s cocinero m.; v

hacer la comida; (in oil) guisar; (in water) cocer

cookery, kuk´-er-i s arte de cocina m.

cool, kuul v enfriar; a* fresco; **–ness,** s frescura f.; indiferencia f.; sangre fría f.

'**coop,** kuup v enjaular; s jaula f.

cooper, kuu´-pa s tonelero m.

co-operate, kou-op´-er-eit v cooperar

co-operator, kou-op´-er-ei-ta s cooperador m.

cope, koup v contender

copious*, kou´-pi-os a copioso; abundante

copper, kop-´a s cobre m.; a cobrizo

coppice, copse, kop´-is, kops s soto m.; maleza f.

copy, kop´-i v copiar; s copia f.; ejemplar m.

copy-book, kop´-i-buk s cuaderno de escribir m.

copyright, kop´-i-rait s derechos de autor m.

coquetry, kou´-ket-ri s coquetería f.

coracle, kor´-a-kl s barquilla de cuero f.

coral, kor´-al s coral m.

cord, koard s cuerda f.; v encordar

cordial*, koar´-di-al a cordial

corduroy, koar-diu-roi´ s pana f.

core, kó r s centro m.

co-respondent, kou-ri-spon´-dent s cómplice m.

cork, koark s corcho m.; (stopper) tapón m.; v tapar con corchos

corkscrew, koark´-scruu s tirabuzón m.; sacacorchos m.

cormorant, koar´-mo-rant s corvejón m.

corn, koarn s trigo m.; grano m.; (foot) callo m.

corner, koar´-na s esquina f.; (of a room) rincón m.

cornflower, k arn´-flau-a s coronilla f.

cornice, koar´-nis s cornisa f.

coronary, kor-on-a-ri a coronario; s infarto m de miocardio; trombosis coronaria

coronation, ko-ro-nei´-shon s coronación f.

coroner, kor´-o-na s médico forense m.

coronet, kor´-o-net s corona de un título f.

corporal, koar´-po-ral s cabo m.; a corporal

corporate, koar´-po-rit a incorporado

corporation, koar´-po-rei´-shon s corporación f.

corps, kó r s cuerpo militar m.

corpse, koarps s cadáver m.

corpulency, koar´-piu-len-si s corpulencia f.; gordura f.

corpulent, koar´-piu-lent a corpulento; gordo

corpuscle, koar´-pos-l s corpúsculo m.

correct, 'ko-rekt´ a* correcto; v corregir; (admonish) reprender; **–ness,** s exactitud f.; (manners) corrección f.

corrective, ko-rek´-tiv a correctivo

correspond, kor-i-spond´ v corresponder; **–ence,** s correspondencia f.; **–ent,** correspondiente m.

corridor, kor´-i-doar s corredor m.; pasillo m.

corroborate, ko-rob´-o-reit v corroborar

corroboration, ko-rob´-o-rei´-shon s corroboración f.

corrode, ko-roud´ v corroer

corrosive, ko-rou´-siv s

corrosivo m.; a
corroyente

corrugated, kor´-u-guei-
tid a (iron) ondulado;
(cardboard) acanalado

corrupt, ko-rŏpt´ v
corromper; a* corrupto

corruption, ko-rŏp´-shon s
corrupción f.

corsair, koar-sé r s
corsario m.

corset, koar´-set s corsé m.

cortege, koar-tesh´ s
comitiva f.; séquito m.

corvette, koar-vet´ s
corbeta f.

cost, kost s precio m.; –s,
pl (law) costas f. pl; v
costar; –ly, a caro;
costoso

cost-of-living, kost ov-
liv´-ing s coste m.; de
vida

costermonger, kos´-ter-
mŏñ-ga s vendedor
ambulante m.

costume, kos´-tiuum s
traje m.; vestido m.

cosy, kou´-zi a cómodo

cot, kot s (hut) cabaña f.;
(child's) cuna f.

cottage, kot´-iCH s choza
f.; casita de campo f.

cotton, kot´-n s algodón
m.; (thread) hilo m.

cotton-wool, kot´-n-uul s

algodón en rama m.

couch, kauch´s cama f.;
lecho m.

cough, koaf s tos f.; v toser

could, kuud pp of can

council, kaun´-sil s
concejo m.; (state)
consejo m.

councillor, kaun´-sil-a s
concejal m.

counsel, kaun´-sl s
(lawyer) abogado
consejero m.; v
aconsejar

counsellor, kaun´-sel-a s
consultor m.; (law)
consejero m.

count, kaunt v contar; –
less, a innumerable

countenance, kaun´-te-
nans s rostro m.; v
(tolerate) apoyar;
favorecer

counter, kaun´-ta s
mostrador m.; (games)
ficha f.; –act, v impedir;
frustrar; –felt, s
falsificación f.; v
falsificar; a falso; –foil, s
talón m.; –mand, s
contramandar; v
falsificación f.; –pane, s
cubrecama f.; –part,
contraparte f.; –sign,
santo y seña m.

country, kŏn´-tri s (rural)
campo m.; (state) país

m.; –**man**, compatriota
m.; (rural) campesino

county, kaun´-ti s
condado m.

couple, kŏp´-l s par m.;
(people) pareja f.; v unir
m.

courage, kŏr´-iCH s valor
m.

courageous*, ko-rei´-CH
os a valiente

courgette, koar-CHet s
calabacín m.

courier, kŏu-ri-a s
mensajero/a mf.; (for
tourist) guía mf. (de
turismo)

course, kó rs s (direction)
curso m.; (tuition) serie
f.; (race) carrera f.;
(ship's) rumbo m.;
(meal) plato m.; of –,
desde luego

court, kó rt s (royal) corte
f.; (law) tribunal m.; v
cortejar; –ier, s
cortesano m.; –martial,
consejo de guerra m.;
–ship, corte f.; noviazgo
m.; –yard, patio m.

courteous*, kĕr´-ti-os a
cortés; afable

courtesy, kĕr´-ti-si s
cortesía f.

cousin, kŏ s´-n s primo
m.; prima f.

cove, kouv s ensenada f.

covenant, kŏv′-i-nant s convención f.; v estipular

cover, kŏv′-a s cubierta f.; (lid) tapa f.; (shelter) abrigo m.; v cubrir

cover-up, kŏv′-a ŏp v (object) cubrir; tapar; (truth) ocultar; encubrir; (emotions) disimular; s cubierta f.

covet, kŏv′-et v codiciar

cow, kau s vaca f.; v intimidar; –**hide,** s cuero vacuno m.; –**slip,** primavera f.

coward, kau′-uerd s cobarde m.; –**ice,** cobardía f.

cowboy, kau-boi s vaquero m.

cower, kau′-a v agacharse

cowl, kaul s (hood) capucha f.; (chimney) caballete m.

coxcomb, koks′-koum s mequetrefe m.

coxswain, kok′-sn s (steersman) timonero m.

coy*, koi a tímido; modesto; reservado

crab, krAb s cangrejo m.; –**apple,** manzana silvestre f.; –**bed*,** a

aspero; (writing) ilegible

crack, krAk s hendedura f.; grieta f.; (glass) raja f.; (noise) crujido m.; (of a whip) chasquido m.; v (noise) crujir; (fissure) hender; agrietar; (whip) chasquear; (nuts) cascar

cracker, krAk′-er s (firework) carretilla f.; (nut) cascanueces m.; (Xmas) triquitraque m.

crackle, krAk′-l v crujir; (fire) crepitar

cradle, krei′-dl s (crib) cuna f.

craft, kraaft s (trade) oficio m.; (ship) embarcación f.; (cunning) astucia f.

craftsman, kraafts′-man s artífice m.

crafty, kraaf′-ti a astuto

crag, krAg s risco escarpado m.

cram, krAm v apretar; (coach) preparar para examen

cramp, krAmp s calambre m.; v apretar

cranberry, krAn′-be-ri s arándano m.

crane, krein s (bird) grulla f.; (hoist) grúa f.; v extender

crank, krAnk s manivela f.; (fig) maniático m.

cranny, krAn′-i s grieta f.

crape, kreip s crespón f.

crash, krAsh v (collide) chocar; (break) romper; (crash down) desplomarse; s choque m.; (noise) estrépito m.; (financial) quiebra f.

crater, kreit′-a s cráter m.

crave, kreiv v suplicar; (desire) ansiar

craving, krei′-ving s deseo vehemente m.

crawfish, crayfish, kroa′-fish, krei′-fish s (river) cangrejo de río m.; (sea) cangrejo de mar m.

crawl, kroal v arrastrarse; –**up,** trepar

crayon, krei′-on s lápiz de color m.

craze, kreis s demencia f.; (mode) manía f.

crazy, krei′-si a demente; (structure) desvencijado

creak, kriik v crujir

cream, kriim s nata f.; (whipped) crema f.

creamy, krii′-mi a qué contiene nata

crease, kriis s (press) pliegue m.; (crush) arruga f.; v plegar; arrugar

create, kri-eit´ v crear; causar; producir

creature, krii´-tiʊr s criatura f.

creche, kresh s guardería f.; infantil

credentials, kri-den´-shal s s pl credenciales f. pl; (diplomatic) cartas credenciales f. pl

credible, kred´-i-bl a creíble

credit, kred´-it s crédito m.; v acreditar; –able, a estimable; honorífico; –or, s acreedor m.; –card s tarjeta f.; de crédito

credulous, kred´-iu-los a crédulo

creed, kriid s creencia f.

creep, kriip v deslizarse; (reptile) arrastrarse

creeper, krii´-pa s enredadera f.

cremate, kri-meit´ v incinerar

cremation, kri-mei´-shon s cremación f.

crematorium, krem-ator-iium s crematorio m.; horno m.; crematorio

creole, krii´-oul s criollo m.

crescent, kres´-ent s creciente m.

cress, kres s (watercress)

berro m.

crest, krest s (bird's) cresta f.; (heraldry) cimera f.; (hill) cima f.; –fallen, a abatido

crevice, krev´-is s hendedura f.; grieta f.

crew, kruu s tripulación f.

crick, krik s tortícolis m.

cricket, krik´-et s grillo m.; (game) criquet m.

crime, kraim s crimen m.

criminal, krim´-i-nal s criminal m.; delincuente m.; a criminal

crimson, krim´-son s carmesí m.; a carmesí

cringe, krinCH v rebajarse; humillarse

crinkle, kriñ´-kl v rizar; s sinuosidad f.

cripple, krip´-l s lisiado m.; v lisiar

crisis, krai´-sis s crisis f.

crisp, krisp a tostado crespo

criterion, krai-ti´-ri-on s criterio m.

critic, kri-tik s crítico/a mf.

critical*, krit´-i-kal a crítico; difícil

criticism, krit´-i-sis m s crítica f.

criticize, krit´-i-sais v criticar

croak, krouk v (crow)

graznar; (frog) croar; s (crow) graznido m.; (frog) canto m.

crochet, krou´-she s (needle) aguja de gancho f.; v hacer crochet

crockery, krok´-er-i s vajilla f.

crocodile, krok´-o-dail s cocodrilo m.

crocus, krou´-kos s azafrán m.

crook, kruuk s gancho m.; (rogue) petardista m.; –ed*, a corvo; deshonesto

crop, krop s cosecha f.; v cosechar

cross, kros s cruz f.; a (veexd) mal humorado; v cruzar; –examine, repreguntar; –ing, s (railway, road) cruce m.; (sea) travesía f.; –over, atravesar; –road, s encrucijada f.

crotchet, krŏ´-shit s (music) corchea f.

crouch, krauch v agacharse

crow, krou s cuervo m.; v cacarear

crowbar, krou´baar s palanca f.; barra f.

crowd, kraud s (people)

muchedumbre f.; (things) montón m.; v amontonar; (people) apiñarse

crown, kraun s corona f.; (cranium) coronilla f.; v coronar

crucial, kruu´-shal a crucial; decisivo

crucible, kruu´-si-bel s crisol m

crucifix, kruu´-si-fiks s crucifijo m.

crucify, kruu´-si-fai v crucificar

crude*, kruud a (raw) crudo; (rough) tosco

cruel*, kruu´-el a cruel; –ty, s crueldad f.

cruet, kruu´-et s vinagrera f.

cruise, kruu s s viaje por mar m.; v navegar e corso

cruiser, kruu´-sa s crucero m.

crumb, kröm s miga f.

crumble, kröm´-bl v desmenuzar

crumple, kröm´-pl v estrujar; arrugar

crunch, krönch v mascar

crush, krösh s apiñamiento m.; v aplastar

crust, kröst s (bread) corteza f.; (pastry) pasta f.; (earth) capa f. ; –y, a tostado

crutch, kröch s muleta f.; horquilla f.

cry, krai s grito m.; v (call) gritar; (weep) llorar

cryptic, krip´-tik a escondido; secreto

crystal, kris´-tl s cristal m.

cub, köb s (dog) cachorro m.; (bear) osezno m.; (lion) leoncillo m.

cube, kiuub s cubo m.

cubicle, kiuu-bi-kal s caseta f.; cubículo m.

cuckoo, ku´-kuu s cuco m.

cucumber, kiuu´-köm-ba s pepino m.

cud, köd s rumia f.

cuddle, köd´-l v abrazar; abrazarse

cudgel, kö CH´-l s palo m.; v apalear

cue, kiuu s (acting) apunte m.; (billiard) taco m.

cuff, cöf s puño m.; (slap) bofetada f.

culinary, kiuu´-li-na-ri a culinario

culminate, köl´-mi-neit v culminar

culpability, köl-pa-bil´-i-ti s culpabilidad f.

culpable, köl-pa-bl a culpable

culprit, köl-prit s reo m.; culpable m.

cult, költ s culto m.

cultivate, köl´-ti-veit v cultivar

culture, köl´-tiur s cultura f.

cumbersome, köm´-ber-som a embarazoso; pesado

cunning, kön´-ing s astucia f.; a* astuto

cup, köp s taza f.; (trophy) copa f.

cupboard, köb´-erd s armario m.

cupola, kiuu´-po-la s cúpula f.; domo m.

cur, ker s perro de mala raza m.; hombre vil m.

curate, kiu´-reit s vicario m.

curb, kerb v refrenar; s freno m.; –stone, piedra que forma el reborde de la acera f.

curd, kerd s cuajada f.; requesón m.

crudle, ker´-dl v cuajar

cure, kiu r s (treatment) cura f.; (remedy) remedio m.; v curar; (meat, fish, etc) salar

curiosity, kiu-ri-os´-i-ti s curiosidad f.

curious*, kiu-ri-os *a*
curioso; (peculiar) raro

curl, kĕrl *s* rizo *m.*; *v*
rizarse

curlew, kĕr'-liuu *s*
chorlito *m.*

curly, kĕr'-li *a* rizado

currant, kŏr'-ant *s*
grosella *f.*; (dried) pasa
de Corinto *f.*

currency, kŏr'-en-si *s*
moneda *f.*

current, kŏr'-ent *s*
corriente *f.*; *a** corriente

curry, kŏr'-i *s* curry *m.*

curse, kĕrs *s* maldición *f.*;
v maldecir

cursory, kĕr'-so-ri *a* de
carrera; somero

curt*, kĕrt *a* brusco;
(brief) corto

curtail, ker-teil' *v* acortar;
(restrict) restringir

curtailment, ker-teil'-
ment *s* cercenamiento
m.

curtain, kĕr'-tin *s* cortina
f.; (theatre) telón *m.*

curtsy, kĕrt'-si *s*
(obeisance) reverencia *f.*

curve, kĕrv *s* curva *f.*; *v*
encorvar

cushion, kush'-on *s* cojín
m.; almohada *f.*

custard, kŏs'-terd *s*
natillas *f. pl*

custody, kŏs'-to-di *s*
encierro *m.*; (care)
cuidado *m.*

custom, kŏs'-tom *s*
costumbre *f.*; (trade)
parroquia *f.*; **—house**,
aduana *f.*; **—s-duty**,
derechos de aduana *m.*
pl

customary, kŏs'-tom-a-ri *a*
usual

customer, kŏs'-tom-a *s*
parroquiano *m.*

customs, kŏs'-toms *s*
aduana *f.*; (duty)
derechos de aduana; **-
officer** aduanero *m.* -a *f.*

cut, kŏt *s* corte *m.*; (joint,
etc) tajada *f.*; *v* cortar;
separar; (cards) alzar;
(snub) desairar; **—off**,
amputar; decapitar;
(phone) cortar

cuticle, kiuu'-ti-kl *s*
cutícula *f.*

cutlass, kŏt'-las *s* cuchilla
f. machete *m.*

cutler, kŏt'-la *s* cuchillero
m.

cutlery, kŏt'-la-ri *s*
cuchillería *f.*

cutlet, kŏt'-let *s* chuleta
f.; costilla *f.*

cutter, kŏt'-a *s* (tailor)
cortador *m.*; (ship) cúter
m.

cuttle-fish, kŏt'-l-fish *s*
sepia *m.*

cyclamen, sik'-la-men *s*
ciclamen *f.*

cycle, sai'-kl *s* ciclo *m.*;
bicicleta *f.*

cylinder, sil'-in-da *s*
cilindro *m.*

cynical, sin'-i-kal *a* cínico

cypress, sai'-pres *s* ciprés
m.

dab, dAb s (fish) barbada f.; v tocar

daffodil, dAf´-o-dil s narciso atrompetado m.

dagger, dAg´-a s daga f.; puñal m.

dahlia, dAl´-i-a s dalia f.

daily, dei´-li adv diariamente a cotidiano

dainty, dein´-ti s golosina f.; a delicado; elegante

dairy, dei´-ri s lechería f.

daisy, dei´-si s margarita f.; maya f.

dale, deil s valle m.

dam, dAm s pantano m.; v estancar

damage, dAm´-iCH s daño m.; (average) avería f.; v dañar; averiar

damask, dAm´-ask s damasco m.

damn, dAm v maldecir; interj ¡maldito!

damnation, dAm-nei´-shon s condenación f.

damp, dAmp s humedad f.; a húmedo; v humedecer

damson, dAm´-sn s ciruela damascena f.

dance, daans s baile m.; danza f.; v bailar

dancer, daans´-a s bailador m.; bailarín m.

dandelion, dAn´-di-lai-on s diente de león m.

dandruff, dAn´-drof s caspa f.

danger, dein´-CHa s peligro m.

dangerous*, dein´-CHer-os a peligroso

dangle, dAn´-gl v colgar

dapper, dAp´-a a apuesto

dare, dér v atreverse; (challenge) desafiar

daring, dé´-ring s audacia f.; a* audaz, osado

dark, daark a obscuro; **–ness,** s obscuridad f.

darling, daar´-ling s querido m. a querido

darn, daarn v zurcir; zurcido m.

dart, daart s dardo m.; v lanzar

dash, dAsh s (short line) raya f.; v (throw) arrojar; (rush) lanzarse

dashing*, dAsh´-ing a fogoso

dastard, dAs´-tard s cobarde m.; a* cobarde

data, dei´-ta s pl datos m. pl; antecedentes m. pl

date, deit s fecha f.; (fruit) dátil m.; v fechar

daughter, doa´-ta s hija f.; **–in-law,** nuera f.

dauntless*, doant´-les a intrépido

dawdle, doa´-dl v callejear; (lag) tardar

dawn, doan s alba m.; v amanecer

day, dei s día m.; **–break,** (see dawn)

daylight, dei´-lait s luz del día f.

dazzle, dAs´-l v

deslumbrar; (fig.) ofuscar

deacon, dii´-kn s diácono m.

dead, ded a muerto

deaden, ded´-n v amortiguar

deadlock, ded´-lok s paro m.; desacuerdo m.

deadly, ded´-li adv mortalmente; a mortal

deaf, def a sordo

deafen, def´-n v ensordecer

deafness, def´-nes s sordera f.

deal, diil s (business) trato m.; (quantity) cantidad f.; (wood) madera de pino f.; v (trade) negociar; (treat, attend to) tratar; (cards) distribuir; **a great –,**mucho

dealer, diil´-a s negociante m.; (small) tratante m.; (cards) mano f.

dean, diin s deán m.

dear, dir a* querido; (expensive) caro; costoso

dearth, dĕrz s escasez f.

death, dez s muerte f.

debar, di-baar´ v excluir; (deprive) privar

debase, di-beis´ v

envilecer; degradar

debate, di-beit´ v debatir; s debate m.

debater, di-bei´-ta s orador m.; polemista m.

debauch, di-boach´ v corromper; pervertir

debauchery, di-boa´-cher-i s libertinaje m.

debenture, di-ben´-tiur s obligación f.

debility, di-bil´-i-ti s debilidad f.

debit, deb´-it s debe m.; v debitar

debt, det s deuda f.

debtor, det´-a s deudor m.

decade, de-keid s década f.; decenio m.

decadence, dek´-a-dens s decadencia f.

decaffeinated, di-kaf-in-eit-ed a descafeinado

decamp, di-kAmp´ v escaparse

decant, di-kAnt´ v trasegar

decanter, di-kAn´-ta s garrafa f.

decarbonize, di-kaar´-bon-ai s v descarbonizar

decay, di-kei´ s (decline) decadencia f.; (rot) podredumbre f.; v decaer; (rot) pudrirse; (tooth) v cariarse; a cariado

decease, di-siis´ v morir; s fallecimiento m.

deceased, di-siist´ s & a muerto m.; difunto m.

deceit, di-siit´ s engaño m.

deceitful*, di-siit´-ful a engañoso; falso

deceive, di-siiv´ v engañar; (illusion) alucinar

December, di-sem´-ba s diciembre m.

decency, dii´-sen-si s decencia f.

decent*, dii´-sent a decente

deception, di-sep´-shon s decepción f.; (trick) engaño m.

deceptive, di-sep´-tiv a engañoso

decide, di-said´ v decidir; resolver

decided, di-sai´-did a resuelto; firme

decimal, des´-i-mal a decimal

decipher, di-sai´-fa v descifrar

decision, di-si´-s hon s decisión f.

decisive*, di-sai´-siv a decisivo

deck, dek v adornar; s cubierta f.; puente m.

declaim, di-kleim´ v

declamar

declaration, dek-la-rei´-shon s declaración f.

declare, di-klér´ v declarar

declension, di-klen´-shon s decadencia f.; (grammar) declinación f.

decline, di-klain´ s disminución f.; (values) baja f.; (ground) declive m.; (decadence) decadencia f.; v decaer; (reject) rehusar; (grammar) declinar

declutch, dii-kl ŏ ch´ v desembragar

decompose, di-kom-pou s´ v descomponer

decorate, dek´-o-reit v decorar; adornar

decoration, dek-o-rei´-shon s decoración f.

decorous*, dek´-o-ros a decoroso, decente

decoy, di-koi´ s (thing) seducción f.; (person) entruchón m.; (bird) señuelo m.; v entruchar

decrease, di-kriis´ v disminuir; decrecer

decrease, dii´-kriis s disminución f.

decree, di-krii´ v decretar s decreto m.

decry, di-krai´ v denigrar;

desacreditar

dedicate, ded´-i-keit v dedicar; consagrar

deduct, di-dŏkt´ v rebajar; deducir

deduction, di-dŏk´-shon s deducción f.; rebaja f.

deed, diid s acto m.; hecho m.; (valour) hazaña f.; (document) escritura f.

deem, diim v juzgar

deep, diip s piélago m.; a* profundo; hondo

deepen, dii´-pn v profundizar

deer, dir s venado m.

deface, di-feis´ v desfigurar

defamation, def-a-mei´-shon s difamación f.

defame, di-feim´ v difamar

default, di-foalt´ s (business) suspensión de pagos f.; v dejar de pagar; (law) estar en rebeldía

defaulter, di-foalt´-a s delicuente m.; (payment) que no paga

defeat, di-fiit´ s derrota f.; v derrotar; frustrar

defect, di-fekt´ s defecto m.; imperfección f.

defective*, di-fek´-tiv a defectuoso

defence, di-fens´ s defensa

f.; protección f.

defenceless, di-fens´-les a indefenso

defend, di-fend´ v defender; proteger

defendant, di-fen´-dant s demandado m.

defender, di-fen´-da s defensor m.

defensible, di-fen´-si-bl a defendible

defensive*, di-fen´-siv a defensivo

defer, di-fĕr´ v diferir

deference, def´-er-ens s consideración f.

defiance, di-fai´-ans s reto m.; (challenge) desafío m:

deficiency, di-fish´-en-si s falta f.; (money) déficit m.

deficient, di-fish´-ent a deficiente

deficit, def´-i-sit s déficit m.

defile, di-fail´ v (soil) ensuciar; (moral) manchar

define, di-fain´ v definir; determinar

definite*, def´-i-nit a definido; preciso

definition, def-i-ni´-shon s definición f.

deflect, di-flekt´ v desviar;

apartar; desviarse

deflection, di-flek´-shon s desviación f.

deform, di-foarm´ v deformar; desfigurar

defraud, di-froad´ v defraudar; estafar; frustrar

defray, di-frei´ v costear; pagar

deft*, deft a diestro; mañoso; hábil

defunct, di-fŏnkt´ a difunto

defy, di-fai´ v desafiar; retar

degenerate, di-CHen´-er-et v degenerar; s degenerado m.

degradation, deg-ra-dei´-shon s degradación f.; envilecimiento m.

degrade, di-greid´ v degradar; envilecer

degree, di-grii´ s grado m.

dehydrated, di-jai-drei-ted a deshidratado; (milk) en polvo

deign, dein v dignarse; condescender

deject, di-CHekt´ v abatir; desalentar

dejection, di-CHek´-shon s abatimiento m.

delay, di-lei´ s dilación f.; (late) retraso m.; v

retardar; (linger) tardar

delectable, di-lek´-ta-bl a deleitable

delegate, del´-i-guet s delegado m.; v delegar

delete, di-liit´ v borrar

deleterious, di-li-tii´-ri-os a deletéreo; pernicioso

deletion, di-lii´-shon s tachadura f.

deliberate, di-lib´-er-eit v deliberar; a circunspecto; prudente; premeditado

delicacy, del´-i-ka-si s delicadeza f.; (food) golosina f.

delicate*, del´-i-keit a delicado

delicious*, di-lish´-os a delicioso

delight, de-lait´ v deleitar; s deleite m.; delicia f.

delightful*, de-lait´-ful a delicioso

delineate, di-lIn´-i-eit v delinear

delinquent, di-liñ´-kuent s & a delincuente m. & f.

delirious, di-lir´-i-os a delirante

delirium, di-lir´-i-om s delirio m.

deliver, di-liv´-a v (letters, goods) entregar; (rib) librar; (set free) libertar;

(speech) pronunciar; –y, s entrega f.; (letters) distribución f.

delude, di-liuud´ v engañar; (mental) alucinar

delusion, di-liuu´-shon s ilusión f.; engaño m.

delve, delv v cavar

demand, di-maand´ s demanda f.; v demandar; exigir

demean (oneself), di-miin´ v comportarse

demeanour, di-mii´-ner s conducta f.; porte m.

demented, di-men´-tid a loco; demente

demise, di-mais ´ s muerte f.

democracy, dim-ok-ras-i s democracia f.

democrat, dem-ou-krAt s demócrata mf.

democratic, dem-ou-krAt´-ik a democrático

demolish, di-mol´-ish v demoler

demon, dii´-mon s demonio m.

demonstrate, dem´-on-streit v demostrar

demoralize, dii-mor´-a-lai s v desmoralizar

demote, di-mout v degradar

demur, di-mĕr´ v
oponerse; s objeción f.

demure*, di-miuur a
reservado, modesto

den, den s antro m.; (wild
beast) cuchitril m.

denial, di-nai´-al s
negativa f.; denegación
f.

denim, den-im s tela f.;
vaquera; -s pantalón m
vaquero m. pl

denizen, den´-i-sn s
vecino m.; habitante m.
& f.

denomination, di-nom-i-
nei´-shon s
denominación f.;
(religion) secta f.

denote, di-nout´ v denotar

denounce, de-nauns´ v
denunciar; delatar

dense*, dens a espeso;
denso

density, dens´-i-ti s
densidad f.

dent, dent s abolladura f.;
v abollar

dentist, den´-tist s
dentista m.

dentistry, den´-tist-ri s
cirugía dental f.

denude, di-niuud´ v
desnudar; despojar

deny, di-nai´ v negar;
(refuse) rehusar

deodorant, di-ou´-der-ant
s desodorante m.

depart, di-paart´ v partir;
(decease) morir

department, di-paart´-
ment s departamento m.

department store, di-
paart´-ment stór s
grandes almacenes m. pl

departure, di-paar´-tiur s
partida f.; salida f.;
–platform, andén m.

depend (upon), di-pend´ v
(contingent) depender
de; (trust) confiar en

dependant, di-pen´-dant s
dependiente m. & f.

depict, di-pikt´ v pintar;
representar

deplete, di-pliit´ v agotar;
disipar

depletion, di-plii´-shon s
agotamiento m.

deplore, di-plór´ v
deplorar

deport, di-pórt v deportar

deportment, di-pórt´-
ment s porte m.;
conducta f.

depose, di-pous´ v
deponer

deposit, di-pos´-it s (bank,
sediment, on account,
etc) depósito m.; v
depositar

depositor, di-pos´-i-ta s

depositante m. & f.

depository, di-pos´-i-to-ri
s (store) almacén m.

depot, di´-pou s almacén
m.; (station) estación f.

deprave, di-preiv´ v
depravar; viciar

deprecate, dep´-ri-keit v
deprecar

depreciate, di-prii-shi-eit
v depreciar; rebajar

depredation, dep-ri-dei´-
shon s pillaje m.

depress, di-pres´ v
deprimir; desanimar

depression, di-presh´-on s
(trade) depresión f.;
(spirits) abatimiento m.;
(glen) hondonada f.

deprivation, dep-ri-vei´-
shon s privación f.;
pérdida f.

deprive, di-praiv´ v privar;
despojar

depth, depz s profundidad
f.; hondo m.

deputation, di-piu-tei´-
shon s diputación f.

deputy, dep´-iu-ti s
substituto m.; delegado
m.

derailment, di-reil´-ment s
descarrilamiento m.

derange, di-reinCH´ v
desarreglar; –ment, s
desarreglo m.; trastorno

mental *m.*
derelict, der´-i-likt *a*
abandonado; *s* derelicto
m.
deride, di-raid´ *v* mofar;
escarnecer
derision, di-rii´-shon *s*
mofa *f.*; escarnio *m.*
derisive*, di-rai´-siv *a*
irrisorio; burlesco
derive, di-raiv´ *v* derivar;
(knowledge) deducir
derogatory, di-rog´-*a*-to-ri
a despectivo
descend, di-send´ *v* bajar;
(lineage) descender
descendant, di-send´-ant *s*
descendiente *m.*
descent, di-sent´ *s* bajada
f.; (lineage)
descendencia *f.*
describe, di-skraib´ *v*
describir
description, di-skrip´-shon
s descripción *f.*
desecrate, des´-i-kreit *v*
profanar
desert, des ´-ĕrt *s*
(wilderness) desierto *m.*
desert, di-sĕrt´ *v*
abandonar; (*mil*)
desertar
deserter, di-sĕrt´-*a* *s*
desertor *m.*
desertion, di-sĕr´-shon *s*
abandono *m.*; (*mil*)

deserción *f.*
deserve, di-sĕrv´ *v*
merecer
deservedly, di-sĕr´-ved-li
adv merecidamente
desiccate, di-sik´-eit *v*
desecar; secar
design, di-s ain´ *s* (sketch)
diseño *m.*; (intention)
designio *m.*; (pattern)
patrón *m.*; *v* (plan)
proyectar; (sketch)
diseñar
designing, di-s ai´-ning *a*
intrigante, artero
desireable, di-s ai´-ra-bl *a*
deseable
desire, di-sair´ *s* deseo *m.*;
v desear
desirous, di-sai´-ros *a*
deseoso
desist, di-sist´ *v* desistir;
cesar
desk, desk *s* pupitre *m.*;
escritorio *m.*
desolate, des´-o-leit *a*
desolado; *v* desolar
despair, di-sper´ *v*
desesperar; *s*
desesperación *f.*
despatch, dis-pАch´ *s*
(message) despacho *m.*;
v despachar
desperate*, des´-per-eit *a*
desesperado
despicable, des´-pi-ka-bl *a*

despreciable
despise, di-spai s ´ *v*
despreciar
despite, di-spait´ *prep* a
pesar de
despoil, di-spoil´ *v*
despojar
despond, di-spond´ *v*
desalentarse
despondency, di-spon´-
den-si *s* desaliento *m.*
despot, des´-pot *s* déspota
m.; tirano *m.*
dessert, di-sĕrt´ *s* postres
m. pl
destination, des-ti-nei´-
shon *s* destinación *f.*
destine, des´-tin *v* destinar
destiny, des-tin´-i *s*
destino *m.*; hado *m.*
destitute, des´-ti-tiuut *a*
destituído
destitution, des-ti-tiuu´-
shon *s* destitución *f.*;
privación *f.*
destroy, di-stroi´ *v* destruir
destruction, dis-trŏk´-
shon *s* destrucción *f.*
destructive*, dis-trŏk´-tiv
a destructivo
desultory, des´-ol-to-ri *a*
variable; inconstante
detach, di-tАch´ *v* separar;
(*mil*) destacar
detachable, di-tАch´-*a*-bl
a movible

detail, di-teil´ v detallar

detail, dii´-teil s detalle m.; pormenor m.

detain, di-tein´ v detener

detect, di-tekt´ v descubrir; sorprender

detective, di-tek´-tiv s detective m.

detention, di-ten´-shon s detención f.

deter, di-tĕr´ v disuadir; acobardar

detergent, di-tĕr´-CHent s detergente m.

deteriorate, di-tii´-ri-ou-reit v deteriorar; desmejorar

determine, di-tĕr´-min v determinar; resolverse

detest, di-test´ v detestar

dethrone, di-zroun´ v destronar

detonation, di-to-nei´-shon s detonación f.

detour, di-túr´ s vuelta f.; rodeo m.

detract, di-trakt´ v detraer; (value) disminuir

detrimental, det-ri-men´-tal a perjudicial

deuce, diuus s (cards, dice, two) dos m.; (equality) a patas f. pl

devastate, dev´-as-teit v devastar

develop, di-vel´-op v desenvolver; desarrollar

development, di-vel´-op-ment s desarrollo m.

deviate, dii´-vi-eit v desviarse

device, di-vais´ s medio m.; invención f.

devil, dev´-l s diablo m.; demonio m.

devilry, dev´-il-ri s diablura f.

devise, di-vais´ v inventar; tramar; (law) disponer

devoid, di-void´ a falto; desprovisto

devote, di-vout´ v dedicar

devour, di-vaur´ v devorar

devout*, di-vaut´ a devoto; piadoso

dew, diuu s rocío m.

dexterous*, deks´-ter-os a diestro; hábil

diabetes, dai-a-bii´-tis s diabetes f.

diabolical*, dai-a-bol´-i-kal a diabólico

diagnose, dai-ag-nou s´ v diagnosticar

diagonal, dai-ag´-o-nal s diagonal m.; a* diagonal

diagram, dai´-a-gram s diagrama m.

dial, dai´-al s (clock) esfera f.; (sun) reloj de sol m.

dialect, dai´-a-lekt s dialecto m.

dialogue, dai´-a-log s diálogo m.

diameter, dai-am´-i-ta s diámetro m.

diamond, dai´-a-mond s diamante m.; (cards) oros m. pl

diarrhœa, dai-a-rii´-a s diarrea f.

diary, dai´-a-ri s diario m.; (business) agenda f.

dice, dais s pl dados m. pl

dictate, dik-teit´ v dictar

dictator, dik-teit´-a s dictador m. -ora f.

dictionary, dik´-shon-a-ri s diccionario m.

die, dai v morir; fallecer; s (stamp) cuño m.; (mold) matriz f.

diesel, dii-sal s diesel m.; gasóleo m.

diet, dai´-et s dieta f.; alimento m.; régimen m.; **to put on a –,** v poner a dieta; **to be on a –,** estar a dieta

differ, dif´-a v diferir, diferenciarse; (disagree) disentir

difference, dif´-er-ens s diferencia f.; disputa f.

different*, dif´-er-ent a diferente

difficult, dif´-ik-elt *a* difícil; **–y,** *s* dificultad *f.*

diffident*, dif´-id-ent *a* desconfiado; (*fig*) corto

diffuse, dif-iuus´ *v* difundir; *a* difuso

dig, dig *v* cavar, excavar

digest, di-CHest´ *v* digerir; *s* recopilación *f.*

digestion, di-CHes´-tion *s* digestión *f.*

dignified, dig´-ni-faid *a* grave; digno

dignitary, dig´-ni-ta-ri *s* dignatario *m.*

dignity, dig´-ni-ti *s* dignidad *f.*

digression, di-gresh´-on *s* digresión *f.*

dike, daik *s* dique *m.*; presa *f.*

dilapidated, di-lAp´-i-deit-id *a* dilapidado

dilapidation, di-lAp´-i-dei-shon *s* dilapidación *f.*

dilate, di-leit´ *v* dilatar; dilatarse

dilatory, dil´-a-to-ri *a* dilatorio; lento

dilemma, di-lem´-a *s* dilema *m.*

diligence, dil´-i-CHens *s* diligencia *f.*

diligent*, dil´-i-CHent *a* diligente

dilute, di-liuut´, dai-li-uut´; *v* diluir; aguar

dim, dim *v* obscurecer; *a** obscuro; (sight) turbio

dimension, di-men´-shon *s* dimensión *f.*; medida *f.*

diminish, di-min´-ish *v* disminuir

dimness, dim´-nes *s* obscuridad *f.*

dimple, dim´-pel *s* hoyuelo *m.*

din, din *v* ensordecer; *s* estruendo *m.*; estrépito *m.*

dine, dain *v* comer

dinghy, ding-i or ding-gi *s* bote *m.*; lancha *f.*; neumática

dingy, din´-CHi *a* deslustrado; deslucido

dining-car, dain´-ing-kaar *s* coche restauran *m.*

dining-room, dain´-ing-ruum *s* comedor *m.*

dinner, din´-a *s* comida *f.*; (?supper) cena *f.*

dip, dip *s* inmersión *f.*; *v* sumergir; (moisten) mojar; (slope) bajar

diphtheria, dif-zii´-ri-a *s* difteria *f.*

diplomacy, di-plou´-ma-si *s* diplomacia *f.*

dire, dair *a* terrible; horrendo

direct, di-rekt´ *v* dirigir; *a* directo

direction, di-rek´-shon *s* dirección *f.*; (instruction) orden *f.*

directly, di-rekt´-li *adv* directamente; en seguida; *conj* luego que

director, di-rek´-ta *s* director *m.*; administrador *m.*

directory, di-rek´-to-ri *s* directorio *m.*; (small) guía *f.*

dirt, dĕrt *s* basura *f.*; lodo *m.*; suciedad *f.*

dirty, dĕr´-ti *v* ensuciar; *a* sucio

disability, dis-a-bil´-i-ti *s* inhabilidad *f.*; incapacidad *f.*

disable, dis-ei´-bl *v* mutilar; inutilizar

disabled, dis-ei´-bld *a* minusválido

disadvantage, dis-Ad-vaan´-tiCH *s* desventaja *f.*

disagree, dis-a-grii *v* disentir; discrepar; incomodar

disagreeable, dis-a-grii´-a-bl *a* desagradable

disallow, dis-a-lau´ *v* desaprobar; rechazar

disappear, dis-a-pir´ *v* desaparecer

disappearance, dis-*a*-pi´-rans s desaparición f.

disappoint, dis-*a*-point´ v chasquear; desengañar; desilusionar; frustrar; (promise) dar chasco; **—ment,** s desengaño m., chasco m.; desilusión f.

disapprove, dis-*a*-pruuv´ v desaprobar

disarm, dis-aarm´ v desarmar

disaster, dis -aas´-t*a* s desastre m.

disastrous*, dis -aas-tros a desastroso

disavow, dis-*a*-vau´ v repudiar; desconocer

disc, disk s disco m.

discard, dis-kaard´ v descartar; (cast off) desechar

discern, di-sĕrn´ v discernir

discharge, dis-chaar CH´ s (dismissal) despedida f.; (gun) descarga f.; (merchandise) descargo m.; (med.) derrame m.; v despedir; descargar; (fulfil) cumplir; (acquit) absolver; (release) poner en libertad

disciple, dis-ai´-pl s discípulo m.

discipline, dis´-i-plin s disciplina f.

disc jockey, disk CHok´-i s pinchadiscos mf.

disclaim, dis-kleim´ v renunciar; (deny) desconocer

disclose, dis-klous´ v revelar; descubrir

disclosure, dis-klou´-SHur s revelación f.

disco, diskod s discoteca f.

discolour, dis-kal´-*a* v descolorar; desteñir

discomfit, dis-kŏm´-fit v desconcertar; **—ure,** s desconcierto m.

discomfort, dis-kŏm´-fort s incomodidad f.

disconnect, dis-ko-nekt´ v desunir; desconectar

discontent, dis-kon-tent´ s descontento m.; **—ed,** a descontento

discontinue, dis-kon-tin´-iuu v interrumpir; (deter) aplazar

discord, dis-koard´ s discordia f.

discotheque, dis-ko-tek s discoteca f.

discount, dis-kaunt v descontar s descuento m.

discourage, dis-kŏr´-iCH v desalentar

discourse, dis-kórs´ v

discurrir; conversar s discurso m.; conversación f.

discourteous*, dis-koar´-ti-os a descortés

discover, dis-kŏv-a v descubrir

discovery, dis-kŏv´-er-i, s descubrimiento m.

discreet*, dis-kriit´ a discreto

discrepancy, dis-krep´-ans-i s discrepancia f.

discriminate, dis-krim´-i-neit v discernir

discuss, dis-kŏs´ v discutir

disdain, dis-dein´ v desdeñar s desdén m.

disdainful*, dis-dein´-ful a desdeñoso

disease, di-siis, enfermedad f.; dolencia f.

disembark, dis-em-baark v desembarcar

disengaged, dis-en-geiCH´ a libre; vacante

disentangle, dis-en-tAng´-gl v desenredar

disfigure, dis-fig´-*a* v desfigurar

disgrace, dis-greis´ s deshonra f.; v deshonrar

disguise, dis-gais´ s disfraz m. v disfrazar; (feelings) ocultar

disgust, dis-gŏst´ v
disgustar; s repugnancia
f.

dish, dish s fuente f.;
(meal) plato m.; –**cloth,**
trapo de cocina f.; –**up,**
v servir

dishearten, dis-jaar´-tn v
desalentar

dishevelled, di-shev´-eld a
desgreñado

dishonest*, di-son´-ist a
deshonrado

dishonour, di-son´-a v
deshonrar; s deshonra f.

dishwasher, dish-uoash´-a
s lavaplatos m.;
lavavajillas m.; (person)
friegaplatos mf.

disinclination, dis-in-klin-
ei´-shon s aversión f.

disinfect, dis-in-fekt´ v
desinfectar

disinherit, dis-in-jer´-it v
desheredar

disjoin, dis-CHoin´ v
descoyuntar; separar;
–**ted,** a dislocado;
separado; desarticulado

dislike, dis-laik´ v tener
aversión a; s aversión f.

dislocate, dis´-lo-keit v
dislocar; (joint)
descoyuntar

disloyal, dis-loi´-al a
desleal; infiel

dismal*, dis´-mal a triste;
(gloomy) lúgubre

dismay, dis-mei´ v
aterrorizar; s
consternación f.

dismiss, dis-mis´ v
despedir; (mentally)
descartar

dismount, dis-maunt´ v
desmontar

disobedient*, dis-o-bii´-
di-ent a desobediente

disobey, dis-ou-bei´ v
desobedecer

disorder, dis-oar´-da s
desorden m.; a
desordenar

disorientated, dis-oar-
iien-teit-ed a
desorientado

disown, dis-oun´ v
repudiar; desconocer

disparage, dis-pAr´-iCH v
rebajar

dispatch, (see **despatch**)

dispel, dis-pel´ v dispersar;
disipar

dispensary, dis-pen´-sa-ri s
dispensario m.

dispensation, dis-pen-sei´-
shon s distribución f.;
(eccl) dispensa f.

disperse, dis-pĕrs´ v
dispersar

display, dis-plei´ v exhibir;
s exhibición f.

displease, dis-pliis´ v
desagradar

displeasure, dis-plesh´-er s
desagrado m.

disposable, dis-pous-abl a
desechable; de usar y
tirar; (income)
disponible

disposable nappy, dis-
pous-abl nA-pi s pañal
m desechable

disposal, dis-pou´-sal s
disposición f.; venta f.

dispose, dis-pous´ v
disponer; vender

disprove, dis-pruuv´ v
refutar

disputable, dis-piuu´-ta-bl
a discutible

dispute, dis-piuut´ v
disputar; s disputa f.

disqualify, dis-kuou´-li-fai
v descalificar

disquiet, dis-kuai´-et v
inquietar; s inquietud f.

disregard, dis-ri-gaard´ v
desatender; s
desatención f.

disrepute, dis-ri-piuut´ s
descrédito m.

disrespect, dis-ri-spekt´ s
desatención f.; –**ful*,** a
desatento

disrupt, dis-rŏpt v (plans)
desbaratar; trastornar;
(conversation)

interrumpir

dissatisfy, di-sAt´-is-fai *v* descontentar

dissect, dis-sekt´ *v* disecar

dissent, di-sent´ *v* disentir; *s* disensión *f.*

dissimilar, di-sim´-i-lar *a* diferente; distinto

dissipate, dis´-si-peit *v* disipar; esparcir

dissociate, di-sou -shi-eit *v* desunir; disociar

dissolute*, dis´-o-liuut *a* disoluto; libertino

dissolve, di-solv´ *v* disolver

dissuade, di-sueid´ *v* disuadir

distance, dis´-tans *s* distancia *f.*

distant*, dis´-tant *a* distante; esquivo; frío

distasteful*, dis-teist´-ful *a* desagradable

distemper, dis-tem´-pa *s* (paint) destemple *m.*; (veterinary) moquillo *m.*; (peevish) mal humor *m.*

distend, dis-tend´ *v* distender; dilatar

distil, dis-til´ *v* destilar

distinct*, dis-tiñkt´ *a* distinto; diferente

distinction, dis-tiñk´-shon *s* distinción *f.*;

diferencia *f.*

distinguish, dis-tiñ´-güish *v* distinguir

distort, dis-toart´ *v* falsear; torcer

distract, dis-trAkt´ *v* distraer; perturbar; **–ion,** *s* distracción *f.*; perturbación *f.*; locura *f.*

distress, dis-tres´ *s* pena *f.*; angustia *f.*; *v* angustiar; **to be in –,** (naut) estar en apuros; **–ing,** *a* penoso

distribute, dis-trib´-iuut *v* distribuir; clasificar

distributor, dis-trib´-iuut-a *s* (mech) mecanismo distribuidor *m.*; (comm) comerciante distribuidor *m.*; concesionario *m.*

district, dis´-trikt *s* distrito *m.*; región *f.*

distrust, dis-trŏst´ *v* desconfiar de; *s* desconfianza *f.*

disturb, dis-tĕrb´ *v* perturbar; **–ance,** s., interrupción *f.*; disturbio *m.*; (mob) tumulto *m.*

disuse, dis-iuus´ *s* desuso *m.*

ditch, dich *s* zanja *f.*; foso *m.*

ditto, dit´-oh *adv* idem

dive, daiv *v* zambullirse;

sumergirse; **–r,** *s* buzo *m.*

diverge, di-vĕrCH´ *v* divergir

diverse, dai-vĕrs´ *a* varios; diversos

diversion, di-vĕr´-shon *s* desviación *f.*; distracción *f.*

divert, dai-vĕrt´ *v* desviar; (attention) distraer

divest, di-vest´ *v* desnudar; (deprive) despojar

divide, di-vaid´ *v* dividir; separar; (distribute) repartir

divine, di-vain´ *v* adivinar; *a** divino

division, di´-vi-sh on *s* división *f.*; partición *f.*

divorce, di-vŏrs´ *v* divorciar; *s* divorcio *m.*

divulge, di-vŏlCH´ *v* revelar

dizzy, dis´-i *a* vertiginoso; (faint) desvanecido

do, duu *v* hacer; servir; bastar; cocer; hallarse

docile, dos´-il *a* dócil, sumiso

dock, dok *s* dársena *f.*; (court) barra *f.*; **dry –,** astillero *m.*; **––yard,** astillero *m.*

doctor, dok -ta *s* médico *m.*; *v* curar

doctrine, dok´-trin s doctrina f.; dogma m.

document, dok´-iu-ment s documento m.; **–ary,** s (film) película documental f.

dodge, doCH v evadir; esquivar; s evasiva f.

dog, dog s perro m.; **–ged,** a tenaz; terco

dole, doul s limosna f.; subsidio m.; de paro

doleful*, doul´-ful a doloroso; lastimoso

doll, dol s muñeca f.

dollar, dol-a s dólar m.

domain, do-mein´ s propiedad f.; dominio f.

dome, doum s cúpula f.; domo m.

domestic, do-mes´-tik s criado m.; doméstico m.; a doméstico; **–ated,** a domesticado

domicile, dom´-i-sail s domicilio m.; v domiciliar

dominate, dom´-i-eit v dominar

domineer, dom-i-nir´ v dominar; tiranizar

donate, do-neit v donar

donation, do-nei´-shon s donación f.

donkey, dong´-ki s asno m.; burro m.

donor, do´-na s donante m.

doom, duum s sentencia f.; destino m.; ruina f.; v predestinar; **–sday** s día del juicio universal m.

door, dór s puerta f.; **–keeper,** portero m.; **–knocker,** picaporte m.; **–mat,** felpudo m.; **–step,** escalera de entrada f.

dormant, dor´-mant a desuso; inactivo

dormitory, dor´-mi-to-ri s dormitorio m.

dormouse, dor´-maus s lirón m.

dose, dous s dosis f.; v dosificar

dot, dot s punto m.; v puntear

double, dób´-l s doble m.; duplicado m.; v doblar

doubt, daut v dudar; s duda f.; **–ful*,** a dudoso; **–less,** adv sin duda

douche, dush s ducha f.

dough, dou, pasta f.; masa f.

dove, dóv s paloma f.; **–cot,** palomar m.

down, daun adv & prep abajo; s plumón m.; **–cast,** a abatido; **–fall,** s caida f.; ruina f.; **–pour,**

aguacero m.; chaparrón m.; **–wards,** adv hacia abajo

dowry, dau´-ri s dote f.

doze, dous v dormitar; s sueño; ligero m.

dozen, dós´-n s docena f.

drab, drAb a pardusco

draft, draaft s (money) giro m.; (sketch) boceto m.; (writing) borrador m.; v redactar

drag, drAg v arrastrar; tirar; s draga f.

dragon, drAg´-on s dragón m.; **–fly,** libélula f.

drain, drein v desaguar; s desaguadero m.; (trench) zanja f.; **–age,** desagüe m.

drake, dreik s pato m.

dram, drAm s dracma f.

dramatic, drAm-a´-tick a dramático

draper, drei´-pa s pañero m.

drastic, drAs´-tik a drástico

draught, draaft s (air) corriente de aire f.; (med.) poción f.; (liquor) trago m.; (sketch) diseño m.; (ship) calado m.; **–board,** tablero de damas m.; **–s,** pl juego de damas m.

draughtsman, draafts´-man s delineante m.

draw, droa v (pull) tirar; (attract) atraer; (sketch) dibujar; (bill) girar; (money) cobrar

drawback, droa´-bʌk s desventaja f.

drawer, droa´-a s (furniture) cajón m.; (bill) girador m.; –s, pl calzoncillos m. pl

drawing, droa´-ing s tiro m.; (sketch) dibujo m.

drawl, droal v arrastrar las palabras

dray, drei s carromato m.

dread, dred s miedo m.; v temer

dreadful*, dred´-ful a terrible

dream, driim s sueño m.; v soñar

dreary, dri´-ri a triste; sombrío; fatigante

dredge, dreCH v dragar; –r, s draga f.

dregs, dregs s pl heces f. pl; sedimento m.

drench, drench v empapar; mojar

dress, dres s vestido m.; traje m.; v vestir, vestirse; (wounds) curar; (hair) peinar

dressing, dres´-ing s (med) vendajes m. pl; (culinary) condimento m.; –**case,** neceser m.; –**gown,** bata f.; –**room,** tocador m.

dressmaker, dres´-meik-a s modista f.

dribble, drib´-l v gotear

drift, drift s deriva f.; (snow, etc) torbellino m.; (tendency) tendencia f.; giro m.; v derivar; impeler

drill, dril s (mil) ejercicio m.; (tool) taladro m.; v enseñar el ejercicio; taladrar

drink, dring-k s bebida f.; v beber

drip, drip v gotear, chorrear; s gotera f.

dripping, drip´-ing s (fat) pringue m.

drive, draiv v conducir; guiar; s (approach) calzada para coches f.; (outing) paseo en coche m.

driver, drai´-va s cochero m.; chófer m.; (owner) conductor m.; (engine) maquinista m.

driving licence, draiv-ing lai-sens s carnet m.; de conducir

drizzle, dris´-l v lloviznar; s llovizna f.

droll, droul a jocoso

drone, droun s zángano m.; v zumbar

droop, druup v inclinarse; (plants) marchitarse

drop, drop s caída f.; (liquid) gota f.; v caer; (let fall) dejar caer

dropsy, drop´-si s hidropesía f.

drought, draut s sequía f.; sequedad f.

drove, drouv s manada f.; rebaño m.

drown, draun v ahogar; ahogarse

drowsy, drau´-si a soñoliento; adormecido

drudge, drŏ CH s ganapán f.; v afanarse

drudgery, drŏ CH´-a-ri s faena f.

drug, drŏg v drogar; s droga f.

druggist, drŏ´-guist s boticario m.; droguero m.

drum, drom s tambor m.; (ear) tímpano m.; (container) bidón m.; –**mer,** tambor m.

drunk, drŏng´-k a borracho; –**ard** s borrachón m.; –**enness,**

embriaguez f.

dry, drai v secar a *seco; **–ness**, s sequedad f.

dual carriageway, diuu´-al kAr´-iCH-uei s autovía f.

dubious*, diuu´-bi-os a dudoso

duchess, dŏCH´-es s duquesa f.

duck, dŏk s pato m.; v (immerse) zambullir; (stoop) esquivar

due, diuu s (owing) debido n.; (toll, rights, etc.) derechos m. pl; (deserts) merecido m.; a (owing) debido; (bill) vencido

duel, diuu´-el s duelo m.

·**duet**, diu-et´ s dúo m.

duke, diuuk s duque m.

dull, dŏl a (mind) lerdo; (markets) desanimado; (weather) cubierto; (blunt) sin filo

duly, diuu´-li adv oportunamente; a su tiempo

dumb, dŏm a mudo

dumbfound, dŏm-faund´ v confundir

dummy, dŏm´-i s (lay figure) maniquí m.; (sham) imitado m.; (cards) mudo m.

dump, dŏmp s depósito m.; estiba f.; v verter

dung, dŏng s boñiga f.; (manure) estiércol m.

dungeon, dŏn´-CHen s calabozo m.

dupe, diuup s incauto m.; v embaucar

duplicate, diuu´-pli-keit s duplicado m.; doble m.; v duplicar

durable, diu´-ra-bl a durable; duradero

duration, diu-rei´-shon s duración f.

during, diu´-ring prep durante

dusk, dŏsk s obscuridad f.; (evening) crepúsculo m.; **–y**, a obscuro; (colour) moreno

dust, dŏst s polvo m.; v despolvorear

dust-bin, dŏst´-bin s (refuse) basurero m.

duster, dŏst´-a s plumero m.; (cloth) trapo m.

dutiful*, diuu´-ti-ful s obediente; respetuoso

duty, diuu´-ti s deber m.; (customs) derechos m. pl; (service) servicio m.

duvet, duu-vei s edredón m.

dwarf, duoarf s & a enano m.; v achicar

dwell, duel v habitar,

residir; **–er**, s habitante m.; residente m.; **–ing**, domicilio m.

dwindle, duin-dl v mermar; disminuirse

dye, dai s tinte m.; tintura f.; v teñir

dynamite, dai´-na-mait s dinamita f.

dynamo, dai´-na-mou s dínamo m.

dysentery, dis´-n-tri s disentería f.

each, iich, *pron* cada uno, todos; a cada todo; **–other,** *pron* el uno al otro; mutuamente

eager, ii´-gA *a** deseoso; **–ness,** *s* ansia *f.*

eagle, ii´-gl *s* águila *m.*

ear, i *r s* oreja *f.*; (music) oído *m.*; (corn) espiga *f.*; **–phone,** *s* auricular *m.*; **–ring,** pendiente *m.*; arete *m.*; zarcillo *m.*; **–wig,** tijereta *f.*

earl, ërl *s* conde *m.*

early, ër´-li *adv* temprano. *a* matinal; primitivo

earn, ërn *v* ganar; **–ings,** *s pl* salario *m.*

earnest*, ër´-nest *a* serio; sincero

earth, ërz *s* tierra *f.*; suelo *m.*; *v* (electrical) ligar con la tierra; **–enware,** *s* loza de barro *f.*; **–ly,** *a* terrestre; **–quake,** *s* terremoto *m.*

ease, iis *s* (comfort) comodidad *f.*; (relief) alivio *m.*; (facility) facilidad *f.*; *v* aliviar; **not at –,** mal a gusto

easel, ii´-sl *s* caballete de pintor *m.*

easily, ii´-si-li *adv* fácilmente

east, iist *s* este *m.*; oriente *m.*; **–erly,** *a* del este; **–ern,** oriental

Easter, iis´-ta *s* Pascua de Resurrección *f.*

easy, ii´-si *a* fácil; cómodo; **–chair,** *s* sillón *m.*

eat, iit *v* comer; (worm;

acid) roer

eatable, ii´-ta-bl *a* comestible; **–s** *s pl* comestibles *m. pl*

eavesdropper, iiv *s* ´-drop- *a s* el que escucha escondido; curioso

ebb, eb *v* menguar; *s* reflujo *m.*

ebony, eb´-o-ni *s* ébano *m.*

eccentric, ek-sen´-trik *a* excéntrico

echo, ek´-ou *s* eco *m.*

eclipse, i-klips´ *s* eclipse *m.*; *v* eclipsar

economic, ek-on-om-ik *a* económico; rentable

economize, i-kon´-o-mais *v* economizar

economy, i-kon´-o-mi *s* economía *f.*

ecstasy, ek-sma *s* eccema *m.*; eczema *m.*

eczema, ek´-sta-si *s* extasis *m.*

edge, ecH *v* (border) ribetear; *s* (knife) filo *m.*; (brink) borde *m.*

edible, ed´-i-bl *a* comestible

edify, ed´-i-fai *v* edificar

edit, ed´-it *v* redactar; editar; **–ion,** *s* edición *f.*; **–or,** editor *m.*; (press) director *m.*; **–orial,** *a* artículo de fondo *m.*

educate, ed´-iu-keit *v* educar; (rear) criar

education, ed-iu-kei´-shon *s* educación *f*.

eel, iil *s* anguila *f*.

efface, ef-eis´ *v* borrar

effect, ef-ekt´ *v* efectuar; *s* efecto *m*.

effective*, ef-ek´-tiv *a* eficaz; operativo

effeminate, ef-em´-i-neit *a* afeminado

effervescing, ef-er-ves´-ing *a* efervescente

effete, i´-fiit *a* estéril; agotado

efficacious*, ef-i-kei´-shos *a* eficaz

efficient, ef-i´-shent *a* competente; eficaz

effort, ef´-ert *s* esfuerzo *m*.

effusive*, ef-iuu´-siv *a* efusivo

egg, eg *s* huevo *m*.; –-cup, huevera *f*.

egotism, eg´-ou-tism *s* egotismo *m*.

eiderdown, ai´-der-daun *s* edredón *m*.; colcha *f*.

eight, eit *s* & *a* ocho *m*.; –h, octavo *m*.; –een *s* & *a* diez y ocho *m*.; –eenth, décimoctavo *m*.; –y, *s* & *a* ochenta *m*.

either, ai´-Da *pron* uno u otro; cualquiera de los

dos; *adv* tampoco

eject, i-CHekt´ *v* arrojar; expulsar; despedir

elaborate, i-lAb´-o-reit *v* elaborar; *a** elaborado

elapse, i-lAps´ *v* pasar; transcurrir

elastic, i-las´-tik *s* & *a* elástico *m*.

elate, i-leit´ *v* exaltar; elevar; *a* exaltado

elbow, el´-bou *s* codo *m*.; *v* codear

elder, el´-da *s* mayor *m*. & *f*.; (tree) saúco *m*.

elderly, el´-der-li *a* anciano

eldest, el´-dest *a* el mayor; primogénito; *a* mayor

elect, i-lekt´ *v* elegir; *s* & *a* electo *m*.

election, i-lek´-shon *s* elección *f*.

electric (al*), i-lek´-trik(al) *a* eléctrico

electrician, i-lek-trish´-an *s* electricista *m*.

electricity, i-lek-tri´-si-ti *s* electricidad *f*.

electrify, i-lek´-tri-fai *v* electrizar

electronic*, i-lek-tron´-ik *a* electrónico

electro-plate, i-lek´-troh-pleit *s* artículo

galvanizado *m*.; *v* galvanizar

elegance, el´-i-gans *s* elegancia *f*.

elegant*, el´-i-gant *a* elegante

element, el´-i-ment *s* elemento *m*.

elementary, el-i-men´-ta-ri *a* elemental; rudimentario

elephant, el´-i-fant *s* elefante *m*.

elevate, el´-i-veit *v* elevar; alzar; exaltar

elevated, el´-i-vei-tid *a* elevado; exaltado

eleven, il-ev´-n *s* & *a* once *m*.; –th, undécimo *m*.

elicit, il-is´-it *v* deducir; (draw out) sonsacar

eligible, el´-i-CHi-bl *a* elegible; apropiado

eliminate, i-lim´-i-neit *v* eliminar

elite, ei-liit´ *s* lo selecto *m*.; la flor *f*.

elk, elk *s* alce *m*.

elm, elm *s* olmo *m*.

elongate, ii-long´-eit *v* alargar

elope, i-loup´ *v* fugarse; –ment, *s* fuga *f*.

eloquent*, el´-o-kuent *a* elocuente

else, els *a* otro; *adv* o bein;
–**where,** en otra parte

elucidate, i-liuu´-si-deit *v*
aclarar

elude, i-liuud´ *v* eludir;
escapar

elusive*, i-liuu´-siv *a*
evasivo; esquivo

e-mail, ii-meil´s correo *m*.;
electrónico

emaciate, i-mei´-shi-eit *v*
extenuar, adelgazar

emanate, em´-a-neit *v*
emanar

emancipate, i-mAn´-si-
peit *v* emancipar

embalm, em-baam´ *v*
embalsamar

embankment, em-bang-
k´-ment *s* terraplén *m*.;
(water) malecón *m.*

embargo, em-baar´-gou *s*
embargo *m*.; *v* embargar

embark, em-baark´ *v*
embarcar; embarcarse

embarrass, em-bar´-ass *v*
turbar; (commercial)
apurar; –**ment** *s*
turbación *f.*

embassy, em´-bAs-i *s*
embajada *f.*

embellish, em-bel´-ish *v*
embellecer; adornar

ember, em´-ber s ascua *f*.;
–**s,** *pl* rescoldo *m*.

embezzle, em-bes´-l *v*

desfalcar

embitter, em-bit´-a *v*
amargar; agriar

embody, em-bod´-i *v*
incorporar

embolden, em-boul´-dn *v*
animar; envalentonar

embrace, em-breis´ *v*
abrazar; *s* abrazo *m*.

embrocation, em-brou-
kei´-shon *s* ungüento *m*.

embroider, em-broi´-da *v*
bordar; –**y,** *s* bordado *m*.

embroil, em-broil´ *v*
embrollar; confundir

emerald, em´-e-rald *s*
esmeralda *f.*

emerge, i-měrCH´ *v*
emerger; surgir; –**ney,** *s*
emergencia *f.*; necesidad
urgente *f.*

emetic, i-met´-ik *s*
emético *m.*

emigrant, em´-i-grant *s*
emigrante *m.* **K** *f.*

emigrate, em´-i-greit *v*
emigrar

eminence, em´-in-ens *s*
altura *f.*; eminencia *f.*

eminent*, em´-in-ent *a*
eminente

emissary, em´-is-a-ri *s*
emisario *m.*

emit, i-mit´ *v* emitir;
arrojar; exhalar

emotion, i-mou-shon *s*

emoción *f*.; sensación *f.*

emperor, em´-per-a *s*
emperador *m.*

emphasis, em´-fa-sis *s*
énfasis *f.*

emphasize, em´-fa-sais *v*
acentuar; recalcar

emphatical*, em-fAt´-i-kl
a enfático

empire, em´-pai r *s*
imperio *m*.; dominio *m.*

employ, em-ploi´ *v*
emplear, –**er,** *s*
(principal) jefe *m*.;
(master) patrón *m*.;
–**ment,** empleo *m.*

emporium, em-pou´-ri-om
s emporio *m.*

empower, em-pau´-a *v*
autorizar; comisionar

empress, em´-pres *s*
emperatriz *f.*

empty, em´-ti *v* vaciar;
evacuar; *a* vacío

emulate, em´-iu-leit *v*
emular; imitar

emulation, em-iu-lei´-
shon *s* emulación *f.*

enable, en-ei´-bl *v*
habilitar, facilitar;
permitir

enact, en-Akt´ *v* decretar;
estatuir; efectuar

enamel, en-Am´-l *s*
esmalte *m*.; *v* esmaltar

enamoured, en-Am´-erd *a*

enamorado

enchant, en-chaant´ v
hechizar; (delight)
encantar; **–ment,** s
(fascination) encanto
m.

encircle, en-sĕr´-kl v
circundar; cercar;
(round-up) rodear

enclose, en-klou s ´ v
cercar; incluir

enclosure, en-klou´-shur s
cercado m.; (in
envelope, parcel, etc)
contenido m.

encore, Ang-koar´ v pedir
la repetición; interj ¡bis!
¡otra!

encounter, en-kann´-ta s
encuentro m.; combate
m.; v encontrar; batirse

encourage, en-kŏr´-iCH v
alentar; (spur) fomentar;
–ment, s estímulo m.;
fomento m.

encroach, en-krouch´ v
abusar; usurpar; **–ment,** s
abuso m.; usurpación f.

encumber, en-kŏm´-ba v
estorbar; (law) gravar

encumbrance, en-kŏm´-
brans s embarazo m.;
(burden) estorbo m.;
(legal) gravámen m.

encyclopædia, en-sai´-klo-
pii´-di-a s enciclopedia

f.

end, end s fin m.;
conclusión f.; final f.;
extremo m.; v acabar;
terminar; cesar

endanger, en-dein´-CH a v
arriesgar; poner en
peligro

endear, en-di r ´ v hacerse
querer; encarecer

endearment, en-di r´-ment
s encarecimiento m.

endeavour, en-dev´-a v
esforzarse; s esfuerzo m.

endive, en´-div s escarola
f.

endless*, end´-les a sin
fin; perpetuo

endorse, en-doars´ v
endosar; (ratify)
sancionar; **–ment,** s
endoso m.; sanción f.

endow, en-dau´ v dotar;
fundar

endurance, en-diúr´-ans s
resistencia f.; paciencia
f.

endure, en-diú r´ v
soportar; tolerar

enema, en´-i-ma s jeringa
f.; lavativa f.

enemy, en´-i-mi s enemigo
m.

energetic, en-er-CHet´-ik a
enérgico

energy, en´-er-CHi s

energía f.

enervate, en´-er-veit v
enervar; debilitar

enfeeble, en-fii´-bl v
debilitar

enforce, en-fó rs v hacer
observar; forzar

engage, en-gueiCH´ v
(employ) emplear;
(reserve) retener;
(enemy) atacar; (bind)
comprometerse

engaged, en-gueiCHd´ a
(affianced) prometido;
comprometido;
(occupied) ocupado;
(reserved) retenido

engagement, en-gueiCH´-
ment s obligación f.;
(mil) combate m.;
(betrothal) esponsales
m. pl; (appointment)
cita f.

engaging, en-guei´-CHing
a simpático; atractivo

engender, en-CHen´-da v
engendrar

engine, en´-CHin s
máquina f.; locomotora
f.

engineer, en-CHi-ni r ´ s
ingeniero m.

engineering, en-CHi-ni r´-
ing s ingeniería f.

England, ing-gland s
Inglaterra f.

English, ing-glish *a* inglés/esa; *s* (language) inglés *m.*

engrave, en-greiv´ *v* grabar; **–r,** *s* grabador *m.*

engross, en-grous´ *v* absorber; absorber

engulf, en-gölf´ *v* engolfar

enhance, en-jaans´ *v* realzar; mejorar

enjoin, en-CHoin´ *v* ordenar; prescribir

enjoy, en-CHoi´ *v* gozar; **–oneself,** divertirse

enjoyment, en-CHoi´-ment *s* goce *m.*; placer *m.*

enlarge, en-laarCH´ *v* agrandar; dilatar

enlargement, en-laarCH´-ment *s* ampliación *f.*

enlighten, en-lai´-tn *v* iluminar; instruir

enlist, en-list´ *v* alistar; alistarse

enliven, en-lai´-vn *v* animar; alegrar

enmity, en´-mi-ti *s* enemistad *f.*; hostilidad *f.*

enormous*, i-noar´-mos *a* enorme

enough, i-nöf´ *adv* bastante; *interj* !basta¡

enquire, enquiry, (see **inquire**)

enrage, en-reiCH´ *v* exasperar; enfurecer

enrapture, en-rAp´-tiur *v* extasiar; arrebatar

enrich, en-rich *v* enriquecer; (adorn) embellecer

enrol(l), en-roul´ *v* alistar; alistarse; registrar

ensign, en´-sain *s* (flag) bandera *f.*; (naval flag) pabellón *m.*; (rank) alférez *m.*

enslave, en-sleiv´ *v* esclavizar

ensnare, en-sné r´ *v* tender un lazo; (*fig*) entrampar

ensue, en-siuu´ *v* seguir; sobrevenir

entail, en-teil´, ocasionar; (law) vincular

entangle, en-tAng´-l, enmarañar; implicar

enter, en´-ta *v* entrar; **–up,** asentar

enterprise, en´-ter-prais *s* empresa *f.*; (originality, boldness) acometimiento *m.*

entertain, en-ter-tein´ *v* entretener; hospedar; **–ment,** *s* entretenimiento *m.* hospitalidad *f.*; acogida *f.*

enthusiasm, en-ziuu´-si-Asm *s* entusiasmo *m.*

entice, en-tais´ *v* tentar; atraer

entire*, en-tai r´ *a* entero; íntegro; completo

entitle, en-tai´-tl *v* dar derecho; intitular

entomb, en-tuum´ *v* enterrar; sepultar

entrance, en´-trans *s* entrada *f.*

entrance, en-traans´ *v* extasiar

entreat, en-triit´ *v* suplicar; implorar; exortar

entrench, en-trench´ *v* atrincherar

entrust, en-tröst´ *v* entregar; confiar

entry, en´-tri *s* entrada *f.*; (record) asiento *m.*

entwine, en-tuain´ *v* entrelazar

enumerate, i-niuu´-mer-eit *v* enumerar

envelop, en-vel´-op *v* envolver; cubrir

envelope, en´-vel-op *s* sobre *m.*; cubierta *f.*

envious*, en´-vi-os *a* envidioso

environment, en-vai´-ron-ment *s* medio *m.*; ambiente

environs, en-vai´-ron s s pl alrededores m. pl

envoy, en´-voi s enviado m.

envy, en´-vi v envidiar; s envidia f.

epicure, ep´-i-kiú r s epicúreo m.; gastrónomo m.

epidemic, ep-i-dem´-ik s epidemia f.

episode, ep´-i-soud s episodio m.

epistle, ep-is´-l s epístola f.; (letter) carta f.

epoch, ii´-pok, ep´-ok s época f.; era f.

equal, ii´-kual v igualar; a* igual; s igual m.

equality, i-kuol´-i-ti s igualdad f.

equalize, ii´-kua-lais v igualar

equator, i-kuei´-ta s ecuador m.

equerry, ek´-ue-ri s caballerizo m.

equilibrium, i-kui-lib´-ri-om s equilibrio m.

equip, i-kuip´ v equipar

equitable, ek´-ui-ta-bl a equitativo; imparcial

equity, ek´-ui-ti s equidad f.

equivalent, i-kui´-va-lent s & a equivalente m.

era, i´-ra s era f.; época f.

eradicate, i-rAd´-i-keit v desarraigar; extirpar

erase, i-reis´ v (delete) borrar

eraser, i-rei´-sa s (metal, etc) raspador m.; (rubber) goma para borrar f.

erect, i-rekt´ v erigir. a erguido; derecho

ermine, ěr´-min s armiño m.

erode, e-roud v erosionar; desgastar; corroer

erotic, e-rot-ik a erótico

err, ěr v errar; desviarse

errand, er´-and s recado m.; –boy mensajero m.

erratic, e-rat´-ik a errático

erroneous*, e-rou´-ni-os a erróneo

error, er´-or s error m.; yerro m.

erupt, i-rŏpt v entraren erupción; estallar

eruption, i-rap´-shon s erupción f.

escalate, es-kal-eit v intensificarse; extenderse

escalator, es-kal-eit-a s escalera f.; meccánica

escape, es-keip´ s escapada f.; escape m.; fuga f.;

huída f.; v escapar; evitar

escort, es-koart´ v escoltar; s escolta f.

especially, es-pesh´-al-i adv especialmente

espionage, es-pii-on-aarch s espionaje m.

espy, es-pai´ v divisar; observar

essay, es´-ei s ensayo m.

essential*, es-en´-shal a esencial

establish, es-tAb´-lish v establecer; –ment s establecimiento m.

estate, es-teit´ s propiedades f. pl; bienes m. pl; (possessions) herencia f.; (status) rango m.

esteem, es-tiim´ v estimar; s estima f.

estimate, es´-ti-meit s (costs) estimación f.; v estimar; computar

estrange, es-treinCH´ v apartar; desviar

etching, ech´-ing s aguafuerte m.

eternal*, i-těr´-nal a eterno

eternity, i-těr´-ni-ti s eternidad f.

ether, ii´-zer s éter m.

ethnic, ez-nik s ética f.

euphony, iuu´-fo-ni *s* eufonía *f*.

Europe, iuu´-rŏp *s* Europa *f*.

evacuate, -ivAk´-iu-eit *v* evacuar

evade, i-veid´ *v* evadir; eludir

evaporate, i-vAp´-or-eit *v* (refl) eváporarse

evasion, i-vei´-shon *s* evasión *f*.; evasiva *f*.

evasive*, i-vei´-siv *a* evasivo

eve, iiv *s* víspera *f*.; (evening) tarde *f*.

even, ii´-vn *adv* aun; *a** igual; (smooth) liso

evening, iiv´-ning *s* tarde *f*.; noche *f*.; –**dress**, traje de etiqueta *m*.; (ladies') vestido de noche *m*.

evensong, ii´-vn-song *s* vísperas *f. pl*

event, i-vent´ *s* acontecimiento *m*.; caso *m*.; –**ful**, *a* memorable; –**ually**, *adv* al fin

ever, ev´-a *adv* siempre; (at any time) jamás; –**lasting***, *a* perdurable; eterno

every, ev´-ri *a* cada, todo, todos, toda, todas; –**body**, *s* todo el mundo *m*.; –**thing**, todo *m*.;

–**where**, *adv* en todas partes

evict, i-vikt´ *v* desposeer; –**ion** *s* desahucio *m*.

evidence, ev´-i-dens *s* evidencia *f*.; prueba *f*.; testimonio *m*.; **give –**, *v* dar testimonio

evident*, ev´-i-dent *a* evidente

evil, ii´-vl *s* mal *m*.; maldad *f*.; desgracia *f*.; *a* malo

evince, i-vins´ *v* probar; manifestar

evoke, i-vouk´ *v* evocar; llamar

evolution, iiv-o-luu-shoon *s* evolución *f*.

evolve, i-volv´ *v* desenvolver; evolucionar

ewe, iuu *s* oveja *f*.

exact, eg-sAkt´ *a* * exacto; *v* exigir; –**ing**, *a* exigente; –**itude**, *s* exactitud *f*.

exaggerate, eg-sACH´-er-eit *v* exagerar

exaggeration, eg-sACH´-er-e´-shon *s* exageración *f*.

exalt, eg-soalt´ *v* exaltar

exam, eg-sAm´ *abbr* = **examination**, *s* examen *m*.

examination, eg-sAm´-i-

nei´-shon *s* examen *m*.; inspección *f*.; (legal) interrogatorio *m*.

examine, eg-sAm´-in *v* examinar; (excise) registrar

example, eg-saam´-pl *s* ejemplo *m*.

exasperate, eg-sAs´-per-eit *v* exasperar

excavate, eks´-ka-veit *v* excavar

exceed, ek-siid´ *v* exceder; –**ingly**, *adv* excesivamente; muy

excel, ek-sel´ *v* sobresalir; superar

excellent*, ek´-sel-ent *a* excelente

except, ek-sept´ *v* exceptuar; *prep* excepto; fuera de; –**ion**, *s* excepción *f*.; **take –ion**, *v* objetar a; –**ional**, *a* excepcional

excerpt, ek´-serpt *s* extracto *m*.; *v* extractar

excess, ek-sess´ *s* exceso *m*.; –**ive***, *a* excesivo

exchange, eks-cheinCH´ *s* cambio *m*.; (telephone) central *f*.; (money) cambio *m*.; *v* cambiar

exchequer, eks-chek´-a *s* tesorería *f*.; erario *m*.

excise, ek´-sais *s* alcabala

f.

excitable, ek-sai´-ta-bl a
excitable

excite, ek-sait´ v excitar;
–ment, s excitación f.;
conmoción f.; agitación
f.

exciting, ek-sai´-ting a
excitante; (thrilling)
conmovedor

exclaim, eks-kleim´ v
exclamar

exclamation, eks-kla-
mei´-shon s
exclamación f.

exclude, eks-kluud´ v
excluir

exclusive*, eks-kluu´-siv
a exclusivo

excruciating, eks-kruu´-
shi-ei-ting a penosísimo

excursion, eks-kĕr´-shon s
excursión f.

excuse, eks-kiuus s
excusa f.

excuse, eks-kiuu s´ v
excusar; (pardon)
dispensar

execrate, eks´-si-kreit v
execrar

execute, ek´-si-kiuut v
ejecutar

executioner, ek-si-kiuu´-
shon-a s verdugo m.

executor, ek-sek´-iu-ta s
testamentario m.

exempt, eg-sempt´ v
eximir a exento

exemption, eg-s emp´-
shon s exención f.

exercise, eks´-er-sais s
ejercicio m.; v
ejercitar; (mil) hacer
el ejercicio; (profession)
ejercer

excert, eg-sĕrt´ v
esforzarse; empeñarse

exertion, eg-sĕr´-shon s
esfuerzo m.; conato m.

exhale, eks-jeil´ v exhalar;
emitir

exhaust, eg-soast´ s escape
m.; v agotar; rendirse

exhaustive*, eg-soast´-iv
a completo

exhibit, eg-sib´-it v
exhibir; s objeto m.

exhibition, eks-i-bish´-on
s exposición f.

exhilarate, eg-sil´-a-reit v
regocijar; alegrar

exhilarating, eg-sil´-a-rei-
ting a vigorizante

exhort, eg-soart´ v
exhortar

exile, ek-sail´ v desterrar; s
destierro m.; (person)
desterrado m.

exist, eg-sist´ v existir

existence, eg-sis´-tens s
existencia f.

exit, ek´-sit s salida f.;

(departure) partida f.

exodus, ek´-so-dus s éxodo
m.; emigración f.

exonerate, eg-son´-er-eit v
exonerar; aliviar

exorbitant*, ek-soar´-bi-
tant a exorbitante

exotic, eg-s-ot-ik a exótica

expand, eks-pAnd´ v
dilatar; –ing, a elástico

expansion, eks-pAn´-shon
s expansión f.

expect, eks-pekt´ v esperar

expectation, eks-pek-tei´-
shon s expectación f.

expedient, eks-pii´-di-ent
s expediente m.; a*
conveniente; pronto

expedite, eks´-pi-dait v
expedir; acelerar

expedition, eg-sped-i-shon
s expedición f.

expel, eks-pel´ v expeler;
expulsar

expend, eks´-pend v
gastar; –iture, s gasto
m.; desembolso m.

expense, eks-pens´ s gusto
m.; coste m.

expensive*, eks-pen´-siv a
caro; costoso

experience, eks-pi´-ri-ens
s experiencia f.; en- sayo
m.; v experimentar;
probar

experiment, eks-per´-i-ment *v* experimentar; *s* experimento *m*.

expert, eks-pĕrt´ *s* experto *m*.; perito *m*.; *a* experto; perito

expire, eks-pai r´ *v* espirar

explain, eks-plein´ *v* explicar

explanation, eks-pla-nei´-shon *s* explicación *f*.

explicit*, eks-plis´-it *a* explícito; categórico

explode, eks-ploud´ *v* estallar; explotar

exploit, eks-ploit´ *s* hazaña *f*.; *v* éxplotar

explosion, eg-splou-shon *s* explosión *f*.

explosive, eg-splou-siv *s* & *a* explosivo

explore, eks-plŏ r´ *v* explorar; –r, *s* explorador *m*.

export, eks-pŏ rt´ *v* exportar; –er, *s* exportador *m*.; –s, exportaciones *f*. *pl*

expose, eks-pou s´ *v* exponer; (fraud) desenmascarar; (plot) revelar; (danger) arriesgar

expostulate, eks-pos´-tiu-leit *v* reconvenir

exposure, eks-pou´-sh ur *s* exposición *f*.; revelación

f.

expound, eks-paund´ *v* exponer; explicar

express, eks-pres´ *s* expreso *m*.; *a* expreso; *v* expresar

expression, eks-presh´-on *s* expresión *f*.

expulsion, eks-pŏl-shon *s* expulsión *f*.

exquisite*, eks´-kui-sit *a* exquisito

extempore, eks-tem´-po-ri *a* improvisado

extend, eks-tend´ *v* extender; extenderse

extensive*, eks-ten´-siv *a* extenso vasto

extent, eks-tent´ *s* extensión *f*.; grado *m*.

extenuate, eks-ten´-iu-eit *v* atenuar; extenuar

exterior, eks-ti´-ri-*a s* exterior *m*.; *a* exterior

exterminate, eks-tĕr´-min-eit *v* exterminar

external*, eks-tĕr´-nal *a* externo; exterior

extinct, eks-ting´-kt *a* extinto; (fire) apagado

extinguish, eks-ting´-uish *v* extinguir; apagar

extort, eks-toart *v* arrancar; –ion, *s* extorsión *f*.

extra, eks-trA *a* adicional;

s suplemento *m*.; –**ordinary,** *a* extraordinario

extract, eks-trAct´ *v* extraer. *s* extracto *m*.

extravagant*, eks-trAv´-a-gant *a* extravagante; pródigo

extreme, eks-triim´ *s* extremo *m*.; *a* extremado

extremely, eks-triim´-li *adv* sumamente

extricate, eks´-tri-keit *v* desembrollar

extrovert, eg-stro-vĕrt *s* & *a* extrovertido *m*. -a *f*.

eye, ai *s* ojo *m*.; –**ball,** globo ocular *m*.; –**brow,** ceja *f*.; –**glass,** monóculo *m*.; –**glasses,** lentes *m*. *pl*; gafas *f*. *pl*; –**lash,** pestaña *f*.; –**let,** ojete *m*.; –**lid,** párpado *m*.; –**sight,** vista *f*.; –**witness,** testigo ocular *m*.

fable, féi´-bel s fábula f.

fabric, fAb´-rik s tejido m.; textura f.; (edifice) fábrica f.; **–ation,** fabricación f.; ficción f.

fabulous*, fAb´-iu-los a fabuloso; ficticio

facade, fa-seid´ s fachada f.

face, feis s cara f.; rostro m.; (clock) cuadrante m.; v afrontar; **–cream,** s crema facial f.; **–massage,** masaje facial m.

facetious*, fa-sii´-shos a chistoso; jocoso

facilitate, fa-sil´-i-teit v facilitar

facilities, fa-sil´-i-tiis s facilidades f. pl; servicios m. pl

facsimile, fA-si´-mi-li s facsímile m.

fact, fAkt s hecho m.; realidad f.

factory, fAk´-to-ri s fábrica f.

faculty, fAk´-ul-ti s facultad f.; aptitud f.

fade, feid v marchitarse; (colour) descolorarse

faggot, fAg´-ot s haz de leña m.

fail, feil v (neglect) faltar a; (omit to) dejar de; (miscarry) fracasar; (examination) suspender; (insolvency) quebrar; **without –,** sin falta

failing, feil´-ing s falta f.

failure, feil´-iur s falta f.; (plans) fracaso m.; (insolvency) quiebra f.

faint, feint v desmayarse; s desmayo m.; a* lánguido; indistinto

fair, fé r a justo; (hair) rubio; (pleasing) bello; (weather) sereno; s feria f.; **–ness,** equidad f.; belleza f.

fairy, fé-ri s hada f.

faith, feiz s fe f.; confianza f.; fidelidad f.; **–ful,** a fiel; **–less,** infiel

fake, feik s falsificación f.; impostura f.; v falsificar

falcon, foal´-kn s halcón m.

fall, foal s decadencia f.; (tumble) caída f.; (prices) baja f.; (water) cascada f.; v caer; bajar

fallacy, fAl´-a-si s falacia f.; sofisma f.

false*, foals a falso; (artificial) postizo

falsehood, foals´-jud s falsedad f.

falsification, foal-si-fi-kei´-shon s falsificación f.

falsify, foal´-si-fai v falsificar

falter, foal´-ta v vacilar; (speech) titubear

fame, feim s fama f.; **–d,** a famoso; renombrado

familiar*, fa-mil´-ya *a* familiar

family, fAm´-i-li *s* familia *f.*

famine, fAm´-in *s* carestía *f.*; hambre *f.*

famish, fAm´-ish *v* morir de hambre

famous*, fei´-mos *a* famoso

fan, fAn *s* abanico *m.*; ventilador *m.*; (admirer) aficionado *m.*; *v* abanicar

fanatic, fa-nAt-ik *s* fanático *m.*; *a* fanático

fanaticism, fa-nAt´-i-sis *m* *s* fanatismo *m.*

fancy, fAn´-si *s* imaginación *f.*; (liking) gusto *m.*; (preference) inclinación *f.*; *v* imaginar; desear; **–dress**, *s* disfraz *m.*

fang, fAng *s* colmillo *m.*

fantastic, fAn-tAs´-tik *a* fantástico

fantasy, fAn´-ta-si *s* fantasía *f.*

far, faa *r* *adv* lejos; *a* lejano; distante

farce, faa *rs* *s* farsa *f.*

fare, fé *r* *s* tarifa *f.*; (food) comida *f.*

farewell, fé r´-uel *interj* ¡adiós!; *s* despedida *f.*

farm, faa *rm* *s* granja *f.*; cortijo *m.*; *v* cultivar

farmer, faa r´-ma *s* granjero *m.*; agricultor *m.*

farrier, fAr´-i-a *s* herrador *m.*

farther, faa r´-Da *adv* más lejos; además; *a* más lejano; otro; ulterior

fascinate, fAs´-in-eit *v* fascinar

fascinating, fAs´-in-eit-ing *a* fascinador

fashion, fAsh´-on *s* moda *f.*; *v* formar; **–able**, *a* de moda; **to be in –**, estar de moda

fast, faast *a* rápido; firme; (colour) fijo; *s* ayuno *m.*; *v* ayunar

fast food, faast fuud *s* comida *f.*; rápida; platos *m. pl*; preparados

fasten, faas´-n *v* atar; (close) cerrar; (dress) abrochar

fastidious*, fAs-tid´-i-os *a* difícil; quisquilloso

fat, fAt *s* grasa *f.*; *a* grueso; gordo; **–ness**, *s* gordura *f.*; **–ten**, *v* engordar; **–ty**, *a* gordo

fatal*, fei´-tl *a* fatal; mortal

fate, feit *s* destino *m.*;

suerte *f.*; **–d**, *a* predestinado

father, faa´-Da *s* padre *m.*; **–in-law**, suegro *m.*; **–ly** *a* paternal

fathom, fAD´-om *s* braza *f.*; *v* sondear

fatigue, fa-tig´ *v* fatigar; fatiga *f.*

fault, foalt *s* culpa *f.*; (defect) falta *f.*; **–less**, *a* intachable; **–y**, defectuoso

favour, fei´-va *s* favor *m.*; (commercial) atenta *f.*; *v* favorecer; **–able**, *a* favorable; **–ite**, *s* favorito *m.*; *a* favorito

fawn, foan *s* cervato *m.*; *v* halagar

fax, fAks *s* (document) fax *m.*; telefacsímil *m.*; (machine) (tele)fax *m.*; *v* mandar por (tele)fax

fear, fír *v* temer; recelar; *s* miedo *m.*; temor *m.*; **–ful**, *a** terrible; (timorous) medroso; **–less***, impertérrito

feasible, fii´-si-bl *a* factible; practicable

feast, fiist *v* festejar; regalar; *s* fiesta *f.*; banquete *m.*

feat, fiit *s* hazaña *f.*; (skill) proeza *f.*

feather, feD´-a s pluma f.;
v emplumar

feature, fii´-tiur s rasgo
m.; **–s,** s pl facciones f. pl

February, feb´-ru-a-ri s
febrero m.

federation, fed-er-ei´-shon
s confederación f.

fed-up, fed-ŏp a **to be –
(with)** estar harto (de)

fee, fii s honorarios m. pl;
gajes m. pl

feeble, fii´-bl a débil;
enclenque

feed, fiid v alimentar;
comer; (cattle) pastar

feel, fiil v (touch) palpar;
tocar; (affect) sentir;
–ing, s tacto m.;
sentimiento m.; a tierno

feeler, fii´-la s antena f.;
tentáculo m.; prueba f.

feign, fein v fingir;
pretender

feint, feint s disimulación
f.; (fencing) ataque
fingido m.

fell, fel v (trees)
desmontar; cortar;
(animals) derribar

fellow, fel´-ou s (member)
socio m.; **–ship,**
compañía f.; sociedad f.

felony, fel´-o-ni s felonía
f.; traición f.

felt, felt s fieltro m.

female, fii´-meil s hembra
f.; mujer f.

feminine, fem´-i-nin s
femenino f.

fen, fen s pantano m.

fence, fens s valla f.;
(wooden) palizada f.; v
(enlose) cercar;
(swordsmanship)
esgrimir

fencing, fen´-sing s
esgrima f.

fender, fen´-da s guarda-
fuegos m.; (ship)
defensa

ferment, fer-ment´ v
fermentar; s fermento
m.

fern, fĕrn s helecho m.

ferocious*, fi-rou´-shos a
feroz

ferret, fer´-et s hurón m.;
v huronear

ferrule, fer´-ul s herrete
m.

ferry, fer´-i s
transbordador m.

fertile, fĕr´-tail a fértil

fertilize, fĕr-ta-lais ´ v
fertilizar

fervent*, fĕr´-vent a
ferviente; ardiente

fester, fes´-ta v ulcerarse

festival, fes´-ti-vl s fiesta
f.; a festivo

festive, fes´-tiv a festivo;

alegre

festoon, fes-tuun´ s festón
m.; v festonear

fetch, fech v ir a buscar;
traer; producir

fetter, fet´-a v encadenar;
–s, s pl grillos m. pl

feud, fiuud s feudo m.;
–al, a feudal

fever, fii´-va s fiebre f.;
–ish, a febril

few, fiuu a pocos; unos; **a
–,** algunos

fiancé, fii-aan-sei s novio
m.; prometido m.; **-e**
novia f.; prometida f.

fibre, fai´-ba s fibra f.

fickle, fik´-l a inconstante;
variable

fiction, fik´-shon s ficción
f.; literatura novelesca f.

fictitious*, fik-ti´-shos a
ficticio; falso

fiddle, fid´-l s violín m.; v
tocar el violín

fidelity, fi-del´-i-ti s
fidelidad f.; lealtad f.

fidget, fiCH´-et v agitarse;
molestar

fidgety, fiCH´-et-i a
agitado; inquieto

field, fiild s campo m.

fiend, fiind s demonio m.;
arpía f.; **–ish,** a
diabólico

fierce*, firs a fiero; cruel;

impetuoso; feroz

fiery, fai´-er-i *a* ardiente; fogoso

fife, faif *s* pífano *m*.

fifteen, fif-tiin´ *s* & *a* quince *m*.; **-th,** décimoquinto *m*.; quinceavo *m*.

fifth, fifz *s* & *a* quinto *m*.; (fraction) quinta parte *f*.

fiftieth, fif´-ti-iz *s* & *a* quincuagésimo *m*.; cincuentavo *m*.

fifty, fif´-ti *s* & *a* cincuenta *m*.

fig, fig *s* higo *m*.; **-tree,** higuera *f*.

fight, fait *v* pelear; combatir; *s* combate *m*.; lucha *f*.; pelea *f*.; **-er,** *s* (person) luchador *m*.; (plane) avión de caza *m*.

figure, fi´-guer *s* cuerpo *m*.; figura *f*. número *m*.; (number) cifra *f*.; *v* figurar; **-head,** *s* mascarón de proa *m*.

filbert, fil´-bert *s* avellana *f*.

filch, filch *v* ratear; sisar; hurtar

file, fail *s* (tool) lima *f*.; (office) carpeta *m*.; *v* limar; archivar; (*mil*) marchar en fila

fill, fil *v* llenar; satisfacer;

(position) ocupar

filly, fil´-i *s* potranca *f*.

film, film *s* (snapshots, etc) película *f*.; (cinema) film *m*.; (eye) membrana *f*.

filter, fil´-ta *v* filtrar; *s* filtro *m*.

filth, filz *s* basura *f*.; **-y,** *a* sucio; obsceno

fin, fin *s* aleta *f*.

final*, fai´-nal *a* final; último; decisivo

finalise, fain-a-lais *v* concluir; completar

finally, fain-a-li *adv* finalmente; por fin

finance, fi´-nAns *s* hacienda pública *f*.; ciencia financiera *f*.; *v* (loans) negociar; (undertaking) respaldar

financial*, fi-nAn´-shal *a* monetario; bancario

finch, finch *s* pinzón *m*.

find, faind *v* encontrar; descubrir; (law) fallar

fine, fain *s* (penalty) multa *f*.; *v* multar; *a** fino; delicado; bello; sutil; excelente

finger, fing´-ga *s* dedo *m*.; *v* tocar

finical, fin´-i-kl *a* afectado; remilgado

finish, fin´-ish *v* acabar;

terminar; *s* fin *m*.

finite*, fai´-nait *a* finito; limitado

fir, fër *s* pino *m*.; abeto *m*.; **-cone,** piña *f*.

fire, fair *s* fuego *m*.; (conflagration) incendio *m*. *v* encender; (gun etc) tirar; **– alarm,** *s* alarma de incendio *f*.; **–brigade,** servicio de bomberos *m*.; **–engine,** bomba de incendios *f*.; **–escape,** aparato de salvamento *m*.; **-fly,** luciérnaga *f*.; **-man,** bombero *m*.; **-place,** hogar *f*.; chimenea *f*.; **-proof,** *a* incombustible; **-works,** *s pl* fuegos artificiales *m. pl*

firm, fërm *s* firma *f*.; *a** sólido; (resolute) firme

first, fërst *adv* primeramente; *a* primero

firth, fërz *s* estuario *m*.; brazo de mar *m*.

fish, fish *v* pescar; *s* (live) pez *m*.; (food) pescado *m*.; **-bone,** espina *f*.; **-erman,** pescador *m*.; **–hook,** anzuelo *m*.; **-monger,** pescadero *m*.

fishing, fish´-ing *s* pesca *f*.; **-rod,** caña de pescar

f.

fissure, fish´-ur s grieta f.; hendedura f.

fist, fist s puño m.

fit, fit v ajustar; (clothes) entallar; s convulsión f. a* apto; propicio

fittings, fit´-ing s s pl guarniciones f. pl

five, faiv s & a cinco m.

fix, fiks v fijar; s apuro m.; aprieto m.

fixture, fiks´-tiur s mueble fijo m.; instalación f.

fizzy, fi-ssi a efervescente; con gas

flabby, flAb´-i a fofo; blando

flag, flAg s bandera f.; pabellón m.; –ship, buque almirante m.; – staff, asta de la bandera m.

flagon, flAg´-on s frasco m.; botella f.

flagrant*, flei´-grant a flagrante; enorme

flake, fleik s laminilla f.; (snow, etc) copo m.

flaky, fleik´-i a (pastry) hojaldrado

flame, fleim s llama f.; v llamear

flaming, flei´-ming a llameante; ardiente

flange, flAnCH s reborde

m.; pestaña f.; acoplo m.

flank, flang-k s flanco m.; (animal) ijada f.; v flanquear

flannel, flAn´-l s franela f.

flap, flAp s (table) hoja f.; (pocket) cartera f.; (trap) trampa f.; (wings) aleta f.; v aletear

flare, flé r s llamarada f.; v brillar

flash, flAsh s (light) resplandor m.; (lightning) relámpago m.; (gun, etc) fogonazo m.; –bulb, s bombilla de flas f.; –light, flash m.

flask, flaask s frasco m.; redoma f.; (vacuum) termos m.

flat, flAt s (music) bemol m.; (dwelling) piso m.; (land) llano m. a llano; insípido; (market) flojo

flatten, flAt´-n v allanar

flatter, flAt´-ér v lisonjear; adular; –ing, a halagüeño; –y, s lisonja f.

flavour, flei´-va v sazonar; s sabor m.; aroma m.

flaw, floa s defecto m.; (crack) grieta f.

flax, flAks s lino m.

flea, flii s pulga f.

fledged, fleCHd a cubierto

de plumas

flee, flii v huir

fleece, fliis s vellón m.; v esquilar; (fig) despojar

fleet, fliit s flota f.; a veloz

flesh, flesh s carne f.

flexible, fleks´-i-bl a flexible

flicker, flik´-a v vacilar, temblar; s vacilante m.; tembleteo m.

flight, flait s huída f.; (birds) vuelo m.; (stairs) tramo m.

flimsy, flim´-si a (material, paper) ligero; delgado; (structure) débil

flinch, flinch v acobardarse; vacilar

fling, fling v lanzar; arrojar

flint, flint s pedernal m.

flippant*, flip´-ant a ligero; petulante

flirt, flért s coqueta f.; v coquetear

float, flout s (raft) balsa f.; (angler's) corcho m.; v flotar; (a company, etc) lanzar

flock, flok s (sheep) rebaño m.; manada f.; (birds) bandada f.; v ir en tropel; congregarse

flog, flog v azotar

flood, flöd v inundar; s

diluvio m.; inundación f.

floor, fló r s suelo m.; (storey) piso m.

floppy disc, flo-pi disk s disco m.; flexible; disquete m.; floppy m.

florid*, flor´-id a florido; vivo

florist, flor´-ist s florista f.

flounce, flauns s (dress) volante m.

flour, flaur s harina f.

flourish, flŏr´-ish ə adorno m.; (signature) rúbrica f.; v (brandish) blandir; (prosper) prosperar

flout, flaut v mofar; burlarse

flow, flou v fluir; correr; s flujo m.; efusión f.

flower, flau´-a s flor f.; v florecer

flu, fluu s gripe f.

fluctuate, flŏk´-tiu-eit v fluctuar; vacilar

flue, fluu s cañon de chimenea m.

fluency, fluu´-en-si s fluidez f.; soltura f.

fluent*, fluu´-ent a fluente; fácil

fluffy, flŏf´-i a con pluma; con vello

fluid, fluu´-id s fluído m.; a flúido

fluke, fluuk s (chance) chiripa f.

flurry, flŏr´-i s aturdimiento m.; v aturdir

flush, flŏsh v (redden) sonrojar; (rinse) fluir, chorrear; s rubor m.; a al ras de

fluster, flŏs´-ta v aturdir; s agitación f.

flute, fluut s flauta f.; v (groove) estriar

flutter, flŏt´,-a s aleteo m.; palpitación f.; emoción f.; v aletear

fly, flai s mosca f.; v volar; (flag) enarbolar

fly-leaf, flai´-liif s guarda f.

fly-wheel, flai´-juiil s volante m.

foal, foal s potro m.; v parir

foam, foum s espuma f.; v espumar

fob, fob s faltriquera del reloj f.

f.o.b. =free on board, libre a bordo

focal, fou´-kl a focal; céntrico; –point, s punto céntrico; puntʊ focal

focus, fou´-kos s foco m.; v enfocar

fodder, fod´-a s forraje m.

foe, fou s enemigo m.

fog, fog s niebla f., bruma f.; –gy, a brumoso; – horn, s sirena f.

foil, foil s (fencing) florete m.; (metal) hoja f.; v frustrar

foist, foist v imponer

fold, fould s (cloth, etc) pliegue m.; (sheep) redil m.; v plegar; (arms) cruzar

foliage, fou´-li-iCH s follaje m.

folk, fouk s gente f.

follow, fol´-ou v seguir; suceder; –er, s seguidor m.; discípulo m.; admirador m.

folly, fol´-i s locura f.; tontería f.

foment, fo-ment´ v fomentar

fond, fond a (affection) afectuoso; **to be –of,** (affection) ser aficionado a; querer; (taste, recreation) gustar

fondle, fon´-dl v mimar; acariciar

fondness, fond´-nes s afecto m.; (inclination) afición f.

font, font s pila bautismal f.

food, fuud s alimento m.; comida f.; (fodder) pasto m.

fool, fuul s tonto m.; v engañar; **–ery,** s tontería f.; **–hardy,** a temerario; **–ish*,** tonto; **–proof,** a a prueba de imprudencia

foot, fut s pie m.; **–ball,** balón m.; (game) fútbol m.; **–board,** (bus, train) plataforma f.; **–ing,** posición f.; **–man,** lacayo m.; **–path,** senda f.; (pavement) acera f.; **–step,** paso m.; (print) huella f.; **–stool,** escabel m.

footballer, fut-boal-a s futbolista mf.

fop, fop s pisaverde m.; gomoso m.

for, for prep por; a causa de; para; en nombre de; conj porque; para que; como; pues

forage, for´-iCH s forraje m.; v forrajear

forbear, for-bé r´ v soportar; abstenerse

forbearance, for-bé r´-ans s indulgencia f.

forbid, for´-bid v prohibir; **–ding,** a aborrecible

force, fó rs´ s fuerza f.; vigor m.; v forzar

forceful, fó rs´-ful a fuerte; poderoso

forcible, fó rs´-i-bl a fuerte; concluyente

ford, fó rd v vadear; s vado m.

fore, fó r s proa f. a delantero; adv delante

forearm, fó r´-aarm s antebrazo m.

forebode, fó r´boud´ v presagiar; pronosticar

foreboding, fó r´-boud´-ing s presagio m.

forecast, fó r´-kaast s pronóstico m.

foreclose, fó r-klous´ v excluir

foredoom, fó r´-duum v predestinar

forefather, fó r´-faa-Da s antecesor m.

forefinger, fó r´-fiñ-ga s dedo índice m.

forego, fó r-gou´ v renunciar a; abandonar

foregoing, fó r-gou´-ing a precedente

foregone, fó r-goun´ a anticipado

foreground, fó r´-graund s primer plano m.

forehead, fó r´-jed, fó r´-ed s frente f.

foreign, fó r´-in a extranjero; **–er,** s extranjero m.

foreman, fó r´-mn s capataz m.

foremost, fó r´-moust a primero; principal

forenamed, fó r´-neimd a susodicho

forenoon, fó r´-nuun s mañana f.

forerunner, fó r-rön´-a a precursor

foresee, fó r-sii´ v prever

foresight, fó r´-sait s previsión f.

forest, fó r´-est s bosque m.; selva f.

forestall, fó r-stoal´ v anticipar; prevenir

foretaste, fó r´-teist s goce anticipado m.

foretell, fó r-tel´ v predecir

forethought, fó r´-zoat s previsión f.; premeditación f.

forewarn, fó r-uoarn´ v prevenir

forfeit, fó r´-fit s multa f.; v perder

forge, fó rCH v forjar; falsificar; s fragua f.; forja f.

forgery, fó rCH´-er-i s falsificación f.

forget, for-guet´ v olvidar; **–ful,** a olvidadizo; **–fulness,** s olvido m.

forgive, for-guiv´ v
perdonar; **–ness,** s
perdón m.

fork, foark s tenedor m.;
(tool) horca f.; (road)
bifurcación f.; v
bifurcarse

forlorn, for-loarn´ a
abandonado;
desesperado

form, foarm s forma f.;
(figure) figura f.; (a form
to fill up) formulario m.;
(seat) banco m.; (class)
clase f.; v formar

formal*, foar´-mal a
formal; ceremonioso;
–ity, s formalidad f.;
etiqueta f.

formation, foar-mei´-shon
s formación f.

former, foar´-ma a
anterior; **–ly,** adv antes;
antiguamente

formula, foar´-miu-la s
fórmula f.; receta f.

forsake, for-seik´ v dejar;
abandonar

fort, fórt s fuerte m.;
–ress, fortaleza f.

forth, fórz adv adelante;
fuera; **–coming,** a futuro;
que viene; **–with,** adv
sin dilación

fortieth, foar´-ti-iz s & a
cuadragésimo m.;

cuarentavo m.

fortification, foar-ti-fi-
kei´-shon s fortificación
f.

fortify, foar´-ti-fai v
fortificar; (health)
fortalecer

fortitude, foar´-ti-tiuud s
firmeza f.; valor m.

fortnight, foart´-nait s
quincena f.; dos
semanas f. pl

fortunate*, foar´-tiu-net a
afortunado; dichoso

fortune, foar´-tiun s
fortuna f.; (fate) suerte
f.

forty, foar´-ti s & a
cuarenta m.

forward, foar´-uard v
enviar; expedir; adv
adelante; a adelantado;
(pert) descarado;
–ingagent, s agente
expedidor m.; **–ness,** s
descaro m.

fossil, fos´-il s fósil m.

foster, fost´-a v criar;
(encourage) fomentar;
–parents, s pl padres
adoptivos m. pl

foul, faul v ensuciar; a*
sucio; impuro; obsceno

found, faund v fundar;
(metal) fundir

fundation, faund-ei´-shon

s fundación f.; (building,
etc) cimiento m.; (fig)
fundamento m.

founder, faun´-da v
hundirse; s fundador m.

foundling, faund´-ling s
niño; expósito m.

foundry, faun´-dri s
fundición f.

fountain, faun´-tin s
fuente f.

fountain-pen, faun´-tin-
pen s pluma estilográfica
f.

four, fó r s & a cuatro m.;
–fold, a cuádruplo;
–teen, s & a catorce m.;
–th, cuarto m.

fowl, faul s ave f.;
(chicken) pollo m.

fox, foks s zorro m.;
–glove, dedalera f.; **–
terrier,** perro zorrero m.

foyer, foi-ei s vestíbulo m.

fraction, frAk´-shon s
fracción f.; fragmento
m.

fracture, frAk´-tiur s
fractura f. v fracturar

fragile, frACH´-il a frágil;
(health) delicado

fragment, frAg´-ment s
fragmento m.

fragrance, frei´-grans s
fragancia f.; perfume m.

fragrant*, frei´-grant a

fragante; perfumado

frail, freil a frágil; (health) débil; endeble

frame, freim s marco m.; v formar; (picture, etc) poner en marco; **–work,** s armazón m.

franchise, frAn´-chais s sufragio m.

frank, frang-k a franco; **–ness,** s franqueza f.

frantic, frAn´-tik a frenético; furioso

fraternal*, fra-tĕr´-nal a fraternal

fraud, froad s fraude m.

fraudulent*, froa´-diu-lent a fraudulento

fray, frei v deshilachar. s riña f.; refriega f.

freak, friik s rareza f.; fenómeno m.

freckle, frek´-l s peca f.

free, frii v libertar; librar; a* libre; gratuito; **–dom,** s libertad f.; **–hold,** dominio absoluto m.; **–mason,** francmasón m.

freeze, friis v helar; congelarse

freezer, friis-a s congelador m.

freezing, frii´-sing s congelación f.; a glacial

freight, freit s carga f.; (cost) flete m.; v fletar

frenzy, fren´-si s frenesí m.

frequency, frii´-kuen-si s frecuencia f.

frequent*, frii´-kuent a frecuente; v frecuentar

fresh, fresh a fresco; puro

freshness, fresh´-nes s frescura f.; pureza f.

fret, fret v angustiarse; inquietarse; **–ful,** a irritable, enojadizo; **–saw,** s sierra de calados f.; **–work,** calados m.

friar, frai´-a s fraile m.

friary, frai´-er-i s convento de frailes m.

friction, frik´-shon s fricción f.; frotación f.

Friday, frai´-di s viernes m.; Good –,viernes santo m.

fridge, friCH s frigo m.; nevera f.; refrigerador m.

friend, frend s amigo m.; **–liness,** amistad f.; **–ly,** a amigable; **–ship,** s amistad f.

fright, frait s susto m.; terror m.

frighten, frai´-tn v espantar; aterrorizar

frightened, frai´-tnd a asustado -a

frightening, frai´-tn-ing a

espantoso; aterrador

frightful*, frait´-ful a espantoso; horrible

frigid*, friCH´-id a frígido; indiferente

frill, fril s escarola f.; faralá f.; volantes m. pl

fringe, frinCH s franja f.; Hequillo m.

frisk, frisk v brincar; cabriolar

frisky, frisk´-i a juguetón; vivaracho

fritter, frit´-a s fritura f.; v desperdiciar; **–away,** malgastar

frivolous*, friv´-ol-os a frívolo

frizzle, friz´-l v rizar; (fig) achicharrar

fro, frou adv atrás; **to and –,** de un lado a otro

frock, frok s vestido m.

frog, frog s rana f.

frolic, frol´-ik v juguetear; s travesura f.

from, from prep de; desde; de parte de; según

front, front s frente f.; (mil) frente m.; a delantero

frontier, fron´-tir s frontera f.; a fronterizo

frost, froast s helada f.; v escarchar; **–bitten,** a helado; **–y,** helado

froth, froaz s espuma f.; v
espumar

frown, fraun s ceño m.; v
fruncir el ceño

frugal*, fruu´-gl a frugal;
económico

fruit, fruut s fruta f.; fruto
m.; **–erer,** frutero m.;
–ful, a fructífero; **––
knife,** s cuchillo de
postres m.; **–less*,** a
infructuoso; estéril; **––
tart,** s tarta de frutas f.

frustrate, frös-treit´ v
frustrar

fry, frai v freir; **–ing pan,** s
sartén f.

fuchsia, fluu´-shi-a s
fucsia f.

fuel, flu´-el s combustible
m.

fugitive, fluu´-CHi-tiv s
fugitivo m.; a fugitivo

fugue, fluug s fuga f.

fulcrum, föl´-krom s
alzaprima f.

fulfil, ful-fil´ v cumplir;
realizar; **–ment,** s
realización f.;
cumplimiento m.

full, ful a lleno; completo;
saciado

fullness, ful´-nes s
plenitud f.; abundancia
f.

fulsome, ful´-som a

repugnante; grosero;
bajo

fume, fluum s humo m.; v
humear

fun, fön s broma f.; (joke)
chiste m.; **–ny,** a
cómico; chistoso

function, föng-k´-shon s
función f.; v funcionar

fund, fönd s fondo m.; v
fundar

fundamental*, fönd-a-
men´-tl a fundamental

funeral, fluu´-ner-al s
entierro m.

funnel, fön´-l s embudo
m.; (smoke) chimenea f.

fur, fĕr s piel f.;
incrustación f.; v
incrustarse

furbish, fĕr´-bish v
acicalar; pulir

furious*, fluu´-ri-os a
furioso

furlong, fĕr´-long s estadio
m.

furlough, fĕr´-lou s
licencia f.

furnace, fĕr´-nis s horno
m.; (small) hornillo m.

furnish, fĕr´-nish v
amueblar; equipar

furniture, fĕr´-ni-tiur s
muebles m. pl

furrier, fĕr´-i-a s peletero
m.

furrow, fĕr´-ou v surcar s
surco m.

further, fĕr´-Da a
adicional; adv más allá v
apoyar; **–ance,** s
adelantamiento m.;
promoción f.

furtive*, fĕr´-tiv a furtivo

fury, flu´-ri s furor m.;
furia f.

fuse, fluus s (slow match)
mecha f.; (time)
espoleta graduada f.;
(electric) corta-circuitos
m.; fusible m.; v fundirse

fuss, fös s barullo m.; v
causar revuelo

fustiness, fös´-ti-nes s
enmohecimiento m.

fusty, fös´-ti a mohoso

futile, fluu´-tail a fútil;
frívolo

future fluu-tiur s
porvenir m.; a futuro

gable, guei´-bl *s* gablete *m.*

gadfly, gAd´-flai *s* tábano *m.*

gag, gAg *s* mordaza *f.*; *v* amordazar

gaff, gAf *s* arponcillo *m.*

gaiety, gue´-i-ti *s* alegría *f.*

gaily, gue´-i-li *adv* alegremente

gain, guein *s* ganancia *f.*; *v* (win, earn) ganar; (attain) alcanzar; (watch) adelantar

gait, gueit *s* marcha *f.*; (horse) andadura *f.*

gaiter, guei´-ta *s* polaina *f.*

galaxy, gAl´-ak-si *s* (astronomical) galaxia *f.*; –**of,** grupo notable de

gale, gueil *s* vendaval *m.*

gall, goal *s* (bile) bilis *f.*, hiel *f.*; *v* amargar, irritar;

—**stones,** *s* cálculos biliarios *m. pl*

gallant*, gAl´-ant *a* valeroso

gallantry, gAl´-ant-ri *s* valor *m.*; galantería *f.*

gallery, gAl´-ar-i *s* galería *f.*

gallop, gAl´-op *s* galope *m.*; *v* galopar

gallows, gAl´-ou *s s* horca *f.*; patíbulo *m.*

galoshes, ga-losh´-os *s pl* chanclos *m.pl*

galvanism, gAl´-van-is *m s* galvanismo *m.*

gamble, gAm´-bl *s* jugad *m.*; *v* jugar

gambler, gAm´-bla *s* jugador *m.*; tahur *m.*

gambol, gAm´-bl *s* cabriola *f.*; *v* brincar

game, gueim *s* juego *m.*; (animals) caza *f.*

game-keeper , gueim-kiip´-a *a* guardabosque *m.*

gaming-house, guei´-ming-jaus *s* garito *m.*

gammon, gAm´-on *s* jamón *m.*

gander, gAn´-da *s* ganso *m.*

gang, gAng-g *s* cuadrilla *f.*; (robbers, etc) banda *f.*; –**way,** (passage) pasillo *m.*; (ship's) pasamano *m.*

gaol, CHeil *s* cárcel *f.*

gap, gAp *s* brecha *f.*; boquete *m.*; laguna *f.*

gape, gueip, *v* abrir la boca; (open) abrirse

garage, gaa-riCH´ *s* garage *m.*

garb, gaarb *s* vestido *m.*

garbage, gaarb´-iCH *s* basura *f.*; desperdicios *m. pl*

garden, gaar´-dn *s* jardín *m.*; (kitchen) huerto *m.*; –**er,** jardinero *m.*; –**ing,** jardinería *f.*

gargle, gaar´-gl, *v* hacer gárgaras

garland, gaar´-land *s* guirnalda *f.*; *v* enguirnaldar

garlic, gaar´-lik *s* ajo *m.*

garment, gaar´-ment *s* prenda de vestir *f.*

garnish, gaar´-nish, *v* aderezar; *s* aderezo *m.*

garret, gAr´-et *s* desván *m.*; buhardilla *f.*

garrison, gAr´-i-s'n *s* guarnición *f.*

garrulity, ga-ruu´-li-ty *s* locuacidad *f.*

garrulous, gAr´-u-los *a* locuaz

garter, gaar´-ta *s* liga *f.*; (order) jarretera *f.*

gas, gAs *s* gas *m.*; → **burner**, mechero *m.*; **–eous**, *a* gaseoso; → **works**, *s pl* fábrica de gas *f.*

gash, gAsh *s* cuchillada *f.*; *v* acuchillar

gasket, gAs´-kit *s* obturador *m.*; junta elástica *f.*

gasp, gaasp *s* boqueada *f.*; *v* boquear

gastric, gAs´-trik *a* gástrico

gate, gueit *s* puerta *f.*; entrada *f.*; (field, etc) barrera *f.*

gather, gAD´-a, *v* reunir; (pluck) recoger; (infer) inferir; **–ing**, *s* reunión *f.*; (med) absceso *m.*

gaudy, goa´-di *a* llamativo

gauge, gueiCH *s* (tool) calibrador *m.*; (rail) entrevía *f.*; (size) calibre *m.*; *v* mediar; estimar

gaunt, goant *a* enjuto; descarnado; desvaído

gauntlet, goant´-let *s* manopla *f.*

gauze, goas *s* gasa *f.*; (wire) tela metálica *f.*

gawky, goa´-ki *a* desgarbado

gay, guei *a* alegre; festivo; *s* & *a* gay *mf.*; homosexual *mf.*

gaze, gueis *v* mirar; contemplar

gazelle, ga-sel´ *s* gacela *f.*

gazette, ga-set´ *s* gaceta *f.*

gear, guir *s* engranaje *m.*; **–box**, caja de engranajes *f.*

gelatine, CHel´-a-tin *s* gelatina *f.*

gem, CHem *s* joya *f.*; gema *f.*

gender, CHen´-da *s* género *m.*

general, CHen´-er-al *s* general *m.*; *a* general

generalize, CHen´-er-a-lais, *v* generalizar

generally, CHen´-er-a-li *adv* generalmente

generate, CHen´-er-eit, *v* engendrar; producir

generation, CHen-er-ei´-shon *s* generación *f.*

generator, CHen´-er-eit-a *s* (elec) generador *m.*; alternador *m.*

generosity, CHen-er-os´-i-ti *s* generosidad *f.*

generous*, CHen´-er-os *a* generoso; liberal

genial*, CH ii´-ni-al *a* genial; cordial

genius, CH ii´-ni-os *s* genio *m.*

genteel, CHen-tiil´ *a* gentil, elegante; distinguido

gentile, CHen-´tail *s* & *a* gentil *m.*; pagano *m.*

gentility, CHen-til´-i-ti *s* nobleza *f.*; gentileza *f.*

gentle, CHen´-tl *a* suave; dulce; **–man**, *s* caballero *m.*; **–ness**, suavidad *f.*

gently, CHen´-tli *adv* suavemente

gents, CHents *s* aseos *m. pl* (de caballeros)

genuine, CHen´-iu-in *a* genuino; auténtico; puro; sincero; **–ness**, *s* autenticidad *f.*; pureza *f.*

genus, CH iin´-os *s* género *m.*

geography, CHi-og´-ra-fi *s* geografía *f.*

geology, CHi-ol´-o-CHi *s*

geología f.

geometry, CHi-om´-a-tri s geometría f.

geranium, CHi-rei´-ni-om s geranio m.

germ, CHĕrm s germen m.; (disease) microbio m.

germinate, CHĕr´-mi-neit v germinar

gesticulate, CHes-tik´-iu-leit v gesticular

gesticulation, CHes-tik´-iu-lei-shon s gesticulación f.

gesture CHes´-tiur s gesto m.

get, guet v obtener; (earn) ganar; (attain) llegar; (fetch) traer; **–away,** escaparse; **–back,** volver; (recover) recobrar; **–down,** bajar; **–in,** entrar; **–on,** avanzar; **–out,** salir; **–up,** levantarse

geyser, guii´-s a s calentador de agua m.; géiser m.

ghastly, gaast´-li a lívido; (horrible) espantoso

gherkin, guĕr´-kin s pepinillo m.

ghost, goust s fantasma m.; espíritu m.

giant, CHai´-ant s gigante m.; a gigantesco

gibberish, guib´-er-ish s jerigonza f.

gibbet, CHib´-et s horca f.; patíbulo m.

gibe, CHaib s mofa f.; burla f.; v mofarse

giblets, CHib´-lets s pl menudillos de ave m. pl

giddiness, guid´-i-nes s vertigo m.

giddy, guid´-i a vertiginoso

gift, guift s regalo m.; donación f.

gifted, guif´-tid a talentoso

gigantic, CHai-gAn´-tik a gigantesco

giggle, guig´-l v reírse por nada

gild, guild v dorar; **–ing,** s doradura f.

gills, guils s. pl branquias f. pl

gilt, guilt a dorado

gimlet, guim´-let s barrena f.

gin, CHin s (spirit) ginebra f.; (snare) trampa f.

ginger, CHin´-CHer s jengibre m.; **–bread,** pan de jengibre m.

gipsy, CHip´-si s gitano m.; gitana f.; a gitanesco

giraffe, CHi-raf´ s jirafa f.

gird, guĕrd v ceñir; (encompass) cercar

girder, guĕr´-da s

travesaño m.; viga f.

girdle, guĕr´-dl s cinturón m.; v ceñir

girl, guĕrl s muchacha f.; **–hood,** doncellez f.

girth, guĕrz s cincha f.; (measure) periferia f.

give, guiiv, v dar, entregar; **–in,** asentir; **–up,** renunciar

giver, guiv´-a s dador m.; donante m.

gizzard, guis´-erd s molleja de ave f.

glacier, glA´-si-a s glacier m.

glad*, glAd a contento; alegre

gladden, glAd´-n, v alegrar

glade, gleid s claro m.

gladness, glAd´-nes s alegría f.; regocijo m.

glamour, glAm-or s encanto m.; hechizo m.

glamorous, glAm-or-os a encantador(a); atractivo; hechicero

glance, glAns s ojeada f.; v mirar de prisa; **–off,** desviarse

gland, glAnd s glándula f.

glare, glér s (sun) resol m.; (light) deslumbramiento m.; (stare) mirada rencorosa f. v deslumbrar; (stare)

357

mirar con enojo

glaring*, glér´-ing a deslumbrante; (striking) manifiesto

glass, glaas s vidrio m.; cristal m.; (vessel) vaso m.; (wine) copa f.; (mirror) espejo m.; **–es**, s pl lentes f. pl espejuelos m. pl; **––ware**, s cristalería f.; **––y**, a vidrioso

glaze, gleis, v vidriar; lustrar

glazier, glei´-sher s vidriero m.

gleam, gliim s (shimmer) fulgor m.; (ray) rayo m.; v brillar

gleaning, glii´-ning s fragmentos recogidos f.

glee, glii s alegría f.

glen, glen s cañada f.; valle m.

glib,* glib a liso; voluble

glide, glaid s resbalón m.; deslizamiento m.; v resbalar; (air) planear; **–r**, s (aircraft) planeador m.

glimmer, glim´-a s vislumbre m.; v alborear

glimpse, glimps s vislumbre m.

glint, glint s destello m.; v destellar

glisten, glis´-n, v relucir

glitter, glit´-a, v brillar; centellear; s centelleo m.

gloat, glout v deleitarse

global, gloub-l a (world-wide) mundial; (sum) global; **- village** aldea f.; global

globe, gloub s globo m.

globular, gloub´-iu-la a esférico

gloom, gluum s obscuridad f.; (dismal) tristeza f.

gloomy, gluu´-mi a obscuro; sombrío; triste

glorify, glou´-ri-fai v glorificar; exaltar

glorious*, gló´-ri-os a glorioso; magnífico

glory, gló´-ri s gloria f.; v (in) gloriarse (de)

gloss, glos s lustre m.; v lustrar; **–y**, a lustroso

glove, glov s guante m.; **–r**, guantero m.

glow, glou s brillo m.; (sky) fulgor m.; v brillar

glue, gluu s cola f.

glum, glöm a displicente; malhumorado

glut, glöt s exceso m.; v (market) inundar

glutton, glöt´-n s glotón m.

gnarled, naarld a nudoso

gnash, nʌsh v crujir los dientes; **–ing,** s rechinamiento m.

gnat, nʌt s mosquito m.; cínife m.

gnaw, noa v roer

go, gou v ir; (mech) andar; **–away,** irse; partir; marcharse; **–back,** volver; **–down,** bajar; **–off,** partir; (gun) dispararse; **–out,** salir; **–up,** subir; **–without,** pasarse de

goad, goud s aguijón m.; v aguijonear

goal, goul s objeto m.; (posts) meta f.; (score) tanto m.; gol m.

goalkeeper, goul kiip-a s guardameta mf.; portero m.

goat, gout s cabra f.

gobble, gob´-l, v tragar; **–r,** s tragón m.

goblet, gob´-let s copa f.

goblin, gob´-lin s trasgo m.

God, god s Dios m., **––fearing,** a temeroso de Dios

god, god s ídolo m.; **––child,** ahijado m.; **–dess,** diosa f.; **––father,** padrino m.; **–less,** a

impío, ateo; **–liness,** s
piedad f.; **–ly,** a piadoso;
–mother, s madrina f.

goggle-eyed, gog´-l-aid a
de ojos saltones

goggles, gog´-ls s pl
anteojeras f. pl

going, gou´-ing s paso m.;
(horse) andadura f.

goitre, goi´-ta s papera f.

gold, gould s oro m. a de
oro; **–en,** en oro; **–finch,**
s cardelina f.; **–fish,** pez
de colores m.; **–leaf,**
pan de oro m.; **–smith,**
orfebre m.

golf, golf s golf m.

gone, gon pp ido; pasado;
(dead) muerto

gong, gong s gong m.

good, gud s bien m.;
ventaja f. a bueno;
válido; adv bien; **–bye,**
interj ¡adiós! ; **–ly,** a
considerable; **–
morning,** interj ¡buenos
días!; **–natured,** a
bonachón; **–ness,** s
bondad f.; **–will,** buena
voluntad f.; (business)
clientela f.

Good Friday, gud-frai´-di
s Viernes Santo m

goods, guds s mercancía f.;
–train, tren de
mercancías m.

goose, guus s ganso m.;
gansa f.; oca f.; ánsar m.

gooseberry, guus´-be-ri s
grosella f.

gore, gór s sangre
derramada f.; v cornear

gorge, goarCH s garganta
f.; v hartarse

gorgeous*, goar´-CHos a
suntuoso; esplenderoso

gorilla, go-ril´-la s gorila
m.

gorse, goars s argomón m.

gosling, gos´-ling s
gansarón m.

gospel, gos´-pl s evangelio
m.

gossamer, gos´-a-ma s
telaraña f.

gossip, gos´-ip s chismoso
m.; v cotillear

gouge, gauCH s gubia f.; v
escoplear; sacar

gout, gaut s gota f.; **–y,** a
gotoso

govern, gov´-ern v
governar; **–ess,** s
institutriz f.; **–ment,** s
gobierno m.; **–or,**
gobernador m.; (mech)
regulador m.

gown, gaun s vestido de
mujer m.; (official) toga
f.

grab, grAb, v asir; agarrar;
s (mech) gancho m.

grace, greis s gracia f.;
favor m.; **–ful*,** a
gracioso; **–fulness,** s
gracia f.; gentileza f.;
–less, a réprobo

gracious*, grei´-shos a
gracioso; benévolo

gradation, gra-dei´-shon s
gradación f.

grade, greid s grado m.;
rango m.; v graduar

gradient, gre´-di-ent s
rampa f., pendiente f.

gradual*, grAd´-iu-al a
gradual

graduate, grAd´-iu-eit s
graduado m.; v graduarse

graft, graaft s corrupción
f.; v (trees) injertar

grain, grein s grano m.;
(wood, etc) veta f.;
(leather) flor f. v (paint)
vetear

gram(me), grAm´ s gramo
m.

grammar, grAm´-a s
gramática f.

gramophone, grAm´-o-
foun s gramófono m.

granary, grAn´-a-ri s
granero m.

grand*, grAnd a
grandioso, magnífico;
–child, s nieto m.; nieta
f.; **–daughter,** nieta f.;
–father, abuelo m.;

–**mother,** abuela *f.*;
–**son,** nieto *m.*

grange, greinCH *s* granja
f.; (estate) quinta *f.*

grant, graant, *v* conceder;
(law) otorgar; *s*
concesión *f.*; (gift) don
m.

grape, greip *s* uva *f.*; --
fruit, pomelo *f.*; --**shot,**
metralla *f.*

graph, graaf *s* gráfica *f.*; -o
m.

graphic*, grAf´-ik *a*
gráfico

grapple, grAp´-l *s* arpeo *m.*
v agarrar; --**with,**
(confront boldly) luchar

grasp, graasp *v* empuñar;
(mentally) comprender;
s asimiento *m.*

grasping, graas´-ping *a*
avaro

grass, graas *s* hierba *f.*;
yerba *f.*; –**hopper,**
saltamontes *m.*; –**y,** *a*
herboso; herbáceo

grate, greit *s* (fire) parrilla
f.; *v* raspar; irritar

grateful*, greit´-ful *a*
agradecido

gratefulness, greit´-ful-nes
s gratitud *f.*

gratification, grAt´-i-fi-
kei´-shon *s* satisfacción
f.; recompensa *f.*

gratify, grAt´-i-fai, *v*
gratificar; –**ing,** *a*
agradable

grating, grei´-ting *s* reja *f.*;
a (sound) chirriant

gratitude, grAt´-i-tiuud *s*
gratitud *f.*

gratuitous*, gra-tiuu´-i-
tos *a* gratuito

gratuity, gra-tiuu´-i-ti *s*
recompensa *f.*; (tip)
propina *f.*

grave, greiv *s* sepultura *f.*;
tumba *f.*; *a** grave; --
digger, *s* sepulturero *m.*;
–**stone,** lápida sepulcral
f.; --**yard,** cementerio
m.

gravel, grAv´-l *s* gravilla *f.*;
(med) litiasis *f.*

graven, grei´-vn *a* grabado

gravitate, grAv´-i-teit *v*
gravitar

gravity, grAv´-i-ti *s*
gravedad *f.*

gravy, grei´-vi *s* jugo *m.*;
salsa *f.*

graze, greis *v* rozar; (feed)
pacer

grease, griis *s* grasa *f.*; *v*
engrasar; lubricar

greasy, grii´-si *a* grasiento

great*, greit *a* gran; ilustre

greatness, greit´-nes *s*
grandeza *f.*

greed, griid *s* voracidad *f.*;

(avarice) codicia *f.*; –**ily,**
adv vorazmente; –**iness,**
s voracidad *f.*; avaricia
f.; –**y,** *a* voraz; glotón;
avaro

green, griin *s* verde *m.* *a*
verde; –**gage,** *s* ciruela
verdal *f.*; –**grocer,**
verdulero *m.*; –**house,**
invernadero *m.*; –**ish,** *a*
verdoso

greet, griit *v* saludar

greeting, griit´-ing *s*
saludo *m.*; salutación *f.*

grenade, gre-neid´ *s*
granada *f.*; bomba *f.*

grey, grei *a* gris; pardo

greyhound, grei´-jaund *s*
galgo *m.*; galga *f.*

gridiron, grid´-ai-ern *s*
parrilla *f.*

grief, griif *s* pena *f.*; dolor
m.; aflicción *f.*

grievance, grii´-vans *s*
agravio *m.*; perjuicio *m.*

grieve, griiv, *v* afligir;
afligirse; agraviar

grievous*, grii´-vos *a*
penoso; doloroso; cruel

grill, grill *s* parrilla *f.*; *v*
asar en parrilla

grim*, grim *a* ceñudo;
horrendo; formidable

grimace, gri-meis´ *s* mueca
f.; visaje *m.*

grime, graim *s* tizne *m.*;

mugre f.

grin, grin s sonrisa burlona f.; v sonreír burlonamente

grind, graind v moler; (sharpen) afilar

grinder, grain´-da s (for knives, etc) afilador m.; (coffee, etc) molino m.

grip, grip s (action) presa f.; agarro m.; (hand) apretón m.; (handle) mango m.; puño m.; v agarrar; empuñar

gripe, graip v (bowels) dar cólico

grisly, gris´-li a espantoso; horroroso

grist, grist s molienda f.

grit, grit s cascajo m.; (particle) arena f.

gritty, grit´-i a arenoso

groan, groun s gemido m.; v gemir

groats, grouts s pl sémola f.

grocer, grou´-sa s tendero de ultramarinos m.

grocery, grou´-sa-ri s tienda de ultramarinos f.

grog, grog s grog m.; ponche m.

groggy, gro´-gui a vacilante

groin, groin s ingle f.; (arch) arista f.

groom, gruum s mozo de cuadra m.

groove, gruuv s ranura f.; v acanalar

grope, group v andar a tientas

gross, grous s (12 dozen) gruesa f.; (weight) bruto m.; a* (coarse) grosero; (flagrant) enorme

ground, graund v (vessel) encallar; s tierra f.; suelo m.; motivo m.; --floor, piso bajo m.; **-less*,** a infundado; **-s,** s pl (park, etc.) jardines m. pl; --work, s plan m.; base f.

group, gruup s grupo m.; v agrupar

grouse, graus s gallina silvestre f.

grove, grouv s arboleda f.; alameda f.

grovel, grov´-l, v arrastrarse

grow, grou, v crecer; cultivar; --er, s cultivador m.; productor? **-n up,** adulto m.

growl, graul s gruñido m.; v gruñir

growth, gruuz s crecimiento m.; tumor m.

grub, gröb s gorgojo m.;

larva f.

grudge, gröCH s ojeriza f.; v envidiar

gruel, gruu´-el s gachas m.

gruesome, gruu´-som a horrendo

gruff, gröf a áspero; seco

grumble, gröm´-bl v refunfuñar

grunt, grönt s gruñido m.; v gruñir

guarantee, ga-ran-tii´ v garantizar; s garantía f.

guard, gaard s guardia f.; (railway) conductor m.; v guardar

guarded, gaar´-did a circunspecto

guardian, gaar´-di-an s guardián m.; (trustee) tutor m.

gudgeon, gö CH´-n s gorrón m.

guess, gues v adivinar; conjeturar; s conjetura f.; **-work,** conjetura f.

guest, guest s (visitor; lodger) huésped m.; (for meals only) convidado m.; (hotel) cliente m.

guidance, gai´-dans s dirección f.; gobierno m.

guide, gaid v guiar; s guía m.

guide-book, gaid´-buk s

guía de viajes *f.*

guild, guild *s* gremio *m.*; corporación *f.*

guile, gail *s* engaño *m.*; **–less,** *a* cándido

guilt, guilt *s* culpabilidad *f.*; (moral) pecado *m.*

guilty, guil´-ti *a* culpable

guinea, guin´-i *s* guinea *f.*; **–fowl,** pintada *f.*; **–pig,** conejillo de Indias *m.*

guise, gais *s* manera *f.*; apariencia *f.*

guitar, gui-taar´ *s* guitarra *f.*

gulf, gŏlf *s* golfo *m.*; abismo *m.*

gull, gŏl *s* gaviota *f.*; *v* engañar

gullet, gŏl´-et *s* gaznate *m.*

gulp, gŏlp *s* trago *m.*; *v* tragar

gum, gŏm *s* goma *f.*; (teeth) encía *f.*; *v* engomar

gun, gŏn *s* fusil *m.*; (sports) escopeta *f.*; (artillery) cañón *m.*; **–ner,** artillero *m.*; **–powder,** pólvora *f.*; **–smith,** armero *m.*

gurgle, guĕr´-gl *v* gorgotear; *s* gorgoteo *m.*

gush, gŏsh *v* borbotar; *s* borbotón *m.*

gust, gŏst *s* ráfaga *f.*; racha *f.*; **–y,** *a* rafagoso; ventoso; borrascoso

gut, gŏt *s* tripa *f.*; *v* destripar

gutter, gŏt´-a *s* (roof) gotera *f.*; (street) arroyo *m.*

guy, gai *s* mamarracho *m.*

gymnasium, CHim-nei´-s -om *s* gimnasio *m.*

gymnastics, CHim-nAs´- tiks *s pl* gimnástica *f.*

N.B.—La H debe pronunciarse siempre; excepto en las voces marcadas §

haberdasher, jAb´-er-dAsh-a s mercero m.

habit, jAb´-it s hábito m.; costumbre f.

habitable, jAb´-it-a-bl a habitable

habitual*, ja-bit´-iu-al a habitual; acostumbrado

hack, jAk s caballo de alquiler m.; v montar

hackneyed, jAk´-nid a (subject) trillado

haemorrhage, ji´-mor-iCH s hemorragia f.

hag, jAg s bruja f.

haggard*, jAg´-ard a (appearance) ojeroso

haggle, jAg´-l v regatear

hail, jeil s granizo m.; v granizar; (call) llamar

hair, jér s pelo m.; cabello m.; (horse) crin m.; —brush, cepillo para el pelo m.; —dresser, peluquero m.; —drier, s secador para el pelo m.; —pin, horquilla f.; –y, a peludo

hake, jeik s merluza f.

hale, jeil a sano, robusto

half, jaaf s mitad f.; a medio; adv a medias

halibut, jAl´-i-böt s mero m.; hipogloso m.

hall, joal s vestíbulo m.; —mark, marca del contraste f.; —porter, conserje m.

hallow, jAl´-ou v santificar

hallucination, ja-liu´-si-nei´-shon s alucinación f.

halo, jei´-lou s halo m.; aureola f.

halt, joalt s parada f.; v pararse interj ¡alto!

halter, joal´-ta s cabestro m.

halve, jaav v partir en dos mitades

ham, jAm s jamón m.

hamburger, jam-bër´-ga s hamburguesa f.

hamlet, jAm´-let s aldea f.; villorrio m.

hammer, jAm´-a s martillo m.; v martillar

hammock, jAm´-ok s hamaca f.

hamper, jAm´-pa s canasto m.; v estorbar

hand, jAnd s (human, clock, cards) mano? v dar; —bag, s bolsa f.; —bill, cartel m.; —book, manual m.; —cuffs, s pl esposas f. pl; —ful, s puñado,m.; —kerchief, pañuelo m.; —made, a hecho á mano f.; —rail, s barandal m.; —second—, de segundamano; –y, a mañoso

handicapped, jAnd-ii-kApt s deficiente mf. (mental); minusválido

m. -a f.

handle, jAn´-dl s mango m.; (bag) asa f.; (door) botón m.; v manejar

handsome*, j An´-som a bello; elegante; generoso

hang, jAng v (execute) ahorcar; **–er,** s colgadero m.; **–man,** verdugo m.; **–up,** v colgar

hangar, jAng´-ga s hangar m.

hang-gliding, jAnd-glaid-ing s vuelo m.; libre

hangover, jAnd-ou´-va s (after drinking) resaca f.

hank, jAng-k s madeja f.

hanker, jAng´-ka v ansiar; apetecer

hapless, jAp´-les a desventurado

happen, jAp´-n v acontecer; ocurrir

happily, jAp´-i-li adv felizmente

happiness, jAp´-i-nes s felicidad f.; dicha f.

happy, jAp´-i a feliz, dichoso

harangue, ja-rAng´s arenga f. v arengar

harass, jAr´-as v acosar

harbinger, jaar´-bin-CH a s precursor m.

harbour, jaar´-br s puerto m.

hard, jaard a duro

harden, jaar´-dn v endurecer; (refl) endurecerse

hardly, jaard´-li adv apenas; severamente

hardness, jaard´-nes s dureza f.; dificultad f.

hardship, jaard´-ship s pena f.; privación f.

hardware, jaard´-uér s quincallería f.

hardy, jaar´-di a robusto; atrevido

hare, jér s liebre f.

hark, jaark v escuchar; interj ¡oye!

harlequin, jaar´-li-küin s arlequin m.

harlot, jaar´-lot s prostituta f.

harm, jaarm s daño m.; v dañar; **–ful*,** a dañoso; **–less*,** inofensivo

harmonious*, jaar-mou´-ni-os a armonioso

harmonize, jaar´-mon-ais v armonizar

harness, jaar´-nes s (horses, armour) arnés m.; v enjaezar; (forces) acoplar

harp, jaarp s arpa f.

harpoon, jaar-puun´s arpón m.

harrow, jAr´-ou s grada f.;

v gradar (feelings) perturbar

harsh*, jaarsh a (sound) discordante; (severe) áspero; (colour) duro

hart, jaart s ciervo m.

harvest, jaar´-vest s cosecha f. v cosechar

hash, jAsh s picadillo m.; salpicón m.; v picar

hassle, jAs´-ol s (quarrel) pelea f.; (difficulty) problema m.; dificultad f.; (bother) lío m.; follón m.; v molestar; fastidiar; dar la lata

hassock, jAs´-ok s cojín m.

haste, jeist s prisa f.; **–n,** v apresurarse

hastily, jeis´-ti-li adv precipitadamente

hat, jAt s sombrero m.; **–box,** sombrerera f.; **–pin,** alfiler de sombrero m.; **–stand,** percha f.; **–ter,** sombrerero m.

hatch, jAch s (naut) escotilla f. v empollar; (plot) tramar

hatchback, jAch-bAk´ s (door) puerta f., trasera; portón m.; (vehicle) cincopuertas; coche m.; con pueta trasera

hatchet, jAch´-et s hacha

f.

hate, jeit *v* odiar. *s* odio *m.*

hateful, jeit´-fʉl *a* odioso; detestable

haughty, joa´-ti *a* altivo; soberbio

haul, joal *s* arrastre *m.*; (catch) redada *f.*; *v* tirar de, arrastrar; **–age,** *s* tracción *f.*

haunch, joanch *s* anca *f.*

haunt, joant *s* (animal) guarida *f.*; *v* rondar

have, jʌv *v* haber; tener; poseer; (to cause) hacer

haven, jei´-vn *s* puerto *m.*; abra *f.*; (refuge) asilo *m.*

haversack, jʌv´-er-sʌk *s* mochila *f.*

havoc, jʌv´-ok *s* estrago *m.*; ruina *f.*

hawk, joak *s* halcón *m.*; *v* revender

hawker, joa´-ka *s* buhonero *m.*

hawthorn, joa´-zoarn *s* espino *m.*

hay, jei *s* heno *m.*; **– fever,** fiebre del heno *f.*; **–loft,** henil *m.*; **–making,** siega del heno *f.*; **–stack,** almiar *m.*; niara *f.*

hazard, jʌs´-erd *s* azar *m.*; acaso *m.*; (risk) riesgo *m.*; *v* aventurar; **–ous*,**

a arriesgado

haze, jeis *s* bruma *f.*; neblina *f.*

hazel, jei´-sl *s* avellano *m.*; **–nut,** avellana *f.*

hazy, jei´-si *a* brumoso

he, jii *pron pers* él

head, jed *s* cabeza *f.*; (chief) jefe *m.*; *a* (main) principal

headache, jed´-eik *s* dolor de cabeza *m.*

heading, jed´-ing *s* encabezamiento *m.*; título *m.*

headland, jed´-lʌnd *s* cabo *m.*

headlights, jed´-laits *s* faros *m. pl*

headline, jed´-lain *s* título *m.*

headlong, jed´-long *adv* de cabeza; *a* temerario

headmaster, jed´-maas-ta *s* principal *m.*

headquarters, jed´-kuoar-tas *s* cuartel general *m.*

headstrong, jed´-strong *a* testarudo; terco

head-waiter, jed-uei´-ta *s* camarero principal *m.*

headway, jed´-uei *s* progreso *m.*

heady, jed´-i *a* temerario; (wine) capitón

heal, jiil *v* sanar; curar

healing, jii´-ling *s* curación *f.*; *a* curativo

health, jelz *s* salud *f.*

healthy, jel´-zi *a* sano

heap, jiip *s* montón *m.*; amontonar

hear, jir *v* oír; **–er,** *s* oyente *m.*; **–ing,** oído *m.*; (judicial) audiencia *f.*

hearsay, jir´-sei *s* rumor *m.*

hearse, jers *s* carro fúnebre *m.*; féretro *m.*

heart, jaart *s* corazón *m.*; (cards) copas *m. pl*; **– broken,** *a* transido de dolor; **–burn,** *s* acedía *f.*; **–ily,** *adv* cordialmente; **–iness,** *s* cordialidad *f.*; **–less,** *a* sin corazón; **–y,** cordial

hearth, jaarz *s* hogar *m.*

heat, jiit *s* calor *m.*; *v* calentar

heater, jiit´-a *s* calentador *m.*; calorífero *m.*

heath, jiiz *s* (land) brezal *m.*

heathen, jii´-Den *s & a* pagano *m.*; (fig) ateo *m.*

heather, jeD´-a *s* brezo *m.*

heating, jii´-ting *s* calefacción *f.*

heatstroke, jiit-strouk *s* insolación *f.*

heatwave, jiit-ueiv s hola f.; de calor

heave, jiiv, alzar; (naut.) izar

heaven, jev´-n s cielo m.; firmamento m.

heavenly, jev´-n-li a celestial

heaviness, jev´-i-nes s pesadez f.

heavy, jev´-i a pesado

hedge, jeCH s seto m.; **–hog,** erizo m.

heed, jiid v atender; s atención f.

heedful*, jiid´-ful a atento; vigilante

heedless*, jiid´-les a descuidado; distraído

heel, jiil s talón m.; (shoe) tacón m.

heifer, jef´-a s ternera f.

height, jait s altura f.; (person) estatura f.

heighten, jai´-ten v elevar; realzar

heinous*, jei´-nos a atroz; odioso

§heir, ér s heredero m.

§heiress, ér´-es s heredera f.

§heirloom, ér´-lum s herencia f.

helicopter, jel´-i-kop-ta s helicóptero m.

hell, jel s infierno m.;

–ish, a infernal

hello, jel-ou interj ¡hola!; (telephone, person answering) ¡diga!; **say - to** saludar

helm, jelm s timón m.; **–sman,** timonero m.

helmet, jel´-met s yelmo m.; casco m.

help, jelp s ayuda f.; (in distress) socorro m.; interj ¡socorro! v ayudar; socorrer; **–er,** s asistente m.; **–ful,** a útil; servicial; **–less,** desamparado; impotente; **–mate,** s compañero m.

hem, jem s dobladillo m.; v dobladillar; **–in,** (surround) rodear

hemisphere, jem´-i-sfiir s hemisferio m.

hemp, jemp s cáñamo m.

hen, jen s gallina f.; **–pecked,** a marido que se deja mandar; **—roost,** gallinero m.

hence, jens adv de aquí; por lo tanto

henceforth, jens´-fórz adv en adelante

her, jĕr pers pron la; le; ella; a ella; poss adj su, sus (de ella)

herald, jer´-ald s heraldo m.; v anunciar

herb, jĕrb s yerba f.; **–alist,** s herbolario m.

herd, jĕrd s manada f.; hato m.; v reunir el ganado; ir en hatos; **–sman,** s vaquero m.

here, jir adv aquí; acá; por aquí

hereabout, jir-a-baut´ adv por aquí cerca

hereafter, jir-aaft´-a adv en lo futuro

hereby, jir-bai´ adv por éstas; por la presente

hereditary, ji-red´-i-ta-ri a hereditario

herein, jir-in´ adv aquí dentro; incluso

hereof, jir-ov´ adv de esto; de aquí

hereon, jir-on´ adv sobre esto

heresy, jer´-i-si s herejía f.

heretic, jer´-i-tik s hereje m.

hereto, jir-tuu´ a esto; a este fin

heretofore, jir-tuu-fó r´ adv hasta agur

hereupon, jir-öp-on´ adv sobre esto

herewith, jir-uiD´ adv con esto; adjunto

hermetic, jer´-met-ik a hermético

hermit, jer´-mit s

ermitaño m.

hermitage, jĕr´-mi-tiCH s ermita f.

hernia, jĕr´-ni-a s hernia f.

hero, ji´-rou s héroe m.; (stage, etc) protagonista m.

heroic, ji-rou´-ik a heroico, épico

heroine, ji´-ro-in s heroína f.; (stage, etc) protagonista f f.

heroism, ji´-ro-ism s heroísmo m.

herring, jer´-ing s arenque m.

hers, jĕrs pron f. suyo, suya, de ella; el suyo, la suya, los suyos, las suyas (de ella)

herself, jĕr-self´ pron ella misma

hesitate, jes´-i-teit v vacilar; dudar; titubear

hesitation, jes-i-tei´-shon s duda f.; indecisión f.

heterosexual, jet-ĕr-ou-sek-shuu-l s & a heterosexual mf.

hew, jiuu v tajar; (stone) picar

hiatus, jai-ei´-tos s hiato m.

hiccough, hiccup, jik´-op s hipo m.

hide, jaid s cuero m.; piel f.; v esconder

hideous*, jid´-i-os a horrible; espantoso

hiding, jai´-ding s (flogging) paliza f.; a (in hiding) escondido; — **place,** s escondite m.

hi-fi, jai´-fai abbr of high fidelity s alta f.; fidelidad

high*, jai a alto; (status) eminente; (elevated) elevado; (food) pasado; (cost) caro; **–est,** a el más alto; supremo; **–ness,** s altura f.; (title) Alteza f.

highbrow, jai´-brau s snob intelectual m. a docto, erudito

highlander, jai´-land-a s montañés m.

highlight, jai´-lait s punto sobresaliente m.; realce m.; v poner de relieve

highway, jai´-uei s carretera f.; camino real m.

hijack, jai´-CHak v piratear; secuestrar; s secuestro m.; **-er** s secuestrador m.

hilarious, jil-ér-iios a divertido; regocijante; alegre

hilarity, ji-lAr´-i-ti s hilaridad f.

hill, jil s colina f.; (road) cuesta f.; **–y,** montañoso

hilt, jilt s puño de espada m.

him, jim pers pron le; él; a él

himself, jim-self´ pron él; él mismo

hind, jaind s cierva f.; a trasero

hinder, jin´-da v impedir; estorbar

hindermost, jin´-der-moust a postrero; último

hindrance, jin´-drans s impedimento m.

hinge, jinCH s bisagra f.; (door) gozne m.

hint, jint s indirecta f.; sugestión f.; insinuación f.; v sugerir; insinuar

hip, jip s cadera f.

hire, jair s alquiler m.; v alquilar; **–purchase,** s venta a plazos

his, jis pron m. suyo, suya, de él; el suyo, la suya, los suyos, las suyas (de él); poss adj su, sus (de él)

hiss, jis v (steam) silbar; (derision) chiflar; s silbido m.; (derision) rechifla f.

historical*, jis-to´-rikal a

histórico

history, jis´-to-ri s historia f.

hit, jit v pegar; (target, etc) acertar; s golpe m.

hitch, jich s (pull) tirón m.; (obstacle) tropiezo m.; v enganchar; (naut.) amarrar

hitch-hike, jich-jaik v hacer autostop; hacer dedo

hi-tech, jai-tek a de alta tecnología

hither, jiD´-a adv aquí; acá; por aquí; por acá

hitherto, jiD´-er-tu adv hasta ahora

hive, jaiv s colmena f.

hoar, jó r, –y, a canoso; –frost, s escarcha f.

hoard, jó rd v (money, jewels) atesorar; (food, etc) acaparar; s tesoro m.

hoarse*, jó rs a ronco; enronquecido

hoax, jouks s chasco m.; v chasquear

hobble, job´-l s cojera f.; v (walk) cojear

hobby, job´-i s pasatiempo m.

hock, jok s vino del Rin m.; (animal) jarrete m.

hoe, jou s azada f.; v cavar

hog, jog s puerco m.; cerdo m.

hoist, joist v alzar; (flag) izar

hold, jould v tener, agarrar; (capacity) contener s presa f.; (ship) cala f.; –back, v retener; –good, ser válido; –on, agarrarse; –over, aplazar

holder, joul´-da s tenedor m.; poseedor m.; (handle) mango m.; (receptacle) asa f.; (bracket) brazo m.; share–, accionista m. & f.

holding, joul´-ding s tenencia f.; (share) acción f.

hole, joul s agujero m.

holiday, jol´-i-dei s fiesta f.

holidays, jol´-i-deis s pl vacaciones f. pl

holiness, jol´-i-nes s santidad f.

hollow, jol´-ou s hueco m.; a hueco; v ahuecar

holly, jol´-i s acebo m.

holocaust, jol-o-koust s holocausto f.

holy, jou´-li a santo; sagrado; –water, s agua bendita f.; –week,

Semana Santa f.

homage, jom´-iCH s homenaje m.

home, joum s casa f.; (circle) hogar m.; (homeland) patria f.; at –, en casa; –less, sin hogar; –ly, a casero

homesick, joum´-sik a nostálgico

homeward, joum´-uerd adv hacia casa; –bound, de regreso

homœopathic, jou´-mi-o-paz´-ik a homeopático

homosexual, jom-o-sek-shuu-l s & a homosexual mf.

hone, joun s piedra de afilar f.; v (blades) asentar

§**honest*,** on´-est a honrado; honesto; sincero

§**honesty,** on´-est-i s honradez f.; honestidad f.

honey, jŏn´-i s miel f.; –moon, luna de miel f.; –suckle, madreselva f.

§**honorary,** on´-er-a-ri a honorario

§**honour,** on´-a s honor m.

§**honourable,** on´-er-a-bl a honorable

hood, jud s capucha f.;

(vehicle) capota *f*.

hoodwink, jud´-uingk *v* enganar

hoof, juf *s* pezuña *f*.; (horse) casco *m*.

hook, juk *s* gancho *m*.; garfio *m*.; (fish) anzuelo *m*.; *v* enganchar; **–and eye**, *s* corchete *m*.; (hook) macho *m*.; (eye) hembra *f*.; **by – or by crook** *adv* a tuertas o a derechas

hooligan, juu-li-gan *s* gamberro *m*.

hoop, jup *s* cerco *m*.; arco *m*.; aro *m*.

hoot, juut *s* (owl) grito *m*.; (derision) grita *f*.; (motor) bocinazo *m*.; *v* gritar; (derision) dar grita; (motor) tocar la bocina

Hoover, juu-va [TM] *s* aspiradora *f*.; *v* pasar la aspiradora; limpiar con aspiradora

hop, jop *s* brinco *m*.; (plant) lúpulo *m*.; *v* brincar

hope, joup *s* esperanza *f*.; *v* esperar, **–ful***, *a* prometedor; **–less***, *a* desesperado; irremediable

hopefully, joup-ful-i *a*

(person) optimista; esperanzador; prometedor; *s* aspirante *mf*.; candidato *m*.

horizon, jo-rai´-son *s* horizonte *m*.

horizontal*, jo-ri-son´-tal *a* horizontal

hormone, jor-moun *s* hormona *f*.

horn, joarn *s* cuerno *m*., asta *f*.; (motor) bocina *f*.; (hunt) cuerno de caza *m*.

hornet, joar´-net *s* moscardón *m*.

horrible, jor´-i-bl *a* horrible

horrid*, jor´-id *a* horroroso

horrify, jor´-i-fai *v* horrorizar

horror, jor´-or *s* horror *m*.; terror *m*.

hors d'oeuvre, or děr-v *s* entremés *m*.

horse, joars *s* caballo *m*.; **–back (on)**, *adv*., a caballo; **--hair**, *s* crin *f*.; **–man**, jinete *m*.; **-- power**, caballos de fuerza *m*. *pl*; **--radish**, jaramago *m*.; **--shoe**, herradura *f*.

hose, jous *s* manga de riego *f*.; (stocking)

media *f*.; **half–**,calcetines *m*. *pl*

hosier, jou´-sha *s* mediero *m*.; calcetero *m*.

hosiery, jou´-sher-i *s* calcetería *f*.

hospitable, jos´-pi-ta-bl *a* hospitalario

hospital, jos´-pi-tal *s* hospital *m*.

hospitality, jos-pi-tAl-iti *s* hospitalidad *f*.

host, joust *s* (inn) anfitrión *m*.; (friend) huésped *m*.; (army) hueste *f*.; (sacrament) hostia *f*.

hostage, jos´-tiCH *s* (mil) rehén *m*.

hostelry, jos´-tel-ri *s* posada *f*.; hosteleria *f*.

hostess, jous´-tes *s* huéspeda *f*.; anfitriona *f*.; (inn) posadera *f*.

hostile, jos´-tail *a* hostil; enemigo

hot*, jot *a* caliente; cálido; (condiment) picante

hotel, jo-tel´- *s* hotel *m*.; (inn) posada *f*.

hothouse, jot´-jaus *s* invernadero *m*.

hound, jaund *s* perro de caza *m*.; *v* cazar; perseguir

§**hour, au**er s hora f.; **–ly,** adv a cada hora

house, jaus v albergar; s casa f.; **—agent,** agente de casas m.; **–hold,** familia f.; **–holder,** amo de casa m.; **–keeper,** ama de llaves f.; **–maid,** criada f.; **–wife,** jaus-uaif s ama f.; de casa

hovel, jov´-l s cabaña f.; choza f.

hover, jov´-a v revolotear; (fig) dudar

how, jau adv cómo; cuán, cuánto; por qué; **–ever,** como quiera que sea; conj sin embargo; **– far,** a qué distancia; **– much, many,** cuánto, cuánta, cuántos, cuántas

howl, jaul v aullar; s aullido m.

hub, jŏb s cubo de la rueda m.

huddle, jŏd´-l v arrebujar

hue, jiuu s color m.; tinte m.; **–and cry,** alarma m.

hug, jŏg v abrazar; s abrazo m.

huge, jiuCH a vasto; enorme; inmenso

hulk, jŏlk s casco m.

hull, jŏl s casco m.

hum, jŏm v (insect, engine) zumbar; (voice) tararear; s zumbido m.

human, jiuu´-man a humano; **–ity,** s humanidad f.

humane*, jiuu-mein´ a humano; humanitario

humble, jŏm´-bl a humilde; v humillar

humidity, jiuu-mid´-i-ti s humedad f.

humiliate, jiuu-mil´-i-eit v humillar

humiliation, jiuu-mi-li-ei´-shon s humillación f.

humorist, jiuu´-mer-ist s humorista m.

humorous*, jiuu´-mer-os a jocoso; cómico

humour, jiuu´-ma s humor m.; v complacer

hump, jŏmp s joroba f.; **–back,** jorobado m.

hunch, jŏnsh s giba f.; **–back,** joroba f.

hundred, jŏn´-dred s & a ciento m.; cien m.; **–fold,** a céntuplo; **–th,** centésimo; **–weight,** s quintal m.

hunger, jŏn´-ga s hambre m.; v sufrir hambre

hungry, jŏn´-gri a hambriento

hunt, jŏnt s caza f.; v cazar; **–er,** s cazador m.

hurdle, jŏr´-dl s zarzo m.; valla f.

hurl, jĕrl v arrojar; precipitar

hurricane, jŏr´-i-kan s huracán m.

hurry, jŏr´-i v apresurarse; s prisa f.

hurt, jĕrt v herir; dañar; s mal m.

hurtful*, jĕrt´-ful a nocivo; perjudicial

hush, jŏsh interj ¡chitón! v **– up,** ocultar

husk, jŏsk s cáscara f.; vaina f.; **–y,** a ronco

hussy, jŏs´-i s pícara f.

hustle, jŏs´-l v darse prisa; (jostle) empujar

hut, jŏt s choza f.; cabaña f.

hutch, jŏch s (rabbit) conejera f.

hyacinth, jai´-a-sinz s jacinto m.

hydrant, jai´-drant s boca de riego f.

hydraulic, jai´-drou-lik a hidráulico

hydro, jai´-drou, **–gen,** s hidrógeno m.; **–pathic,** a hidropático; **–phobia,** s rabia f.; **–plane,** hidroplano m.

hygiene, jai-CHii-n *n*
  higiene *f.*
hygienic, jai-CHi-en´-ik *a*
  higiénico
hymn, jim *s* himno *m.*
hypermarket, jai-pĕr-
  maar´-ket *s*
  hipermercado *m.*
hyphen, jai´-fen *s* guión
  m.
hypocrisy, jip-ó-kri-si *s*
  hipocresía *f.*; disimulo
  m.
hypocrite, jip´-o-krit *s*
  hipócrita *m.* & *f.*
hysterical, jis-ter´-i-kal *a*
  histérico

I, ai *pron* yo

ice, ais *s* hielo *m*.;
–bound, *a* aprisionado
por el hielo; **–cream**, *s*
helado *m*.

ice rink, ais-rink *s* pista *f*.;
de hielo; pista de
patinaje

ice skating, ais-skeit-ing *s*
patinaje *m*.; sobre hielo

icicle, ais´-i-kl *s*
carámbano *m*.; cerrión
m.

icing, ais-ing *s* (sugar)
azúcar *m*.; glaseado;
(ice) formación *f* de
hielo

icy, ais´-i *a* helado

idea, ai-dii´-a *s* idea *f*.

ideal, ai-dii´-al *s* ideal *m*.;
a ideal

idealise, ai-dii´-al-is *v*
idealizar

identical*, ai-den´-ti-kl *a*
idéntico

identify, ai-den´-ti-fai *v*
identificar

identity, ai-den´-ti *s*
identidad *f*.

idiom, id´-i-om *s* (phrase)
modismo *m*.

idiot, id´-i-ot *s* idiota *m*.
& *f*.

idiotic, id-i-ot´-ik *a* tonto;
absurdo

idle, ai´-dl *a* ocioso; *v*
holgazanear; **–ness**, *s*
ociosidad *f*.; **–r**,
holgazán *m*.

idol, ai´-dol *s* ídolo *m*.

idolize, ai´-dol-ais *v*
idolatrar

idyll, id´-dil *s* idilio *m*.

idyllic, id-dil´-ik *a* idílico;

pastoril

if, if *conj* si; **even –**,
aunque

ignite, ig-nait´ *v* encender

ignition, ig-ni´-shon *s*
ignición *f*.

ignoble, ig-nou´-bl *a*
innoble; vil

ignominious*, ig-no-
min´-i-os *a* ignominioso

ignominy, ig´-no-min-i *s*
ignominia *f*.

ignoramus, ig-nor-ei´-mos
a ignorante

ignorance, ig´-nor-ans *s*
ignorancia *f*.

ignorant, ig´-nor-ant *a*
ignorante

ignore, ig-nó r´ *v* no hacer
caso; pasar por alto

ill, il *a* enfermo; malo;
(nausea) mareado;
–ness, *s* enfermedad *f*.

illegal*, i-lii´-gal *a* ilegal

illegible, i-leCH´-i-bl *a*
ilegible

illegitimate*, i-leCH´it´-i-
met *a* ilegítimo

illiberal*, i-lib´-er-al *a*
avaro; mezquino

illiterate, i-lit´-er-eit *s* & *a*
analfabeto *m*.; ignorante
m.

illness, il-nes *s*
enfermedad *f*.; dolencia
f.; indisposición *f*.

illogical*, i-loCH´-i-kl *a*
ilógico

illuminate, i-liuu´-mi-neit
v iluminar; –d, *adj*
iluminado

illumination, i-liuu-mi-
nei´-shon *s* iluminación
f.

illusion, i-liuu´-shon *s*
ilusión *f.*

illusive*, i-liuu´-siv *a*
ilusivo

illusory, i-liuu´-so-ri *a*
ilusorio

illustrate, i-lus´-treit *v*
(exemplify) ilustrar;
(point) ejemplificar;
demostrar; (subject)
aclarar; (book) ilustrar

illustration, i-lus-trei´-
shon *n* ejemplo *m.*;
explicación *f.*;
aclaración *f.*; (book)
grabado *m.*; ilustración
f.

illustrious*, i-lus´-tri-os *a*
ilustre

image, im´-iCH *s* imagen *f.*

imaginary, i-maCH´-in-eri
a imaginario

imagination, i-maCH-in-
ei´-shon *s* imaginación *f.*

imaginative, i-maCH´-in-
a-tiv *a* imaginativo

imagine, i-maCH´-in *v*
imaginar; figurarse

imbecile, im´-bi-sail *a*
imbécil

imbibe, im-baib´ *v* beber;
(absorb) embeber

imbue, im-biuu´ *v* imbuir;
infundir

imitate, im´-i-teit *v* imitar;
remedar

immaculate*, i-mAk´-iu-
let *a* inmaculado

immaterial*, i-ma-tii´-ri-
al *a* inmaterial;
indiferente

immature, i-ma-tiúr´ *a*
inmaduro; prematuro

immeasurable, i-mes h´-
iu-ra-bl *a* inmensurable

immediately, i-mii´-di-et-
li *adv* inmediatamente;
en seguida

immense*, i-mens´ *a*
inmenso

immensity, i-mens´-i-ti *s*
inmensidad *f.*

immerse, i-mĕrs´ *v*
sumergir

immigrant, i´-mi-grant *s*
inmigrante *m.*

immigrate, i´-mi-greit *v*
inmigrar

immigration, i´-mi-grei-
shon *s* inmigración *f.*

imminent*, i´-mi-nent *a*
inminente

immobilize, i-mo´-bi-lais *v*
inmovilizar; paralizar

immoderate*, i-mod´-er-et
a inmoderado

immodest*, i-mod´-ist *a*
inmodesto; impúdico

immoral*, i-mor´-al *a*
inmoral

immortal*, i-mor´-tal *a*
inmortal; –ize, *v*
inmortalizar

immovable, i-muu´-va-bl
a inmóvil; inamovible;
inmueble

immune, i-miuun´ *a*
inmune; exento

imp, imp *s* diablillo *m.*

impact, im´-pAkt *s* choque
m.; impacto *m.*

impair, im-pé r´ *v*
deteriorar; perjudicar

impale, im-peil´ *v* empalar

impanel, im-pAn´-l *v*
nombrar los jurados

imparity, im-pAr´-i-ti *s*
disparidad *f.*

impart, im-paart´ *v*
comunicar; dar

impartial*, im-paar´-shal
a imparcial

impassable, im-pass´-a-bl
a impracticable

impassion, im-pAsh´-on *v*
apasionar; conmover

impassive*, im-pAs´-iv *a*
impasible

impatience, im-pei´-shens
s impaciencia *f.*

impatient*, im-pei´-shent
a impaciente

impeach, im-piich´ *v*
acusar

impeachment, im-piich´-
ment *s* acusación *f.*

impecunious, im-pi-
kiuu´-ni-os *a* sin dinero;
pobre

impede, im-piid´ *v*
impedir

impediment, im-ped´-i-
ment *s* impedimento *m.*

impel, im-pel´ *v* impeler;
incitar

impending, im-pen´-ding
a inminente

imperative, im-per´-a-tiv *s*
& *a* imperativo *m.*

imperfect*, im-pĕr´-fekt *a*
imperfecto

imperfection, im-pĕr-fek´-
shon *s* imperfección *f.*

imperial*, im-pi´-ri-al *a*
imperial

imperil, im-per´-il *v* poner
en peligro

imperious*, im-pi´-ri-os *a*
imperioso; perentorio

imperishable, im-per´-i-
sha-bl *a* imperecedero;
indestructible

impermeable*, im-pĕr´-mi-
a-bl *a* impermeable

impersonal*, im-pĕr´-son-
al *a* impersonal

impersonate, im-pĕr´-son-
eit *v* personificar;
(stage) representar

impertinence, im-pĕr´-ti-
nens *s* impertinencia *f.*

impertinent*, im-pĕr´-ti-
nent *a* impertinente;
(not appertaining to)
fuera de propósito

impervious*, im-pĕr´-vi-
os *a* impenetrable

impetuosity, im-pet´-iu-
os´-i-ti *s* impetuosidad *f.*

impetuous*, im-pet´-iu-os
a impetuoso

impetus, im´-pi-tos *s*
ímpetu *m.*; *(fig)*
impulsión *f.*

impiety, im-pai´-et-i *s*
impiedad *f.*

impious*, im´-pi-os *a*
impío

implement, im´-pli-ment *s*
instrumento *m.*;
herramienta *f.*

implicate, im´-pli-keit *v*
implicar

implicit*, im-plis´-it *a*
implícito; absoluto

implore, im-plô´r *v*
implorar

imply, im-plai´ *v* implicar;
denotar; insinuar

impolite*, im-po-lait´ *a*
descortés

import, im-pórt´ *v*

importar; *s* importación
f.; **–duty**, derechos de
entrada *m. pl*; **–er**,
importador *m.*

importance, im-pór´-tans
s importancia *f.*

important, im-pór´-tant *a*
importante

importunate, im-pór´-tiu-
neit *a* importuno

impose, im-pous´ *v*
imponer; **–upon**, abusar

imposing, im-pou´-sing *a*
imponente

imposition, im-po-si´-
shon *s* imposición *f.*;
impostura *f.*; (tax)
impuesto *m.*

impossibility, im-pos´-i-
bil´-i-ti *s* imposibilidad
f.

impossible, im-pos´-i-bl *a*
imposible

impostor, im-pos´-tr *s*
impostor *m.*

impotence, im´-po-tens *s*
impotencia *f.*

impound, im-paund´ *v*
encerrar; (judicial)
depositar

impoverish, im-pov´-er-
ish *v* empobrecer

imprecation, im-pri-kei´-
shon *s* imprecación *f.*

impregnable, im-preg´-na-
bl *a* inexpugnable

impregnate, im-preg´-neit
v impregnar; (fertilize)
empreñar

impress, im´-pres *v*
imprimir; estampar;
(feelings) impresionar;
–**ion,** *s* impresión *f.*;
(stamp) marca *f.*; –**ive,** *a*
solemne; grandioso

imprint, im-print´ *s* marca
f.; impresión *f.*; *v*
marcar; (mind) fijar

imprison, im-pris´-n *v*
encarcelar; –**ment,** *s*
encarcelación *f.*

improbable, im-prob´-a-bl
a improbable

improper*, im-prop´-a *a*
impropio; indecente

impropriety, im-pro-prai´-
i-ti *s* impropiedad *f.*

improve, im-pruuv´ *v*
mejorar; mejorarse;
–**ment,** *s* mejora *f.*;
progreso *m.*

improvident,* im-prov´-i-
dent *a* impróvido

improvise, im-pro-vais *v*
improvisar

imprudent*, im-pruu´-
dent *a* imprudente

impudence, im´-piu-dens *s*
descaro *m.*

impudent*, im´-piu-dent *a*
descarado

impulse, im´-pöls *s*

impulso *m.*

impure*, im-piú´-r´ *a*
impuro; (morally)
manchado

impurity, im-piú´-ri-ti *s*
impureza *f.*

impute, im-piuut´ *v*
imputar

in, in *adv* dentro; adentro;
prep en; por; sobre; a;
con; de; mientras

inability, in-a-bil´-i-ti *s*
inhabilidad *f.*

inaccessible, in-ak-sess´-i-
bl *a* inaccesible

inaccuracy, in-Ak´-iu-ra-si
s inexactitud *f.*

inaccurate*, in-Ak´-iu-ret
a inexacto

inadequate*, in-Ad´-i-kuet
a inadecuado

inadvertent*, i-nAd-věr´-
tent *a* inadvertido

inane, i-nein´ *a* inepto;
fútil

inanimate i-nAn´-i-met *a*
inanimado

inapt, i-nAp´-t *a* inepto

inasmuch as, in-As-mŏch´
As *conj* visto que

inaudible, in-oa´-di-bl *a*
inaudible

inaugurate, in-oa´-guiu-
reit *v* inaugurar

inborn, inbred, in´-boarn,
in´-bred *a* innato

incalculable, in-kAl´-kiu-
lei-bl *a* incalculable

incapable, in-kei´-pa-bl *a*
incapaz

incapacitate, in-ka-pAs´-i-
teit *v* incapacitar

incapacity, in-ka-pAs´-i-ti
s incapacidad *f.*

incarnation, in-kar-nei´-
shon *s* encarnación *f.*

incautious*, in-koa´-shos
a incauto

incense, in-sens´ *s*
incienso m.; *v* (incite)
provocar; (anger)
encolerizar

incentive, in-sen´-tiv *s*
incentivo m.; estímulo
m.

incessant*, in-ses´-ant *a*
incesante

inch, inch *s* pulgada *f.*

incident, in´-si-dent *s*
incidente m.

initiative, i-nish´-a-tiv *s*
iniciativa *f.*

incidental*, in-si-den´-tl *a*
incidental

incipient, in-sip´-i-ent *a*
incipiente

incision, in-sish´-on *s*
incisión *f.*

incite, in-sait´ *v* incitar

incivility, in-si-vil´-i-ti *s*
descortesía *f.*

inclination, in-kli-nei´-

shon s inclinación f.;
(disposition) tendencia
f.

incline, in-klain´ v
inclinar; inclinarse

incline, in´-klain s (slope)
declive m.

include, in-kluud´ v
incluir; encerrar

including, in-kluud´-ing
adv & a inclusive;
incluyendo

inclusive, in-kluu´-siv a
inclusivo

incoherent, in-ko-ji´-rent
a incoherente

income, in´-kom s
ingresos m. pl; renta f.;
—**tax,** impuesto sobre la
renta m.

incoming, in´-köm-ing a
entrante

incommode, in-kom-oud´
v incomodar

incommodious*, in-kom-
ou´-di-os a incómodo

incomparable, in-kom´-
pa-ra-bl a incomparable

incompatible, in-kom-
pat´-i-bl a incompatible

incompetent, in-kom´-pi-
tent a incompetente

incomplete*, in-kom-
pliit´ a incompleto

incomprehensible, in-
kom´-pri-jen´-si-bl a

incomprensible

inconceivable, in-kon-sii´-
va-bl a inconcebible

inconclusive*, in-kon-
kluu´-siv a
inconcluyente

incongruous*, in-kon´-
gru-os a incongruo;
disonante

inconsiderable, in-kon-
si´-de-ra-bl a
insignificante

inconsiderate, in-kon-si´-
der-eit a poco
considerado

inconsistent*, in-kon-sis´-
tent a incompatible;
contradictario

inconsolable, in-kon-
soul´-a-bl a inconsolable

inconstant*, in-kon´-stant
a inconstante

inconvenience, in-kon-
vii´-ni-ens v perturbar;
molestar; s
inconveniencia f.; moles
f.

inconvenient, in-kon-vii´-
ni-ent a inconveniente

incorporate, in-kor´-po-
reit v incorporar

incorrect*, in-ko-rekt´ a
incorrecto; inexacto

incorrigible, in-kor´-i-
CHi-bl a incorregible

increase, in-kriis´ v

aumentar; crecer

increase, in´-kriis s
aumento m.

incredible, in-kred´-i-bl a
increíble

incredulous, in-kred´-iu-
los a incrédulo

incriminate, in-krim´-i-
neit v incriminar

incumbent, in-köm´-bent
a obligatorio; (eccl)
beneficiado

incur, in-kër´ v incurrir

incurable, in-kiú´-ra-bl a
incurable

incursion, in-kër´-shon s
incursión f.; algarada f.

indebted, in-det´-id a
empeñado; reconocido;
adeudado

indecent*, in-dii´-sent a
indecente

indecision, in-di-si´-shon
s indecisión f.

indecisive*, in-di-sai´-siv
a indeciso; irresoluto

indecorous, in-di-kó´-ros
a indecoroso; indecente

indeed, in-diid´ adv
verdaderamente, de
veras

indefatigable, in-di-fAt´-i-
ga-bl a infatigable

indefensible, in-di-fen´-si-
bl a indefendible

indefinite, in-def´-i-nit a

indefinido

indelible, in-del´-i-bl *a* indeleble

indelicacy, in-del´-i-ka-si s indecoro *m.*

indemnify, in-dem´-ni-ai *v* indemnizar

indemnity, in-dem´-ni-ti s indemnización *f.*

indent, in-dent´ *v* (to dent) dentar; –ation, s indentación *f.*

independence, in-di-pen´-dens s independencia *f.*

independent, in-di-pen´-dent *a* independiente

indescribable, in-di-skrai´-ba-bl *a* indescriptible

indestructible, in-di-strök´-ti-bl *a* indestructible

index, in´-dex s índice *m.*; –finger, dedo índice *m.*

India-rubber, in-di-a-rab´-a s (eraser) goma *f.*

indicate, in´-di-keit *v* indicar

indication, in-di-kei´-shon s indicación *f.*

indicator, in-di-kei-ta s indicador *m.*

indict, in-dait´ *v* procesar; encausar

indifference, in-dif´-er-ens s indiferencia *f.*

indifferent*, in-dif´-er-ent *a* indiferente; mediano

indigestible, in-di-CHes´-ti-bl *a* indigesto

indigestion, in-di-CHest´-ion s indigestión *f.*

indignant*, in-dig´-nant *a* indignado

indignity, in-dig´-ni-ti s indignidad *f.*

indirect*, in-di-rekt´ *a* indirecto

indiscreet*, in-dis-kriit´ *a* indiscreto

indiscriminate, in-dis-krim´-i-net *a* promiscuo; –ly, adv indistintamente

indispensable, in-dis-pen´-sa-bl *a* indispensable

indisposed, in-dis-pous d´ *a* indispuesto

indisputable, in-dis´-piuu-ta-bl *a* indisputable

indistinct*, in-dis-tiñ-kt´ *a* indistinto

indistinguishable, in-dis-ting´-gui-sha-bl *a* indistinguible

indite, in-dait´ *v* redactar

individual, in-di-vid´-iu-al *a** individual; s individuo *m.*

indolent, in´-do-lent *a* indolente

indoors, in-dórs adv en

casa

induce, in-diuus´ *v* inducir, mover; –ment, s móvil *m.*; aliciente *m.*

indulge (in), in-dölCH´ *v* entregarse a

indulgent, in-döl´-CHent *a* indulgente

industrial, in-dös´-tri-al *a* industrial

industrious*, in-dös´-tri-os *a* industrioso

industry, in´-dos-tri s industria *f.*

inebriated, in-ii´-bri-ei-tid *a* borracho

ineffective*, in-ef-ek´-tiv *a* ineficaz

ineffectual, in-ef-ek´-tiu-al *a* ineficaz

inefficient*, in-ef-ish´-ent *a* ineficaz

inept*, i-nept´ *a* inepto; absurdo

inequality, in-i-kuol´-i-ti *s* desigualdad *f.*

inert*, in-ërt´ *a* inerte

inestimable, in-es´-ti-ma-bl *a* inestimable

inevitable, in-ev´-i-ta-bl *a* inevitable

inexact, in-eg-sAkt´ *a* inexacto; incorrecto

inexhaustible, in-eg-sous´-ti-bl *a* inagotable

inexpedient*, in-eks-pii´-

di-ent *a* inoportuno

inexpensive*, in-eks-pen´-siv *a* barato

inexperience, in-eks-pii´-ri-ens *s* inexperiencia *f.*

inexperienced, in-eks-pii´-ri-enst *a* inexperto

inexplicable, in-eks´-pli-ka-bl *a* inexplicable

inexpressible, in-eks-press´-i-bl *a* indecible

infallible, in-fal´-i-bl *a* infalible

infamous*, in´-fa-mos *a* infame

infamy, in´-fa-mi *s* infamia *f.*

infancy, in´-fan-si *s* infancia *f.;* (law) minoría de edad *f.*

infant, in´-fant *s* infante *m.*, niño *m.;* (law) menor *m.*

infantry, in-fan´-tri *s* infantería *f.*

infatuation, in-fAt´-iu-ei´-shon *s* encaprichamiento *f.*

infect, in-fekt´ *v* infectar; contagiar

infectious, in-fek´-shos *a* infeccioso; contagioso

infer, in-fĕr´ *v* inferir; –ence, *s* inferencia *f.*

inferior, in-fi´-ri-or *s* & *a* inferior *m.*

infernal*, in-fĕr´-nal *a* infernal

infest, in-fest´ *v* infestar; (molest) plagar

infidel, in´-fi-del *s* & *a* infiel *m.*

infinite*, in´-fi-nit *a* infinito

infirm, in-fĕrm´ *a* doliente; enfermizo; inválido

infirmary, in-fĕr´-ma-ri *s* enfermería *f.*

inflame, in-fleim´ *v* inflamar

inflammable, in-flam´-a-bl *a* inflamable

inflammation, in-fla-mei´-shon *s* inflamación *f.*

inflate, in-fleit´ *v* inflar; hinchar

inflexible, in-fleks´-i-bl *a* inflexible

inflict, in-flikt´ *v* infligir; imponer

influence, in´-flu-ens *s* influencia *f.;* *v* influir

influential, in-flu-en´-shal *a* influyente

influenza, in-flu-en´-sa *s* gripe *f.*

inform, in-foarm´ *v* informar, enterar, comunicar; –al, *a* informal; sin ceremonia; –ality, *s* informalidad;

–ant, *s* informante *m.;* denunciador *m.;* –ation, *s* información *f.*

infrequent*, in-frii´-ku-ent *a* infrecuente

infringe, in-frinCH´ *v* infringir; contravenir; –ment, *s* infracción *f.;* contravención *f.*

infuriate, in-fiuu´-ri-eit *v* enfurecer

infuse, in-fiuus´ *v* infundir; (tea) poner en infusión

ingenious*, in-CH ii´-ni-os *a* ingenioso

ingenuity, in-CHin-iuu´-i-ti *s* ingeniosidad *f.*

ingot, in´-got *s* lingote *m.;* barra *f.*

ingratiate, in-grei´-shi-eit *v* insinuarse

ingratitude, in-grAt´-i-tiuud *s* ingratitud *f.*

ingredient, in-grii´-di-ent *s* ingrediente *m.*

inhabit, in-jAb´-it *v* habitar; –able, *a* habitable; –ant, *s* habitante *m.*

inhale, in-jeil´ *v* inhalar; (smoke) tragar

inherent*, in-ji´-rent *a* inherente

inherit, in-jer´-it *v* heredar; –ance, *s*

herencia f.

inhibition, in-jib-i´-schon s inhibición f.; prohibición f.

inhospitable, in-jos´-pit-*a*-bl *a* inhóspito

inhuman, in-jiuu´-man *a* inhumano

iniquitous, in-ik´-ui-tos *a* inicuo

initial, in-ish´-al s letra inicial f.; *a* inicial

initiate, i-nish´-i-eit *v* iniciar

inject, in-CHekt´ *v* inyectar; **–ion,** s inyección f.

injudicious, in-CHiu-dish´-os *a* poco juicioso

injunction, in-CHongk´-shon s mandato m.; (law) entredicho m.

injure, in´-CHiú r *v* agraviar; (spoil) dañar; (bodily) lastimar

injurious*, in-CHiú´-ri-os *a* perjudicial; dañoso

injury, in´-CHer-i s daño m.; (bodily) lesión f.

injustice, in-CHŏs´-tis s injusticia f.

ink, ingk s tinta f.; **–stand,** tintero m.

inlaid, in-leid´ *a* incrustado

inland, in´-land s & *a*

interior m.

in-laws, in-loas s parientes m. *pl*; políticos; suegros m. *pl*

inlet, in´-let s entrada f.; abra f.; estuario m.

inmate, in´-meit s interno m.; acogido m.

inmost, in´-moust *a* recóndito; íntimo

inn, in s posada f.; fonda f.; **–keeper,** hospedero m.

inner, in´-a *a* interior

inner-city, in´-a sit´-i s barrios m. *pl*; (deprimidos) del centro de una ciudad

innocent*, in´-o-sent *a* inocente

innocuous, in-o´-kiu-os *a* innocuo

innovation, in-o-vei´-shon s innovación f.

innumerable, in´-iu-mer-*a*-bl *a* innumerable

inoculate, in-o´-kiu-leit *v* inocular

inoffensive*, in-o-fen´-siv *a* inofensivo

inopportune, in-o´-por-tiuun *a* inoportuno

inquest, in´-kuest s pesquisa judicial f.

inquire, in-kuair´ *v* informarse; (ask)

preguntar; (law) inquirir

inquiry, in-kuai´-ri s investigación f.; (law) pesquisa f.; **–office,** oficina de información f.

inquisition, in-kui-si´-shon s inquisición f.

inquisitive*, in-kuis´-it-iv *a* curioso; inquisitivo

insane, in-sein´ *a* loco; demente

insanity, in-san´-i-ti s locura f.; demencia f.

insatiable, in-sei´-shi-a-bl *a* insaciable

inscription, in-skrip´-shon s inscripción f.

insect, in´-sekt s insecto m.

insecure, in-si-kiú r´ *a* inseguro

insensible, in-sen´-si-bl *a* insensible; (unconscious) sin sentido

inseparable, in-sep´-a-ra-bl *a* inseparable

insert, in-sert´ *v* insertar; **–ion,** s inserción f.; (advertisement) anuncio m.

inside, in´-said *adv* en; dentro; s entrañas f. *pl*; interior m.; *a* interior

insidious*, in-sid´-i-os *a*

insidioso

insight, in´-sait *s*
penetración *f.*;
perspicacia *f.*

insignificant, in-sig-nif´-i-
kant *a* insignificante

insincere, in-sin-sir´ *a*
insincero; hipócrita

insinuate, in-sin´-iu-eit *v*
insinuar

insipid, in-sip´-id *a*
insípido; soso

insist, in-sist´ *v* insistir

insolence, in´-so-lens *s*
insolencia *f.*

insolent*, in´-sou-lent *a*
insolente

insolvency, in-sol´-ven-si
s insolvencia *f.*

inspect, in-spekt´ *v*
inspeccionar; **–ion,** *s*
inspección *f.*; **–or,**
inspector *m.*

inspiration, in-spi-rei´-
shon *s* inspiración *f.*

inspire, in-spair´ *v*
inspirar; **–d,** *a* inspirado

install, in-stoal´ *v* instalar;
montar; **–ation,** *s*
instalación *f.*; (*mech*)
montaje *m.*

instalment, in-stoal´-ment
s plazo *m.*; (books,
serials) entrega *f.*

instance, in´-stans *s* caso
m.; ejemplo *m.*

instant, in´-stant *s*
instante *m.*; **–aneous*,** *a*
instantáneo; **–ly,** *adv* al
instante

instead, in-sted´ *adv* en
cambio; **–of,** en vez de

instep, in´-step *s* empeine
m.

instigate, in´-sti-gueit *v*
instigar

instil, in-stil´ *v* infundir

instinct, in´-sting-kt *s*
instinto *m.*

institute, in´-sti-tiuut *s*
instituto *m.*; *v* instituir

instruct, in-strökt´ *v*
instruir; **–or,** *s* instructor
m.; maestro *m.*; tutor
m.; **–ion,** *s* instrucción *f.*

instrument, in´-stru-ment
s instrumento *m.*

insubordinate, in-sub-or´-
di-neit *a* insubodinado

insufferable, in-suf´-fer-a-
bl *a* insufrible

insufficient*, in-suf-ish´-
ent *a* insuficiente

insulation, in-siu-lei´-
shon *s* aislamiento *m.*

insult, in-sölt´ *v* insultar; *s*
insulto *m.*

insurance, in-shú r´-ans *s*
seguro *m.*

insure, in-shú r´ *v*
asegurar

insurrection, in-ser-rek´-

shon *s* insurrección *f.*

intact, in´-tAkt *a* íntegro;
intacto; ileso; entero

integrate, in´-ti-greit *v*
integrar; completar

intelligence, in-tel´-i-
CHens *s* inteligencia *f.*;
talento *m.*;
(information) informe
m.

intelligent*, in-tel´-i-
CHent *a* inteligente

intemperate, in-tem´-per-
et *a* inmoderado

intend, in-tend´ *v*
intentar; destinar

intense*, in-tens´ *a*
intenso; vehemente

intensive care, in-tens-iv
kér *a* unidad de
vigilancia intensiva;
cuidados *m. pl*;
intensivos

intent, in-tent´ *s* designio
m.; (intention) intención *f.*;
–ional*, *a* intencional

inter, in-ter´ *v* enterrar;
–ment, *s* entierro *m.*

intercept, in-ter-sept´ *v*
interceptar

interchange, in´-ter-
cheinCH cambiar; *s*
intercambio *m.*

intercourse, in´-ter-kó rs,
comercio *m.*; relaciones
f. pl

interdict, in-ter-dikt´ v
interdecir; prohibir

interest, in´-ter-rest v
interesar; s interés m.;
(money) rédito m.;
–ing, a interesante

interfere, in-ter-fir´ v
mezclarse; meterse

interference, in-ter-fir´-
ens s ingerencia f.;
interferencia f.

interior, in-tii´-ri-or s & a
interior m.

interlace, in-ter-leis´ v
entrelazar

interloper, in´-ter-lou-pa s
intruso m.

interlude, in´-ter-luud
intermedio m.

intermediate, in-ter-mii´-
di-et a intermedio

intermingle, in-ter-ming´-
gl v mezclarse

intermission, in-ter-
mish´-on s interrupción
f.

intermittent*, in-ter-mit´-
ent a intermitente

intermix, in-ter-miks´ v
entremezclar

intern, in-tern´ v internar

internal*, in-ter´-nl a
interno

international, in-ter-
nAsh-o-nal a
internacional

Internet, in-ter-net s
Internet

interpret, in-ter´-pret v
interpretar; **–er**, s
intérprete m.; traductor
m.

interrogate, in-ter´-o-gueit
v interrogar

interrupt, in-ter-röpt v
interrumpir

interval, in-ter-vl s
intervalo m.

intervene, in-ter-viin v
intervenir

intervention, in-ter-ven-
shon s intervención f.

interview, in-ter-viuu
entrevista f.; v
entrevistarse con

intestate, in-tes´-tet a
intestado

intestine, in-tes´-tin s
intestino m.

intimacy, in´-ti-ma-si s
intimidad f.

intimate in´-ti-meit v
intimar; insinuar

intimate*, in´-ti-met a
íntimo

intimation, in-ti-mei´-
shon s intimación f.

intimidate, in-tim´-i-deit
v intimidar

into, in´-tu prep en;
dentro

intolerable, in-tol´-er-a-bl

a intolerable

intoxicate, in-tok´-si-keit
v embriagar

intrepid*, in-trep´-id a
intrépido

intricate*, in´-tri-ket a
intrincado

intrigue, in-triig´ s intriga
f.; v intrigar

intriguing, in-trii´-guing a
intrigante

intrinsic, in-trin´-sik a
intrínseco

introduce, in-tro-diuus´ v
introducir; presentar

introductory, in-tro-dök´-
to-ri a preliminar

intrude, in-truud´ v
ingerir; forzar; **–r**, s
intruso m.

intuition, in-tiu-ish´-on s
intuición f.

inundation, in-on-dei´-
shon s inundación f.

inure, in-iu r´ v habituar;
acostumbrar

invade, in-veíd´ v invadir;
–r, s invasor m.

invalid, in´-va-liid s
inválido m.; **–chair**,
silla de inválido f.

invalid, in-vAl´-id a
inválido; nulo

invaluable, in-vAl´-iu-a-bl
a inapreciable

invariable, in-véi´-ri-a-bl

a invariable

invasion, in-vei´-shon *s* invasión *f.*

invent, in-vent´ *v* inventar; **–ion,** *s* invención *f.*; **–or,** inventor *m.*

inventory, in´-ven-to-ri *s* inventario *m.*

inverse, in-věrs´ *a* inverso

invert, in-vě rt´ *v* invertir

invest, in-vest´ *v* investir; (capital) invertir

investigate, in-ves´-ti-gueit *v* investigar

investigation, in-ves-ti-guei-shon *s* investigación *f.*

investment, in-vest´-ment *s* inversión de fondos *f.*

inveterate*, in-vet´-er-et *a* inveterado

invidious*, in-vid´-i-os *a* envidioso; odioso

invigorate, in-vig´-or-eit *v* vigorizar

invincible, in-vin´-si-bl *a* invencible

invisible, in-vis ´-i-bl *a* invisible

invitation, in-vi-tei´-shon *s* invitación *f.*

invite, in-vait´ *v* invitar; convidar

invoice, in´-vois *s* factura *f.*

invoke, in-vouk´ *v* invocar

involuntary, in-vol´-ŏn-ta-ri *a* involuntario

involve, in-volv´ *v* envolver; implicar; complicar

inward, in´-uerd *a* interior; interno; *adv* hacia dentro

iodine, ai´-o-din *s* yodo *m.*

IOU, ai ou yuu *s* vale *m.*; pagaré *m.*

ire, air *s* ira *f.*

iris, ai´-ris *s* flor de lis *f.*; (eye) iris *m.*

irksome*, ěrk-´-som *a* tedioso; fastidioso

iron, ai´-ern *v* planchar; *s* hierro *m.*; (flat) plancha *f.*; (steam) plancha de vapor; **–monger,** ferretero *m.*; **–ware,** ferretería *f.*

ironical*, ai-ron´-i-kl *a* irónico

irony, ai´-ron-i *s* ironía *f.*

irreconcilable, i-rek´-on-sai´-la-bl *a* irreconciliable

irregular*, i-re´-guiu-lar *a* irregular

irrelevant*, i-rel´-i-vant *a* inaplicable; ajeno

irreproachable, i-re-prou´-cha-bl *a* irreprochable

irresistible, i-re-sis´-ti-bl *a* irresistible

irrespective (of), i-re-spek´-tiv *a* sin consideración de; independiente de

irresponsible, i-ri-spon´-si-bl *a* irresponsable

irretrievable, i-ri-trii´-va-bl *a* irrecuperable

irreverent*, i-rev´-er-ent *a* irreverente

irrigate, i´-ri-gueit *v* irrigar

irritable, ir´-ri-ta-bl *a* irritable; irascible

irritate, i´-ri-teit *v* irritar

island, ai´-land *s* isla *f.*; **–er,** isleño *m.*

isle, ail *s* isla *f.*

islet, ai´-let *s* islote *m.*

isolate, ai´-sol-eit *v* aislar

isolation, ai-so-lei´-shon *s* aislamiento *m.*

issue, i´-shiuu *s* edición *f.*; progenie *f.*; (currency) emisión *f.*; *v* emitir; producir

isthmus, is´-mos *s* istmo *m.*

it, it *pron* él; ella; ello; la; le

italic, i-tal´-ik *s* (type) letra cursiva *f.*

Italy, it-a-li *s* Italia *f.*

Italian, it-Aliian *a* italiano/a; *s* (language)

italiano *m.*

itch, ich *v* picar; *s*
comezón *f.*

item, ai´-tem *s* item *f.*;
artículo *m.*; (news)
noticia *f.*

itinerant, i-tin´-er-ant *s*
viandante *m.*; *a*
ambulante

its, its *pron* su; suyo; sus

itself, it-self´ *pron* el
mismo; la misma; lo
mismo; sí mismo

ivory, ai´-ver-i *s* marfil *m.*

ivy, ai´-vi *s* hiedra *f.*

J

jabber, CHAb´-*a* v charlar; s jerigonza f.

jack, CHAk s (*mech*) gato m.

jackal, CHAk´-*oal* s chacal m.

jackass, chak´-*as* s garañón m.; (*fig*) borrico m.

jacket, CHAk´-*et* s chaqueta f.

jackpot, CHAk-pot s bote m; premio; m. gordo

jade, CHeid s (*stone*) jade f.; **-d,** *a* cansado

jag, CHAg s mella f.; v mellar; dentar

jail, CHeil s cárcel f.; **-er,** carcelero m.

jam, CHAm s (*conserve*) confitura f.; v (*lock*) apretar

jangle, CHAng´-gl v rechinar; (*quarrel*) altercar

January, CHAn´-iu-*a*-ri s enero m.

jar, CHaar s tarro m.; **-ring,** *a* chirriante

jaundice, CHoan´-dis s ictericia f.

jaunt, CHoant s excursión f.; **-y,** *a* ligero; alegre

jaw, CHo*a* s mandíbula f.; (*animal*) quijada f.

jay, CHei s grajo m.

jazz, CHAss s jazz; palabrería f; disparates m. pl

jealous, CHel´-os *a* celoso; **-y,** s celos m. pl.

jeans, CHiins s pl (pantalones m. pl) vaqueros m.pl; tejanos m. pl

jeer, CHir v mofarse s mofa f.

jelly, CHel´-i s jalea f.; **-fish,** medusa f.

jeopardize, CHep-*er*-dais´ v arriesgar

jeopardy, CHep´-*er*-di s riesgo m.; peligro m.

jerk, CHĕrk v sacudir s sacudida f.

jersey, CHĕr´-si s jersey m.

jest, CHest s chanza f.; v bromear

jester, CHes´-*ta* s chancero m.; (*court*) bufón m.

jet, CHet s (*ornament*) azabache m.; (*nozzle*) caño de salida m.; (*liquid*) chorro m.; (*engine*) motor de chorro; propulsor de chorro; (*plane*) avión de retropropulsión a chorro *v* brotar

jettison, CHĕt´-ti-son *v* arrojar

jetty, CHĕt´-i *s* muelle *m.*

jew, CHiuu *s* judío *m.;* **–ess,** judía *f.*

jewel, CHiuu´-el *s* joya *f.;* **–lery,** joyas *f. pl*

jeweller, CHiuu´-el-a *s* joyero *m.*

jig, CHig *s* jiga *f.*

jigsaw, CHig-sor *s* rompecabezas *m;* puzle *m.*

jilt, CHilt *v* dar calabazas

jingle, CHing´-gl *v* retiñir; *s* retintín *m.*

job, CHob *s* empleo *m.;* (task) tarea *f.*

jobber, CHob´-ba *s* (stock) corredor de bolsa *m.*

jocular*, CHok´-iu-lar *a* jocoso; alegre

jog, CHog *s* empujoncito *m;* codazo *m; v* empujar; refrescar (memory); hacer footing

join, CHoin *v* juntar; unirse; (fit) encolar; (a club, etc) asociarse

joiner, CHoin´-a *s* ensamblador *m.;* carpintero *m.*

joint, CHoint *s* juntura *f.;* (anatomy) articulación *f.;* (meat) trozo de carne *m.; a* unido; colectivo; *s* (Jt. Stock Co.) compañía anónima *f.*

jointly, CHoint´-li *adv* juntamente; colectivamente

joke, CHouk *s* chiste *m.; v* bromear

jolly, CHol´-i *a* alegre; jovial

jolt, CHoult *s* sacudida *f.;* traqueteo *m.*

jostle, CHos´-l *v* empujar; dar empellones

journal, CHĕr´-nal *s* periódico *m.;* diario *m.;* **–ism,** periodismo *m.;* **–ist,** periodista *m.*

journey, CHĕr´-ni *s* viaje *m.; v* viajar

jovial*, CHou´-vi-al *a* alegre; jovial

joy, CHoi *s* gozo *m.;* **–ful,** *a* gozoso; **–less,** sin alegría; triste; **–ous,** festivo

jubilant, CHuu´-bi-lant

a alborozado

jubilee, CHuu´-bi-li *s* jubileo *m.*

judge, CHŏCH *s* juez *m. v* juzgar

judgment, CHŏCH´-ment *s* discernimiento *m.;* sentencia *f.*

judicial*, CHu-dish´-al *a* judicial

judicious*, CHu-dish´-os *a* juicioso

jug, CHŏg *s* jarro *m.;* cántaro *m.*

juggle, CHŏg´-l *v* hacer juegos de mano

juggler, CHŏg´-la *s* prestidigitador *m.*

juice, CHuus *s* jugo *m.;* zumo *m.*

juicy, CHuu´-si *a* jugoso

jukebox, CHuuk-boks *s* tocadiscos *m.;* tragaperras

July, CHu-lai´ *s* julio *m.*

jumble, CHŏm´-bl *s* mezcla *f.; v* mezclar

jump, CHŏmp *v* saltar; *s* salto *m.*

jumper, CHŏmp´-a *s* saltador *m.*

junction, CHŏngk´-shon *s* unión *f.;* (rail)

empalme *m.*

juncture, CHŏngk´-tiu*r* s juntura *f.*; ocasión *f.*

June, CHuun s junio *m.*

jungle, CHŏng´-gl s jungla *f.*; matorral *m.*

junior, CHuu´-ni-*o*r s más joven *m. & f.*; (son) hijo *m.*

juniper, CHuu´-ni-p*a* s junípero *m.*

junk, CHŏngk s (cheap goods) baratijas *f. pl*; (rubbish) basura *f*; (iron) chatarra; (lumber) trastos *m. pl* viejos

jurisdiction, CHú-ris-dik´-shon s jurisdicción *f.*

juror, CHú´-*ro*r s jurado *m.*

jury, CHú´-ri s jurado *m.*

just, CHŏst *adv* justamente; apenas; *a** justo; exacto; **–ice,** s justicia *f.*; (judge) juez *m.*; **–ification,** justificación *f.*; **–ify,** *v* justificar

jut, CHŏt, sobresalir

jute, CHuut s yute *m.*

juvenile, CHuu´-vi-nail; juvenil

kale, keil, s bretón m.

kangaroo, kAn-ga-ruu´ s canguro m.

keel, kiil s quilla f.

keen*, kiin, a agudo; afilado; ansioso

keenness, kiin´-nes s agudeza f.; penetración f.

keep, kiip v guardar; tener; mantener; continuar; quedarse con; s mantenimiento m.; –back, v retener; –off, impedir; tener a distancia; –to, adherirse a; –er, s guardián m.; –sake, recuerdo m.

keg, keg s barrilito m.

kennel, ken´-l s perrera f.

kerb, kĕrb s bordillo m.; cuneta f.

kernel, kĕr´-nl s almendra f.; (pip) pepita f.

kettle, ket´-l s hervidor m.; –drum, timbal m.

key, kii s llave f.; (piano) tecla f.; –board, teclado m.; –hole, ojo de la cerradura m.

kick, kik s patada f.; coz f.; v dar puntapiés; (animal) cocear

kid, kid s cabrito m.; – gloves, guantes de cabritilla m. pl; –nap, v secuestrar personas

kidney, kid´-ni s riñón m.

kill, kill v matar

kiln, kiln s horno m.

kilo, kii-lo s kilo m.

kin, kin s parentesco m.; –sfolk, parientes m. pl; –sman, pariente m.;

–swoman, parienta f.

kind, kaind a* bueno, benévolo; s especie f.

kindle, kin´-dl v encender

kindness, kaind´-nes s bondad f.

kindred, kind´-red s parentesco m.; a emparentado

king, king s rey m.; –dom, reino m.

kiosk, kii-osk s quiosco m.; telephone - cabina f.

kipper, kip´-a s arenque ahumado m.

kiss, kis s beso m.; v besar

kit, kit s equipo m.

kitchen, kit´-shin s cocina f.

kite, kait s cometa f.

kitten, kit´-n s gatito m.; gatita f.

klaxon, klAks´-on s claxon m.; bocina de automóvil f.

knack, nAk s destreza f.; arte m.; maña f.

knapsack, nAp´-sAk s mochila f.

knave, neiv s bribón m.; (cards) sota f.

knead, niid v amasar

knee, nii s rodilla f.; – cap, rótula f.

kneel, niil v arrodillarse

knell, nel s toque de
difuntos m.

knickers, nik´-ers s pl
bragas m. pl

knife, naif s cuchillo m.;
pocket—, navaja f.

knight, nait s caballero
m.; (chess) caballo m.

knit, nit v hacer punto de
aguja; tejer

knitting, nit´-ing s trabajo
de punto m.

knob, nob s pomo m.; (of
a stick, etc) puño m.

knock, nok s golpe m.; v
(call) llamar; (strike)
golpear; **–against,**
tropezar contra; **–down,**
derribar; **–er,** s (door)
aldaba f.

knoll, noul v doblar las
campanas s montecillo
m.

knot, not s nudo m.;
(*naut*) milla náutica f.; v
anudar; **–ty,** a nudoso;
(*fig*) intrincado

know, nou v conocer;
saber

knowledge, noul´-iCH s
conocimiento m.; saber
m.

knuckle, nok´-l s nudillo
m.

label, lei´-bl s etiqueta f.; rótulo m.; v rotular

laboratory, lAb-o´-ra-to-ri s laboratorio m.

laborious*, la-bó-ri-os a laborioso; penoso

labour, lei´-ba v trabajar; s trabajo m.

labourer, lei´-ba-ra s trabajador m.; obrero m.

laburnum, la-bĕr´-nom s lluvia de oro f.

lace, leis s encaje m.; (shoe, etc) cordón m.; v lazar

lacerate, lAs´-er-eit v lacerar

lack, lAk v faltar de; carecer de; s falta f.; carencia f.

lacquer, lAk´-a s laca f.; v charolar

lad, lAd s mozo m.; muchacho m.; tipo; tío

ladder, lAd´-a s escalera f.

lading, lei´-ding s carga f.; **bill of –,** conocimiento de embarque m.

ladle, leid´-l s cucharón m.; cacillo m.; v servir

lady, lei´-di s señora f.; **– bird,** mariquita f.; **–'s-maid,** doncella f.

lag, lAg, v remolonear; **–behind,** rezagarse

lagoon, la-guun´ s laguna f.

lair, lér s guarida f.

lake, leik s lago m.

lamb, lAm s cordero m.

lame, leim a * cojo; v lisiar; **–ness,** s cojera f.

lament, la-ment´ v lamentar; s lamento m.

lamp, lAmp s lámpara f.; (street lamp) farol m.; (electric bulb) bombilla eléctrica f.

lance, laans s lanza f.; v lancear; (surgery) abrir; **–r,** s lancero m.

land, lAnd v desembarcar; s tierra f.; (home) país m.; **–agent,** corredor de fincas m.; **–ing,** desembarco m.; (quay) desembarcadero m.; **–lady,** patrona f.; **–lord,** propietario m.; **–mark,** mojón m.; **–scape,** paisaje m.; **–slide,** derrumbamiento m.

lane, lein s (country) callejuela f.

language, lAng´-güiCH s lengua f.; idioma m.; lenguaje m

languid*, lAng´-güid a lánguido

languish, lAng´-güish v languidecer; descaecer

lank, lAngk a flaco; **–y,** alto y delgado

lantern, lAn´-tern s linterna f.

lap, lAp s regazo m.; v lamer

lapel, la-pel´ s solapa f.

lapse, lAps v pasar; s curso m.; error m.

larceny, laar´-si-ni s hurto m.

lard, laard s manteca de cerdo f.

larder, laar´-da s despensa f.

large*, laarCH a grande; fuerte; considerable

lark, laark s alondra f.

laser, lei-sa s láser m; -**printer** impresora f (por) láser

lash, lAsh s (whip) látigo m.; (stroke) latigazo m.; v (whip) azotar; (bind) amarrar

lass, lAs s mozuela f.; muchacha f.

lassitude, lAs-i-tiuud s cansancio m.

last, laast v durar; s (shoe) horma f.; a* último; -**ing*,** durable; permanente

latch, lAch s picaporte m.; v cerrar

latch-key, lAtch´-kii s llavín m.

late, leit adv tarde; a tardío; reciente; difunto

lately, leit´-li adv recientemente; poco ha

latent, lei´-tent a latente; oculto

lathe, leiD´-a s torno m.

lather, lAD´-a s

jabonadura f.; v enjabonar

latitude, lAt´-i-tiuud s latitud f.

latter, lAt´-ta a último

lattice, lAt´-is s celosía f.

laudable, loa´-da-bl a loable

laugh, laaf v reír; s risa f.; -**able,** a risible; -**ing-stock,** s hazmerreír m.; -**ter,** s risa f.; hilaridad f.

launch, loanch s (boat) lancha f.; v botar al agua; (enter upon) lanzar

launderette, loam-dret s lavandería f.; (automática)

laundry, loan´-dri s lavadero m.

laurel, loa´-rl s (tree) laurel m.; honor m.

lavatory, lAv´-a-to-ri s lavatorio m.; excusado m.

lavender, lAv´-en-da s espliego m.

lavish, lAv´-ish a* pródigo; v prodigar

law, loa s ley f.; -**ful*,** a legal; legítimo; lícito; -**less*,** a ilegal; -**suit,** a pleito m., proceso m.; -**yer,** abogado m.; jurista m.

lawn, loan s césped m.

lax*, lAks a laxo, flojo

laxative, lAk´-sa-tiv s & a laxativo m.; purgante m.

lay, lei v poner; (place) colocar; a lego; -**man,** s lego m.

layer, lei´-a s (strata) capa f.; estrato m.

layout, lei´-ant s trazado m.; disposición f.

laziness, lei´-si-nes s pereza f.

lazy, lei´-si a perezoso; holgazán

lead, led s plomo m.; (sounding) sondalesa f.; v emplomar

lead, liid v conducir; guiar; s (cards) salida f.; -**er,** conductor m.; jefe m.; -**ership,** dirección f.; -**ing,** a principal; primero; -**ing article,** s artículo de fondo m.

lead singer, liid sing-a s cantante mf.

leaf, liif s hoja f.; -**y,** a frondoso

leaflet, liif´-let s folleto m.

league, liig s liga f.; (measure) legua f.

leak, liik v gotear; hacer agua; s gotera f.

lean, liin a delgado; s (meat) magro m.;

–against, v apoyarse;
–out, asomarse

leap, liip v saltar; s salto
m.

leap-year, liip´-yir s año
bisiesto m.

learn, lĕrn v aprender;
(news) saber

learned, lĕrn´-id a docto;
erudito

learner, lĕrn´-a s
estudiante m.; aprendiz
m.

learning, lĕrn´-ing s
estudio m.; (knowledge)
saber m.

lease, liis v arrendar; s
arriendo m.

leasehold, liis´-jould s
arrendamiento m.

leash, liish s traílla f.

least, liist adv menos; a
mínimo; **at–,** al menos

leather, leD´-a s cuero m.;
patent –, charol m.

leave, liiv s permiso m.;
(farewell) despedida f.; v
partir; dejar; abandonar;
–behind, dejar atrás;
–off, cesar; **–out,** omitir;
–to, dejar a

lecture, lek´-tiur v dar una
conferencia; sermonear;
s conferencia f.;
admonición f.

lecturer, lek´-tiur-a s

conferenciante m.;
profesor m.

ledge, leCH s (shelf) repisa
f.; (mountain) borde m.

ledger, leCH´-a s libro
mayor m.

leech, liich s sanguijuela f.

leek, liik s puerro m.

leer, lir v mirar de soslayo

left, left a izquierdo; **–
handed,** zurdo

leg, leg s pierna f.;
(furniture) pie m.;
(animal) pata f.; **–ging,**
polaina f.

legacy, leg´-a-si s legado
m.; herencia f.

legal*, lii´-gal a legal;
–ize, v legalizar

legation, li-gei´-shon s
legación f.

legend, leCH´- end s
leyenda f.

legible, leCH´-i-bl a legible

legion, lii´-CHon s legión f.

legislate, leCH´-is-leit v
legislar

legislation, leCH-is-lei´-
shon s legislación f.

legitimacy, leCH-it´-i-ma-
si s legitimidad f.

legitimate*, leCH-it´-i-met
a legítimo

leisure, lesh´-er s ocio m.;
comodidad f.

leisurely, lesh´-er-li adv
despacio

lemon, lem´-on s limón
m.; **–ade,** limonada f.

lend, lend v prestar

length, leng´-gz s longitud
f.; (time) duración f.

lengthen, leng-gzn v
alargar; prolongar

lengthways, leng´-gzues
adv a lo largo

lengthy, leng´-gzi a largo;
difuso

leniency, lii´-ni-ens-i s
indulgencia f.

lenient*, lii´-ni-ent a
indulgente

lens, lens s lente f.

Lent, lent s cuaresma f.

lentil, len´-til s lenteja f.

leopard, lep´-ard s
leopardo m.

leper, lep´-a s leproso m.

leprosy, lep´-ro-si s lepra f.

lesbian, leS-bii-an s
lesbiana f.; a lesbio

less, les adv menos; a
menor

lessee, les´-ii s
arrendatario m.

lessen, les´-n v disminuir;
(pain) aliviar

lesson, les´-n s lección f.

let, let v dejar; permitir;
(lease) arrendar

lethal, lii-zal a mortífero;

(dose) mortal; fatal; atroz

letter, let´-a s carta f.; (alphabet) letra f.; **--box,** buzón m.; **-of credit,** carta de crédito f.

lettuce, let´-is s lechuga f.

level, lev´-l s nivel m.; v nivelar; a llano; igual; **--crossing,** s paso a nivel m.

lever, lii´-va s palanca f.; (watch) escape m.

levity, lev´-i-ti s levedad f.; ligereza f.

levy, lev´-i v (taxes) recaudar; s impuesto m.

lewd*, liuud a lascivo; **-ness,** s lascivia f.

liabilities, lai-a-bil´-i-tes s pl; el pasivo m.

liability, lai-a-bil´-i-ti s obligación f.; responsabilidad f.

liable, lai´-a-bl a expuesto; responsable

liaison, lii-eis-on s enlaze m.; conexión f.; (affair) lío m.; relaciones f. pl; amorosas

liar, lai´-a s mentiroso m.; embustero m.

libel, lai´-bl s libelo m.; v difamar

libellous, lai´-bel-os a

difamatorio

liberal, lib´-er-al s & a* liberal m.

liberate, lib´-er-eit v libertar

liberty, lib´-er-ti s libertad f.

librarian, lai-bré-ri-an s bibliotecario m.

library, lai´-bre-ri s biblioteca f.; librería f.

license, lai´-sens s licencia f.; v licenciar

licentious*, lai-sen´-shos a licencioso; libertino

lichen, lai´-ken s liquen m.

lick, lik v lamer

lid, lid s tapa f.; (eye) párpado m.

lie, lai s (untruth) mentira f.; v mentir; (in a place) estar; (situate) estar situado; **-about,** (disorder) estar esparcido; **-down,** (repose) acostarse

lieutenant, lef-ten´-ant s teniente m.

life, laif s vida f.; (vivacity) viveza f.; **-- belt,** salvavidas m.; **-- boat,** lancha salvavidas f.; **--guard, (**mil) guardia de corps m.; **-- insurance,** seguro de

vida m.; **-less,** a inanimado; muerto; **like,** natural; **--long,** de toda la vida; **--size,** de tamaño natural; **--time,** s curso de la vida m.

lift, lift s ascensor m.; v levantar

light, lait s luz f.; claridad f.; a* ligero; claro; v encender; (illuminate) alumbrar; **-en,** aligerar; **-er,** s encendedor m.; (boat) gabarra f.; **--nouse,** faro m.; **-ing,** alumbrado m.; **-ness,** ligereza f.

lightbulb, lait-bölb s bombilla f.; foco m.

lightning, lait´-ning s relámpago m.; **--conductor,** pararrayos m.

like, laik v gustar; a (similar) semejante, parecido; (equal) igual

likelihood, laik´-li-jud s probabilidad f.

likely, laik´-li adv probablemente; a probable

likeness, laik´-nes s semejanza f.; parecido m.

likewise, laik´-uais adv también; asimismo

liking, lai´-king s gusto m.; inclinación f.

lilac, lai´-lak s lila f.

lily, lil´-i s lirio m.; **–of the valley,** lirio de los valles

limb, lim s (body) miembro m. campo m.

lime, laim s cal f.; (bird-lime) liga f.; (fruit) lima f.; (tree) tilo m.

lime-juice, laim´-CHuus s zumo de lima m.

limekiln, laim´-kiln s calera f.

lime-light, laim´-lait s luz de calcio f.

limit, lim´-it s límite m.; término m.; v limitar; determinar; **Ltd. Co.,** sociedad anónima f.

limp, limp v cojear; a flojo

limpet, lim´-pet s lapa f.

line, lain s línea f.; (business) ramo m.; (goods) renglón m m.; (rope) cuerda f.; (fishing) sedal m.; cuerda f.; (railway) riel m.; v delinear

lineage, lin´-i-eCH s linaje m.; genealogía f.

linen, lin´-en s hilo m.; (laundry) ropa blanca f.

liner, lain´-a s paquebote m.; vapor de línea m.

linger, ling´-guer v tardar; languidecer

lingerie, langsh-ĕr-ei s ropa f.; interior (de mujer)

linguist, ling´-uist s lingüista m. & f.

lining, lain´-ing s (of clothes) forro m.

link, lingk v eslabonar; unir; s eslabón m.; (cuff links) gemelos m. pl

linnet, lin´-net s jilguero m.

linseed, lin´-siid s linaza f.

lint, lint s hilaza f.; hilas f. pl

lion, lai´-on s león m.; **–ess,** leona f.

lip, lip s labio m.; **–stick,** barra de labios f.

liquefy, lik´-ui-fai v derretir; liquidar

liqueur, li-ker´ s licor m.

liquid, lik´-uid s líquido m.; a líquido

liquidate, lik´-ui-deit v liquidar; (debts) saldar

liquidation, lik´-ui-dei´-shon s liquidación f.

liquor, lik´-er s (alcoholic) licor m.; (cookery) jugo m

lisp, lisp v cecear; s ceceo m.

list, list s lista f.; (naut)

bandeo m.; v catalogar, alistar; registrar, (naut) escorar

listen, lis´-n v escuchar; **–er,** s oyente m.

literal*, lit´-er-al a literal

literary, lit´-er-a-ri a literario

literature, lit´-er-a-tiur s literatura f.

lithograph, liz´-o-graf s litografía f.; v litografiar

litigate, lit´-i-gueit v litigar

litre, liit-a s litro m.

litter, lit´-a s (stretcher) camilla f.; (untidiness) desorden m.; (bedding) cama de paja f.; basura f.; v esparcir

little, lit´-l a (quantity, time) poco; (size) pequeño; adv poco

live, liv v vivir; habitar

live*, laiv a vivo; **–ly,** animado

liver, liv´-a s hígado m.

livery, liv´-er-i s librea f.

livid, liv´-id a lívido

living, liv´-ing s vida f.; (eccl) beneficio m.; a vivo

lizard, lis´-erd s lagarto m.

load, loud v cargar; s carga f.

loaf, louf s (bread) pan m.;
  —**sugar**, azúcar de pilón
  m.

loafer, lou´-fa s (idler)
  haragán m.

loam, loum s marga f.; —**y**,
  a margoso

loan, loun s (personal)
  préstamo m.; (public)
  empréstito m.; v prestar

loathe, louD v aborrecer;
  detestar

loathing, louD´-ing s
  repugnancia f.

loathsome, louD´-som a
  odioso; repugnante

lobby, lob´-i s vestíbulo m.

lobe, loub s lóbulo m.

lobster, lob´-sta s langosta
  f.

local*, lou´-kl a local;
  —**ity**, s localidad f.

locate, lou´-keit v situar;
  (find) encontrar

location, lou-kei´-shon s
  (place) situación f.;
  posición f.; localización
  (cinema) exteriores;
  rodaje fuera de estudio

lock, lok s cerradura f.;
  (hair) rizo m.; (canal)
  esclusa f.; v cerrar; —**et**, s
  medallón m.; —**in** (or
  up), v encerrar; —**jaw**, s
  teta no m.; —**out**, v dejar
  fuera; —**smith**, s

cerrajero m.

locomotive, lou´-ko-mou-
  tiv s locomotora f.

locust, lou´-kust s
  langosta f.

lodge, loCH s (masonic)
  logia f.; v hospedarse

lodger, loCH´- a s huésped
  m.

lodging, loCH´-ing s
  alojamiento m.

loft, loft s desván m.; —**y**, a
  elevado; sublime

log, log s tronco m.; —
  book, diario de
  navegación m.

logic, loCH´-ik s lógica f.;
  —**al***, a lógico

loin, loin s lomo m.

loiter, loi´-ta v
  holgazanear; —**er**, s
  holgazán m.

loll, lol v recostarse;
  (tongue) sacar la lengua

London, lön-dön s
  Londres m.

lone (ly), loun(ly) a &
  adv solo; solitario

loneliness, loun´-li-ness s
  soledad f.

long, long a largo; (time)
  mucho; —**for**, v suspirar
  por; —**ing**, s ansia f.;
  anhelo m.; —**to**, v ansiar;
  —**term**, a a largo plazo

longitude, lon´-CHi-tiuud

s longitud f.

loo, luu s fam wáter m.;
  servicios m. pl

look, luk s mirada f.; v
  mirar; (seem) aparecer;
  —**after**, (take care of)
  cuidar de; —**at**, mirar;
  —**for**, buscar; —**er on**, s
  espectador m.; —**ing-
  glass**, espejo m.; —**out**,
  vigía f.; v asomarse;
  interj ¡cuidado!; **good
  –ing**, a bien parecido

loom, lum s telar m.; v
  aparecer a lo lejos

loop, luup s lazo m.;
  —**hole**, tronera f.; —**the
  loop**, v describir círculos

loose*, luus a flojo;
  (morals) disoluto; —**n**, v
  aflojar; (to free) soltar;
  —**ning**, s aflojamiento m.

loot, luut s pillaje m.; v
  saquear

lop, lop v (prune) podar;
  —**off**, tajar; —**sided***, a
  asimétrico;
  desequilibrado

loquacious*, lo-kuei´-shos
  a locuaz; hablador

Lord, loard s (Deity) el
  Señor m.; Dios m.

lord, loard s lord m.; señor
  m.

lorry, lor´-i s camión m.

lose, luus v perder;

(clock) atrasar

loser, luu´-sa s perdedor m.

loss, los s pérdida f.; (damage) daño m.

Lost Property Office, lost prop´-er-ti of´-is s oficina de objetos perdidos f.

lot, lot s (auction) lote m.; (fate) suerte f.; (many) cantidad f.

lotion, lou´-shon s loción f.

lottery, lot´-er-i s lotería f.

loud*, laud a alto; → **speaker,** s (radio) altavoz m.

lounge, launCH v gandulear; s (room) salón m.

louse, laus s piojo m.

lout, laut s patán m.; rústico m.

love, löv v amar; querer; (like) gustar; s amor m.; **–liness,** hermosura f.; **–ly,** a hermoso; (charming) encantador; **–r,** s (illicit) amante m.

low, lou v mugir; a* bajo; vil; **–er,** v bajar; humillar; (flag) arriar; (price) rebajar; **–land,** s tierra baja f.

loyal*, loi´-al a leal, fiel;

–ty, s lealtad f.

lozenge, los ´-enCH s pastilla f.; (geometry) rombo **lubricate,** liuu´-bri-keit v lubricar

lubrication, liuu-bri-kei´-shon s lubricación f.

lucid*, liuu´-sid a lúcido; claro

luck, lök s suerte f.; fortuna f.

lucky, lök´-i a afortunado; dichoso; venturoso; (charm) para buena suerte

lucrative*, liuu-kra-tiv a lucrativo; provechoso

ludicrous, liuu´-di-kros a risible; ridículo

luggage, lög´-eCH s equipaje m.; **–office,** oficina de equipajes f.; **–rack,** s portaequipajes m.

lukewarm, liuuk´-uoarm a tibio

lull, löl v adormecer; (baby) arrullar; s calma f.

lullaby, löl´-a-bai s canción de cuna f.

lumbago, lom-bei´-gou s lumbago m.

lumber, löm´-ba s trastos m.; pl; (timber) madera de construcción f.

luminous*, liuu´-mi-nos a luminoso

lump, lömp s pedazo m.; **–y,** a aterronado; grumoso

lunacy, luu´-na-si s locura f.

lunar, luu´-nar a lunar

lunatic, luu´-na-tik s lunático m.; loco m.; **–asylum,** manicomio m.

lunch (eon), lönch´(-n) s almuerzo m.; v almorzar

lung, löng-g s pulmón m.

lurch, lërCH s sacudida f.; (ship) bandazo m.; **to leave in the –,** v dejar en el atolladero

lure, liur v atraer; inducir; s señuelo m.

lurid*, liu´-rid a (colour) cárdeno

lurk, lërk v espiar; acechar; (hide) esconderse

luscious, lö´-shos a suculento

lust, löst s lujuria f.; (greed) codicia f.; v codiciar **–ful,** a lujurioso; sensual

lustre, lös´-tr s brillo m.; (pendant) lustro m.

lute, liuut s laúd m.

luxurious*, lök-siu´-ri-os a lujoso; exuberante

luxury, lŏk´-sher-i s lujo
   m.; suntuosidad f.
lymph, limf s linfa f.
lynch, linch v linchar
lyrics, li-riks s pl (of
   songs) letra f.

macaroni, mAk-*a*-rou´-ni s
macarrones m pl

macaroon, mAk-*a*-ruun´ s
almendrado m

mace, meis s maza f.

machine, m*a*-shiin´ s
máquina f.

machine-gun, m*a*-shiin´-
gŏn s ametralladora f.

machinery, m*a*-shiin´-*e*r-i
s maquinaria f.

machinist, m*a*-shiin´-ist s
maquinista m

mackerel, mAk´-*e*r-el s
escombro m.

mackintosh, mAk´-in-tosh
s impermeable m.

mad, mAd a loco; (dogs)
rabioso; **–man,** s loco
m.; **–ness,** s locura f.

madam, mAd´-m s señora
f.; (unmarried) señorita

f.

magazine, mA-g*a*-siin´ s
(periodical) revista f.;
(powder) polvorín m.;
(gun) cámara f.

maggot, mAg´-ot s gusano
m.

magic, mACH´-ik s magia
f.; a mágico

magistrate, mACH´-is-treit
s magistrado m.

magnanimity, mAg-nAn-
im´-i-ti s magnanimidad
f.

magnanimous*, mAg-
nAn´-i-mos a
magnánimo

magnesia, mAg-nii´-sha s
magnesia f.

magnesium, mAg-nii´-shi-
om s magnesio m.

magnet, mAg´-net s imán

m.; **–ic,** a magnético;
–ism, s magnetismo m.;
–ize, v magnetizar

magneto, mAg-ni´-tou s
magneto m.

magnificent*, mAg-nif´-i-
sent a magnífico

magnify, mAg´-ni-fai v
aumentar; ampliar;
–ing-glass, s lupa f.

magnitude, mAg´-ni-tiuud
s magnitud f.

magpie, mAg´-pai s urraca
f.

mahogany, m*a*-jog´-A-ni s
caoba f.

maid, meid s (young girl)
doncella f.; (servant)
sirvienta f.; **–en,**
doncella f.; vírgen f.;
old –, solterona f.

mail, meil s (post) correo
m.; (armour) cota de
malla f.; (mail-bag)
valija f.; (mail-boat)
vapor correo m.; v
enviar por correo

maim, meim v mutilar

main, mein a principal,
mayor. s (pipe) cañería
maestra f.; **–land,**
continente m.

maintain, mein-tein´ v
mantener; sostener

maintenance, mein´-te-
nans s mantenimiento

m.

maize, meis *s* maíz *m.*

majestic, ma-CHes´-tik *a* majestuoso

majesty, mACH´-es-ti *s* (His or Her) Su Majestad *f.*

major, meiCH´-or *s* mayor *m.;* (mil) comandante *m.; a* mayor

majority, mACH-o´-ri-ti *s* mayoría *f.*

make, meik *v* hacer; causar; (manufacture) fabricar; *s* hechura *f.;* (commercial) marca *f.;* **--believe,** pretexto *m.; v* pretender; **–r,** *s* fabricante *m.;* constructor *m.;* **-shift,** expediente *m.;* **–up,** (face) maquillaje *m.; v* maquillarse

malady, mAl´-a-di *s* enfermedad *f.*

malaria, mAl-ei´-ri-a *s* paludismo *m.*

male, meil *s* varón *m.;* (animal) macho *m.*

malevolent*, mal-ev´-o-lent *a* malévolo

malice, mAl´-is *s* malicia *f.*

malicious*, ma-lish´-os *a* malicioso

malign, ma-lain´ *v* difamar; *a** maligno

malignant*, ma-lig´-nant *a* maligno; nocivo

malinger, ma-ling´-a *v* fingirse enfermo

mallet, mAl´et *s* mazo *m.;* mallo *m.*

mallow, mAl´-ou *s* malva *f.*

malnutrition, mAl´-niuu-trish-an *s* desnutrición *f.*

malt, moalt *s* malta *f.*

maltreat, mAl-triit´ *v* maltratar

mammal, mAm´-mal *s* mamífero *m.*

man, mAn *v* (a ship) tripular; *s* hombre *m.;* **–hood,** virilidad *f.;* **–kind,** género humano *m.;* **–ly,** *a* viril; **--servant,** *s* criado *m.*

manacle, mAn´-a-kl *s* manilla *f.; v* maniatar

manage, mAn´-iCH *v* (business) administrar, dirigir; (accomplish) lograr, suceder; (control) manejar, gobernar; **–ment,** *s* administración *f.,* dirección *f.*

manager, mAn´-iCH-a *s* gerente *m.,* director *m.*

mandate, mAn´-deit *s* mandato *m.,* orden *f.*

mandoline, mAn-i-dou-lin

s mandolina *f.*

mane, mEin *s* (of a horse, lion) crin *m.*

manger, mein´-CHa *s* pesebre *m.*

mangle, mAng´-gl *s* exprimidor *f.; v* pasar por el exprimidor

mania, mei´-ni-a *s* manía *f.*

maniac, mei´-ni-Ak *s* maniático *m.*

manicure, mAn´-i-kiur *s* manicura *f.; v* hacer la manicura

manifest, mAn´-i-fest *s & a** manifesto *m.; v* manifestar

manifesto, mAn-i-fest-o *s* proclama *f.;* manifiesto *m.*

manifold, mAn´-i-fould *a* múltiple; diverso

manipulate, mAn-ip´-iuu-leit *v* manipular

mankind, mAn-kaind *s* humanidad; género *m.;* humano

manner, mAn´-a *s* manera *f.,* forma *f.;* modo *m.;* costumbre *f.;* género *m.;* **–s,** *s pl* modales *m. pl*

manœuvre, mA-nuu´-ver *s* maniobra *f.; v* maniobrar

manor, mAn´-or *s* casa

solariega *f. m.*

mansion, mAn´-shon *s* mansión *f.*

manslaughter, mAn´-sloata *s* homicidio *m.*; sin premeditación

mantel-piece, mAn´-tl-piis *s* manto de chimenea

mantle, mAn´-tl *s* manto *m.*; (gas) manguito incandescente *m.*

manual, mAn´-iu-al *s* manual *m.*; *a** manual

manufacture, mAn-iu-fAk´-tiur *s* manufactura *f.*; fabricación *f.*; fabricar; **–r,** *s* fabricante *m.*

manure, ma-niú *r s* abono *m.*; estiércol *m.*; *v* abonar; engrasar

manuscript, mAn´-iu-skript *s* manuscrito *m.*

many, men´-i *a* muchos

map, mAp *s* mapa *m.*; (town) plan *m.*

maple, mei´-pl *s* arce *m.*

mar, maar *v* estropear; dañar; desfigurar

marathon, mA-r-a-zon *s* maratón *m.*

marble, maar´-bl *s* mármol *m.*; **–s,** (game) bolas *f. pl*

march, maarch *v* marchar; *s* marcha *f.*

March, maarch *s* marzo *m.*

mare, meir *s* yegua *f.*

margarine, maar´-ga-rin *s* margarina *f.*

margin, maar´-CHin *s* margen *m. f.*; *v* marginar; **–al note,** *s* nota marginal *f.*

marigold, mAr´-i-gould *s* maravilla *f.*

marine, ma-riin´ *s* soldado de marina *m.*; *a* marino

mariner, maar´-in-a *s* marino *m.*; marinero *m.*

maritime, ma´-ri-tim *a* marítimo

mark, maark *v* marcar; *s* marca *f.*; **book–,** señal *f.*; **trade–,** marca de fábrica *f.*; **–ing-ink,** tinta de marcar *f.*

market, maar´-ket *s* mercado *m.*

marmalade, maar´-ma-leid *s* mermelada de naranjas *f.*

marmot, maar´-mot *s* marmota *f.*

maroon, ma-ruun´ *a* marrón *m.*; *v* abandonar; aislar

marquee, maar-kii´ *s* marquesina *f.*

marriage, mAr´-iCH *s* matrimonio *m.*; boda *f.*

married, mAr´-id *a* (life) conyugal; **–couple,** *s*

matrimonio *m.*; *a* casado/a; (life, state) conyugal

marrow, mAr´-ou *s* médula *f.*; tuétano *m.*; (vegetable) calabaza *f.*

marry, mAr´-i *v* casarse; (ceremony) casar

marsh, maarsh *s* pantano *m.*

marshal, maar´-shal *s* mariscal *m.*

mart, maart *s* mercado *m.*

marten, maar´-ten *s* marta *f.*

martial*, maar´-shal *a* marcial; militar; **court– ,** *s* consejo de guerra *m.*; **–law,** ley marcial *f.*

martyr, mAr´-ta *v* martirizar; *s* mártir *m. f.*; **–dom,** martirio *m.*

marvel, maar´-vl *s* maravilla *f.*; *v* maravillarse; **–lous,** *a* maravilloso

marzipan, maars-i-pAn *s* mazapán *m.*

masculine, mAs´-kiu-lin *a* masculino

mash, mAsh *v* machacar; *s* (vegetable) masa *f.*

mask, mAsk *s* máscara *f.*; *v* enmascarar

mason, mei´-s´n *s* albañil *f.*; (stone worker)

cantero m.; (freemason) francmasón m.

masonic, mei-son´-ik *a* masónico

masonry, mei´-son-ri *s* albañilería *f.*

masquerade, mАs-ker-eid´ *v* disfrazarse

mass, mАs *s* masa *f.*; (eccl) misa *f.*; *v* amontonar

massacre, mАs´-a-ker *s* matanza *f.*; carnicería *f.*

massage, ma-saaCH´ *s* masaje *m.*; *v* dar masaje

massive*, mas´-iv *a* macizo

mast, maast *s* mástil *m.*; palo *m.*

master, maas´-ta *v* domar; vencer. *s* amo *m.*; (teacher) maestro *m.*; profesor *m.*; **–ful,** *a* dominante; **–ly,** magistral; *adv* magistralmente; **––piece,** *s* obra maestra *f.*

masticate, mАs´-ti-keit *v* masticar

mastiff, mАs´-tif *s* mastín *m.*

mat, mАt *s* estera *f.*

match, mАch *s* (safety) fósforo *m.*; (wax) cerilla *f.*; (game) partido *m.*; (boxing) pugilato *m.*; *v* igualar

matchless, mАch´-les *a* incomparable

mate, meit *v* aparear; *s* compañero *m.*

material, ma-tii´-ri-al *s* material *m.*; (cloth) paño *m.*; tela *f.*; **–ist,** *s* materialista

materialize, ma-tii´-ri-a-lais *v* materializar

maternal*, ma-tër´-nl *a* materno

mathematics, mАz-i-mАt´-iks *s* matemáticas *f. pl*

maths, mАzs *s* = **mathematics** mates; matemáticas *f. pl*

matrimony, mАt´-ri-mo-ni *s* matrimonio *m.*

matrix, mei´-trix *s* matriz *f.*; (mould) molde *m.*

matron, mei´-tron *s* matrona *f.*

matter, mАt´-a *s* materia *f.*; substancia *f.*; (pus) pus *m.*; (affair) asunto *m.*; (business) negocio *m.*; *v* importar

matting, mАt´-ing *s* estera *f.*

mattress, mАt´-res *s* colchón *m.*

mature, ma-tiúr´ *v* madurar; (bill) vencer; *a* maduro

maturity, ma-tiúr´-i-ti *s*

madurez *f.*; vencimiento *m.*

maul, moal *v* aporrear; (claw) magullar

mauve, mouv *s* color de malva *m.*

maxim, mАk´-sim *s* máxima *f.*

maximum, mАk´-si-mom *s* máximum *m.*

may, mei *v* poder; **–be,** *adv* acaso, quizás

May, mei *s* mayo *m.*; **––flower,** maya *f.*

maybe, mei-bi *adv* quizá(s); tal vez

mayonnaise, mei-on-eis *s* mayonesa *f.*

mayor, mei´-or *s* alcalde *m.*; **–ess,** corregidora *f.*

maze, meis *s* laberinto *m.*; confusión. *f.*

me, mii *pron* me; mí; (to me) a mí

meadow, med´-ou *s* prado *m.*; pradera *f.*

meagre, mii´-ga *a* magro; (scanty) insuficiente

meal, miil *s* harina *f.*; (repast) comida *f.*

mean, miin *a** avaro; (action) bajo; *v* querer decir; **–ing,** *s* significación *f.*; (sense) sentido *m.*; **–ingless,** *a* insensato

means, miins *s pl* medios *m. pl*; recursos *m. pl*

meanwhile, miin´-uail *adv* entretanto

measles, mii´-sls *s pl* sarampión *m.*

measure, mesh´-a *s* medida *f.*; (tape) metro *m.*; *v* medir; **d,** *a* medido; **–ment,** *s* medida *f.*

meat, miit *s* carne *f.*; vianda *f.*

mechanic, mi-kAn´-ik *s* mecánico *m.*; **–al,** *a* mecánico; **–s,** *s pl* mecánica *f.*

mechanism, mek´an-is m *s* mecanismo *m.*

mechanization, mek-an-ais -ei´-shon *s* mecanización *f.*

medal, med´-l *s* medalla *f.*

media, mii´-dii-a *s pl* medios *m. pl*; de comunicación; medios de difusión

meddle, med´-l *v* meterse; entremeterse

meddlesome, med´-l-som *a* entremetido; intruso

mediæval, med-i-i´-vl *a* medieval

mediate, mii´-di-eit *v* mediar; intervenir

medical, med´-i-kl *a*

médico

medication, med´-i-kei-shon *s* medicación *f.*

medicine, med´-sin *s* medicina *f.*

mediocre, mii´-di-ou-´kr *a* mediocre; vulgar

meditate, med´-i-teit *v* meditar; reflexionar

Mediterranean, med´-i-těr-ein-ian *a* mediterráneo; - Sea Mar *m.*; Mediterráneo; *s* Mediterráneo *m.*

medium, mii´-di-om *s* medio *m.*; vía *f.*; *a* mediano

meek*, miik *a* manso; humilde

meet, miit *v* encontrar; (obligations) honrar; **–ing,** *s* encuentro *m.*; reunión *f.*; (Board) junta *f.*

melancholy, mel´-an-kol-i *s* melancolía *f.*

mellow, mel´-ou *a* maduro; (tone) meloso

melodious*, mi-lou´-di-os *a* melodioso

melody, mel´-o-di *s* melodía *f.*

melon, mel´on *s* melón *m.*

melt, melt *v* derretir; fundir; **–ing,** *s* fusión *f.*

member, mem´-ba *s*

miembro *m.*; (club) socio *m.*; (parliament) diputado *m.*; **–ship,** calidad de socio *f.*

membrane, mem´-brein *s* membrana *f.*

memento, mi-men´-tou *s* recuerdo *m.*; memento *m.*

memo, me-mou *s abbr of* **memorandum** memorandum *m.*; memo *m*

memoir, mem´-uaar *s* memoria *f.*, relación *f.*

memorandum, mem-or-an´-dom *s* memorándum *m.*

memorial, mi-mou´-ri-al *s* monumento conmemorativo *m.*

memory, mem´-o-ri *s* memoria *f.*

menace, men´-as *v* amenazar; *s* amenaza *f.*

menagerie, mi-nACH´-er-i *s* colección de fieras *f.*

mend, mend *v* reparar; corregirse

mendacious*, men-dei´-shos *a* mendaz; mentiroso

menial, mii´-ni-al *s* criado *m. a* servil

menstruation, men-struu-ei-shon *s* menstruación

f.

mental*, men´-tl a mental

mention, men´-shon v mencionar s mención f.

menu, men´-iuu s menú m.; lista de platos f.

mercantile, mĕr´-kan-tail a mercantil; comercial

merchandise, mĕr´-chan-dais s mercadería f.; mercancía f.

merchant, mĕr´-chant s comerciante m.; mercader m.; a comercial; (fleet) mercante

merciful*, mĕr´-si-ful a misericordioso; clemente

mercury, mĕr´-kiu-ri s mercurio m.

mercy, mĕr´-si s misericordia f.; gracia f.

mere, mir a puro; mero; s lago m.

merge, merCH v fundir; absorber; **-er**, s unión f.; consolidación f.

meridian, mi-ri´-di-an s meridiano m.; a de mediodía

merit, mer´-it s mérito m.; v merecer

meritorious*, mer-i-tó´-ri-os a meritorio

mermaid, mĕr´-meid s

merriment, mer´-i-ment s alegría f.; júbilo m.

merry*, mer´-i a alegre; -- **go-round**, s caballitos m. pl; tiovivo m.

mesh, mesh s malla f.

mesmerize, mes´-mer-ais v hipnotizar

mess, mes s (mil) rancho de los oficiales m.; (dirt) porquería f.; ló m.; v manchar

message, mes´-iCH s mensaje m.; recado m.

messenger, mes´-en-CH a s mensajero m.

messy, me-si a (dirty) sucio; (untidy) desaliñado; desaseado; (room) en desorden; confuso

metal, met´-l s metal m.; **-lic**, a metálico

meteor, mii´-ti-or s meteoro m.

meter, mii´-ta s (gas, etc) contador m.

method, mez´-od s método m.

methylated spirit, mez´-i-lei-tid spi´-rit s alcohol metílico m.

metre, mii´-ta s (measure, rhythm) metro m.

metric, met-rik a métrico;

- system sistema m. métrico

metropolis, mi-trop´-o-lis s metrópoli f.

mica, mai´-ka s mica f.

Michaelmas, mik´-el-mas s fiesta de San Miguel f.

microphone, mai´-kro-foun s micrófono m.

microscope, mai´-kros-koup s microscopio m.

microwave, mai-kro-ueiv s microonda f.; **- oven** horno m.; microondas

middle, mid´-l s medio m.; centro m.; **-age**, edad media f.; **--class**, (people) clase media f.; **-man**, intermediario m.

middling, mid´-ling a mediano

midge, miCH s mosquito m.

midget, miCH´-et s enano m.

midnight, mid´-nait s media noche f.

midshipman, mid´-shipman s guardia marina m.

midst, midst prep entre, en medio de

midwife, mid´-uaif s partera f.

mein, miin s semblante m.; facha f.

might, mait s fuerza f.;

poder m.

mighty, mait´-i a
poderoso; fuerte

mignonette, min-yon-et´ s
reseda f.

migraine, mii-grein s
jaqueca f.

migrate, mai-greit´ v
emigrar

mild*, maild a suave;
benigno; templado

mildew, mil´-diuu s moho
m.; (plants) tizón m.

mile, mail s milla f.;
–stone, piedra miliaria f.

militant, mil´-i-tant a
militante; belicoso;
agresivo; s militante mf.;
activista mf.

military, mil´-i-ta-ri a
militar

milk, milk s leche f.; v
ordeñar; **–y**, a lácteo

milky-way, mil´-ki-uei s
vía láctea f.

mill, mil v moler. s molino
m.; **–er**, molinero m.

milliner, mil´-i-na s
modista f.

millinery, mil´-i-ner-i s
modas f. pl.

million, mil´-yon s millón
m.; **–aire**, millonario m.

mime, maim s
pantomima; mímica;
(actor) mimo m.; v

representar con gestos;
actuar de mimo

mimic, mim´-ik v
remedar; s mimo m.; a
mímico

mince, mins v (meat, etc)
picar; (words) medir

mind, maind s mente f.;
opinión f.; intención f.;
v atender a; (nurse)
cuidar; **–ful**, a atento

mine, main poss pron mío,
mía; míos, mías

mine, main s mina f.; v
minar; **–r**, s minero m.

mineral, min´-er-al s & a
mineral m.

mineral water, min´-er-al
uoa´-tr s agua f.; mineral

mingle, ming´-gl v
mezclar; **–with,**
mezclarse con

minimize, min´-i-mais v
reducir; disminuir

minimum, min´-i-mŏm a
mínimo

minister, min´-is-ta s
clérigo m.;
(government) ministro
m.; v administrar; servir;
proveer

ministry, min´-is-tri s
ministerio m.; gabinete
m.

mink, mink s visón m.

minor, mai´-na s menor de

edad m.; a menor

minority, mi-nor´-i-ti s
minoría f.

minster, min´-sta s
catedral f.; monasterio
m.

minstrel, min´-strel s
trovador m.

mint, mint s casa de la
moneda f.; (plant)
menta f.; v acuñar

minuet, min-iu-et´ s
minueto m.; minué m.

minus, mai´-nos a & adv
menos; prep sin

minute, min´-it s minuto
m.; (records) minuta f.

minute*, mai-niuut´ a
menudo; minucioso

miracle, mi´-ra-kl s
milagro m.

miraculous*, mi-rAk´-iu-
los a milagroso

mirage, mi-raash´ s
espejismo m.

mire, mair s fango m.;
lodo m.; cieno m.

mirror, mir´-or s espejo
m.; v reflejar

mirth, mĕrz s alegría f.;
regocijo m.

mis, mis, **–adventure,** s
desventura f.;
–apprehension,
equivocación f.; error
m.; **–appropriate,** v

MOBILIZE

malversar; **–behave,**
portarse mal; **–believer,**
s incrédulo *m.*;
–carriage, aborto *m.*;
–carry, *v* abortar;
–conduct, s mala
conducta *f.*;
–construction, mala
interpretación *f.*; error
m.; **–count,** *v* contar
mal; **–deed,** s fechoría *f.*;
(law) delito *m.*;
–demeanour, mala
conducta *f.*; (law) delito
m.; **–direct,** *v* dirigir
erradamente; **–fit,** s lo
que no ajusta bien;
–fortune, desdicha *f.*;
calamidad *f.*; **–giving,**
recelo *m.*; **–govern,** *v*
gobernar mal; **–guide,**
descaminar; **–hap,** s
accidente *m.*;
contratiempo *m.*;
–inform, *v* informar
mal; **–judge,** juzgar mal;
–lay, extraviar, perder;
–lead, descarriar; (fraud)
engañar; **–manage,**
administrar mal; **–place,**
extraviar; colocar mal;
–print, s errat *f.*;
–pronounce, *v*
pronunciar mal;
–represent, desfigurar;
pervertir; **–statement,** s

relación inexacta *f.*;
–take, *v* equivocarse; s
equivocación *f.*; **–taken,**
a erróneo; **–trust,** *v*
desconflar; s
desconflanza *f.*;
–understand, *v*
entender mal;
–understanding, s
equivocación *f.*; mala
inteligencia *f.*; **–use,** *v*
abusar de
miscellaneous*, mis-el´-
ei´-ni-os *a* misceláneo
mischief, mis´-chif s daño
m.; perjuicio *m.*
mischievous*, mis´-chi-
vos *a* malicioso;
perjudicial
miscreant, mis´-krii-ant s
malandrín *m.*; bellaco
m.
miser, mai´-sa s avaro *m.*;
–ly, *a* avaricioso
miserable, mis´-er-a-bl *a*
miserable; (sad)
angustiado
misery, miis´-ri s miseria
f.; dolor *m.*
Miss, mis s señorita *f.*
miss, mis *v* perder;
(someone's absence)
echar de menos; **–ing,** *a*
extraviado, perdido
missile, mis´-il s proyectil
m.

mission, mish´-on s
misión *f.*
missionary, mish´-on-a-ri
s (eccl) misionero *m.*
mist, mist s bruma *f.*;
neblina *f.*
Mister (Mr), mis´-ta s
señor *m.*
mistletoe, mis´-s'l-tou s
muérdago *m.*
mistress, mis´-tres s
(house) ama *f.*; dueña *f.*;
(school) maestra *f.*;
(kept) querida *f.*; (Mrs)
señora *f.*
misty, mis´-ti *a* brumoso
mitigate, mit´-i-gueit *v*
mitigar; suavizar
mitre, mai´-ta s mitra *f.*;
(joint) inglete *m.*
mix, miks *v* mezclar;
(salad) aderezar; **–ed,** *a*
mezclado; **–er,** s
mezclador *m.*; **–ture,** s
mezcla *f.*
moan, moun *v* gemir; s
gemido *m.*
moat, mout s foso *m.*
mob, mob s chusma *f.*;
turba *f.* *v* asaltar en
tropel; (enthusiasm)
cercar por la multitud
mobile, mou´-bil *a* móvil
movible
mobilize, mo´-bi-lais *v*
movilizar

404

mock, mok *v* burlarse; *a* falso; imitado; **–at,** *v* burlarse de; **–ery,** *s* mofa *f.*; burla *f.*; **–ingly,** *adv* burlonamente

mode, moud *s* manera *f.*; (fashion) moda *f*

model, mod´-l *s* modelo *m.*; *v* modelar

moderate, mod´-er-eit *v* moderar

moderate*, mod´-er-et *a* moderado; mediocre

moderation, mod-er-ei´-shon *s* moderación *f.*

modern, mod´-ern *a* moderno

modest*, mod´-ist *a* modesto

modify, mod´-i-fai *v* modificar

Mohammedan, mou-jAm´-me-dan *s* mahometano *m.**

moist, moist *a* húmedo; **–en,** *v* humedecer

moisture, mois´-tiur *s* humedad *f.*

mole, moul *s* topo *m.*; (mark) lunar *m.*; **–hill,** topinera *f.*

molecule, mol´-e-kiuul *s* molécula *f.*

molest, mo-lest´ *v* molestar

mollify, mol´-i-fai *v* ablandar

molten, moul´-tn *a* fundido

moment, mou´-ment *s* momento *m.*

momentous,* mou-men´-tos *a* importante; grave

momentum, mou-men´-tom *s* ímpetu *m.*; impulsión *f.*

monarch, mon´-ark *s* monarca *m.*

monarchy, mon´-ar-ki *s* monarquía *f.*

monastery, mon´-as-tri *s* monasterio *m.*

Monday, mön´-di *s* lunes *m.*

monetary, mön´-e-ta-ri *a* monetario

money, mön´-i *s* dinero *m.*; moneda *f.*; **–order,** libranza postal *f.*

monger, möng´-ga *s* traficante *m.*

mongrel, möng´-grel *a* mestizo

monk, möngk *s* monje *m.*; fraile *m.*

monkey, möng´-ki *s* mono *m.*

monocle, mon´-o-kl *s* monóculo *m.*

monogram, mon´-ou-gram *s* monograma *m.*

monopolize, mo-nop´-o-lais *v* monopolizar

monopoly, mo-nop´-o-li *s* monopolio *m.*

monotonous*, mon-ot´-o-nos *a* monótono

monster, mon´-sta *s* monstruo *m.*

monstrous*, mon´-stros *a* monstruoso

month, mönz *s* mes *m.*; **–ly,** *a* mensual

monument, mon´-iu-ment *s* monumento *m.*

mood, muud *s* (temper) humor *m.*; (grammar) modo *m.*; **–y,** *a* caprichoso

moon, muun *s* luna *f.*; **–light,** luz de la luna *f.*

moor, muur *s* páramo *m.*; *v* amarrar

Moor, muur *s* moro *m.*; **–ish,** *a* morisco

moot, muut *a* discutible

mop, mop *s* estropajo *m.*; *v* limpiar

mope, moup *v* abatirse; atontarse

moral, mor´-al *s* (lesson) moraleja *f.*; *a* * moral; **–ity,** *s* moralidad *f.*; **–s,** *s* pl costumbres *f.* pl

morale, mor-aal *a* moral; virtuoso; *s* moral *f.*; sentido *m.*; moral; ética *f.*; costumbres *f.* pl

morass, mo-rAs´ s ciénaga f.; marisma f.

moratorium, mou-*ra*-tou´-ri-*om* s moratoria f.

morbid*, mo*ar*´-bid a mórbido; enfermizo

more, mór, adv, más; **–over,** además

morning, mo*ar*´-ning s mañana f.; **early –,** madrugada f.; **good –,** buenos días

morocco, mo-rok´-ou s (leather) tafilete m.

morose, mo-rous´ a moroso

morphia, mo*ar*´-fi-*a* s morfina f.

morrow, mor´-ou s mañana m.

morsel, mo*ar*´-sl s bocado m.

mortal, mo*ar*´-tl s & a* mortal m.

mortality, mor-tal´-i-ti s mortalidad f.

mortar, mo*ar*´-tr s mortero m.

mortgage, mo*ar*´-guiCH s hipoteca f.; **–e,** acreedor hipotecario m.; **–r,** deudor hipotecario m.

mortification, mo*ar*´-ti-fi-kei´-shon s mortificación f.

mortuary, mo*ar*´-tiu-*a*-ri s depósito de cadáveres m.

mosaic, mou-sei´-ik s & a mosaico m.

mosque, mosk s mezquita f.

mosquito, mos-kii´-tou s mosquito m.

moss, mos s musgo m.

most, moust adv sumamente; muy; más; s la mayor parte f. a lo más; **–ly,** adv principalmente

moth, moz s polilla f.

mother, mŏD´-er s madre f.; **–hood,** maternidad f.; **–in-law,** suegra f.; **–of-pearl,** nácar m.; madreperla f.; **–ly,** adv maternal

motion, mou´-shon s movimiento m.

motionless, mou´-shon-les a inmóvil

motive, mou´-tiv s motivo m.; móvil m. a motriz

motor, mou´-ta s motor m.; **–bus,** autobus m.; **–car,** coche m.; automóvil m.; **–cycle,** motocicleta f.; **–ing,** automovilismo m.; **–ist,** automovilista mf.

mottled, mot´-ld a moteado; abigarrado

motto, mot´-ou s divisa f.; mote m.

mould, mould v moldear. s molde m.; matriz f.; (mildew) moho m.; (earth) mantillo m.; **–er,** moldeador m.; **–ing,** moldura f.; **–y,** a mohoso

moult, moult v mudar el pelo; (birds) desplumar

mound, maund s montículo m.; (mil) terraplén m.; v aterraplenar

mount, maunt s monte m.; (horse) caballería f.; (picture) marco m.; (jewels) engaste m.; v subir; (jewels) engastar, engarzar; **–ed,** a (horseback) montado; de a caballo

mountain, maun´-tin s montaña f.; monte m.; **–eer,** montañés m.; **–ous,** a montañoso; **–range,** s sierra f.

mountain bike, maun´-tin baik s bicicleta f.; de montaña

mountaineering, maun´-tin-ir-ing s montañero m. -a f.; alpinista mf; v hacer alpinismo; montañismo

mourn, moaɾn v lamentar, llorar; **–er**, s miembro del duelo m.; plañidero m.; **–ful***, a lúgubre; triste; fúnebre; **–ing**, s lamento m.; (apparel) luto m.

mouse, maus s ratón m.; **—trap**, ratonera f.

mousse, s mousse f.; crema f.; batida

moustache, mus-taash´ s bigote m.

mouth, mauz s boca f.; (animal) hocico m.; (river) desembocadura f.; **–ful**, bocado m.; **—piece**, boquilla f.; (fig) intérprete m.

movable, muu´-va-bl a móvil; mueble

move, muuv v mover; (removal) mudarse; (propose) proponer; s movimiento m.; (fig) golpe m.

movie, muu-vi s película f.; **the –s** el cine

mow, mou v segar; **–er**, s segadora f.

much, mŏch adv mucho; muy; **how –?** ¿cuánto?

mud, mŏd, s barro m.; **–dy**, a barroso; fangoso; **–guard**, s guardabarro m.

muddle, mŏd´-l s desorden m.; confusión f.

muff, mŏf s manguito m.

muffle, mŏf´-l v embozar; (sound) amortiguar

muffler, mŏf´-la s bufanda f.

mug, mŏg s cubilete m.; (pot) taza m.

mulatto, miu-lAt´-ou s mulato m.; mulata f.

mulberry, mŏl´-be-ri s mora f.; **—tree**, morera f.

mule, miuul s mulo m., mula f.

mullet, mŏl´-et s múgil m.; **red –**, salmonete m.

multifarious*, mŏl-ti-fé´-ri-os a variado; diverso

multiplication, mŏl´-ti-pli-kei´-shon s multiplicación f.

multiply, mŏl´-ti-plai v multiplicar; multiplicarse

multi-purpose, mŏl´-ti-pĕr´-pos a de aplicaciones varias

multitude, mŏl´-ti-tiuud s multitud f.

mummy, mŏm´-i s momia f.

mumps, mŏmps s pl parótidas f. pl

munch, mŏnch v mascar

municipal, miu-nis´-i-pal a municipal

munificent*, miu-nif´-i-sent a munífico; generoso

munition, miu-nish´-on s municiones f. pl

murder, mĕr´-da v asesinar; s asesinato m.; **–er**, asesino m.; **–ess**, asesina f.; **–ous**, a asesino

murky, mĕr´-ki a obscuro; sombrío; lóbrego

murmur, mĕr´-mr v murmurar; s murmullo m.

muscle, mŏs´-l s músculo m.

muse, miuu s v meditar; musa f.

museum, miu-zii´-om s museo m.

mushroom, mŏsh´-rum s seta f.

music, miuu´-sik s música f.; **–al**, a musical

musician, miu-sish´-on s músico m.

musk, mŏsk s almizcle m.

musket, mŏs´-ket s mosquete m.; fusil m.

Muslim, mŏs-lim s & a musulmán/ana mf.

muslin, mŏs´-lin s muselina f.

mussel, mŏs´-l s mejillón f.

must, mŏst v deber; haber de, tener que; s (wine) mosto m.; **-y,** a mohoso

mustard, mŏs´-tard s mostaza f.

muster, mŏs´-ta v congregar; (mil) pasar lista

mute, miuut s mudo m.; a* mudo

mutilate, miuu´-ti-leit v mutilar

mutineer, miuu-ti-nir s amotinador m.; rebelde m.

mutinous, miuu´-ti-nos a amotinado

mutiny, miuu´-ti-ni s motín m.; v amotinarse

mutter, mŏt´-a v murmurar

mutton, mŏt´-on s carne de carnero f.

mutual, miuu´-tiu-al a mutuo; mutual

muzzle, mŏs ´-l s (for dogs, etc) bozal m.; (snout) hocico m.; (gun) boca f.

my, mai poss mi, mis; **-self,** pron yo mismo

myrrh, mer s mirra f.

myrtle, mĕr´-tl s mirto m.

mysterious*, mis-ti´-ri-os a misterioso

mystery, mis´-ter-i s misterio m.

mystify, mis´-ti-fai v confundir

myth, miz s mito m.; **-ology,** mitología f.

nag, nAg *v* regañar; *s* (horse) jaca *f.*

nail, neil *s* clavo *m.*; (human) uña *f.*; *v* clavar, enclavar; **– brush,** *s* cepillo para las uñas *m.*; **–file,** lima para las uñas *f.*

naive*, ne´-iv *a* ingenuo

naked, nei´-kid *a* nudo; desnudo

name, neim *v* nombrar; llamar; *s* nombre *m.*; **–less,** *a* anónimo; **–ly,** *adv* a saber; es decir; **–sake,** *s* tocayo *m.*; **Christian –,** nombre de bautismo *m.*; **sur–,** apellido *m.*

nanny, nA-ni *s* niñera *f.*

nap, nAp *s* siesta *f.*; (cloth) lanilla *f.*

nape, neip *s* nuca *f.*

naphtha, nAp´-za *s* nafta *f.*

napkin, nAp´-kin *s* servilleta *f.*

nappy rash, nA-pi rAsh *s* escaldamiento *m.*; por pañales húmedos

narcissus, nAr-sis´-os *s* narciso *m.*

narcotic, nAr-kot´-ik *s* & *a* narcótico *m.*

narrate, nAr-eit´ *v* narrar; relatar

narrative, nAr´-a-tiv *s* narrativa *f.*; relación *f.*

narrow*, nAr´-ou *a* estrecho; **–minded,** mezquino; **–ness,** *s* estrechura *f.*; estrechez *f.*

nasal*, nei´-s al *a* nasal

nasturtium, nas-těr´-shom

s capuchina *f.*

nasty, naas´-ti *a* indecente; desagradable

nation, nei´-shon *s* nación *f.*

national, nAsh´-o-nal *a* nacional

nationality, nAsh-o-nal´-i-ti *s* nacionalidad *f.*

native, nei´-tiv *s* natural *mf.*; indígena *mf.*; *a* natal

natural*, nAt´-iu-ral *a* natural; **–ization,** *s* naturalización *f.*

nature, nei´-tiur *s* naturaleza *f.*; índole *f.*

naught, noat *s* nada *f.*; *s* cero *m.*

naughty, noa´-ti *a* travieso; revoltoso

nausea, noa´-sia *s* náusea *f.*; asco *m.*; repugnancia *f.*

nautical*, noa´-ti-kl *a* náutico

naval, nei´-val *a* naval; **–engagement,** *s* batalla naval *f.*; **–officer,** oficial de marina *m.*

navel, nei´-vel *s* ombligo *m.*

navigate, nAv´-i-gueit *v* navegar

navigation, nA-vi-guei´-shon *s* navegación *f.*

navigator, nA-vi-guei´-*ta s* navegante *m.*

navvy, nAv´-i *s* bracero *m.*; peón *m.*

navy, nei´-vi *s* marina de guerra *f.*; armada *f.*

near, ni *r a* cercano; *prep* cerca de; *adv* cerca *v* acercarse; **–ly,** *adv* casí; cerca de; **–ness,** *s* proximidad *f.*; **––side,** *s* lado cercano (in Spain); lado izquierdo (en Inglaterra) **––sighted,** *a* miope

neat*, niit *a* (spruce) pulcro; (dainty) pulido; delicado; (tidy) aseado; (not diluted) puro; **–ness,** *s* pulcritud *f.*; delicadeza *f.*; aseo *m.*

necessarily, nes´-es-a-ri-li *adv* necesariamente

necessary, nes´-es-a-ri *a* necesario

necessitate, ne-ses´-i-teit *v* requerir

necessity, ne-ses´-i-ti *s* necesidad *f.*; miseria *f.*

neck, nek *s* cuello *m.*; (bottle, etc) gollete *m.*; **–lace,** collar *m.*; **––tie,** corbata *f.*

need, niid *v* necesitar; *s* necesidad *f.*; **–ful*,** *a* necesario; **–less,**

innecesario; inútil

needle, nii´-dl *s* aguja *f.*; **––woman,** modista *f.*; costurera *f.*

needy, nii´-di *a* indigente; necesitado

negation, ni-guei´-shon *s* negación *f.*

negative, neg´-a-tiv *s* negativa *f.*; (photo) negativo *m.*; *a** negativo

neglect, nig-lekt´ *v* descuidar; *s* descuido *m.*; **–ful*,** *a* negligente; descuidado

negligence, neg´-liCH-ens *s* negligencia *f.*

negligent*, neg´-liCH-ent *a* negligente; descuidado

negotiate, ni-gou´-shi-eit *v* negociar

negotiation, ni-gou´-shi-ei´-shon *s* negociación *f.*

negress, nii´-gres *s* negra *f.*

negro, nii´-grou *s* negro *m.*

neigh, nei *v* relinchar; *s* relincho *m.*

neighbour, nei´-ba *s* vecino *m.*; **–hood,** vecindad *f.*; vecindario *m.*; **–ly,** *adv* sociablemente; *a* sociable

neither, nai´-Da *pron & a*

ni uno ni otro; ...**nor,** *conj* ni... ni; *adv* tampoco

neon, nii-on *s* neón *m.*

nephew, nev´-iu *s* sobrino *m.*

nerve, něrv *s* nervio *m.*; (pluck, etc) valor *m.*, sangre fría *f.*

nervous*, něr´-vos *a* nervioso; tímido

nest, nest *s* nido *m.*; *v* anidar

nestle, nes´-l *v* acogerse; (birds) anidar

net, net *s* red *f.*; *a* neto; **–work,** *s* red *f.*; cadena *f.* (radio, TV)

nett, net *a* neto

nettle, net´-l *s* ortiga *f.*

network, net-uěrk *s* red; cadena

neuralgia, niu-rAl´-CHi-a *s* neuralgia *f.*

neuritis, niuu´-rai-tis *s* neuritis *f.*

neorotic*, niuu-rot´-ik *a* neurótico; *s & a* neurótico/a *mf.*

neuter, niuu´-ta *s & a* neutro *m.*

neutral*, niuu´-tral *a* neutral

never, nev´-a *adv* nunca; jamás; **–more,** nunca más; **–theless,** sin embargo

new*, niuu *a* nuevo; reciente; fresco; tierno; **–year**, *s* año nuevo *m.*

news, niuus *s* noticias *f. pl*; **–agent**, vendedor de periódicos *m.*; **–paper**, periódico *m.*; diario *m.*

next, nekst *a* próximo; siguiente; (beside) contiguo; de al lado; *adv* después

nib, nib *s* (pen) plumilla *f.*; pico *m.*

nibble, nib´-l *v* mordiscar; (rodents) roer

nice*, nais *a* amable, simpático; agradable; (good) bueno; exquisito; (pretty) lindo; bonito

nick, nik *s* muesca *f.*

nickel, nik´-l *s* níquel *m.*

nickname, nik´-neim *s* apodo *m.*; *v* apodar

nicotine, ni´-ko-tiin *s* nicotina *f.*

niece, niis *s* sobrina *f.*

night, nait *s* noche *f.*; **–club**, *s* cabaret *m.*; **–dress**, camisón *m.*; **–fall**, anochecer *m.*; **–ingale**, ruiseñor *m.*; **–ly**, *adv* cada noche; **–mare**, *s* pesadilla *f.*

nightlife, nait-laif *s* vida *f.*; nocturna

nimble, nim´-bl *a* ágil; ligero; veloz

nine, nain *s & a* nueve *m.*; **–teen**, diecinueve *m.*; **–teenth**, decimonoveno *m.*; **–tieth**, nonagésimo *m.*, **–ty**, noventa *m.*

ninth, nainz *s & a* nono, noveno *m.*

nip, nip *v* pellizcar; **–off**, desmochar

nipple, nip´-l *s* pezón *m.*

nitrate, nai´-treit *s* nitrato *m.*

nitrogen, nai´-trou-CH en *s* nitrogeno *m.*

no, nou *adv* no

nobility, no-bil´-i-ti *s* nobleza *f.*; aristocracia *f.*

noble, nou´-bl *s & a* noble *m.*

nobody, nou´-bod-i *pron* nadie; ninguno

nod, nod *v* cabecear; *s* cabeceo *m.*; saludo *m.*

noise, nois *s* ruido *m.*; **–less***, *a* silencioso

noisily, noi´-si-li *adv* ruidosamente

noisy, noi´-s *a* ruidoso

nominal*, nom´-i-nal *a* nominal

nominate, nom´-i-neit *v* nombrar; elegir

nominee, nom-i-nii´ *s*

nómino *m.*; candidato *m.*

none, nŏn *pron & a* ninguno; nadie

nonplussed, non´-plŏst *a* confundido

nonsense, non´-sens *s* disparate *m.*; tontería *f.*

non-skid, non´-skid *a* antirresbaladizo

non-smoker, non-smouk-a *s* (person) no fumador/a *mf.*; (rail) departamento de no fumadores

non-stop, non´-stop *a* continuo; (train, etc) directo

nook, nuk *s* ángulo *m.*; (fig) rincón *m.*

noon, nuun *s* mediodía *m.*

no one, nou-uŏn *pron* = **nobody** nadie

noose, nuus *s* nudo corredizo *m.*

nor, noar *conj* ni

normal*, noar´-m'l *a* normal

north, noarz *s* norte *m.*

northerly, noar´-Der-li *a* del norte; septentrional

nose, nous *s* nariz *f.*; (of a ship) proa *f.*

nostril, nos´-tr'l *s* ventana de la nariz *f.*

not, not *adv* no

notable, nou´-ta-bl *a* notable

notch, noch *v* hacer muescas; *s* muesca *f.*

note, nout *v* notar. *s* nota *f.;* (currency) billete *m.;* **--paper,** papel para cartas *m.;* **--d,** *a* afamado; célebre

noteworthy, nout´-uĕr-Di *a* notable

nothing, nŏ´-zing *adv* nada; **for --,** de balde

notice, nou´-tis *v* notar; *s* aviso *m.;* (newspaper) noticia *f.;* (to quit) notificación *f.*

noticeable, nou´-tis-a-bl *a* notable; reparable

notify, nou´-ti-fai *v* notificar

notion, nou´-shon *s* noción *f.;* idea *f.*

notoriety, nou-*to*-rai´-i-ti *s* notoriedad *f.*

notorious*, no-tou´-ri-os *a* notorio

notwithstanding, not--uiD-stAn´-ding *prep* & *conj* a pesar de; no obstante

nought, nout *s* nada; *s* cero *m.*

noun, naun *s* nombre *m.;* substantivo *m.*

nourish, nŏr´-ish *v* nutrir; alimentar; **--ing,** *a* nutritivo; **--ment,** *s* alimento *m.*

novel, nov´-l *s* novela *f.;* *a* nuevo

novelist, nov´-el-ist *s* novelista *mf.*

novelty, nov´-el-ti *s* novedad *f.*

November, no-vem´-ba *s* noviembre *m.*

novice, nov´-is *s* novicio *m.*

now, nau *adv* ahora; **--and then,** de vez en cuando

nowadays, nau´-a-deis *adv* hoy día

nowhere, nou´-jué r *adv* en ninguna parte

noxious*, nok´-shos *a* nocivo; pernicioso

nozzle, nos ´-l *s* boquilla *f.;* pulverizador *m.*

nuclear, niuu´-klir *a* nuclear

nucleus, niuu´-kli-os *s* núcleo *m.*

nude, niud *a* desnudo

nudge, nŏ CH *s* codazo *m.;* *v* dar codazos

nugget, nŏ´-guit *s* pepita *f.*

nuisance, niuu´-sens *s* (annoyance) fastidio *m.;* molestia *f.;* (bother) calamidad *f.*

null, nŏl *a* nulo; *v* anular

numb, nŏm *a* entumecido; (frm cold) aterido; *v* entumecer; **--ness,** *s* entumecimiento *m.*

number, nŏm´-ba *s* número *m.;* *v* numerar

numberless, nŏm´-ber-les *a* innumerable

numerous*, niuu´-mer-os *a* numeroso

nun, nŏn *s* monja *f.;* religiosa *f.*

nunnery, nŏn´-er-i *s* convento de monjas *m.*

nurse, nĕrs *s* enfermera *f.;* (male) enfermero *m.;* (maid) niñera *f.;* *v* cuidar; (suckle) criar

nursery, nĕrs´-er-i *s* cuarto de los niños *m.;* (plants) plantel *m.;* semillero *m.*

nursery-ryhme, nĕrs´-er-i-raim *s* cuento de niños *m.*

nut, nŏt *s* nuez *f.;* (hazel) avellana *f.;* (pea) cacahué *m.;* (bolt) tuerca *f.;* **--cracker,** cascanueces *m.;* **--meg,** nuez moscada *f.;* **--shell,** cascara de nuez *f.*

nutriment, niuu´-tri-ment *s* alimento *m.*

nutritious*, niuu-trish´-os *a* nutritivo

nylon, nai-lon *s* nilón *m.*; nailón *m.*; *a* de nilón; de nailón

O

oak, ouk s roble m.

oakum, ou´-kom s estopa f.

oar, ours s remo m.

oarsman, ours´-mAn s remero m.

oasis, ou-ei´-sis s oasis m.

oat, ous s avena f.; **–meal,** harina de avena f.

oath, ouz s juramento m.; maldición f.

obdurate*, ob´-diu-ret a obstinado; terco

obedience, o-bii´-di-ens s obediencia f.

obedient*, o-bii´-di-ent a obediente

obese, o-biis´ a obeso

obesity, o-bes´-i-ti s obesidad f.

obey, o-bei´ v obedecer

obfuscate, ob-fŏs´-keit v ofuscar

obituary, ob-it´-iuu-a-ri s obituario m.; a mortuorio

object, ob-CHekt´ v (resent) objetar; (oppose) oponerse

object, ob´-CHekt s objecto m.; (aim) propósito m.; (grammar) complemento m.; **–ion,** objeción f.; **–ionable,** a objectable; **–ive,** s & a objetivo m.

obligation, ob-li-guei´-shon s obligación f.

obligatory, ob´-li-guei-to-ri a obligatorio

oblige, ob-laiCH´ v obligar; complacer

obliging*, ob-laiCH´-ing a servicial

obliterate, ob-lit´-er-eit v borrar

oblivion, ob-liv´-i-on s olvido m.

oblivious*, ob-liv´-i-os a olvidadizo

oblong, ob´-long a oblongo

obnoxious*, ob-nok´-shos a ofensivo

obscene*, ob-siin´ a obsceno

obscure, ob-skiúr´ v obscurecer; a* obscuro

observant, ob-sĕr´-vant a atento

observation, ob-sĕr-vei´-shon s observación f.

observatory, ob-sĕr´-va-to-ri s observatorio m.

observe, ob-sĕrv´ v observar

obsess, ob-ses´ v obsesionar; **–ion,** s obsesión f.

obsolete, ob´-so-liit a anticuado; desusado

obstacle, ob´-sta-kl s obstáculo m.

obstinacy, ob´-sti-na-si s obstinación f.

obstinate*, ob´-sti-net a obstinado; terco

obstruct, ob-strŏkt´ v obstruir; impedir

obstruction, ob-strŏk´-shon s obstrucción f.

obtain, ob-tein´ *v* obtener; conseguir; alcanzar

obtrude, ob-truud´ *v* imponer; entrometerse

obtrusive, ob-truu´-siv *a* intruso; importuno

obviate, ob´-vi-eit *v* evitar; impedir

obvious*, ob´-vi-os *a* obvio; evidente; claro

occasion, o-kei´-shon *v* ocasionar; *s* ocasión *f.*; causa *f.*; **–al,** *a* ocasional; **–ally,** *adv* alguna vez

occult, ok-költ´ *a* oculto; secreto

occupation, ok-kiu-pei´- shon *s* ocupación *f.*; empleo *m.*

occupier, o´-kiu-uai-a *s* ocupador *m.*; (tenant) inquilino *m.*

occupy, o´-kiu-pai *v* ocupar; (mil) apoderarse de; (oneself) ocuparse

occur, ok-ker´ *v* ocurrir; **–rence,** *s* ocurrencia *f.*

ocean, ou´-shan *s* océano *m.*; mar *mf.*

ochre, ou´-ker *s* ocre *m.*

o'clock, o-klok´ *s* ...hora *f.*

octagon, ok´-ta-guon *s* octágono *m.*

octagonal, ok-ta´-guon-al *a* octagonal

octave, ok´-teiv *s* octava *f.*

October, ok-tou´-ba *s* octubre *m.*

octopus, ok´-tou-pus *s* pulpo *m.*; pólipo *m.*

oculist, ok´-iu-list *s* oculista *m.*

odd, od *a* (number) impar; (single) suelto; (strange) extraño; **–ly,** *adv* extrañamente; **–s,** *s pl* (betting) ventaja *f.*; **–s and ends,** restos *m. pl*; despojos *m. pl*

odious*, ou´-di-os *a* odioso; detestable

odour, ou´-da *s* olor *m.*; (sweet) fragancia *f.*

of, ov *prep* de; en

off, of *adv* lejos; a distancia; a lo largo; **–hand,** *adv* improvisado; de repente; **––side,** *s* lado exterior (in Spain); lado derecho (en Inglaterra); *a* (games) fuera de juego; offside

offal, of´-l *s* desperdicios *m. pl*; bazofia *f.*

offence, o-fens´ *s* ofensa *f.*; (law) delito *m.*

offend, o-fend´ *v* ofender; (law) delinquir

offensive, o-fen´-siv *a** ofensivo; *s* (mil) ofensiva *f.*

offer, of´-a *v* ofrecer; *s* oferta *f.*

offering, of´-er-ing *s* tributo *m.*; sacrificio *m.*

office, of´-is *s* oficio *m.*; (business) oficina *f.*

officer, of´-is-a *s* funcionario *m.*; (mil) oficial *m.*

official, o-fish´-l *s* funcionario *m.*; *a** oficial

officious*, o-fish´-os *a* oficioso; solícito

off-peak, of-piik *a* (holiday) de temporada baja; (electricity) de banda económica

offspring, of´-spring *s* vástago *m.*; prole *f.*

oft, often, oft, of´-n *adv* a menudo; con frecuencia; muchas veces

ogle, ou´-gl *v* mirar al soslayo

oil, oil *s* aceite *m.*; *v* lubricar; **––cloth,** *s* hule *m.*; **–y,** *a* aceitoso; oleoso

ointment, oint´-ment *s* ungüento *m.*

okay, ou´-kei = **OK** *interj* (all right)¡está bién!; (yes) ¡sí!; *a* aprobado; satisfactorio

old, ould *a* viejo, anciano;

antiguo

old-fashioned, ould-fAsh´-nd *a* anticuado

olive, ol´-iv *s* aceituna *f.*; **–oil,** aceite de oliva *m.*

Olympic Games, o-limp-ik gueims *s* & *a* Juegos *m. pl;* Olímpicos

omelet, om´-*e*-let *s* tortilla *f.*

omen, ou´-men *s* agüero *m.*; presagio *m.*

ominous*, ou´-mi-nos *a* ominoso; presagioso

ommission, o-mish´-on *s* omisión *f.*; (neglect) descuido *m.*

omit, o-mit´ *v* omitir; (neglect) descuidar

omnibus, om´-ni-bos *s* ómnibus *m.*

omnipotent, om-nip´-o-tent *a* omnipotente

on, on *prep* (upon) en, sobre; encima de; (date) el *adv* (onward) adelante; **–foot,** a pie

once, uõns *adv* una vez; (formerly) antes; en otro tiempo; **all at –,** de repente; **at –,** inmediatamente; **–more,** otra vez

one, uõn *s* uno *m.*; una *f.*; (impersonal) uno *m.*; una *f. a* un, uno, una;

–self, *pron* se; sí mismo;
–way, *a* (street) de sentido único; (ticket) de ida

onerous*, on´-er-os *a* oneroso

ongoing, on-gou-ing *a* continuo; en marcha; que sigue funcionando

onion, õn´-i-on *s* cebolla *f.*

on-line, on-lain *a* & *adv* comput on-line; en línea; conectado

only, oun´-li *a* sólo; único; *adv* sólo; solamente

onslaught, on´-slo *at s* asalto *m.*

onto, on-tu *prep* = **on to**

onward, on´-uerd *adv* hacia; adelante

onyx, on´-lks *s* ónice *m.*

ooze, uus *v* manar; fluir; *s* fango *m.*

opal, ou´-pal *s* ópalo *m.*

opaque, o-peik´ *a* opaco

open, ou´-pn *v* abrir; *a** abierto; **–er,** *s* (tool) abridor *m.*; **–ing,** abertura *f.*; oportunidad *f.*

opera, op´-e-ra *s* ópera *f.*; **–glass,** gemelos de teatro *m. pl;* **–hat,** clac *m.*; **–house,** teatro de la ópera *m.*

operate, op´-er-eit *v* funcionar; (med) operar

operation, op´-er-ei-shon *s* operación *f.*

operator, op´-e-rei-ta *s* operario *m.*; (med) operador *m.*

opinion, o-pin´-yon *s* opinión *f.*

opium, ou´-pi-om *s* opio *m.*

opossum, ou-pos´-som *s* zarigüeya *f.*

opponent, o-pou´-nent *s* adversario *m.*; rival *m.*

opportune*, o´-por-tiuun *a* oportuno

opportunity, o-por-tiuun´-i-ti *s* oportunidad *f.*

oppose, o-pous´ *v* oponer; combatir

opposite, op´-o-s it *a* opuesto; (facing) enfrente *a* opuesto *m.*

opposition, op-pou-si´-shon *s* oposición *f.*

oppress, o-pres´ *v* oprimir

oppression, o-presh´-on *s* opresión *f.*; pesadez *f.*

oppressive*, o-pres´-siv *a* opresivo; tiránico

optical, op´-tik-al *a* óptico, relativo a la vista

optician, op-tish´-an *s* óptico *m.*

option, op´-shon s opción
f.; **–al*,** a facultativo

opulence, op´-iu-lens s
opulencia f.

opulent, op´-iu-lent a
opulento

or, or conj o, u; sea, sea
que; **–else,** o sino

oral*, ó´-ral a verbal

orange, or´-inCH s naranja
f.

orator, or´-a-ta s orador
m.

oratory, or´-a-to-ri s
oratoria f.; elocuencia f.

orb, o arb s (sphere) globo
m.; orbe m.; esfera f.

orbit, o arb´-it s órbita; v
volar en círculo

orchard, oar´-cherd s
huerta f.; (poetical)
verjel m.

orchestra, oar´-kes-tra s
orquesta f.

orchid, oar´-kid s orquídea
f.

ordain, oar-dein´ v
ordenar

ordeal, oar´-diil s dura
prueba f.

order, oar´-da s orden f.;
(goods) pedido m.;
(command) orden m.;
(decoration)
condecoración f.; v
ordenar; (goods) hacer

un pedido

orderly, oar´-der-li a*
ordenado; (quiet)
tranquilo; s ordenanza f.

ordinary, oar´-di-na-ri a
ordinario

ordnance, oard´-nans s
artillería f.

ore, ór s mineral m.

organ, oar´-gan s órgano
m.

organic, oar-guan´-ik a
orgánico

organization, oar-guan-ai-
sei´-shon s organización
f.

organize, oar´-gan-ai s v
organizar

orgasm, oar-gua-sm s
orgasmo m.

orgy, o ar´-CHi s orgía f.

orient, ó´-ri-ent s priente
m.

oriental, ou-ri-en -tal s &
a oriental mf.

origin, or´-i-CHin s origen
m.; **–al*,** a original

originate, o-riCH´-in-eit v
originar; originarse

ornament, oar´-na-ment s
adorno m.; v adornar

ornamental, oar-na-men´-
tal a decorativo

orphan, oar´-fan s
huérfano m.; **–age,** asilo
de huérfanos m.

orthodox, or´-zo-doks a
ortodoxo

orthography, oar-zog´-ra-fi
s ortografía f.

oscillate, os´-il-eit v
oscilar

ostentatious*, os-ten-te´-
shos a ostentoso

ostrich, os´-trich s
avestruz m.

other, ðD´-a a otro;
another time, adv otra
vez; **the other one,** pron
el otro; **–wise,** adv de
otro modo

otter, ot´-a s nutria f.

ought, oat v deber;
convenir

ounce, auns s onza f. (28
gr. 35)

our, aúr poss adj nuestro

ours, aúrs poss pron el
nuestro

ourselves, aúr-selvs ´ pron
nosotros mismos

out, aut adv fuera; a
(extinguish) apagado;
(issue) publicado; **–bid,**
v pujar más alto; **–break,**
s insurrección f.;
epidemia f.; **–burst,**
explosión f.; **–cast,**
proscrito m.; **–come,** s
resultado m.; fruto m.;
–cry, clamor m.;
alboroto m.; **–do,** v

exceder; **–fit,** s equipo m.; **–fitter,** proveedor m.; (ship) armador m.; **–grow,** v crecer demasiado para; crecer más que; **–last,** durar más; **–law,** s bandido m.; v poner fuera de la ley; **–lay,** s desembolso m.; gasto m.; **–let,** salida f.; desagüe m.; **–line,** v bosquejar; s contorno m.; **–live,** v sobrevivir; **–look,** s aspecto m.; perspectiva f.; **–lying,** a distante; **–number,** v exceder en número; **–post,** s avanzada f.; **–put,** producción f.; **–rage,** ultraje m.; **–rageous*,** ultrajante; exagerado; **–right,** adv completamente; **–run,** v correr más que otro; pasar; **–side,** adv afuera; s & a exterior; **–sider,** s extraño m.; (racing) forastero m.; **–size,** tamaño extra m.; **–skirts,** inmediaciones f. pl; **–spoken*,** a abierto; franco; **–standing,** a prominente; (debts) pendiente; **–ward,** adv

fuera; a exterior; **–ward bound,** (shipping) en viaje de ida; **–wit,** v engañar

oval, ou´-vl s óvalo m.; a oval

ovation, ou-vei´-shon s ovación f.

oven, ŏ´-vn s horno m.

over, ou´-va adv sobre; por encima; prep sobre; encima de; **–alls,** s pl zahones m. pl; **–bearing,** a arrogante; **–board,** adv al mar; al agua; **–cast,** a nublado; **–charge,** s (price) extorsión f.; v sobrecargar; **–coat,** s sobretodo m.; **–come,** v triunfar de; **–do,** v excederse en; **–dose,** s dosis excesiva f.; **–draw,** v exceder el crédito; **–due,** a vencido y no pagado; **–flow,** v desbordar; **–grow,** crecer con exceso; **–hang,** sobresalir; suspender; **–haul,** examinar; **–hear,** oir por casualidad; **–joy,** arrebatar de alegría; **–land,** a & adv por tierra; **–lap,** v trasla-par; **–load,** sobrecargar; **–look,** dominar; (forget) descuidar; (pardon)

pasar por alto; **–night,** adv durante la noche; fig de la noche a la mañana; a de noche; **–power,** vencer; subyugar; **–rate,** encarecer; **–rule,** (set aside) denegar; **–run,** invadir; infestar; **–seas,** a ultramar; **–see,** v superentender; **–seer,** s superintendente m.; **–sight,** inadvertencia f.; **–sleep,** v dormir demasiado; **–step,** exceder; **–take,** alcanzar; **–throw,** (vanquish) vencer; **–time,** s (work) horas de trabajo extraordinarias f. pl; **–ture,** propuesta f.; (mus) obertura f.; **–turn,** v volcar; (deliberate) derribar; **–weight,** s exceso de peso m.; **–whelm,** v abrumar; **–work,** sobrecargar de trabajo

owe, ou v deber

owing, ou´-ing a debido; **–to,** debido a

owl, aul s buho m.; mochuelo m.

own, oun v poseer; confesar; a propio

owner, ou´-na s dueño m.;

propietario *m*.

ox, ox *s* buey *m*.

oxygen, ok´-si-CHen *s*
oxígeno *m*.

oyster, ois´-*ta s* ostra *f*.; —
bed, ostrero *m*.

ozone, ou-soun *s* ozono
m.; **-hole** agujero *m*.; de
ozono; **-layer** capa *f*.; de
ozono

P

pace, peis, s paso m.; v
(measure) medir; pasear

pacify, pʌs´-i-fai v
pacificar

pack, pʌk v empaquetar; s
(bundle) paquete m.;
(bale) fardo m.; (cards)
baraja f.; (gang)
cuadrilla f.; (hounds)
hato m.; **–age**, bulto m.

package holiday, pʌk-iCH
jol´-i-dei s vacaciones f.
pl; organizadas

packed lunch, pʌkt lŏnch
s almuerzo frío

packet, pʌk´-et s paquete
m.

packing, pʌk´-ing s
embalaje m.; (mech)
empaque m.

pact, pʌkt s pacto m.

pad, pʌd v (to stuff)

rellenar; emborrar; s
(stamp pad) almohadilla
para entintar f.;
(writing) bloc de papel
m.

paddling, pʌd´-dling s
(stuffing) relleno m.

paddle, pʌd´-dl v remar
con canalete; (feet)
chapotear; s canalete m.;
poza f.; **–steamer**, vapor
de ruedas m.; **–wheel**,
rueda de paleta f.

paddock, pʌd´-ok s
(meadow) dehesa f.

padlock, pʌd´-lok s
candado m.; v cerrar con
candado

pagan, pei´-gan s pagano
m.; a pagano

page, peiCH s (book)
página f.; (court) paje

m.; **–boy**, (at hotels,
etc) botones m.; mozo
m.

pageant, pʌCH´-ent s
procesión f.

pail, peil s cubo m.

pain, pein s dolor m.; v
doler; **–ful***, a doloroso;
–less, sin dolor

paint, peint v pintar; s
pintura f.; (art) color
m.; (face) colorete m.;
–brush, brocha f.; (art)
pincel m.; **–er**, pintor
m.; **–ing**, cuadro m.;
pintura f.

pair, pér s par m.; pareja f.

palace, pʌl´-is s palacio m.

palatable, pʌl´-a-ta-bl a
sabroso

palate, pʌl´-et s paladar m.

pale, peil a pálido; v
palidecer; **–ness**, s
palidez f.

palette, pʌl´-et s paleta f.

paling, pei´-ling s (fence)
palizada f.

palm, paam s palmera f.;
(hand) palma f.; **–ist**,
quiromántico m.; **–istry**,
quiromancia f.;
–Sunday, domingo de
Ramos m.

palpitation, pʌl-pi-tei´-
shon s palpitación f.

paltry, poal´-tri a

mezquino; vil; miserable

pamper, pʌmˈ-pa *v* (indulge) mimar

pamphlet, pʌmˈ-flet *s* folleto *m.*

pan, pʌn *s* (frying) sartén *f.*; **–cake**, buñuelo *m.*

pander, pʌnˈ-da *v* alcahuetear

pane, pein *s* vidrio *m.*; cristal *m.*

panel, pʌnˈ-l *s* entrepaño *m.*; (persons) lista *f.*

pang, pʌng *s* ansia *f.*; dolor *m.*

panic, pʌnˈ-ik *s* pánico *m.*

pansy, pʌnˈ-si *s* pensamiento *m.*

pant, pʌnt *v* jadear

panther, pʌnˈ-zer *s* pantera *f.*

pantry, pʌnˈ-tri *s* despensa *f.*

pants, pʌnts *s pl* calzoncillos *m. pl*

pap, pʌp *s* (food) papilla *f.*

papal, peiˈ-p'l *a* papal

paper, peiˈ-pa *s* papel *m.*; **news–**, periódico *m.*; diario *m.*; **wall–**, papel de empapelar *m.*

par, paar *s* par *m.*

parable, pʌrˈ-a-bl *s* parábola *f.*

parachute, pʌrˈ-a-shut *s* paracaídas *m.*

parade, pa-reidˈ *s* parada *f.*; *v* ostentar

paradise, pʌrˈ-a-dais *s* paraíso *m.*

paraffin, pʌrˈ-a-fin *s* parafina *f.*

paragraph, pʌrˈ-a-graaf *s* párrafo *m.*; parágrafo *m.*

parallel, pʌrˈ-a-lel *a* paralelo

paralysis, pʌr-aˈ-lai-sis *s* parálisis *f.*

paralyze, pʌrˈ-a-lais *v* paralizar

parasite, pʌrˈ-a-sait *s* parásito *m.*

parcel, paarˈ-sl *s* paquete *m.*

parched, paartˈ-sht *a* reseco; mustio

parchment, paartˈ-shment *s* pergamino *m.*

pardon, paarˈ-dn *v* perdonar; *s* perdón *m.*; (official) indulto *m.*

parents, peiˈ-rents *s pl* padres *m. pl*

parish, pʌrˈ-ish *s* parroquia *f.*

park, paark *s* parque *f.*; **–ing**, (motors) estacionamiento *m.*; **–ing place**, plaza de estacionamiento *f.*

parley, paarˈ-li *v* parlamentar

parliament, paarˈ-li-ment *s* parlamento *m.*

parlour, paarˈ-la *s* recibidor *m.*

parochial, pa-rouˈ-ki-al *a* parroquial

parrot, pʌrˈ-ot *s* papagayo *m.*

parry, pʌrˈ-i *v* parar; *s* quite *m.*

parse, paars *v* (grammar) analizar

parsimonious*, paarˈ-si-mouˈ-ni-os *a* parco

parsley, paar-sli *s* perejil *m.*

parsnip, paarˈ-snip *s* chirivía *f.*

parson, paarˈ-sn *s* clérigo *m.*; (parish) párroco *m.*

parsonage, paarˈ-son-ich *s* rectoría *f.*; vicaría *f.*

part, paart *v* partir; (separate) separar; (hair) hacer la raya *s* parte *f.*; (actor's) papel *m.*; **–time**, *a* por horas; de horario partido

partake, paar-teikˈ **– in**, *v* tomar parte en; **– of**, participar

partial*, paarˈ-shal *a* parcial; **–ity**, *s* parcialidad *f.*; prejuicio *m.*; predilección *f.*

participate, paar-tisˈ-i-peit

v participar

participle, paar´-ti-si-pl *s* participio m.

particle, paar´-ti-kl *s* partícula *f.*

particular*, par-tik´-iu-lr *a* particular; (fastidious) exigente, quisquilloso; (exact) exacto; **–s,** *s pl* detalles m. *pl*

parting, paar´-ting *s* separación *f.*; (hair) raya *f.*

partition, paar-tish´-on *s* (wall) partición *f.*

partner, paart´-na *s* (business) socio m.; (cards) compañero m.; (dance) pareja *f.*

partnership, paart´-ner-ship *s* sociedad *f.*

partridge, paar´-triCH *s* perdiz *f.*

part-time, paart - taim *a* & *adv* a tiempo parcial

party, paar´-ti *s* partido m.; (social) reunión *f.*; tertulia *f.*

pass, paas *v* pasar; (examination) aprobar *s* (mountain) puerto m.; **–book,** libreta de banco *f.*; **–port,** pasaporte m.

passage, pAs´-iCH *s* pasaje m.; (in a house) pasillo m.; (sea) travesía *f.*

passenger, pAs´-in-CHa *s* pasajero m.

passer-by, pAs´-r-bai *s* transeúnte m.

passion, pAsh´-on *s* pasión *f.*; (anger) cólera *f.*

passionate*, pAsh´-on-et *a* apasionado

past, paast *s* pasado m.; *a* pasado

paste, peist *v* engrudar; *s* engrudo m.; (cakes, gems, etc) pasta *f.*

pasteurized, pAs-tiër-aisd *a* paste(u)rizado

pastime, paas´-taim *s* pasatiempo m.

pastries, peis´-treis *s pl* pastas *f. pl*

pastry, peis´-tri *s* pastelería *f.*; **–cook's,** pastelería *f.*

pasture, paas´-tiur *s* pasto m.

pat, pAt *v* dar una palmadita

patch, pACh *s* remiendo m.; *v* remendar

pâté, pA´-tei *s* paté m.; pastel (de carne, etc)

patent, pei´-tent *a* patente; visible; manifesto; *s* patente *f.*; diploma *f.*; **–leather,** charol m.; hule m.

paternal*, pa-tër´-nal *a*

paternal; paterno

path, paaz *s* senda *f.*; camino m.

pathetic, pa-ze´-tik *a* patético; conmovedor

patience, pei´-shens *s* paciencia *f.*

patient, pei´-shent *a** paciente; *s* enfermo m.

patio, pAtiiou *s* patio m.

patriot, pei´-tri-ot *s* patriota m.

patriotic, pei-tri-ot´-ik *a* patriótico

patrol, pa-troul´ *s* patrulla *f.*; *v* patrullar

patronize, pAt´-ron-ais *v* patrocinar; proteger

pattern, pAt´-ern *s* modelo m.; (sample) muestra *f.*; (paper) patrón *s.*

paunch, poanch *s* panza *f.*

pauper, poa,-pr *s* pobre m.

pause, poas *s* pausa *f.*; *v* pausar

pave, peiv *v* pavimentar

pavement, peiv´-ment *s* acera m.

pavilion, pa-vil´-yon *s* pabellón m.

paw, poa *s* garra *f.*; *v* (as a horse) piafar

pawn, poan *v* empeñar *s* prenda *f.*; (chess) peón m.; **–broker's shop,** casa de empeños *f.*

pay, pei v pagar; s paga f.; **–able,** a pagadero; **–er,** s pagador m.; **–load,** s carga rentable f.; carga explosiva f.; **–ment,** pago m.; **–phone,** s teléfono m.; público

pea, pii s guisante m.; **–nut,** cacahuete m.

peace, piis s paz f.; **–ful*,** a pacífico; tranquilo

peach, piich s melocotón m.; **–tree,** melocotonero m.

peacock, pii´-kok s pavo real m.

peak, piik s pico m.; cima f.

peal, piil v repicar; s (bells) repique m.; (thunder) trueno m.

pear, pér v pera f.; **–tree,** peral m.

pearl, pěrl s perla f.

peasant, pes´-ant s campesino m.

peat, piit s turba f.

pebble, peb´-l s guija f.

peck, pek v picotear

peculiar*, pi-kiuu´-li-a a peculiar; **–ity,** s peculiaridad f.

pecuniary, pi-kiuu´-ni-a-ri a pecuniario

pedal, ped´-al s pedal m.

pedantic, pi-dan´-tik a pedantesco

pedestal, ped´-es-tal s pedestal m.

pedestrian, pi-des´-tri-an s peatón m.; caminante m.

pedigree, ped´-i-grii s genealogía f.

pedlar, ped´-la s buhonero m.

peel, piil v pelar; s corteza f.

peep, piip v atisbar; s ojeada f.

peer, pi r v escudriñar; s par m.; **–age,** dignidad de par f.

peerless, pir-les a sin par

peevish*, pii´-vish a quisquilloso

peg, peg s clavija f.; (for hats, etc) percha f.; v enclavijar

pellet, pel´-et s pella f.; (shot) perdigón m.

pell-mell, pel´-mel adv a trochemoche

pelt, pelt v apedrear; s (skin) piel f.

pen, pen v escribir; encerrar; s pluma f.; (cattle, etc) corral m.; **–holder,** portapluma m.; **–knife,** navaja f.

penal, pii´-nl a penal; **–servitude,** s presidio m.

penalty, pen´-al-ti s castigo m.; (fine) multa f.

penance, pen´-ans s penitencia f.

pence, pens s pl of penny penique

pencil, pen´-sl s lápiz m.

pendant, pen´-dant s colgante m.

pending, pen´-ding a pendiente; prep durante

pendulum, pen´-diu-lom s péndulo m.

penetrate, pen´-i-treit v penetrar

penfriend, pen-frend s amigo/a mf.; por correspondencia

penguin, pen´-guin s pingüino m.

penicillin, pen-i-si-lin s penicilina f.

peninsula, pen-in´-siu-la s península f.

penitent*, pen´-i-tent a penitente

penniless, pen´-i-les a sin dinero; sin blanca; pobre

penny, pen´-i s penique m.

pension, pen´-shon s pensión f.; (mil) retiro m.; v pensionar; **–er,** s pensionado m.; (services) inválido m.

pensive*, pen´-siv *a*
pensativo
people, pii´-pl *s* gente *f*.;
nación *f*.; *v* poblar
pepper, pep´-a *s* pimienta
f.; –**mint**, menta *f*.
per, per *prep* por; –**cent**,
por ciento; –**centage**, *s*
porcentaje *m*.
perambulator, per-Am´-
biu-lei-ta *s* cochecillo de
niño *m*.
perceive, per-siiv´ *v*
percibir; comprender;
entender
perception, per-sep´-shon
s percepción *f*.
perch, pérch *s* percha *f*.;
(fish) perca *f*.
perchance, per-chaans´
adv acaso; tal vez; quizá
percolate, pér´-ko-leit *v*
colar; filtrar
peremptory, per-emp´-to-
ri *a* perentorio
perfect, pér´-fikt *a**
perfecto; acabado; *v*
perfeccionar; –**ion**, *s*
perfección *f*.
perfidious*, per-fid´-i-os *a*
pérfido
perforate, per´-fo-reit *v*
perforar; horadar
perform, per-foarm´ *v*
hacer; ejecutar; (stage)
representar; –**ance**, *s*

ejecución *f*.; (stage)
representación *f*.
perfume, pér´-fiuum *s*
perfume *m*.; *v* perfumar
perhaps, per-jAps´ *adv*
quizá; acaso
peril, per´il *s* peligro *m*.;
–**ous***, *a* peligroso
period, pi´-ri-od *s* periodo
m.; –**ical**, revista *f*.
periscope, pi´-ris-koup *s*
periscopio *m*.
perish, per´-ish *v* perecer;
(spoil) pasarse
perishable, per´-i-sha-bl *a*
perecedero
perjury, pér´-CHiu-ri *s*
perjurio *m*.
perk, pérl *s* beneficios *m*.
pl; adicionales; propinas
f. *pl*; *v* **to - up** reanimar
perm, pérm *s* permanente
f.; *v abbr* or **permute**
permutar
permanent*, pér´-ma-
nent *a* permanente
permeate, pér-mi-eit *v*
penetrar; (liquid) calar
permission, per-mish´-on
s permiso m.
permit, per-mit´ *v* permitir
permit, pér´-mit *s* permiso
m.
pernicious*, per-nish´os *a*
pernicioso
perpendicular, per-pen-

dik´-iu-la *s* & *a**
perpendicular *f*.
perpetrate, pér´-pi-treit *v*
perpetrar; cometer
perpetual*, per-pet´-iu-al
a perpetuo
perplex, per-pleks´ *v*
confundir; aturrullar
persecute, pér´-si-kiuut *v*
perseguir
persecution, pér-si-kiuu´-
shon *s* persecución *f*.
perseverance, pér-si-vii´-
rans *s* perseverancia *f*.
persevere, per-si-vir´ *v*
perseverar
persist, per-sist´ *v* persistir
person, pér´-son *s* persona
f.; –**al**, *a* personal; –**ality**,
s personalidad *f*.
personal computer, pér´-
son-al kom-piu-ta *s*
ordenador *m*.; personal
personify, per-son´-i-fai *v*
personificar
perspective, per-spek´-tiv
s perspectiva *f*.
perspicacity, pér-spi-kAs´-
i-ti *s* perspicacia *f*.
perspiration, pér-spi-rei´-
shon *s* sudor *m*.;
transpiración *f*.
perspire, pér-spair´ *v*
sudar; transpirar
persuade, per-sueid´ *v*
persuadir

persuasion, per-suei´-shon s persuasión f.

pert*, pĕrt a petulante; atrevido

pertain, per-tein´ v pertenecer

pertinacity, per-ti-nAs´-i-ti s pertinacia f.

pertinent*, pĕr´-ti-nent a pertinente

perturb, per-tĕrb´ v perturbar; agitar

perusal, pe-ruu´-sal s examen m.

peruse, pe-ruus´ v recorrer; examinar

perverse*, per-vĕrs´ a perverso; depravado

pervert, per-vĕrt´ v pervertir; falsear

pest, pest s peste f.; pestilencia f.

pester, pes´-ta v molestar; importunar

pet, pet. s favorito m.; (child) niño mimado m. v mimar; acariciar

petal, pet´-l s pétalo m.

petition, pi-tish´-on s petición f.; memorial m.; v pedir; dirigir un memorial

petitioner, pi-tish´-on-a s solicitante m.

petrify, pet´-ri-fai v petrificar

petrol, pet´-rol s gasolina f.; **–guage,** s indicador de nivel de gasolina; – **pump,** pet´-rol pŏmp s (engine) bomba f de gasolina; (garage) surtidor m.; de gasolina; – **station,** pet´-rol stei´-shon s gasolinera; estación de servicio

petroleum, pi-trou´-li-om s petróleo m.

petticoat, pet´-i-kout s enaguas f. pl; combinación f.

petty, pet-i a pequeño; mezquino; despreciable

petulance, pet´-iu-lans s petulancia f.

pew, piuu s banco de iglesia m.

pewter, piuu´-ta s peltre m.

phantom, fAn´-tom s fantasma m.; espectro m.

pharmacy, faarm-a-si s farmacia f.

phase, fei s s fase f.

pheasant, fes´-ant s faisán m.

phenomenon, fi-nom´-i-non s fenómeno m.

philosopher, fi-los´-o-fa s filósofo m.

phlegm, flem s flema f.

phone, foun s = **telephone**

teléfono m.

phosphate, fos´-feit s fosfato m.

phosphorus, fos´-fo-ros s fósforo m.

photograph, fou´-to-grAf s fotografía f.

photographer, fou-tog´-raf-a s fotógrafo m.

phrase, freis s frase f.

physic, fis ´-ik s medicina f.; **–al*,** a físico

physician, fi-sish´-an s médico m.; físico m.

piano, pi-A´-nou s piano m.; **grand –,** piano de cola m.

pick, pik v picar; (choose) escoger; (gather) recoger; (teeth) mondar; s pico m.; **–pocket,** ratero m.; **–up,** v coger

pickle, pik´-l v encurtir; **–s,** s pl encurtidos m. pl

picnic, pik´-nik s merienda en el campo f.

picture, pik´-tiur s pintura f.; cuadro m.; ilustración f.; (portrait) retrato m.

pie, pai s pastel m.; empanada f.

piece, piis s pedazo m.; fragmento m.; (length) pieza f.; (music, etc) pieza f.; **–meal,** adv en pedazos; **–work,** s obra a destajo f.

pier, pir s muelle m.; embarcadero m.

pierce, pirs v taladrar; (ears) horadar

piercing, pir´-sing a penetrante; agudo

piety, pai´-i-ti s piedad f.; devoción f.

pig, pig s cerdo m.; puerco m.; **—iron,** hierro en lingotes, m.; **—sty,** pocilga f.

pigeon, piCH´-in s paloma f.; pichón m.

pigeon-hole, piCH´-in-joul s casilla f.

pike, paik s pica f.; (fish) lucio m.

pilchard, pil´-cherd s sardina f.

pile, pail s estaca f.; (heap) montón m.; (carpet, etc.) pelo m.; v amontonar

piles, pails s pl hemorroides f. pl

pileup, pail-ŏp s aut accidente m.; múltiple

pilfer, pil´-fa v ratear; hurtar

pilgrim, pil´-grim s peregrino m.

pilgrimage, pil´-gri-miCH s peregrinación f.

pill, pil s píldora f.

pillage, pil´-iCH v pillar; s pillaje m.

pillar, pil´-a s pilar m.; columna f.; **—box,** buzón m.

pillory, pil´-o-ri s picota f.

pillow, pil´-ou s almohada f.

pillow case, pil´-ou keis s funda f.; de almohada

pilot, pai´-lot s piloto m.; v pilotear

pimpernel, pim´-per-nel s pamplina f.

pimple, pim´-pl s grano m.; botón m.

pin, pin s alfiler m.; (safety) imperdible m.; v prender con alfileres

pinafore, pin´-a-fór s delantal m.

pincers, pin´-sers s pl pinzas f. pl; tenazas f. pl

pinch, pinch s pellizco m.; v pellizcar; (press) apretar

pine, pain v languidecer; s (tree) pino m.

pineapple, pain´-Ap-el s piña f.; ananás m.

pinion, pin´-yon s piñón m.; v maniatar

pink, pingk s color de rosa m.; (flower) clavel m.; a rosado

pinnacle, pin´-a-kl s

pináculo m.

pint, paint s pinta f. (0.57 litre)

pioneer, pai-o-nir´ s colono m.; explorador m.; (mil) gastador m.

pious*, pai´-os a pío; devoto

pip, pip s pepita f.

pipe, paip s tubo m.; (water, gas, etc) cañería f.; (tobacco) pipa f.; **—dream,** s sueño m.; ilusión m.

piquant*, pii´-kant a picante

pirate, pai´-ret s pirata m.

pistol, pis´-tl s pistola f.

piston, pis´-ton s émbolo m.; pistón m.

pit, pit s hoyo m.; (theatre) platea f.; (mine) pozo m.

pitch, pich s pez f.; tono m.; v (naut) cabecear

pitcher, pich´-a s cántaro m.

pitchfork, pich´-foark s horca f.

piteous*, pi´-ti-os a lastimoso

pitfall, pit´-foal s trampa f.

pith, piz s (spinal) médula f.; (plant) meollo m.

pitiful, pit´-i-ful a lastimoso

pitiless*, pit´-i-les *a* despiadado; cruel

pity, pit´-i s piedad *f.*; compasión *f.*

pivot, piv´-ot s pivote *m.*; eje *m.*

placard, plAk´-aard s cartel *m.*; anuncio *m.*

place, pleis s lugar *m.*; (locality) localidad *f.*; *v* poner; colocar

placid*, plAs´-id *a* plácido; apacible

plagiarism, plei´-CHi-a-ri s *m* s plagio *m.*

plague, pleig s plaga *f.*; peste *f.*; *v* molestar

plaice, pleis s platija *f.*

plain*, plein *a* (looks, etc) ordinario; (simple) sencillo; (clear) claro; s llano *m.*; llanura *f.*; (in s America) pampa *f.*

plaint, pleint s queja *f.*; lamento *m.*; (legal) alegato de quejas *m.*; **–iff**, demandante *m.*; **–ive***, *a* (complaining) quejoso; (sorrow) dolorido

plait, plAt s trenza *f.*; *v* trenzar; (fold) plegar

plan, plAn s plan *m.*; proyecto *m.*; (drawing) plano *m.*; *v* proyectar

plane, plein *v* cepillar s

plano *m.*; (tool) cepillo *m.*; **–tree**, plátano *m.*

planet, plAn´-et s planeta *m.*

plank, plAngk s tabla *f.*

plant, plaant *v* plantar; s planta *f.*; (mech) maquinaria *f.*; **–ation**, plantío *m.*; (coffee) cafetal *m.*; (sugar) ingenio *m.*; (tobacco) tabacal *m.*

plaster, plaas´-ta *v* enyesar; s yeso *m.*; (med) emplasto *m.*; **sticking –**, esparadrapo *m.*; **–of Paris**, yeso mate *m.*

plastic, plAs´-tik s plástico *f.*; *a* de plástico

plate, pleit *v* (chromium) cromár; (nickel) niquelar; (gold) dorar; (silver) platear; s plato *m.*; (family) vajilla de plata *f.*; (photo) placa *f.*; **–glass**, vidrio cilindrado *m.*; luna *f.*

platform, plAt´-foarm s plataforma *f.*; (station) andén *m.*

platinum, plAt´-i-nom s platino *m.*

play, plei *v* (game) jugar; (music) tocar; s juego *m.*; (theatre) representación *f.*; **–er,**

jugador *m.*; músico *m.*; actor *m.*; actriz *f.*; **–ful,** *a* juguetón; **–ground,** s campo de juego *m.* **–ing-cards,** naipes *m. pl*

plea, plii s proceso *m.*; defensa *f.*; pretexto *m.*

plead, pliid *v* alegar; (law) pleitear

pleasant*, ples ´-ant *a* agradable; placentero

please, pliis *v* agradar; satisfacer; *interj* sírvase; haga el favor; **to be –d,** *v* complacerse; estar contento

pleasing, pliis ´-ing *a* agradable; amable

pleasure, plesh´-er s placer *m.*; gusto *m.*

pledge, pleCH s (pawn) prenda *f.*; (oath) promesa *f.*; *v* (pawn) empeñar; (oath) comprometerse a

plenty, plen´-ti s abundancia *f.*

pleurisy, pliuu´-ri-si s pleuresía *f.*

pliable, plai´-a-bl *a* flexible; dócil

pliers, plai´-as s *pl* alicates *m. pl*

plight, plait s apuro *m.*; aprieto *m.*

plod, plod *v* afanarse;

–along, (walk) andar penosamente; **–der,** s tardón m.

plot, plot v conspirar; s intriga f.; (land) terreno m.; (story, etc) acción f.; **–ter,** conspirador m.

plough, plau v arar; s arado m.; **–man,** arador m.

plover, plŏv´-a s frailecillo m.

pluck, plŏk v arrancar; desplumar; s valor m.

plug, plŏg v taponar; s tapón m.; obturador m.; (elec.) enchufe m.; **sparking –,** bujía (para tapón) f.

plum, plŏm s ciruela f.

plumage, plu´-meiCH s plumaje m.

plumb, plŏm v sondar; adv a plomɔ; s plomo m.

plumber, plŏm´-a s fontanero m.

plump, plŏmp a rollizo; (animal) gordo

plunder, plŏn´-da v saquear; s pillaje m.

plunderer, plŏn´-der-a s saqueador m.

plunge, plŏnCH v sumergirse; zambullirse; (dagger) hundir; s zambullida f.

plural, pluu´-ral s plural m.; a plural

plus, plŏs adv más

plush, plŏsh s felpa f.; peluche m.

ply, plai v (trade) ejercer; s (three-ply-wood) madera de tres chapas f.; (three-ply-wool) lana de tres hilos f.; **–between,** v hacer el servicio entre…

pneumatic, niu-mAt´-ik a neumático

pneumonia, niu-mou´-ni-a s pulmonía f.

poach, po ach v cazar en vedado; (eggs) escalfar; **–er,** s cazador furtivo m.

pocket, pok´-it v embolsar; s bolsillo m.

pod, pod s cápsula f.; (peas, etc) vaina f.

poem, pou´-em s poema m.

poet, pou´-et s poeta m.

poetry, pou´-et-ri s poesía f.; versos m. pl

point, point v indicar; apuntar; (sharpen) aguzar; s punto m.; (tip) punta f.; **–er,** apuntador m.; (dog) pachón m.

poise, pois v equilibrar; s (deportment) equilibrio m.; (grace) donaire m.

poison, poi´-sn s veneno

m.; v envenenar

poisonous, pois´-nos a venenoso

poke, pouk s empujón m. v empujar; (fire) atizar; **–r,** s atizador m.; (cards) póker m.

pole, poul s pértiga f.; (geographical) polo m.

police, po-lis´ s policía f.; **–man,** policía m.; guardia m.; **–woman,** mujer f.; policía; agente f.; **–station,** comisaría f.; puesto de guardia m.

policy, pol´-i-si s política f.; (insurance) póliza f.

polish, pol´-ish s (gloss) brillo m.; (for shoes) betún m.; (furniture, etc) barniz m.; v pulir; (shoes) limpiar

polite*, po-lait a cortés; **–ness,** s cortesía f.

political, po-lit´-i-kal a político

politician, pol-i-tish´-an s estadista m.

politics, pol´-i-tiks s política f.

poll, poul s elección f.; v votar

pollen, pol-en s polen m.

pollute, po-liuut´ v manchar; contaminar; corromper

pollution, pol-**uu**-shon s
polución f.;
contaminación f.

polyester, pol-ii-est-*a* s
poliéster m.

polythene, pol-i-ziin s
politeno m.

pomade, pou-meid´ s
pomada f.

pomegranate, pŏm´-grA-
net s granada f.

pomp, pomp s pompa f.;
–**ous***, a pomposo

pond, pond s estanque m.

ponder, pon-*da* v
ponderar; –**ous***, a
ponderoso

pontiff, pon´-tif s
Pontífice m.

pony, pou´-ni s jaca f.;
jaco m.; poney m.

poodle, puu´-dl s perro de
lanas m.

pool, puul s (water) balsa
f.; v (funds)
mancomunar intereses

poop, puup s popa f.

poor*, púr a pobre; s los
pobres m. pl

pop, pop s (of a cork)
taponazo m.; v saltar

Pope, poup s Papa m.

poplar, pop´-la s álamo m.

poppy, pop´-i s amapola f.

populace, pop´-iu-las s
pueblo m.

popular*, pop´-iu-lr a
popular

populate, pop´-iu-leit v
poblar

population, po-piu-lei´-
shon s población f.

populous, pop´-iu-los a
populoso

porcelain, pórs´-lin s
porcelana f.

porch, pórch s pórtico m.;
porche m.

porcupine, por´-kiu-pain s
puerco espín m.

pore, pór s poro m.; –**over**,
v estudiar

pork, pŏrk s carne de
puerco f.

porous, pó´-ros a poroso

porpoise, pŏar´-pos s
puerco marino m.

porridge, por´-iCH s
gachas de avena f. pl

port, pórt s (wine) oporto
m.; (harbour) puerto m.;
(naut) babor m.; –**hole**,
babor m.; porta f.

portable, pór´-ta-bl a
portátil

portend, pŏar-tend´ v
pronosticar

portentous*, por-ten´-tos
a portentoso

porter, pór´-ta s (door)
portero m.; (luggage)
mozo de cordel m.; –**age**,

porte m.

portfolio, pórt-fou´-li-ou s
cartera f.; (government)
ministerio m.

portion, pór´-shon s
porción f.; (share) parte
f.

portly, pórt´-li a
corpulento; majestuoso

portmanteau, pórt-mAn´-
tou s maleta f.

portrait, pór´-tret s retrato
m.

portray, pór-trei´ v
retratar; (describe)
describir

pose, pou s s postura f.; v
colocar; –**as**, pasar por

position, po-sish´-on s
posición f.; (job)
colocación f.

positive*, pos´-i-tiv a
positivo; (certain) cierto

possess, po-ses´ v poseer;
–**ion**, s posesión f.

possessor, po-ses´-er s
poseedor m.

possibility, pos-i-bil´-i-ti s
posibilidad f.

possible, pos´-i-bl a
posible

possibly, pos´-i-bli adv
posiblemente

post, poust s correo m.;
(wood, etc) poste m.;
(job) empleo m.; v echar

al correo; –age, s
franqueo m.; –card,
tarjeta postal f.; –date,
v posfechar; –er, s cartel
m.; –free, a franco de
porte; –man, s cartero
m.; –master,
administrador de correos
m.; –mortem, autopsia
f.; –office, correos m.
pl; –pone, v diferir,
posponer; –script, s
posdata f.

posterior, post-i´-ri-a a
posterior

posterity, pos-tĕr´-i-ti s
posteridad f.

posture, pos´-tiur s
postura f.

pot, pot s pote m.;
(flower) tiesto m.;
(cooking) olla f.

potash, pot´-Ash s potasa
f.

potato, pou-tei´-tou s
patata f.

potent*, pou´-tent a
potente; eficaz; –iai, s
potencial m.; a
potencial; eficaz

potion, pou´-shon s
poción f.

pottery, pot´-er-i s
alfarería f.

pouch, pauch s bolsillo
m.; (tobacco) tabaquera
f.

poulterer, poul´-ter-a s
pollero m.; gallinero m.

poultice, poul´-tis s
cataplasma f.

poultry, poul´-tri s aves de
corral f. pl

pounce, pauns v (on,
upon) echarse sobre

pound, paund s libra
esterlina f.; (weight)
libra f.; (animals) corral
m.; v (crush) machacar

pour, pór v verter; (rain)
llover a cántaros

pour out, póraut v echar;
(serve) servir

pout, paut v enfurruñarse

poverty, pov´-er-ti s
pobreza f.

powder, pau´-da s polvo
m.; (gun) pólvora f.;
(face) polvos m. pl; v
pulverizar; (face) darse
polvos

power, pau´-a s poder m.;
(mech) fuerza f.; (state)
potencia f.; –ful*, a
poderoso; –less*,
impotente

pox, poks, small––, s
viruelas f. pl; chicken––,
viruelas locas f. pl

practicability, prAk´-ti-ka-
bil´-i-ti s posibilidad f.

practical*, prAk´-ti-kl a

practico

practice, prAk´-tis s
práctica f.; (custom)
costumbre f.;
(professional) clientela
f.; (exercise) ejercicio
m.

practise, prAk´-tis v
ejercitarse; (profession)
ejercer

practitioner, prAk-tish´-
on-a s médico m.

praise, preis v alabar; s
alabanza f.; elogio m.

praiseworthy, preis´-uĕr-
Di a digno de alabanza

pram, prAm s cochecito
de niño m.

prance, praans v cabriolar;
(fig) pavonearse

prank, prAngk s travesura
f.; jugarreta f.

prattle, prAt´-l v charlar; s
charla f.

prawn, proan s langostino
m.

pray, prei v orar, rezar

prayer, preir s oración f.;
––book, devocionario
m.; Lord's Prayer, Padre
Nuestro m.

preach, priich v predicar;
–er, s predicador m.

preamble, prii´-Am-bel s
preámbulo m.

precarious*, pri-ké´-ri-os

a precario

precaution, pri-koa´-shon s precaución *f.*

precede, pri-siid´ *v* preceder

precedence, prii-sii´-dens s precedencia *f.*

precedent, pres´-ii-dent s (example) precedente *m.*

precept, pri´-sept s precepto *m.*

preceptor, pri-sep´-*ta* s preceptor *m.*

precinct, prii´-singkt s recinto *m.*

precious*, presh´-os *a* precioso

precipice, pres´-i-pis s precipicio *m.*

precise*, pri-sais´ *a* exacto; **–ness,** s exactitud *f.*

precision, pri-sish´-on s precisión *f.*

preclude, pri-kiuud´ *v* excluir; impedir

precocious*, pri-kou´-shos *a* precoz

predatory, pred´-*a*-to-ri *a* de rapiña; rapaz

predecessor, prii-dii-ses´-*a* s predecesor *m.*

predicament, pri-dik´-*a*-ment s predicamento *m.*

predicate, pred´-i-ket s (grammar) atributo *m.*

predict, pri-dikt´ *v* predecir

prediction, pri-dik´-shon s predicción *f.*

predominant*, pri-dom´-i-nant *a* predominante

pre-eminent, prii-em´-i-nent *a* preeminente

preface, pref´-is s prefacio *m.*

prefect, prii´-fekt s prefecto *m.*

prefer, pri-fér´ *v* preferir

preferable, pref´-er-a-bl *a* preferible

preference, pref´-er-ens s preferencia *f.*

prefix, prii-fiks´ *v* anteponer; s prefijo *m.*

pregnancy, preg´-nan-si s embarazo *f.*

pregnant, preg´-nant *a* embarazada; encinta; (animals) preñada

prejudice, pre´-CHiu-dis *v* perjudicar; predisponer. s perjuicio *m.*; **without –,** sin prejuicio

prejudicial*, preCH-u-dish´-*al a* perjudicial

prelate, prel´-et s prelado *m.*

preliminary, prii-lim´-i-na-ri s *& a* preliminar *m.*

prelude, pre´-liuud *v*

preludiar; s preludio *m.*

premature*, prem´-*a*-tiúr *a* prematuro

premeditate, pri-med´-i-teit *v* premeditar

premier, prii´-mi-a s primer ministro *m.*; *a* primero

premises, prem´-i-sis s *pl* posesiones *f. pl*; edificio *m.*

premium, prii´-mi-om s premio *m.*; prima *f.*

preparation, prep-*a*-rei´-shon s preparación *f.*

prepare, pri-pér´ *v* preparar

prepay, pri-pei´ *v* pagar adelantado

prepossessing, pri-po-ses´-ing *a* simpático; atractivo

preposterous*, pri-pos´-ter-os *a* absurdo

prerogative, prii-rog´-*a*-tiv s prerrogativa *f.*

prescribe, pri-skraib´ *v* prescribir

prescription, priis-krip´-shon s prescripción *f.*

presence, pres´-ens s presencia *f.*; **–of mind,** presencia de ánimo *f.*

present, pri-sent´ *v* presentar; (gift) regalar

present, pres´-ent s regalo

m.; *a* presente; **–ation,** *s*
presentación *f.*; **–ly,** *adv*
luego; en seguida

presentiment, pri-sen´-ti-ment *s* presentimiento *m.*

preservation, pre s-er-vei´-shon *s* (state, condition) preservación *f.*

preserve, pri-sĕrv´ *v* preservar; conservar; guardar; (fruit) confitar; **–s,** *s pl* confitura *f.*

preside, pri-said´ *v* presidir

president, pres´-i-dent *s* presidente *m.*

press, pres *s* prensa *f.*; *v* apretar; (fruit) exprimir; (clothes) prensar; **–ing,** *a* urgente

pressman, pres´-mAn *s* periodista *m.*

pressure, presh´-er *s* presión *f.*; urgencia *f.*

presume, pri-siuum *v* presumir; (dare) atreverse

presumption, pri-sŏmp´-shon *s* presunción *f.*

pretence, pri-tens´ *s* pretencia *f.*; pretexto *m.*

pretend, pri-tend´ *v* pretender

pretentious*, pri-ten´-

shos *a* presuntuoso

pretext, pri-text´ *s* pretexto *m.*

pretty, pri´-ti *a* lindo; bonito

prevail, pri-veil´ *v* prevalecer; **–upon,** persuadir

prevalent*, prev´-a-lent *a* prevaleciente

prevaricate, pri-vAr´-i-keit *v* prevaricar

prevent, pri-vent´ *v* impedir; **–ion,** *s* prevención *f.*; **–ive*,** *a* preventivo

preview, prii-viuu *n* (of film) preestreno *m*; *fig* anticipo; vista *f* anticipada.

previous*, prii´-vi-os *a* previo; anterior

prevision, pri-vi´-shon *s* previsión *f.*

prey, prei *s* presa *f.*; víctima *f.*; *v* robar

price, prais *s* precio *m.*; **–less,** *a* inapreciable

prick, prik *v* picar. *s* picadura *f.*; **–le,** espina *f.*; **–ly,** *a* espinoso

pride, praid *s* orgullo *m.*; *v* enorgullecerse

priest, priist *s* sacerdote *m.*

priggish, prig´-ish *a*

afectado; petulante

prim, prim *a* etiquetero; (dress) peripuesto

primary, prai´-ma-ri *a* primario; fundamental

primary school, prai´-ma-ri skuul *s* escuela *f.*; primaria

primate, prai´-met *s* primate *m.*

prime, praim *s* (of life) flor *f.*; *a* (quality) selecto; *v* preparar; **–minister,** *s* presidente del consejo *m.*

primer, praim´-*a s* libro de texto elemental *m.*

primitive, prim´-i-tiv *a* primitivo

primrose, prim´-rous *s* primavera *f.*

prince, prins *s* príncipe *m.*

princely, prins´-li *a* grande; noble; regio

princess, prin´-ses *s* princesa *f.*

principal, prin´-si-pal *s* director *m.*; jefe *m.*; (funds) principal *m.*; *a** principal

principle, prin´-si-pl *s* principio *m.*

print, print *v* imprimir; *s* impresión *f.*; (photo) positiva *f.*; **–er,** impresor *m.*; **–ing,** impresión *f.*;

–ing-works, imprenta f.

prior, prai´-or s prior m.; a anterior; adv antes de; **–ity,** s prioridad f.; **–y,** priorato m.

prism, prism s prisma m.; **–atic,** a prismático

prison, pri-sn s prisión f.; cárcel f.

prisoner, prii´-son-a s prisionero m.; preso m.

privacy, prai´-va-si s intimidad f.; privacidad m.

private*, prai-vet a privado; personal; secreto

privation, prai-vei´-shon s privación f.

privilege, priv´-i-liCH s privilegio m.; v privilegiar

prize, prais s premio m.; v apreciar

probable, prob´-a-bl a probable

probate, prou´-beit s verificación oficial de los testamentos f.

probation, prou-bei´-shon s probación f.; prueba f.; **–er,** meritorio m.; (eccl) novicio m.

probe, proub v sondar; s sonda f.

probity, prob´-i-ti s probidad f.

problem, prob´-lem s problema m.

procedure, pro-sii´-diú r s proceder m.; (law) procedimiento m.

proceed, pro-siid´ v proceder, continuar; **–ings,** s pl; procedimiento m.; (law) proceso m.

proceeds, pro´-siids s pl producto m.

process, prou´-ses s proceso m.; curso m.

procession, pro-sesh´-on s procesión f.

proclaim, pro-kleim´ v proclamar; publicar

proclamation, prok-la-mei´-shon s proclamación f.

proclivity, pro-kliv´-i-ti s propensión f.

proctor, prok´-ta s (university) censor m.

procurable, pro-kiú´-ra-bl a asequible

procure, pro-kiúr´ v conseguir; procurar; (pimp) alcahuetear

prod, prod v aguijonear; s aguijón m.

prodigal*, prod´-i-gal a pródigo

prodigious*, pro-diCH´-os a prodigioso

prodigy, prod´-iCH-i s prodigio m.

produce, pro´-diuus´ s producto m.; producción f.

produce, pro-diuus´ v producir; s producto m.; **–r,** productor m.; (stage) director m.

product, prod´-ŏkt s producto m.; **–ion,** producción f.; (stage) representación f.

profane, pro-fein´ v profanar; a* profano

profess, pro-fes´ v profesar; declarar; **–ion,** s profesión f.; carrera f.; **–ional,** a profesional

professor, pro-fess´-a s profesor m.

proficiency, pro-fish´-en-si s habilidad f.

proficient*, pro-fish´-ent a hàbil; competente

profile, prou´-fail s perfil m.

profit, prof´-it s ganancia f.; utilidad f.; v ganar; **–able,** a provechoso; **–eer,** s acaparador m.

profligate, prof´-li-guet a licencioso; disoluto

profound*, pro-faund´ a profundo

profuse*, pro-fiuus´ a

profuso

prognosticate, prog-nos´-ti-keit *v* pronosticar

programme, prou´-grAm s programa *m.*

programmer, prou´-grAm-a s programador *m.*

progress, pro-gres´ *v* progresar; adelantar

progress, prou´-gres s progreso *m.*; curso *m.*

prohibit, prou-jib´-it *v* prohibir

prohibition, prou-jib-i´-shon s prohibición *f.*

project, pro-CHekt´ *v* proyectar; sobresalir. s proyecto *m.*; **–ile,** proyectil *m.*; **–ion,** proyección *f.*; **–or,** proyector *m.*

proletarian, prou-li-té´-ri-an s & *a* proletario *m.*

prologue, prou´-log s prólogo *m.*

prolong, prou-long´ *v* prolongar

promenade, prom-i-naad´ s paseo *m.*; *v* pasearse

prominent*, prom´-i-nent *a* prominente

promiscuous*, pro-mis´-kiu-os *a* promiscuo

promise, pro´-mis s promesa *f.*; *v* prometer

promissory note, prom´-is-o-ri nout s pagaré *m.*

promote, pro-mout´ *v* promover; fomentar

promoter, pro-mou´-ta s promotor *m.*; **Company –,** fundador *m.*

promotion, pro-mou´-shon s promoción *f.*

prompt, prompt *a* pronto. *v* sugerir; (stage) apuntar; **–er,** apuntador *m.*; **–ly,** *adv* en punto

promulgate, pro´-mul-gueit *v* promulgar

prone, proun *a* propenso; inclinado

prong, prong s púa *f.*; punta *f.*

pronoun, prou´-naun s pronombre *m.*

pronounce, pro-nauns´ *v* pronunciar; (sentence) dar

pronunciation, pro-nön-si-ei´-shon s pronunciación *f.*

proof, pruuf s prueba *f.*; *a* a prueba de

prop, prop s apoyo *m.*; puntal *m.*; *v* sostener

propaganda, prop-a-guan´-da s propaganda *f.*

propagate, prop´-a-gueit *v* propagar

propel, pro-pel´ *v* impeler;

–lent, s propulsor *m.*; *a* propulsante; **–ler,** s hélice *mf.*

proper*, prop´-a *a* propio; apto; decoroso

property, prop´-er-ti s propiedad *f.*; bienes *m. pl*

prophecy, prof´-i-si s profecía *f.*

prophesy, prof´-i-sai *v* profetizar

prophet, prof´-et s profeta *m.*; profetisa *f.*

propitious*, pro-pish´-os *a* propicio

proportion, pro-pór´-shon s proporción *f.*

proposal, pro-pou´-sal s propuesta *f.*; (marriage) declaración *f.*

propose, pro-pous´ *v* proponer; declararse

proposition, pro-pos -ish´-on s proposición *f.*

proprietor, pro-prai´-e-ta s propietario *m.*; dueño *m.*

propriety, pro-prai´-e-ti s propiedad *f.*; decoro *m.*

propulsion, pro-pöl´-shon s propulsión *f.*; impulso *m.*

proscribe, pro-skraib´ *v* proscribir

prose, prous s prosa *f.*

prosecute, pros´-i-kiut *v*

(law) procesar

prosecution, pros-i-kiu´-shon s prosecución f.

prosecutor, pros´-i-kiu-ta s acusador m.

prospect, pros´-pekt s perspectiva f.; v explorar

prospective*, pros-pek´-tiv a en perspectiva

prospectus, pros-pek´-tos s prospecto m.

prosper, pros´-pa v prosperar; –ity, s prosperidad f.; –ous*, a próspero

prostitute, pros´-ti-tiuut s prostituta f.

prostrate, pros-treit´ v postrarse; a postrado

prostration, pros-trei´-shon s postración f.

protect, pro-tekt´ v proteger

protection, pro-tek´-shon s protección f.

protest, pro-test´ v protestar. s protesto m.

protract, pro-trAkt´ v prolongar; diferir

protrude, pro-truud´ v sobresalir

proud*, praud a orgulloso

prove, pruuv v probar

proverb, prov´-erb s proverbio m.

provide, pro-vaid´ v

proveer; estipular

providence, prov´-i-dens s providencia f.

provident*, prov´-i-dent a providente

provider, pro-vai´-da s proveedor m.

province, prov´-ins s provincia f.; competencia f.

provision, pro-vish´-on s provisión f.; estipulación f.; –al, a* provisional

provisions, pro-vish´-on s s pl comestibles m. pl

provocation, prov-o-kei´-shon s provocación f.

provoke, pro-vouk´ v provocar

provost, prov´-ost s preboste m.

prowl, praul v rondar

proximity, prok-sim´-i-ti s proximidad f.

proxy, prok´-si s apoderado m.; by –, por poder

prude, pruud s mojigata f.; –nce, prudencia f.; –nt, a prudente; –ry, s mojigatería f.

prudish*, pruu´-dish a remilgado

prune, pruun s ciruela pas f.; v (trees) podar

pry, prai v escudriñar; acechar

psalm, saam s salmo m.

pseudonym, siuu´-do-nim s seudónimo m.

psychiatrist, sai-kai-a-trist s psiquiatra mf.

psychiatry, sai-kai-a-tri s psiquiatría f.

psychoanalyst, sai-ko-A´-nal´-ist s psicoanalista mf.

psychological, sai-kol-o-CH-ik-al a psicológico.

psychology, sai-kol´-o-CHi s psicología f.

psychopath, sai-kou-pAz s psicópata mf.

public, pŏb´-lik s el público m.; a* público; –an, s tabernero m.; – house, taberna f.

publication, pŏb-li-kei´-shon s publicación f.; (notification) promulgación f.

publicity, pŏb-li´-sit-i s publicidad f.

publish, pŏb´-lish v publicar; (books) editar

publisher, pŏb´-lish-a s editor m.

pucker, pŏk´-a v fruncir; s pliegue m.

pudding, pud´-ing s pudín m.; black –, morcilla f.

puddle, pŏd´-l s charco m.

puerile, piu´-er-ail a pueril

puff, pŏf v soplar; s (breath) soplo m.; (of wind) ráfaga f.; **powder** –, polvera f.

puffy, pŏf-i a hinchado

pug, pŏg s (dog) perro faldero m.; **–nacious,** a pugnaz; **—nosed,** nacho

pull, pul s tirón m.; (tension) tirantez f.; v tirar; **–down,** derrumbar; (lower) bajar; **–out,** sacar, extraer; **–up,** levantar, alzar

pullet, pul´-et s pollito m.; pollita f.

pulley, pul´-i s polea f.; garrucha f.

pullover, pul-ou´-va s jersey m.; suéter m.

pulp, pŏlp s pulpa f.; **wood—,** pulpa de madera f.

pulpit, pul´-pit s púlpito m.

pulse, pŏls s pulso m.

pumice-stone, pŏm´-is-ston s piedra pómez f.

pump, pŏmp v bombear; s bomba f.

pumpkin, pŏmp´-kin s calabaza f.

pun, pŏn s juego de palabras m.

punch, pŏnch v perforar; s metido m.; perforador m.; (drink) ponche m.; (Punch and Judy show) títeres m. pl

punctilious*, pŏng-ktil´-i-os a puntilloso

punctual*, pŏng´-ktiu-al a puntual

punctuate, pŏng´-ktiu-eit v puntuar

punctuation, pŏng-ktiu-ei´-shon s puntuación f.

puncture, pŏng-ktiur s punción f.; (tyre) pinchazo m.; v punzar; (tyre) pinchar

pungency, pŏn´-CHen-si s picante m.; acerbidad f.

pungent*, pŏn´-CHent a picante; acre

punish, pŏn´-ish v castigar; **–able,** a punible

punishment, pŏn´-ish-ment s castigo m.

punitive, piuu´-ni-tiv a penal; punitivo

punt, pŏnt s pontapié m.; v hacer apuestas

puny, piuu´-ni a encanijado; débil

pupil, piuu´-pil s alumno m.; (eye) pupila f.

puppet, pŏp´-et s muñeco m.; títere m.

puppy, pŏp´-i s cachorro m.

purchase, pĕr´-chis v comprar. s compra f.; **–tax,** s impuesto sobre la compra

purchaser, pĕr´-chis-a s comprador m.

pure*, piú r a puro; (chaste) casto

purgative, pĕr´-ga-tiv s purgante m.

purgatory, pĕr´-ga-to-ri s purgatorio m.

purge, pĕrCH v purgar; purificar; (med) purgar

purify, piú-ri-fai v purificar

purity, piú-ri-ti s pureza f.

purloin, pĕr-loin´ v hurtar; robar

purple, pĕr´-pl s púrpura f.; a purpúreo

purport, pĕr´-port s sentido m.; v significar

purpose, pĕr´-pos s intención f.; v proponerse

purposely, pĕr´-pos-li adv de propósito

purr, pĕr v ronronear

purse, pĕrs s bolsa f.; porta-monedas m.; monedero m.

purser, pĕr´-sa s

sobrecargo m.

pursue, pĕr-siuu´ v
perseguir

pursuit, pĕr-siuut´ s
persecución f.; –s, tareas
f. pl

purveyor, pĕr-vei-a s
proveedor m.

pus, pŏs s pus m.; materia
f.

push, push s empujón m.
v empujar

pushing, push´-ing a
(enterprising)
emprendedor

puss, pus s micho m.

put, put v poner, colocàr;
–off, posponer; –on,
ponerse

putrefy, piuu´-tri-fai v
pudrirse; corromperse

putrid, piuu´-trid a
podrido; pútrido

putty, pŏt´-i s masilla f.

puzzle, pŏs ´-l v confundir.
s problema m.;
(pastime) rompecabezas
m.; **cross word**
–,palabras cruzadas f. pl

pyjamas, pi-CHaa´-mas s pl
pijamas m. pl

pyramid, pir´-a-mid s
pirámide f.

python, pai´-zŏn s boa f.;
pitón m.

quack, kuAk *v* graznar; *s* curandero *m.*; charlatán *m.*; **–ing,** graznido *m.*

quadrant, kuod´-rant *s* cuadrante *m.*

quadrille, kua-dril´ *s* contradanza *f.*

quadruped, kuod´-ru-ped *s* cuadrúpedo *m.*

quadruple, kuod´-ru-pl *a* cuadruplo

quagmire, kuAg´-mair *s* tremedal *m.*; lodazal *f.*

quail, kueil *s* codorniz *f.*

quaint*, kueint *a* curioso; **–ness,** *s* singularidad *f.*

quake, kueik *v* temblar; *s* temblor *m.*; **earth- –,** terremoto *m.*

quaker, kuei´-ka *s* cuáquero *m.*

qualification, kuol´-i-fi-kei´-shon *s* calificación *f.*; resquisito *m.*

qualified, kuol´-i-faid *a* apto; competente; capacitado; cualificado

qualify, kuol´-i-fai *v* calificar; habilitarse; (degree) obtener un grado

qualities, kuol´-i-tes, *s pl* (things) propiedades *f. pl*

quality, kuol´-i-ti *s* calidad *f.*; (nobility) distinción *f.*

quandary, koun´-da-ri *s* perplejidad *f.*

quantity, koun´-ti-ti *s* cantidad *f.*

quarantine, kour´-an-tiin *s* cuarentena *f.*

quarrel, kour´-el *s* riña *f.*; pendencia *f.*; *v* reñir

quarrelsome, kuor´-el-som *a* pendenciero

quarry, kuor´-i *s* cantera *f.*; (prey) presa *f.*

quart, kuoart *s* cuarto de galón *m.*

quarter, kuoar´-ta *v* hacer cuartos. *s* cuarto *m.*; (period) trimestre *m.*; **– day,** fin de trimestre *m.*; **–ly,** *a* trimestral; **– master,** *s* comisario ordenador *m.*; (naut) cabo de brigadas *m.*

quartet, kuoar´-tet *s* cuarteto *m.*

quartz, kuoarts *s* cuarzo *m.*

quash, kuosh *v* reprimir; (a verdict) anular

quaver, kuei´-va *v* temblar; uibrar; *s* (mus.) corchea *f.*

quay, kii *s* muelle *m.*

queen, kuiin *s* reina *f.*

queer*, ukir *a* raro; extraño

quell, kuel *v* reprimir; (allay) aquietar

quench, kuench *v* apagar;

(thirst) calmar

querulous*, kuer´-u-los *a*
querelloso; quejoso

query, (see **question**)

quest, kuest *s* busca *f.*;
investigación *f.*; informe
m.

question, kues´-tyon *v*
interrogar; (doubt)
dudar; *s* pregunta *f.*;
–able, *a* cuestionable; **–
mark,** *s* punto de
interrogación *m.*

queue, kiuu *s* cola *f.*; fila
f.

quibble, kui´-bl *v* hacer
uso de argucias; *s*
subterfugio *m.*

quick*, kuik *a* rápido;
(wit, etc) vivo; **–en,** *v*
animar; (hasten)
apresurar; **–lime,** *s* cal
viva *f.*; **–ness,** rapidez *f.*;
–sands, arena movediza
f.; **–silver,** azogue *m.*

quiet, kuai´-et *s* quietud *f.*;
a* quieto, tranquilo

quill, kuil *s* (pen) pluma
de ave *f.*

quilt, kuilt *s* colcha *f.*

quince, kuins *s* membrillo
m.

quinine, kuiin´-in *s*
quinina *f.*

quire, kuair *s* mano de
papel *f.*

quit, kuit *v* salir de; **–s,**
adv en paz

quite, kuait *adv*
enteramente;
totalmente

quiver, kuiv´-a *v* temblar;
s (sheath) aljaba *f.*

quiz, kuis *s*
(interrogation)
interrogatorio; examen;
(inquiry) enquesta; *v*
interrogar; **- show**
concurso de preguntas y
respuestas

quoit, koit *s* tejo *m.*

quota, kuou´-ta *s* cuota *f.*

quotation, kuou-tei´-shon
s citación *f.*; (price)
cotización *f.*

quote, kuout *v* citar;
(price) cotizar

rabbi, rAb´-ai s rabí m.; rabino m.

rabbit, rAb´-it s conejo m.

rabble, rAb´-l s populacho m.; gentuza f.

rabid*, rAb´-id a rabioso; (temper) furioso

rabies, rei´-bi-iis s rabia f.; hidrofobia f.

race, reis v correr; s (breed) raza f.; (contest) carrera f.; **—course,** campo de carreras m.; **— horse,** caballo de carrera m.

races, rei´-ses s (horse) carreras de caballos f. pl; (motor) carreras de automóviles f. pl

racial, rei´-shal a racial; étnico

racism, reis-ism s racismo m.

racist, reis-ist s & a racista mf.

rack, rAk s (torture) rueda f.; (clothes) colgadero m.; (luggage) percha f.

racket, racquet, rAk´-et s (sports) raqueta f.

racy, rei´-si a picante

radiant, rei´-di-ant a radiante; brillante

radiate, rei´-di-eit v radiar; irradiar

radiation, rei-di-ei´-shon s radiación f.; irradiación f.

radiator, rei´-di-ei-ta s radiador m.

radio, rei´-di-o s radio f.; **—active,** a radioactivo;

—active waste residuos radioactivos; **—activity,** s radioactividad f.

radio station, rei´-di-o stei´-shon s emisora f.

radish, rAd´-ish s rábano m.; **horse —,** rábano picante m.

radium, rei´-di-om s radium m.

radius, rei´-di-os s radio m.

raffle, rAf´-l s rifa f.; v rifar

raft, raaft s balsa f.; almadía f.

rafter, raaf´-ta s cabrio m.; viga f.; traviesa f.

rag, rAg s trapo m.; **—ged,** a harapiento

rage, reiCH s rabia f.; furor m.; v enfurecerse

raid, reid v invadir; s incursión f.

rail, reil v injuriar; s (railway) riel m.; (stair) baranda f.; **—lery,** chocarrería f.

railway, reil´-uei s ferrocarril m.

raiment, rei´-ment s ropa f.

rain, rein v llover; s lluvia f.; **—bow,** arco iris m.; **— coat,** impermeable m.; **—fall,** aguacero m.; (measure) caída de agua

f.; **–water,** agua de
lluvia f.; **–y,** a lluvioso

raise, reis v (pick up)
recoger; (heighten)
elevar; (pull up)
levantar; (crops)
cultivar

raisin, rei´-sin s pasa f.

rake, reik s rastillo m.;
libertino m.; v rastrillar;
(fire) atizar

rally, rAl´-i v reunir;
reanimar

ram, rAm s morueco m.;
(battering) ariete m.; v
apisonar

ramble, rAm´-bl s paseo
m.; correteo m.; v
pasearse

rampant, rAm´-pant a
rampante; (fig)
exuberante

rampart, rAm´-paart s
terraplén m.; muralla f.

rancid, rAn´-sid a rancio

rancour, rAng´-ka s rencor
m.

random, rAn´-dom, at –,
adv al azar

randy, rAn´-di a
cachondo; lujurioso

range, reinCH s (kitchen)
cocina f.; (extent)
extensión f.;
(mountain) cordillera f.;
(practice) campo de tiro

m.; (projectile) alcance
m.; v arreglar; ordenar;
–finder, s (photog)
telémetro m.; **–r,** s
guardabosque m.

rank, rAngk a (taste,
smell) rancio; s grado
m.; (row) fila f.; **–and
file,** la tropa f.

ransack, rAn´-sAk v
saquear; escudriñar

ransom, rAn´-som s
rescate m.; v rescatar

rap, rAp s golpe seco m.; v
(hit) golpear; (knock)
llamar, tocar

rape, reip s rapto m.;
violación f.; v violar

rapid*, rAp´-id a rápido;
(stream) raudo; **–ity,** s
rapidez f.; **–s,** rabión m.

rapier, rei´-pi-a s espadin
m.

rapture, rAp´-tiur s rapto
m.; éxtasis m.

rare*, rér a raro;
(precious) valioso;
(thin) ralo

rarefy, rei´-fai v enrarecer;
enralar

rarity, ré´-ri-ti s rareza f.

rascal, raas´-kl s pícaro m.;
bribón m.

rash, rAsh s (skin)
sarpullido m.; a
temerario; **–er,** s magra

f.; lonja f.; **–ness,**
temeridad f.

rasp, raasp s raspador m.; v
raspar

raspberry, raas´-ber-i s
frambuesa f.

rat, rAt s rata f.; **–trap,**
ratonera f.

rate, reit s (proportion)
razón f.; (exchange)
tipo m.; (tax)
contribución f.; (price)
precio m.; (speed)
velocidad f.; v (value)
tasar

rather, raaD´-a adv algo;
(prefer) más bien; mejor

ratify, rAt´-i-fai v ratificar

ratio, rei´-shi-ou s
proporción f.

ration, rei´-shon s ración
f.

rational*, rAsh´-on-al a
racional; razonable

rattle, rAt´-l v matraquear;
s matraqueo m.;
(instrument) matraca f.;
(toy) sonajero m.

rattlesnake, rAt´-l-sneik s
culebra de cascabel f.

ravage, rAv´-iCH s
asolamiento m.; v asolar

rave, reiv v enfurecerse;
–about, entusiasmarse
locamente

raven, reiv´-n s cuervo m.

ravenous, rʌv´-en-os *a*
voraz

ravine, rʌ-viin´ *s* barranca
f.; garganta *f.*

raving, rei´-ving *a*
delirante; **–mad,** loco
rematado

ravish, rʌv´-ish *v*
arrebatar; violar;
(charm) encantar; **–ing,**
a encantador

raw, roa *a* crudo; (wound)
en carne viva

ray, rei *s* rayo *m.*

raze, reis *v* arrasar

razor, rei´-sa *s* navaja de
afeitar *f.*; (safety –)
maquinilla de afeitar *f.*;
(electric –) maquina de
afeitar; **–blade,** hoja de
afeitar *f.*; **–strop,**
pasador *m.*

reach, riiCH *v* (extend to)
alcanzar; (arrive) llegar

react, rii-Akt´ *v*
reaccionar; **–ion,** *s*
reacción *f.*; **–or,** *s*
reactor

read, riid *v* leer; estudiar;
–er, *s* lector *m.*;
corrector *m.*; **–ing,**
lectura *f.*; interpretación
f.

readily, red´-i-li *adv*
prontamente; de buena
gana

readiness, red´-i-nes *s*
prontitud *f.*; buena
voluntad *f.*

ready, red´-i *a* listo;
pronto; **–made,** ya
hecho

real*, rii´-al *a* real;
verdadero

reality, rii´-a-li-ti *s*
realidad *f.*

realise, rii´-a-lais *v* darse
cuenta; (cash) realizar

realm, relm *s* reino *m.*

ream, riim *s* resma *f.*

reap, riip *v* segar; recoger;
–er, *s* segador *m.*; **–ing**
machine, segadora
mecánica *f.*

reappear, rii-a-pir´ *v*
reaparecer

rear, riir *v* criar; (prance)
encabritarse; *s* (mil)
retaguardia *f.*;
(background) fondo *m.*

rear-admiral, riir-Ad´-mi-
ral *s* contralmirante *m.*

reason, rii´-sn *v* razonar; *s*
razón *f.*

reasonable, rii´-sn-a-bl *a*
razonable

reassure, rii-a-shúr´ *v*
tranquilizar

rebate, rii-beit´ *v* rebajar; *s*
rebaja *f.*

rebel, reb´-l *s* rebelde *m.*

rebel, ri-bel´ *v* rebelarse;

–lion, *s* rebelión *f.*

rebound, ri-baund´ *v*
rebotar; *s* rebote *m.*

rebuff, ri-böf´ *v* desairar; *s*
repulsa *f.*

rebuke, ri-biuuk´ *v*
reprender; *s* reprensión
f.

recall, ri-koal´ *v* revocar;
recordar

recant, ri-kAnt´ *v*
retractarse

recapitulate, ri-ka-pit´-iu-
leit *v* recapitular

recede, ri-siid´ *v*
retroceder; cejar

receipt, ri-siit´ *s* recibo *m.*;
v dar recibo

receipts, ri-siits´ *s pl*
(business) ingresos *m. pl*

receive, ri-siiv´ *v* recibir;
–r, *s* receptor *m.*;
(bankruptcy) síndico *m.*

recent*, rii´-sent *a*
reciente

receptacle, ri-sep´-ta-kl *s*
receptáculo *m.*

reception, ri-sep´-shon *s*
recepción *f.*

recess, ri-ses´ *s* nicho *m.*;
vacaciones *f. pl*

recipe, res´-i-pi *s* receta *f.*

reciprocate, ri-sip´-ro-keit
v reciprocar

recital, ri-sai´-tl *s* relato
m.; recital *m.*

recite, ri-sait´ v recitar; relatar; declamar

reckless*, rek´-les a temerario

reckon, rek´-n v contar; calcular; computar

reclaim, ri-klaim´ v reclamar; (land) rellenar

recline, ri-klain´ v reclinarse; recostarse

recluse, ri-kluus´ s & a recluso m.

recognition, rek-og-nish´-on s reconocimiento m.

recognize, rek-og-nais´ v reconocer

recoil, ri-koil´ v recular; retroceder; s retroceso m.

recollect, rek-o-lekt´ v recordar; acordarse

recollection, rek-o-lek´-shon s recuerdo m.

recommence, rii-ko-mens´ v empezar de nuevo

recommend, rek-o-mend´ v recomendar; –ation, s recomendación f.

recompense, rek´-om-pens v recompensar; s recompensa f.

reconcile, rek´-on-sail v reconciliar

reconsider, rii-kon-siid´-a v considerar de nuevo

record, ri-koard´ v registrar; (tape, disc) grabar

record, rek´-oard s registro m.; (gramophone) disco m.

recourse, ri-kórs´ s recurso m.; remedio m.

recover, ri-kŏv´-a v (retrieve) recuperar; (health) restablecerse; –y, s recuperación f.; restablecimiento m.

re-cover, ri-kŏv´-a v volver a cubrir

recreation, rek-rii-ei´-shon s recreo m.; diversión f.; –ground, campo de recreo m.

recruit, ri-kruut´ s recluta m.; v reclutar

rectangular, rek-tang´-iuu-lar a rectangular

rectify, rek´-ti-fai v rectificar; refinar

rector, rek´-ta s rector m.; –y, s rectoría f.

recumbent, ri-kŏm´-bent a recostado; reclinado

recuperate, ri-kiuu´-per-eit v restablecerse

recur, ri-kĕr´ v repetirse; volver

red, red a rojo; –breast, s petirrojo m.; –den, v enrojecer; (blush) ruborizarse; –dish, a

rojizo; –hot, candente; –ness, s rojez f.; –skin, piel roja f.

redeem, ri-diim´ v (promise) cumplir; (bonds, etc) amortizar; (pledge) desempeñar; (soul) redimir

redemption, ri-demp´-shon s redención f.; (commercial) amortización f.

red-light district, red-lait dis´-trikt s barrio chino m.

redouble, ri-dŏb´-l v redoblar

redress, ri-dres´ s reparación f.; v reparar

reduce, ri-diuus´ v reducir; (disgrace) degradar

reduction, ri-dŏk´-shon s reducción f.; rebaja f.

redundant, ri-dŏn-dant a excesivo; superfluo; redundante

reed, riid s caña f.

reef, riif s arrecife m.; (sail) rizo m.; v arrizar

reek, riik s vapor m.; humo m.; v humear

reel, riil s (cotton, film, fishing) carrete m.; (yarn) devanadera f.; v (sway) tambalear

refer, ri-fĕr´ v referir; consultar

referee, ref-er-ii´ s árbitro m.

reference, ref´-er-ens s referencia f.; (testimonial) recomendación f.

referendum, ref-ĕr-en-dŏm s referéndum f.

refine, ri-fain´ v refinar; **–d***, a refinado; culto; **–ment**, s cultura f.

reflect, ri-flekt´ v reflejar; meditar; **–ion**, s reflejo m.; (thought) reflexión f.; (blame) reproche m.; **–or**, reflector m.

reflex, rii´-fleks s reflejo m.

reform, ri-foarm´ v reformar; reformarse; **–ation**, s reformación f.; (church) Reforma f.

refrain, ri-frein´ v abstenerse

refresh, ri-fresh´ v refrescar

refreshment, ri-fresh´-ment s refrescos m. pl

refrigerator, ri-friCH´-a-rei-ta s refrigerator m.; (icè box) nevera f.

refuel, rii-fiu-el v reaprovisionar

refuge, ref´-iuu CH s refugio m.; asilo m.

refugee, ref´-iuu-CHi s refugiado m.

refund, ri-fönd´ reembolsar; restituir

refusal, ri-fiuu´- sl s negativa f.

refuse, ri-fiuus ´ v rehusar; negar

refuse, ref´-iuus s basura f.

refute, ri-fiuut´ v refutar

regain, ri-guein´ v recuperar

regal*, rii´-gl a real; regio

regale, ri-gueil´ v agasajar; regalar

regard, ri-gaard´ v observar; considerar; s consideración f.; **–less**, a indiferente

regards, ri-gaards ´ s pl (greetings) recverdeos m. pl

regenerate, ri-CHen´-er-eit v regenerar

regent, ri´-CHent s regente mf.

regiment, reCH´-i-ment s regimiento m.

region, rii´-CHon s región f.; territorio m.; provincia f.

register, reCH-is-ta s registro m.; v registrar; (letters) certificar

registrar, reCH´-is-traar s

registrador m.

registration, reCH-is-trei´-shon s registro m.; inscripción f.

registry, reCH´-is-tri s oficina de registros f.

regret, ri-gret´ v sentir; arrepentirse; s sentimiento m.; remordimiento m.

regrettable, ri-gret´-a-bl a lamentable

regular*, re´-guiu-la a regular

regulate, reg´-iu-leit v regularizar; regular

regulation, re-guiu-lei´-shon s regulación f.; regla f.; (official) reglamento m.

rehearsal, ri-jĕr´-sl s ensayo m.

rehearse, ri-jĕrs´ v ensayar; repetir

reign, rein v reinar; s reino m.

reimburse, rii-im-bĕrs´ v reembolsar

rein, rein s rienda f.

reindeer, rein´-dir s reno m.

reinforce, rii-in-fórs´ v reforzar

reinstate, rii-in-steit´ v reintegrar

reject, ri-CHekt´ v

rechazar; (spurn)
desechar

rejoice, ri-CHois´ v
regocijarse; alegrarse

rejoicings, ri-CHois´-ings s
pl (public) fiestas f. pl

rejuvenate, ri-CHuu´-ven-
eit v rejuvenecer

relapse, ri-LAps´ s recaída
f.; v recaer

relate, ri-leit´ v relatar; –d,
a relacionado

relation, ri-lei´-shon s
relación f.; s pariente m;
familiar mf; a relativo;
respectivo

relative, rel´-a-tiv s
pariente m.; a* relativo

relax, ri-LAks´ v relajar;
–ing, a enervante

relay, ri-lei´ v (radio)
transmitir; s trasmisión
f.

release, ri-liis´ v soltar;
libertar; s libertad f.

relent, ri-lent´ v
apiardarse; –less*, a
implacable

relevant*, rel´-i-vant a
aplicable; apropiado

reliable, ri-lai´-a-bl a
seguro; veraz

reliance, ri-lai´-ans s
confianza f.

relic, rel´-ik s reliquia f.;
resto m.

relief, ri-liif´ s (anxiety,
pain) alivio m.; (help)
socorro m.; (raised)
relieve m.

relieve, ri-liiv´ v aliviar;
socorrer

religion, ri-liCH´-on s
religión f.

religious*, ri-liCH´- os a
religioso

relinquish, ri-ling´-kuish v
abandonar; ceder

relish, rel´-ish v saborear;
s sabor m.

reluctance, ri-lŏk´-tans s
repugnancia f.

reluctant*, ri-lŏk´-tant a
poco dispuesto

rely, ri-lai´ v confiar

remain, ri-mein´ v quedar;
permanecer; –der, s
residuo m.; –s, restos m.
pl

remand, ri-maand´ v (law)
devolver a la cárcel

remark, ri-maark´ s
observación f.; v
observar

remarkable, ri-maark´-a-
bl a notable

remedy, rem´-i-di s
remedio m.; v remediar

remember, ri-mem´-ba v
acordarse de; recordar

remembrance, ri-mem´-
brans s recuerdo m.

remind, ri-maind´ v
recordar

remit, ri-mit´ v remitir;
–tance, s remisa f.

remnant, rem´-nAnt s
resto m.; –s, retazos m. pl;
retal m.

remonstrate, ri-mon´-
streit v reconvenir;
objetar

remorse, ri-moars´ s
remordimiento m.

remote*, ri-mout´ a
remoto; distante

removal, ri-muu´-val s
mudanza f.

remove, ri-muuv´ v
mudar; mudarse

remunerate, ri-miuu´-ner-
eit v remunerar

remunerative*, ri-miuu´-
ner-ei-tiv a lucrativo

rend, rend v rasgar; –er,
(aid, service) prestar;
(account) presentar;
–ing, s traducción f.

renegade, ren´-i-gueid s
renegado m.

renew, ri-niuu´ v renovar

renewal, ri-niuu´-al s
renovación f.

renounce, ri-nauns´ v
renunciar

renovate, ren´-o-veit v
renovar

renown, ri-naun´ s

renombre *m.*; fama *f.*

rent, rent *s* renta *f.*; (tear) rasgón *m.*; *v* alquilar

renunciation, ri-nŏn-si-ei´-shon *s* renunciación *f.*

repair, ri-pér´ *s* reparación *f.*; *v* reparar

reparation, rep-*a*-rei´-shon *s* reparación *f.*

repartee, rep-*ar*-tii´ *s* réplica *f.*

repeal, ri-piil´ *v* revocar; *s* revocación *f.*

repeat, ri-piit´ *v* repetir

repel, ri-pel´ *v* repeler; **–lent**, *a* repulsivo

repent, ri-pent´ *v* arrepentirse

repetition, rep-i-tish´-on *s* repetición *f.*

replace, ri-pleis´ *v* reponer; reemplazar

replenish, ri-plen´-ish *v* volver a llenar; rellenar

reply, ri-plai´ *s* respuesta *f.*; *v* responder

report, ri-pórt *s* informe *m.*; (school) notas *f. pl*; (noise) estampido *m.*; *v* informar; denunciar

reporter, ri-pór´-ta *s* (journalist) reportero *m.*

repose, ri-pous´ *v* reposar

repository, ri-pos´-i-to-ri *s* depósito *m.*

represent, rep-ri-sent´ *v* representar; **–ation**, *s* representación *f.*; **–ative**, representante *m.*

reprieve, ri-priiv´ *v* indultar; *s* indulto *m.*

reprimand, rep-ri-maand´ *v* reprender; *s* reprimenda *f.*

reprint, ri-print´ *v* reimprimir; *s* reimpresión *f.*

reprisal, ri-prais´-*a*l *s* represalia *f.*

reproach, ri-prouch´ *v* reprochar; *s* reproche *m.*

reprobate, rep´-ro-bet *s* réprobo *m.*

reproduce, rii-pro-diuus´ *v* reproducir

reproduction, rii-pro-dŏk´-shon *s* reproducción *f.*

reproof, ri-pruuf´ *s* reprobación *f.*

reprove, ri-pruuv´ *v* reprobar; reprender

reptile, rep´-tail *s* reptil *m.*

republic, ri-pŏb´-lik *s* república *f.*

repudiate, ri-piuu´-di-eit *v* repudiar

repugnant*, ri-pŏg´-nant *a* repugnante

repulse, ri-pŏls´ *v* repulsar; repeler

repulsive*, ri-pŏl´-siv *a* repulsivo

reputable, rep´-iuu-ta-bol *a* acreditado; de confianza; formal

reputation, rep-iu-tei´-shon *s* reputación *f.*

repute, ri-piuut´ *s* fama *f.*

request, ri-kuest´ *s* ruego *m.*; petición *f.*; *v* rogar

require, ri-kuair´ *v* necesitar; requerir; **–ment**, *s* necesidad *f.*; requerimiento *m.*

requisite, rek´-ui- sit *s* requisito *m.*; *a* necesario

rescind, ri-sind´ *v* rescindir; anular

rescue, res´-kiuu *v* salvar; *s* salvación *f.*

research, ri-sĕrch´ *s* investigación *f.*

resemble, ri- sem´-bl *v* parecerse

resent, ri- sent´ *v* resentirse; **–ful***, *a* resentido; **–ment**, *s* resentimiento *m.*

reservation, res-ĕr-vei´-shon *s* reservación *f.*; reserva *f.*; (on road) mediana *f.*; franja central

reserve, ri- sŏrv´ *s* reserva *f.*; *v* reservar

reservoir, res´-ŏr-voar *s*

depósito *m.*

reside, ri- said´ *v* residir

residence, res´-i-dens *s* residencia *f.*

resident, res´-i-dent *a* residente; *s* habitante *m.*

resign, ri- sain´ *v* abandonar; (a post) dimitir; (oneself) resignarse

resin, res´-in *s* resina *f.*; (violin) colofonia *f.*

resist, ri- sist´ *v* resistir; **–ance,** *s* resistencia *f.*

resolute*, res´-o-liuut *a* resoluto; determinado

resolution, res-o-liuu´-shon *s* resolución *f.*

resolve, ri- solv´ *v* resolver; decidir

resort, ri- soart´ *v* recurrir

resound, ri- sound´ *v* resonar; retumbar

resource, ri-sórs *s* recurso *m.*; **–s,** recursos *m. pl*

respect, ri-spekt´ *v* respetar; *s* respeto *m.*; **–ability,** respetabilidad *f.*; **–able,** *a* respetable; **–ful*,** respetuoso; **–ive*,** respectivo

respire, ri-spair´ *v* respirar

respite, res´-pit *s* tregua *f.*

respond, ri-spond´ *v* responder

respondent, ri-spon´-dent

s demandado *m.*

response, ri-spons´ *s* respuesta *f.*

responsible, ri-spon´-si-bl *a* responsable

rest, rest *s* descanso *m.*; (sleep) reposo *m.*; (remainder) resto *m.*; descansar; **–ful,** *a* tranquilo; **–ive,** impaciente; **–less,** inquieto

restaurant, res´-tou-rant *s* restaurante *m.*; **–car,** coche restaurant *m.*

restore, ri-stór´ *v* restituir; (health) restaurar

restrain, ri-strein´ *v* refrenar; (law) prohibir; **–t,** *s* refrenamiento *m.*; sujeción *f.*

restrict, ri-strikt´ *v* restringir; coartar

restriction, ri-strik´-shon *s* restricción *f.*

result, ri- sölt´ *v* resultar; *s* resultado *m.*

resume, ri-siuum´ *v* resumir; continuar

resumption, ri- sömp´-shon *s* reasunción *f.*

resurrection, res -er-rek´-shon *s* resurrección *f.*

retail, ri-teil´ *v* vender al por menor; *s* venta al por menor *f.*; **–er,**

revendedor *m.*

retain, ri-tein´ *v* retener; (keep) guardar

retaliate, ri-tAl´-i-eit *v* desquitarse

retard, ri-taard´ *v* retardar; demorar

reticent*, ret´-i-sent *a* reservado

retinue, ret´-i-niuu *s* comitiva *f.*; séquito *m.*

retire, ri-tair´ *v* retirarse retirar; **–ment,** *s* retiro *m.*; retraimiento *m.*

retort, ri-toart´ *v* replicar; *s* réplica *f.*

retract, ri-trAkt´ *v* retractar; retractarse

retreat, ri-triit´ *v* retirarse; *s* retirada *f.*; retiro *m.*

retrospect, ret´-ros-pekt *s* mirada retrospectiva *f.*

return, ri-tërn´ *v* volver; (give back) devolver *s* vuelta *f.*; **–s,** ganancia *f.*; **–ticket,** billete de ida y vuelta *m.*

reveal, ri-viil´ *v* revelar

revel, rev´-l *v* estar de parranda; *s* diversión *f.*

revenge, ri-venCH´ *v* vengarse; *s* venganza *f.*

revenue, rev´-i-niuu *s* renta *f.*; ingreso *m.*

revere, ri-vir´ *v* reverenciar

reverend, rev´-er-end *a* reverendo

reverse, ri-věrs´ *v* invertir; (engine) poner marcha atrás; *s* reverso *m.*; (defeat) revés *m.*; *a* contrario

revert, ri-věrt´ *v* volver; retroceder

review, ri-viuu´ *v* (consider) revisar; (inspect) revistar; (books, etc) criticar; *s* revista *f.*; (books) crítica *f.*

revile, ri-vail´ *v* injuriar; ultrajar; denigrar

revise, ri-vais´ *v* revisar

revision, ri-vish´-on *s* revisión *f.*

revive, ri-vaiv´ *v* avivar; reanimarse; resucitar

revoke, ri-vouk´ *v* revocar; *s* (cards) renuncio *m.*

revolt, ri-volt´ *v* rebelarse; *s* revuelta *f.*

revolve, ri-volv´ *v* revolver; girar

revolver, ri-vol´-va *s* revólver *m.*

reward, ri-uoard´ *v* remunerar; *s* premio *m.*

rheumatism, ruu´-ma-tism *s* reumatismo *m.*

rhinoceros, rai-nos´-e-ros

s rinoceronte *m.*

rhubarb, ruu´-baarb *s* ruibarbo *m.*

rhyme, raim *v* rimar; *s* rima *f.*

rib, rib *s* costilla *f.*

ribbon, rib´-on *s* cinta *f.*; (medal) condecoración *f.*

rice, rais *s* arroz *m.*

rich*, rich *a* rico; **–es,** *s pl* riqueza *f.*

rick, rik *s* niara *f.*

rickets, rik´-ets *s* raquitismo *m.*

rickety, rik´-et-i *a* (shaky) desvencijado

rid, rid *v* desembarazar; librar

riddle, rid´-l *s* enigma *m.*; *v* acribillar

ride, raid *v* ir a caballo; ir en auto; ir en bicicleta

ridge, rich *s* (mountain) cumbre *f.*

ridicule, rid´-i-kiuul *v* ridiculizar; *s* ridículo *m.*

ridiculous*, ri-dik´-iu-los *a* ridículo; risible

rifle, rai´-fl *v* robar; pillar; *s* fusil *m.*

rift, rift *s* (crack) grieta *f.*; (cleft) hendedura *f.*

rig, rig *v* (naut) aparejar; *s* (ship) aparejo *m.*

right, rait *s* derecho *m.*; *v*

enderezar; *a** derecho; justo

rigid*, rich´-id *a* rígido; tieso

rigorous*, rig´-or-os *a* rigoroso; duro

rigour, rig´-a *s* rigor *m.*

rim, rim *s* borde *m.*; (wheel) llanta *f.*

rind, raind *s* corteza *f.*; (bacon) pellejo *m.*

ring, ring *v* tocar; *s* anillo *m.*; (circus) redondel *m.*

ringleader, ring´-lii-da *s* cabecilla *m.*

ring road, ring´-roud *s* carretera *f.*; de circunvalación

rinse, rins *v* enjuagar

riot, rai´-ot *s* tumulto *m.*; *v* amotinarse

rip, rip *v* hender; (cloth) rasgar

ripe, raip *a* maduro; **–n,** *v* madurar

ripple, rip´-l *s* onda *f.*

rise, rais *v* subir; (stand up, revolt, etc) levantarse; (river) crecer; (sun) salir; *s* subida *f.*

risk, risk *s* riesgo *m.*; peligro *m.*; *v* arriesgar

rite, rait *s* ríto *m.*; **–s,** (funeral) exequias *f. pl*

rival, rai´-vl *a* rival; *s* rival

m.; competidor m.

river, riv´-a s río m.

rivet, riv´-et s remache m.; v remachar

road, roud s camino m.

road-map, roud-mAp s mapa f.; de carreteras

road-works, roud uĕrks s obras f. pl; de carretera

roam, roum v vagar

roar, rór v rugir; s rugido m.

roast, roust v asar; s asado m.

rob, rob v robar, hurtar; **-ber,** s ladrón m.

robbery, rob´-er-i s robo m.; hurto m.

robe, roub s traje m.; (eccl) vestimenta f.

robin, rob´-in s petirrojo m.

robust*, ro-bŏst´ a robusto; vigoroso

rock, rok v (roll) bambolear; (cradle) mecer; s roca f.; **-y,** a peñascoso

rock and roll, rok-nd-roul s rocanrol m.

rocket, rok´-et s cohete m.

rod, rod s vara f.; (fishing) caña de pescar f.

roe, rou s (deer) corzo m.; (fish) hueva f.

rogue, roug s bribón m.;

-ry, bribonada f.

roll, roul v rodar; (-up) enrollar; s rollo m.; (bread) bollo m.; **--call,** acto de pasar lista m.; **-er,** rodillo m.; **-er-skate,** patín de ruedas m.

romance, rou-mAns´ s romance m.; novela f.

romantic, rou-mAn´-tik s & a romántico m. -a f.

romp, romp v retozar

roof, ruuf s tejado m.; (mouth) paladar m.

rook, ruk s corneja f.

room, ruum s cuarto m.; (space) espacio m.

room-service, ruum sĕr´-vis s servicio f.; de habitación

roost, ruust v descansar en una percha

root, ruut s raíz f.; v arraigarse

rope, roup s cuerda f.; (naut) cordaje m.

rosary, rou´-sa-ri s rosario m.; jardin de rosales m.

rose, rous s rosa f.; **--bush,** rosal m.

rosemary, rous ´-ma-ri s romero m.

rosy, rou´-si a rosado; sonrosado

rot, rot v pudrirse; s

putrefacción f.

rotate, rou´-teit v girar

rotten, rot´-n a podrido; putrefacto

rouge, ruush s colorete m.

rough*, rŏf a (coarse) áspero; (manners) grosero; (crude) tosco; (sea, wind) borrascoso; (bumpy) escabroso; **-ness,** s aspereza f.; grosería f.; tosquedad f.

round, raund a* redondo; circular; v redondear; s círculo m.; **-about,** a indirecto; s rotonda f.; **-ness,** redondez f.

rouse, raus v provocar; (awaken) despertar

rout, raut v (mil) derrotar; s derrota f.

route, ruut s ruta f.; itinerario m

routine, ru-tiin´ s rutina f.

rove, rouv v errar; vagar

row, rou v remar; s hilera f.; fila f.

row, rau s riña f.

royal*, roi´-al a real; **-ty,** s realeza f.; (payment) derechos de autor m. pl

rub, rŏb v frotar; s frotamiento m.; **-off,** limpiar; **-out,** borrar; **-ber,** s caucho m.; (eraser) goma de borrar

f.
rubbish, rŏb´-ish *s*
escombro *m.*; basura *f.*;
(nonsense) disparate *m.*
ruby, ruu´-bi *s* rubí *m.*;
(colour) carmín *m.*
rucksack, rŏk-sAk *s*
mochila *f.*
rudder, rŏd´-*a s* timón *m.*
rude*, ruud *a* descortés;
(manner) brusco
rudiment, ru´-di-ment *s*
rudimento *m.*
rue, ruu *v* lamentar; **–ful,**
a lamentable
ruffian, rŏf´-i-*an s* rufián
m.
ruffle, rŏf´-l *v* desordenar;
incomodar
rug, rŏg *s* manta *f.*; (mat)
tapete *m.*
rugby, rŏg-bi *s* rugby *m.*
rugged*, rŏ´-guid *a*
(scenery) escarpado
ruin, ruu´-in *v* arruinar; *s*
ruina *f.*
rule, ruul *v* gobernar;
(lines) reglar; *s*
(regulation) regla *f.*;
reglamento
ruler, ruu´-*la s* (drawing)
regla *f.*
rum, rŏm *s* rón *m.*
rumble, rŏm´-bl *s* ruido
sordo *m.*
rummage, rŏm´-eCH *v*

revolver
rumour, ruu´-m*a s* rumor
m.
run, rŏn *v* correr;
(colours) extenderse;
–away, huir; *s* (horse)
caballo desbocado *m.*
runway, rŏn-uei *s* pista *f.*
rupture, rŏp´-tiur *s* hernia
f.; ruptura
rural*, ru´-rl *a* campestre
rush, rŏsh *s* carrera
precipitada *f.*; (water)
torrente *m.*; (people)
agolpamiento *m.*; (reed)
junco *m.*; *v* precipitarse;
agolparse; **–hour,** *s* hora
punta; hora de afluencia
f.
rust, rŏst *v* oxidarse; *s*
oxidación *f.*; moho *m.*;
–y, *a* oxidado
rustic, rŏs´-tik *a & s*
rústico *m.*
rustle, rŏs´-l *v* susurrar;
(silk) crujir; *s* susurro
m.; crujido *m.*
rusty, rŏs´-ti *a* oxidado;
mohoso; (*fig*) falta de
práctica
rut, rŏt *s* rodada *f.*; surco
m.
rye, rai *s* centeno *m.*

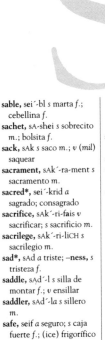

sable, sei´-bl s marta f.; cebellina f.

sachet, sA-shei s sobrecito m.; bolsita f.

sack, sAk s saco m.; v (mil) saquear

sacrament, sAk´-ra-ment s sacramento m.

sacred*, sei´-krid a sagrado; consagrado

sacrifice, sAk´-ri-fais v sacrificar; s sacrificio m.

sacrilege, sAk´-ri-liCH s sacrilegio m.

sad*, sAd a triste; **–ness,** s tristeza f.

saddle, sAd´-l s silla de montar f.; v ensillar

saddler, sAd´-la s sillero m.

safe, seif a seguro; s caja fuerte f.; (ice) frigorífico

m.; **–guard,** salvaguardia f.; v proteger; **–ty,** s seguridad f.

safety pin, seif-ti-pin s imperdible m.

sag, sAg v combarse

sagacious*, sa-guei´-shos a sagaz

sage, seiCH s sabio m.; (herb) salvia f.; a sabio

sail, seil v navegar; (leave) zarpar; s vela f.

sailor, seil´-a s marinero m.

saint, seint s santo m.; santa f.; a santo

sake, seik s causa f.; consideración f.; amor m.

salad, sAl´-ad s ensalada f.

salad dressing, sAl´-ad-dres´-ing s aliño m.

salary, sAl´-a-ri s salario

m.; sueldo m.

sale, seil s venta f.; liquidación f.; **–able,** a vendible; **–sman,** s vendedor m.

salient, sei´-li-ent a saliente; saledizo

saliva, sa-lai´-va s saliva f.

sallow, sAl´-ou a cetrino

salmon, sAm´-on s salmón m.

saloon, sa-luun´ s salón m.; **dining–,** comedor m.

salt, soalt s sal mf.; a salado; **––cellar,** salero m.

salty, soal-ti a salado

salute, sa-luut´ v saludar; s saludo m.

salvage, sAl´-viCH s salvamento m.; v salvar

salvation, sAl-vei´-shon s salvación f.; **–army,** Ejército de Salvación m.

salver, sAl´-va s bandeja f.

same, seim a & pron mismo

sample, saam´-pl v probar; s muestra f.

sanctimonious*, sAngk-ti-mou´-ni-os a devoto

sanction, sAngk´-shon s sanción f.; v sancionar

sanctity, sAngk´-ti-ti s santidad f.

sanctuary, sAngk´-tiu-*a*-ri s santuario *m.*

sand, sAnd s arena *f.*; **–y**, *a* arenoso; de arena

sandal, sAn´-dl s sandalia *f.*

sandwich, sAnd´-uich s bocadillo *m.*

sane*, sein *a* cuerdo

sanguine*, sAng´-guin *a* sanguíneo; vehemente

sanitary, sAn´-i-*ta*-ri *a* sanitario; **–towel**, s paño higiénico *m.*

sanity, sAn´-i-ti s cordura *f.*

sap, sAp, *v* zapar; s savia *f.*; **–per**, zapador *m.*

sapphire, saf´-air s zafiro *m.*

sarcasm, saar´-kAsm s sarcasmo *m.*

sarcastic, sAr-kas´-tik *a* sarcástico

sardine, saar-diin´ s sardina *f.*

sash, sAsh s (belt) faja *f.*

satchel, sAtsh´-l s mochila *f.*; (school) bolsa *f.*

satellite, sAt´-*e*-lait s satélite *m.*

satiate, sei´-shi-eit *v* saciar; hartar

satin, sAt´-in s raso *m.*; *a* de raso

satire, sAt´-air s sátira *f.*

satisfaction, sAt-is-fAk´-shon s satisfacción *f.*

satisfactory, sAt-is-fAk´-to-ri *a* satisfactorio

satisfy, sAt´-is-fai *v* satisfacer

saturate, sAt´-iu-reit *v* saturar

satsuma, sAt´-suu-ma s satsuma *f.*; mandarina *f.*

Saturday, sAt´-er-di s sábado *m.*

satyr, sAt´-er s sátiro *m.*

sauce, soas s salsa *f.*; **–pan**, cacerola *f.*

saucer, soa´-sa s platillo *m.*

saucy, soa´-si *a* (*fam*) descarado

sauna, soa´-na s sauna *f.*

saunter, soan´-ta *v* vagar

sausage, so´-siCH s salchicha *f.*

savage*, sAv´-iCH *a* salvaje; feroz; s salvaje *m.*

save, seiv *v* salvar; (economize) ahorrar; (keep) guardar

saving, sei´-ving *a* económico; frugal; s ahorro *m.*; economía *f.*

saviour, sei´-vi-*a* s salvador *m.*; (Jesus) el Redentor *m.*

savour, sei´-va s sabor *m.*

savoury, sei´-va-ri s entremés *m.*; *a* sabroso

saw, soa s sierra *f.*; *v* serrar

say, sei *v* decir

saying, sei´-ing s dicho *m.*; proverbio *m.*

scabbard, skAb´-erd s (sword) vaina de espada *f.*

scaffold, skAf´-old s (building) andamio *m.*; (execution) patíbulo *m.*; **–ing**, andamiaje *f.*

scald, skoald *v* escaldar

scale, skeil *v* escamar; (climb) escalar; s (fish) escama *f.*; (measure) escala *f.*; (music) gama *f.*

scales, skeils s *pl* balanza *f.*

scallop, skAl´-op s (fish) venera *f.*

scalp, skAlp s cuero cabelludo *m.*

scamp, skAmp s bribón *m.*; pícaro *m.*

scamper, skAm´-pa *v* escaparse

scan, skAn *v* escudriñar

scandal, skAn´-dl s escándalo *m.*

scandalous*, skAn´-dal-os *a* escandaloso

scanty, skAn´-ti *a* escaso

scapegoat, skeip´-gout s víctima propiciatoria *f.*

scar, skaar s cicatriz f.; v marcar con una cicatriz

scarce*, ské rs a escaso

scarcity, ské r´-si-ti s escasez f.; carestía f.

scare, ské r s susto m.; v asustar; **–away,** espantar; **–crow,** s espantajo m.

scarf, skaarf s banda f.

scarlet, skaar´-let a de color escarlata; s escarlata f.; **–fever,** escarlatina f.

scathing*, skei´-Ding a dañoso

scatter, skAt´-a v esparcir; (wealth) disipar; **–brained,** a atolondrado

scavenger, skAv´-en-CH s basurero m.

scene, siin s escena f.

scenery, sii´-ner-i s paisaje m.; vista f.; (theatre) decoraciones f. pl

scent, sent s perfume m.; (flowers) fragancia f.; (track) pista f.; v perfumar

sceptical*, skep´-ti-kal a escéptico

sceptre, sep´-ta s cetro m.

schedule, shed´-iuul s cédula f.; anexo m.

scheme, skiim s proyecto m.; plan m.; v proyectar

schism, sism s cisma f.

schist, shist s esquisto m.

scholar, skol´-a s escolar m.; (pupil) alumno m.

scholarship, skol´-er-ship s (prize) beca f.

school, skuul s escuela f.; **–master,** maestro de escuela m.; **–mistress,** maestra de escuela f.

schooner, skuun´-a s goleta f.

sciatica, sai-At´-i-ka s ciática f.

science, sai´-ens s ciencia f.

scientific, sai´-en-ti-fik a científico

scion, sai´-on s vástago m.; descendiente m.

scissors, sis´-ers s pl tijeras f. pl

scoff, skof v burlarse

scold, skould v regañar; reñir

scoop, skuup s pala de mano f.; v ahuecar

scope, skoup s esfera f.; (aim) objeto m.

scorch, skoarch v chamuscar; (sun) abrasar

score, skór s (number) veintena f.; (games) puntos m. pl; v ganar; (cut) hacer muescas; (record) marcar

scorn, skoarn s desdén m.; v desdeñar

scornful, skoarn´-ful a desdeñoso

Scotland, skot-land s Escocia f.

Scottish, skot-ish a escocés

scoundrel, skaun´-drel s pícaro m.

scour, skaur v fregar; estregar; rascar

scourge, skër CH v azotar; s azote m.

scout, skaut s escucha m.; (boy) explorador m.; v explorar

scowl, skaul v mirar con ceño m.

scraggy, skrA´-gui a (thin) flaco

scramble, skrAm´-bl s (struggle) arrebatiña f.; v (climb) trepar; **–for,** arrebatarse

scrap, skrAp s fragmento m.; (cloth) retal m.

scrape, skreip, v raspar; s raspadura f.

scraper, screi´-pa s raspador m.

scratch, skrAch s arañazo m.; rasguño m.; (sport) línea de partida f.; v arañar; (rub oneself) rascar; (glass) rayar; (sports) abandonar

scream, skriim *v* chillar; *s* chillido *m.*

screen, skriin *s* (fire, cinema, light) pantalla *f.*; (wind) biombo *m.*; (partition) tabique *m.*; *v* proteger

screw, skruu *s* tornillo *m.*; *v* atornillar; **– driver,** *s* destornillador *m.*

scribble, skrib´-l *v* borrajear; garabatear *s* garabatos *m. pl*

scrip, skrip *s* cédula *f.*; certificado provisional *m.*

Scripture, skrip´-tiur *s* Sagrada Escritura *f.*

scrofula, skrof´-iuu-la *s* escrófula *f.*

scroll, skroul *s* rollo de papel *m.*; lista *f.*

scrounge, skraunCH *v* ir de gorra; gorronear; obtener sin pagar

scrub, skrób *v* fregar; frotar; *s* (bush) matorral *m.*

scruple, skruu´-pl *v* tener escrúpulos; *s* escrúpulo *m.*

scrupulous*, skruu´-piu-los *a* escrupuloso

scrutinize, skruu´-ti-nais *v* escudriñar

scuffle, skóf´-l *v* pelear; *s* pelea *f.*; riña *f.*

scull, skól *v* bogar con espadilla; *s* remo de espadilla *m.*

scullery, skól´-er-i *s* fregadero *m.*

sculptor, skólp´-ta *s* escultor *m.*

sculpture, skólp´-tiur *s* escultura *f.*

scum, skóm *s* espuma *f.*; *v* espumar

scurf, skörf *s* caspa *f.*

scurrilous*, skör´-i-los *a* grosero; injurioso

scurvy, skö r´-vi *s* escorbuto *m.*; *a* vil; ruín

scuttle, skót´-l *s* (coal) cubo para carbón *m.*; *v* echar a pique

scythe, saiD *s* guadaña *f.*

sea, sii *s* mar *mf.*; **–man,** marino *m.*; **–sick,** *a* mareado; **–side,** *s* costa *f.*; playa *f.*; **–weed,** alga marina *f.*; **–worthy,** *a* capaz de navegar

seal, siil *v* sellar; *s* sello *m.*; (animal) *f.*; **–ing-wax,** lacre *m.*; **–skin,** piel de foca *f.*

seam, siim *v* coser; *s* costura *f.*; (mine) vena *f.*; filón *m.*; **–stress,** costurera *f.*

sear, sir *v* (dry up) agostar; (burn) quemar; (brand) herrar a fuego; *a* (withered) marchito

search, sërch *v* buscar; examinar; *s* busca *f.*; (Customs) examen *m.*; **–light,** reflector *m.*

season, sii´-sn *v* sazonar; (timber) secar; *s* estación *f.*; (fashionable) temporada *f.*; **–able,** del tiempo; **–ticket,** *s* abono *m.*

seasoning, sii´-son-ing *s* condimento *m.*

seat, siit *s* asiento *m.*; (bench) banco *m.*; (country estate) quinta *f.*; *v* sentar

secluded, si-kluu´-did *a* retirado

seclusion, si-kluu´-sh on *s* reclusión *f.*; retiro *m.*

second, sek´-ond *v* (support) secundar; *s* (time; number) segundo *m.*; (duel, etc) padrino *m.*; *a* segundo; **–hand,** usado; de segunda mano

secrecy, sii´-kri-si *s* secreto *m.*; reserva *f.*

secret, sii´-krit *s* secreto *m.*; *a** secreto

secretary, sek´-ri-ta-ri *s* secretario *m.*

secrete, si-kriit´ *v* esconder; (separate)

secretar

secretion, si-krii´-shon s
secreción f.

sect, sekt s secta f.

section, sek´-shon s
sección f.; (cross) corte
transversal m.

secular, sek´-iuu-la a
secular; seglar

secure, si-kiú r´ v
asegurar; a* seguro

securities, si-kiú r´-i-tis s
pl valores m. pl

security, si-kiú´-ri-ti s
seguridad f.; garantía f.

sedate, si-deit´ a sosegado;
formal

sedative, sed´-a-tiv s
calmante m.; sedativo
m.

sedentary, sed´-en-ta-ri a
sedentario

sediment, sed´-i-ment s
sedimento m.; hez f.

sedition, si-dish´-on s
sedición f.

seditious, si-dish´-os a
sedicioso

seduce, si-diuus´ v seducir

see, sii v ver; **–through**,
ver a través; (fig)
penetrar; **–to**, cuidar

seed, siid s semilla f.;
simiente f.

seek, siik v buscar; (strive)
ambicionar

seem, siim v parecer; **–ly**,
a* decente

seethe, siiD v hervir;
bullir; (unrest)
fermentar

seize, siis v asir; tomar;
(law) embargar

seizure, sii´-sh er s
asimiento m.; (law)
embargo m.; (stroke)
ataque m.

seldom, sel´-dm adv
raramente

select, si-lekt´ v escoger; a
selecto; escogido

selection, si-lek´-shon s
selección f.

self, self a mismo; **one–**,
pron sí mismo; **–ish**, a
egoísta; **–ishness**, s
egoísmo m.; **–starter**,
(motor) arranque
automático m.

self-catering, self-lei´-ter-
ing a con cocina; **-
holiday** vacaciones f. pl;
en piso (chalet, etc) con
cocina propia

self-service, self-sĕr´-vis a
de autoservicio

sell, sel v vender; **–er**, s
vendedor m.

Sellotape, sel-ou-teip s
[TM] Sellotape m.;
cinta adhesiva f.; v
cerrar (or pegar) con

cinta adhesiva

semblance, sem´-blans s
apariencia f.

semi, sem´-i semi; medio;
–circle, s semi-círculo
m.; **–colon**, punto y
coma m.

semolina, sem-o-li´-na s
sémola f.

senate, sen´-et s senado m.

send, send v enviar;
despachar; **–away**,
(dismiss) despedir;
–back, devolver; **–er**, s
remitente m.; **–for**, v
enviar por; **–in advance**,
enviar por adelantado

senile, sii´-nail a senil;
caduco

senior, sii´-ni-a a mayor; s
mayor m.; **–partner**,
socio principal m.

sensation, sen-sei´-shon s
sensación f.

sense, sens s sentido m.;
–less, a sin sentido

sensible, sen´-si-bl a
sensato

sensitive, sen´-si-tiv a
sensitivo

sensual*, sen´-shu-al a
sensual

sentence, sen´-tens s frase
f.; (law) sentencia f.; v
condenar

sentiment, sen´-ti-ment s

sentimiento m.; opinión f.

sentry, sen´-tri s centinela m.; **–box**, garita f.

separable, sep´-a-ra-bl a separable

separate, sep´-a-reit v separar; dividir

separation, sep-a-rei´-shon s separación f.; (law) separación judicial f.

September, sep-tem´-ba s septiembre m.

septic, sep´-tik a séptico

sequel, sii´-kuel s secuela f.; consecuencia f.

sequence, sii´-kuens s serie f.; orden de sucesión m.

serenade, ser-i-neid´ s serenata f.

serene*, si-riin´ a sereno; tranquilo

serge, sër CH s sarga f.; estameña f

sergeant, saar´-CH ent s sargento m.

serial, si´-ri-al a consecutivo; s folletín m.; serial m.

series, si´-riis s serie f.

serious*, si-ri-os a serio

sermon, sër´-mon s sermón m.

serpent, sër´-pent s serpiente f.

serum, sir´-um s suero m.

servant, sër´-vant s criado m.; (maid) criada f.

serve, sërv v servir; (law) ejecutar

service, sër´-vis s servicio m.; (divine) oficio m.

serviceable, sër´-vis-a-bl a servible

servile, sër´-vail a servil

servitude, sër´-vi-tiuud s servidumbre f.; (penal) trabajo forzado m.

session, sesh´-on s sesión f.

set, set v (type, music) componer; (clock) regular; (trap) tender; (task) imponer; (example) dar; (tools) asentar; (fracture) entablillar; (solidify) cuajar; (jewels) engastar; s colección f.; serie f.; (buttons, etc) juego m.; (china) servicio m.; **–dog at**, v excitar; **–on fire**, pegar fuego a

settee, set´-ii s sofá m.

settle, set´-l v (accounts) ajustar; liquidar; (finish) poner fin a; (decide) resolver; (assign) asignar; (in a place) establecerse; **–ment**, s

colonia f.; (dowery) dote f.; (agreement) convenio m.; (accounts) liquidación f.; **–r**, colono m.

seven, sev´-n s & a siete m.; **–teen**, diecisiete m.; **–th**, séptimo m.; **–ty**, setenta m.

sever, sev´-a v separar; (cut) cortar

several, sev´-er-al a diversos; varios

severe*, si-vir´ a severo; riguroso; violento

severity, si-ver´-i-ti s severidad f.

sew, sou v coser; **–ing**, s costura f.; **–ing- cotton**, hilo de coser m.; **–ing-machine**, máquina de coser f.

sewage, siuu´-e CH s aguas residuales f. pl

sewer, siuu´-a s cloaca f.

sex, seks s sexo m.; **–ual**, a sexual

sexist, sek´-sist s & a sexista mf.

sexy, sek´-si a (person) sexy; cachondo; (dress) provocativo; sexy; (film, joke) verde; escabroso

shabbiness, shAb´-i-nes s desaseo m.

shabby, shAb´-i *a* raído;
(unkempt) desaseado

shackle, shAk´-l *s* (feet)
grillete *m*.; (hands)
esposas *f. pl*; *v* encadenar

shade, sheid *s* sombra *f*.;
(of colours) matiz *m*.;
(lamp) pantalla *f*.;
(eyes) visera *f*.; *v*
sombrear

shadow, shAd´-ou *s*
sombra *f*.; *v* (follow)
seguir

shady, shei´-di *a* umbroso;
(fig) sospechoso

shaft, shaaft *s* (arrow) asta
f.; (mech) eje *m*.; (mine)
pozo de mina *m*.; **-s,** *pl*
(vehicle) limonera *f*.

shaggy, shAg´-gui *a*
lanudo; hirsuto

shake, sheik *v* agitar;
(quake) sacudir;
(tremble) temblar;
(hands) estrechar; *s*
sacudida *f*.; (hands)
apretón de manos *m*.

shaky, she-ki *a* trémulo;
vacilante; inseguro

shall, shAl *aux v* (use to
form future tenses) **- I
help you?** ¿quieres que
te ayude?; **I'll buy three,
- I?** compro tres; ¿no te
parece?

shallow, shAl´-ou *a*

somero; superficial

sham, shAm *s* ficción *f*.;
fingimiento *m*.; *v* fingir
a fingido

shame, sheim *s* vergüenza
f.; (modesty) pudor *m*.;
v avergonzar; **-ful,** *a*
vergonzoso; **-less,**
desvergonzado

shampoo, shAm´-puu *s*
champú *m*.

shamrock, shAm-rok *s*
trébol *m*.

shandy, shAn-di *s* cerveza
f con gaseosa

shape, sheip *s* forma *f*.; *v*
dar forma; modelar

share, shé r *s*
participación *f*.; (stock)
acción *f*.; *v* repartir;
participar; **-holder,** *s*
accionista *m*.

shark, shaark *s* tiburón *m*.

sharp, shaarp *a* afilado;
(point) puntiagudo;
(mind) agudo; (taste)
picante; **-en,** *v* afilar;
-ness, *s* agudeza *f*.

sharper, shaar´-pa *s*
estafador *m*.; (cards)
tramposo *m*.

shatter, shAt´-a *v* estrellar;
quebrantar

shave, sheiv *v* afeitar;
afeitarse

shaving, shei´-ving —

brush, *s* brocha de
afeitar *f*.; **-s,** (wood)
raspaduras *f. pl*

shawl, shoal *s* chal *m*.;
toquilla *f*.

she, shii *pers pron* ella

sheaf, shiif *s* haz *m*.;
(corn) gavilla *f*.;
(papers) legajo *m*.

shear, shir *v* esquilar; **-s,** *s
pl* tijeras *f. pl*

sheath, shiiz *s* (scabbard)
vaina *f*.

shed, shěd *s* cobertizo *m*.;
v (tears, blood) derramar;
(hair, feathers) pelechar;
(leaves) perder

sheen, shiin *s* brillo *m*.;
lustre *m*.

sheep, shiip *s* carnero *m*.;
oveja *f*.

sheer, shir *a* puro; (steep)
escarpado

sheet, shiit *s* (bed) sábana
f.; (paper) hoja *f*.;
cuartilla *f*.; (metal)
plancha *f*.; **-lightning,** *s*
fucilazo *m*.

shelf, shelf *s* anaquel *m*.;
estante *m*.; (a set)
estantería *f*.

shell, shel *s* (hard) cáscara
f.; (soft) pellejo *m*.;
(fish) concha *f*.;
(artillery) bomba *f*.; *v*
descascarar;

bombardear; --**fish,** s marisco m.

shelter, shel´-ta s abrigo m.; albergue m.; v resguardarse; refugiarse

shepherd, shep´-erd s pastor m.

sheriff, sher´-if s alguacil mayor m.

sherry, sher´-i s vino de Jerez m.

shield, shiild s escudo m.; v escudar

shift, shift s (working) tanda f.; v mudar; remover

shilling, shil´-ing s chelín m.

shin, shin s canilla f.; tibia f.

shine, shain s lustre m.; v brillar; lucir

shingle, shing´-gl s ripia f.; v (hair) rapar

ship, ship s buque m., barco m.; v embarcar; --**ent,** embarque m., cargamento m.; --**owner,** naviero m.; armador m.; --**ping,** (traffic) navegación f.; --**wreck,** naufragio m.; --**yard,** astillero m.; arsenal m.

shire, shair s condado m.

shirk, shërk v esquivar; evadir; --**er,** s tumbón m.

shirt, shërt s camisa de hombre f.

shiver, shiv´-a v tiritar; temblar; s estremecimiento m.; (fever) escalofrío m.

shoal, shoal s multitud f.; (fish) cardume m.; (shallows) bajío m.

shock, shok s (jolt) choque m.; (electric, etc) sacudida f.; (fright) susto m.; (med) postración f.; v (disgust) ofender; --**absorber,** s amortiguador m.; --**ing,** a espantoso; ofenivo

shoddy, shod´-i s paño burdo m.; a burdo

shoe, shuu, s zapato m.; (horse) herradura f.; v (horse) herrar, --**black,** s limpiabotas m.; --**horn,** calzador m.; --**lace,** cordón m.; --**maker,** zapatero m.; --**polish,** bétún m.; lustre m.

shoot, shuut v disparar; (kill) matar; (execute) fusilar; (grow) brotar; s caza f.; (growth) retoño m.; --**ing,** tiro m.; --**ing-star,** estrella fugaz f.

shop, shop s tienda f.; (stores) almacenes m. pl;

v ir de compras; --**keeper,** s tendero m.; -- **assistant,** s dependiente/a mf.; --**lifting,** shop-lift-ing s ratería f.; hurto m.; (en las tiendas)

shopping, shop´-ing. s compras f. pl

shore, shó r s costa f.; (land) tierra f.; (support) puntal m.; v apuntalar

shorn, sho rn a mocho; (deprived) espojado

short, shoart a corto; (persons) pequeño; (need) escaso; --**age,** s déficit m.; --**circuit,** s cortocircuito m.; --**en,** v acortar; abreviar; --**hand,** s taquigrafía f.; --**ly,** adv dentro de poco; pronto; --**ness,** s cortedad f.; brevedad f.; deficiencia f.; --**sighted,** a miope

shot, shot s tiro m.; (marksman) tirador m.; (pellet) perdigones m. pl

should, shöd aux v (use to form conditional tense) I - go debería ir; I - go if I were you yo en tu lugar me iría; if he - come si viniese

shoulder, shoul´-da s hombro m.; v cargar al

hombro; **--blade,** s omoplato m.

shout, shaut s grito m.; v gritar

shove, shŏv s empujón m.; v empujar

shovel, shŏv´-l s pala f.; v traspalar

show, shou s espectáculo m.; exposición f.; v mostrar; (teach) enseñar; **--room,** s sala de exposición f.; **–y,** a (gaudy) vistoso

shower, shau´-a s chaparrón m.; **--bath,** ducha m.; **–y,** a lluvioso

shred, shred s triza f.; (tatter) harapo m.; v picar

shrew, shruu s arpía f.; **–d*,** a astuto

shriek, shriik v chillar; s chillido m.

shrill, shril a agudo; penetrante

shrimp, shrimp s camarón m.

shrine, shrain s relicario m.; santuario m.

shrink, shringk v encogerse

shrivel, shriv´-l v arrugarse

shroud, shraud s mortaja f.; v amortajar

Shrove Tuesday, shrouv-tiuus ´-di s martes de carnaval m.

shrub, shrŏb s arbusto m.

shrug, shrŏg v encoger los hombros

shudder, shŏd´-a v estremecerse; s estremecimiento m.

shuffle, shŏf´-l v (gait) arrastrar los pies; (cards) barajar

shun, shŏn v rehuir; esquivar

shunt, shŏnt v (trucks, etc) desviar

shut, shŏt v cerrar; **–ter,** s persiana f.; (camera) obturador m.

shuttle, shŏt´-l s (sewing) lanzadera f.

shy, shai a* tímido; reservado; v asustarse

shyness, shai´-nes s timidez f.; reserva f.

sick, sik a enfermo; mareado; **–en,** v enfermar; **–ly,** adv enfermizo; **–ness,** s enfermedad f.; náusea f.

sickle, sik´-l s hoz f.

side, said s lado m.; (hill) falda f.; (river) orilla f.; v tomar parte; **–board,** s aparador m.

side effect, said ef-ekt´ s

efecto f.; secundario

sideways, said´-ueis adv de lado

siding, sai´-ding s desviadero m.

siege, sii CH s sitio m.; asedio m.

sieve, siiv, tamiz m.; criba f.

sift, sift v tamizar; cribar; investigar

sigh, sai s suspiro m.; v suspirar

sight, sait v avistar; s (eye) vista f.; (spectacle) espectáculo m.; (gun) mira f.; **at –,** a la vista; **by –,** de vista

sign, sain v firmar; s señal f.; (board) muestra de establecimiento f.; **–post,** poste de guía m.

signal, sig´-nal s señal f.; v señalar

signature, sig´-na-tiur s firma f.

significant*, sig-nif´-i-kant a significante

signification, sig-ni-fi-kei´-shon s significación f.

signify, sig´-ni-fai v significar; manifestar

silence, sai´-lens s silencio m.; (quiet) sosiego m.; interj !silencio!; v hacer callar

silencer, sai´-len-sa s (engine) silencioso m.

silent*, sai´-lent a silencioso; callado; taciturno

silhouette, sil´-luu-et s silueta f.

silicon, sil´-i-kon s silicona f.

silk, silk s seda f.; (thread) hilo de seda m.; **–en,** a de seda; **–worm,** s gusano de seda m.; **–y,** a sedoso

sill, sill s (door) umbral m.; (window) antepecho m.

silly, sil´-i a tonto; bobo

silver, sil´-va s plata f.; a de plata; v platear

silversmith, sil´-ver-smiz s platero m.

similar*, sim´-i-la a semejante; **–ity,** s semejanza f.

simile, sim´-i-li s comparación f.

simmer, sim´-a v hervir a fuego lento

simple, sim´-pl a simple; **–ton,** s simplón m.

simplicity, sim-plis´-i-ti s sencillez f.

simplify, sim´-pli-fai v simplificar

simultaneous*, si-mol-tei´-ni-os a simultáneo

sin, sin v pecar; s pecado m.; **–ful,** a pecaminoso; **–less,** sin pecado; **–ner,** s pecador m.

since, sins prep desde; adv desde entonces; conj desde que; después que; ya que; pues que; puesto que

sincere*, sin-sir´ a sincero

sinew, sin´-iuu s tendón m.; músculo m.; nervio m.

sing, sing v cantar; **–er,** s cantor m.; cantante mf.

singe, sinCH v chamuscar

single, sing´-gl a solo; (unmarried) soltero; **–room,** s habitación f.; individual

single-handed, sing´-gl-jAn-did a solo

singly, sing´-gli adv uno a uno

singular*, sing´-guiu-lr a singular; peculiar

sinister, sin´-is-ta a siniestro

sink, singk s vertedero m.; (drain) albañal m.; v hundir; (scuttle) echar a pique; (shaft) fijar

sip, sip v sorber; libar; s sorbo m.

siphon, sai´-fn s sifón m.

siren, sai´-ren s sirena f.

sirloin, sër´-loin s lomo m.; solomillo m.

sister, sis´-ta s hermana f.; **–in-law,** cuñada f.

sit, sit v sentarse; (incubate) empollar; **–down,** s sentarse; **–ting,** a sentado; s sesión f.; **–ting-room,** sala f.

site, sait s sitio m.; (building) solar m.

situated, sit´-iu-ei-tid a situado

situation, sit-iu-ei´-shon s situación f.; (post) colocación f.

six, six s & a seis m.; **–teen,** dieciséis m.; **–teenth,** décimosexto m.; **–th,** sexto m.; **–tieth,** sexagésimo m.; **–ty,** sesenta m.

size, sais s s tamaño m.; talla f.; (measure) medida f.; (glue) cola f.; v encolar

skate, skeit v patinar; s patín m.; (fish) raya f.

skateboard, skeit-bórd s monopatín m.

skating, skei-ting s patinaje m.

skating rink, skei-ting

rink s pista f.; de patinaje

skein, skein s madeja f.

skeleton, skel´-e-ton s esqueleto m.

sketch, skech v bosquejar; s bosquejo m.

skewer, skiuu´-a s espetón m.; broqueta f.

ski, skii s esquí; v esquiar

skid, skid v patinar

skiff, skif s esquife m.

skiing, skii-ing s esquí; -**resort** estación f.; de esquí

skilful*, skil´-ful a diestro; hábil

ski lift, skii-lift s remonte m.; telesquí m.; telesilla m.

skill, skil s habilidad f.; destreza f.; (natural) maña f.

skim, skim v rasar; espumar; (cream) desnatar

skimmed milk, skimd milk s leche f.; desnatada

skin, skin s piel f.; cutis m.; (hide) cuero m.; (peel) pellejo m.; v desollar; (fruit) pelar

skip, skip v omitir; saltar

skipper, skip´-a s patrón de buque m.

skirmish, skĕr´-mish s escaramuza f.

skirt, skĕrt s falda f.; (border) borde m.; v faldear; bordear

ski slope, skii-sloup s pista f de esquí

skittles, skit´-ls s pl juego de bolos m.

skull, skŏl s cráneo m.

skunk, skŏnk s mofeta f.

sky, skai s cielo m.; --**light**, claraboya f.

sky-scraper, skai-skrei´-pa s rascacielos m.

slab, slAb s losa f.; (large) lastra f.

slack, slAk s escoria f.; a flojo; -**en**, v aflojar

slander, slaan´-da v calumniar; s calumnia f.

slanderer, slaan´-da-rer s calumniador m.

slang, slAng s argot m.

slant, slaant v sesgarse; oblicuar; s sesgo m.; oblicuidad f.; -**ing**, a sesgado; oblícuo

slap, slAp v dar una manotada; s manotada f.

slash, slAsh s (cut) corte m.; v cortar

slate, sleit v empizarrar; s pizarra f.

slaughter, sloa´-ta v matar; (massacre)

degollar; s matanza f.; -**er**, matador m.

slave, sleiv v trabajar como un esclavo; s esclavo m.; -**ry**, esclavitud f.

slay, slei v matar

sledge, sleCH s trineo m.; --**hammer**, macho m.

sleek*, sliik a liso; (manners) suave

sleep, sliip v dormir; s sueño m.; -**ing-car**, coche cama m.; -**less**, a insomne; desvelado; -**lessness**, s insomnio m.; -**y**, a soñoliento; --**ing pill**, s somnífero m.; --**ing bag**, s saco m de dormir

sleet, sliit s aguanieve f.

sleeve, sliiv s manga f.

sleigh, slei s trineo m.

sleight, slait s maña f.; -**of hand**, juego de manos m.

slender*, slen´-da a delgado; (means) escaso

slice, slais s tajada f.; (bread) rebanada f.; v cortar en lonjas

slide, slaid s resbalón m.; (microscopic, photographic, etc) placa f.; v resbalar

slight, slait s desaire m.; a

461

ligero; *v* desairar

slim, slim *a* delgado; *v* adelgazar

slime, slaim *s* limo *m.*; (mud) fango *m.*

slimy, slaí-mi *a* viscoso; fangoso

sling, sling *s* (*med*) cabestrillo *m.*; *v* (throw) lanzar

slink, slingk *v* escabullirse

slip, slip *v* resbalar; *s* caída *f.*; –**pery,** *a* resbaladizo

slipper, slip´-a *s* zapatilla *f.*

slit, slit *v* rajar; *s* raja *f.*

sloe, slou *s* endrina *f.*

slop, slop *s* agua sucia *f.*; –**pail,** cubo para agua sucia *m.*

slope, sloup *v* sesgarse; *s* declive *m.*

slot, slot *s* muesca *f.*; ranura *f.*; –**machines,** *s* máquina de servicios automáticos *f.*

sloth, slouz *s* pereza *f.*; (animal) perezoso *m.*

slouch, slauch *v* andar cabizbajo

slough, slau *s* (*fig*) abismo *m.*

slovenly, slöv´-n-li *a* desaliñado

slow*, slou *a* lento; despacio; *v* (clock, etc) atrasar

slug, slög *s* babosa *f.*; (missile) posta *f.*

sluggish, slö´-guish *a* perezoso; indolente

sluice, sluus *s* (gate) compuerta *f.*

slum, slöm *s* barrio bajo *m.*

slumber, slöm´-ba *v* dormitar; *s* sueño ligero *m.*

slump, slömp *s* baja repentina en los valores *f.*

slur, slër *s* mancha *f.*; *v* manchar

slush, slösh *s* lodo *m.*; fango *m.*

slut, slöt *s* perra *f.*

sly*, slai *a* socarrón

smack, smAk *s* (hand) cachete *f.*; (lips) rechupete *m.*; (kiss) beso sonado *m.*; (boat) queche *m.*; *v* (beat) pegar; (lips) rechuparse

small, smoal *a* pequeño; –**ness,** *s* pequeñez *f.*

small-pox, smoal´-poks *s* viruelas *f. pl*

smart, smaart *a* vivo; (clever) listo; (spruce) elegante; *v* escocer

smash, smAsh *s* colisión *f.*; (commercial) fracaso *m.*; *v* romper; destrozar

smattering, smAt´-er-ing *s* conocimiento superficial *m.*

smear, smir *v* untar; *s* mancha *f.*

smell, smel *v* oler; *s* olor *m.*; –**ing-salts,** sales aromáticas *f. pl*

smelt, smelt *v* fundir; *s* eperlano *m.*

smile, smail *v* sonreírse; *s* sonrisa *f.*

smite, smait *v* herir; afligir

smith, smiz *s* forjador *m.*; –**y,** forja *f.*

smoke, smouk *s* humo *m.* *v* fumar; –**less,** *a* sin humo; –**r,** *s* fumador *m.*

smoky, smouk´-i *a* ahumado

smooth, smuuD *a** suave; liso; *v* alisar

smother, smöD´-a *v* sofocar

smoulder, smoul´-da *v* arder en rescoldo

smudge, smö CH *s* tiznón *m.*; *v* tiznar

smug, smög *a* pimpante; presumido

smuggle, smög´-l *v* hacer contrabando

smuggler, smög´-gla *s* contrabandista *m.*

smut, smöt *s* tiznón *m.*

snack, snAk *s* piscolabis

m.; taco *m.*; bocadillo *m.*

snail, sneil *s* caracol *m.*

snake, sneik *s* serpiente *f.*; culebra *f.*

snap, snAp *s* chasquido *m.*; (bite) dentellada *f.*; *v* chasquear; (break) romperse; (fingers) castañetear; (animal) dentellear

snapshot, snAp´-shot *s* instantánea *f.*

snare, sné r *s* lazo *m.*; trampa *f.*; *v* poner trampas

snarl, snaarl *v* gruñir

snatch, snAch –from, *v* arrebatar; –at, echar mano

sneak, sniik *s* soplón *m.*; *v* (steal)´ratear; –away, escabullirse

sneer, snir *v* mofarse; *s* mofa *f.*

sneeze, sniis, *v* estornudar; *s* estornudo *m.*

sniff, snif *v* husmear; (smell) olfatear

snip, snip *s* tijeretada *f.*; *v* tijeretear

snipe, snaip *s* agachadiza *f.*; –r, tirador *m.*

snore, snór *v* roncar

snorkel, snór-kl *s* esnórquel *m*; respirador;

v nadar respirando por un tubo

snort, snoart *v* resoplar; *s* resoplido *m.*

snout, snaut *s* hocico *m.*; (pig) jeta *f.*

snow, snou *v* nevar; nieve *f.*; —**bound,** *a* sitiado por la nieve; –**drop,** campanilla blanca *f.*; –**storm,** nevada *f.*

snub, snŏb *s* desaire *m.*; *v* desairar

snub-nose, snŏb´-nous *s* nariz chata *f.*

snuff, snŏf *s* rapé *m.*; tabaco en polvo *m.*

snug, snŏg *a* cómodo; abrigado

so, sou *adv* así; así pues; por tanto; tan

soak, souk *v* remojar; empapar

soap, soup *s* jabón *m.*

soar, sór *v* remontarse; cernerse

sob, sob *s* sollozo *m.*; *v* sollozar

sober*, sou´-ba *a* sobrio; moderado

sociable, sou´-sha-bl *a* sociable

social*, sou´-shal *a* social; –**ism,** *s* socialismo *m.*; –**ist,** socialista *m.*

society, so-sai´-i-ti *s* sociedad *f.*

sock, sok *s* calcetín *m.*

socket, sok´-it *s* encaje *m.*; (eyes) cuenca *f.*; (teeth) alvéolo *m.*

sod, sod *s* tépmano *m.*

soda, sout´-da *s* sosa *f.*; —**water,** agua de soda *f.*

sofa, sou-*fa s* sofá *m.*

soft*, soft *a* blando; muelle; –**en,** *v* ablandar

soft drink, soft dring-k *s* bebida *f.*; no alcohólica; bebida *f.*; refrescante

softness, soft´-nes *s* blandura *f.*

software, soft-uer *s* software *m.*; elementos de programación

soil, soil *s* tierra *f.*; *v* manchar; ensuciar

sojourn, sŏCH´-ern *s* estancia *f.*; *v* morar

solace, sol´-as *s* consuelo *m.*; *v* consolar

solder, sol´-da *v* soldar; *s* soldadura *f.*

soldier, soul´-CH *a s* soldado *m.*

sole, soul *s* suela *f.*; (fish) lenguado *m.*; *v* echar suelas; *a** único; solo

solemn*, sol´-em *a* solemne

solicit, so-lis´-it *v* solicitar

solicitor, so-lis´-i-ta s
abogado m.

solicitude, so-lis´-i-tiuud s
solicitud f.

solid*, sol´-id a sólido;
macizo; firme; **–arity,** s
solidaridad f.; **–ify,** v
solidificar

solitary, sol´-i-ta-ri a
solitario

solitude, sol´-i-tiuud s
soledad f.

soluble, sol´-iu-bl a
soluble

solution, so-liuu´-shon s
solución f.

solve, solv v resolver

solvency, sol´-ven-si s
solvencia f.

solvent, sol´-vent a
disolvente; s disolvente
m.

sombre*, som´-ber a
sombrío

some, sŏm a & pron
alguno; un; algún;
cierto; un poco de; algo
de; unos pocos; **–body,** s
alguien m.; **–how,** adv
de algún modo; **–one,** s
alguno m.; **–thing,** algo
m.; **–times,** adv a veces;
algunas veces; **–what,**
algo; un poco; **–where,**
en alguna parte

someone, sŏm-uŏn pron =

somebody alguien

somersault, sŏm´-er-soult
s salto mortal m.

somnambulist, som-nam´-
biu-list s somámbulo m.

son, sŏn s hijo m.; **—in-
law,** yerno m.

sonata, so-naa´-ta s sonata
f.

song, song s canción f.;
canto m.

soon, suun adv pronto; **as
–as,** tan pronto como;
how –? ¿cuándo?

soot, sut s hollín m.

soothe, suuD v calmar;
(pacify) apaciguar

sorcerer, só r´-ser-a s
hechicero m.; brujo m.

sorcery, sór´-ser-i s
hechicería f.; brujería f.

sordid*, soar´-did a
sórdido; bajo; vil

sore, sór s llaga f.;
(animal's) matadura f.
a* dolorido; doloroso;
(throat, etc) mal de…

sorrel, sor´-el s acedera f.;
a alazán

sorrow, sor´-ou s dolor m.;
pesar m.; v afligirse

sorrowful*, sor´-ou-ful a
afligido; triste

sorry, sor´-i a pesaroso; I
am –, lo siento

sort, soart s especie f.;

clase f.; v clasificar

soul, soul s alma f.

sound, saund v sonar;
(naut) sondear; a
(health) robusto;
(character) recto;
(sleep) profundo; s
sonido m.; (bells) tañido
m.; (channel) estuario
m.; **–ing,** (naut) sondeo
m.; **–track,** s cinta
magnetofónica f.; pista
sonora f.

soup, suup s sopa f.; **—
tureen,** sopera f.

sour*, saur a agrio; (fig)
desabrido; rancio

source, só rs s fuente f.;
origen m.

south, sauz s sur m.; sud
m.

southerly, soz´-er-li a del
sur; meridional

souvenir, su-vi-niir´ s
recuerdo m.

sovereign, sov´-er-in s
soberano m.; a supremo;
(remedy) eficaz

sow, sau s cerda f.; puerca
f.

sow, sou v sembrar; **–er,** s
sembrador m.

space, speis s espacio m.;
período m.; **–craft,** s
nave espacial f.

spacious*, spei´-shos a

espacioso

spade, speid s azada f.;
(cards) espadas f. pl

span, spAn s palmo m.;
(architecture) tramo m.;
v extenderse sobre

spangle, spAng´-gl s
lentejuela f.

spaniel, spAn´-yel s perro
de aguas m.

spanner, spAn´-a s llave
de tuercas f.

spar, spaar v boxear; s
(naut) mástil m.

spare, spér v perdonar;
(grant) hacer el favor de

sparing*, spé´-ring a
frugal; económico

spark, spaark v chispear; s
chispa f.

sparkle, spaar´-kl v
centellear; (wine)
espumar

sparrow, spAr´-ou s
gorrión m.

spasm, spa s m s espasmo
m.; **–odic,** a
espasmódico

spatter, spAt´-a v salpicar

spawn, spoan s huevas f.
pl; v desovar

speak, spiik v hablar; **–er,**
s orador m.

spear, spir s lanza f.; v
alancear

special*, spesh´-al a

especial

speciality, spesh-i-al´-i-ti s
especialidad f.

specie, spii´-shii s moneda
f.

species, spii´-shii-es s
especie f.; género m.

specific, spe-si-fik s
específico m.; aspectos
m. pl; concretos; a
específico; expreso;
explícito

specification, spes-i-fi-
kei´-shon s
especificación f.

specify, spes´-i-fai v
especificar; detallar

specimen, spes´-i-men s
ejemplar m.; muestra f.

specious*, spii´-shos a
especioso; plausible

speck, spek s mota f.

spectacle, spek´-ta-kl s
espectáculo m.

spectacles, spek´-ta-kls s
(optical) gafas f. pl

spectator, spek´-tei´-ta s
espectador m.

spectre, spek´-tr s espectro
m.; fantasma m.

speculate, spek´-iu-leit v
especular; reflexionar

speech, spiich s habla m.;
(discourse) discurso m.;
–less, a (fig) mudo

speed, spiid s rapidez f.;

velocidad f.; **–ometer,** s
velocímetro m.; **–y,** a
veloz; **– limit,** s
velocidad f. máxima;
límite f.; de velocidad

spell, spel s hechizo m.; v
deletrear

spend, spend v gastar;
–thrift, s pródigo m.

sphere, sfir s esfera f.

spice, spais s especia f.; v
condimentar

spicy, spai´-si a aromático;
(fig) picante

spider, spai´-da s araña f.

spike, spaik s punta f.;
clavo m.; v clavar con
punta

spill, spil v derramar

spin, spin v hilar; (turn)
girar; **–drier,** s máquina
secadora f.; **–ning,** s
hilado m.

spinach, spin´-iCH s
espinaca f.

spinal, spai´-nl a espinal;
vertebral

spindle, spin´-dl s huso
m.; (axle) eje m.

spine, spain s espina
dorsal f.

spinster, spin´-sta s soltera
f.

spiral, spai´-rl a espiral; s
espira f.

spire, spair s chapitel m.;

spirit, spir´-it s espíritu m.; alcohol m.; (animation) brío m.; **-ed,** a brioso; (bold) valiente; **-ual,** espiritual; **-ualist,** s espiritista m.

spit, spit v escupir; s salvia f.; (roasting) asador m.; **-toon,** escupidera f.

spite, spait v despechar; vejar; s despecho m.; **-ful*,** a despechado; rencoroso; **in -of,** a pesar de

splash, splAsh v salpicar; (play) chapotear

splendid*, splen´-did a espléndido; magnífico

splendour, splen´-dr s esplèndor m.

splint, splint s (surgical) tablilla f.

splinter, splin´-ta s astilla f.; v hacer astillas

split, split v hender; s hendedura f.

spoil, spoil v echar a perder; (child, etc) mimar

spoke, spouk s rayo de rueda m.

spokesman, spouks´-mAn s portavoz m.

sponge, sponCH s esponja f.; v esponjar

sponsor, spon´-sr s fiador m.; (baptism) padrino m.

spontaneous*, spon-tei´-ni-os a espontáneo

spool, spuul s canilla f.; carrete m.; bobina f.; v devanar

spoon, spuun s cuchara f.; **-ful,** cucharada f.

sport, spó rt s deporte m.; **-ive,** a deportivo

sportsman, spó rts´-mAn s deportista m.

spot, spot v manchar; s mancha f.; (place) sitio m.; lugar m.; **-less,** a sin mancha

spouse, spaus s esposo m.; esposa f.

spout, spaut s (outlet) canalón m.; (jug or pot) pico m.; caño m.; v brotar; borbotar

sprain, sprein v torcer; discalorase; s torcedura f.

sprat, sprAt s arenque m.

sprawl, sproal v despatarrar

spray, sprei s (branch) ramita f.; (water) rociada f.; v rociar; (med) pulverizar

sprayer, sprei´-a s pulverizador m.

spread, spred v extender;

(on bread, etc) untar; (news) divulgar; **-out,** desplegar

sprig, sprig s ramito m.; (off-shoot) vástago m.

sprightly, sprait´-li a alegre; vivo; despierto

spring, spring s primavera f.; (leap) salto m.; (water) manantial m.; (metal) resorte m.; muelle m.; v saltar

sprinkle, spring´-kl v espolvorear; (water) rociar

sprout, spraut v brotar; s brote m.

spruce, spruus s abeto m.; a elegante

spur, spĕr s espuela f.; v espolear

spurious*, spiu´-ri-os a falso

spurn, spĕrn v desdeñar; despreciar

spy, spai s espía m.; v espiar

squabble, skuob´-l s riña f.; v reñir; disputar

squad, skuod s (mil) pelotón m.; **-ron,** (mil) escuadrón m.; (naval) escuadrilla f.

squalid*, skuol´-id a escuálido

squall, skuoal s (wind)

chubasco m.; v (scream) chillar

squalor, skuoal´-r s escualidez f.; suciedad f.

squander, skuon´-da v derrochar; malgastar

square, skuér s cuadrado m.; (public) plaza f.; a* cuadrado

squash, skuosh v aplastar; (fig) apretar; s presión m.

squat, skuot v ponerse en cuclillas; agacharse; a rechoncho

squeak, skuiik v chillar; (bearings, etc) chirriar

squeeze, skuiis v estrujar; (cuddle) apretar

squid, skuid s calamar m.

squint, skuint v bizquea ; s bizco m.

squirrel, skuir´-l s ardilla f.

squirt, skuĕrt v jeringar; s jeringa f.

stab, stAb v apuñalar; s puñalada f.

stability, sta-bil´-i-ti s estabilidad f.

stable, stei´-bl s caballeriza f.; establo m.; a estable; fijo

stack, stAck s (wood) pila f.; (hay) niara f.; (chimney) chimenea f.;

v amontonar

stadium, steii-di-um s estadio m.

staff, staaf s cayado m.; (employees) personal m.; (mil) estado mayor m.; **flag—**, asta f.

stag, stAg s ciervo m.

stage, steiCH s escenario m.; escena f.; (hall) tablado m.; (period) fase f.; v poner en escena

stagger, stAg´-a v tambalearse; (fig) asombrar

stagnate, stAg´-neit v estancarse

staid*, steid a grave; sosegado

stain, stein v teñir; (soil) manchar; s tinte m.; mancha f.; **—less**, a (steel) inoxidable

stair, ster s peldaño m.; escalón m.; **—s**, escalera f.

stake, steik s estaca f.; (wager) apuesta f.; v estacar; (wager) apostar

stale, steil a (bread, etc) viejo; (food) pasada

stalk, stoalk s tallo m.; v cazar al acecho

stall, stoal s (market) puesto m.; (theatre) butaca f.

stalwart, stoal´-uert a fornido; membrudo

stamina, stAm´-i-na s vigor m.

stammer, stAm´-a v tartamudear

stamp, stAmp s (rubber, etc) estampilla f.; (postage) sello de correo m.; v estampar; (postage) timbrar; (foot) patear

stampede, stAm-piid´ s estampida f.

stand, stAnd v estar de pie; (place) colocar; (endure) soportar; s tribuna f.; pedestal m. (market) puesto m.; (resistance) resistencia f.; **—still**, parada f.

standard, stAn´-dard s estandarte m.; a de ley; clásico; **—ize**, v uniformar; unificar; tipificar

standing, stAn´-ding a permanente; s posición f.; **—room**, sitio para estar de pie m.

staple, stei´-pl s armella f.; a corriente

star, staar s estrella f.; **—ry**, a estrellado

starboard, staar´-bó rd s (naut) estribor m.

starch, staarch s almidón m.; v almidonar

stare, stér v fijar la vista; s mirada fija f.

starling, staar´-ling s estornino m.

start, staart s comienzo m. principio m.; (shock) sobresalto m.; v (commence) comenzar; principiar; (mech) poner en marcha; (leave) salir

startle, staar´-tl v asustar

starvation, staar-vei´-shon s hambre m.; inanición f.

starve, staarv v morir de hambre

state, steit v declarar; s estado m.; (condition) condición f.; (pompa) pompa f.; **–ly,** a majestuoso; **–ment,** s declaración f.; (account) estado de cuentas m.

statesman, steits´-man s estadista m.

station, stei´-shon s estación f.; (position) posición f.; v apostar

stationary, stei´-shon-a-ri a estacionario

stationer, stei´-shon-a s papelero m.

stationery, stei´-shon-a-ri

s papelería f.

statistics, stA-tis´-tiks s estadística f.

statue, stAt´-iu s estatua f.

statute, stAt´-iuut s estatuto m.; ley f.

staunch, stoanch a* constante; v estancar

stave, steiv s duela f.; **–in,** v desfondar

stay, stei s estancia f.; v permanecer; quedarse

stays, steis s corsé m.

stead, sted s lugar m.; sitio m.; **in–of,** adv en lugar de

steadfast, sted´-fast a constante; determinado

steady, sted´-i a firme; (reliable) formal; estable; (markets) firme

steak, steik s (beef) filete m.

steal, stiil v robar; hurtar

stealth, stelz s recato m.; cautela f.; **by –,** a hurtadillas

steam, stiim s vapor m.

steamer, stii´-ma s buque de vapor m.

steel, stiil s acero m.

steep, stiip v empapar; a empinado

steeple, stii´-pl s campanario m.

steer, stir v gobernar;

(motor) conducir; s novillo m.; **–age,** proa f.; entrepuente m.

stem, stem s tallo m.; (glass) pie m.; v contrarrestar

stench, stench s hedor m.

stenographer, sten-og´-raf-a s taquígrafa f.; estenógrafa f.

step, step v dar un paso; s paso m.; (stair) peldaño m.; **–father,** padrastro m.; **–mother,** madrastra f.; **–brother,** s hermanastro m.; **– sister,** s hermanastra f.

stepladder, step-lAd´-a s escalera doble o de tijera

stereo, ste-rii-o abbr of **stereophonic** estéreo

stereophonic*, ster-rio-fon´-ik a estereofónico

sterile, ster´-il a estéril

sterilize, ster´-i-lais v esterilizar

sterling, stěr´-ling s esterlina f.; a genuino; puro

stern, stěrn s (naut) popa f.; a* austero; severo

stevedore, stii´-vi-dor s estibador m.

stew, stiuu s estofado m.; v estofar

steward, stiuu´-erd s

camarero m.; (estate)
mayordomo m.; **–ess,** s
auxiliar mf.; de vuelo;
azafata f.; camarera f.

stick, stik v (affix) pegar; s
palo m.; (walking)
bastón m.; **–y,** a
pegajoso

stiff, stif a tieso; yerto;
–en, v atiesar

stifle, stai´-fl v sofocar;
ahogar

stigmatize, stig´-ma-**tais** v
estigmatizar

stile, stail s portillo m.;
turn–, torniquete m.

still, stil s (distil)
alambique m.; v (to
calm) calmar; a quieto;
adv aún; todavía; conj
(yet) sin embargo

stimulate, stim´-iu-**leit** v
estimular

sting, sting v picar;
(nettle) ortigar; s
aguijón m.

stingy, stin´-CHi a avaro;
mezquino

stink, stink v heder;
apestar; s hedor m.

stint, stint v limitar;
restringir; escatimar

stipend, stai´-pend s (eccl)
estipendio m.

stipulate, stip´-iu-**leit** v
estipular

stipulation, stip-iu-lei´-
shon s estipulación f.

stir, stër v revolver;
moverse; s alboroto m.

stirrup, stër-op s estribo
m.

stitch, stich v dar
puntadas; s puntada f.;
(pain) punzada f.

stock, stok v vender;
poner en surtido; s (tree)
tronco m.; (gun) caja f.;
(flower) alelí m.;
(goods) existencias f. pl;
(live) ganado m.; **–
book,** libro de
inventarios m.; **–broker,**
corredor de bolsa m.; **–
exchange,** bolsa f.; **–s,**
(securities) acciones f.
pl; valores m. pl;
(pillory) cepo m.; **–size,**
tamaño normal m.; **–
taking,** inventario m.

stocking, stok´-ing s
media f.; calceta f.

stoke, stouk v alimentar;
–r, s fogonero m.

stolid,* stol´-id a estólido;
impasible

stomach, stŏm´-ak s
estómago m.; **–ache,**
dolor de estómago m.

stone, stoun v apedrear; s
piedra f.; (pebble) guijo
m.

stool, stuul s banqueta f.;
(med) bacín m.

stoop, stuup, v agacharse;
(fig) humillarse

stop, stop s parada f.;
(interruption) pausa f.;
(punctuation) punto m.;
v parar; pararse;
(payment) suspender;
(teeth) empastar;
(cease) cesar; **–up,** cegar

stopper, stop´-a s tapón
m.; obturador m.

storage, stou´-reiCH s
almacenaje m.

store, stór s (shop) tienda
f.; (departmental)
almacén m.; v almacenar

stork, stoark s cigüeña f.

storm, stoarm v asaltar; s
tempestad f.

stormy, stoar´-mi a
tempestuoso

story, stó´-ri s cuento m.
historia f.; (floor) piso
m.

stout*, staut a corpulento;
(strong) fuerte

stove, stouv v estufa f.;
(range) fogón m.

stow, stou v hacinar;
(naut) estivar

stowaway, stou´-a-uei s
polizón m.

straggle, strAg´-l v
desparramarse; (stray)

extraviarse

straight*, streit *a* derecho;
directo; **–en,** *v*
enderezar; **–forward,*** *a*
recto; sincero

strain, strein *s* esfuerzo *m*.;
(music) acorde *m*.;
(pull) tirantez *f*.; *v*
esforzarse; (strecht)
estirar; (tendon) torcer;
(liquid) colar

strainer, strein´-na *s*
colador *m*.

straits, streits *s pl*
(channel) estrecho *m*.

strand, strAnd *v* (naut)
encallar; *s* playa *f*.;
(hair) trenza *f*.

strange*, streinCH *a*
extraño; (peculiar) raro

stranger, strein´-CH *a s*
forastero *m*.; extraño *m*.

strangle, strAng´-gl *v*
estrangular

strap, strAp *v* atar con
correas; *s* correa *f*.

strategy, strAt-a-CHi *s*
estrategia *f*.

straw, stroa *s* paja *f*.

strawberry, stroa´-ber-i *s*
fresa *f*.

stray, strei *v* extraviarse;
descarriarse; *a*
extraviado

streak, striik *s* raya *f*.; *v*
rayar

streaky, striik´-i *a* rayado

stream, striim *v* correr; *s*
corriente *f*.; (small)
arroyo *m*.

street, striit *s* calle *f*.

street plan, striit-plAn *s*
plano *m*.

streetwise, striit-uais *a*
pícaro; experimentado
en la vida callejera

strength, strengz *s* fuerza
f.; **–en,** *v* fortificar;
reforzar; (health)
fortalecer

strenuous*, stren´-iu-os *a*
estrenuo; enérgico

stress, stres *s* (pressure)
fuerza *f*.; (urge) urgencia
f.; *v* acentuar

stretch, strech *v* estirar; *s*
extensión *f*.; distancia *f*.

stretcher, strech´-a *s*
camilla *f*.; tendedor *m*.

strew, struu *v* esparcir;
desparramar

strict*, strikt *a* estricto;
riguroso

stride, straid *v* andar a
trancos; *s* tranco *m*.

strife, straif *s* contienda *f*.;
riña *f*.; disputa *f*.

strike, straik *v* (work)
declararse en huelga;
(smite) pegar, golpear;
(lightning) herir;
(match) encender; *s*

huelga *f*.; paro *m*.; **–off,**
–out, *v* (delete) borrar

striker, straik´-a *s* (work)
huelguista *m*.

string, string *s* cordel *m*.;
(thin) bramante *m*.;
(violin) cuerda *f*.; *v*
(beads) ensartar

stringency, strin´-CHen-si
s rigor *m*.; aprieto *m*.

strip, strip *s* tira *f*.; *v*
desnudar

stripe, straip *s* raya *f*.;
(mil) galón *m*.; *v* rayar

strive, straiv *v* esforzarse

stroke, strouk *s* toque *m*.;
(med) ataque *m*.;
(piston) carrera *f*.; (pen)
trazo *m*.; *v* acariciar

stroll, stroul *v* pasearse; *s*
paseo *m*.

strong*, strong *a* fuerte;
sólido; (light) brillante

strop, strop *s* asentador
m.; *v* asentar

structure, strŏk´-tiur *s*
construcción *f*.

struggle, strog´-l *v* luchar;
s lucha *f*.

strut, strŏt *v* pavonearse;
s (brace) riostra *f*.

stubborn*, stŏb´-ern *a*
testarudo; obstinado

stud, stŏd *s* tachón *m*.;
(collar) botón *m*.;
(breeding) yeguada *f*.; *v*

tachonar

student, stiuu´-dent s
estudiante m.

studio, stiuu´-di-ou s
estudio m.

studious*, stiuu´-di-os a
estudioso

study, stŏd´-i s estudio m.;
(room) escritorio m.; v
estudiar

stuff, stŏf v rellenar;
(preserve) empajar; s
(cloth) tela f.; (suiting)
paño m.

stuffing, stŏf´-ing s
relleno m.

stumble, stŏm´-bl v dar un
traspié; tropezar

stump, stŏmp s tocón m.;
(arm, leg) muñón m.;
(tooth) raigón m.;
(cricket) palo m.

stun, stŏn v aturdir;
–ning, a (fig) pasmoso

stunt, stŏnt s maniobra
sensacional f.

stunted, stŏnt´-id a
achaparrado

stupefy, stiuu´-pi-fai v
causar estupor

stupendous*, stiu-pen´-
dos a estupendo

stupid*, stiuu´-pid a
tonto; estúpido

stupidity, stiuu-pi´-di-ti s
estupidez f.

stupor, stiuu´-pr s estupor
m.

sturdy, stër´-di a fuerte;
vigoroso

sturgeon, stër´-CH on s
esturión m.

stutter, stŏt´-a v
tartamudear

sty, stai s pocilga f.; (med)
orzuelo m.

style, stail s estilo m.;
moda f.

stylish, stai´-lish a
elegante: a la moda

subdue, sŏb-diuu´ v
sojuzgar; (tame)
amansar

subject, sŏb-CHek´ v
sujetar; obligar

subject, sŏb´-CHekt s
sujeto m.; (national)
súbdito m.

subjection, sŏb-CHek´-
shon s sujeción f.

subjunctive, sŏb-
CHŏngk´-tiv s
subjuntivo m.

sublime, sŏb-laim´ a
sublime

submarine, sŏb-ma-riin´ s
& a submarino m.

submerge, sŏb-mër CH´ v
sumergir

submission, sŏb-mish´-on
s sumisión f.

submit, sŏb´-mit´ v

someter; someterse

subordinate*, sŏb-or´-di-
neit a subordinado

subscribe, sŏb-skraib´ v
subscribir; (papers)
abonarse; –r, s
subscriptor m.; abonado
m.

subscription, sŏb-skrip´-
shon s subscripción f.;
abono m.

subsequent*, sŏb´-si-
kuent a subsecuente

subservient, sŏb-sër´-vi-
ent a subordinado

subside, sŏb-said´ v
hundirse; (water) bajar

subsidy, sŏb´-si-di s
(grant) subvención f.

subsist, sŏb-sist´ v
subsistir

substance, sŏb´-stance s
sustancia f.; esencia f.

substantial*, sŏb-stan´-
shal a substancial

substantiate, sŏb-stan´-
shi-eit v verificar

substitute, sŏb´-sti-tiuut s
substituto m.; (proxy)
suplente m.; v substituir

subterranean, sŏb-ter-rei´-
nii-an a subterráneo

subtitle, sŏb-tai´-tl s
subtítulo m.; v subtitular

subtle, sŏt´-l a sutil

subtract, sŏb-trAkt´ v

substraer

suburb, sŏb´-ĕrb s suburbio m.

subversive, sŏb-ver´-siv a subversivo

subway, sŏb´-uei s pasaje subterráneo m.; túnel m.; metro m.

succeed, sŏk-siid´ v suceder; (achieve) lograr; **–to,** (inherit) heredar

success, sŏk-ses´ s éxito m.; acierto m.; **–ful*,** a eficaz; próspero; **–ion,** s sucesión f.

successor, sŏk-ses´-a s sucesor m.

succour, sŏk´-er s socorro m.; v socorrer

succumb, sŏk-ŏm´ v sucumbir

such, sŏch a tal; igual; **–a,** tal; igual

suck, sŏk v chupar; **–le,** amamantar

suction, sŏk´-shon s succión f.

sudden*, sŏd´-n a repentino; súbito

sue, siuu v demandar en justicia

suede, sui-eid s ante m.; gamuza f.

suet, siuu´-et s sebo en rama m.

suffer, sŏf-a v sufrir; soportar; **–ing,** s sufrimiento m.; a paciente; **on –ance,** con tolerancia

suffice, sŏ-fais´ v bastar; ser suficiente

sufficient*, sŏ-fish´-ent a suficiente

suffocate, sŏf´-o-keit v sofocar

sugar, shu´-ga s azúcar m.; **–tongs,** tenacillas f. pl

suggest, sŏ-CHest´ v sugerir; (advise) aconsejar; **–ion,** s sugestión f.; idea f.; **–ive,** a sugestivo

suicide, siuu´-i-said s suicidio m.

suit, siuut v convenir; (dress, climate) sentar bien; s traje m.; (law) pleito m.; **–able,** a apropiado; **–or,** s (wooer) pretendiente m.

suitcase, suut-keis s maleta f.; valija f.

suite, suiit s (retinue) séquito m.; apartamento m.; (furniture) juego m.

sulk, sŏlk v amurriarse; **–y,** a murriático

sullen*, sŏl´-n a sombrío; hosco

sulphur, sŏl´-fr s azufre m.

sultry, sŏl´-tri a bochornoso

sum, sŏm s suma f.; **–up,** v resumir

summary, sŏm´-a-ri s resumen m.; a (law) sumario

summer, sŏm´-a s verano m.

summit, sŏm´-it s cima f.; cumbre f.

summon, sŏm´-n v citar; (call) llamar

summons, sŏm´-n s s (legal) citación f.

sumptuous*, sŏmp´-tiu-os a suntuoso

sun, sŏn s sol m.; **–beam,** rayo de sol m.; **–dial,** reloj de sol m.; **–ny,** a soleado; **–rise,** s salida del sol f.; amanecer m.; **–set,** puesta del sol f.; **–shine,** luz del sol f.; **–stroke,** insolación f.

sunbathe, sŏn´-beiD v tomar el sol

sunblock, sŏn´-blok s filtro m.; solar

sunburn, sŏn´-bĕrn s quemadura f.; de sol

sun cream, sŏn´-kriim s crema f.; bronceadora; bronceador

Sunday, són-di s domingo m.

sundries, sŏn´-dris s pl
géneros varios m. pl

sundry, sŏn´-dri a vario;
diverso

sunglasses, sŏn´-glaas-es
spl gafas f. pl; de sol

sunken, sŏng´-kn a
hundido

sunlight, sŏn´-lait s sol
m.; luz f.; del sol; luz f.;
solar

sunstroke, sŏn´-strouk s
insolación f.

suntan, sŏn´-tAn s
bronceado m.

sup, sŏp v cenar; **–per,** s
cena f.

super, siuu´-per s
(theatrical) comparsa
mf.; **–annuation,** s
pensión f.; **–cillious,** a
arrogante; **–ficial,**
superficial; **–fine,** super-
fino; **–intend,** v vigilar;
–intendent, s
superintendente m.;
–natural, lo
sobrenatural n.; **–sede,** v
reemplazar; **–vise,**
inspeccionar; **–vision,** s
vigilancia f.

supermarket, suu-pĕr-
maar´-ket s
supermercado m.

superb*, siu-pĕrb´ a
soberbio

superfluous*, siuu-pĕr´-
flu-os a superfluo

superior*, siuu-pi´-ri-a a
superior

superlative, siuu-pĕr´-la-
tiv s & a* superlativo m.

superstitious*, siuu-pĕr-
stish´-os a supersticioso

supplant, so-plaant´ v
suplantar

supple, sŏp´-l a flexible

supplement, sŏp´-li-ment
s suplemento m.

supplicant, sŏp´-li-kant s
& a suplicante mf.

supplier, sŏp´-lai-a s
proveedor m.;
suministrador m.

supply, so-plai´ v proveer;
s provisión f.

support, so-pó rt´ s (prop)
puntal m.; (moral)
sostén m.;
(maintenance)
manutención f.; v
apuntalar; sostener;
mantener

suppose, so-pous´ v
suponer

supposition, so-pous -i´-
shon s suposición f.

suppress, so-pres´ v
suprimir; (conceal)
ocultar

supremacy, siu-prem´-a-si
s supremacía f.

supreme*, siu-priim´ a
supremo

surcharge, ser-chaardCH´
(postal) recargo m.; v
recargar

sure*, shú r a seguro
cierto

surety, shú r´-ti s (bail)
fianza f.; (person) fiador
m.

surf, sĕrf s oleado m.

surface, sĕr´-fis s superficie
f.

surfboard, sĕrf´-bórd s
tabla f (de surf)

surfing, sĕrf´-ing s surf m.

surge, sĕr CH v
embravecerse; s oleaje
m.

surgeon, sĕr´-CH on s
cirujano m.

surgery, sĕr´-CH er-i s
cirugía f.

surgical, sĕr´-CHi-kal a
quirúrgico

surly, sĕr´-li a rudo; (dog)
arisco

surmise, ser-mais´ v
conjeturar; s conjetura f.

surmount, ser-maunt´ v
(overcome) vencer

surname, sĕr´-neim s
apellido m.

surpass, ser-pass´ v
superar; aventajar

surplus, sĕr´-plos s

sobrante m.; excedente m.

surprise, ser-prais´ v sorprender; s sorpresa f.

surrender, se-ren´-da s (mil) rendición f.; v rendirse; (cede) ceder

surround, se-raund´ v rodear; (mil) cercar

surroundings, se-raund´-ings s alrededores m. pl

survey, sĕr´-vei s (land, etc) medición f.; v medir; (look at) inspeccionar; –or, s topógrafo m.

survival, ser-vai´-vl s supervivencia f.

survive, ser-vaiv´ v sobrevivir

survivor, ser-vai´-vr s sobreviviente m.

susceptible, so-sep´-ti-bl a susceptible

suspect, sos-pekt´ v sospechar; s sospechosa f.

suspend, sos-pend´ v suspender; (defer) aplazar

suspenders, sos-pen´-ders s pl; ligas f. pl

suspense, sos´-pens s incertidumbre f.

suspension, sos-pen´-shon s suspensión f.; –**bridge,**

puente colgante m.

suspicion, sos-pish´-on s sospecha f.

suspicious*, sos-pish´-os a sospechoso

sustain, sos-tein´ v sostener; mantener; sufrir

sustenance, sos´-ten-ans s sustento m.

swagger, suAg´-a v fanfarronear

swallow, suol´-ou s trago m.; sorbo m.; (bird) golondrina f.; v tragar

swamp, suomp s pantano m.; v (boat) echar a pique

swan, suon s cisne m.

swarm, suoarm s nube f.; (bees) enjambre m.; (people) multitud f.; v enjambrar; hormiguear

sway, suei v oscilar; dominar; influir; (reel) tambalear; s (power) poder m.; (influence) influjo m.

swear, suér v jurar; (curse) blasfemar

sweat, suet s sudor m.; v sudar

sweep, suiip v barrer; (chimney) deshollinar s (chimney) deshollinador m.; –**er,**

barrendero m.; (carpet) escoba mecánica f.

sweet, suiit a dulce; s (confection) golosina f.; (dinner, etc) dulces m. pl; –**bread,** lechecillas de ternera f. pl; –**en,** v endulzar; –**heart,** s novio m.; novia f.; –**ness,** dulzura f.; (smell) fragancia f.; –**pea,** guisante de olor m.

swell, suel s (sea) oleaje m.; v hinchar

swelling, suel´-ing s hinchazón f.

swerve, suĕrv desviarse; apartarse

swift, suift a veloz; rápido

swim, suim v nadar; s natación f.

swimmer, suim´-ma s nadador m.

swimming, suim´-ing n natación f.

swimming costume, suim´-ing kos´-tiuum s traje m.; de baño; bañador m.

swimming pool, suim´-ing puul s piscina f.

swimming trunks, suim´-ing trŏngks s pantalón m.; de baño; bañador m.

swindle, suin´-dl v estafar; s estafa f.

swindler, suin´-dla *s*
estafador *m*.

swine, suain *s* cerdo *m*.;
puerco *m*.

swing, suing *s* oscilación
f.; (child's) columpio
m.; *v* oscilar; balancear;
columpiarse; (whirl)
remolinar

switch, suich *s* (riding)
latiguillo *m*.; (electric)
conmutador *m*.; *v*
(train) desviar; – **off,**
(electric) cortar; – **on,**
poner

swivel, sui´-vel *s* eslabón
giratorio *m*.

swoon, swuun *v*
desmayarse; *s* desmayo
m.

swoop, swuup *v*
precipitarse; (bird)
arrebatar

sword, só rd *s* espada *f*.

sworn, suó rn *a*
juramentado

syllable, sil´-a-bl *s* sílaba *f*.

syllabus, sil´-a-bos *s* sílabo
m.; horario *m*.

symbol, sim´-bol *s* símbolo
m.

symmetry, sim´-et-ri *s*
simetría *f*.

sympathetic, sim-pa-zet´-
ik *a* simpático

sympathize, sim-pa-zais ´
v simpatizar

sympathy, sim´-pa-zi *s*
simpatía *f*.

symptom, simp´-tom *s*
síntoma *m*.

syndicate, sin´-di-keit *s*
sindicato *m*.

synonymous*, si-non´-i-
mos *a* sinónimo

synchronize, sin´-kro-nais
v sincronizar

syphilis, sif´-i-lis *s* sífilis *f*.

syphon, sai´-fon *s* sifón *m*.

syringe, sir´-inCH *s* jeringa
f.; *v* jeringar

syrup, sir´-op *s* jarabe *m*.;
almíbar *m*.; **fruit –,**
jarabe de frutas *m*.

system, sis´-tem *s* sistema
m.

tabernacle, tAb´-er-nak´l s tabernáculo m.

table, tei´-bl s mesa f.; (list) cuadro m.; — **cloth,** mantel m.; — **land,** meseta f.

table-spoon, tei´-bl-spuun s cuchara f.

tablet, tab´-let s tableta f.; placa f.; pastilla f.

table tennis, tei´-bl ten´-is s tenis m.; de mesa; ping-pong m.

tack, tAk s tachuela f.; v clavar; (sew) hilvanar; (naut) virar

tackle, tAk´-l s (fishing) avíos de pescar m. pl; (naut) aparejo m.; v (attack) atajar

tact, takt s tacto m.; **–ful*,** a diplomático;

–less, falto de tacto; **–ics,** s táctica f.

tadpole, tAd´-poul s renacuajo m.

tail, teil s rabo m.; (comet) cola f.; (dress) faldón m.

tailor, tei´-lr s sastre m.

taint, teint v manchar; infectar; s mancha f.

take, teik v tomar; coger; (medicine) tomar; (accept) aceptar; (along) llevar; **–away,** llevar; **–care of,** cuidar de; **–off,** quitarse; (aero) elevarse

takings, tei´-kings s pl ingresos m. pl

talcum powder, tAl´-kŏm pau´-da s (polvos m. pl de) talco m.

tale, teil s narración f.; (fairy) cuento m.

talent, tAl´-ent s talento m.

talk, toak v hablar; conversar; s conversación f.

talkative, toak´-a-tiv a locuaz; charlatán

tall, toal a alto

tallow, tAl´-ou s sebo m.

tally, tAl´-i v (agree) concordar

talon, tAl´-on s garra f.

tame, teim a* domesticado; manso; v domesticar; (animals) domar; **–ness,** s mansedumbre f.; **–r,** domador m.

tamper, tAm´-pa **–with,** v entremeterse en

tampon, tAm´-pon s (med) tampón m.

tan, tAn v curtir; (sun) tostar; s casca f.; **–ner,** curtidor m.; **–nery,** tenería f.

tangerine, tAn´-CHe-rin s mandarina f.

tangible, tAn´-CHi-bl a tangible; palpable

tangle, tAng´-gl s enredo m.; embrollo m.; v enredar

tank, tAngk s aljibe m.;

(*mil*) tanque *m*.

tankard, tAng´-kerd *s*
pichel *m*.

tantalize, tAn´-ta-lais *v*
atormentar

tantamount, tAn´-ta-
maunt *a* equivalente

tap, tAp *s* golpecito *m*.;
(on shoulder, etc)
palmada *f*.; (cock) grifo
m.; (barrel) espita *f*.; *v*
llamar; (tree) sangrar;
(barrel) horadar

tape, teip *s* cinta *f*.;
(adhesive) cinta
adhesiva; (magnetic)
cinta magnética; *v*
(record) registrar cinta
magnética; —**measure,** *s*
cinta métrica; —**worm,**
solitaria *f*.; **red** —,(*fig*)
formalismo *m*.

taper, tei´-pa *v* terminar
en punta; *s* cirio *m*.

tapestry, tAp´-es-tri *s*
tapicería *f*.; (piece) tapiz
m.

tappet, tAp-et *s* tope de
empuje *m*.

tar, taar *s* brea *f*.; alquitrán
m.; *v* embrear

tardiness, taar´-di-nes *s*
lentitud *f*.

tardy, taar´-di *a* tardo;
(late) tardío

tare, tè *r s* (plant) cizaña

f.; (weight) tara *f*.

target, taar´-guet *s* blanco
m.

tariff, tAr´-if *s* tarifa *f*.

tarnish, taar-nish *v*
deslustrar; empañar

tarpaulin, taar´-poa´-lin *s*
lienzo empegado *m*.

tart, taart *s* tarta *f*.; *a**
ácido

task, taask *s* tarea *f*.; faena
f.

tassel, tAs´-el *s* borla *f*.

taste, teist *v* gustar; *s* gusto
m.; sabor *m*.; —**ful,** *a* de
buen gusto; —**less,**
insípido; soso

tasty, teis´-ti *a* sabroso

tatter, tAt´-a *s* andrajo *m*.;
harapo *m*.

tattered, tAt´-erd *a*
andrajoso

tattoo, ta-tuu´ *s* (*mil*)
retreta *f*.; *v* (the skin)
tatuar

taunt, toant *v* vituperar; *s*
vituperio *m*.

tavern, tAv´-ern *s* taberna
f.

tawdry, toa´-dri *a* charro;
chillón

tax, tAks *v* poner
impuestos; *s* impuesto
m.; contribución *f*.; —
payer, contribuyente *m*.

taxi, tAks´-i *s* taxi *m*.

tea, tii *s* té *m*.; —**pot,**
tetera *f*.

teach, tiich *v* enseñar; —**er,**
s maestro *m*.; profesor
m.

teaching, tiich´-ing *s*
enseñanza *f*.

team, tiim *s* (sport) equipo
m.; (horses) tronco *m*.;
(oxen) yunta *f*.

tear, tér *v* (rend) rasgar; *s*
rasgón *m*.

tear, tir *s* lágrima *f*.

tease, tiis *v* molestar;
(joke) embromar

teat, tiit *s* teta *f*.;
(dummy) chupete *m*.

technical*, tek´-ni-kl *a*
técnico

technique, tek-niik´ *s*
técnica *f*.

technology, tek-nol´-o-CHi
s tecnología *f*.

tedious*, tii´-di-os *a*
aburrido; pesado

tedium, tii´-di-ŏm *s* tedio
m.; fastidio *m*.

teem, tiim *v* abundar

teenager, tiin-eiCH-a *s*
quinceañero/a *mf*.;
adolescente *mf*.; joven
mf.

teething, tii´-Ding *s*
dentición *f*.

teetotaller, tii´-tou-t'la *s*
abstemio *m*.

telegram, tel´-i-grAm s
telegrama f.

telegraph, tel´-i-grAf v
telegrafiar; s telégrafo m.

telephone, tel´-i-foun v
telefonear; s teléfono m.

telephone box, tel´-i-foun
boks s cabina f.; de
teléfono; locutorio m.

telephone call, tel´-i-foun
koal s llamada f.
(telefónica)

telephone number, tel´-i-
foun nŏm´-ba s número
m.; de teléfono

telephoto, tel´-i-fou-to s
telefoto m.

telescope, tel´-i-skoup s
telescopio m.

television, tel´-i-vish-on s
televisión f.

television set, tel´-i-vish-
on set s aparato m.; de
televisión; televisor m.

tell, tel v decir; (relate)
contar

temper, tem´-pa s humor
m.; (steel) temple m.; v
templar

temperance, tem´-per-ans
s moderación f.;
sobriedad f.; a sobrio

temperate, tem´-per-et a
moderado

temperature, tem´-per-a-
tiur s temperatura f.;

(fever) fiebre f.

tempest, tem´-pest s
tempestad f.; tormenta
f.

temple, tem´-pl s templo
m.; (head) sien f.

temporary, tem´-po-ra-ri a
temporal

tempt, tempt v tentar;
–ation, s tentación f.

ten, ten s & a diez m.;
–th, décimo m.

tenable, ten´-a-bl a
defensible

tenacious*, ti-nei´-shos a
tenaz

tenacity, ti-nAs´-i-ti s
tenacidad f.

tenancy, ten´-an-si s
tenencia f.; inquilinato
m.

tenant, ten´-ant s
inquilino m.

tend, tend v guardar;
(nurse) cuidar

tendency, ten´-den-si s
tendencia f.

tender, ten´-da v ofrecer; s
oferta f.; (public)
sumisión f.; a* tierno;
(sensitive) sensitivo; --
hearted, compasivo;
–ness, s (affection)
ternura f.

tenement, ten´-i-ment s
habitación f.; vivienda

f.

tennis, ten´-is s tenis m.

tennis court, ten´-is kórt s
pista f.; de tenis; cancha
f.; de tenis.

tennis racket, ten´-is
rAk´-et s raqueta f.; de
tenis

tenor, ten´-or s tenor m.;
(purport) substancia f.

tense, tens a* tenso;
tirante; s (grammar)
tiempo m.

tension, ten´-shon s
tensión f.; tirantez f.

tent, tent s tienda de
campaña f.

tentative*, ten´-ta-tiv a
tentativo

tenure, ten´-iur s tenencia
f.

tepid, tep´-id a tibio

term, tĕrm s término m.;
(time) período m.

terminal, tĕr´-mi-nal a
(disease) mortal;
terminal; s comput
terminal m.; (coach)
(estación f.) terminal f.;
(air) terminal

terminate, tĕr´-mi-neit v
terminar

terminus, tĕr´-mi-nos s
estación terminal f.

terms, tĕrms s pl
condiciones f. pl;

terrace, ter´-is s terraza f.

terrible, ter´-i-bl a terrible

terrific, ter-if´-ik a terrífico; formidable

terrify, ter´-i-fai v aterrar

territory, ter´-i-to-ri s territorio m.

terror, ter´-or s terror m.; espanto m.

terrorise, ter´-or-ais v aterrorizar

terrorist, ter´-or-ist s terrorista mf.

terse*, tĕrs a conciso; breve

test, test v probar; ensayar; s prueba f.; ensayo m.; examen m.; **–ify,** v testificar; **–imonial,** s recomendación f.; (presentation) testimonial m.; **–imony,** testimonio m.

testicle, tes´-ti-kl s testículo m.

tether, teD´-a s traba f.; v estacar

text, text s texto m.; **– book,** libro de texto m.

textile, tex´-tail a textil

texture, tex´-tiur s tejido m.; textura f.

than, DAn conj que; de

thank, zAngk v agradecer; **–you!** interj ¡gracias!;

–ful*, a agradecido; **–less,** desagradecido; **–s,** s pl gracias f. pl; **–s to,** gracias a

thanksgiving, zAngks´- guiv-ing s acción de gracias f.

that, DAt a ese m.; esa f.; aquel m.; aquella f.; pron ése m.; ésa f.; eso n.; aquel m.; aquella f.; aquello n.; relative pron que; conj que; para que; **–is,** es decir; **–one,** aquel; aquella

thatch, zAch s barda f.; v bardar

thaw, zoa s deshielo m.; v deshelar

the, De art el; la; lo; los; las

theatre, zii´-a-ta s teatro m.

theft, zeft s robo m.; (petty) hurto m.

their, Dér poss adj su; suyo; suya; de ellos; de ellas

theirs, Dérs pron el suyo; la suya; los suyos; las suyas

them, Dem pron los; las; les; ellos; ellas

theme, ziim s tema m.

themselves, Dem-selvs ´ pron ellos mismos; ellas mismas; sí mismos

then, Den adv entonces; luego; conj pues

thence, Dens adv desde allí

thenceforth, Dens-fórz´ adv desde entonces

theology, zi-ol´-o-CHi s teología f.

theoretical*, zi-o-ret´-i-kal a teórico

theory, zii´-o-ri s teoría f.

therapy, ze´-ra-pi s terapia f.

there, Dér adv allí; allá; ahí; **–about,** por allí; **–after,** después; **–by,** de este modo; **–fore,** por consiguiente; **–from,** de allí; de allá; **–in,** en eso; en esto; **–upon,** en consecuencia; **–with,** con eso

thermal, zĕr´-ml a termal

thermometer, zĕr-mom´-i-ter s termómetro m.

thermostat, zĕr-mou-stAt s termostato m.

these, Diis pron & a estos; estas

thesis, zi´-sis s tesis f.; disertación f.

they, Dei pers pron ellos m.; ellas f.

thick*, zik a grueso; denso; (liquids) espeso; **–en,** v espesar; **–et,** s

matorral *m.*; **–ness,**
grosor *m.*; espesura *f.*;
densidad *f.*

thief, ziif *s* ladrón *m.*

thieve, ziiv *v* (theft)
hurtar; (robbery) robar

thigh, zai *s* muslo *m.*

thimble, zim´-bl *s* dedal *m.*

thin, zin *a* delgado;
(sparse) ralo; escaso; *v*
adelgazar; (plants, etc);
enralecer; **–ness,** *s*
delgadez *f.*

thine, Dain *pron & a* tuyo;
tuya

thing, zing *s* cosa *f.*;
(business) asunto *m.*

think, zingk *v* pensar;
(believe) creer; **–of,**
pensar en; (opinion)
pensar de; **–over,**
pensarlo

third, zĕrd *s* tercio *m.*; *a*
tercero

thirdly, zĕrd´-li *adv* en
tercer lugar

thirst, zĕrst *s* sed *f.*; **to be
–y,** tener sed

thirteen, zĕr´-tiin *s & a*
trece *m.*

thirteenth, zĕr´-tiinz *s & a*
décimotercero *m.*

thirtieth, zĕr´-ti-iiz *s & a*
trigésimo *m.*

thirty, zĕr´-ti *s & a* treinta
m.

this, Dis *pron* éste; ésta;
esto; *a* este; esta

thistle, zis´-l *s* cardo *m.*

thither, DiD´-a *adv* allí;
allá

thong, zong *s* correa *f.*

thorn, zoarn *s* espina *f.*;
–y, *a* espinoso

thorough*, zŏr´-o *a*
entero; perfecto; real;
–bred, de pura raza;
–fare, *s* vía pública *f.*;
(main street) calle
principal *f.*; **no –fare,**
prohibido el paso

those, Dous *pron & a* esos
m.; esas *f.*; aquellos *m.*;
aquellas *f.*

though, Dou *conj* aunque;
sin embargo

thought, zoat *s*
pensamiento *m.*; **–ful*,** *a*
pensativo; considerado;
atento; **–less*,**
atolondrado;
inconsiderado

thousand, zau´- *s*and *s & a* mil *m.*

thousandth, zau´- *s*andz *s
& a* milésimo *m.*

thrall, zróal *s* esclavo *m.*;
esclavitud *f.*

thrash, zrAsh *v* trillar;
(flog) azotar; **–ing,** *s*
trilla *f.*; (flogging) zurra
f.; **–ing-machine,**

trilladora mecánica *f.*

thread, zred *s* hilo *m.*; *v*
enhilar; **–bare,** *a* raído

threat, zret *s* amenaza *f.*;
–en, *v* amenazar

threatening, zret´-ning *a*
amenazador

three, zrii *s & a* tres *m.*;
–fold, *a* triple

threshold, zresh´-jould *s*
umbral *m.*

thrice, zrais *adv* tres veces

thrift, zrift *s* economía *f.*;
–less, *a* pródigo

thrifty, zrift´-i *a*
económico

thrill, zril *v* causar una
emoción; *s* conmoción
f.

thrive, zraiv *v* prosperar;
(plants; physically)
medrar

throat, zrout *s* garganta *f.*

throb, zrob *v* vibrar;
(heart) latir

throes, zrous *s* dolores *m.
pl*; (fig) congojas *f. pl*

throne, zroun *s* trono *m.*

throng, zrong *s* tropel *m.*;
multitud *f.*; *v* apiñarse

throttle, zrot´-l *s* (mech)
regulador *m.*; *v* (kill)
ahogar

through, zruu *prep* por; *a*
través de; a causa de;
–out, por entre; todo;

adv (everywhere) en todas partes; —**train,** s tren directo *m*.

throw, zrou *v* echar; lanzar; s toro *m*.; echada *f*.

thrush, zrŏsh s tordo *m*.

thrust, zrŏst *v* empujar; (sword) embestir; s empuje *m*.; (sword) estocada *f*.

thud, zŏd s ruido sordo *m*.

thumb, zŏm s pulgar *m*.

thump, zŏmp s porrazo *m*. *v* aporrear

thunder, zŏn´-da *v* tronar; s trueno *m*.;— **bolt,** rayo *m*.; —**storm,** tronada *f*.

Thursday, zẽrs´-di s jueves *m*.

thus, Dŏs *adv* así; de ese modo

thwart, zuoart *v* frustrar

thyme, taim s tomillo *m*.

tick, tik *v* (clock) hacer tic-tac; (check) contramarcar; s (cattle) garrapata *f*.; (cover) funda *f*.; –**ing,** tic-tac *m*.

ticket, tik´-et s billete *m*.; (label) etiqueta *f*.; **season—,** abono *m*.; —**office,** s taquilla *f*.

tickle, tik´-l *v* hacer cosquillas

ticklish, tik´-lish *a* tener cosquillas

tidal, tai´-dl *a* de marea

tide, taid s marea *f*.; **high –,** plenamar *f*.; **low –,** bajamar *f*.; marea meguante *f*.

tidings, tai´-dings s pl (occasion) noticias *f. pl*; nuevas *f. pl*

tidy, tai´-di *a* ordenado; (neat) pulcro; *v* poner en orden

tie, tai s (bow) lazo *m*.; (neck) corbata *f*.; *v* atar; liar; unir; (surgery) ligar

tier, tir s fila *f*.; (theatre) fila de palcos *f*.

tiff, tif s pique *m*.; disgusto *m*.

tiger, tai´-ga s tigre *m*.

tight*, tait *a* cerrado; (garments) estrecho, apretado; **air—,** hermético; –**en,** *v* estrechar; (a screw) apretar; **water—,** *a* estanco

tights, taits s pl panti *m*.; medias *f. pl*

tile, tail s (roof) teja *f*.; (glazed) azulejo *m*.; (floor) baldosa *f*.; *v* tejar

till, til s gaveta *f*.; *v* (land) labrar; *conj* hasta que; *prep* hasta

tiller, til´-a s (*naut*) caña

del timón *f*.

tilt, tilt *v* inclinar; ladear

timber, tim´-ba s madera de construcción *f*.

time, taim *v* medir el tiempo; s tiempo *m*.; (occasion) vez *f*.; (hour) hora *f*.; (music; in marching) compás *m*.; –**keeper,** marcador de tiempo *m*.; –**ly,** *a* & *adv* oportuno

time-table, raim-tei´-bl s horario *m*.

timid*, tim-id *a* tímido

tin, tin *v* estañar; s (metal) estaño *m*.; lata *f*.; —**box,** caja de lata *f*.; —**foil,** hoja de estaño *f*.; –**ned,** (food) en lata; —**plate,** hoja de lata *f*.; – **opener,** s abrelatas *m*.

tincture, tingk´-tiur s tintura *f*.

tinder, tin´-da s mecha *f*.

tinge, tinCH *v* colorar; s tinte *m*.; (*fig*) dejo *m*.

tingle, ting´-l *v* sentir hormigueo

tinkle, tingk´-l *v* hacer tintinar; s retintín *m*.

tinned, tind *a* en lata; en conserva

tinsel, tin´-sl s oropel *m*.; brocadillo *m*.

tint, tint s tinte *m*.; *v* teñir

tiny, tai´-ni *a* minúsculo; pequeño; chico

tip, tip *v* (cart, etc) volcar; (give) dar propina; *s* propina *f.*; (point) punta *f.*; **on -- toe,** *adv* de puntillas

tire, tair *s* (rim) llanta *f.*; *v* cansar; fatigar; **-d,** *a* cansado; **-of,** *v* cansarse de

tiresome, tair´-som *a* fastidioso

tissue, tish´-iu *s* tejido *m.*; (veiling) gasa *f.*

tissue-paper, tish´-iu-pei´-pa *s* papel de seda *m.*

tithe, taiD *s* diezmo *m.*

title, tai´-tl *s* título *m.*; **-deed,** título de propiedad *m.*; **-page,** portada *f.*

titter, tit´-a *v* reír entre dientes

to, tu *prep* a, en, de, por, hasta, con

toad, toud *s* sapo *m.*

toast, toust *s* (bread) tostada *f.*; *v* tostar

toast, toust *v* (propose health) brindar; *s* brindis *m.*

tobacco, to-bAk´-ou *s* tabaco *m.*; **-nist,** estanquero *m.*; estanco *m.*; **--pouch,** bolsa para

tabaco *f.*

toboggan, to-bog´-an *s* tobogán *m.*

to-day, tu-dei *adv* hoy

toddler, tod´-la *s* niño/a *mf.*; que empieza a andar

toe, tou *s* dedo del pie *m.*

toffee, tof´-i *s* caramelo *m.*

together, to-gueD´-a *adv* juntos; juntamente

toil, toil *v* afanarse; *s* faena *f.*; trabajo penoso *m.*

toiler, toi´-la *s* trabajador *m.*

toilet, toi´-let *s* tocador *m.*; (W.C.) retrete *m.*

toilet paper, toi´-let pei´-pa *s* papel *m.*; higiénico *m.*

token, tou´-kn *s* señal *f.*; (gift) recuerdo *m.*

tolerable, tol´-er-a-bl *a* tolerable; pasadero

tolerance, tol´-er-ans *s* tolerancia *f.*

tolerant*, tol´-er-ant *a* tolerante

tolerate, tol´-er-eit *v* tolerar

toll, toul *s* (due) portazgo *m.*; (bell) tañido *m.*; *v* doblar

tomato, to-maa´-tou *s* tomate *m.*

tomb, tuum *s* tumba *f.*; **-stone,** lápida sepulcral *f.*

tomboy, tom´-boi *s* chica poco femenina *f.*

tomcat, tom´-kAt *s* gato *m.*

tomfoolery, tom-fuul´-er-i *s* mentecatada *f.*

tomorrow, tu-mor´-ou *adv* mañana

tomtit, tom´-tit *s* paro *m.*

ton, tŏn *s* tonelada *f.*; **-nage,** tonelaje *m.*

tone, toun *s* tono *m.*

tongs, tong *s s pl* tenazas *f. pl*

tongue, tŏng *s* lengua *f.*; **-tied,** *a* con frenillo

tonic, ton´-ik *s & a* tónico *m.*

tonight, 'tu-nait´ *adv* esta noche

tonsil, ton´-sil *s* amígdala *f.*; **-itis,** tonsilitis *f.*

too, tuu *adv* demasiado; (also) también; **-much,** demasiado

tool, tuul *s* herramienta *f.*

tooth, tuuz *s* diente *m.*; **--ache,** dolor de muelas *m.*; **--brush,** cepillo de dientes *m.*; **--paste,** pasta dentífrica *f.*; **-pick,** mondadientes *m.*; **--powder,** polvos dentífricos *m. pl*

top, top *s* (upper part) parte de arriba *f.*;

(mountain) cumbre *f.*;
(of tree) copa *f.*;
(school) primero *m.*;
(spinning) peonza *f.*; –
boots, botas de montar
f. pl; **–gear,** marcha
directa *f.*; **–hat,**
chistera *f.*; **on –,** encima

topic, top´-ik *s* tópico *m.*;
tema *m.*

topless, top-les *a* top-less

topple (over), top´-l *v*
volcarse

topsy-turvy, top´-si-tĕr´-vi
adv transtornado

torch, torch *s* antorcha
f.; hacha *f.*

torment, toar´-ment *s*
tormento *m.*; *v*
atormentar

tornado, toar-ne´-dou *s*
tornado *m.*

torpedo, toar-pii´-dou *s*
torpedo *m.*; **–boat,**
torpedero *m.*

torpid, toar´-pid *a*
entorpecido; aletargado

torpor, toar´-pr *s* torpor
m.; estupor *m.*

torque, toark *s* (*mech*)
momento de torsión *s.*;
(necklace) collar *m.*

torrent, toar´-ent *s*
torrente *m.*

torrid, toar´-id *a* tórrido

tortoise, toar´-tos *s* tortuga

f.; **–shell,** concha *f.*

torture, toar´-tiur *v*
torturar; *s* tortura *f.*

toss, tos *s* sacudida *f.*; *v*
lanzar; (coin) echar a
cara o cruz; (bull, etc)
revolcar; **–about,**
revolverse

total, tou´-tl *s* total *m.*; *a**
total; completo; *v* sumar
totalizar; **–isator,** *s*
totalizador *m.*

totter, tot´-a *v* bambolear;
–ing, *a* ruinoso

touch, tŏch *s* contacto *m.*;
toque *m.*; *v* tocar;
(emotion) conmover;
–ing, *a* commovedor

touchy, tŏch´-i *a*
susceptible

tough*, tŏf *a* duro;
correoso

tour, túr *s* excursión *f.*; *v*
viajar por; **–ist,** *s* turista
mf.; **–nament,** torneo *m.*

tourist office, tur-ist of´-is
s oficina *f.*; de turismo

tout, taut *s* gancho *m.*; *v*
enganchar

tow, tou *v* (haul)
remolcar; *s* (flax) estopa
f.; **–ing,** remolque *m.*;
–ing-path, camino de
sirga *m.*; **–rope,** sirga *f.*

towards, tou´-erd *s prep*
con, para con;

(direction) hacia

towel, tau´-el *s* toalla *f.*;
paño de manos *m.*

tower, tau´-a *s* torre *f.*

town, taun *s* ciudad *f.*; **–
hall,** ayuntamiento *m.*

town centre, taun-sen´-tr
s centro *m.*; urbano

toy, toi *s* juguete *m.*; *v*
juguetear

trace, treis *s* (track) huella
f.; rastro *m.*; (harness)
jaez *n.*; *v* seguir la pista;
(draw) trazar

tracing, treis´-ing *s* trazo
m.; **–paper,** papel de
calcar *m.*

track, trak *s* rastro *m.*;
(race) pista *f.*; (railway)
via *f.*; *v* seguir la pista

tract, trakt *s* trecho *m.*;
(religious) opúsculo *m.*

traction, trak´-shon *s*
arrastre *m.*; **–engine,**
locomotora de arrastre *f.*

tractor, trak-a *s* tractor

trade, treid *v* comerciar; *s*
comercio *m.*; (craft)
oficio *m.*; **–mark,**
marca de fábrica *f.*;
–sman, tendero *m.*; **–s-
union,** sindicato *m.*

trading, tre´-ding *s*
comercio *m.*; *a*
mercantil

tradition, tra-di´-shon *s*

tradición f.

traditional*, tra-dish´-on-al a tradicional

traffic, trAf´-ik s circulación f.; (trade) intercambio m.; **–lights**, s luces de tráfico f. pl

traffic jam, trAf´-ik CHam s embotellamiento m.; atasco m.

traffic lights, trAf´-ik laits s semáforo m.

tragedian, tra-CHii´-di-an s trágico m.

tragedy, trACH´-i-di s tragedia f.

tragic, trACH´-ik a trágico

trail, treil v seguir el rastro; (drag) arrastrar; s rastro m.; pista f.; **–er**, (van) remolque m.

train, trein s tren m.; (dress) cola f.; (retinue) séquito m.; v instruir; educar; disciplinar; (animals) amaestrar; (sport) entrenar; **–ing**, s instrucción f.; (sport) entrenaje m.

trainers, trein-as s zapatillas f. pl; de deporte

traitor, trei´-ta s traidor m.

tram, trAm s tranvía m.

tramp, trAmp v vagabundo

m.; v ir a pie

trample, trAm´-pl v hollar; pisotear

trance, traans s síncope m.; éxtasis m.

tranquil*, trAng´-kuil a tranquilo

tranquilizer, trAng´-luil-lais-a s tranquilizante f.

transact, trAn-sAkt´ v tramitar

transaction, trAn-sAkt´-shon s negociación f.

transcribe, trAn-skraib´ v transcribir

transfer, trAns-fër´ v transferir; s traspaso m.

transform, trAns-foarm´ v transformar

tranship, trAn-ship´ v transbordar

transit, trAn´-sit s tránsito m.

translate, trAns-leit´ v traducir

translation, trAns-lei´-shon s traducción f.

translator, trAns-lei´-ta s traductor m.

transmit, trAns-mit´ v negociar

transparent*, trAns-pé´-rent a transparente

transpire, trAns-pair´ v transpirar

transport, trAns-pórt´ v

transportar s transporte m.

transpose, trAns-pous´ v transponer

trap, trAp v atrapar; s trampa f.

trap-door, trAp´-dór s escotillón m.

trash, trAsh s (fig) desperdicios m. pl; hojarasca f.; **–y**, a hojarascoso

travel, trAv´-l v viajar; **–ler**, s viajero m.; **– sickness**, s mareo; **– agent**, s agente mf.; de viajes

traveller's cheque, trAv´-l-as chek s cheque m.; de viaje

traverse, trAv´-ers v atravesar; a transversal

trawler, trou´-la s (ship) arrastrero m.

tray, trei s bandeja f.

treacherous*, trech´-er-os a traidor

treachery, trech´-er-i s traición f.

treacle, trii´-kl s melaza f.

tread, tred v pisar; s paso m.; (stair) escalón m.

treason, trii´- sn s traición f.

treasure, tresh´-er s tesoro m.; v atesorar

treasurer, tresh´-er-a s
tesorero m.

treasury, tresh´-er-i s
tesorería f.

treat, triit, s
(entertainment) festín
m.; (outing) excursión
campestre f.; v
(negotiate) tratar

treatise, trii´-tis s tratado
m.; memoria f.

treatment, triit´-ment s
trato m.; tratamiento m.

treaty, trii´-ti s tratado m.;
pacto m.

treble, treb´-l a triple v
triplicar; s (mus) tiple f.

tree, trii s árbol m.; **family
–,** árbol genealógico m.

trellis, trel´-is s enrejado
m.

tremble, trem´-bl v
temblar

tremendous*, tri-men´-
dos a tremendo

tremulous*, trem´-iu-los a
trémulo

trench, trench s zanja f.;
(mil) trinchera f.

trend, trend s curso m.; v
inclinarse

trespass, tres´-pas v
traspasar; infringir

trespasser, tres´-pas-a s
transgresor m.

trestle, tres´-l s caballete

m.

trial, trai´-al s prueba f.;
(law) juicio m.

triangle, trai´-Ang-gl s
triángulo m.

triangular, trai-Ang´-giuu-
la a triangular

tribe, traib s tribu f.

tribunal, trai-biuu´-nal s
tribunal m.

tributary, trib´-iu-ta-ri s &
a tributario m.

tribute, trib´-iuut s
tributo m.

trick, trik s (fraud)
engaño m.; timo m.;
(dexterity) juego de
manos m.; (cards) baza
f.; (joke) broma f.; v
engañar; timar; **–ery,** s
engaño m.; **–ster,**
trapacero m.

trickle, trik´-l v (drip)
gotear; (flow) escurrir

trifle, trai´-fl s bagatela f.;
–with, v jugarse de

trifling, trai´-fling a
insignificante

trigger, trig´-a s gatillo m.

trill, tril v trinar; s trinio
m.

trim, trim v (hat; dress)
guarnecer; (hair, etc)
recortar; (ship; sails)
orientar; a aseado

trimming, trim´-ing s

(garments) guarnición f.

trinity, trin´-i-ti s trinidad
f.

trinket, tring´-ket s
chuchería f.; (jewel)
joya f.

trio, tri´-ou s trío m.;
(music) terceto m.

trip, trip s excursión f.;
viaje corto m.; v
(stumble) tropezar; **–per,**
s excursionista f.; **–up,** v
echar una zancadilla

tripe, traip s tripas f. pl

triple, trip´-l a triple

triplets, trip´-lets s pl
trillizos m. pl

tripod, trai´-pod s trípode
m.

triumph, trai´-omf s
triunfo m.; v triunfar

trivial*, triv´-i-al a trivial;
insignificante

trolley, trol´-i s carrito m.

trombone, trom´-boun s
trombón m.

troop, truup s tropa f.;
–ship, buque transporte
m.

trooper, truu´-pa s
soldado de caballería m.

trophy, trou´-fi s trofeo m.

tropical, trop´-i-kal a
tropical

tropics, tro´-piks s pl
trópicos m. pl

485

trot, trot *v* trotar; *s* trote *m*.

trouble, trŏb´-l *v* molestar; (perturb) perturbar; *s* (cares) afanes *m. pl*; inquietudes *f. pl*; (inconvenience) molestia *f*.; (disturbance) disturbio *m*.; alboroto *m*.; (difficulty) dificultad *f*.; **–some,** *a* molesto; (difficult) difícil

trough, trŏf *s* artesa *f*.; (cattle, etc) pilón *m*.

trounce, trauns *v* zurrar

trousers, trau´- sers *s pl* pantalones *m. pl*

trout, traut *s* trucha *f*.

trowel, trau´-el *s* (mason's) llana *f*.; (garden) desplantador *m*.

truant, truu´-ant, **play –,** *v* hacer novillos

truce, truus *s* tregua *f*.

truck, trŏk *s* carreta *f*.; (railway) furgón de andén *m*.

truculent*, trŏk-i'-iu-lent *a* truculento; cruel

trudge, trŏ CH *v* arrastrarse; **–along,** andar penosamente

true, truu *a* verdadero; (faithful) fiel

truffle, trŏf´-l *s* trufa *f*.

truism, truu´-ism *s* verdad evidente *f*.; axioma *m*.

trump, trŏmp *v* jugar triunfo; *s* triunfo *m*.

trumpery, trŏm´-per-i *s* oropel *m*.; *a* de relumbrón

trumpet, trŏm´-pet *s* trompeta *f*.

truncheon, trón´-shon *s* porra *f*.; garrote *m*.

trunk, trŏngk *s* (tree) tronco *m*.; (elephant) trompa *f*.; (travelling) baúl *m*.; (body) tronco *m*.; **–call,** conferencia *f*.

truss, trŏs *s* baz *m*.; (surgical) braguero *m*.; *v* ligar; (poultry) espetar

trust, trŏst *s* confianza *f*.; (combine) trust *m*.; *v* confiar en; fiarse de; (rely) contar con

trustee, trŏs´-tii *s* (public) fideicomisario *m*.; (bankruptcy) síndico *m*.

trustworthy, trŏst´-uĕr-Di *a* fidedigno; fiable

truth, truuz *s* verdad *f*.; **–ful*,** *a* veraz

try, trai *v* procurar; tratar de; (taste) probar; (law) procesar; juzgar; **–ing,** *a* penoso; **–on,** *v* probarse

t-shirt, tii´-shĕrt *s*

camiseta *f*.

tub, tŏb *s* tina *f*.; cuba *f*.; (bath) bañera *f*.

tube, tiuub *s* tubo *m*.; caño *m*.; *s* cámara de aire *f*.

tuck, tŏk *s* pliegue *m*.; *v* plegar; **–in,** (rug, etc) arropar; **–up,** arremangar

Tuesday, tiuus ´-di *s* martes *m*.

tuft, tŏft *s* copete *m*.; (feathers) penacho *m*.

tug, tŏg *v* tirar de; (boats) remolcar; *s* tirón *m*.

tug-boat, tŏg´-bout *s* remolcador *m*.

tuition, tiu-ish´-on *s* instrucción *f*.; enseñanza *f*.

tulip, tiuu´-lip *s* tulipán *m*.

tumble, tóm´-bl *v* (fall) desplomarse

tumbler, tŏm´-bla *s* vaso sin pie *m*.

tumour, tiuu´-mor *s* tumor *m*.

tumult, tiuu´-molt *s* tumulto *m*.; (riot) motín *m*.

tuna, tiuu-na *s* atún *m*.

tune, tiuun *v* afinar; *s* aire *m*.; tonada *f*.

tuneful, tiuun´-ful *a* melodioso

tunic, tiuu´-nik *s* túnica
f.; (*mil*) guerrera *f.*

tuning-fork, tiuu´-ning-
foark *s* diapasón *m.*

tunnel, tŏn´-l *s* túnel *m.*;
v horadar

tunny, tŏn´-i *s* atún *m.*

turbine, tẽr´-bain *s*
turbina *f.*

turbot, tẽr´-bot *s*
rodaballo *m.*

turbulence, tẽr´-biu-lens *s*
turbulencia *f.*; desorden
m.; disturbios *m. pl*

turbulent*, tẽr´-biu-lent *a*
turbulento

tureen, tiu-riin´ *s* (soup)
sopera *f.*; (sauce) salsera
f.

turf, tẽrf *s* césped *m.*;
(peat) turba *f.*

turkey, tẽr´-ki *s* pavo *m.*

turmoil, tẽr´-moil *s*
alboroto *m.*; disturbio
m.

turn, tẽrn *s* vuelta *f.*;
(duty) servicio *m.*;
(order of succession)
turno *m.*; *v* volver;
volverse; **–about,** girar;
–aside, desviar; **–back,**
retroceder; **–ing,** *s*
(corner) vuelta *f.*; **–ing-
point,** punto decisivo
m.; **–into,** *v* convertir;
–off, cerrar; **–on,** abrir;

–out, (expel) echar;
(light) apagar; **–over,**
volver; volverse; *s*
(trade) cifra total *f.*; **–to,**
v acudir

turner, tẽr´-na *s* (artisan)
tornero *m.*

turnip, tẽr´-nip *s* nabo *m.*

turnstile, tẽrn´-stail *s*
torniquete *m.*

turpentine, tẽr´-pen-tain *s*
trementina *f.*

turret, tẽr´-et *s* torrecilla
f.; (naval) torre
blindada *f.*

turtle, tẽr´-tl *s* tortuga *f.*;
–dove, tórtola *f.*; **turn
–,** *v* dar la vuelta

tusk, tŏsk *s* colmillo *m.*

tussle, tŏs´-l *v* luchar; *s*
agarrada *f.*

tutor, tiuu´-ta *s* tutor *m.*;
v enseñar

TV, ti-vi *abbr of*
television

twang, tuAgn *s* tono nasal
m.; (sound) estridor *m.*;
(string) punteado *m.*;
(taste) dejo *m.*

tweezers, tuii´- sas *s pl*
pinzas *f. pl*; (hair)
tenacillas *f. pl*

twelfth, tuelfz *s & a*
duodécimo *m.*

twelve, tuelv *s & a* doce
m.

twentieth, tuen´-ti-iz *s &
a* vigésimo *m.*

twenty, tuen´-ti *s & a*
veinte *m.*

twice, tuais *adv* dos veces

twig, tuig *s* ramita *f.*

twilight, tuai´-lait *s*
crepúsculo *m.*

twill, tuil *s* tela cruzada *f.*

twin, tuin *s & a* gemelo
m.; mellizo *m.*

twin beds, tuin-beds *s*
camas *f. pl*; gemelas

twine, tuain *v* enroscarse;
s guita *f.*; pita *f.*

twinge, tuinCH *s* punzada
f.; *v* punzar

twinkle, tuing´-kl *v*
centellear; (eyes)
parpadear

twirl, tuẽrl *v* voltear; girar;
s vuelta *f.*

twist, tuist *v* torcer; *s*
(turn) vuelta *f.*

twitch, tuich *s* vuelta *m.*;
v retorcer

twitter, tuit´-a *v* gorjear; *s*
gorjeo *m.*

two, tuu *s & a* dos *m.*;
–fold, *a* doble

type, taip *s* tipo *m.*; *v*
escribir a máquina

typewriter, taip´-rai-ta *s*
máquina de escribir *f.*

typhoid, tai´-fo-id *s* fiebre
tifoidea *f.*

typical*, tip´-i-kal *a* típico

typist, tai´-pist *s*
    mecanógrafa *f.*

typography, taip-*o*´-gra-fi *s*
    tipografía *f.*

tyrannical*, ti-rAn´-i-kl *a*
    tiránico

tyrannize, tir´-*an*-ais *v*
    tiranizar

tyrant, tai´-*rant s* tirano *m.*

tyre, tair *s* llanta *f.*;
    (pneumatic) neumático
    m.

U

ubiquitous, iuu-bik´-ui-tos *a* ubicuo

udder, ŏd´-*a* s ubre *f.*

ugliness, ŏg´-li-nes s fealdad *f.*

ugly, ŏg´-li *a* feo

ulcer, ŏl´-sa s úlcera *f.*

ulcerate, ŏl´-ser-eit *v* ulcerar

ulterior, ŏl-ti´-ri-or *a* ulterior

ultimate*, ŏl´-ti-met *a* último; fundamental

ultimatum, ŏl-ti-mei´-tŏm s ultimátum *m.*

ultimo, ŏl´-ti-mou, *adv* del mes próximo pasado

ultra, ŏl´-tra *prep* ultra; extremo

umbrella, ŏm-brel´-*a* s paraguas m.; **--stand**, paragüero *m.*

umpire, ŏm-pair s árbitro m.

unabashed, ŏn-*a*-basht´ *a* descocado

unabated, ŏn-*a*-bei´-tid *a* completo; cabal

unable, ŏn-ei´-bl *a* incapaz. **to be –**, *v* no poder

unacceptable, ŏn-Ak-sep´-ta-bl *a* inaceptable

unaccountable, ŏn-*a*-kaun´-ta-bl *a* inexplicable

unacquainted, ŏn-*a*-kuen´-tid *a* desconocido; **to be – with**, *v* desconocer

unaffected*, ŏn-*a*-fek´-tid *a* inafectado; (unmoved) impasible

unaided, ŏn-ei´-did *a* sin ayuda

unalterable, ŏn-oal´-ter-*a*-bl *a* inalterable

unaltered, ŏn-oal´-terd *a* inalterado

unanimity, iuu-na-ni´-mi-ti s unanimidad *f.*

unanimous*, iuu-nAn´-i-mos *a* unánime

unanswerable, ŏn-aan´-ser-*a*-bl *a* incontestable

unapproachable, ŏn-*a*-prouch´-*a*-bl *a* inaccesible

unarmed, ŏn-aarmd´ *a* desarmado

unashamed*, ŏn-*a*-sheimd´ *a* desvergonzado

unassailable, ŏn-*a*-sei´-la-bl *a* inatacable

unattainable, ŏn-*a*-tei´-na-bl *a* inasequible

unattended, ŏn-*a*-ten´-did *a* descuidado

unattractive, ŏn-*a*-trAkt´-iv *a* poco átractivo

unavoidable, ŏn-*a*-voi´-da-bl *a* inevitable

unaware, ón-*a*-uér´ *a* ignorante

unawares, ŏn-*a*-uérs´ *adv* desprevenido

unbearable, ŏn-bér´-*a*-bl *a* intolerable

unbecoming*, ŏn-bi-kŏm´-ing a impropio

unbelievable, ŏn-bi-liiv´-a-bl a increíble

unbeliever, ŏn-bi-liiv´-a s incrédulo m.

unbend, ŏn-bend´ v enderezar

unbending, ŏn-ben´-ding a inflexible

unbiassed, ŏn-bai´-ast a imparcial

unbleached, ŏn-bliicht´ a crudo

unblemished, ŏn-blem´-isht a sin tacha; puro

unbounded, ŏn-baun´-did a ilimitado

unbreakable, ŏn-breik´-a-bl a irrompible

unburden, ŏn-bĕr´-dn v descargar

unbutton, ŏn-bŏt´-ŏn v desabotonar, desabrochar

uncalled for, ŏn-koald´-fór a immerecido; (remark) gratuito

uncanny, ŏn-kAn´-i a misterioso

uncared for, ŏn-kérd´-for a abandonado

unceasing*, ŏn-siis´-ing a incesante

uncertain*, ŏn-sĕr´-tin a incierto

unchangeable, ŏn-chein´-

CHa-bl a invariable

uncivil, ŏn-siv´-il a incivil; descortés

unclaimed, ŏn-kleimd´ a no reclamado

uncle, oug´-kl s tío m.

unclean*, ŏn-kliin´ a sucio; impuro

uncomfortable, ŏn-kom´-for-ta-bl a incómodo

uncommon*, ŏn-kom´-on a raro; extraordinario

unconcern, ŏn-kón-sĕrn´ s indiferencia f.

unconditional*, ŏn-kon-dish´-o-nl a incondicional

uncongenial*, ŏn-kon-CHii´-ni-al a antipático

unconscious, ŏn-kon´-shos a sin sentido; ignorante

uncontrollable, ŏn-kon-trou´-la-bl a indomable

unconventional*, ŏn-kon-ven´-shon-l a informal

uncork, ŏn-koark´ v descorchar

uncouth*, ŏn-kuuz´ a (manners) grosero

uncover, ŏn-kŏv´-a v descubrir

uncultivated, ŏn-kŏl´-ti-vei-tid a inculto

undated, ŏn-dei´-tid a sin fecha

undaunted*, ŏn-doan´-tid a impávido

undecided, ŏn-di-sai´-did a indeciso

undefiled, ŏn-di-faild´ a impoluto, puro

undelivered, ŏn-di-liv´-erd a sin entregar

undeniable, ŏn-di-nai´-a-bl a innegable

under, ŏn´-da, adv debajo prep bajo; debajo de; **-age,** a menor de edad

undercarriage, ŏn´-da-kAr-iCH s bastidor m.

underclothing, ŏn´-da-klouD-ing s ropa interior f.

underdone, ŏn´-da-dŏn a poco cocido

underfed, ŏn´-da-fed, mal alimentado

undergo, ŏn´-da-gou v sufrir

underground, ŏn´-da-graund a subterráneo; s (railway) metro m.

undergrowth, ŏn´-da-grouz s maleza f.

underhand, ŏn´-da-jAnd a clandestino

underline, ŏn´-da-lain v subrayar

undermine, ŏn´-da-main v minar

underneath, ŏn´-da-niiz´

adv debajo; *prep* bajo
under-proof, ŏn´-da-pruuf´ *a* de baja graduación
underrate, ŏn-da-reit´ *v* menospreciar
undersell, ŏn-da-sel´ *v* vender más barato
undersigned, ŏn´-da-saind *a* infrascrito
undersized, ŏn-da-saisd´ *a* achaparrado; (children) raquítico
understand, ŏn-da-stAnd´ *v* entender; –ing, *s* entendimiento m.; inteligencia f.
understate, ŏn-da-steit´ *v* quedarse corto
understudy, ŏn´-da-stŏd-i *s* sobresaliente f.
undertake, ŏn´-da-teik *v* emprender; encargarse de
undertaker, ŏn´-da-teik-a *s* director de pompas fúnebres m.
undertaking, ŏn´-da-teik-ing *s* empresa f.
undertone, ŏn´-da-toun *s* tono bajo m.; voz baja f.
underwear, ŏn´-da-uér *s* ropa interior f.
underwriter, ŏn´-da-rai-ta *s* asegurador m.
undeserved,* ŏn-di-sĕrvd´ *a* inmerecido;

injusto
undesirable, ŏn-di- sai´-ra-bl *a* indeseable
undignified, ŏn-dig´-ni-faid *a* sin dignidad
undiminished, ŏn-di-mi´-nisht *a* íntegro
undisclosed, ŏn-dis-klousd´ *a* no revelado
undismayed, ŏn-dis-meid´ *a* impávido
undisturbed, ŏn-dis-tĕrbd´ *a* sereno; tranquilo
undo, ŏn-duu´ *v* deshacer; (untie) desatar
undoubted, ŏn-dau´-tid *a* fuera de duda
undress, ŏn-dres´ *v* desnudar; desnudarse
undue, ŏn-diuu´ *a* indebido; excesivo
unearned, ŏn-ernd´ *a* desmerecido; (money) no ganado
unearthly, ŏn-ĕrz´-li *a* sobrenatural
uneasy, ŏn-ii´- si *a* inquieto; ansioso
uneducated, ŏn-ed´-iuu-kei-tid *a* indocto; ignorante; inculto
unemployed, ŏn-em-ploid´ *a* sin empleo
unemployment, ŏn-em-ploi´-ment *s* falta de

trabajo f.
unequalled, ŏn-ii´-kuald *a* sin igual; sin par
unerring*, ŏn-ĕr´-ing *a* infalible
uneven*, ŏn-ii´-vn *a* desigual; (road) escabroso
unexpected*, ŏn-eks-pek´-tid *a* inesperado
unfailing*, ŏn-fei´-ling *a* infalible; seguro
unfair*, ŏn-fér´ *a* injusto
unfaithful*, ŏn-feiz´-ful *a* infiel; desleal
unfaltering*, ŏn-foal´-ter-ing *a* firme
unfasten, ŏ n-fAs´-n *v* desatar; (dress) desabrochar
unfathomable, ŏn-fAD´-om-a-bl *a* insondable
unfavourable, ŏn-fei´-vor-a-bl *a* desfavorable
unfeeling*, ŏn-fii´-ling *a* insensible; cruel
unfit, ŏn-fit´ *a* incapacitado; incompetente
unflagging*, ŏn-flA´-guing *a* infatigable
unflinching*, ŏn-flinch´-ing *a* firme; resuelto
unfold, ŏn-fould´ *v* desplegar; revelar
unforseen, ŏn-foar-sin´ *a*

4 9 1

imprevisto

unfortunate*, ŏn-foar´-tiu-net *a* desgraciado

unfounded*, ŏn-faoun´-did *a* infundado

unfriendly, ŏn-frend´-li *a* poco amistoso; hostil

unfulfilled, ŏn-ful-fild´ *a* incumplido

unfurl, ŏn-fĕrl´ *v* desplegar; (*naut*) desaferrar

unfurnished, ŏn-fer´-nisht *a* desamueblado

ungainly, ŏn-guein´-li *a* desgarbado; sin gracia; desmañado

ungrateful*, ŏn-greit´-ful *a* ingrato

unguarded*, ŏn-gaar´-did *a* (uncontrolled) desprevenido

unhappily, ŏn-jAp´-i-li, *adv* desdichadamente

unhappiness, ŏn-jAp´-i-nes *s* infelicidad *f*.; desgracia *f*.; desdicha *f*.

unhappy, ŏn-jAp´-i *a* desdichado infeliz

unharness, ŏn-jaar´-nes *v* desenjaezar

unhealthy, ŏn-jelz´-i *a* enfermizo; insalubre

unheard, ŏn-jĕrd´ *a* inaudito; **-of**, sin ejemplo

unheeded, ŏn-jii´-did *a* desatendido

unhinge, ŏn-jinCH´ *v* desquiciar

unhinged, ŏn-jinCHd´ *a* (mind) turbado

unhurt, ŏn-jĕrt´ *a* ileso; indemne

unification, iuu-ni-fi-kei´-shon *s* unificación *f*.

uniform, iuu´-ni-foarm *s* & *a* uniforme *m*.

uniformity, iuu-ni-foarm´-i-ti *s* uniformidad *f*.

unilateral* uu-ni-lAt´-te-ral *a* unilateral

unimaginable, ŏn-im-ACH´-i-na-bl *a* inimaginable

unimaginative, ŏn-im-ACH´-i-na-tiv *a* sin imaginación

unimpaired, ŏn-im pèrd´ *a* intacto; inalterado

unimpeachable, ŏn-im-piich´-a-bl *a* intachable

unimportant, ŏn-im-por´-tant *a* sin importancia

uninhabitable, ŏn-in-jAb´-i´ta-bl *a* inhabitado

unintelligible, ŏn-in-tel´-iCH-i-bl *a* ininteligible

unintentional, ŏn-in-ten´-shon-al *a* sin intención

uninviting, ŏn-in-vai´-ting *a* poco atrayente

union, yuu´-ni-on *s* unión *f*.

unique, yu-niik´ *a* único

unit, yuu´-nit *s* unidad *f*.

unite, yu-nait´ *v* unir; juntar

unity, yuu´-ni-ti *s* unidad *f*.; concordia *f*.

universal*, yuu-ni-vĕr´-sl *a* universal

universe, yuu´-ni-vĕrs *s* universo *m*.

university, yuu-ni-ver´-si-ti *s* universidad *f*.

unjust*, ŏn-CHŏst´ *a* injusto

unkind, ŏn-kaind´ *a* poco amable; desatento

unknown, ŏn-noun´ *a* desconocido; ignorado

unlawful*, ŏn-loa´-ful *a* ilegal; ilícito

unleaded, ŏn-le-ded *s* gasolina *f*.; sin plomo; *a* (petrol) sin plomo

unless, ŏn-les´ *conj* a menos que; como no sea; excepto

unlike, ŏn-laik´ *a* desemejante

unlikely, ŏn-laik´-li *a* improbable

unlimited, ŏn-lim´-i-tid *a* ilimitado

unload, ŏn-loud´ *v* descargar

unlock, ŏn-lok´ *v* abrir; (*fig*) revelar

unlooked for, ŏn-lukt´ fór *a* inesperado

unlucky, ŏn-lŏk-i *a* desdichado; desgraciado; (portend) de mal agüero

unmannerly, ŏn-mAn´-er-li *a* descortés; grosero

unmarried, ŏn-mar´-id *a* célibe; soltero

unmerciful*, ŏn-mŏr´-si-ful *a* inclemente; cruel

unmistakable, ŏn-mis-tei´-ka-bl *a* inequívoco

unmoved, ŏn-muuvd´ *a* impasible; frío

unnatural, ŏn-nAt´-iu-rl *a* desnaturalizado; inhumano

unnecessary, ŏn-nes´-ses-a-ri *a* innecesario; superfluo

unnerve, ŏn-nĕrv´ *v* amedrentar; enervar

unnoticed, ŏn-nou´-tist *a* inadvertido

unobtainable, ŏn-ob-tei´-na-bl *a* inasequible

unoccupied, ŏn-ok´-iu-paid *a* vacante: desocupado

unofficial, ŏn-o-fish´-l *a* no oficial

unopposed, ŏn-o-possd´ *a* sin oposición

unorthodox, ŏn-or´-zo-doks *a* poco ortodoxo

unpack, ŏn-pAk´ *v* desembalar

unpardonable, ŏn-paar´-dŏn-a-bl *a* imperdonable

unpleasant*, ŏn-ples´-ant *a* desagradable

unpopular, ŏn-pop´-iu-la *a* impopular

unprecedented, ŏn-pres´-i-dĕn-tid *a* sin precedente

unprepared, ŏn-prii-peird´ *a* sin preparación; desprevenido

unproductive*, ŏn-pro-dŏk´-tiv *a* improductivo

unprofitable, ŏn-prof´-i-ta-bl *a* no provechoso, improductivo

unpromising, ŏn-prom´-is-ing *a* que no promete

unprotected, ŏn-pro-tek´-tid *a* desamparado

unprovided, ŏn-pro-vai´-did *a* desprovisto; destituido

unpunctual, ŏn-pŏngk´-tiu-al *a* no puntual

unquestionable, ŏn-kues´-tion-a-bl *a* indisputable

unravel, ŏn-rAv´-l *v* desenredar; (solve) resolver

unread, ŏn-red´ *a* sin leer;

(person) inculto

unreadable, ŏn-rii´-da-bl. *a* ilegible; malo

unreasonable, ŏn-rii´-son-a-bl *a* irracional

unrelated, ŏn-ri-lei´-tid *a* sin conexión

unrelenting, ŏn-ri-len´-ting *a* inexorable

unreliable, ŏn-ri-lai´-a-bl *a* inseguro

unremitting, ŏn-ri-mit´-ing *a* perseverante

unreserved, ŏn-ri- sĕrvd´ *a* sin reserva

unrest, ŏn-rest´ *s* inquietud *f.*; desasosiego *m.*

unrestrained, ŏn-ri-streind´ *a* desenfrenado

unrestricted, ŏn-ri-strik´-tid *a* sin restricción

unripe, ŏn-raipŏ *a* verde

unroll, ŏn-roul´ *v* desarrollar

unruly, ŏn-ruu´-li *a* ingobernable; turbulento

unsafe, ŏn-seif´ *a* poco seguro; inseguro

unsaleable, ŏn-seil-a-bl *a* invendible

unsatisfactory, ŏn-sAt-is-fAk´-to-ri *a* poco satisfactorio

unscrew, ŏn-skruu´ *v*

destornillar

unscrupulous, ŏn-skruu´-piu-los a sin escrúpulos

unseasonable, ŏn-sii-sn-a-bl a intempestivo

unseemly, ŏn-siim´-li a indecente

unseen, ŏn-siin´ a invisible

unselfish*, ŏn-sel´-fish a desinteresado

unsettled, ŏn-set´-ld a inestable; pendiente

unshaken, ŏn-shei´-kn a iimpertérristo; firme

unshrinkable, ŏn-shringk´-a-bl a que no se encoge

unshrinking, ŏn-shringk´-ing a intrépido

unsightly, ŏn-sait´-li a feo; disforme; deforme

unskilful*, ŏn-skil´-ful a inhábil; inexperto

unskilled, ŏn-skild´ a inexperto

unsociable, ŏn-sou´-sha-bl a insociable

unsold, ŏn-sould´ a no vendido

unsolicited, ŏn-so-lis´-i-tid a no solicitado

unsolved, ŏn-solvd´ a no resuelto

unsound, ŏn-saund´ a defectuoso; enfermo;

erróneo; (credit) poco sólido; (mind) demente

unsparing*, ŏn-spé´-ring a pródigo; inhumano

unsteady, ŏn-sted´-i a inseguro

unstinted, ŏn-stin´-tid a liberal

unsuccessful, ŏn-sŏk-ses´-ful a infructuoso; (person) sin éxito

unsuitable, ŏn-siuu´-ta-bl a impropio; incapaz

unsuited, ŏn-siuu´-tid a no apropiado

unsupported, ŏn-so-por´-tid a sin apoyo

unsurpassed, ŏn-sor-paast´ a insuperable

unsuspecting, ŏn-sos-pek´-ting a confiado

unsympathetic*, ŏn-sim-pa-zet´-ik a indiferente; sin conmiseración

untamed, ŏn-teimd´ a indómito

untarnished, ŏn-taar-nisht a limpio

untenable, ŏn-ten´-a-bl a insostenible

untenanted, ŏn-ten-an-tid a desalquilado

unthankful*, ŏn-zAngk´-ful a desagradecido

unthinking, ŏn-zingk´-ing a descuidado

untidy, ŏn-tai´-di a desarreglado

untie, ŏn-tai´ v desatar

until, ŏn-til´ prep hasta; conj hasta que

untimely, ŏn-taim´-li adv prematuramente

untiring, ŏn-tai´-ring a incansable

untold, ŏn-tould´ a no narrado; (vast) incalculable

untouched, ŏn-tŏcht´ a intacto

untranslatable, ŏn-trans-lei´-ta-bl a intraducible

untried, ŏn-traid´ a no ensayado

untodden, ŏn-trŏd´-n a no pisado

untrue, ŏn-truu´ a falso; infiel

untrustworthy, ŏn-trŏst´-uerD-i a indigno de confianza

untruth, ŏn-truuz´ s falsedad f.; mentira f.

untwist, ŏn-tuist´ v destorcer; desenroscar

unusual*, ŏn-iuu´-shu-al a inusitado; extraño

unvaried, ŏn-vé´-rid a invariable

unveil, ŏn-veil´ v descubrir, levantar el velo

unwarrantable, ŏn-uor´-an-ta-bl *a* injustificable; inexcusable

unwavering, ŏn-uei´-vering *a* firme; determinado

unwelcome, ŏn-uel´-kom *a* mal acogido; importuno

unwell, ŏn-uel´ *a* indispuesto; malo

unwholesome, ŏn-joul´-sŏm *a* malsano; dañino

unwiedly, ŏn-uiil´-di *a* pesado

unwilling, ŏn-uil´-ing *a* desinclinado; mal dispuesto

unwind, ŏn-uaind´ *v* desdevanar

unwise, ŏn-uais´ *a* imprudente; indiscreto

unwittingly, ŏn-uit´-ing-li *adv* inconscientemente

unworthy, ŏn-uŏrD´-i *a* indigno; desmerecedor

unwrap, ŏn-rAp´ *v* desenvolver; descubrir

unwritten, ŏn-rit´-n *a* oral; tradicional

unyielding, ŏn-yiil´-ding *a* inflexible; rígido

up, ŏp, *adv* arriba, hacia arriba; *prep* (=up on) sobre; *pp* (risen) levantado; **–and down**, *adv* arriba y abajo;

–here, (position) aquí arriba; **–there**, allá arriba; **–to**, *prep* (until) hasta

upbraid, ŏp-breid´ *v* echar en cara

upheaval, ŏp-jii´-vl *s* (geological) cataclismo *m.*

uphill, ŏp-jiil´ *adv* cuesta arriba; (*fig*) penoso

uphold, ŏp-jould´ *v* sostener; mantener

upholsterer, ŏp-joul´-ster-a *s* tapicero *m.*

upholstery, ŏp-joul´-ster-i *s* tapicería *f.*

upkeep, ŏp-kiip´ *s* mantenimiento *m.*; (expenses) gastos *m. pl*

upland, ŏp-land´ *s* tierras altas *f. pl*

uplift, ŏp-lift´ *v* levantar; elevar

upon, ŏp-on´ *prep* sobre

upper, ŏp´-a, superior; de encima; **–hand**, *s* ventaja *f.*; **–most**, *a* predominante

upper-part, ŏp´-a-paart *s* parte superior *f.*

upright, ŏp´-rait *a* derecho; (honest) honrado *s* montante *m.*

uprising, ŏp-rai´- sing *s* levantamiento *m.*

uproar, ŏp-rór´ *s* tumulto *m.*; alboroto *m.*

uproot, ŏp-ruut´ *v* desarraigar

upset, ŏp-set´ *v* volcar; trastornar; *a* (perturbed) perturbado

upside, ŏp´-said, **–down**, *adv* al revés; (*fig*) en confusión

upstairs, ŏp´-stérs, *adv* arriba; **go –**, *v* subir

upstart, ŏp´-staart *s* advenedizo *m.*

upwards, ŏp´-uerds *adv* hacia arriba

uranium, yú-rein-i-om *s* uranio *m.*

urban, ěr´-bn *a* urbano

urchin, ěr´-chin *s* granuja *m.*; pilluelo *m.*

urge, ěrCH *s* impulso *m.*; *v* impeler; incitar

urgency, ěr´-CHen-si *s* urgencia *f.*

urgent*, ěr´-CHent *a* urgente

urinate, yu´-rin-eit *v* orinar (se)

urine, yú´-rain *s* orina *f.*

urn, ěrn *s* urna *f.*

us, ŏs *pron* nos; nosotros

use, iuus, usar, emplear. *s* uso *m.*; utilidad *f.*; **–up**, *v* consumir; utilizar

useful*, iuus´-ful *a* útil

useless*, iuus´-les *a* inútil
usher, ŏsh´-*a s* ujier *m.*;
conserje *m.*; (cinema,
theatre) acomodador
m.; **–in,** *v* anunciar
usual*, yuu´-shu-*al a*
usual; habitual;
ordinario
usually, yuu´-shu-*al*-i *adv*
por lo general; por regla
general
usurer, yuu´-shúr-*a s*
usurero *m.*; logrero *m.*
usurp, yu- sĕrp´ *v* usurpar
usury, yuu´-shú-ri *s* usura
f.
utensil, yu-ten´-sil *s*
utensilio *m.*
utility, yuu-til´-i-ti *s*
utilidad *f.*
utilize, yuu-til´-ais *v*
utilizar
utmost, ŏt´-moust *a*
mayor; sumo; *adv* lo más
s lo mayor
utter, ŏt´-*a v* pronunciar;
emitir; *a* total; entero
utterance, ŏt´-*er*-ans *s*
expresión *f.*;
pronunciación *f.*; habla
f.
uttermost, (see utmost)

V

vacancy, vei´-kan-si s vacante f.; (lack) vacío m.

vacant, vei´-kant a vacante; (empty) vacío; (free) desocupado; (mind) vago

vacate, va-keit´ v dejar vacante; (mil) evacuar

vacation, va-kei´-shon s (holidays) vacación f.

vaccinate, vAk´-si-neit v vacunar

vaccination, vAk´-si-nei-shon s vacunación f.

vacillate, vAs´-i-leit v vacilar

vacuum, vAk´-iuu-om s vacío m.; **—cleaner,** aspirador de polvo m.; **—flask,** termos m.

vagabond, vAg´-a-bŏnd s vagabundo m.

vague*, veig a vago

vain*, vein a vanidoso; **in —,** adv en vano

vale, veil s valle m.

valet, vAl´-et s criado m.; lacayo m.

valiant*, vAl´-i-ant a valiente

valid*, vAl´-id a válido

valley, vAl´-i s valle m.

valorous*, vAl´-o-ros a valeroso

valour, vAl´-r s valor m.

valuable, vAl´-iu-a-bl a valioso

valuables, vAl´-iu-a-bls s pl objetos de valor m. pl

valuation, vAl´-iu-ei-shon s valuación f ; valía f.

value, vAl´-iu v valorar; estimar; s valor m.

valuer, vAl´-iu-a s tasador m.; valuador m.

valve, vAlv s válvul a f.; (radio) lámpara f

vamp, vAmp s pala de zapato f.; v (mus) improvisar

vampire, vAm-pair s vampiro m.

van, vAn s camión m.; (train) furgón m.; (mil) vanguardia f.

vandalism, vAn-dal-ism s gamberrismo m.

vane, vein s veeta f.; (windmill) aspa f.

vanilla, va-nil´-a s vainilla f

vanish, vAn´-ish v desvanecerse; desaparecer

vanity, vAn´-i-ti s vanidad f.

vanquish, vAng´-kuish v vencer

vaporize, vei´-por-ais v vaporizar

vapour, vei´-pr s vapor m.

variable, vei´-ri-a-bl a variable

variation, vei-ri-ei´-shon s variación f.

varicose vein, vei´-ri-kous vein; s variz f.

varied, vè´-rid a variado;

ameno

variegated, vè´-ri-guei-tid *a* abigarrado

variety, va-rai´-i-ti *s* variedad *f*.; **–theatre**, teatro de variedades *m*.

various*, vé´-ri-*o*s *a* vario; diverso; diferente

varnish, vaar´-nish *v* barnizar. *s* barniz *m*.

vary, vè´-ri *v* variar; cambiar

vase, vaas *s* jarrón *m*.

vaseline, vAs´-e-lin *s* vaselina *f*

vast*, vaast *a* vasto; inmenso

vat, vAt *s* cuba *f*.; tina *f*.; (tannery) noque *m*.

Vatican, vAt´-i-kan *s* Vaticano *m*.

vault, voalt *s* bóveda *f*.; (church, etc) cripta *f*.; (burial) tumba *f*.; *v* (jump) saltar

veal, viil *s* ternera *f*

veer, vir *v* virar; (wind) cambiar

vegetable, veCH´-i-ta-bl *a* vegetal

vegetables, veCH´-i-ta-b'ls *s pl* legumbres *f*. *pl*

vegetarian, veCH-i-tei´-ri-an *s* vegetariano *m*.

vegetation, veCH-i-tei´-shon *s* vegetación *f*.

vehement, vii´-ji-ment *a* vehemente

vehicle, vii´-ji-kl *s* vehículo *m*.

veil, veil *s* velo *m*.; *v* velar; esconder

vein, vein *s* vena *f*.

vellum, vel´-m *s* vitela *f*.; pergamino *m*.

velocity, vi-los´-i-ti *s* velocidad *f*.

velvet, vel´-vet *s* terciopelo *m*.

velveteen, vel-ve-tiin´ *s* terciopelo de algodón *m*.

vending machine, ven´-ding mashiin´ *s* vendedora *f*. automática; distribuidor *m* automático

vendor, ven´-dr *s* vendedor *m*.

veneer, vi-nir´ *s* chapa *f*.; *v* chapear; enchapar

venerable, ven´-er-a-bl *a* venerable

veneration, ven-er-ei´-shon *s* veneración *f*.

venereal, vi´-ni-ri-al *a* venéreo

vengeance, ven´-CHans *s* venganza *f*.

venial*, vii´-ni-al *a* venial

venison, ven´-sn *s* carne de venado *f*.

venom, ven´-m *s* veneno *m*.

venomous*, ven´-om-os *a* venenoso; ponzoñoso

vent, vent *s* salida *f*.; (cask) venteo *m*.; **give –to**, *v* desahogar

ventilate, ven´-ti-leit *v* ventilar

ventilator, ven´-ti-lei-ta *s* ventilador *m*.

ventriloquist, ven-tril´-o-kuist *s* ventrílocuo *m*.

venture, ven-tiúr *v* aventurar; (dare) osar; *s* ventura *f*. riesgo *m*.; **–some**, *a* arriesgado; (individual) emprendedor

veracity, vi-rAs´-i-ti *s* veracidad *f*.

verandah, vi-ran´-da *s* pórtico *m*.; galería *f*.

verb, vèrb *s* verbo *m*.

verbal*, vèr´-bl *a* verbal; oral

verbatim, vèr-bei´-tim *adv* palabra por palabra

verbose, vèr-bous´ *a* verboso

verdant, vèr´-dant *a* verde; verdoso

verdict, vèr´-dikt *s* opinión *f*.; (legal) fallo *m*.; veredicto *m*.

verdigris, vèr´-di-gris *s*

verdete m.

verge, věrCH v
aproximarse a; s borde
m.

verger, věr´-CHa s
sacristán m.

verify, vé r´-i-fai v
verificar

vermilion, věr-mil´-yŏn s
bermellón m.

vermin, věr´-min s
sabandija f.; (fig) piojos
m. pl

vernacular, věr-nAk´-iu-
lar s idioma vernáculo
m.

versatile, věr´-sa-tail a
versátil

verse, věrs s verso m.;
poesía f.

versed, věrst a versado

version, věr´-shon s
versión f.; traducción f.

versus, věr´-sos prep
contra

vertical*, věr´-ti-kal a
vertical

vertigo, věr´-ti-gou s
vértigo m.

very, věr´-i adv muy;
mucho; sumamente; a
mismo; verdadero;
idéntico

vessel, ves´-l s vasija f.;
(naut) buque m.

vest, vest v vestir; s

camiseta f.

vested, ves´-tid a (rights)
poseído; (interest)
creado

vestige, ves´-tiCH s
vestigío m.; (sign) señal
f.

vestment, vest´-ment s
vestidura f.; (eccl)
vestimenta f.

vestry, ves´-tri s sacristía
f.

veteran, vet´-i-ran s & a
veterano m.

veterinary, vet´-e-ri-na-ri
a veterinario; –surgeon,
s veterinario m.

veto, vii´-tou s veto m.; v
poner el veto

vex, veks v vejar

vexation, veks-ei´-shon s
vejación f.

vexatious, veks-ei´-shos a
vejatorio; molesto

via, vai´-a prep por vía de

viaduct, vaí-a-dŏkt s
viaducto m.

vibrate, vai´-breit v vibrar

vibration, vai-brei´-shon s
vibración f

vicar, vik´-a s vicario m.

vicarage, vik´-er-iCH. s
vicaría f

vice, vais s vicio m.;
(mech) tornillo de
carpintero m. (prefix)

vice-

viceroy, vis´-roi s virrey
m.

vice versa, vais věr-sa adv
viceversa; a la inversa

vicinity, vi-sin´-i-ti s
vecindad f.

vicious*, vish´-os a
vicioso

viciousness, vish´-os-ness
s depravación f.; vicio
m.

victim, vik´-tim s víctima
f.

victimize, vik´-tim-ais; v
hacer víctima

victor, vik´-to s vencedor
m.

victorious*, vik-tó´-ri-os a
victorioso

victory, vik´-to-ri s
victoria f.

victual, vit´-l v avituallar;
abastecer

victuals, vit´-ls s pl
vitualla f.; víveres m. pl

video, vid-i-ou s vídeo m;
v hacer un vídeo de

vie, vai v rivalizar;
competir

view, viuu s vista f.;
opinión f.;– finder, s
(photog.) visor m.

vigil, viCH´-il s vigilia f.

vigilance, viCH´-i-lans s
vigilancia f.

vigilant*, viCH´-i-lant *a* vigilante

vigorous*, vig´-or-os *a* vigoroso; fuerte

vigour, vig´-r *s* vigor *m.*; fuerza *f.*

vile*, vail *a* vil; bajo

vilify, vil´-i-fai *v* envilecer; difamar

village, vil´-iCH *s* aldea *f*

villager, vil´-iCH-*a s* aldeano *m.*

villain, vil´-in *s* villano *m.*

villainous*, vil´-*a*-nos *a* vil; infame

villainy, vil´-*a*-ni *s* villanía *f.*

vindicate, vin´-di-keit *v* vindicar; vengar

vindication, vin-di-kei´-shon *s* vindicación *f.*; venganza *f.*

vindictive*, vin-dik´-tiv *a* vengativo; – ness, *s* caracter vengativo *m.*

vine, vain *s* vid *f.*; parra *f.*

vinegar, vin´-i-ga *s* vinagre *m.*

vineyard, vin´-yaard *s* viña *f.*; viñedo *m.*

vintage, vin´it-CH *s* vendimia *f.*

violate, vai´-o-leit *v* violar: (law) infringir

violence, vai´-o-lens *s* violencia *f.*

violent*, vai´-o-lent *a* violento

violet, vai´-o-let *s* violeta *f.*; *a* violado

violin, vai´-o-lin *s* violín *m.*

violinist, vai-ou´-li-nist *s* violinista *m.*

viper, vai´-pa *s* víbora *f.*

virgin, ver´-CHin *s* virgen *f.*

virginia, vir-CH ii´-ni-*a a* de virginia

virile, vir´-ail, vir´-il *a* viril; varonil

virtual*, ver´-tiu-*al a* virtual

virtue, ver´-tiuu *s* virtud *f.*

virtuous*, ver´-tiu-os *a* virtuoso

virulent*, vir´-u-lent *a* virulento; venenoso

virus, vai-rös *s* virus *m.*

visa, vii´-sa, *s* visado *m.*; *v* visar

visibility, vis -i-bil´-i-ti *s* visibilidad *f.*

visible, vis ´i-bl *a* visible

vision, vish´-ön *s* visión *f.*

visit, vis´-it *v* visitar; *s* visita *f.*; –ing-card, tarjeta de visita *f.*

visitor, vis ´i-ta *s* visita *f.*

visual*, vish´-iu-*al a* visual

vital*, vai´-tl *a* esencial; vital

vitality, vai-ta´-li-ti *s* vitalidad *f.*

vitals, vai´-tals *s pl* órganos vitales *m. pl*

vitamin, vit´-*a*-min *s* vitamina *f.*

vitriol, vit´-ri-ol *s* vitriolo *m.*

vivacious*, vi-vei´-shos *a* vivaz; animado

vivacity, vi-vAs´-i-ti *s* vivacidad *f.*

vivid*, viv´-id *a* vívido; (colour) brillante

vivify, viv´-i-fai *v* vivificar

vixen, vik´-sen *s* zorra *f.*; raposa *f.*

viz. =**namely,** neim´-li *adv* a saber; es decir

vocabulary, vou-kAb´-iu-la-ri *s* vocabulario *m.*

vocal, vou´-kal *a* vocal; –chords, *s pl* cuerdas vocales *f. pl*

vocalist, vou´-kal-ist *s* cantor *m.*; cantante *m.*

vocation, vou-kei´-shon *s* vocación *f.*; profesión *f.*

vociferous*, vo-sif´-er-os *a* vociferador; vinglero

vogue, voug *s* moda *f.*

voice, vois *s* voz *f.*

void, void *a* vacío; (null) nulo; *s* vacío *m.*

volatile, vol´-a-tail a
  volátil

volcano, vol-kei´-nou s
  volcán m.

volley, vol´-i s descarga f.;
  (salute) salva f.

volt, volt s voltio m.;
  –age, s voltaje m.

voluble, vol´-iu-bl a
  voluble

volume, vol´-ium s
  volumen m.; (book)
  tomo m.

voluminous*, vol-iuu´-
  mi-nos a voluminoso

voluntary, vol´-on-ta-ri a
  voluntario

volunteer, vol-on-tir´ s
  voluntario m.; v
  ofrecerse

voluptuous*, vo-lŏp´-tiu-
  os a voluptuoso

vomit, vom´-it v vomitar

voracious, vo-rei´-shos a
  voraz; devorador

vortex, voar´-teks s
  vórtice m.; remolino m.

vote, vout v votar; s voto
  m.

voter, vout´-a s votante
  m. & f.

vouch, vauch v garantizar;
  –for, responder de

voucher, vauch´-a s
  (document) resguardo
  m.

vow, vau s voto m.; v
  hacer votos

vowel, vau´-l s vocal f.

voyage, voi´-iCH s viaje
  por mar m.

vulcanite, vŏl´-kan-ait s
  vulcanita f.

vulgar*, vŏl´-gar a vulgar;
  grosero

vulnerable, vŏl-ner-a-bl a
  vulnerable

vulture, vŏl´-tiur s buitre
  m.

W

wabble, uob´-l *v*
bambolearse; (*fig*)
vacilar

wad, uod *s* (cartridge)
taco *m.*; (cotton wool,
etc) bolita *f.*; guata *f.*;
–ding, *s* guata;
(padding) entretela

waddle, uod´-l *v* andar
como un pato

wade, ueid *v* vadear

wafer, uei´-fa *s* (thin
biscuit) barquillo *m.*;
(*eccl*); hostia *f.*

wag, uAg *v* menear; *s*
bromista *m.*

wager, uei´-CHa *s* apuesta
f.; *v* apostar

wages, uei´-CHis *s* salario
m.; (daily) jornal *m.*

waggle, uAg´-l *v* menearse

waggon, uAg´-n *s* carretón

m.; (train) vagón *m.*

waif, ueif *s* niño
abandonado *m.*

wail, ueil *v* lamentarse; *s*
lamentación *f.*

wainscot, ueins´-kot *s*
entablamento *m.*; friso
m.

waist, ueist *s* cintura *f.*;
talle *m.*

waistcoat, ues´-kot *s*
chaleco *m.*

wait, ueit *v* esperar;
aguardar; (at table)
servir; **–er,** *s* mozo *m.*;
camarero *m.*; **–for,** *v*
esperar a; **–ing,** *s*
espera *f.*; (service)
servicio *m.*; **–ing-room,**
sala de espera *f.*;
(professional) antesala
f.; **–ress,** camarera *f.*;

moza *f.*; **–upon,** *v* servir;
atender a

waive, ueiv *v* renunciar,
abandonar

wake, ueik *v* (to awake)
despertar; (to be called)
llamar; *s* (ship's) estela *f.*

walk, uoak *v* andar;
(stroll) pasearse; *s* paseo
m.; **–er,** caminante *m.*;
peatón *m.*; (stroller)
paseante *m.*

wall, uoal *s* muro *m.*;
(inside) pared *f.*; **–
flower,** alelí doble *m.*;
–paper, papel de
empapelar *m.*

wallet, uol´-it *s* (note
case) cartera *f.*

wallow, uol´-ou *v*
revolcarse

walnut, uoal´-nŏt *s* nuez
f.; (wood) nogal *m.*

walrus, uoal´-ros *s* morsa
f.

waltz, uoalts *s* vals *m.*; *v*
valsar

wan, uoan *a* pálido

wander, uoan´-da *v* vagar;
(mentally) delirar

wane, uein *v* menguar

want, uoant *s* (lack) falta
f.; (shortage) carencia
f.; (distress) indigencia
f.; *v* querer; desear

wanton*, uon´-ton *a*

(wicked) perverso; (lustful) lascivo; (waste) extravagante

war, uoar *v* guerrear; *s* guerra *f.*; **–fare,** hostilidades *f. pl*; **–like,** *a* belicoso

warble, uoar´-bl *v* trinar, gorjear

ward, uoard *s* (minor) menor en tutela *m.*; (hospital) sala de hospital *f.*; **–en,** (guard) guardián *m.*; (college) preceptor *m.*; **–er,** carcelero *m.*; **–off,** *v* desviar; evitar; **–robe,** *s* guardarropa *m.*; **–room,** (naval) cuadro de oficiales *m.*

ware, uèr *s* mercadería *f.*

warehouse, uèr´-jaus *s* depósito *m.*; almacén *m.*; *v* almacenar

warily, uè´-ri-li *adv* cautelosamente

wariness, uè´-ri-nes *s* cautela *f.*; precaución *f.*

warm*, uoarm *a* caliente; *v* calentar; calentarse

warmth, uoarmz *s* calor *m.*

warn, uoarn *v* advertir; notificar; avisar

warning, uoarn´-ing *s* advertencia *f.*

warp, uoarp *v* (wood)

combar; torcer

warrant, uor´-ant *s* (authority) autoridad *f.*; (for arrest) orden de arresto *f.*; (voucher) autorización *f.*; **–y,** garantía *f.*

warrior, uor´-i-*a s* guerrero *m.*

wart, uoart *s* verruga *f.*

wary, ué´-ri *a* cauto; prudente

wash, uoash *v* lavar; lavarse; **–basin,** *s* jofaina *f.*; **–ing,** colada *f.*; **–ing machine,** *s* lavadora; **– powder,** *s* detergente *m.*

washer, uoash´-*a s* (mech.) arandela *f.*

washing up, uoash-ing öp *s* (act) fregado; el fregar los platos

washing up liquid, uoash-ing öp lik´-uid *s* líquido *m.*; lavavajillas

wasp, uoasp *s* avispa *f.*

waste, ueist *s* derroche *m.*; (refuse) desperdicios *m. pl*; (land) tierra baldía *f.*; *v* derrochar; (extravagance) desperdiciar; **–away,** irse consumiendo

wasteful, ueist´-ful *a* pródigo; ruinoso

watch, uoch *v* vigilar, observar; *s* reloj *m.*; (naut.) guardia *f.*; **– maker,** relojero *m.*; **–man,** (night) sereno *m.*; **–over,** *v* custodiar; **–word,** *s* consigna *f.*

water, uoa´-tr *v* regar; (cattle, etc) abrevar. *s* agua *f.*; **hot –bottle,** bolsa para agua caliente *f.*; **–closet,** (W.C.) excusado *m.*; **–colour,** acuarela *f.*; **–cress,** berros *m. pl*; **–fall,** cascada *f.*; **–jug,** jarro *m.*; **–lily,** nenufar *m.*; **– line,** línea de flotación *f.*; **–logged,** *a* anegado en agua; **–proof,** *s & a* impermeable *m.*; **– tank,** *s* cisterna *f.*; **– tight,** *a* estanco; **–y,** aguanoso

watering, uoa´-ter-ing *s* riego *m.*; irrigación *f.*; **–can,** regadera *f.*; **– place,** balneario *m.*

water-skiing, uoa´-tr ski-ing *s* esquí *m.*; acuático

wave, ueiv *s* ola *f.*, onda *f.* *v* (flags) agitar; (to somebody) hacer señas; (sway) balancearse; (hair) ondear

waver, uei´-va *v* vacilar

wavering, uei´-ver-ing a
vacilante

wax, uaks v encerar; s cera
f.; **—works,** exposición
de figuras de cera f.

way, uei s camino m.;
(manner) manera f.;
–in, entrada f.; **–lay,** v
acechar; **–out,** s salida
f.; **–side,** cuneta f.;
borde de camino m.;
–through, pasaje m.;
–ward, a voluntarioso

we, uii pron pers nosotros
m.; nosotras f.

weak*, uiik a débi; flojo;
–en, v debilitar;
flaquear; **–ening,** a
debilitación; **–ling,** s
encanijado mf.; **–ly,** a
enfermizo; **–ness,** s
debilidad f.; flojedad f.

weal, uiil s prosperidad f.;
(wale) verdugón m.

wealth, uelz s riqueza f.

wealthy, uel´-zi a rico;
opulento

wean, uiin v destetar; (fig)
enajenar

weapon, uep´-n s arma f.

wear, uér s (by use)
desgaste m.; v (carry)
llevar; (last) durar; **–out,**
gastar; (clothes)
ponerse; (fatigue) rendir

weariness, uí´-ri-nes s

cansancio m.

weary, uí´-ri v cansado

weasel, uíí´-sl s comadreja
f.

weather, ueD´-a s tiempo
m.; v aguantar; **—bound,**
a detenido por el mal
tiempo; **–cock,** s veleta
f.; **—report,** boletín
metereológico m.

weave, uiiv v tejer; **–r,** s
tejedor m.

web, ueb s (spider) tela de
araña f.

web-footed, ueb-fut´-id a
palmípedo

webbing, ueb´-ing s
cincha f.

wed, ued v casarse;
(perform ceremony)
casar

wedding, ued´-ing s boda
f.; **—ring,** anillo nupcial
m.

wedge, ueCH s cuña f.;
acuñar; **–in,** meter por
fuerza

wedlock, ued´-lok s
matrimonio. m.

Wednesday, uens ´-di s
miércoles m.

weed, uiid v escardar. s
mala yerba f.; cizaña f.

week, uiik s semana f.; **—
day,** día laborable f.; **—
end,** fin de semana m.;

–ly, a semanal

weep, uiip v llorar,
lamentar; **–ing,** s llanto;
dolor; lágrimas; **–ing-
willow,** s sauce llorón m.

weevil, uíí´-v'l s gorgojo
m.

weigh, uei v pesar;
(mentally) ponderar;
–ing-machine, s báscula
f.

weight, ueit s peso m.

weighty, uei´-ti a pesado;
(serious) grave

weir, uir s presa f.; esclusa
f.

weird, uird a misterioso;
(odd) raro

welcome, uei´-kom s
bienvenida f.; a
bienvenido; v dar la
bienvenida; recibir bien

weld, ueld v soldar a
martillo

welfare, uel´-fér s
bienestar m.;
prosperidad f.

well, uel s (water) pozo m.
adv bien. a bueno; **—
being,** s bienestar m.; **—
bred,** a bien educado;
–done, (meat, etc) bien
cocido; **—known,** a
(person) conocido

wench, uench s moza f.;
muchacha f.

wend, uend *v* encaminarse

west, uest *s* oeste *m*.;
–**erly,** *a* del oeste

wet, uet *s* humedad *f*.; *a*
húmedo; mojado; *v*
mojar, humedecer; –
nurse, *s* nodriza *f*.

wetsuit, uet-suut *s* traje
m.; (iso)térmico

whack, uAck *v* golpear; *s*
golpe *m*.

whale, ueil *s* ballena *f*.; –
bone, barba de ballena
f.; –**r,** ballenero *m*.

wharf, uoarf *s* muelle *m*.;
malecón *m*.;
embarcadero *m*.

what, uot *relative pron* lo
que; *interrogative pron*
qué; *interrogative a* qué;
cuál

whatever, uot-ev´-a *pron*
& *a* cuanto; cualquiera
cosa que; todo lo que;
sea lo que fuere

wheat, uiit *s* trigo *m*.

wheedle, uii´-dl *v* halagar;
(obtain) sonsacar

wheel, uiil *s* rueda *f*.; *v*
hacer rodar; **spinning**–
s torno para hilar *m*.;
–**barrow,** carretilla *f*.;
–**wright,** carretero *m*.

wheel clamp, uiil-klAmp *s*
cepo *m*.; *v* poner cepo

wheelchair, uiil-chér *s*
silla *f*.; de ruedas

wheezy, uii´-si *a* asmático

when, uen *adv* cuándo;
conj cuando; luego que;
–**ce,** *adv* de donde;
–**ever,** *conj* siempre que;
cuando quiera que;
todas las veces que

where, uér *adv* donde;
–**about(s),** donde; –**as,**
conj mientras que; –**at,**
adv a lo cual; –**by,** por
lo cual; –**fore,** por eso; –**in,**
en donde; en que; –**on,**
sobre lo cual

wherever, uér-ev´-a *adv*
donde quiera que

whet, uet *v* afilar; amolar;
(appetite) abrir

whether, ueD´-a *conj* si;
sea que

which, uich *interrogative*
pron cuál; qué; *relative*
pron que; el cual; la cual;
lo cual; el que; la que; lo
que

whichever, uich-ev´-a
pron cualquiera;
quienquiera

while, uail *v* pasar; *conj*
mientras

whim, uim *s* capricho *m*.;
–**sical,** *a* caprichoso

whimper, uim´-pa *s*
lloriqueo *m*.; *v* lloriquear

whine, uain *v* gemir;
lloriquear

whip, uip *s* látigo *m*.; *v*
azotar; fustigar

whirl, uërl *v* girar; –**pool,** *s*
remolino de agua *m*.;
–**wind,** torbellino *m*.

whisk, uisk *s* (brush)
escobilla *f*.; (cookery)
batidor *m*.; *v* (sweep)
barrer; (cookery) batir

whiskers, uis´-kers *s pl*
patillas *f. pl*; (cat) bigotes
m. pl

whisky, uis´-ki *s* whisky
m.

whisper, uis´-pa *v*
cuchichear; *s* cuchicheo
m.

whist, uist *s* (cards) whist
m.

whistle, uis´-l *s* pito *m*.;
(sound) silbido *m*.; *v*
silbar

white, uait *a* blanco; *s*
blanco *m*.; –**ness,**
blancura *f*.; –**of egg,**
clara de huevo *f*.

whitewash, uait´-uoash *s*
blanqueo *m*.

whither, uiD´-a *adv*
adonde; a que parte

whiting, uai´-ting *s* (fish)
pescadilla *f*.; tiza *f*.

Whitsuntide, uit´-sön-
taid *s* pascua de
Pentecostés *f*.

whiz, uis v zumbar; silbar

who, juu interrogative pron quién; relative pron quien que; el cual; la cual; el que; la que

whoever, juu-ev´-a pron quienquiera que

whole, joul s total m.; el todo m.; a total; todo; entero; **–sale,** al por mayor; **–some,** sano; saludable

wholemeal, joul-miil a integral

wholly, joul´-i adv enteramente

whom, juum interrogative pron a quién; relative pron a quien; al cual; al que; que

whoop, juup s alarido m.; v gritar

whooping-cough, juu´-ping-koaf s tos ferina f.

whore, jór s prostituta f.

whose, juus interrogative pron de quién; relative pron a cuyo; cuya

whosoever, juu-so-ev´-a pron quienquiera que

why, uai adv por qué; ¿por qué?

wick, uik s mecha f.

wicked*, uik´-id a malvado; inicuo; perverso

wickedness, uik´-id-nes s maldad f.; iniquidad f.; perversidad f.

wicker, uik´-a s mimbre m.

wide, uaid a ancho; vasto; **–awake,** (fig) despabilado; **–ly,** adv extensivamente; **–n,** v ensanchar; **–spread,** a esparcido

widow, uid´-ou s viuda f.

widower, uid´-ou-a s viudo m.

width, uidz s ancho m.; anchura f.

wield, uiild v manejar; (power) gobernar

wife, uaif s mujer f.; esposa f.

wig, uig s peluca f.

wild*, uaild a salvaje; feroz; (fig) loco

wilderness, uil´-der-nes s desierto m.; soledad f.

wildlife, uaild´-laif s fauna f. (y flora f.)

wile, uail s ardid m.; engaño m.

wilful*, uil´-ful a voluntarioso; (act) premeditado

will, uil s voluntad f.; testamento m.; v querer; (bequeath) legar

willing*, uil´-ing a

dispuesto; gustoso

willingness, uil´-ing-nes s buena voluntad f.

will-o´-the-wisp, uil-o-Di-uisp´ s fuego fatuo m.

willow, uil´-ou s sauce m.

wily, uai´-li a astuto; mañoso

win, uin v ganar; **–ner,** s ganador m.; vencedor m.; **–ning,** a (manners) encantador; **–ning-post,** s meta f.; **–nings,** ganancias f. pl

wince, uins v retroceder; respingar

winch, uinch s manubrio m.; cigüeña f.

wind, uaind v ovillar; (road, river, etc) serpear; **–ing,** a serpentino; **–up,** v ovillar; (clock) dar cuerda; (business) liquidar

wind, uind s viento m.; flatulencia f.; **–fall,** fortuna f.; **–mill,** molino de viento m.; **–pipe,** tráquea f.; **–screen,** s parabrisas m. pl; **–screen wipers,** s limpiaparabrisas m. pl; **–ward,** adv a barlovento; **–y,** a ventoso

windlass, uind´-lass s

cabrestante m.

window, uin´-dou s
ventana f.; (shop)
escaparate m.

windscreen, uind´-skriin s
parabrisas m.

windscreen wiper s
limpiaparabrisas m.

wine, uain s vino m.;
–glass, copa para vino
f.; **– list,** s lista f de
vinos

wing, uing s ala f.;
(theatre) bastidor m.;
(mil) flanco m.

wink, uingk v guiñar; s
guiño m.

winkle, uin´-kl s
(shellfish) bígaro m.

winsome, uin´-som a
mono; simpático

winter, uin´-ta s invierno
m.; v invernar

winter sports, uin´-ta
spórts s deportes m. pl;
de invierno

wipe, uaip v limpiar; (to
dry) secar

wire, uair s alambre m.

wireless, uair´-les s radio
m.; radiotelegrafía f.;
(apparatus) radio m.;
(message)
radiotelegrama m.; v
radiotelegrafíir

wiring, uair´-ing s

instalación eléctrica f.;
alumbrado m.

wisdom, uis´-dm s
sabiduría f.; prudencia f.

wise*, uais a sabio;
prudente

wish, uish s deseo m.;
anhelo m.; v desear;
anhelar

wishful, uish´-ful a
deseoso; anheloso

wistaria, uis-té-ri-a s
glicina f.

wistful*, uist´-ful a
pensativo

wit, uit s ingenio m.; **to –,**
a saber; es decir

witch, uich s bruja f.

witchcraft, uich´-kraaft s
brujería f.

with, uiD prep con; de; a;
–draw, v retirarse;
(money) retirar;
(apologise) retractarse;
–hold, detener;
(sanction) rehusar; **–in,**
prep dentro; adv
(outside) fuera; **–stand,**
v resistir a

wither, uiD´-a v
marchitarse

witness, uit´-nes s testigo
m.; v atestiguar

wits, uits s sentido m.; **to
live by one's –,** vivir de
gorra

witticism, uit´-sis m s
rasgo de ingenio m.

witty, uit´-i a ingenioso

wizard, uis´-erd s brujo
m.; nigromante m.

wobble, uou´-bl v
bambolearse; vacilar

woe, nou s pena f.;
infortunio m.; **–to him,**
interj ¡ay de él! **–ful,** a
triste; afligido

wolf, uulf s lobo m.; **she–
–,** loba f.

woman, uu´-man s mujer
f.; **–ly,** a mujeril

womanhood, uu´-man-jud
s estado de mujer m.

womb, uum s matriz f.

wonder, uŏn´-da s
maravilla f.; v
extrañarse; maravillarse
de; (doubt) preguntarse

wonderful*, uŏn´-der-ful
a maravilloso; estupendo

woo, uu v cortejar; **–er,** s
cortejador m.

wood, uud s madera f.;
(forest) bosque m.;
–bine, madreselva f.;
–cock, chochaperdiz f.;
–pecker, pájaro
carpintero m.

wooden, uud´-n a de
madera

woody, uud´-i a (trees)
arbolado

wool, uul s lana f.

woollen, uul´-en a de lana

woolly, uul´-i a lanudo

word, uĕrd s palabra f.; (news) nuevas f. pl; v expresar; (written) redactar; **–of honour,** s palabra de honor f.

wording, uĕrd´-ing s redacción f.; estilo m.

work, uĕrk v trabajar; (mine) explotar; (mech) funcionar; s trabajo m.; ocupación f.; (achievement) obra f.; **–er,** obrero m.; **–house,** hospicio m.; **–ing,** (mech) funcionamiento m.; (mine) explotación f.; **–ing, expenses,** gastos de explotación m. pl; **–man,** obrero m.; **–man-ship,** mano de obra f.; **–shop,** taller m.

works, uĕrks s pl fábrica f.; (mech) mecanismo m.

world, uĕrld s mundo m.; universo m.

worldly, uĕrld´-li a mundano; mundanal

worm, uĕrm s gusano m.; (intestinal) lombriz f.; (screw) rosca f.; **– eaten,** a carcomido

worry, uĕr´-i s cuidado m.; (anxiety) ansiedad f.; v

atormentarse; (bother) molestar

worse, uĕrs adv peor; a peor; pésimo

worship, uĕr´-ship v adorar. s adoración f.; (divine) culto m.

worst, uĕrst adv pésimamente; s lo peor n.

worsted, uĕr´-stid s (yarn) estambre m.

worth, uĕrz s valor m.; mérito m.; a que vale; **–ily,** adv dignamente; **–less,** a sin valor; **–while,** valer la pena; **–y,** a digno

would, uud´ v aux (conditional tenses) if you asked him he - do it si se lo pidieras; lo haría; (in offers) - you like a biscuit? ¿quieres una galleta?; (conjeture) it - have been midnight sería medianoche; (indicating habit) he - go there on Mondays iba allí los lunes; (in indirect speech) I said I - do it dije que lo haría

would-be, uud´-bii a pretendiente; supuesto

wound, uund s herida f.; v herir

wrangle, rAng´-gl v reñir; s

riña f.; contienda f.

wrap, rAp s manto m.; v envolver; **–up,** (oneself) arroparse

wrapper, rAp´-a s envoltura f.; (postal) faja f.

wrapping paper, rAp-ing pei´-pa s papel m.; de envolver; papel m.; de regalo

wrath, roaz s ira f.; furor m.

wreath, riiz s corona f.

wreathe, riiD v entrelazar

wreck, rek s buque naufragado m.; (fig) ruina f.; v naufragar; (fig) arruinar; **—age,** s pecios m. pl

wrecked, rekt a naufragado; arruinado

wren, ren s reyezuelo m.

wrench, rench s tirón m.; (sprain) torcedura f.; (tool) llave inglesa f.; v torcer; (pull) arrancar

wrestle, res´-l v luchar; **–r,** s luchador m.

wretch, rech s miserable mf.; **–ed,** a triste; (person) miserable; **–edness,** s miseria f.

wriggle, rig´-l v retorcerse

wring, ring v torcer; retorcer

wrinkle, ring´-kl s arruga
f.; v arrugar; (brow)
fruncir

wrist, rist s muñeca f.

writ, rit s escrito m.; auto
m.

write, rait v escribir

writer, rai´-ta s escritor
m.; autor m.

writhe, raiD v retorcerse

writing, rai´-ting s
escritura f.; **hand–,** letra
f.; **in –,** adv por escrito;
–paper, papel de cartas
m.; **–table,** escritorio
m.

written, rit´-n a escrito

wrong, rong s agravio m.;
injusticia f.; v agraviar. a
falso; errado; malo;
inoportuno; injusto;
ilegal; **–side,** s mal lado
m.; (material) revés m.;
to be –, v no tener razón

wroth, roaz a enojado;
irritado

wrought iron, toat ai´-ern
s hierro forjado m.

wry, rai a torcido; **–face,** s
mueca f.; **–neck,**
tortícolis m.; (bird)
torcecuello m.

X

Xmas, (=**Christmas**), kris´-mas s Navidad *f*.

X-ray, eks´-rei s rayo X *m*.; (X-ray photograph) fotografía por los rayos X *f*.

xylophone, sai´-lo-foun s xilófono *m*.